바그너 평전

바그너 평전

오해수 지음

PUNG WOL DANG

머리말

리하르트 바그너는 같은 시대에 활동한 카를 마르크스, 찰스 다윈과 더불어 각자의 분야에서 혁신과 논쟁을 불러온 인물이다. 하지만 그들 중 스타로서의 지위를 누린 이는 바그너다. 그는 세계 문화사에서 누구보다 이채로운 인간으로 괴물 같은 천재이며, 신비로운 인성을 지녔다. 따라서 그를 제외하고 서양음악을 논한다는 것은 상상하기 힘들다. 그는 시대를 풍미한 걸물일 뿐만 아니라 지금도 그의 음악이 주목받는 점에서 현재의 작곡가이고, 미래에도 입에 오르내릴 사람이다.

바그너는 서양음악사의 흐름을 바꾸었다. 그는 자신이 창안한 총체 예술의 개념을 악극으로 실현했다. 그의 작품은 내용에서 다양한 의미를 가지며, 형식에서 관현악의 표현력을 넓혔다. 그는 그리스 신화에 비해 역사가 짧고 덜 알려진 북구 신화의 영웅들, 로엔그린·트리스탄·지그프리트·파르지팔의 이야기를 오페라를 통해 널리 알린 공로가 있다. 또 그는 생전에 자기 작품만을 상연하기 위한 전용 극장(바이로이트 축제극장)을 가진 유일한 음악가이면서 후손Wagner clan들에 의해 자신의 유지가 지금도 계승되고 있는 복받은 인물이다.

바그너는 가슴에 쇼펜하우어의 철학을, 한 손에 베토벤의 작곡술을, 다른 손에 셰익스피어의 극작술을 지니고 독창적인 악극의 세계를 누빈 종합예술가였으며, 이 셋을 삼위일체로 구사한 작곡가였다. 그는 시, 극본, 단편소설, 에세이 등 장르를 넘나드는 문필가였고, 자신의 생각을 논문으로 써낸 사상가이자 자기주장을 열정적으로 펼친 논객이었으며, 작곡가, 지휘자, 오페라 연출가였다.

그는 지휘법을 혁신한 인물로도 이름났다. 그는 연주자들과 눈을 맞춘 다음 움직임이 큰 손짓과 몸짓으로 단원에게 활력을 불어넣는 입체적인 동작을 구사했다. 따라서 그의 지휘는 청중을 곧바로 음악에 몰입시키는 마술 같은 힘을 지녔다. 바그너는 자기 음악의 지휘는 "장엄하고 유장한 템포에 생명이 있다"고 했다. 그것이 '바그너 템포'로, 리스트의 지휘 스타일과 맥을 같이한다. 그의 지휘는 그냥 힘차고 느린 속도가 아니라 하나의 지휘법으로 확립한 속도였다. 그래서 절제된 템포를 취한 스폰티니, 멘델스존과는 지휘법을 달리한다. 그들에 비해 베를리오즈는 중도를 지향하는 편으로 바그너의 지휘를 가리켜 "느슨하게 늘어진 밧줄 위에서 '언제나 멋대로 춤추는Sempre tempo Rubato' 몸짓"이라고 했다. 반면 바그너는 엑토르 베를리오즈를 가리켜 "자기 작품만 제대로 지휘할 줄 아는 자로 단순한 박자기계"라고 했다. 바그너의 지휘법을 계승한 이들은 한스 폰 뷜로, 구스타프 말러, 리하르트 슈트라우스, 아르투어 니키슈, 빌헬름 푸르트벵글러다.

바그너처럼 문학과 음악의 재능을 아우른 이로 엑토르 베를리오즈와 로베르트 슈만이 있다. 또 여러 장르를 넘나들며 음악을 작곡한 외에 초인적인 피아노 연주로 당대를 풍미한 프란츠 리스트도 있다. 하지만 전자는 바그너에 비해 능력 범위가 넓지 않고, 후자는 작곡가로서 바그너를 넘어서지 못했다. 바그너의 다양한 역할자로서의 활동은 당대 음악인들에 앞서며 현대의 레너드 번스타인, 앙드레 프레빈, 다니엘 바렌보임을 따돌린다. 그런 연유로 바그너에게는 '백만금의 인물', '천년의 인간', '희대의 슈퍼스타', '바이로이트의 마법사' 등 많은 별칭이 붙었다. 또 그 같은 인물을 다시 보기 힘들다는 뜻에서 '거성들의 마지막 주자'로 부르기도 하며, 바이로이트 극장 건립 당시 얻은 별명은 '돈 먹는 괴수'였다.

바그너는 당대의 유럽 음악계를 평정했으며 그 파급력은 지금도 여전하다. 그의 언동은 권력을 누를 만큼 위세가 있었고 그의 인기는 독보적일 만큼 대단했다. 그 예로 바이에른의 군주 루트비히 2세는 그의 조력자가 되기를 자청했다. 또 그가 브람스의 본거지인 빈에 머물 때면 그를 지지하는 시민들의 열기가 바그너의 반대편에 선 자들의 입지를 좁혔다.

당시 바그너와 비견되는 작곡가는 주세페 베르디가 유일했다. 하지만 베르디조차 그의 영향력을 능가하지는 못했다. 많은 작곡가가 바그너에 대적하거나 그를 극복하려 했으나 모두 그의 영역 안에 들었을 뿐이다. 그 보기로 영국과 동구, 러시아권 작곡가들의 오페라는 바그너의 것에 비교할 수 없으며, 독일의 리하르트 슈트라우스는 비범하지만 후계자의 지위에 머문다. 그 점에서 바그너는 현대 오페라의 길을 개척한 음악가다. 아울러 거의 모든 유럽 작곡가가 그의 창작 스타일을 추종하거나 극복하려 한 데서 바그너는 현대음악의 창시자로도 볼 수 있다. 클로드 드뷔시가 인상주의 음악을 만들고, 이고르 스트라빈스키가 혁신적인 리듬기법을 꾀하고, 아르놀트 쇤베르크가 무조음악으로 나간 것이 실은 바그너를 넘어서고자 한 의도로 읽히기 때문이다. 따라서 "엄청난 재능은 주변의 다른 재능을 황폐화시키는 재앙적 요소"(니체)를 지니지만, 동시에 '주변의 다른 재능을 꽃피우는 선도적 역할'도 한다.

이렇듯 바그너는 19세기 유럽을 풍미한 슈퍼스타였다. 하지만 바그너의 외모는 볼품없는 편에 가깝다. 얼굴선이 인상적이긴 하나 거칠고 주걱턱이다. 체격은 야윈 편이고 키는 작다. 그럼에도 그의 여성 편력은 화려했다. 그의 바람둥이 성향 못지않게 그의 연인이 되고자 하는 여성들이 줄을 이은 까닭이다. 그는 '공작새의 꼬리(천재)를 과시하는 인물'로, 이내 시들어 버릴 신체적 매력은 유별난 지적 재능에 비교할 바가 못 된다.

한편 바그너는 음악을 이념화했다는 점에서 논란이 많은 작곡가이며, 단적으로 표현하기 힘든 인성으로 인해 호오가 극단으로 갈리는 인물이다. 그는 연민의 정이 많은 것만큼 비정한 면도 많았다. 또한 형편에 따라 간교한 언행을 보이거나 오만한 태도를 취하는 데 주저함이 없었다. 그는 책임도 못 질 빚을 얻어 호화 생활을 하다가도 파산 직전에 이르면 아무에게나 도움을 청하는 일에 개의치 않았다. 그는 처세에 갈등이 없는 인격으로 몰염치함과 표리부동함을 지닌 인물이었다. 이러한 성품은 그 자신이 연극배우의 가정에서 자라난 데서 연유하는데, 드라마를 방불케 하는 파란만장한 그의 삶 역시 여기서 비롯한다. 그는 현실 무대에서 일급 연기자였던 셈이다.

여러 면에서 바그너는 모순으로 뭉친 천재다. 사실 인격의 모순성과

다면성은 재인과 천재를 가르는 잣대 중 하나다. 천재로 일컬어지는 이들의 성향은 좀체 가늠할 수 없고, 그들의 사고는 언제나 변화를 추구하기 때문이다. 그래서 그들의 아이디어는 파격성과 독창성을 갖는다. 비상한 열정과 몰입, 남다른 통찰력과 성취욕도 한 특징인데 세계문화사의 앞 열에 위치한 대부분의 인물이 그렇다.

또한 바그너는 루터, 니체와 더불어 가장 독일적인 인물로 불린다. 이들은 모두 자기 확신이 강하고 카리스마가 넘치며 신비로운 마력을 지녔다. 특히 바그너는 루터의 용기와 교활함을 닮았으며, 니체로부터 존경과 질시를 받은 외에 민족주의 성향이 강한 점에서도 게르만 정신의 정수에 속한다. 니체는 "바이로이트 극장이야말로 독일의 진정한 표상"이라고 하지 않았던가. 바그너의 악극만큼 독일 냄새를 물씬 풍기는 것이 또 있을까. 이를 입증하기라도 하듯 바그너는 비망록에 "나는 독일인 중에서도 가장 독일인이다"라고 적었다.

바그너가 초기 오페라를 작곡한 1830년대와 1840년대는 독일에서 민족적 색채의 오페라와 유희적 취향의 오페라가 지배하던 때로, 민족적 색채를 띤 오페라의 경우 카를 베버가 요절한 뒤로는 그의 역량에 못 미치는 하인리히 마르슈너와 알베르트 로르칭에 의해 명맥을 유지할 따름이었다. 그에 비해 이탈리아 오페라는 인기 면에서 유럽을 장악했으며, 프랑스 오페라는 볼거리 면에서 맹위를 떨쳤다. 그래서 바그너의 입지는 무척 좁았으나, 그것은 기회이기도 했다. 즉 그의 작품은 독일 오페라의 침체기를 벗어나려는 염원과 이탈리아와 프랑스 오페라의 진부함을 깨뜨리려는 포부의 소산이었다. 혹시 그때 독일이 유럽의 음악계를 선도할 수준이었다면, 바그너는 현실에 안주한 작곡가에 머물지 않았을까.

바그너는 타 장르의 음악 작곡에 뛰어났음에도 교향곡은 두 작품(C장조와 미완성작 E장조)을 남겼을 뿐이다. 그가 이 방면에 거리를 둔 것은 자신의 적성에 맞지 않거나 역량이 모자란 탓이 아니라, 교향곡은 베토벤의 제9번(합창)을 끝으로 완성되었다고 보았기 때문이다. 대신 그는 『합창 교향곡』에서 가창과 관현악이 한데 어울려 빚어내는 감동과 열광을 다르게 연장하고 확장하고자 마음먹었다. 그것이 오페라로, 그가 악극의 양식을 만든 동기는 여기서 비롯한다. 따라서 그가 작곡한 악극은 엄밀히는 '오페라의 교향곡' 또는 '드라마 심포니'로 불러야 한다. 그 점은 베를리오즈가 작곡한 극적 교향곡 『로미오와 줄리엣』이 극음악의 형식을 취한 오페라이고, 리스트가 작곡한 교향시가 단악장의 형식을 취한 교향곡인 것과 다르지 않다.

바그너는 일흔 살까지 사는 동안 오페라 창작에 집중했으나 작품 편수는 열세 편을 넘지 않는다. 작곡과 집필을 병행한 데다, 대외 활동과 자기계발을 위한 독습을 꾸준히 한 까닭이다. 하지만 그의 작품은 결코 숫자만으로 평가할 수 없다. 작품 규모와 깊이에서 그의 것과 비교할 오페라를 찾기가 힘들기 때문이다.

그는 바그네리안 소프라노(바그너 오페라에 능한 소프라노)와 헬덴 테너(영웅적 테너)로 대표되는 드라마틱 음성의 영역을 개척함으로써 성악의 발전을 가져왔으며, 『방황하는 네덜란드인』의 여주인공(젠타)에서 『파르지팔』의 여주인공(쿤드리)에 이르는 개성을 창조하고 그들의 노래 성격을 제시함으로써 오페라 발전사에 한 획을 그었다. 아울러 그의 작품은 공연 횟수가 누적되고 가창자의 노래 해석에 연륜이 쌓이면서 누구도 범접하기 힘든 그만의 음악 세계를 구축했다.

바그너는 겉과 속이 다른 데다 교활한 면을 지닌 인물이다. 그럼에도 그는 걸출한 이름으로 기억되고 있으니, 그에게 인격적 결함은 되레 천재성과 결부되어 훌륭한 음악을 낳는 동인이었던 셈이다. 그래서일까. 그는 찬탄과 경멸이 교차하는 예술가로 알려졌으며, 그가 창조한 악극은 지금껏 이해하기 힘든 음악으로 평가되고 있다. 이 점은 많은 사람이 그를 기피하고 그의 음악을 불편해하는 이유다. 바그너의 사악한 면이 그가 만든 음악에 옮아왔을지 모른다는 선입견 때문이다.

실제로 그의 오페라 작품은, 魔의 사운드라도 되는 양 화려한 색감과 극적인 분위기를 자랑한다. 음향은 청각을 압도하고 악곡은 듣는 이를 사로잡는다. 이러한 사운드는 귀를 솔깃하게 만들어 그의 마력에 걸려들면 헤어나기 힘들 정도다. 그는 복잡한 악곡 구조를 단일하게 구성하는 능력이 뛰어나며, 관현악을 한데 아우르는 데도 뛰어난 실력을 지녔다. 그 점에서 그는 스펙터클한 규모가 특징인 대작주의 작곡가이며 통섭의 예술가라 하겠다.

바그너는 주로 설화를 소재로 대본을 썼다. 따라서 이야기는 신비롭고 환상적인 내용으로 가득하다. 반면 음악은 대체로 짙고 두터운 느낌을 주는 음향으로 꾸며져 구체적으로 들린다. 또 귀에 솔깃한 유도동기를 사용함으로써 극 중 인물, 사건, 배경 등이 눈에 보이는 듯하다. 그 점에서 바그너의 악극은 탁월한 종합 능력과 지적 상상력이 만든 오페라다. 세계 음악사에서 바그너처럼 독창적인 재능과 비약적인 창작 과정을 보여 준 이는 드물다.

바그너는 독창적인 아이디어와 풍부한 상상력을 지닌 음악가였다. 그는 반음계를 적극 사용한 것 외에도 새로운 화성을 시도해 관현악의 표현 영역을 무한대로 넓혔다. 그로 인해 그의 음악은 규모가 크고 극적인 인상을 준다. 여기에 사상과 상징까지 녹아 있어 가까이하기 힘

들다는 지적도 받는다. 그럼에도 그의 오페라에서 가려 뽑은 관현악곡
은 아름답고 장엄해 많은 사람을 감동시킨다. 결혼식장에서 들을 수 있
는 「결혼행진곡」도 유명하지만, 악곡에서 받는 느낌이 워낙 극적이어
서 「벤허」나 「스타워즈」의 영화음악을 듣게 되면 바그너가 연상될 정
도다. 그를 가리켜 영화음악의 선구자라고 말하는 이유다.

또한 바그너는 선율의 개념을 바꾼 작곡가로, 반세기나 앞서 새로운
기법을 시도했다. 그는 주제를 펼쳐 가는 대신 주제를 쌓아 가면서 악
구를 늘려 나갔다. 그걸 지탱한 것은 두 개 이상의 선율을 포개어 진행
하는 대위법이다. 그는 대위법을 여러 감정을 나타내는 표현 기법으로
응용하기도 하고, 음악 자체를 극화하는 기법으로 변용하기도 했다. 또
한 바그너는 반음계를 폭넓게 사용했다. 반음계를 사용하면 하나의 악
구가 끝났다는 느낌을 주지 않기에 곡을 계속 이어 갈 수 있게 만든다.
이른바 무한선율이 가능한 이유다. 또한 바그너는 때로는 기능 화성에
서 벗어나 자유로운 조바꿈을 시도함으로써 조성을 무시한 음악에 암
시를 주었다. 그를 가리켜 현대음악의 선구자라 부르는 이유가 여기에
있다. 한편 그는 문학을 음악 이상으로 중시했다. 그의 작품은 가사가
매우 중요한 극음악이면서도 관현악의 비중이 성악과 대등한 악극이
다. 따라서 양식 면에서 이전의 오페라와는 사뭇 다르다.

이처럼 바그너는 서양음악사에 큰 발자취를 남겼다. 그에게는 다방
면에 걸친 재능과 파란 많은 행적으로 인해 신화가 따라다니는데 그
중 하나가 그의 문헌에 관한 것이다. 즉 바그너와 관련한 문헌의 수는
예수와 나폴레옹을 제외하고는 어느 누구도 그를 능가하는 이가 없다
고 한다.[1] 또한 《바그너, 예술가의 이야기Wagner, histoire d'un artiste》(1932)
를 쓴 스위스 작가 기 드 푸탈레스Guy de Pourtalès에 의하면 바그너가 사

망한 1883년에 조사했을 때 그와 관련한 책과 논문이 만 편에 달했으며, 이후 49년(1883~1932) 동안 그 세 배에 이르는 수가 축적되었다고 한다. 바그너는 앞서 언급한 두 인물에 비해 문헌의 내용도 다양하고, 1차 자료도 풍부하다. 자신이 저술한 자서전, 에세이, 오페라 대본, 서신, 그와 아내 코지마가 쓴 방대한 양의 일기와 비망록이 그것으로, 난해한 오페라 내용에 더해 표리부동한 주장과 파렴치한 행동으로 논쟁을 불러온 사실 등이 그에 관한 연구를 기름지게 하는 원천이다. 그 점에서 그는 자기 저서와 음악, 자신에 관련된 연구, 작품 공연 등으로 가히 '바그너 산업'이라 불러도 좋을 엄청난 자산을 낳았다.

인물을 대상으로 글을 쓸 때의 난관 중 하나는 그에 대한 객관성 확보다. 바그너는 그가 쌓은 업적과 비슷한 정도로 비판을 받았던 탓에 중립을 지켜 내기 힘들다. 또 품성과 행적에서도 누구보다 이야깃거리가 풍부해 갈피를 잡기 어렵다. 이와 같은 사실은 바그너에 대해 글을 쓰려는 욕구를 돋우는 한편, 역으로 그에 대해 쓰기를 주저하게 만드는 한 요인일 것이다. 특히 그의 전기를 쓰려면 극히 난감할 터인데, 그 방면에서는 영국의 음악학자 어니스트 뉴먼이 1947년에 완간한 《리하르트 바그너의 생애》(네 권으로 총 2,500쪽에 달함)가 결정판이다. 그럼에도 바그너 전기는 지금도 출간되고 있다.

해당 분야에서 일가를 이룬 인물들은 후대에 끼친 영향력으로 말미

1. Barry Millington(ed.), *The Wagner Conpendium*(Schirmer Books, 1992), p.132. 이 말을 사실로 단정할 조사가 이루어진 적은 없다. 하지만 예수와 나폴레옹을 제외하고 바그너에 필적할 문헌 수를 가진 인물이 매우 드문 건 틀림없다. 《1955년 영국박물관 발행 총도서목록British Museum General Catalogue of Books》(1955)에 따르면 바그너 관련 문헌의 수는 바흐, 모차르트, 베토벤, 마르크스, 실러, 디킨스보다 많은데 이는 예시에 지나지 않는다. 참고로 한 인물의 이름이 여러 문헌에서 거론되는 수와 한 인물에 관한 문헌의 수가 많은 것은 구별해야 한다. 많은 책에서 그 이름이 자주 거론되는 인물은 주로 정치인으로, 구글에서 가장 많이 검색되고 있는 이는 히틀러다.

암아 시대와 관점을 달리하여 해석할 여지가 많다. 이는 그들의 전기서와 연구서가 후대인에 의해 거듭 새롭게 쓰이는 근거가 된다. 그 대상이 바그너라면 더욱 그러해서, 관련 책과 논문이 지금도 줄을 잇고 있다. 하지만 국내의 형편은 그렇지 못하다. 작품이 워낙 장대하고 난해해서인지 그의 오페라 공연을 보기조차 어렵다. 필자는 이처럼 외국과 대비되는 국내의 실정을 살펴, 그에 관한 글을 쓰기로 마음먹었다.

이 책의 이전 제목은 《인간 바그너》다. 한 인물에 관해서 쓴 인간론은 본인의 행적과 업적을 필자의 관점에서 논한 글이므로 이번에 《바그너 평전》으로 바꾸었다. 평전이니만큼 《인간 바그너》에서 소홀히 다루었던 바그너의 오페라를 비중 있게 다루었고, 보다 많은 정보를 담았다. 또한 이전 책에서 발견한 오류를 바로잡았으며, 일부는 수정하고 보완했다.

필자는 바그너를 입체적으로 이해하기 위해 전기서가 택하는 연대기식 접근에 주제별 접근을 병행했다. 따라서 각 장의 내용이 일부 겹치는 곳이 있다. 하지만 반복은 음악에서 듣는 묘미를 주듯, 전체 글의 맥락을 짚는 데 도움을 줄 것으로 생각한다.

끝으로 보잘것없는 글을 선정하여 귀한 책으로 만들어 주신 풍월당 박종호 대표님, 원고 검토와 조언을 해 주신 최성은 실장님, 편집과 교정·디자인에 노고를 아끼지 않으신 최원호 님과 장미향 님, 허성준 님, 이솔이 님께 깊이 감사드린다.

2024년 12월
오해수

차례

리하르트 바그너

Wilhelm Richard Wagner(1813~1883)

관련 문헌이 많기로는 예수와 셰익스피어, 나폴레옹에 버금가
며, 다윈과 마르크스를 넘어선다. 그보다 파악하기 힘든 인물
도, 그보다 이야깃거리가 다채로운 인물도 드물었다. 그처럼 장
대하고 독창적인 음악을 작곡한 이도 없었으며, 그처럼 엄청난
영향력을 미치고 격렬한 논쟁을 불러온 음악가도 없었다. 그는
리하르트 바그너다.

제1장   악극 같은 삶을 산 예술가

바그너는 유별나게 울퉁불퉁한 길을 달리는
롤러코스터의 삶을 살았다.

— Paul Dawson-Bowling, *The Wagner Experience and it's meaning to us*

잘츠부르크시가 모차르트의 성지라면 바이로이트시는 바그너의 성지다.
다른 점이라면 바이로이트시에는 바그너 오페라의 전용 극장이 있고,
작곡가의 무덤이 있다는 것이다.
바이로이트 거리 곳곳이 바그너를 떠올리는 이름으로 불리고 있으며,
해마다 바이로이트 극장을 찾는 관객들로 성시를 이룬다.

파란 많은 행적

리하르트 바그너는 자신이 이룬 업적만큼 그 삶도 비상했던 인물이다. 대체로 연구와 창작이 본업인 학자, 작가, 예술가 들은 그들의 성취와 비교해 삶은 단조로운 편이지만 바그너의 생애는 정치인처럼 굴곡이 심했다. 또한 그의 성격은 노련한 배우의 연기를 보듯 변화무쌍했다. 행동은 빈틈없고 처신은 기민했다. 사회성이 뛰어나 동료가 많았으며 다방면의 재능 덕에 추종자도 많았다. 반면 언사가 과격해 적도 많았다.

흔히 바그너의 인물 특징으로 네 가지를 든다. 하나, 전방위적 능력을 보인 점에서 괴력의 천재다. 둘, 종잡을 수 없는 성품을 보인 점에서 신비로운 인물이다. 셋, 새로운 양식의 악극을 만든 점에서 독창적인 작곡가다. 넷, 극적이고 열정이 넘친 삶을 살았다는 점에서 이야깃거리

바그너의 초상화(클레멘틴 에셔, 수채화, 1853년 작)

가 풍부한 위인이다. 그래서 혹자는 35년을 산 모차르트가 설령 그 두 배의 수명을 누렸다 한들 70세에 삶을 마감한 바그너처럼 다채로운 삶을 살지는 못했을 거라고 말한다. 이는 대하소설을 떠올릴 만큼 흥미진진한 바그너의 삶을 단적으로 나타내는 표현이다.

실제로 독일의 작가 카를 글라제나프Carl Friedrich Glasenapp가 저술한 《리하르트 바그너의 생애Das Leben Richard Wagners》는 총 여섯 권 3,100여 쪽으로 구성되어 전기물로는 분량이 가장 많다. 영화의 경우, 그의 생애를 다룬 장편영화 「리하르트 바그너Richard Wagner」(독일, 110분)가 1913년에 개봉함으로써 전기영화의 첫 테이프를 끊었다. 이후 1981년에 제작된 「바그너Wagner」(영국, 480분)는 역사 인물이 주인공인 미니드라마 가운데 가장 길다. 하긴 바그너야말로 15시간이 넘는 『니벨룽의 반지Der Ring

영화 「리하르트 바그너」(1913년 작)의 한 장면

des Nibelungen』를 작곡한 음악가가 아니던가.

바그너가 태어난 1813년은 나폴레옹 전쟁이 막바지에 이른 풍운의 시기였다. 그가 활동한 19세기는 천재의 세기였고 사회혁명의 세기였으며, 산업화의 세기였다. 바그너는 그 시대에 어울리는 예술가답게 혁신적인 음악을 작곡했으니, 그중 하나가 오페라 사상 전무후무한 『니벨룽의 반지』 4부작이다. 그의 작품은 당시의 것에 비해 형식과 내용 면에서 새로워 비판과 찬사를 함께 받았다. 또한 반유대주의를 비롯한 극단적인 주장을 펴 많은 논란을 불러왔다. 하지만 바그너의 음악은 가혹한 비판을 통해 걸작임이 입증되었으며, 그는 갖은 비난에도 불구하고 비범한 재능을 꽃피워 거장이 되었다. 이러한 점은 그가 역경을 이겨 내고 기회를 잡는 힘이 남달랐다는 사실을 말해 준다. 바그너는 운명을 슬기롭게 다스린 인물로, 그가 생애에서 만난 갖가지 행운과 불운은 자기 삶을 거듭나게 한 동기였다.

바그너는 자신에게 세 가지 장애가 있다고 했다. 하나는 그의 양부 가이어Ludwig Geyer(1779~1821)가 유대계 독일인이었다는 것이고, 둘은 아내 민나Christine Minna Planer(1809~1866)의 교양이 부족하다는 것이며, 셋은 소위 무산계층인 서민 집안에서 태어났다는 것이다. 하지만 위의 세 경우가 한 인간의 삶에서 장애가 될 수 있을까.

유럽에서 유대인 차별은 고대로까지 거슬러 올라갈 만큼 역사가 오래되고 그 뿌리가 깊다. 인간은 약자를 보호하기보다 차별하는 데 익숙하며, 속죄양을 두고 싶어 하는 까닭이다. 따라서 바그너가 양부의 핏줄에 대해 불편한 심경을 비친 점은 이해된다. 그러나 양부의 선조는 4대 이전부터 개신교로 개종한 데다, 가이어 자신이 주류 지식층에 동화한 예술가이므로 사실상 유대인으로서의 정체성은 잃었다고 볼 수 있다. 또한 바그너는 다방면에 재능을 지닌 양부로 인하여 태어나면서부터 지적 환경에서 자랄 수 있었으니, 불평은커녕 고마워할 일이다. 바그너에게 양부는 장애가 아니라 자신의 교양을 기름지게 만든 첫 인물이다.

바그너는 민나를 자신에게 어울리지 않는 배우자로 여겼다. 하지만 애원하다시피 청혼한 쪽은 그였다. 민나는 극단의 주연급 여배우로 바그너보다 네 살 연상이었으며, 여덟 살 난 혼외 딸을 데리고 있었다. 하지만 그녀의 미모와 큰 체격에 사로잡힌 바그너에게 그것쯤은 아무런 문제가 되지 않았다. 그녀의 자태는 잘생기지 못한 용모와 작은 키로 인한 자신의 열등감을 단박에 보상하는 이점이었기 때문이다. 게다가 여배우의 이미지는 그가 어린 시절부터 동경해 온 꿈의 화신이었다. 민나는 그의 열정에 기꺼이 따른 게 아니라 그의 고집에 마지못해 응한 것이다. 바그너는 나폴레옹이 그랬고 푸치니가 그랬듯이(두 사람의 배우자는 초혼이 아니었다), 순간의 충동으로 반려자를 택하는 격정적인 남자였다.

두 사람은 1836년 11월(바그너 23세, 민나 27세)에 부부로 맺어졌으나 사이가 원만하게 이어지지는 않았다. 쾌활하지만 경박한 아내와 불같은 성미에 완고한 남편의 결혼 생활은 시작부터 불행을 안고 있었기 때문이다. 하지만 파경의 책임은 민나보다 바그너 쪽이 더 크다. 아내의 잘못은 결혼 후 1년이 안 돼 부정을 저질렀다는 것이지만, 실은 남편의 무능한 가장 역할이 원인이었다. 민나는 신혼의 위기를 넘긴 뒤로는 궁핍한 생활을 잘 견뎌 냈으며, 남편의 외도도 잘 참아 냈다. 하긴 풍운을 달고 사는 남편의 뒷감당을 하느라 그녀는 불평할 여력도 없었을 것이다. 말을 바로 하자면 바그너는 여배우로 대성하고 싶었던 그녀의 앞길을 막은 인물이다. 민나가 바그너의 행로에 걸림돌이 아니라 바그너가 민나의 행복에 걸림돌이었다.

바그너가 서민 계층에서 태어난 것이 장애가 될까. 태어난 여건과 자라난 환경은 당사자가 어떻게 대처하느냐에 따라 복이 되기도 하고 독이 되기도 한다. 신체의 장애를 이겨 내고 성공한 이들도 많지 않은가. 그러므로 금수저를 물고 태어나지 않은 게 장애가 될 수는 없다. 바그너의 낭비벽과 사치는 이름났다. 연극인 집안에서 자라난 덕에 어려서부터 화려한 무대의상과 배우의 치장을 보아 왔기 때문이다. 예를 들어 그에게는 여성용 외투와 여성의 속옷을 즐겨 입는 복장도착증이 있었으며, 작곡을 할 때는 의식을 치르듯 값비싼 향수를 뿌리고 고급 의상을 입었다. 그에게 돈은 자신을 궁핍으로 내몬 증오의 대상이면서 온갖 사치를 누리게 한 감사의 대상이었다. 그는 돈이란 빈자의 모자람을 채워 주기보다는 부자에게 넘치도록 있어야 더욱 좋다고 생각한 졸부 근성의 사내였다.

그는 감당 못 할 돈을 꾸어 쓰는 데 주저함이 없었다. 담보는 완성되지 않은 오페라의 판권이었으나, 여기에 그의 입담과 넉살이 보태졌음은 물론이다. 빚이 눈덩이처럼 쌓일 때를 기다려 채권자로부터 달아나는 게 해결책이었는데, 1839년(26세) 7월 그가 악장으로 재직하던 라트비아의 리가에서 영국과 파리 등지로 도주한 것이 그 예다. 당시는 채무 상환을 강제하는 채무구류법이 있었으므로, 그로서는 필사적이었을 것이다. 대신 그는 24일간의 도피 여행을 하는 중에 배가 난파당할 뻔한 위험도 겪고 마차가 뒤집혀 거름 더미에 빠지는 등 갖은 고생을 했으니, 그 값은 치른 셈이다. 다만 마차가 뒤집혀 민나가 유산한 일은 응보라기보다 불행이었다.

바그너는 채무를 면할 목적으로만 도피한 게 아니었다. 그는 1849년(36세) 5월 드레스덴 봉기 때 프로이센군에 대항한 시민혁명대의 주동자였으나, 거사가 좌절되자 체포를 피할 목적으로 스위스로 도피했다. 그는 바리케이드 전면에 나설 정도로 만용에 넘쳤고, 손끝 하나 다치지 않을 만큼 운이 좋았다. 대신 1862년 3월 28일 완전한 사면령을 받을 때까지 13년 동안 망명자 신세로 지내야 했다. 또 그는 바이에른 왕국의 루트비히 2세Ludwig Ⅱ가 자신에게 과도한 지원을 아끼지 않자, 재정 파탄을 염려한 대신들의 압력으로 1865년(52세) 뮌헨에서 스위스로 떠나야 했다. 세 번에 걸친 도피는 그의 생애에서 중요한 전환점이 되었다.

원대한 이상

바그너는 작곡과 집필을 아우르고 지휘와 무대감독을 겸한 종합예술가였으나, 어려서 신동의 면모는 보이지 않았다. 그의 재능은 13세에 드러나기 시작해 21세에 궤도에 올랐다. 그 사이에 그는 그리스어 《오디세이》 24권 중 처음 세 권을 번역하고, 희곡 《로이발트Leubald》를 썼으며, 스무 편에 달하는 실내악곡 및 관현악곡, 교향곡 한 편을 작곡하고, 오페라 『요정Die Feen』(1834)의 대본 집필과 작곡을 혼자 힘으로 완성하는 등 놀라운 성과를 보였다. 이는 그 나이의 모차르트는 물론 멘델스존이나 슈베르트도 보여 주지 못한 재능이다. 뿐만 아니다. 오페라 작곡과 대본 집필을 겸한 예술가는 더러 있었으나, 그 규모와 역량에서 바그너를 능가한 이는 이전에도 없었고 이후에도 없다.

그에게 작가로서의 능력과 작곡가로서의 능력은 비등하다. 다만 작가로서의 면모가 상대적으로 주목받지 못한 것은 작곡가로서 해낸 그의 성취가 워낙 대단했기 때문이다. 그가 쓴 에세이들의 일부 문장이 완성도가 고르지 못하고 논리 전개가 매끄럽지 못하다는 비판이 있다.

이는 부인하기 힘들다 쳐도 그가 쓴 오페라 대본의 문학성은 치밀한 극 구성, 뛰어난 문장력, 풍부한 어휘 구사력, 유사모음의 반복과 두운법에 의한 언어적 기악편성 등에서 일품을 구사한다. 극작가이자 대본작가인 호프만슈탈Hugo von Hofmannsthal은 바그너의 오페라 대본을 읽어 본 소감을 "나는 범접할 수 없는 실력에 압도당했다. 모방할 수 없을만큼 완벽한 음악의 구현이 예상된다. 흐르는 강물이 풍경을 결정하듯, 그의 대본에서는 시의 풍경이, 이미 시인에게는 친숙한 선율의 강과 시내로 모양새를 갖추고 있다"[1]고 적었다.

바그너가 활동을 시작하던 유럽의 오페라 음악은 로시니와 도니체티, 벨리니가 이끄는 이탈리아 오페라와, 마이어베어와 알레비가 이끄는 프랑스 오페라가 양분하고 있었다. 그래서 바그너의 꿈은 카를 베버 Carl Maria von Weber(1786~1826)의 죽음으로 침체된 조국의 오페라를 중흥시키는 것이었다. 이후 그는 『요정』에서는 독일의 전통 오페라 기법을, 『연애금지Das Liebesverbot』(1836)에서는 이탈리아의 오페라와 프랑스의 코믹오페라를 가미한 기법을, 『리엔치Rienzi』(1840)에서는 프랑스의 그랜드오페라 기법을 단기간에 아우르는 종합 능력을 보였다.

영국의 철학자 브라이언 매기Bryan Magee는 모차르트나 로시니조차 스무 살에 『요정』만큼 훌륭한 오페라를 쓰지 못했으며, 스물여덟 살에 『방황하는 네덜란드인Der fliegende Holländer』(1841)만큼 뛰어난 오페라를 쓴 사람도 그 두 작곡가를 제외하면 없다고 했다.[2] 사실 『방황하는 네덜란드인』을 포함한 초기작은 『탄호이저Tannhäuser』(1845) 이후의 작품이 워낙 출중하여 상대적으로 무시되는 것이지 음악성이 모자라서가 아니다.

1. 조르주 리에베르, 이세진 옮김, 《니체와 음악Nietzsche et la musique》(북노마드, 2016), 131쪽.
2. 브라이언 매기, 김병화 옮김, 《트리스탄 코드Wagner and Philosophy》(심산출판사, 2005), 44쪽.

애초에 바그너의 역량은 과소평가된 면이 있다.『트리스탄과 이졸데Tristan und Isolde』(1859)를 공연하기까지 그는 작품으로 호평을 받거나 제대로 대접받은 적이 없었다. 그의 데뷔작『요정』은 생전에 공연된 적이 없었으며(1888년 초연),『연애금지』는 공연 이틀 만에 막을 내렸다. 출세작『리엔치』는 환호를 받았으나 완성도에서 호평을 받은 건 아니다.『방황하는 네덜란드인』은 여러 극장에서 무대에 올리기를 거절하여 2년이 지나서야 공연되었으며,『로엔그린Lohengrin』(1848)은 그의 정치적 망명으로 인해 2년 뒤 리스트Franz Liszt(1811~1886)에 의해 공연되었다. 또 1861년 3월 파리에서 공연한『탄호이저』는 프랑스인의 기호에 맞도록 제1막의 비너스 축제 부분에 발레를 넣었음에도 야유와 혹평이 이어져 작곡가 자신이 다음 공연을 취소했다. 더욱이『트리스탄과 이졸데』는 극장 측에서 상연하기 어렵다는 이유로 유보했다가 6년이 지난 뒤에야 루트비히 2세의 후원으로 공연할 수 있었다.

바그너는 비평가와 관객의 홀대에 주눅 들지 않았다. 그는 머지않은 장래에 유럽 음악계를 석권하겠다는 자신감에 넘쳤다. 성공이란 실패를 무릅쓰는 능력과 동의어라고 하지 않던가. 그의 체력은 강인했고, 의지는 불굴이었다. 바그너 음악의 강점은 가혹한 비판을 통하여 입증된 위대함에 있다. 그는 니체Friedrich Wilhelm Nietzsche(1844~1900)가 표현한 대로 "온갖 역경을 이겨 낸 오르페우스"였다. 그에게 이탈리아의 오페라는 깊이가 모자랐고, 프랑스 오페라는 무게가 모자랐다. 대가가 되겠다는 그의 바람은 결코 망상이 아니었다. 그는 자신이 그토록 염원하던 독일 오페라의 위대한 계승자가 되었다. 또 자신을 푸대접한 프랑스 음악계를 바그너 일색으로 물들였으며, 베르디가 지배하던 이탈리아를 사로잡았다.

그는 자신이 귀족의 피를 물려받았
다는 망상에 사로잡히기도 했다. 그
이유로 그는 꿈을 예로 들었다. 하나
는 프로이센의 프리드리히 대왕으로
부터 볼테르와 같은 지위를 부여받
은 꿈이고, 다른 하나는 프로이센 왕
국의 왕비가 친어머니로 보였다는 꿈
이다. 그는 꿈이 비밀을 현시하는 힘
이 있다고 보았는데, 실제로도 그는

바그너의 외조부,
바이마르 왕국의 콘스탄틴 왕자

자기 어머니가 바이마르 왕족의 피를
받은 것으로 믿었다. 미국의 음악학자 로버트 구트먼Robert W. Gutman은
저서에서 피혁공의 딸 도로테아 이글리쉬Dorothea Iglisch가 1763년 제빵
사 요한 패츠와 결혼하여 세 자녀를 두었으며, 그 뒤 그녀가 바이마르
왕국의 콘스탄틴Friedrich Constantin(1758~1793) 왕자와 밀회하여 바그너
의 어머니 요한나Johanna Rosine Pätz(1774~1848)를 낳았다고 적었다.[3]

그렇다면 그가 왕후장상을 방불케 하는 생활을 한 것이나, 장대하고
규모가 큰 오페라를 작곡한 것이나, 자기 작품만을 연주할 극장을 짓
기로 한 심리적 배경이 설명된다. 그런데 그의 꿈은 망상으로 그치지
않았다. 프리드리히 대왕에 의해 주어지는 높은 지위는 그가 루트비히
2세를 만남으로써 이루어지고, 그가 계획한 전용 극장은 바이로이트
축제극장의 건설로 현실이 되었기 때문이다. 원래 망상은 부정적 의미
를 갖지만, 바그너에게는 삶을 긍정적으로 이끈 동기였다.

3. Robert W. Gutman, *Richard Wagner The Man, His Mind and His Music*(Time-Life Inc., 1972),
pp.32~33.

숫자 13과 물

바그너의 생애에서 숫자 13과 물과의 인연은 고리처럼 이어져 있다. 그의 전체 이름 Wilhelm Richard Wagner 가운데 흔히 쓰는 Richard Wagner의 자모 수는 열세 자다. 그의 출생 연도는 1813년이고 그가 사망한 1883년의 임종일은 2월 13일, 그가 사망한 날은 독일이 통일된 1871년에서 13년째 되는 해다. 또 그가 조국을 떠나 망명 생활을 한 기간은 13년이며, 『탄호이저』 총보를 완성한 날은 1845년 4월 13일, 오페라 공연사상 참혹한 실패로 기록된 『탄호이저』의 파리 개막일은 1861년 3월 13일, 그가 작곡한 오페라는 13편, 바이로이트 극장의 개관일은 1876년 8월 13일, 그가 마지막 작품 『파르지팔』의 총보를 완성한 날은 1882년 1월 13일, 그가 베네치아로 떠나기 전 바이로이트에서 마지막 밤을 보낸 날은 1882년 9월 13일이다. 심지어 그의 최대 후원자인 루트비히 2세가 죽은 날도 6월 13일이다. 일련의 사건과 특정 숫자와의 연관성은 수비학數秘學, Numerology으로 알려져 있으나, 실은 우연한 집합의 결과일 뿐이다. 그럼에도 이처럼 중요한 날이나 기억할 만한 일에 13이란 숫자가 따라다니는 기이한 일치를 흘려버릴 수만은 없다.

그는 코지마에게 민나가 가출했을 때 꾼 꿈 이야기를 해 준 일이 있다. 내용은 그가 민나의 뒤를 쫓아가자 그를 비추던 달이 태양으로 바뀌면서 열세 개가 되었다는 것이다(1880년 4월 11일 자, 코지마의 일기). 그는 이 꿈을 후일 코지마를 만나게 될 예지몽으로 풀이했다. 원래 13은 불길함과 죽음, 부활과 생명이란 상반되는 의미를 함께 갖고 있다. 또 13은 이상주의를 지향하는 비밀결사 프리메이슨이 선호한 수로도 알려졌다. 결국 숫자의 의미는 정하기에 따른 것으로 그에게 13은 길한 숫자였다. 따라서 민나와 헤어지는 대신 평소 자신이 바라던 여성을 아내로 맞이한 데서 그렇게 풀이했을 것이다. 그는 역경과 행운이 교차하는 삶을 되풀이하는 동안 13이란 숫자가 갖는 의미에 대해 골똘히 생각하곤 했다.

바그너에게 숫자 13이 실체가 없는 강박이라면, 물은 그의 사고를 지배한 무의식이었다. 물과의 인연은 소년 시절부터 시작되었다. 그는 가족 중 가장 친했던 막냇누이 체칠리에와 많은 추억을 쌓았는데, 연극에서 본 유령을 연기한답시고 각자 속이 빈 호박을 뒤집어쓴 채 행인을 놀래 주거나, 둘이서 신발 한 켤레를 하나씩 나누어 신고 놀이를 했다. 그러다 천둥을 동반한 폭우를 만날 때면 남매는 겁에 질려 어깨동

바그너의 추억담을 듣고
에른스트 키츠가 그린 소묘화.
짓궂은 장난을 치고 꾸지람을
듣는 바그너와 체칠리에.

무를 한 채 한참 동안 비를 맞고는 했다. 또 한번은 바그너가 열 살 때 바비큐 파티에서 양부가 만들어 준 목각인형을 배역 삼아 동석한 친지들에게 자작 동화를 들려준 일이 있는데, 도중에 소나기가 퍼붓자 그를 제외하고는 모두 실내로 들어갔다. 하지만 그는 5분 남짓 비를 맞으며 남은 이야기를 마저 끝냈다. 어머니는 눈물을 훔치는 아들의 손을 잡고는 대견한 마음에 "기쁨이 비가 되었구나. 네가 오늘 맞은 비가 장차 큰 복이 되어 너를 흠뻑 적실 거야" 하고 격려해 주었다.

스물여섯 살 바그너는 비가 아닌 물 폭탄을 맞아 하마터면 수장될 뻔했다. 그는 리가에서 채무자를 피해 도주하던 중 동프로이센의 항구에서 런던으로 가는 선상에서 첫 번째 폭풍우를 만나 노르웨이에 일시 정박했다. 하지만 거기서 목적지로 향하는 선상에서 만난 두 번째 폭풍우는 그보다 더 심한 것이었다. 그가 익사하지 않은 건 천운이었다. 한편 라인강과 스위스에 소재한 루체른 호수는 그에게 『트리스탄과 이졸데』와 반지 4부작의 악상을 떠올리게 한 장소였으며, 1872년 5월 22일 자신의 59번째 생일을 맞아 거행한 바이로이트 극장의 정초식 날에는 이른 아침부터 비가 내렸다.

물은 그가 작곡한 오페라의 중요한 극적 장치다. 『방황하는 네덜란드인』은 그가 항해 중에 구상한 작품으로 바다가 주 무대이며, 『로엔그린』의 중심인물은 백조가 끄는 배를 타고 육지에 당도한 미지의 기사다. 또 『트리스탄과 이졸데』는 선상에서 이야기가 시작되어 바다를 건너온 이졸데의 품에 트리스탄이 안겨 죽으면서 끝난다. 『니벨룽의 반지』에서 근본적인 유도동기는 물 또는 물결의 동기로 불리는 '자연의 동기'와 '라인의 동기'이며, 황금을 지키는 라인강의 세 처녀가 반지를 빼앗기는 데서 시작하여 그 반지가 그들에게로 돌아오면서 끝난다.

바그너에게 가장 극적인 물과의 인연은 자신의 죽음과 관련한 것이다. 그는 1883년 2월 13일 물의 도시 베네치아에서 죽어, 시신이 곤돌라에 실려 운구되었다. 참으로 로맨티스트다운 피날레였으니, 이처럼 낭만적인 장례여행이 또 있을까 싶다. 바그너와 물과의 인연은 그가 죽은 뒤에도 이어졌다. 그의 둘도 없는 후원자 루트비히 2세가 1886년 6월 13일, 슈타른베르크 호수에서 익사했기 때문이다. 당시 그는 퇴위 상태로 고독과 우울증을 겪긴 했으나, 자살로 보기에는 석연찮은 점이 많았다. 그래서 각료들이 그를 거추장스러운 존재로 여겨 살해했다는 설이 떠돌았다. 혹시 바그너의 혼령이 수면에 나타나 그를 향해 물속으로 들어오라며 손짓했다면 지나친 상상일까.

자기 삶의 설계자 바그너

바그너는 자신이 말한 세 가지 장애를 슬기롭게 풀어냈다. 그는 반유대주의에 동조했으나, 실제로는 유대인과 교류함으로써 갈등에 대처했다. 또 하나의 장애였던 민나는 그녀가 죽은 뒤 코지마Francesca Cosima Liszt(1837~1930)와 재혼함으로써 해결되었다. 코지마는 작곡가 리스트의 딸로 민나의 용모에는 미치지 못했지만, 그녀에게 없는 지성과 현명함을 갖추어 바그너의 이상적인 내조자가 되었다. 또 남편의 사후에는 바이로이트 극장의 수장이 되어 빈틈없이 극장을 운영했으며, 남편과의 사이에서 태어난 자녀(딸 둘, 아들 하나)로 하여금 바그너의 유지를 잇게 했다.

바그너의 장애 가운데 금전 문제는 그가 사치벽과 낭비벽을 버림으로써 해결한 게 아니라 후원자를 둠으로써 해결했다. 바그너가 어머니처럼 따랐던 율리에 리터 부인과 부호 마틸데 베젠동크 부인이 그들이다. 다만 그들의 도움은 한계가 있는 데다 교류가 끊기면서 지원금도 끊겼다. 그럼에도 그의 과소비 버릇은 여전하여 1863년(50세)에는 두 차례나 무리하게 국내외 장기 공연을 열어 적자 가계를 메웠다. 하지만 한강에 돌 던지기, 급기야 다음 해 3월에는 부채로 인한 구금을 면하기 위해 당시 거주 중이던 빈을 벗어나 몸을 숨겼다. 바로 그즈음 구세주처럼 등장한 이가 바이에른의 국왕 루트비히 2세다. 바그너는 그로 인해 밑 빠진 자기 금고를 때움은 물론 저택을 하사받고, 바이로이트 극장을 건설하는 소망까지 일거에 해결할 수 있었다. 루트비히 2세야말로 바그너의 인생무대에서 위기에 처한 주인공을 일거에 구해 준 데우스 엑스 마키나Deus ex Machina[4]였다.

만일 바그너가 초기의 역경을 감내하지 못했다면 어찌 되었을까. 필시 행운은 만나기 힘들었을 테고, 그랬다면 꿈을 이루지 못했을지 모른다. 그의 강점은 위기 때마다 드러나는 강인한 생존력이다. 그를 체력적으로 강인하게 만든 것이 어린 시절에 겪은 죽음의 고비(위중한 질환)였다면, 그를 정신적으로 단련시킨 것은 여러 차례에 걸친 고난이었다. 바그너는 극도로 궁핍했던 파리 시절을 인내와 창작열로 버텨 냈다. 그는 일상의 공복감을 지식의 포만감으로 채웠으며, 초라함을 느낄 때는 투지를 불태웠다. 이 시기에 그는 글을 가장 많이 쏟아 냈을 뿐 아니라 자신의 고유한 음악 스타일을 정립하고 대가가 될 결심을 했다. 이국을 전전하던 망명 시기에 그의 창작력은 넘쳐났다. 또 반대파로부터 집요한 비판을 받는 동안 그의 음악은 한층 원숙해졌다. 그 힘은 역경을 자

---

4. 고대 그리스 연극에서 난마처럼 얽힌 상황을 단번에 해결하는 극작술. 말 그대로 '기계를 타고 내려오는 신(해결사)'은 동양에서 쓰는 천우신조天佑神助의 뜻보다 더 나아간 것으로 위기를 해결하거나 결말을 짓기 위한 장치로는 안이하여 지금은 기피하고 있다.

산으로 삼는 슬기에 있었다. 그는 오래 인내하고 끈기 있게 노력하는 대기만성형 천재였다.

바그너는 재능에 안주하지 않았다. 천재성은 DNA에 기반한 복권일 뿐으로, 게으른 천품은 열매 맺지 못하는 유실수이기 때문이다. 그의 성취는 새로운 음악을 작곡하려는 노력에 의한 결과였다. 그는 자신이 목표한 바를 이루기 위해 의지를 굽히지 않는 집념의 인간이며, 성공을 방해하는 어떠한 장애물이나 갈등도 회피하지 않는 파우스트형 인간이었다. 다만 목적을 위해서라면 수단과 방법을 가리지 않는 파우스트였다.

결국 바그너는 그토록 원했던 거장이 되었고, 그토록 가지고자 했던 부를 거머쥐었다. 그는 유럽 음악계에 군림하는 예술권력이었으며, 슈퍼스타였다. 무명에다 궁핍했던 파리 시절과 망명 생활을 떠올릴 때, 그의 원대한 소망은 애초에는 과대망상이나 다름없었다. 하지만 그는 그 꿈을 이룸으로써 그것으로부터 해방되었다. 그는 만년에 거주할 저택의 이름을 반프리트Haus Wahnfried로 지었다. Wahn은 망상으로, Fried는 평화로 풀이되는데, 그는 저택의 이름대로 생애 동안의 굴레인 망상에서 벗어나 평화롭게 안식을 취할 수 있게 되었다.

바그너의 성공 요인은 무엇일까. 그는 중대한 고비를 맞았을 때 대처하는 속도가 무모하리만큼 빨랐다. 신속한 결단력은 자신의 강한 추진력에 힘입어 문제 해결의 성공률을 높였다. 다음으로 꼽을 수 있는 요인은 그의 천재성과 성취욕이다. 실은 그는 욕구를 자제하기보다 무리해서라도 그걸 채운 인물이다. 그 수단은 이재가 아니라 수완과 재능이었는데, 그 원동력은 자신이 추구한 이상(문학과 음악)과 꿈(거장이 되는 것)이었다. 하긴 이상을 실현하는 데 꿈만 한 게 있으며, 꿈을 재현하는 데 예술만 한 게 있을까. 예술가에게는 두 가지 역할이 있다. 하나는 현실을 소재 삼아 예술로 승화시키는 것이고, 또 하나는 예술을 빌려 삶을 풍성하게 만드는 것으로, 두 임무를 누구보다 잘해 낸 이가 바그너이리라. 그의 삶은 한 편의 잘 짜인 서사 드라마를 떠올리게 한다.

그의 조상은 성으로 미루어 '마차를 만드는 장인Wagon Master'이었다. 가족 이름의 유래는 선조의 직업을 의미하고, 후손의 운명을 함축한다. 즉 여행 수단을 의미하는 마차는 바그너가 생애 동안 정처를 옮겨 다닌 풍운의 인간임을 말해 주며, 마차를 움직이는 수레바퀴는 운명을 상징하므로 역경을 견뎌 내고 행운을 쟁취한 운명의 주재자임을 말해 준다.

미국의 시인 워즈워스 롱펠로가 썼듯이 "모든 사람은 자기 운명의 건축가All are architects of fate"이며, 누구든지 "행운을 수정Corriger la fortune" 할 수 있다. 하지만 운명을 제대로 디자인하는 자는 드물다. 그런데 그가 처세의 달인, 바그너라면? 바그너는 연극인 집안에서 자라나 어려서부터 악한 역과 영웅 역, 순진한 배역과 교활한 배역을 넘나드는 배우의 연기를 눈여겨보아 왔다. 그 덕에 그는 자신을 일급배우로 여겨 액운은 행운으로, 작은 행운은 큰 행운으로, 위기는 기회로 바꾸는 데 능란했다. 그래서 그가 만들어 간 삶의 여정은 흥미롭다. 그는 운명에 저항하지 않고 이용함으로써 운명을 데리고 논 인생무대의 스타였다.

생각해 보면, 빈한하지만 보람찬 인생도 있고, 화려하지만 공허한 인생도 있다. 바그너는 두 삶을 두루 겪은 한편 누구보다 알찬 생애를 누렸다. 또한 누구는 능력에 비해 과도한 꿈을 이루려다 실패자가 되고, 누구는 꿈을 잘못 설계하여 낙오자가 된다. 바그너의 소망은 원대했으나, 능력이 따라 주었던 데다 꿈을 설계하는 솜씨가 뛰어나 음악계의 거목이 되었다. "운명은 용기 있는 자를 사랑한다"고 했듯이 그는 행운을 날개 삼고 불운을 무기 삼아 자신의 명운을 자기 의도대로 이끈 것이다. 그는 유도동기Leitmotif라는 음악적 장치를 사용하여 자신의 음악을 걸작으로 만들었듯이, 자기 삶의 동기Life Motif를 잘 설계하여 성공한 인물이 되었다.

결론 삼아 말하자면 "그는 천재와 광기의 외줄 위를 롤러코스터를 타고 지그재그로 달리는 삶을 살면서 소망을 성취한 인물이자 경이로운 사운드를 만들어 낸 독창적인 음악가"였다.

제2장   종합예술가의 등장

바그너가 태어난 1813년,
독일의 작가 요한 파울 리히터Johann(Jean) Paul Richter(1763~1825)는
후일 바그너 음악의 성지가 될 바이로이트의 자택에서
이상적인 예술가를 찾고 있었다. 그는 일기에 다음과 같이 적었다.
"아폴론 신은 언제나 오른손으로 시를 쓰고 왼손으로 음악을 짓는 재능을
각자에게 쥐여 주었다. 재능을 따로 가진 두 사람은 이 시각 도처에 있다.
우리는 이 두 가지를 모두 할 수 있는 자를 아직도 기다리고 있다."
그의 예언은 그로부터 20년 뒤에 실현되었다.

— Terry Quinn, *Richard Wagner The Lighter Side*

친부와 양부 사이

리하르트 바그너는 1813년 5월 22일, 작센 왕국 제2의 도시 라이프 치히 내 유대인 거주지 브륄에서 태어났다. 당시 3만 3000명이 거주하던 라이프치히는 동력기계와 악기 제조가 주산업인 경제도시였으며, 서적 출판과 음악의 전통을 자랑하는 문화도시였다.

그 무렵 유럽은 나폴레옹 전쟁(1796~1814)이 막바지로 치닫던 때로, 점령지를 유지하려는 프랑스군(주변 동맹국 포함)과 그들을 몰아내려는 연합국(프로이센, 오스트리아, 러시아 등)이 다투는 상황이었다. 바그너는 두 진영의 군대가 라이프치히로부터 145킬로미터 떨어진 바우첸에서 자웅을 겨룬 다음 날 오전 4시경에 고고지성呱呱之聲을 울렸으니, 산모는 분만 중에 멀리서 들려오는 포성을 들었고, 영아는 태어나면서 풍운을 업었다.

독일 내 소국이었던 작센 왕국은 나폴레옹에 점령당한 1806년 이래 친불 노선을 취하고 있었다. 목적은 전쟁의 참화를 피해 갈 요량이었으나, 역설적으로 라이프치히가 완충지대였던 탓에 그곳은 장차 유럽 최대의 격전지가 되었다. 그로부터 5개월 뒤, 양측은 국제정치의 지형을 바꿀 국가 간 전투Battle of the Nations(1813. 10. 16~10. 19)를 치르기 위해 라이프치히에서 다시 격돌했다. 그 결과 전황은 그때까지 치른 전투 중 가장 참혹하여 군인과 민간인을 포함한 쌍방의 사상자가 11만에 달했다. 하지만 승패는 연합국의 우세로 종결되었다. 군사력으로 유럽을 제패한 나폴레옹은 장차 음악으로 유럽을 석권할 바그너의 고향에서 쇠락의 길로 접어든 것이다.

이 전란으로 바그너의 아버지 프리드리히Carl Friedrich Wilhelm Wagner (1770~1813)는 목숨을 잃었다. 사인은 전시 중에 창궐한 발진티푸스였다. 지역 일대는 전상자로 가득한 데다 미처 묻지 못한 시신이 널렸을 정도이니, 경찰관인 그가 공무 중에 병사한 것도 무리가 아니었다. 전쟁으로 인한 바그너가의 불행은 거기서 그치지 않았다. 다음 해(1814) 1월에는 바그너의 다섯 살 난 누나 마리아 테레제와 할머니가 며칠 사이로 목숨을 잃었다. 유아 사망률이 높았던 시절이라 전쟁이나 역병 같은 재해가 생겼을 경우 그 수는 더욱 늘어날 수밖에 없는 때였다. 따라서 젖먹이 바그너가 무사할 수 있었음은 천만다행이다. 반면 막내 리하르트(바그너)는 태어난 지 여섯 달 만에 아버지를 여의었다. 리하르트 바그너와 양부 루트비히 가이어의 인연은 이로써 맺어지게 된다.

가이어는 예사 양부가 아니었다. 그는 변호사인 아버지의 바람대로 라이프치히 대학교 법학과를 졸업한 뒤 어려서 소질이 있던 그림 그리기와 글쓰기, 연기 등을 연마하여 화가와 극작가, 배우를 겸했다. 연극 감상을 즐겼던 프리드리히는 자연스럽게 가이어와 가까워졌고, 그들은 1806년 이래 둘도 없는 벗이 되었다. 가이어가 소속된 극단은 겨울 시즌(10월~3월) 때는 드레스덴에서 공연했으며, 여름 시즌(4월~9월) 때는 라이프치히에서 공연했는데, 1812년 여름 시즌 때 그는 프리드리히의 배려로 친구의 집에 하숙인으로 머무를 수 있었다. 예술 애호가였던 프리드리히는 이미 카를 베버를 하숙인으로 들인 적이 있었으므로 그가 처음은 아니었다. 그런데 다음 해 전운을 감지한 극단 측이 여름철 공연 장소를 보헤미아(지금의 체코)의 휴양지 테플리츠로 이전하면서 가이어도 함께 떠났다.

　이해하기 힘든 일은 가이어가 새로운 공연지로 옮겨 간 그해에 일어난다. 1813년 7월 21일, 요한나 패츠가 두 달 된 갓난아이 리하르트를 품에 안고 라이프치히에서 240킬로미터나 떨어진 테플리츠로 떠난 것이다. 왜 그랬을까? 국경 요소에 쌍방의 군대가 주둔하고 있어 그녀의 여행은 위험한 모험이었다. 혹시 아이의 실제 아버지인 가이어에게 아들을 보여 주기 위해서였을까? 아이의 아버지를 제대로 알 수 있는 이는 아이의 어머니다. 프리드리히는 여배우와 염문을 일으킨 적도 있고, 연극에서 조역을 맡거나, 공무 등을 이유로 외박하는 일도 잦았는데, 그사이에 가이어가 요한나와 통정한 건 아닐까? 그가 프리드리히의 집에 하숙한 기간이 1812년 여름 시즌이었으므로 가능성은 있다. 그러나 "의심은 귀신을 낳는다疑心暗鬼"는 말이 있듯이, 실은 어머니가 젖먹이를 보호하기 위해 전장으로부터 안전한 곳으로 피신한 행동일 수 있다.

　후일까지 바그너는 이 같은 어머니의 비상식적인 여행 사실을 알지 못했다. 그녀의 여행 기록은 1933년에 발견되었기 때문이다. 바그너의 전기물 중 결정판을 쓴 어니스트 뉴먼Ernest Newman(1868~1959)은《리하르트 바그너의 생애The Life of Richard Wagner》에서 그의 출생에 얽힌 의혹과 가이어에 관하여 각각 한 장씩을 할애하고 있다. 작가는 가이어가 바그너의 실제 아버지임을 단정하지는 않았으나 그의 아버지일 개연성은 강하게 인정했다. 반면 독일의 전기 작가 그레고르델린 Martin Gregor-Dellin은 가이어 친부설을 일축하고 있다. 확증이 없는 한 의심을 갖지 말아야 한다는 것인데, 증거가 없거나 믿지 않는다

바그너의 어머니
요한나 로지네 패츠,
가이어의 그림

고 사실이 아닌 것은 아니다. 진상은 의혹에서부터 출발한다는 점에서 강한 추정을 부정할 일은 아니다. 지금은 가이어가 바그너의 친부일 가능성을 열어 두고 있는 추세로, 책의 첫 장에 "빌헬름 리하르트 바그너는 1883년 5월 22일 라이프치히에서 카를 프리드리히 바그너 혹은 루트비히 가이어와 요한나 로지네 바그너의 아들로 태어났다"[1]고 기술한 책도 있다.

　바그너의 출생에 얽힌 미스터리에 대해서는 당사자의 사후에 깊이 논의되었으나, 그의 생시에도 설왕설래가 있었다. 실제로 그는 죽을 때까지 자신이 가이어의 실제 아들일지 모른다는 생각을 지우지 못했다.

1.　Michael Saffle, *Richard Wagner, A Research and Information Guide*(Routledge Kegan, Paul, 2012), p.1.

참고로 바그너의 자서전《나의 생
애Mein Leben》[2]는 첫 대목을 본인의
출생과 아버지에 대한 내용으로 시
작하고 있다.

나는 1813년 5월 22일 라이프치히에
있는 홍백사자관紅白獅子館, Zum roten
und weißen Löwen(주택 이름이다)[3] 3층
에서 태어났으며, 이틀 뒤(기록상으
로는 8월 16일, 세례는 태어나서 일주일
내에 하는 것이 관례다) 성 토마스 교
회에서 세례를 받고 빌헬름 리하르
트란 이름을 얻었다. 아버지 프리드
리히 바그너는 내가 태어나던 때 라

바그너가 태어난 집.
정문 위에 사자 조각상이 붙어 있다.
(재개발로 인해 현재는 사라짐)

2. 바그너는 1865년 7월 17일 루트비히 2세의 요청으로 자서전(태어나서부터 1864년까지의 생
애)을 쓰기 시작하여 1880년 7월 25일에 끝마쳤다. 자서전은 800쪽 분량의 책으로, 당시의 문화
와 시대상을 아는 데 귀중한 자료로 알려졌다. 하지만 본인에 대한 기록 중 일부를 숨기거나 더러
과장하여 이 방면의 문헌으로는 정직하지 못한 저서로 알려졌다. 그는 루트비히 2세를 의식하여
드레스덴 봉기 때의 역할을 축소했으며, 코지마를 위하여 애정 행각을 많이 생략했다. 버나드 쇼
는 1916년에 "모든 자서전은 거짓이다. 그것은 무의식적이거나 의도하지 않은 거짓이 아니라, 숙고
한 거짓이다"라고 말한 적이 있는데, 그 전형의 하나가 바그너의 자서전일 것이다. 반면 내용 중
에는 자신의 교활한 면을 드러낸 부분도 있고, 희화한 부분도 있어 누군가 꾸며서 넣었다고 보는
이도 있다. 실은 그는 위선적인 면도 있으나, 솔직한 면도 있는 복잡한 인간이다. 그가 자서전을
쓰는 데 주로 참고한 자료는 초기(1835~1864)에 쓴 일기 빨간색 수첩Rote Brieftasche이다. 네 권으
로 된《나의 생애》는 1870년, 1872년, 1874년, 1880년에 개인적으로 출간했고, 공식적으로는 바
그너 사후 1911년에 출간했다. 코지마의 일기에 의하면 바그너는 죽기 3일 전 "자서전을 마저 끝
내고 싶다"고 말했다.
3. 바그너의 생가는 1886년에 헐렸다. 지금은 그 자리에 상가 건물이 들어섰고, 생가 자리에는 바
그너가 태어난 곳임을 알리는 기념 명판이 붙어 있다.

이프치히에서 경찰관으로 근무했으며, 한 구역의 서장으로 진급하길 원했으나, 그해 10월(정확한 사망일은 11월 22일) 순직했다.[4]

바그너는 비망록에 항간의 소문을 무시하는 다음 글도 적어 두었다. "예수의 아버지가 누구이든 예수는 예수이듯, 나의 아버지가 누구이든 바그너는 바그너다." 그의 아버지가 누구인가보다는 현재의 자신이 누구인가가 중요하다는 뜻이다. 하긴 그의 실제 아버지를 가린들 무슨 실익이 있을까. 그가 달라지기라도 한다는 건가. 다만 이 말이 그가 의문에 사로잡혀 있었다는 반증임은 부인할 수 없다. 반유대주의를 주장한 그에게 유대인의 피를 받은 아버지는 큰 짐이었을 테니까.

리하르트 가이어 또는 리하르트 바그너

가이어는 프리드리히가 죽고 나서 며칠 뒤 요한나를 찾았다. 때는 겨울 시즌이어서 그는 드레스덴에 머무는 참이었다. 그는 라이프치히로 가는 마차에서 친구를 생각했다. 프리드리히는 그보다 아홉 살이 많았다. 그럼에도 가이어를 스스럼없이 대해 주었다. 하지만 아내에게 좋은 남편은 아니었다. 연극광이었던 그는 가족을 챙기는 일보다 취미를 건사하는 일에 관심이 많았기 때문이다. 가이어는 그의 집에서 하숙하는 동안 집을 자주 비우는 남편에 상심한 요한나에게 위로의 말을 해 주곤 했다. 그녀의 맏아들 알베르트는 그를 친형처럼 대했고, 나머지 자녀들은 그를 아버지처럼 대했다. 그는 쉬는 날에도 친구의 가족들을 즐겁게 하는 일로 분주했다. 그들의 집은 그에게 또 하나의 무대였고, 그

---

4. Richard Wagner, *Mein Leben(1813-1864)*(English edition, The Echo Library, 2007), p.5.

들은 그의 관객이었다.

가이어는 자신을 맞이한 요한나의 초췌한 모습에 연민의 정이 일었다. 그동안 그는 그녀를 얼마나 흠모해 왔던가. 그녀는 그의 위로를 받으며 생각했다. 지금 자신에게 필요한 건 일곱 아이를 보살필 아버지와 생계를 도맡을 남편이라는 것을. 또 가이어의 인간성과 평소의 호의에 매료돼 있었다는 것을.

바그너의 양부
루트비히 가이어

요한나는 1814년 8월 28일 가이어와 재혼했다. 신랑은 서른다섯 살, 신부는 서른아홉 살로 그녀의 장남은 이미 열네 살이었다. 가이어는 결혼하고 3개월 뒤 보수가 좋은 드레스덴 소재 궁정극장으로 옮겼다. 그곳은 작센 왕국에서 가장 큰 도시로, 그의 새 가족 또한 가장을 따라 대도시의 시민이 되었다. 요한나는 시름과 걱정을 씻어 준 그를 정성으로 보살폈고, 그때까지 독신이었던 가이어는 가족을 지극히 사랑했다. 원래 두 사람은 작센 왕국이 정한 가족법의 재혼 금지기간(10개월)에 따라 프리드리히의 사망일로부터 열 달이 지난 날(1814년 9월 22일)에 결혼해야 했지만 그들에게 결혼은 절실했다. 그들이 결혼을 서두른 이유는 또 있었다. 장차 태어날 아기를 적법한 소생으로 만들기 위해서였다. 즉 그들의 딸 체칠리에는 1815년 2월 28일에 태어났으니, 두 사람은 결혼 전에 부부의 연을 맺은 것이다. 혹시 그들의 깊은 관계가 프리드리히 생시에도 있었다면,

바그너는 가이어의 친자가 된다.

가이어는 바그너의 친아버지일까. 바그너는 자기 이름을 리하르트 가이어에서 리하르트 바그너로 바꾸는 열다섯 살 때까지 그를 친아버지로 알았다. 그가 성을 바꾼 사연도 형과 누나가 가진 성이 마음에 들어서였을 뿐 다른 이유는 없었다. 비밀은 먼 데 있지 않다. 흔히 보호색으로 위장하고 있어 못 볼 따름이다.

프리드리히의 4대 전 조부 자무엘 바그너Samuel Wagner(1643~1725)는 학교장과 오르간 연주자를 겸했으며, 증조부에서 아버지에 이르는 선대의 직업은 교육계와 관련이 있다. 그들에 비해 양부의 4대 전 조부 베냐민 가이어Benjamin Geyer(1682~1742)에서 조부에 이르는 선대의 직업은 모두 음악가(작곡가, 연주가 등)였다. 따라서 음악과의 관련성은 가이어 가문 쪽이 우세하다.

아쉬운 것은 프리드리히의 사진과 초상화가 남아 있지 않은 점이다. 가이어는 요한나의 초상화는 그렸으나 프리드리히의 것은 그리지 않았다. 혹은 그렸더라도 그의 또 다른 초상화들과 함께 멸실되었는지 알 수 없다. 요한나가 없었을까. 그녀는 재혼한 남편이 죽자 생계에 보태기 위해 그가 남긴 초상화 다수를 팔았는데, 거기에 포함됐을 수도 있다. 또는 가이어가 없앴을지도 모른다. 그가 바그너의 친부라면 자기 초상화를 없애야 했을 것이다. 아들은 자신의 얼굴을 많이 닮을 것이기 때문이다. 또 그가 결백하다면 친구의 초상화를 남겨 두어야 했다. 바그너는 프리드리히의 얼굴을 닮았을 테니까 말이다.

얼굴 모습이 대물림되는 정도는 가족마다 다르다. 얼굴선의 일부를 닮는 수도 있고, 전부를 닮는 수도 있다. 후자의 경우 자녀는 부모의 인상 특징을 빼닮는다. 지인이 전하는 프리드리히는 평균 키에 마른 체격이지만, 용모에 관해서는 전하지 않는다. 또 성격은 사교적이고 활달하며, 연극과 음악을 좋아해서 가이어와 사귀었고 여배우와 염문을 뿌렸다고 전한다. 이는 바그너의 인성 특징과 흡사하다. 반면 가이어는 초상화가 남아 있다. 그 역시 큰 키는 아니고 성품은 단호했으나 다감한 데가 더 많았다고 한다. 바그너는 그들처럼 키가 작은 편이고, 그들이 지닌 성품을 두루 가졌다.

　비밀은 언젠가 드러나기 마련이다. 하지만 설령 거짓으로 밝혀진다 해도 비밀의 베일을 썼던 만큼 사실로 믿고 싶어진다. 바그너 측에선 자신의 외할머니가 왕족의 서출庶出이었다는 설은 진위 여부를 불구하고 사실로 믿고 싶은 풍문이고, 자신이 사통에 의한 출생일지도 모른다는 설은 사실이 아니기를 바라는 풍문이다. 그럼에도 이러한 말들이 입에 오르내리는 것은 바그너와 간통이 밀접한 관계에 있기 때문이다.

　바그너에게는 차가운 면 못지않게 따뜻한 면도 있었다. 그는 독설과 오만으로 적을 만드는 데 명수였으나, 하층민을 비롯해 소외된 자, 심지어 동물에게까지 동정심을 보였다. 이를테면 그가 1849년 드레스덴 봉기 당시 주모자로 활동한 것은 시민혁명이 성공했을 때의 이상사회를 목표로 했기 때문이며(표면적으로는 그렇다), 그가 채권자를 피해 라트비아의 리가에서 파리로 도주(1839)했을 때는 발각될 위험을 무릅쓰고 기르던 개를 데리고 밀항했다. 이름이 로버Rover인 이 개는 대형견이었으나, 성격이 온순하고 잘 짖지 않는 뉴펀들랜드종이어서 다행이었다.

　바그너의 개 사랑은 지나칠 정도였다. 하긴 히틀러도 개를 좋아했다. 충직한 맹견 셰퍼드종에 한했지만 말이다. 그래서 개를 보면 그 주인을 안다고 했던가. 그러나 히틀러는 자살하기 전날 독물의 효과를 확인하

체칠리에 가이어와
리하르트 바그너

기 위해 애견 블론디와 그 새끼에게 청산가리를 먹였다. 그가 동물을 진
정으로 사랑했다면 그럴 수 있었을까. 반면 1866년 1월 25일 별거 중인
아내(민나)의 부고를 받고도 장지인 드레스덴에 가지 않은 바그너는 며
칠 뒤 죽은 애견의 장례는 고이 치러 주었다. 그가 지인으로부터 민나의
사망 소식을 들었을 때는 거주지인 뮌헨을 떠나 마르세유에 머물고 있
어서 장례식에 참석하기에는 너무 늦긴 했었다. 하지만 이후에라도 아
내의 무덤을 찾는 게 도리였다. 이러한 그의 행동은 아내를 향한 애도를
개에게 돌린 회피반응으로, 그의 차가운 면을 보여 준 한 예다.[5]

5. 동물을 사랑하는 사람이라고 해서 모두 인정에 넘치는 자는 아니다. 히틀러는 한 참모가 저녁
식사에서 송아지 고기를 먹는 걸 보고 "그처럼 가엽고 작은 동물이 한 사람의 식사거리가 되기 위
해 죽었구나" 하고 핀잔한 일화를 남겼다. 그가 동물에게 보인 연민의 1퍼센트라도 인간에게 베풀
었다면 전쟁광이 되지는 않았을 테다. 참고로 일본 에도 시대의 제5대 쇼군 도쿠가와 쓰나요시德川
綱吉(재위 1680~1709)는 개를 학대하거나 죽이면 극형에 처할 수 있는 법령을 제정했을 뿐 아니라
유기견들을 돌보는 시설까지 지어 재정을 축냄으로써 백성을 힘들게 했다. 또 독일의 판사 베네딕
트 카르초프Benedict Carpzov(1595~1661)는 1620년부터 40여 년간 판사로 재직하면서 무려 3만 명
(그중 반수는 마녀재판에 의한 판결)에 달하는 사람에게 사형을 선고했다. 그는 독실한 기독교인이
었으며 평소 건강했는데, 키우던 개가 죽자 그 충격으로 죽었다.

바그너는 가이어의 상상력과 감수성, 종합예술가의 자질을 닮았다. 하긴 프리드리히 역시 전문가 못지않은 예술 소양을 지녔다. 그는 괴테와 실러의 작품 속 여주인공 이름을 딸의 이름으로 붙일 만큼 문학적 식견도 대단했다. 따라서 양육 환경에 따라 부모를 닮을 수 있는 품성과 소질은 부모를 판별하는 데 도움이 되지 못한다. 현재 초상화가 남아 있는 가족 중 맏형 알베르트의 용모는 바그너와 꽤 닮았다. 반면 큰누나 로잘리에의 얼굴선은 바그너의 그것과 달라 보인다. 그녀는 바그너보다 삼촌 아돌프(프리드리히의 동생)를 닮은 편이다. 바그너는 어머니의 눈 밑 언저리를 조금 닮았고, 양부의 입모양을 많이 닮았다. 넓고 튀어나온 이마, 약간의 매부리코, 합죽한 입, 주걱턱 등, 인상 특징으로 말하면 바그너는 어머니와 양부 사이에서 태어난 막내 여동생 체칠리에의 생김새와 흡사하다. 따라서 얼굴 생김새로 혈연 관계를 따지자면 바그너는 맏형과 큰누나, 삼촌보다 막내 여동생에 보다 가깝다. 둘은 얼굴만 닮은 게 아니라 성격과 취향까지 빼닮았다. 또 둘은 가족 중에 가장 친한 사이였으며, 성인이 된 뒤에는 누구보다 자주 안부 서신을 주고받았다.

예로부터 "은밀한 정사로 태어난 아이가 뛰어난 재능을 갖는다"고 했다. 이 말은 남녀가 비밀리에 뜨겁게 맺어질수록 천재 잉태의 여지를 높인다는 뜻일진대, 레오나르도 다빈치가 그랬다. 바그너도 같은 경우일까. 가이어가 바그너의 친부임을 나타내는 정황은 적지 않다. 그는 요한나에게 보낸 1813년 12월 22일 자 편지에 "아름다운 나무에서 코사크Cossack를 위한 빛이 내리고 있소. 나는 소파에 있을 아이를 힘차게 들어 올리고 싶소…"라고 썼다. 코사크는 한때 유럽을 떨게 만든 러시아의 용맹한 군대로, 작센 지역에서 비상한 아이에게 붙이는 별명이다.

편지에 적힌 내용은 의례적인 표현이기보다 자기 아들에 대한 애정의
표현에 가깝다.[6]

바그너가 체칠리에에게 보낸 1870년 1월 14일 자 편지는 대부분 양
부에 대한 최상의 감사로 채워졌다. 그는 "가족을 위해 바친 '우리의 아
버지, 가이어'의 희생은 우리가 갚아야 할 부채Schuld(도의적 죄, 여기서는
죄책감으로서의 부채의식)"라고 했다. 그가 서신에서 표현한 '우리의 아버
지, 가이어'는 양부를 향한 고마움의 뜻에서 쓴 것인지, 가이어가 자신
들의 친부라는 뜻에서 쓴 것인지 헤아리기 힘들지만, 바그너가 중의적
표현을 쓴 데는 나름의 생각이 있어서였을 것이다. 그는 양부가 자기
친부라는 쪽으로 마음이 기울었으며, 양부가 과로사했을 것으로 보았
던 게 틀림없다.

가이어는 요한나와 결혼한 지 7년째 되는 1821년 9월 30일, 42세에
숨진다. 고즈넉한 독신 생활을 누렸던 그로서는 하루아침에 일곱 자녀
의 양부가 된 처지도 당혹스러웠을 테지만, 대가족을 부양하는 일은 더
욱 부담스러웠을 터였다. 그는 무대에 올릴 극본을 많이 써야 했고, 무
대에 자주 올라 연기했으며, 초상화 주문을 연이어 받았다. 그의 사인
은 갈비뼈로 둘러싸인 가슴 안 공간에 과도한 양의 액체가 흘러 호흡
곤란을 일으키는 흉수증胸水症, Hydrothorax이었다. 평소 과로와 부족한 영
양 탓에 잠복해 있던 폐결핵이 악화되어 죽음을 앞당긴 것이다. 그렇다
면 가이어가 요한나와 결혼한 동기는 그녀에 대한 사랑과 더불어, 죽은
친구에 대한 의무감과 자녀에 대한 동정심, 그리고 그녀와의 사이에서
태어난 자녀에 대한 책임감이 크게 작용했다고 볼 수 있다. 결국 요한

---

6. Derek Watson, *Richard Wagner, A Biography*(Schirmer Books, 1981), p.21.

나에게 재혼은 보상이었으나 가이어에게 초혼은 큰 대가였다. 이로써 바그너는 두 번째 아버지마저 잃었다. 요한나 역시 상심이 컸으나 남편의 장례는 그의 동생 카를 가이어가 도맡다시피 하여 가족의 부담을 크게 덜 수 있었다.

가이어가 바그너에게 보인 관심과 애정은 체칠리에를 향한 것보다 깊었다. 그는 바그너가 걸음마를 뗄 무렵부터 자주 극장에 데리고 다녔다. 그가 연기 중에 휴식을 취할 동안, 그의 무릎 위에는 언제나 바그너가 있었다. 그는 아들이 다섯 살이 되자 연극의 한 장면을 실감나게 들려주었으며, 이따금 아역을 맡겼다. 또 아들의 손에 붓을 들려 그림 그리는 요령을 가르쳤다. 그러므로 양부의 죽음으로 겪었을 여덟 살 소년의 상실감은 무척 컸을 것이다. 이때 그가 받은 마음의 상처는 이후 아버지 없는 자신의 대리 주인공―지그문트, 지그프리트, 트리스탄, 파르지팔―을 오페라에 등장시키는 동기가 되었다.

그는 철이 들면서 자기 이름이 왜 바그너가 아닌 가이어로 불리는지 의아하게 생각했으며, 낳아 준 아버지와 길러 준 아버지를 비교하면서 정체성에 갈등도 겪었다. 이러한 고민은 자신의 악극에 중요한 동기로 나타나고 있다. 즉 『니벨룽의 반지』 제3부 『지그프리트Siegfried』에서 지글린데는 남편 지그문트를 잃고 자신도 지그프리트를 낳은 후 죽는데, 아이는 난쟁이인 미메가 키운다. 그래서 어른이 된 지그프리트가 "나의 아버지는 어떻게 생겼을까? 물론 나처럼 잘생겼겠지" 하고 노래하는 장면은 바그너의 아픈 기억을 반영한 것으로 볼 수 있다.

양부는 음악과 관련한 수련을 받지 않았다. 하지만 성악에 소질이 있어 카를 베버가 지휘하는 독일의 징슈필Singspiel 오페라(노래와 대사로 꾸민 가극)와 프랑스의 코믹Comic 오페라(희가극)의 단역을 맡기도 했다. 그는 바그너가 그림 그리기에 관심을 보이지 않자 피아노를 배우도록 주선했으며, 자신이 임종하기 전 아들의 피아노 연주를 듣고는 아내에게 동의를 구하듯 "당신은 저 애가 음악에 소질이 있다고 생각지 않아요?" 하고 물었다(이 말은 바그너가 꾸며 낸 이야기라는 설이 있다).[7] 가이어가 유언처럼 남긴 이 말은 바그너의 뇌리에 깊이 새겨져 이후 스스로를 음악가의 길로 인도하는 지침이 되었다. 또 그는 연극과 관련한 추억을 바그너에게 안김으로써 장차 유례가 드문 극장형 오페라를 만드는 밑거름 역할을 했다.[8]

바그너가 가이어의 심성과 예술적 자질을 이어받았다면, 그는 유대인 피를 받지 않았더라도 정신으로는 절반의 유대인인 셈이다. 그는 유대 민족의 낙천적이고 열정적인 기질을 지녔으며, 유대인이 일가를 이룬 음악의 세계에서 정상에 올랐고, 그들이 천재를 빛낸 지식의 세계에서 거성이 되었다. 그는 유대인이 펼쳐 놓은 바탕에서 이루어진 종합예술가였고 종합지식인이었다. 그 점에서 가이어는 바그너 생애의 첫 멘토이자 스승이었으며 우상이었다.

가이어가 프리드리히 바그너의 유족에게 바친 헌신은 가장의 임무를 넘어섰다. 그는 친구의 아내와 정을 통한 죗값을 치르기 위해 그토록 지성을 다한 걸까. 프리드리히는 요한나의 오쟁이 진 남편이요, 그녀는 남편에게 뻐꾸기 둥지를 던진 몹쓸 아내일까. 가이어가 어린 바그너에게 베푼 지극한 사랑의 의미는 무엇일까. 만일 바그너가 가이어의

7. Richard Wagner, *Mein Leben(1813-1864)*, p.8.
8. 바그너 연구가인 요아힘 쾰러Joachim Köhler는 이 말이 바그너에게는 장래를 훈도하고 자아를 지배하는 기억을 남겼다고 했다. 반면 장자크 나티즈Jean-Jacques Nattiez는 자신을 보호하고 격려하는 애정 어린 이미지를 남겼다고 했다. 두 사람의 관점은 다르지만 그 취지는 다르지 않다(Paul Dawson-Bowling, *The Wagner Experience and it's meaning to us*, p.103).

친자라면 요한나는 자기 어머니 도로테아의 불륜을 답습한 꼴이 된다. 도로테아는 1763년 요한 패츠와 결혼하여 세 자녀를 두고도, 10년 뒤 바이마르 왕국의 콘스탄틴 왕자와 밀회하여 자신을 낳았기 때문이다. 바그너는 또 어떤가. 그는 불륜의 명수라 할 만큼 유부녀와 깊은 관계를 맺는 데 머뭇거리지 않은 남자였다.

바그너가 탄생한 시기(나폴레옹 전쟁 말기)가 그의 파란만장한 생애를 예고했다면, 그의 출생에 따른 의혹(간통)은 그의 화려한 여성 편력을 암시한다. 그는 결코 매력적으로 생기지는 않았으나 주위 사람(적을 포함해서)을 끌어들이는 마력이 있었다. 낭랑한 목소리에 실린 그의 말솜씨는 조리가 있었고, 카리스마를 느끼게 하는 얼굴의 윤곽선은 상대를 압도하는 기운이 흘렀다. 게다가 그의 재능은 공작새의 깃털만큼이나 경이로운 것이어서, 그의 연인이 되고자 하는 여성들이 줄을 이었다. 그런데 그와 사이가 각별한 이들은 모두 유부녀였으니, 그는 선대로부터 불륜의 소질을 물려받은 셈이다.

제3장　　　　　　　　　　　종합예술가의 산실

이 시기에 나의 상상력은 내 어린 눈에 들어온 신비로운 무대와
환상적인 복장들, 가발, 변장도구로 가득한 의상실을 접하고,
내가 공연에 참여하는 등 극장과 친숙해짐으로써 키워졌다.
나는 아버지가 비극에서 악당 역을 하는 것을 두려운 마음으로 지켜본 다음,
이어지는 희극 장면에서 가끔 연기했다.

　　　　　　　　　　　　　　　　　　　　　　　　― 바그너, 《나의 생애》

재능을 타고난 가족

리하르트 바그너는 어머니 요한나 패츠와 자신의 법적 아버지 프리드리히 바그너 사이에서 태어난 9남매 중 막내였다. 하지만 부부의 자녀 가운데 둘째(남아)가 한 살 때 죽고, 일곱째(여아)가 다섯 살 때 죽어 바그너는 일곱째 아이가 되었다.

바그너가의 장남 알베르트Albert Wagner(1799~1874)는 애초에 의학을 공부해 의사가 되고자 했다. 하지만 자신의 재능을 알아본 카를 베버의 권고를 받아들여 서정적 음색을 지닌 테너 가수가 되었다. 장남은 막내 리하르트와 열네 살의 나이 차가 있는 데다 과묵한 성품이어서 동생에게 추억을 남긴 형은 아니었다. 알베르트의 세 딸 중 큰딸 요한나 야흐만바그너Johanna Jachmann-Wagner(1828~1894)는 당대의 이름난 소프라노 가수였다. 둘째 딸 프란치스카Franziska(1828~1894)는 작곡가 알

렉산더 리터Alexander Ritter(1833~1896)
와 결혼했다. 리터의 형은 작곡가이자
작가인 카를 리터Karl Ritter(1830~1891)
로, 그는 이후 바그너가 망명 생활을 하
는 13년 동안 충실한 조력자가 된다.
또 그들 형제의 어머니 율리에 리터Julie
Ritter(1794~1869)는 바그너를 아들처럼
여겨 1851년부터 1859년까지 800프랑
(한화로 1500만 원) 이상의 돈을 해마다
지원했다.

장남 알베르트

차남 카를 율리우스Carl Julius Wagner
(1804~1862)는 손재주가 있어 금을 세공
하는 기능공이 되었다. 그는 형과 달리
소탈한 성격에 정이 많아 막내를 무척
아꼈다. 다만 동생에게 지적 영향을 끼
치지는 못했다.

막내아들 리하르트에게는 위로 누이
가 네 명 있었다. 그중 큰누나 로잘리
에Rosalie Wagner(1803~1837)는 양부의 창

큰누나 로잘리에

작 희곡《추수감사제Das Erntefest》에서 주연을 맡으면서 연극배우가 되
었다. 그녀가 호평을 받은 역은《파우스트》의 그레첸이었으며, 소프라
노의 음성을 지녀 오페라 무대에도 섰다. 하지만 성량이 크지 않아 연
극에 전념하면서 라이프치히 대학교 교수 오스발트 마르바흐Oswald
Marbach(1810~1890)와 결혼했다. 그녀는 바그너에게 어머니 같은 누이

로, 막내가 칭얼대거나 울 때는 품에 안고 재웠으며, 앓아누웠을 때는 극진히 간호했다. 바그너는 그녀가 자신의 첫 오페라 대본 『결혼Die Hochzeit』(1832)을 읽고 가차 없는 비판을 하자 곧바로 폐기할 만큼 큰 누나를 따랐다. 또 그녀가 결혼한 지 1년여 만에 첫아이를 낳고 서른네 살에 죽자 엄청난 상실감을 느꼈다. 그녀는 유아 때 죽은 두 명의 가족, 카를 구스타프Carl Gustav Wagner(1801~1802)와 마리아 테레제Maria Therese Wagner(1809~1814)를 제외한 여덟 명의 자녀 중 유일하게 요절한 이다.

둘째 누나 루이제Luise Wagner(1805~1872)도 배우가 되었다. 그녀는 라이프치히의 유명 출판업자 프리드리히 브로크하우스와 결혼했다. 프리드리히는 독일 출판 명문가의 장남으로 태어나 부친의 유업을 물려받았다. 그는 동생 하인리히 브로크하우스와 함께 가족 이름을 건 출판사를 유럽에서 이름난 회사로 키웠으며,《브로크하우스 백과사전》은 오늘날에도 알려진 브로크하우스 출판사의 대표 상품이다.

셋째 누나 클라라Klara Wagner(1807~1875)는 오페라 가수가 되었으며 동료 가수 하인리히 볼프람Heinrich Wolfram(1800~1874)과 결혼했다. 그녀는 로시니가 작곡한 『신데렐라La Cenerentola』의 타이틀 역을 맡으면서 주목을 받았으나 30대 중반에 소프라노 음성을 잃어 조기에 은퇴했다.

넷째 누나 오틸리에Ottilie Wagner(1811~1883)는 산스크리트어와 고대 페르시아를 공부한 동양학자 헤르만 브로크하우스Hermann Brockhaus(1806~1877)와 결혼했다. 그녀의 형부(언니 루이제의 남편) 프리드리히 브로크하우스는 남편의 형이었다.

이부 막내 여동생 체칠리에 가이어Cäcilie Geyer(1815~1893)는 가족 중에 바그너와 가장 친밀한 사이였다. 그녀는 그의 둘도 없는 놀이동무였으며, 그가 동물(개, 토끼)을 집으로 들일 때면 싫어하는 누이들 몰래 숨

왼쪽부터 둘째 누나 루이제, 셋째 누나 클라라, 막내 여동생 체칠리에

겨 주거나 함께 키웠다. 그녀는 바그너가 열다섯 살 때 쓴《로이발트》를 읽고 언니들과 달리 좋게 평가했으며, 이후 오빠의 작품 활동에 충실한 조언자가 되었다. 체칠리에는 브로크하우스 출판사의 파리 지점장 에두아르트 아베나리우스Eduard Avenarius(1809~1885)와 결혼하여 같은 출판업을 하는 두 언니(루이제와 오틸리에)와 한층 가까운 사이가 되었다.

극장은 바그너가의 행복과 생계를 보장한 텃밭이었다. 양부가 살아서는 무대예술가로 가족을 부양했고, 그가 죽은 뒤로는 각자 자신의 무대에 선 장남 알베르트와 장녀 로잘리에가 가장의 역할을 맡았다. 극장무대는 식구의 생활수단이자 가족의 교양을 키운 학교였다. 실제로 바그너가의 자녀 여덟 명 중 다섯 명이 예술가의 길을 걸었다. 차남 율리우스는 소위 먹물은 아니었지만 장인으로 성공했으니, 그 역시 재주를 타고난 가족의 일원인 셈이다. 자매 가운데 오틸리에와 체칠리에는 전업주부로 살았으나 풍부한 교양을 바탕으로 전문 직업인과 결혼했으니, 그들 역시 예사 주부는 아니었다. 바그너의 다섯 누이들은 그들의 어머니처럼 생활력이 강하고 능력이 있는 여전사형 여성들로,『니벨룽의 반지』에서 실질적인 주인공 브륀힐데의 캐릭터를 떠올리게 한다.

죽음의 고비를 넘긴 아이

바그너는 브람스가 말한 대로 "어마어마한 생산력과 무시무시한 동력으로 거대한 용량의 작품을 창작하는 작곡가"였으나, 건강한 몸으로 태어나지는 않았다. 그는 유아기 때 자주 앓았다. 그것도 가끔은 위중할 정도로 앓았는데, 그럴 때 어머니는 그의 회복을 크게 기대하지 않았다. 그는 가족 모두가 열 살을 넘기기 힘들다고 여길 만큼 병약했기 때문이다.

당시는 젖먹이와 어린아이의 사망률이 높은 때였다. 더욱이 1814년 1월에는 라이프치히 전투의 여파로 다섯 살 난 마리아 테레제가 죽은 뒤여서 그의 운명은 가족의 큰 관심사였다. 그러나 바그너는 고비 때마다 목숨을 지켜 냈고, 그럴 적마다 가족은 그의 회복력에 놀라곤 했다. 바그너가 어느덧 여섯 살을 넘겼을 때, 그는 더 이상 병약한 아이가 아니었다. 일곱 살 어린이의 강인한 체력이 태어날 때의 허약한 체질을 이겨 낸 것이다. 다만 성인이 되어 여러 질병을 만나는 것으로 목숨의 대가를 치러야 했다.

바그너는 이후 피부병(단독丹毒)에 자주 시달렸고, 장티푸스로 가끔 고생했으며, 소화불량증으로 종종 힘들어했다. 또 쉰아홉 살 때부터 심장질환(협심증狹心症)을 앓는 등 건강한 편은 아니었다. 하지만 창작과 사회활동에 지장을 받을 만큼 오랫동안 앓은 적은 없었다. 다만 완벽을 지향하는 기질과 성취에 집착하는 성격은 심장질환을 가중시켰고, 과민한 위장은 적게 먹는 식습관을 갖게 했다. 또 그의 민감한 피부는 급한 성미를 갖게 하고, 금방 화를 냈다 풀어지는 까다로운 성격에 영향을 미쳤다.[1]

　죽음과 마주했던 바그너의 어릴 적 기억은 마음속 상흔으로 남았다. 대신 그것은 그의 삶에서 강인한 투지를 이끌어 낸 무의식의 동력이 되었다. 즉 그가 온갖 역경에 주눅 들지 않았던 점이나, 행동하지 않는 예술은 환관의 예술이란 지론을 펼친 점, 논쟁에 자주 휘말리는 상황을 만든 점, 왕성한 집필과 창작 활동을 유지한 점 등이 그것이다. 그는 체질은 허약했으나 체력은 강인했던 모차르트처럼 놀라운 창작력을 보여 준 작곡가였다. 바그너의 투지력은 그에게 남다른 반골 기질을 갖도록 하는 데에도 영향을 끼쳤다. 그가 열일곱 살 때(1830) 파리에서 일어난 7월 혁명에 열광하여 독일을 공화제로 바꿀 것을 희망한 것이나, '청년 독일파'의 지도자 하인리히 라우베Heinrich Laube(1806~1884)와 의기투합하여 그 기관지에 진보적 논설을 투고한 것, 14세기 중엽 로마의 부패한 귀족정치를 개혁하려다 희생당한 리엔치에 공감하여 동명의 소설을 오페라로 만든 것, 1848년 파리에서 일어난 2월 혁명에 고무되어 드레스덴 봉기에 참여한 것은 여기에 근거한다. 그의 개혁 의지는 정치체제와 사회구조를 바꾸려고 하는 데 그치지 않았다. 그가 악극을 창안함으로써 음악의 혁신을 이룬 것은 자신의 개혁 성향이 예술 방면에서 꽃을 피운 결과였다.

1.　1856년 제네바에서 바그너를 진찰한 바이양 박사는 냉수요법을 권하며 "당신은 너무 신경질적입니다. 이 모든 것이 당신을 자극할 것입니다. 당신에게는 안정이 제일입니다"라고 말해 주었다[디터 케르너, 박혜일 옮김, 《위대한 음악가들의 삶과 죽음Krankheiten grosser Musiker》(폴리포니, 2001), p.383].

바그너에게는 불굴의 창작 의지를 보인 베르디가 겪은 공백기조차 없었다(두 작곡가는 생시에 한 번도 만난 적이 없다). 그는 로시니의 창작력에 경의를 표했으나 작곡가로서는 무시했다. 로시니가 양식상의 변화를 거의 선보이지 못했고, 오래 살았음(향년 76세)에도 불구하고 37세에 오페라 작곡을 그만두었기 때문이다. 바그너는 로시니의 은퇴를 두고 범죄라고까지 말했다. 장차 그가 펼칠 수도 있었던 오페라의 진면목을 볼 수 없어졌기 때문이다.

바그너는 작곡을 하지 않았던 1849년(36세)에서 1851년(38세) 동안에는 자기 음악의 창작 철학을 주장한 일련의 저서《예술과 혁명Die Kunst und die Revolution》,《미래의 예술작품Das Kunstwerk der Zukunft》,《오페라와 드라마Oper und Drama》를 발표하는 성과를 이루었다. 그것은 장차 악극으로 불리는 일련의 대작『트리스탄과 이졸데』,『뉘른베르크의 마이스터징거Die Meistersinger von Nürnberg』,『니벨룽의 반지Der Ring des Nibelungen』,『파르지팔Parsifal』을 낳는 이론적 토대가 되었으니, 작곡가로서는 유일한 사례다.

그는『파르지팔』을 완성한 1882년 이후, 교향곡 작곡과 함께 초고 상태로 남겨 둔《승리자Die Sieger》,《나사렛의 예수Jesus von Nazareth》를 오페라화하기로 계획해 두었다. 그래서 만일 그가 베르디처럼 18년을 더 살았거나, 로시니처럼 여생이 5년 더 길었다면『파르지팔』에 이어 구도자의 고뇌와 여정을 그린 3부작이 나왔을 테고, 무대예술의 역사에서 가장 심오한 오페라를 추가했을 터였다. 실제로 그는 1883년 1월 13일, 에세이 〈인간성에 있어서 여성다움에 관하여Über das Weibliche im Menschlichen〉의 첫 문장을 쓰던 중 임종을 맞았다. 그의 창작을 멈추게 한 것은 체력의 소진이나 아이디어 고갈, 나태와 포기가 아닌 죽음이었다.

어려서 죽음의 고비를 넘긴 그는 동물을 사랑했고 약자를 옹호했으며, 폭력을 증오했다. 그는 소년일 때 도살 직전의 황소를 구하려다 제지를 받은 적이 있고(당시 유럽의 도축장 시설 기준은 엉성했다), 도랑에 빠진 강아지를 구해 반려견으로 키운 적도 있다.[2] 그래서 그의 지병인 피부병은 어릴 때 개, 토끼를 곁에 두기 좋아했던 데에 원인이 있다는 설이 있다. 그는 리가에서 파리, 스위스, 바이로이트 등지로 옮겨 다니는 동안 한 번도 반려견을 기르지 않은 적이 없다. 개 종류는 소형견(닥스훈트)에서부터 대형견(뉴펀들랜드)에 이르기까지 다양했으나, 맹견은 가진 적이 없다. 그는 개의 크기와 습성에 따라 자기 오페라에 등장하는 인물 이름, 마르케·미메·프라이어·프리카·보탄·훈딩을 개에게 붙였으며, 젊은 시절 고락을 나누었던 반려견 로버를 잊지 못하여 같은 뉴펀들랜드종 한 쌍(브랑케네와 마르케)을 데려다 추억을 되새겼다. 특히 자신이 가족의 수호견으로 사랑한 루스Russ는 그들이 낳은 개로서 가족과 함께 찍은 사진에 모습을 남겼는데 1875년 죽었을 때는 묘비(바그너의 루스, 여기에 누워 지키고 있노라Hier ruht und wacht Wagner's Russ)까지 세워 주었다.

그가 좋아하는 동물은 개에 한하지 않았다. 그가 스위스의 트립셴에 거주할 때는 개, 고양이, 생쥐, 공작, 앵무새, 루트비히 2세에게 선물받은 소형 말도 있었다. 그의 동물 사랑은 자기 오페라에 여러 종류의 동물을 등장시키는 것으로 나타났는데, 이를테면 『리엔치』·『탄호이저』·『발퀴레Die Walküre』에는 말, 『신들의 황혼Götterdämmerung』에는 말과 까마귀와 숫양, 『로엔그린』·『파르지팔』에는 백조, 『라인의 황금Das Rheingold』에는 두꺼비와 구렁이, 『지그프리트』에는 곰과 새와 상상의

---

2. Barry Millington, *Wagner*(Princeton University Press, 1992), p.5.

동물인 용까지 동원했다.[3]

　바그너는 어린 시절 우연히 목격한 황소의 도살 장면에 충격을 받아 평생 동안 육식을 자제하려고 했다. 하지만 제대로 지키지는 못했다. 채식만으로는 살 수 없다고 생각했기 때문이다. 코지마의 일기에 따르면 그는 자신을 채식주의자로 생각한 적이 없었으며, 채식을 위주로 했지만 고기를 거부한 적은 없다고 한다.[4] 바그너는 니체와 처음 만나던 날, 함께 식사를 하면서 니체가 고기를 사양하자 핀잔을 준 일화를 남겼다. 하긴 바그너의 팬인 조지 버나드 쇼와 인간 도살자 히틀러 역시 채식주의자로 알려졌다. 그러나 히틀러는 육식을 꽤 즐겼으며, 채식을 고집하는 성향을 위험시하여 그 단체를 금지하고 지도자를 체포한 적도 있다.[5] 그러므로 중요한 점은 채식의 동기인데, 바그너가 동물애호의 견지에서 채식을 선호했다면, 히틀러는 자기 건강을 위해 채식을 선택했을 따름이다.[6]

　바그너는 생래적으로 폭력을 싫어했다. 물론 그는 자기 주관을 굽히지 않는 거친 성격을 가졌고, 논쟁을 서슴지 않는 싸움닭 기질이 있으며, 반유대주의를 주장한 불온한 인물이다. 그래서 그가 두 얼굴을 한 파우스트형 인간임은 부인하지 못한다. 그는 겉과 속이 다른 이중적 행

3.　Terry Quinn, *Richard Wagner The Lighter Side*, pp.40~41.
4.　William Berger, *Wagner without Fear*(Vintage Books, 1998), p.371.
5.　찰스 패터슨, 정의길 옮김, 《동물 홀로코스트Our Treatment of Animals and the Holocaust》(한겨레출판, 2014), p.175.
6.　철저한 채식은 세로토닌의 대사 생산물을 저하시켜 몸속의 콜레스테롤 수치를 낮추는데, 이로 인해 공격적 성향을 불러일으키거나, 분노와 우울증을 갖기 쉽다고 한다. 이 연구는 미국의 생리학자 제이 카플란Jay Kaplan이 원숭이를 대상으로 연구한 사례. 한 예로 채식주의자 히틀러의 잔인성은 세로토닌 부족으로 간주한다. 다만 평범한 사람들은 그러한 권한을 행사할 기회가 없으며, 채식주의자라도 대부분은 균형 있는 식사를 한다는 점에서 일반화할 수는 없다고 본다[김종성, 《춤추는 뇌》(사이언스북스, 2006), pp.211~212].

동을 취한 적이 많았다. 예를 들어 사회주의 가치를 신봉했으나 부르주아의 안락함을 좇은 점, 여성을 존중함에도 그들을 성적 대상으로 대한 점, 신의보다 실리를 우선시한 점 등이 그렇다.

그는 이상과 현실이 충돌할 때는 자신의 주관을 버렸다. 그렇지 않다면 반유대주의를 말한 그가 유대인과 좋은 관계를 유지한 사실을 설명할 수 없다. 그가 1850년《음악에서의 유대주의Das Judentum in der Musik》에서 멘델스존 음악을 비판한 것은 실은 그의 천재성을 시샘한 때문이며, 마이어베어Giacomo Meyerbeer(1791~1864)를 '어떤 유대인 음악가'로 지칭하며 비난한 것은 자신이 궁핍했던 파리 시절에 음악계를 지배한 인물이 마이어베어였기 때문이다. 따라서 그가 반유대주의적인 주장을 편 것은 특별한 대의보다는 사적인 감정을 해소하기 위해 주류 사회의 유대인 혐오 풍조를 이용한 것으로 볼 수 있다.

바그너의 오페라에는 베르디의 것에서 볼 수 있는 과도한 폭력이나 살인 장면이 없다. 죽음이 중요하게 취급되는 『니벨룽의 반지』에서조차 그 과정은 온건하게 꾸며졌다. 바그너는 원작《니벨룽의 노래Das Nibelungenlied》가운데 부르군트족과 훈족의 전투는 대본에 넣지 않았으며, 등장인물의 죽음은 복수의 방식을 택하기보다 인과응보에 의한 시적 정의의 방식을 택했다. 가장 값진 복수는 악연의 고리를 끊는 관용임을 알았기 때문이다. 또한 그는 사랑과 구원, 연민과 속죄를 자기 오페라의 주제로 삼았다. 그에게 종교는 만년에《종교와 예술Religion und Kunst》이란 저서를 펴낼 만큼 창작의 화두였고 중요한 소재였다. 그의 작품에 녹아 있는 민족주의는 드라마 소재 중의 하나일 뿐이었다. (히틀러가 바그너의 음악을 정치에 이용한 것은 민족주의 때문이라기보다 바그너에 열광한 그의 개인적 취향 탓이 더 크다.)

어린 시절, 바그너가 죽음의 고비를 넘긴 징표는 그의 얼굴과 몸에 새겨졌다. 그는 체격이 작고 야윈 데다 안색은 창백하다. 그의 스위스 여권(1849)에는 신장이 5피트 6.5인치(169센티미터)로 기록되어 있으며, 다른 문헌에는 5피트 5.5인치(166센티미터)로 기록되어 있다.[7] 반면 그는 윤곽이 큰 얼굴에 큰 머리를 가졌다. 그래서 균형이 맞지 않는 신체 비율로 인해 사진으로만 보아도 조금은 기이한 느낌을 받게 된다.

체격에 열등감을 느꼈던 걸까, 그는 코지마에게 『니벨룽의 반지』에서 라인강의 황금을 훔치는 알베리히의 캐릭터는 자신의 생김새를 반영한 것이라고 말했다. 그가 가진 과도한 성취욕이나 과시벽, 그리고 그의 오페라가 여느 작곡가의 것보다 길이가 길고 규모가 큰 것은 작은 키를 보상하기 위한 무의식에서 기인한 바가 크다. 한편 이러한 특성은 자신을 영웅 지그프리트와 동일시한 행동으로도 볼 수 있다. 알베리히가 본인의 약점을 드러내는 자아라면, 지그프리트는 본인이 바라는 자아이기 때문이다.

바그너의 용모는 약점으로 보일 만큼 못생기지는 않았다. 그는 강인하게 보이는 이마·날카로운 눈매·굳게 다문 입이 빚어내는 정력적인 얼굴선을 가진 데다, 튀어나온 턱이 마치 돌에 새긴 것처럼 보인다. 그래서 그의 자태는 위엄을 풍긴다. 또 행동이 날렵하여 보는 이의 마음에 특별한 인상을 남긴다.[8] 그래서 그의 모습만 본다면 장신에 큰 체구를 가진 사람으로 느껴지기도 한다.

7. Paul Dawson-Bowling, *The Wagner Experience and it's meaning to us*, p.74. (바그너의 키가 153cm란 설이 있다. 로버트 구트먼이 쓴 바그너 전기서에 의한 것으로, 그렇다면 그의 키는 모차르트와 슈베르트보다 작다. 하지만 이는 바그너의 키가 5피트 대에 있다는 말이 5피트로 와전된 결과이다. 바그너가 선 자세로 찍은 사진 또는 친지와 함께 찍은 사진을 보면 그의 신장은 166cm로 알기에 족하다.)
8. Barry Millington(ed.), *The Wagner Conpendium*(Schirmer Books, 1992), p.98.

다음은 프랑스의 작가 카튈 망데스Catulle Mendès(1841~1909)가 1886년에 발표한 《리하르트 바그너》에서 바그너를 만난 인상과 소감을 적은 글을 추린 것이다. 당시(1869년 7월) 바그너는 카튈 멩데스 일행(본인과 그의 아내 쥐디트 고티에, 작가 비예르 드 릴라당)을 트립셴 저택에 안내하기 위해 미리 약속한 열차 시각에 맞추어 루체른 역에서 기다리고 있었다.

그는 바그너였다. 우리는 겁을 먹고 감히 접근하지 못한 채 그를 주시했다. 그는 작고 가는 몸을 밤색 비단으로 짠 프록코트로 단단히 감싸고 있었다. 그는 야위었으나 요동조차 않는 다부진 몸 전체가 활력덩이처럼 보였다. 그는 우리가 초조하게 기다리는 동안 여전히 평온하면서도 거만한 표정을 지은 채 위엄을 유지했다. 그의 입술은 매우 얇고 창백했으며, 뜻을 알기 힘든 쓴웃음을 지었다. 그의 모자 아래에는 조금 뒤로 젖혀진 잘생긴 이마가 희끗희끗하고 가는 머리카락에 둘러싸여 있었으며, 그의 창의적이고 투명한 느낌을 주는 눈은 어린이와 때 묻지 않은 소녀 같은 아름답고 솔직한 꿈을 담고 있었다. 나는 그의 이러한 인상이 그 어떤 거대한 사상의 영향으로 이처럼 안정되고 평화로운 모습으로 나타났다고 상상했다.[9]

깊은 감수성과 상상력을 지닌 소년

바그너의 어린 시절 품성은 깊은 감수성과 풍부한 상상력에 의해 키워졌다. 이 두 가지는 그의 천재성에 불을 붙인 동력인데, 전자는 누이들 틈에서 자라난 가정환경에 기인하며, 후자는 연극을 보면서 자라난 교육환경에 기인한다. 여기에 허약하게 타고난 그의 체질이 정적인 태

9. Thomas S. Grey(ed.), *Richard Wagner and His World(Catulle Mendès Visits Tribschen)*(Princeton University Press, 2009), p.232.

도와 지적인 호기심을 갖도록 하는 데 영향을 끼쳤다. 이런 그가 장차 민첩한 행동과 공격적 언행을 보인 점은 의외이며, 웅장하고 장대한 서사적 성격의 음악을 작곡한 점은 아이러니다.

양부 가이어는 바그너를 마스코트로 여겨 그를 자주 극장에 데리고 다녔다. 바그너는 극 중에서 배우들이 죽고 죽이는 장면을 볼 때면 실제인 줄 알고 어쩔 줄 몰라 했으며, 양부가 여러 연극에서 영웅과 악한 역을 번갈아 맡아 연기할 때면 신기하게 여겼다. 후일 바그너가 겉과 속이 다른 두 얼굴의 인성을 가지게 된 데는 어린 시절 양부의 능란한 연기력에 매료되었던 바가 크다. 그는 극장 의상실을 빼곡히 채운 화려한 색상의 복장과 소도구를 둘러보면서 온갖 상상을 하기도 했고, 대기실과 분장실을 오가면서 미궁 속을 헤매는 환상에 쫓기도 했다. 또 요괴와 악마의 모습을 한 가면에 눈길을 주면서 공포감에 휩싸이기도 했다. 연극은 어린 바그너의 감성을 키운 무대였고 상상력을 깨우친 마당이었다. 그는 자서전《나의 생애》에서 이때의 경험을 다음과 같이 적었다.

바그너 기념 우표
(1986년 오스트리아 발행)

이 시기(일곱 살)에 나의 상상력은 신비로운 무대와 환상적인 복장들, 가발, 변장도구로 가득한 의상실을 접하고, 내가 공연에 참여하는 등 극장과 친숙해짐으로써 키워졌다. 나는 아버지가 비극에서 악당 역을 하는 것을 두려운 마음으로 지켜본 다음, 이어지는 희극 장면에서 가끔 연기했다. 나는 카를 베버가 지휘하는 음악을 배경 삼아 포로에서 귀환하는 작센 국왕이 등장하는 장면에 등장했던 것을 기억한다. 나는 꼭 끼는 바지를 입고 등에 날개를 단 천사를 우아하고 생생하게 연기하기 위해 열심히 연습했다. 또 내가 커다란 얼음과자를 받았을 때는 마치 왕이 된 체했다. 드디어 나는 내가 맡은 역에서 몇 마디 대사를 할 수 있었다.[10]

그들 부자는 사랑이 넘치는 사이였으나 양부는 아들의 훈육을 위해서라면 체벌을 가하는 것을 마다하지 않았다. 추측건대 가이어가 바그너의 친부가 아니었다면 그는 아들에게 사랑의 매를 들기 힘들었을 것이다. 1873년 8월에 쓴 코지마의 일기에는 남편이 자신을 3인칭으로 가리켜 말한 회고담이 적혀 있다. "그의 아버지 가이어는 회초리를 들고 훔친 돈을 가져온 그를 매질했지. 누이들은 문밖에서 울고 말이오." 이는 바그너가 어릴 때 손버릇이 나빴다는 뜻으로 한 말이 아니라 용돈이 궁했을 때 어쩌다 저지른 짓에 대해 한 말일 테지만, 그의 이러한 버릇이 훗날 감당하지 못할 빚을 얻어 쓰는 버릇으로 이어졌다고 생각할 수는 있다.

양부의 연기와 극장에 대한 바그너의 관심은 상상과 몽상을 넘어 그를 망상에 잠기는 버릇으로 이끌었다. 망상은 몽상과 달리 환상과

10. Richard Wagner, *Mein Leben(1813-1864)*, p.7.

광기를 아우른다. 하지만 그에게 망상은 망령된 이미지가 아니라 영감을 주는 아이디어였다. 그것은 창의적 사고를 끌어내는 꿈과 같은 것으로, 그는 예술을 '고귀한 망상'으로 보았다.[11] 그래서 그에게 음악은 예술이기 전에 몰입이고 도취였다. 그의 음악에서 미약媚藥과 같은 도취감을 느낄 수 있는 이유다. 그는 1864년 〈국가와 종교에 관하여Über Staat und Religion〉에서 망상의 개념을 논했으며, 『뉘른베르크의 마이스터징거』에서 망상과 꿈을 핵심어로 삼아 극을 전개했다. 그는 한스 작스가 '망상, 망상, 도처에 망상이Wahn, Wahn, überall Wahn'로 시작하는 노래를 부를 때 망상을 삶의 애환과 연결 지었고, 발터 폰 슈톨칭이 경연대회에 출품할 노래를 지을 때 간밤에 꾼 꿈에서 아이디어를 빌렸다. 그가 반지 4부작의 가설무대를 강물 위에 설치하여 공연을 끝낸 뒤 불태운다는 망상에 가까운 생각을 품은 것이나, 창작 소재를 초현실적인 설화에서 택한 것도 그 영향이다. 실은 상상도 못할 예술 작품이나 과학 이론, 기술 등은 대부분 몽상가의 머리에서 나왔다. 심지어 그는 여생을 보낼 저택에 '망상과 평화Wahnfried'라는 이름을 붙인 데서 유례가 드문 몽상가였다.

바그너는 양부가 죽은 뒤로 자주 악몽을 꾸었다. 그럴 때면 연극에서 본 무서운 장면이 떠올라 비명을 지르거나 겁에 질려 울기도 했다. 원래 어린아이는 잠드는 것을 두려워한다. 익숙한 공간에서 낯선 별세계(꿈)의 공간으로 옮겨지는 것을 꺼려하는 무의식적인 심리 때문이다. 하지만 바그너는 유달리 꿈을 두려워하는 아이였다. 그래서 그의 형과 누이들은 그와 함께 자는 것을 싫어했다. 그는 잠을 청하려고 할 때마

11. Barry Millington, *Wagner*, p.244.

다 가구와 의자, 심지어 계단 옆에 세워 둔 맥주병들이 악마의 형상을 하고 달려드는 것처럼 보여 외마디 비명을 지르곤 했다. 그럴 때 그를 달래고 잠을 재운 이는 큰누나 로잘리에였다. 심지어 바그너의 침대에서 잠자는 것을 마다하지 않는 존재도 있었다. 그것은 개와 토끼로, 그가 동물을 사랑하게 된 동기의 하나다.

바그너의 상상력을 자극하고 공포감을 불러일으킨 것은 연극 무대만이 아니었다. 1822년 그가 삼촌 아돌프Adolf Wagner(1774~1835, 친부의 동생)에게 맡겨졌을 때 보았던 로코코풍으로 치장한 방 역시 그러했다. 그 방은 삼촌이 거주하는 집의 2층에 있었으며, 세입자는 고모 프리드리케의 친구로 나이 든 처녀였다. 그녀는 젊게 보이도록 꾸민 얼굴에 분으로 뒤덮은 머리를 하고, 코르셋을 넣은 귀부인용 페티코트 차림을 하여 되레 천해 보였는데, 어린 바그너는 흡사 유령을 보는 것처럼 그녀를 바라보았다. 한편 그녀의 방은 신기한 느낌을 주었다. 눈길을 끄는 화려하고 고풍스러운 가구와 여러 점의 초상화, 화장대 위에 놓인 갖가지 화장품이 한데 어울려 그를 동화의 나라로 이끌었다. 하지만 그가 자신의 외딴 방에서 잠을 청할 때면, 거기서 보았던 갖가지 모양의 벽지 무늬와 초상화들, 기이한 느낌을 주는 그녀의 모습이 떠올라 그 방은 흡사 귀신이 출몰하는 공간으로 느껴졌다. 그럴 때 그는 자주 온몸이 식은 땀에 젖는 악몽의 밤을 보내야 했다.

이러한 초자연적 환영은 후일 그가 악기의 소리에서 시각적 이미지를 떠

삼촌 아돌프 바그너

올리는 능력을 키운 바탕이 되었다. 이를테면 오보에 소리는 다른 악기를 잠에서 깨우는 사자의 부르짖음처럼 들리고, 바이올린의 음색은 영혼의 세계에서 흘러나오는 인사처럼 들리는 것 등이 그 예다. 그의 악곡이 장면 묘사에 뛰어나고 임장감이 넘치는 것이나, 그의 오페라가 여느 작곡가의 것보다 볼거리가 많고 긴장감이 넘치는 데는 이때의 기억이 큰 몫을 한 셈이다. 그 점에서 '공포는 인간 심리의 원점이고 모든 이야기의 시점'이다.

종합예술가의 바탕이 된 지적 호기심

바그너는 일생의 과업으로 여긴 작곡과 집필을 우연한 계기로 시작했다. 그의 부모는 음악가도 작가도 아니었으므로 그 방면의 영재 교육을 받을 기회는 갖지 못했기 때문이다. 그는 네 살 때 작센 궁정 음악 부감독 카를 프리드리히 슈미트가 운영하는 유아원에 등록하면서 첫 교육을 받았다. 바그너가 처음 예술을 접한 것은 이듬해 양부의 원에 따라 그림붓을 잡은 것과 연극을 보면서부터였다. 하지만 그는 연극에는 관심을 보였으나 그림에는 시큰둥했다. 그래서 부모는 2년 뒤 아들을 목사 크리스티안 베첼이 운영하는 어린이 학교에 넣어 피아노를 배우게 했다. 그와 음악과의 첫 만남이었다.

학교는 읽기와 쓰기를 기본으로 가르쳤으며, 문학과 역사를 교재로 사용했다. 바그너는 아동용으로 엮은 《로빈슨 크루소》에 빠져들었고, 모차르트 전기를 소리 내 읽으며 천재 작곡가의 생애에 감동했다. 또 이듬해인 1821년 3월, 교사가 신문에 실린 그리스 독립전쟁에 대해 설명해 줄 때면 누구보다 귀담아들었다. 그는 이를 계기로 후일 총체예술론의 틀을 고대 그리스의 연극론에서 가져왔으며, 그리스 독립전쟁에 참전하여 병사한 영국 시인 바이런을 행동하는 지식인의 전형으로 삼았다. 그는 20대에 이르러 '그리스·오스만튀르크 제국 전쟁'이 '고대 그리스·페르시아 전쟁'의 근대적 재현임을 깨닫고, 자신이 작곡할 오페라의 내용을 역사와 설화에서 택하기로 마음먹는다.

그는 1822년 1월, 가족과 헤어져 둘째 형 율리우스가 금세공사 카를 가이어(양부의 동생)의 도제로 있는 아이슬레벤으로 떠났다. 막내아들의 학비 지급도 일시 중단하고 식구의 입도 덜기 위한 어머니의 고육책에 따른 것이다. 삼촌(카를 가이어)은 양부의 장례를 도맡아 치러 준 데다, 둘째 형의 직업교육까지 책임진 고마운 인척이었다. 그는 두 직업에 능란했던 그의 형을 닮아서인지 금세공을 하면서 비누를 만들어 팔 정도로 돈벌이에 기민했다.

바그너는 삼촌 댁에 머물면서 할머니(양부의 어머니)와 말벗이 되었다. 그녀는 손자의 이야기보따리였고, 서로에게 단짝이었다. 특히 그곳의 관구장(우리나라의 동장과 같은 직책)은 젊어서 외줄타기의 명인이었는데, 바그너는 자신을 귀여워하는 그에게 틈나는 대로 재주를 배웠다. 또 그곳 지방의 경비병 연대 음악가들이 행진곡과 민요곡을 연주할 때면 만사 제쳐 두고 음악에 귀 기울이곤 했다. 당시 그 음악들은 후일 그가 작곡할 때 영감을 주었고, 줄타기 묘기는 『라인의 황금』에서 세 처녀가 유영하는 장면을 연출할 때 참고했다. 바그너는 깨끗하고 조용한 소도시의 환경과 인정 많은 주민들이 좋았다. 후일 그는 『뉘른베르크의 마이스터징거』를 작곡할 때 아이슬레벤의 정취와 주민들의 인심을 반영했다. 아홉 살 소년의 즐거운 추억은 그해 10월로 끝이 났다. 삼촌 카를의 결혼으로 바그너가 더 이상 머물 수 없었기 때문인데, 그를 재미나게 한 할머니는 두 달 전에 돌아가셨다.

열 달 만에 드레스덴으로 돌아온 바그너는 어머니가 빠듯하게 가계를 꾸려 가고 있음을 알게 되었다. 어머니는 유족연금으로 생활하기가 어려워 사별한 남편이 그린 초상화 중 가족의 것을 제외하고는 모두 팔았다. 또 하숙인을 두세 명 들였는데, 그중에는 작곡가 루이스 슈포어Louis Spohr(1784~1859)도 있었다. 당시 집에는 그를 제외하고 누이들뿐이었다. 장남 알베르트는 4년 전 결혼하여 독립해 나갔고, 차남 율리우스는 금세공 기술을 익히느라 자기 한 입 건사하기도 바빴다. 지금 바그너가의 가장은 연극배우의 수입으로 생계를 도맡은 큰누나 로잘리에였다. 여기에 역시 배우가 된 둘째 누나 루이제가 생활비를 보탰다.

그로부터 며칠 뒤 바그너는 어머니의 원에 따라 라이프치히에 살고 있던 삼촌 아돌프 댁에서 생활하게 된다. 삼촌은 조르다노 브루노Giordano Bruno(1548~1600)의 저작을 편찬한 문헌학자로, 영문학서와 그리스 고전문학을 번역하고 희곡을 쓰는 작가이기도 했다. 또 그는 당대의 문인 실러Friedrich Schiller(1759~1805), 피히테Johann Gottlieb Fichte(1762~1814)와도 교류가 있는 지역의 명사였다. 다만 다변에 자기주장이 강한 게 흠이었는데, 조카 역시 삼촌의 행동과 기질을 빼닮았다.

바그너가 삼촌을 만나던 날, 그를 놀라게 한 것은 크고 오래된 집의 외관도 아니었고, 고모 프리드리케의 손에 이끌려 보게 된 2층에서 가장 화려한 방도 아니었다. 그것은 1층 거실보다 더 큰 서재의 사방 벽을 둘러싼 책이었다. 그중에는 바그너의 양부 가이어가 삼촌에게 물려준 장서도 눈에 띄었다. 책장을 가득 채운 책들은 장차 바그너의 창작에 이념적 바탕을 제공한 철학서와 대본 집필에 도움을 준 인문학서, 예술서는 물론 사회과학과 자연과학에 관한 것도 있었으니, 후일 바그너의 유별난 책 사랑과 도서 수집은 이때의 기억에서 비롯되었다.

바그너는 그해 12월, 드레스덴에 있는 기독교계 문법학교(십자가 학교Kreuzschule)에 입학하기 위해 삼촌과 헤어졌다. 그의 학교 성적은 우수한 편으로, 문학을 좋아했으나 문법은 싫어했다. 그로부터 한 달이 지난 1823년 1월 26일, 삼촌 아돌프가 오페라『마탄의 사수Der Freischütz』를 보기 위해 드레스덴에 들렀다. 장소는 드레스덴 궁정 오페라극장, 지휘는 작곡가 카를 베버로 모처럼 온 가족이 함께 구경하는 자리였다. 삼촌은 제2막의 여성 이중창을 듣고는 "이처럼 독일적인 것은 처음이야. 로시니는 이제 신물이 나. 베버 선생은 게르만 전설로 꾸민 오페라를 멋지게 성공시켰어"하고 흥이 난 어조로 말했다. 실은 로시니가 누구인가. 성악가들은 그의 오페라에 출연하는 것을 영광으로 알았고, 그의 작품이 빈에서 상연할 때면 베토벤의 음악마저 빛을 잃는다고 했던 인물이다. 그러나 지금의 그들에게 로시니는 안중에 없었다. 베버의 음악은 바그너를 열광시켰다. 그것은 누나의 포옹에 몸을 내맡기고 있을 때의 느낌과 같았다. 서로 뒤엉키고 융합하여 태양의 높이보다 드높게 상승하는 이중창의 황홀한 목소리, 그것은 이 세상이 아닌 다른 세계로 그를 데려가 주었다.[12]

『마탄의 사수』는 바그너를 음악의 길로 인도한 계시의 사운드였다. 그는 자신에게 숨어 있는 음악적 본성이 베버가 쏜 마법의 총탄에 맞아 깨어나는 현시顯示에 사로잡혔다. 그는 이때의 감동을 잊지 못하여 2년 뒤에는 음악을 좋아하는 또래 친구들을 자기 집으로 불러들여 손수 만든 가면을 쓰고 누이들의 옷으로 분장까지 한 채 나름대로『마탄

---

12. 장 루슬로, 김범수 옮김,《소설 바그너, 방황 끝에 서다La vie passionnée de Wagner》(세광음악출판사, 1993), pp.16~17.

의 사수』를 연출했다. 카를 베버는 독일 근대 오페라의 초석을 다진 인물이다. 하지만 그가 마흔 살에 죽음으로써 독일 오페라는 오랫동안 공백기를 맞았다. 그 자리를 거대한 악극으로 채운 인물이 다름 아닌 바그너였다. 그때 아돌프는 자기 손에 이끌려 오페라를 구경한 어린 조카가 장차 독일 음악계를 이끌어 갈 거장이 될 줄 생각이나 했을까.

바그너는 신동이 아니었다. 그는 1831년(18세) 라이프치히 대학교에서 수학할 때까지 음악과 관련한 제도 교육을 받은 적이 없다. 그마저도 중퇴하여 정규 과정을 모두 이수한 것도 아니다. 천재성을 타고난 이에게 교육이란 단지 원석을 연마하여 보석을 만드는 과정일 뿐이다. 그동안 그는 악전樂典 지식을 개인 교습과 독학으로 습득했으니, 이른바 딜레탕트Dilettante(전문가에 버금가는 지식을 가진 호사가)로 음악 수련을 시작한 셈이다. 사실, 음악적 소양을 갖춘 철학자나 인문학자가 음악의 대가가 되기는 힘들다. 그 예로 니체와 루소를 든다. 바그너는 그들과 달리 음악의 천재를 타고난 위에 인문적 교양을 겸비하여 음악의 거장이 되었다. 즉 바그너에게 있고 그들에게 없는 것은 음악적 소양이 아니라 음악적 천재성으로, 바그너가 철학자나 인문학자가 되지 않은 연유다(역으로 이 말은 니체와 루소에게도 할 수 있다). 그러므로 딜레탕트 바그너는 그를 폄하해야 할 구실이 아니라 종합예술가로 만든 무기로 보아야 한다.

그렇다면 만일 바그너가 모차르트처럼 어린아이 때부터 집중적으로 음악 교육을 받았다면 종합예술인 악극을 만들 수 있었을까. 또 대본 작성과 작곡을 혼자 힘으로 해낼 수 있었을까. 천품을 타고난 이에게 교육보다 중요한 것은 호기심과 상상력이다. 그렇다. 독창적인 악극과 반음계주의에 의한 무한선율, 유도동기, 혁신적인 화성법은 예술가로서의 상상력에서 나온 것이며, 이러한 기법은 현대음악의 싹을 틔우는 역할을 했다. 바그너가 악극을 창시할 수 있었던 것은 음악 수업과 병행하여 인문학 지식을 쌓았기 때문이다. 그가 작곡은 물론 오페라 대본, 논문, 비평, 수필과 함께 자서전까지 쓴 것이나, 무대 감독과 지휘를 겸하고 능변으로 좌중을 압도할 수 있었던 힘은 딜레탕트의 수련 덕분이다. 그는 끊임없이 노력하는 천재로, 다방면에 정통한 스페셜리스트였다. 그는 모차르트와 같은 조숙한 천재가 아니라 비범한 요소가 조금 늦게 나타난 완숙한 천재였다.

소설가 토마스 만은 1933년, 바그너 사후 50주년 기념강연에서 "바그너의 천재는 딜레탕티즘이 키웠다"고 말했다. 그는 바그너를 폄하하려고 이렇게 말한 게 아니다. 그러한 환경을 발판 삼아 종합예술가로 우뚝 선 그의 위대함을 에둘러서 한 말이다. 그럼에도 생각이 짧은 바그네리안들은 토마스 만의 탁견을 비난했다. 그들은 유소년기의 음악 수업이 빈약했던 바그너를 험담했다고 이해한 것이다.

바그너는 문법학교에서 공부하는 동안 우수한 성적을 보였다. 그런데 1823년 5월, 바그너와 같은 반 학생이 병사했다. 그때 언어학을 가르치는 교사 질리히는 학생들에게 죽은 친구를 추모하는 시를 지어 오도록 했다. 하지만 시를 가져온 학생은 바그너뿐이었다.

"선생님이 여러분에게 숙제를 낸 것은, 잘 지은 시를 보기 위해서가 아니라, 친구의 죽음을 슬퍼하는 동무의 마음을 보기 위해서입니다. 리하르트 군이 제출한 시는 대단히 잘 지은 것입니다. 리하르트 군! 앞으로 나와서 낭송하세요."[13] 바그너는 열 살 때 추모시를 지음으로써

13. 조세 브뤼르, 창우문화사 옮김, 《대작곡가의 초상 6, 바그너 편》(창우문화사, 1982), p.204.

문학과 첫 대면을 했다. 그가 쓴 시는 영국 시인 조지프 아디슨Joseph Addison(1672~1719)의 시를 일부 베껴 쓴 것이지만, 시 짓기에 재능이 없었다면 가능하지 않은 일이었다. 비장미로 가득한 대하 악극 『니벨룽의 반지』의 씨앗은 죽은 이를 애도하는 시였다.

바그너는 1826년 열세 살 때 삼촌 아돌프에게 배운 그리스어로 호메로스의 《오디세이》 24권 중 처음 3권을 번역했다. 또 서사시 〈파르나소스에서의 전투Die Schlacht am Parnassus〉를 지었으며, 5막으로 구성한 비극 《로이발트》를 쓰기 시작했다. 그로부터 2년 뒤인 1828년 1월 21일, 그는 라이프치히 소재 니콜라이 중등학교Gymnasium에 입학하면서 그때까지 쓰던 가족 이름 '가이어'를 버리고 '바그너'로 등록했다. 그해 봄에는 《로이발트》를 탈고한 데 이어 여름에는 거기에 붙이는 부수음악을 작곡(미완성)했다. 이로써 그는 문학과 음악을 한 손에 쥔 종합예술가의 대장정에 올랐다.

제4장　　　　　종합예술가의 길잡이

바그너는 신동으로 태어나지 않았다.
하지만 거의 모든 신동이 그 빛을 잃어 가는 나이에 그는 천재의 길을 갔다.
이 점이 신동으로 태어나 천재의 길을 간 모차르트와 다르고,
성년이 되어 천재의 길을 간 베토벤과 달랐다.

바그너의 영웅 카를 베버

바그너를 종합예술가로 만든 두 가지 동력은 끊임없는 자기 탐색과 극장에 대한 추억이다. 전자는 그가 거장이 될 수 있었던 동기이며 후자는 걸작을 낳을 수 있었던 바탕으로, 그의 생애는 '나는 누구인가'를 확인하는 여정과 다름없었다. 그는 정체성과 관련한 여러 화두를 갖고 있었다. 즉 "내 아버지는 누구인가?" "내 역할 모델은 누구인가?" "내 처신은 올바른가?" "내가 신봉하는 가치는 무엇인가?" "내가 사랑하는 여성은 누구인가?" 등인데, 그중 주저함과 갈등이 없었던 것은 자신이 정한 역할 모델이었다. 그에게 가르침을 준 이는 누구나 그의 스승이기 때문이었다.

그에게는 한 사람의 영웅, 카를 베버가 있었고 두 사람의 우상, 셰익스피어와 베토벤이 있었다. 하지만 수련 기간 동안 자신이 스승으로 정한 인물은 한둘이 아니었다. 그는 이전 세대의 예술가들과 선학들을 무조건적으로 받아들였다. 그들을 비판하고 그들의 성취를 선택하는 것은 나중 문제였다. 그는 호사가의 열린 마음으로 음악을 시작한 데다 배움의 열기가 뜨거웠던 까닭에 자신이 따라야 할 사표를 한정하거나 선별하지 않았다. 다만 중요도에 따라 위계는 정했다. 그들 중 베버는 바그너를 작곡가의 길로 이끈 인도자였으

카를 마리아 폰 베버

며, 베버의 오페라는 바그너 음악의 원점이었다.

카를 베버는 글루크Christoph Willibald Gluck(1714~1787)가 개척한 독일 그랜드오페라의 전통을 되살림으로써, 당시 로시니로 대표되는 이탈리아 오페라의 위세를 꺾는 데 큰 역할을 했다. 바그너의 삼촌 아돌프가 『마탄의 사수』를 관람하던 중에, 베버를 극찬하고 로시니는 신물이 난다고 말한 것은 로시니의 오페라가 기교에 치우친 외에 이탈리아 오페라의 득세에 대한 반감이 작용한 결과였다. 따라서 그 무렵에 나타난 베버야말로 독일인의 기대를 모으기에 족했다. 그의 대표작 『마탄의 사수』는 음악적 긴장감과 극적 재미가 잘 녹아 있어 완성도가 높다. 그는 악기의 고유한 음색을 강조하여 개성이 살아나도록 했으며, 노래는 관현악의 모티프 선율과 어울리게 작곡하여 인물의 성격이 드러나도록 했다. 그는 화성을 선율 이상으로 중시했을 뿐만 아니라 성악과 기

악을 같은 정도로 중요하게 여겨 이전의 오페라와 다른 양식을 만들었다.『마탄의 사수』는 이런 특징을 알린 기념비적 작품이었다.

　베버는 기타 연주의 명인이었고, 스무 살에 초산을 음료수로 잘못 알고 마시기 전에는 가수이기도 했다. 또 지휘법을 창안하여 지휘자가 중요한 연주자로 인정받는 데 기여한 음악인이었다. 그 점에서 베버가 바그너의 첫 역할 모델이 된 것은 서로에게 유익했다. 베버는 마흔 살에 죽어 자신의 소명을 완수하지 못했으나, 바그너가 그의 유지를 이어받아 독일 오페라를 반석 위에 올려놓았기 때문이다. 바그너는 그에 대한 인상을 다음과 같이 자서전에 적었다.

나는 우리 집을 드물게 방문하는 베버를 볼 때마다 정감 어리던 그의 첫인상을 결코 잊지 못한다. 그의 세련되고 우아하며 지적인 용모는 열광에 가까운 나의 존경심을 자극했다. 그는 가끔 졸린 눈매를 하고 있었음에도, 갸름한 얼굴과 멋지게 손질한 차림새 덕에 민첩하게 보였으며, 그가 발을 절면서 걷는 모습은 내 눈길을 사로잡았다(그는 고관절에 병을 갖고 있어 발을 절었다). 또한 이따금 창문을 통해 연습으로 지친 거장이 귀가하는 모습을 볼 때면 그는 위대한 음악가이자 초인으로 상상되었다. 내가 아홉 살 때 어머니는 나를 그에게 소개시켜 주었다(베버는 한때 바그너 댁에 하숙하여 바그너의 부모와 친밀한 사이였다). 그는 나에게 무엇이 되고 싶으냐고 물었다. 어머니는 그에게 내가『마탄의 사수』에 흠뻑 빠져 있다면서 아마도 음악가가 될지 모르겠다고 말했다. 하지만 어머니는 그때까지 내가 음악에 재능이 있는지 알지 못했다(실은 요한나는 아들이 시인의 재능이 있다고 생각했다).[1]

1.　Richard Wagner, *Mein Leben(1813-1864)*, p.26.

바그너에게 베버가 귀가하는 모습을 보는 건 하루의 낙이었다. 가끔 막냇누이 체칠리에가 옆에 있을 때면 베버를 가리키며 "저기 가장 위대한 사람이 걸어오고 있어" 하고는 말했다. 또 극장에 가서 관현악단석의 고귀한 지배자 베버를 볼라치면 '황제도 될 수 없고 왕도 될 수 없다면, 난 그처럼 무대에 서서 지휘를 할 거야' 하고 다짐했다.[2]

베버는 1826년 6월 5일, 런던에서 『오베론Oberon』의 공연을 마친 뒤 폐결핵으로 죽어 그곳에 묻혔다. 그로부터 17년 뒤인 1843년 2월 2일, 바그너는 베버가 재직했던 드레스덴 오페라극장의 음악감독이 되어 같은 지휘대에 섰으며, 다음 해 1844년 12월에는 베버의 유해를 조국으로 이장하는 일에 앞장섰다. 마침내 목적하던 바를 실행한 날, 그는 런던에서 함부르크항과 엘베강을 거쳐 드레스덴까지 유해가 운구되는

함부르크항에 내리고 있는 베버의 유해(1844년 12월)

2.   Joachim Köhler, Stewart Spencer(trans.), *Richard Wagner, The Last of the Titans*(Yale University Press, 2004), p.33.

내내 그의 옆을 지켰다. 그리고 목적지에 당도하는 12월 14일 저녁에는 자신이 작곡한 「베버의 오페라 『오이리안테』에서 주제를 가져온 장송곡」을 연주하여 베버의 넋을 기렸다. 다음 날 그는 가톨릭 프리드리히슈타트 묘지에서 유해 안장식을 주관하면서 "당신만큼 독일인다운 음악가는 없었습니다"로 시작하는 감동적인 추도사를 바친 뒤, 남성 합창곡 「베버의 무덤에서」를 지휘하는 것으로 자신의 영웅에 보답했다. 그는 지휘하기 전 남성 합창단원들에게 "여러분은 이 시간의 목격자로서, 목소리를 높이십시오Hebt an den Sang, ihr zeugen dieser Stunde" 하고 힘주어 말했다. 바그너의 나이 서른한 살 때였다.

바그너의 우상 셰익스피어와 베토벤

바그너는 2년에 걸쳐 집필한 《로이발트》(처음 제목은 로이발트와 아델라이데)를 열다섯 살 때 탈고했다. 이 작품은 총 5막으로 꾸민 유혈복수극으로, 《햄릿》의 플롯을 기본으로 취하고 《맥베스》·《리어왕》·《리처드 3세》에서 일부 장면을 참고하여 만든 습작이다. 《로이발트》는 그가 자서전에 썼듯이 억지 춘향식으로 꾸민 비극이었다. 그도 그럴 것이 복수를 원하는 망령을 접한 주인공이 음모에 가담한 42명의 등장인물을 주저하지 않고 처단한 탓에, 극의 진행과 결말을 위해 퇴장한 인물들을 혼령으로 다시 등장시켜야 했기 때문이다.

그는 문학 작품을 탐독하면서 극의 구성과 결말의 당위성이 얼마나 중요한지 깨달았다. 물론 그는 베르디처럼 셰익스피어의 원작을 오페라로 만들지는 않았다. 하지만 《자에는 자로Measure for Measure》를 오페라 『연애금지』의 소재로 가져온 것처럼, 바그너는 셰익스피어의 문학을 자신의 극작법Dramaturgie에 원용했다. 이 과정에서 탄생한 초기작 《로이발트》는 그에게 '극본을 이렇게 꾸며서는 안 된다'는 부정적 교훈을 주었다는 점에서 습작 이상의 의미가 있다.

바그너는 습작의 모델인 《햄릿》을 통하여 복수극의 귀결은 죄인을 단죄하는 데 머물지 않고 서로가 속죄하고 화해하는 데 있다는 것을 알았다. 연극은 대속代贖과 재생을 위한 번제燔祭 의식에서 발전한 무대 예술인 까닭이다. 이를테면 《햄릿》의 대단원에서 선왕은 더 이상 망령이 아니다. 정의가 이루어진 이상 원한을 안고 죽은 자는 귀신으로 존재할 이유가 없다. 왕비 역시 죽음으로써 전남편이었던 선왕과 아들 햄릿에게 지운 마음의 상처를 씻었다. 햄릿은 레어티즈의 칼에 찔려 죽음

아이스킬로스와 셰익스피어의 경배를 받고 있는 바그너.
1876년 〈베를리너〉지에 실린 풍자화

으로써 그의 아버지 폴로니어스를 죽인 죗값을 치렀고, 레어티즈 또한 죽기 전 화해할 것을 원하여 서로의 악연은 풀렸다. 그리고 저세상에서 오필리어와 영혼으로 맺어질 수 있게 되었다. 햄릿은 포틴브라스가 왕위를 승계할 것을 유언함으로써 그와의 원한도 해결했다. 포틴브라스의 아버지는 전쟁 중 햄릿의 아버지에게 죽임을 당한 적이 있기 때문이다. 햄릿의 복수는 숙고의 결과이며, 다만 폴로니어스를 실수로 죽임으로써 그가 예상하지 못한 방법으로 목적이 이루어졌을 따름이다. 끔찍한 사건은 자극적인 볼거리가 아니라 엉킨 실타래를 푸는 해원解冤의 장치임을 습작 과정에서 터득한 바그너는 이를 대본을 쓰는 밑거름으로 삼았다. 그가 작품 속 인물의 처리 방식을 복수에 의하기보다 인과응보에 의하도록 한 점이나, 극에 흥미 요소를 더하기보다 교훈적 의미를 앞세운 이유는 여기에 있다.

　바그너는 《로이발트》의 공연 때 사용할 부수음악(미완성)도 작곡했다. 그는 이 곡의 스타일과 구조를 베토벤의 작품 『에그몬트Egmont』에서 빌려 왔으니, 그에게 베버가 음악의 틀을 결정한 영웅이라면 베토벤은 음악의 틀을 확장시킨 우상이다. 베토벤은 베버를 포함하여 그에게 대위법과 푸가 등 악전을 전수한 바흐, 레퀴엠(진혼곡)Requiem · 『마술피리Die Zauberflöte』 · 『돈 조반니Don Giovanni』로 자신을 감동시킨 모차르트까지 아우르는 경이의 위인이었다. 그는 자서전에 베토벤에 대한 존경심을 다음과 같이 적었다.

형언할 수 없는 베토벤의 음악과 함께 보는 순간 온갖 공간을 맴도는, 석판화로 새긴 그의 얼굴상은 그가 귀가 먹은 채 격리된 삶을 살았다는 사실과 더불어 나에게 깊은 인상을 주었다. 나는 그의 이미지가 누구와도 비교할 수 없는 숭고하면서도 초자연적인 존재로 내 마음에 새겨지는 것을 이내 감지했다. 베토벤의 이미지는 내 머릿속에서 셰익스피어와 어울리면서 그들과 내가 마주 보고 말을 주고받는 황홀한 꿈으로 나타났다. 꿈에서 깨어났을 때, 내 얼굴은 눈물로 범벅되어 있었다.[3]

바그너는 『피델리오Fidelio』의 서곡을 접하면서 베토벤의 음악에 빠져들었다. 그는 괴테가 쓴 《에그몬트》를 위해 베토벤이 헌정한 같은 이름의 관현악곡을 듣고 예술가의 우정과 창작 동기에 감명받았으며, 『피델리오』에서 레오노레를 노래한 빌헬미네 슈뢰더데프린트에 열광하여 그녀를 바그너 소프라노의 전범으로 삼았다. 또 베토벤과 자신의 대화로 구성한 단편소설 〈베토벤을 향한 순례Eine Pilgerfahrt zu Beethoven〉(1840)를 발표하여 우상에게 경의를 표했다.

바그너는 열여덟 살 때 베토벤의 피아노 소나타를 접하면서 『교향곡 9번 '합창'』을 피아노곡으로 편곡하는 열의를 보였다. 『합창 교향곡』은 1824년 초연된 이래 유럽 각지에서 연주되었으나, 반응이 호평 일변도는 아니었다. 악곡과 형식에서 독창적인 이 작품을 청중이 제대로 이해하지 못했기 때문인데, 1846년 바그너가 지휘를 하면서부터 널리 받아들여졌다. 그는 당시의 감동을 자서전에 다음과 같이 적었다. "기대하지 못한 엄청난 성공이다. 나는 무엇이든 성취할 수 있다는 확신을 가질 수 있었다. 나는 살아가는 동안 이 사실을 마음속에 간직할 것이다." 그는 베토벤 음악의 전도사이자 탁월한 해석자였다. 그 점에서 베토벤은 바그너의 음악을 만든 근육이고, 베버는 혈액에, 바흐

---

3. Richard Wagner, *Mein Leben(1813-1864)*, p.28.

는 뼈대에 해당한다.

수련기의 길잡이

바그너가 처음으로 재능을 나타낸 분야는 음악이 아니라 문학이었다. 그는 어려서부터 연극 대사에서 따온 조롱 섞인 엉터리 시를 지어 가족을 곧잘 웃겼고, 초등학생 때는 죽은 급우에게 바치는 시를 지어 교사에게 칭찬을 듣기도 했다. 그는 열다섯 살이 되기 전에는 문인이 될까도 생각했다. 어머니 역시 아들이 음악에 재능이 있다는 것을 그때까지 몰랐다. 하지만 그로부터 1년 뒤 작곡 편수가 늘어나면서 그는 음악가가 되기로 마음먹는다. 실은 그는 자신의 진로에 대해 갈등하지 않았다. 이 두 가지를 겸하기로 한 때문이다. 문학은 그가 소년일 때부터 품은 이상으로, 그가 오페라 대본을 손수 쓸 수 있었던 바탕이며, 여러 주제로 건필을 휘두를 수 있었던 뿌리다.

문학 분야에서 그의 으뜸 스승은 셰익스피어였다. 그 좌우로 여러 길잡이가 바그너의 창작세계에서 계서제階序制. Hierarchy를 이루고 있다. 좌측 선두에는 고대 그리스의 작가들, 호메로스 · 아이스킬로스 · 소포클레스 · 에우리피데스가 자리 잡고 있는데, 그가 열세 살 때 일부를 번역한 적 있는 호메로스의《오디세이》는 그 내용이 자신의 방랑벽을 암시하고, 오페라의 동기인 유랑과 모험을 예시한 점에서도 인연이 있다. 또 아이스킬로스가 트로이 전쟁을 희곡으로 꾸민《오레스테이아 Oresteia》3부작은 독일의 전래 설화《니벨룽의 노래》와 더불어 그의 반지 4부작에 큰 영향을 끼친 작품이다. 그 뒤를 이어 이탈리아의 시인 단테 알리기에리와 영국의 시인들, 존 밀턴 · 윌리엄 블레이크 · 알렉산더 포프는 그가 시적 정신을 다듬도록 이끈 전범이었다.

맞은편의 우측 선두에는 괴테와 실러가 자리 잡고 있다. 그 아래로 루트비히 티크Ludwig Tieck(1773~1853), 그림 형제Jacob Grimm(1785~1863)·Wilhelm Grimm(1786~1859), 하인리히 하이네Heinrich Heine(1797~1856), 프란츠 그릴파르처Franz Grillparzer(1791~1872) 등의 문인들이 거의 대등하게 위치하고 있다. 실러는 그가 『빌헬름 텔』에 아역으로 출연하면서 인연을 맺은 작가이며, 괴테는 그가 열여섯 살 때 『파우스트』의 공연을 보면서 깊은 인상을 받은 작가로 당시 큰누나 로잘리에가 그레첸 역을 했다. 바그너는 그때의 감동을 잊지 못하여 2년 뒤인 1831년 1월 『괴테의《파우스트》에 부치는 일곱 편의 노래』를 작곡했다. 또 하이네는 그가 『방황하는 네덜란드인』의 대본을 집필하는 데 아이디어 일부를 보탰다.

또한 바그너는 고딕 문학(괴기, 공포, 변신 등 초자연적 내용으로 이루어진 환상문학)에 정통한 호프만Ernst Theodor Amadeus Hoffmann(1776~1822)과 판타지 극으로 이름난 카를로 고치Carlo Gozzi(1720~1806)와 페르디난트 라이문트Ferdinand Raimund(1790~1836)에도 매료되었다. 특히 호프만은 작가이면서 작곡가로, 바그너는 그가 지은 오페라 『운디네Undine』를 프리드리히 푸케Friedrich de la Motte Fouqué(1777~1843)가 쓴 같은 제목의 동화와 더불어 각별히 좋아했다. 또 고치가 쓴 《뱀 여인La donna serpente》은 바그너가 『요정』의 대본을 쓸 때 참고했으며, 라이문트가 쓴 《낭비가 Der Verschwender》의 무대에 쓰인 트릭 장치는 무대감독으로서의 그에게 많은 영감을 주었다. 그 밖에 바그너에게 아이디어의 광맥이 된 작품은 그림 형제의 민담집, 고대와 중세 유럽의 역사서와 설화, 역사소설 등이 있으며 앞서 예를 든 것은 그 일부다.

음악 분야에서 바그너의 으뜸 스승은 베토벤으로 그와 대등한 자리를 차지한 이는 바흐와 모차르트, 카를 베버다. 바그너는 초기 오페라의 악곡을 구성할 때 『돈 조반니』와 『마술피리』를 많이 참고했다. 그가 1841년에 단편소설 〈파리에서의 마지막 날Ein Ende in Paris〉을 마무리하면서 "나는 신과 모차르트와 베토벤을 믿는다. 나는 그들의 제자와 사도임을 믿으며, 성령과 예술의 진리를 믿는다"라고 적은 이유다. 다만 모차르트 오페라의 대표작 대부분이 이탈리아어로 되어 있는 점과 그의 작곡 스타일이 자신의 취향과 다른 점은 불만이었다. 바그너가 베토벤의 『피델리오』와 카를 베버의 『마탄의 사수』를 자기 오페라의 모델로 삼은 이유는 여기에 있다.

바흐는 바그너가 '음악사의 기적'으로 표현할 만큼 그의 음악 수업에 중요한 역할을 한 인물이다. 화성학과 대위법은 바그너 음악의 요체인 점에서, 그가 바흐 음악으로 기초를 다진 테오도어 바인리히Christian Theodor Weinlig(1780~1842) 교수에게 악전을 배운 것은 행운이었다. 다만 바흐는 작곡법의 기초를 다지게 한 길잡이로, 그의 창작에 직접 영향을 준 작곡가는 아니다.

바그너는 다방면의 학습을 바탕으로 지식을 통합한 다음, 창작 영역을 확장하는 데 뛰어난 능력을 보였다. 그는 창작에 도움이 되는 작곡가라면 유대인(멘델스존, 마이어베어, 알레비)일지라도 기피하지 않았으며, 동년배(리스트)라도 서슴지 않았다. 심지어 경쟁 관계였던 베를리오즈

크리스티안 테오도어 바인리히

Hector Berlioz(1803~1869)의 음악도 받아들였다. 특히 베를리오즈가 시도한 극적 교향곡 『로미오와 줄리엣』과 리스트가 시도한 단악장 교향곡(교향시)들은 후일 바그너가 독창적인 작곡 기법을 낳는 데 많은 영감을 주었다. 그의 천재성과 독창성은 이 같은 열린 학습 태도에 기인한다.

정신세계를 결정한 길잡이

바그너는 생애 동안 철학을 작곡과 집필의 근원으로 삼은 음악가였다. 철학은 그가 진지하게 탐구한 주제이면서 창작의 배경으로 삼은 화두였다. 그에게 철학은 사상가로서의 예술가를 지향한 무기이고, 철학으로서의 음악을 추구한 수단이며, 음악으로서의 드라마를 창안한 동기다. 더욱이 그는 유연한 사고를 지녔기에 여러 양식의 음악과 여러 갈래의 사상을 받아들이는 데 열린 태도를 취할 수 있었다. 그의 말대로 철학은 생각의 음악이었으며, 훌륭한 예술가는 철학자여야 했다. 이러한 지론은 그를 예술사 전반에 걸쳐 유례없이 폭넓고 깊이 있는 종합예술가로 만든 힘이었다.

바그너는 독일의 이상주의 철학과 프랑스의 계몽주의 철학으로부터 지적 여정을 시작했다. 그는 이 두 가지를 거의 동시에 접했으며 어느 것을 우선하지 않았다. 이상주의 철학은 낙관적 사고와 합리론에 토대를 둔 것으로, 그 점에서 볼테르와 루소 이후의 계몽주의적 세계관과 맥을 같이한다. 다만 이상주의 철학은 민족주의와 친하면서 보수의 길로 나아갔고, 계몽주의 철학은 사회주의와 친하면서 진보의 길로 나아갔다. 바그너는 두 계열의 철학을 두루 섭렵했으며, 이를 체계적으로 통일시켜 내면화했다.

바그너는 독일 철학의 양대 산맥인 칸트와 헤겔을 사상적 지주로 삼았다. 하지만 칸트는 《판단력 비판Kritik der Urteilskraft》(1790)에 담긴 예술미학을 참고하는 데 그친 데 비해 헤겔은 그의 철학 일반을 자기 예술의 이론적 틀로 활용했다. 또한 바그너는 헤겔 철학의 급진적인 면을 계승한 헤겔 좌파(젊은 헤겔주의자) 철학자 루트비히 포이어바흐Luwig Andreas Feuerbach(1804~1872)·다비트 슈트라우스David Friedrich Strauss(1808~1874)·카를 마르크스Karl Heinrich Marx(1818~1883)에 주목했으며, 특히 포이어바흐의 인간 중심 철학에 경도되어 그의 사상적 추종자를 자임했다. 바그너가 헤겔보다 포이어바흐를 앞세운 데는 관념론에 치우친 헤겔의 논리보다 현세적인 포이어바흐의 논리에 더 끌렸기 때문이다.[4]

바그너는 포이어바흐가 《미래 철학의 강령Grundsätz der Philosophie der Zukunft》(1843)에서 쓴 "미래 철학은 새로운 시대정신을 담은 철학이어야 한다"는 명제에 공감하여 1850년에 《미래의 예술작품Das Kunstwerk der Zukunft》(1850)을 발표했다. 책의 요지는 음악 역시 새로운 형식과 내용으로 바뀌어야 하며 그 방법은 악전의 규범을 깨뜨림으로써 전통적인 아름다움에서 파격적인 아름다움으로 나아가야 한다는 것이다. 그는 악극의 아이디어를 준 포이어바흐에게 감사하는 뜻에서 자신의 글을 헌정했다.

이듬해(1851) 바그너는 헤겔의 미학 이론을 수용한 주저 《오페라와 드라마》를 발표했다. 헤겔의 미학 이론은 1823년에서 1826년까지 베를린 대학에서 강의한 《미학 강의Vorlesungen über die Aesthetik》에 담겨 있

---

4. 도덕과 종교에 대한 포이어바흐의 참신하고 파격적인 주장은 헤겔의 아성이 여전함에도 19세기 독일 철학에 깊은 영향을 끼쳤다. 바그너의 포이어바흐에 대한 존경심은 자신의 우상 쇼펜하우어의 철학을 접한 이후에도 변하지 않았다.

다. 바그너는 헤겔이 논한 개별 예술과 음악과의 관계가 상호 유사함에 착안하고 요한 빙켈만Johann Joachim Winckelmann(1717~1768)과 프리드리히 셸링Friedrich Wilhelm Schelling(1775~1854)의 예술미학을 참고하여 종합예술작품론과 악극론을 전개했다. 또 바그너는 헤겔의 '정반합의 수사법(변증법)'을 대본에 적용하기도 했다. 이를테면 『발퀴레Die Walküre』 제2막 장면 2를 "계약을 통해 나는 주인이지만, 지금은 계약의 노예일 뿐der druch Verträge ich Herr, den Verträgen bin ich nun Knecht"이라고 주인-노예의 변증법으로 표현했으며, 제3막의 피날레 「보탄의 독백」에서도 사용했다.[5]

바그너는 포이어바흐가 쓴《기독교의 본질Das Wesen des Christentums》을 읽고 인간주의 종교관에 동조했으며, 다비트 슈트라우스가 쓴《예수의 생애Das Leben Jesu》를 읽고 예수의 신화적 면모를 걷어낸 그의 학자적 용기에 공감했다. 이 두 저서는 바그너가 상대주의적 종교관을 갖는 데 영향을 끼쳤다. 바그너는 마르크스의 공산주의 이론에 주목했으나 그 이론적 배경이 된 생시몽Henri de Saint-Simon(1760~1825)과 프루동Pierre-Joseph Proudhon(1809~1865) 등 사회주의 사상에 더 공감하여 무정부주의자 바쿠닌Mikhail Alexandrovich Bakunin(1814~1876)과 함께 드레스덴 봉기를 주도하는 실천가의 면모를 보였다.

바그너의 머리는 차가웠으며 가슴은 그 이상으로 뜨거웠다. 그는 독일의 국민의식과 민족개념을 알린 요한 헤르더Johann Gottfried Herder(1744~1803)와 요한 피히테를 숭상하고 독일의 통일을 염원한 민족주의자였다. 또 실증주의 사학의 태두 랑케Leopold von Ranke(1795~

5. Nicholas Vazsonyi(ed.), *The Cambridge Wagner Encyclopedia*(Cambridge University Press, 2013), p.190.

1886)와 독일의 자존심을 역사학에 반영한 드로이젠Johann Gustav Droysen (1808~1884)·트라이치케Heinrich von Treitschke(1834~1896)·몸젠Theodor Mommsen(1817~1903)의 저서를 탐독한 지적 낭만주의자였다.

바그너의 철학적 사고는 1854년 쇼펜하우어Arthur Schopenhauer(1788~ 1860)의 철학을 접하면서 극적인 전환을 맞는다. 그것은 지적 충격으로 새로운 사상에 눈뜨고 세계관의 개종이었다. 그의 사상은 바그너와 니체를 든든하게 맺어 준 고리였으며, 각자는 상대방의 음악과 철학을 지지해 주었다. 두 사람은 쇼펜하우어의 철학에 관하여 의견 차이가 없지는 않았다. 바그너는 쇼펜하우어의 도덕 개념에 동조하고 삶의 의지는 부정했으나 니체는 그들의 도덕 개념을 부정하고 삶의 의지는 긍정했기 때문이다. 하지만 전반적으로는 뜻을 같이했다. 이후 두 사람의 우정은 결렬되었지만 그것은 감정적 단교였지 사상적 절교는 아니었다. 바그너는 쇼펜하우어로 인하여 헤겔을 멀리하고, 포이어바흐를 다시 생각했으며, 프루동에 대한 생각을 고쳤다. 또한 자기 예술을 재해석했다. 그러므로 그의 정신세계는 쇼펜하우어 이전과 이후로 나뉜다고 볼 수 있다.

만일 바그너에게 쇼펜하우어의 영향이 없었다면 『트리스탄과 이졸데』의 대본은 달라졌을 것이며, 『뉘른베르크의 마이스터징거』 제3막에서 한스 작스가 부르는 「망상의 독백Wahn monologue」은 넣을 수 없었을 것이다. 특히 『파르지팔』의 주제인 속죄와 구원은 쇼펜하우어의 사상을 바탕으로 한 핵심 동기다. 『니벨룽의 반지』의 등장인물에 대한 관점역시 대본 집필 중에 바꾸었다. 즉 인간성은 도덕에 근거하며 너와 나의 관계는 상호주의에 따른다는 포이어바흐의 입장을, 인간성은 본질적으로 악한 것이며 나의 의지는 너에게 이기적이라는 쇼펜하우어의 입장으로 재구성했다. 그래서 인물은 더욱 입체적이 되었고, 사건은 더욱 극적으로 꾸며졌다. 다만 4부작의 결론을 열린 결말로 처리하기 위해 브륀힐데의 입을 통해 희망을 암시함으로써 포이어바흐의 관점을 따랐다.

그렇다면 바그너는 이상주의자인가, 현실주의자인가? 보수주의자인가, 진보주의자인가? 사회주의자인가, 민족주의자인가? 편의에 따라 생각을 바꾸는 이중성으로 미루어 보아 그의 세계관 역시 하나로 묶을 수 없다. 바그너는 진보적 성향을 지녔으나 지향하는 가치는 보수에 두었다. 그는 진보적 급진주의자가 아니라 보수적 자유주의자였으며, 머리로는 사회주의에 공감한 진보주의자였으나 가슴으로는 전통적 가치를 우위에 둔 민족주의자였다. 그에게 이념은 선택의 문제가 아니라 수용의 대상이었다. 그러므로 그의 마음속에서 독일 민족주의자들의 사상과 프랑스 사회주의자들의 사상은 충돌하지 않는다. 그 점에서 그는 가슴이 뜨거운 낭만주의의 후손이면서 머리가 차가운 계몽주의의 후손이다. 그럼에도 굳이 한쪽으로 줄을 세운다면, 그는 전자의 계승자다.

습작기의 창작열

바그너는 음악 수업을 독학으로 시작했다. 그가 처음으로 택한 교재는 음악학자인 로기어Johann Bernhard Logier(1777~1846)가 쓴《음악학 체계System der Musikwissenschaft》였다. 이 책은 통주저음通奏低音(바로크 시대의 작곡 원리)의 원리를 다룬 독본으로, 1828년 여름 그가 열다섯 살 때 프리드리히 비크Friedrich Wieck(1785~1873, 피아니스트 클라라의 부친이자 슈만의 장인) 교수의 개인 도서관에서 빌린 것이다. 바그너 가족은 음악을 사랑했으나 그를 음악의 길로 인도할 어른은 없었다. 음악에도 재능이 있던 양부 가이어는 그가 여덟 살 때 죽었고, 그에게 영향을 끼친 삼촌 아돌프는 음악가가 아니었다. 어머니 역시 아들의 교육을 도왔을 뿐, 재능을 찾아 그 방면으로 이끌 열의는 없었다. 그는 여덟 살에 피아노를 배웠지만 교과 과정의 일부였고, 그마저 1년을 넘기지 못했다.

앞서 언급했듯 바그너가 음악인을 동경한 계기는 카를 베버로부터 얻은 감화에 있으며, 작곡가가 되기로 결심한 동기는 열한 살 때 『마탄의 사수』 공연을 보았던 데 있다. 그는 친구들과 어울려 이 작품을 연극 형식으로 연기하거나, 총보를 베껴 쓰면서 악곡을 익혔다. 『마탄의 사수』는 그의 첫 학습 과제이면서 작곡 지침서였던 셈이다. 예를 들어 바그너는 베버가 현악기의 저음과 목관악기(특히 클라리넷과 오보에)의 중저음으로 표현한 음산한 음조를 자신의 작품에서 한결 오싹하게 그려냈다. 이는 음색의 이미지를 확장한 데 따른 결과이며, 바그너가 악극에서 시도한 청각의 영상효과, 즉 미묘한 감정 표현과 다양한 분위기 묘사로 결실을 맺었다. 또한 인물 묘사에서도 깊이가 더해졌는데, 바그너가 악역 자미엘(마법의 탄환을 조종하는 악마)과 가스파르(악마에게 영혼을 판 대가로 마탄을 사용하는 자)의 주제동기를 『니벨룽의 반지』에서 악역 알베리히(황금을 빼앗는 자)와 하겐(영웅 지그프리트를 죽이는 자)의 그것에 원용하여 더욱 발전시킨 것이 그 예다.

바그너는 《로이발트》의 상연에 부칠 부수음악을 작곡하면서 실력의 한계를 절감하고, 그해 10월 게반트하우스 라이프치히의 교향악 단원인 크리스티안 뮐러Christian Gottlieb Müller(1800~1863)로부터 작곡법을 사사받았다. 뮐러는 제자에게 "모든 분야의 음악에서 작곡법의 기본과 재미의 비결은 모차르트에게 있다"는 말을 자주 했다. 이는 바그너의 희극 오페라 『뉘른베르크의 마이스터징거』에서 모차르트의 분위기를 느낄 수 있는 배경이다.

바그너는 음악 공부를 한다는 사실을 어머니에게 알리지 않았다. 그렇다면 교습비는 어떻게 충당했을까. 형과 친구에게 빌리고, 전당포에 물건을 맡기는 등 빚으로 해결했다. 뮐러는 제자에게 실비에 가까운 액수만 받았고, 지불일도 연장해 주었으나 바그너의 빚은 줄어들지 않았다. 이는 하루빨리 제대로 된 곡을 내놓기 위한 그의 열의가 빚은 행동이지만, 실은 지금 혜택을 보는 자기와 나중에 부담을 감당할 자기를 분리해 생각한 이중인격적 처사였다. 아무튼 1830년 3월 어머니가 이 사실을 알았을 때 빚의 규모는 소년이 감당하기에는 큰 액수로 불어나 있었다. 게다가 그녀는 아들이 작곡에 미쳐 거의 반년 동안이나 학교에 나가지 않았음을 알고는 다시 한번 놀랐다. 학업성적이 하위권에 맴돌았음은 물론이다. 그는 그로 인해 1830년 4월 1일 니콜라스 중등학교에서 퇴학당하는 한편, 덤으로 분수에 넘치는 빚을 얻어 쓰는 버릇도 갖게 되었다.

바그너는 빚을 내 개인 교습을 받는 행위를 끊지 못했다. 1830년 여름에는 작곡에 필요한 관현악기법을 입체적으로 습득하기 위해 같은 악단의 바이올린 연주자 로베르트 지프Robert Sipp(1806~1899)에게 바이올린을 배웠다. 하지만 연습을 한답시고 집 안을 소음으로 채운 탓일까. 가족의 불평으로 그의 바이올린 연주는 다음 해로 이어지지 않았다. 지프는 장수하여 1876년 8월 13일 바이로이트 극장 개관식에 초대받는 행운을 누리는데, 그가 지인에게 말한 바에 따르면 "바그너는 연주법을 빨리 터득하지만, 연습은 게을리한다. 그는 나쁜 학생이다."

바그너가 처음으로 완성된 곡을 작곡한 해는 1829년으로 그가 열여섯 살 때였다. 화성학과 대위법 공부에 매달리지 않았다면 이룰 수 없었던 성취다. 그는 그해 여름 피아노 소나타(D단조와 F단조), 연주회용 소프라노 아리아 한 곡『현악 사중주 D장조』를 작곡했다. 특히 현악 사중주곡은 그가 하이든의 실내악곡을 며칠간 밤새워 공부한 결과, 비올라의 알토 음부音符에 익숙해진 다음에 지은 것이다. 또 1830년 봄부터 겨울 동안에는 괴테의 희곡《연인의 변덕Die Laune des Verliebten》을 원작으로 한 목가적 오페라(그의 미완성 프로젝트) 일부와 실러의 비극《메시나의 신부Die Braut von Messina》를 주제로 한 관현악곡 등 모두 네 편의 서곡을 작곡했다. 하지만 연주된 것은 「팀파니 서곡 B플랫장조」(일명 '북소리Paukenschlag')뿐이며, 위의 습작 중 악보가 남아 있는 것은 없다.

「팀파니 서곡」은 라이프치히 극장의 악장Kapellmeister 하인리히 도른 Heinrich Dorn(1804~1892)이 주선하여 1830년 크리스마스 전날 연주한 작품으로, 바그너의 과시벽이 잘 드러난 곡이다. 그는 타악기가 조성하는 리듬감과 긴장감을 일찍부터 터득한 것이다. 그는 욕심이 지나쳐 악보를 멋있게 보이려고 악기 무리(금관, 목관, 현·타악기)별로 색깔 표시를 해 두었다. 하지만 이는 다섯 마디 간격으로 이어지는 팀파니 연타와 어울리면서 갈수록 악기별 주제를 어긋나게 만들었다. 원인은 같은 주제의 네 마디 선율에 새로운 다섯 번째 마디를 추가한 것인데 그때마다 팀파니를 두드린 결과였다. 또한 네 가지 색상은 지휘자의 눈을 어지럽게 했으며, 팀파니는 악기 간의 협연을 규칙적으로 간섭하는 역효과를 낸 탓에 연주가 매끄럽게 이루어지지 못했기 때문이다. 게다가 잦은 북소리는 청중이 극적인 대목을 예상할 수 있게 하여 그가 노린 효과는 역으로 나타나고 말았다. 결국 그 자리는 유망한 신인의 데뷔 무대가 아니라 초보자의 실력을 까발리는 무대였다. 그는 이때의 경험으로 타악기는 극적인 효과를 내는 악기지만, 잘못 쓰면 치명적인 결과를 빚는다는 사실을 깨우쳤다. 일명 '북소리'는 그날, 관객이 비아냥거림으로 붙인 이름이다.

바그너는 1830년 6월 16일 대학 진학에 유리한 학과목을 가르치는 토마스 중등학교(5년제)에 3학년생으로 편입했다. 하지만 1831년 2월에 자퇴하고 그해 2월 23일 라이프치히 대학교 음악학과(부전공 철학)에 등록했다. 그는 같은 해 가을 라이프치히 토마스 교회의 음악감독 Kantor(칸토르는 교회의 음악감독이며, 카펠마이스터Kapellmeister는 관현악단의 지휘자 또는 악장으로 음악감독을 겸한다) 테오도어 바인리히 교수를 만나 화성학과 대위법을 체계적이고 심도 있게 배웠다. 바인리히 교수는 바흐 연구의 권위자였고 오르간 연주자였으며, 이름난 교육자이기도 했다. 그는 제자들에게 엄격해서 낙제를 잘 시키는 것으로도 유명했다. 바그너 역시 스승으로부터 낙제 통고를 받은 적이 있다. 하지만 그로부터 불과 두 달 만에 화성학과 대위법을 터득하여 스승을 놀라게 했다. 그는 제자의 재능을 간파하고 정성을 다해 가르쳤으며, 덕분에 바그너는 푸가를 비롯한 여러 작곡 기법을 단기간에 마스터할 수 있었다.

바그너가 바인리히의 지도 이후인 1832년 4월부터 6월에 걸쳐 작곡한 「엔지오 왕Konig Enzio 서곡」과 『교향곡 C장조』는 악곡의 완성도가 이전의 것에 비해 월등히 높다. 특히 『교향곡 C장조』 제1악장의 주제는 『니벨룽의 반지』에서 '운명의 동기'를 예시하는 악절을 포함하고 있으며, 그해 11월 프라하에서 초연해 좋은 평을 받았다. 다만 그가 그해 9월부터 두 달간 대본을 쓰고 다음 해 3월까지 일부를 작곡한 비극 오페라 『결혼』은 큰누나 로잘리에의 혹평이 워낙 극단적이어서 폐기해 버렸다.

바그너가 바흐 음악으로 악전의 기초를 다진 것은 행운이었다. 바흐는 바로크 음악의 대미를 장식한 데 이어 장차 바그너가 전개할 음악 양식의 토대를 마련한 인물이기 때문이다. 바흐는 대위법과 다성 음악의 대부로, 그 둘은 바그너 음악을 지탱한 바탕이며, 이후 쇤베르크가 창안한 12음 기법 역시 바흐가 발전시킨 악전(대위법과 평균율 등)에서 아이디어를 구한 것이다. 그 점에서 현대음악에 서광을 비춘 바그너의 스승이 바흐 음악의 전공자임은 시사하는 바가 크다.

테오도어 바인리히가 바그너를 가르친 기간은 6개월에 지나지 않는다. 하지만 바그너는 작곡에 필요한 기본을 그동안에 다 배웠다. 그는 후일 스승에게 배운 작곡법이 대단하지 않았다고 말했으나, 감사한 마음은 늘 간직하고 있었다. 그래서 1842년 바인리히가 죽자 그는 다음 해에 작곡한 칸타타 「사도의 애찬Das Liebesmahl der Apostel」을 은사의 부인 샤를로테 에밀리 바인리히에게 헌정했다. 또 바인리히를 『뉘른베르크의 마이스터징거』에서 시인이자 장인匠人으로 등장하는 한스 작스의 모델로 삼아 그를 기렸다. 이 오페라의 제3막에서는 작스가 발터 폰 슈톨칭에게 노래경연대회에서 승리하는 비책을 가르쳐주는데, 그 장면은 바그너가 바인리히로부터 작곡법을 배우는 과정과 겹친다. 여기서 슈톨칭은 바그너 자신이다.

바그너에게 대학 시절 보람 있던 추억은 1832년 빈과 프라하를 여행하며 견문을 넓힌 일이다. 하지만 그가 대학 생활을 성실하게 한 편은 아니었다. 그는 자주 술을 마셨고 어머니가 보내 준 하숙비와 용돈으로 도박을 하는 등 절제를 몰랐다. 또 자기주장이 강하여 상대와 말다툼 끝에 결투를 신청하는 등 분노를 잘 다스리지도 못했다. 그래도 그는 노름을 그만두기로 한 즈음에 그간 잃었던 돈을 되찾을 수 있었고, 그와 맞섰던 학생들은 작지만 뱃심이 두둑한 그와 적의를 풀고 친구가 되었다. 물론 그에 대적한 자가 없었던 건 아니다. 하지만 그중한 명은 약속시간 전에 입은 상처 탓에, 또 다른 한 명은 그에 앞서 행한 결투로 숨진 탓에 위기를 면했으니, 바그너의 서툰 검술(펜싱) 솜씨를 감안하면 참으로 다행이었다. 당시 대학생 조합에서는 학생 간의 결투를 용인하는 관행이 있었다. 다만 결투 시에는 보호 장구를 착용하여승패만을 결정하도록 했다. 그런데 바그너가 행한 결투는 주로 비밀리에 이루어지는 식이어서 목숨을 잃을 수도 있었다.

종합예술가의 첫 무대와 첫 오페라 『요정』

바그너는 1833년(20세) 1월 17일 테너가수이자 무대감독인 만형 알베르트의 추천으로 뷔르츠부르크에 있는 극장의 합창감독직을 맡았다. 직무는 오페라 리허설Rehearsal(연습) 담당이었으나 가끔 지휘도 했으니, 이는 그가 태어나 처음으로 얻은 직장이었다. 다음은 바그너가 뷔르츠부르크 극장의 합창감독으로 있던 1833년(20세)부터 1839년 라트비아의 리가 극장의 음악 감독직에 있던 6년 동안 지휘했던 오페라 작품 중일부다.[6] 무대에 올린 작품은 오페라 부파와 세리아·독일의 징슈필과로맨틱 오페라·이탈리아의 벨칸토 오페라·프랑스의 코믹오페라와 그랜드오페라를 망라하여, 그에게 아래 목록은 청년기의 교과 과정과 다름이 없다.

― 베토벤, 『피델리오』

6. Barry Millington(ed.) *The Wagner Conpendium*, pp. 69~70.

— 모차르트, 『후궁으로부터의 도피Die Entführung aus dem Serail』·『돈 조반니』, 『마술피리』·『피가로의 결혼Le nozze di Figaro』

— 카를 베버, 『마탄의 사수』·『오베론』·『오이리안테』

— 로시니, 『탄크레디Tancredi』·『오텔로Otello』·『세비야의 이발사Il barbiere di Siviglia』

— 마이어베어, 『악마 로베르Robert le diable』

— 오베르Daniel Auber, 『포르티시의 벙어리 소녀La Muette de Portici』·『프라 디아볼로Fra Diavolo』

— 보엘디외François Boieldieu, 『파리의 장Jean de Paris』·『흰옷 입은 부인La Dame blanche』

— 케루비니Luigi Cherubini, 『이틀간Le Deux』

— 에롤드Ferdinand Hérold, 『잠파Zampa』

— 도소와뉴 메윌Etienne Daussoigne Méhul, 『요제프Joseph』

— 마르슈너Heinrich Marschner, 『흡혈귀Der Vampyr』·『한스 하이링Hans Heiling』

— 알레비Fromental Halévy, 『유대인 여성La Juive』

— 벨리니Vincenzo Bellini, 『캐플렛가와 몬태규가I Capuleti e i Montecchi』·『노르 마Norma』

— 슈포어, 『예손다Jessonda』

— 파이시엘로Giovanni Paisiello, 『라 몰리나라La molinara』

— 스폰티니Gaspare Spontini, 『페르난드 코르테즈Fernand Cortez』

— 아당Adolphe Adam, 『롱주모의 우편배달부Le Postillon de Lonjumeau』

바그너는 그해 2월 『요정』의 대본을 탈고했으며, 다음 해 1834년 1월 6일 총보를 완성했다. 그의 첫 오페라는 역설적이게도 그의 오페라 작품 중 가장 늦게 무대에 올려졌다. 그것도 그가 죽고 5년 뒤(1888년 6월 29일) 뮌헨 왕립 국민극장에서 초연되었으니 완성되고 54년 만의 일이다. 『요정』의 원작은 카를로 고치가 1762년 면담 형식을 빌려 쓴 희곡 《뱀 여인》으로 설화의 공식에 충실하다. 즉 맺어지기 힘든 결혼, 깨어지는 금기, 한 번의 기회, 시련의 통과, 이별 또는 행복한 결합이라는 결말 등이 조금씩 다르게 변주되지만 이야기 틀은 다르지 않다.

트라몬드 왕국의 왕자 아린달은 사냥 중에 길을 잃고 헤매던 중 사슴의 안내로 강을 건너 요정의 나라로 들어간다(별세계로의 진입). 그는 거기서 공주 아다와 사랑에 빠져(아름다운 남녀의 만남) 결혼을 원하지만 인간과 요정과의 결합은 허용되지 않는다(금기와 난관). 하지만 두 사람의 사랑이 워낙 뜨거웠으므로 요정 나라에서는 8년간 공주의 정체에 대해 질문하지 말 것을 조건(비밀의 고지)으로 결혼을 허락한다(한시적 행복). 그 후 두 사람은 두 아이까지 두었으나 남편은 약속 기한 하루 전에 아내에게 질문한 탓(비밀의 파기)에 그는 요정 나라에서 쫓겨난다. 그들이 다시 맺어지려면 공주가 제시하는 시험에 왕자가 통과해야 한다(시련의 부과와 통과 의례). 그러나 왕자는 실패하여 그 대가로 공주는 100년간 돌로 변해야 하는 운명을 맞는다(변신의 동기). 왕자는 절망했으나 다행히 마법사(동조자의 도움)가 준 세 개의 무기(해결의 부적)로 최후의 관문인 지하 세계의 망령(적대자의 등장)들을 칼과 방패로 물리치고, 세 번째 무기인 하프를 연주하여 돌로 변한 공주를 본모습으로 되돌려 놓는다(마법에서 풀려남). 마침내 왕자는 인간에서 불사의 요정이 되어(신분의 변모 또는 상승) 공주와 함께 요정 나라로 들어간다.

한국에서 〈선녀와 나무꾼〉의 설화가 입으로 전해지고 있듯이 『요정』의 내용은 전 세계에 퍼져 있는 '날개옷 전설' 계열의 이야기를 취하고 있다. 또한 원작에서 뱀 여인의 모티프는 〈구렁이 신부〉, 〈우렁 각시〉 등의 변신 설화와 맥을 같이한다. 원래 인간에게는 유토피아에 대한 환상이 있다. 하지만 이 세상(현 세계)의 인간이 살아서 저세상(이상적인 세계)으로 가는 길은 없다. 전설상의 이상향은 저승에 있다는 아카디아Arcadia(고대 그리스의 목가적 유토피아)뿐이라고 믿기 때문이다. 그래서 그 아쉬움을 이야기로 만들어 구전시킨 것이 날개옷 전설이다. 또 변신과 수수께끼, 사랑을 통한 시련의 극복, 신분 상승 등은 구원 설화의 공통된 모티프다. 그 점에서 로엔그린 전설은 날개옷 전설의 변형인 셈이다. 다만 『요정』은 『로엔그린』과 달리 행복하게 끝맺는다는 점이 다르다.

『요정』의 주제인 사랑의 힘을 통한 구원은 바그너가 지속적으로 추구한 오페라 주제의 원형이며, 음악은 글루크·모차르트·마르슈너· 마이어베어·베버의 영향이 두루 엿보인다. 특히 그가 제3막 「광란의 장면」에서 사용한 인상적인 반복 악구는 『발퀴레』 가운데 「발퀴레 기마행진Walkürenritt」으로 발전한 선율이다. 『요정』은 그랜드 로맨틱 스타일의 작품으로 이후 장대하고 장중한 규모로 펼쳐질 바그너 음악 세계의 출발점이었다.

하인리히 라우베

바그너는 『요정』을 완성하고 이어 5개월 후(6월 10일) 하인리히 라우베가 발행하는 기관지 〈엘레간테 벨트 신문Zeitung für die elegante Welt〉에 독일 오페라의 나아갈 바를 피력한 〈독일 오페라Die Deutsche Oper〉를 기고했다. 이 글은 짧은 논설이지만, 장차 스무 권이 넘는 바그너 문집(대본, 에세이, 비평문, 자서전, 일기, 서한집 등으로 이루어짐)의 원점이었다. 소박하지만 의욕에 넘치는 종합예술가의 첫 출발이었다.

제5장 　　　　바그너 음악의 정체

음악은 종교고, 극장은 교회다.

　　　　　　　　　　　　　　　　　　　　　　　　　 ― 리하르트 바그너

종래 오페라의 잘못은 표현의 수단이 되어야 할 음악이 목적이 되고,
표현의 목적이 되어야 할 희곡이 수단이 된 점이다.

　　　　　　　　　　　　　　　　　　　　　　　　　 ― 리하르트 바그너

문학과 음악의 조화, 입체적인 등장인물의 매력,
압도적인 음향효과와 제의적인 무대장치.
이상은 바그너 오페라의 본질이다.

바그너 사운드의 성격

바그너의 음악은 독특하게 꾸민 관현악 기법으로 인해 대단히 인상적으로 들린다. 그 느낌은 바그너 음악을 다른 작곡가의 음악과 구별짓는 특징으로, 이른바 '바그너 사운드'로 불린다. 그 특징이란 장중한 선율감, 감흥을 일으키는 사운드의 임장감, 호쾌함과 비장감을 교차시키는 소리의 질감, 악음과 소음의 경계를 허무는 소리의 양감, 극적 분위기를 조성하는 유도동기의 곡조 등이다. 이러한 관현악 기법을 가장 잘 응용한 것이 주로 대작 영화에서 들을 수 있는 배경음악이다. 이런 특징을 지닌 음악은 스펙터클한 장면에 잘 어울리기 때문인데, 어느덧 이렇게 입체감 넘치는 악곡을 '바그너 사운드'라고 통칭하게 되었을 정도다. 확실히 그의 음악은 시끄러운 편이다.

아일랜드 작가 오스카 와일드가 소설 《도리언 그레이의 초상》에서

"바그너의 음악은 어떤 작곡가의 것보다 좋다. 소리가 커 연주하는 동안 다른 사람이 무슨 말을 하는지 들을 수 없기 때문이다"라고 적은 것은 이런 이유에 근거한다. 다만 소리가 큰 음악은 듣는 이에 따라 끌리는 사유도 되고 꺼리는 사유도 된다.

음악은 소리를 꾸미는 것이므로 때때로 시끄럽게 들리는 건 당연하다. 그 점에서 악음樂音이라도 듣기에 버거운 소리는 크게 보아 소음이다. 그것도 작곡가에 따라서는 시끄러운 음의 빈도가 두드러지는 경우가 있는데, 바그너가 그렇다. 그렇다면 그의 음악은 시끄럽다는 점에서는 소음과 다르지 않다. 하지만 전자는 마니아를 만들어 내고 후자는 무시된다. 그 점에서 바그너 음악을 기피하는 이는 바그너 공포증Wagner-phobia이 있는 자이기보다 소리 공포증Sound-phobia이 있는 자에 가깝다. 바그너의 음은 듣는 이의 청음 능력을 시험하기 때문인데, 이 점은 많은 사람들이 그의 음악을 가까이하지 않는 이유 가운데 하나다.

소리는 울림의 정도에 따라 사람을 실신시키기도 하고 물체를 파손시키기도 한다. 1879년 영국 에든버러 소재의 테이 철교를 무너뜨리고, 1941년 미국 워싱턴주 소재의 터코마 현수교를 무너뜨린 것은 바람이 일으킨 공명현상이었다. 또 소리 중에는 듣는 이를 압도하는 것이 있다. 천둥이나 폭풍 같은 자연의 굉음은 불안하고 무서운 느낌을 준다. 하지만 시끄러운 음이라고 해서 모두 기피의 대상은 아니다. 그중 하나가 성스러운 것으로, 교회의 차임벨 소리, 파이프오르간 소리가 이에 속한다. 둘째는 감동을 주는 것으로, 베토벤의 『합창 교향곡』에서의 '환희의 송가'나 헨델의 『메시아Messiah』에서의 '할렐루야' 부분이 그러하다. 셋째는 신명 나는 것으로 풍악과 로큰롤 등이다. 넷째는 열광하는 것으로, 다름 아닌 바그너 사운드다.

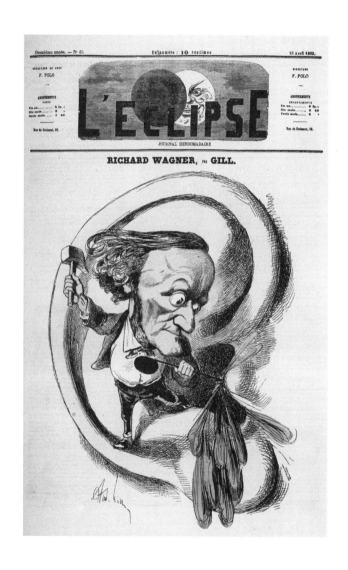

청중의 귀를 타격하는 바그너의 음악.
『리엔치』의 파리 초연(1869) 무렵에 그린 바그너 풍자화

이제 작곡가에게는 온갖 소리가 창작의 재료가 되고 오만 가지 음색이 음향의 일부가 되었다. 소음조차도 말이다. 그만큼 음악의 영역이 넓어진 것이다. 인류의 음악사는 소리 꾸밈의 역사로, 그걸 가장 많이 시도한 이가 바그너다. 그는 황량한 악음을 만들어 낸 현대 작곡가에 앞서 화려한 소음을 꾸며 낸 최초의 작곡가다.

바그너 음악과 애호가의 관계는 그리스 신화에 나오는 오디세우스의 모험에 비유되곤 한다. 사이렌Siren이란 바다 요정들은 항해 중인 뱃사람을 홀려 배를 파선시키는데, 바그너의 몇몇 관현악곡도 듣는 이를 홀릴 만큼 대단하다. 그래서 종국에는 장대한 반지 4부작의 세계로 발을 딛게 만든다. 하지만 바그너를 처음 접했을 때의 반응은 저마다 달라 어떤 이는 미쳐서 빠져들고 어떤 이는 질려서 빠져나온다. 그럼에도 결과는 같다. 두 감상자 모두 항해에서 조난당하는 것에 비유할 수 있기 때문이다.

독일에는 '하멜른의 피리 부는 사나이'에 관한 전설이 있다. 그는 피리 소리로 쥐 떼를 불러들여 강물에 빠뜨리고, 다음에는 마을 어린아이들을 불러 모아 동굴 속으로 데리고 들어간다. 하지만 어른들은 그 곡조에 끌리지 않았다. '바이로이트의 피리 부는 사나이'는 바그너의 별칭이기도 한데, 그의 음악 역시 처음부터 빠져든 자와 좋아하려고 빠져드는 자, 들으려고 하지 않는 자로 나눌 수 있다. 물론 대책이 없는 것은 아니다. 두 번째 경우에는 사이렌의 노래를 듣고도 파선을 면한 오디세우스처럼 애써 평정을 유지하며 바그너를 즐기는 것이고, 세 번째 경우에는 위기를 극복한 선원이 시련을 잘 견디듯 그 불호의 고비를 잘 넘기는 것이다. 그러면 악극이 지닌 진미를 제대로 즐길 수 있다. 다만 아예 관심이 없는 자는 논외로 친다.

오디세우스는 10년이나 계속된 트로이 전쟁을 목마 작전으로 끝낸 지략가다. 바그너에 친숙해지려는 자는 통과의례를 치러야 하는 만큼 오디세우스 같은 요령과 끈기가 필요하다. 그의 음악에는 듣는 이의 인내를 시험하는 사이렌(경보음)이 산재하기 때문이다. 원래 사이렌은 기괴하게 생겼다. 하지만 사람들을 꾀어내는 것은 그 모습이 아니라 아름다운 목소리다. 난해함 속에 마력을 지닌 바그너의 음악처럼.

혹자는 바그너 말고도 들을 음악이 즐비하다고 말할 것이다. 그렇다. 그리스 신화에서 황금 양털을 찾아 나선 아르고호의 선원들이 사이렌 앞을 지날 때 오르페우스의 노래를 들으면서 위기를 면했듯, 바그너 대신 다른 작곡가를 듣는 것도 한 방책이다. 그렇지만 둘 다 즐길 수 있다면 얼마나 좋으랴. 소수를 아는 것과 다수를 아는 것은 천양지차다. 듣는 이가 청음 능력을 키운다면 귀에 거슬리는 현대음악마저 신기하게 들릴 것이다. 17세기 독일에서는 이런 경구가 회자되기도 했다. "음악의 세 가지 적은 특정 음악만을 좋아하는 자, 대가의 음악만을 좋아하는 자, 모든 음악을 싫어하는 자"라는 것이다.

바그너의 오페라는 유달리 길고 낯선 탓에 고전음악 애호가라도 쉽게 좋아할 수 없다. 그럼에도 그걸 자주 또 오랜 시간 듣는 자들이 있으니, 그들을 일러 바그네리안Wagnerian이라고 한다. 그들은 어느 경로를 통해서든 바그너 사운드에 깊이 빠졌다는 점에서는 같다. 또한 그들은 지겹도록 길게 이어지는 악극의 정체를 알고도 이따금 맞이하는 황홀 지경에 빠지고자 기꺼이 고역을 감당한 자들이기도 하다.

그렇다면 바그너 사운드의 어떤 점이 듣는 이를 끌어들일까. 그의 음악은 『트리스탄과 이졸데』처럼 유장한 면도 있고, 『파르지팔』처럼 오묘한 면도 있다. 하지만 장중함과 박진감으로 대변된다. 그 까닭은 금관악기를 효과적으로 사용한 점에 있는데, 그는 자기 이름을 붙인 튜바를 만들어 관현악에 색채감과 무게감을 더하기도 했다. 그의 음악은 너무 장대하다는 점이 결점으로 느껴질 수 있지만, 이를 상쇄하고도 남을 극적인 선율과 풍부한 화음이 넘쳐난다.

바그너 튜바

바그너 음악의 바탕

바그너의 어린 시절 머릿속을 지배한 세 가지는 극장과 대가족, 호기심이었다. 극장은 그에게 오페라를 작곡하면서 대본까지 쓰도록 만든 현장이었고, 대가족은 그의 창작 성향을 결정지은 동기였다. 또 호기심은 열린 마음으로 지식을 받아들이도록 한 배경이었으며, 음악 스타일과 창작 기법을 택하는 데 영향을 끼쳤다.

바그너는 여느 작곡가보다 볼거리가 풍부한 악극을 창안한 인물이다. 그래서 그의 작품은 장중한 관현악과 극적인 가창으로 꾸며져 장관을 연출할 수 있는 장점이 있다. 그가 초현실적인 무대를 구현한 것이나, 입체적인 배역을 만들고 음악의 표현 영역을 넓히려고 혁신을 꾀한 것은 이에 근거한다. 그의 음악은 화려한 음색이 특징인데, 음향의 시각적 효과가 뛰어나 영상을 떠올리게 하고 임장감을 느끼게 한다. 그의 악극을 이전 시대의 영화로 부르는 이유다. 이는 모두 그가 어려서 연극을 보고 자란 기억과 아역으로 무대에 선 경험이 있었기에 가능했던 능력이다.

대가족은 바그너가 어수선함과 분방함 속에서 자라게 한 여건이었다. 그는 그 영향으로 규모가 크고 길이가 긴 작품을 지향한 반면 구성은 간단한 극을 선호했다. 또 『니벨룽의 반지』처럼 장대하고 서술구조가 복잡한 악극은 무한선율로 일관하는 반음계주의로 단일성을 꾀하고, 주제에 따른 유도동기를 요소에 적절히 배치하여 통일성을 기하도록 꾸몄다. 전자는 대가족 틈에서 자란 기억 탓이고, 후자는 대가족의 소란함에서 벗어나고자 했던 무의식의 소산이다. 여기에 더해 자신의 왜소한 체격에 대한 보상심리와 남다른 고집이 창작에서는 장대한 규모의 악극을 택해 장중하고 화려한 악곡을 꾸미는 것으로 표현되었으며, 삶의 태도에서는 소유욕·성취욕·과시벽으로 나타났다.

바그너의 호기심은 뛰어난 상상력과 더불어 그를 종합예술가로 키운 원동력이었다. 그는 애초에 문학을 자력으로 공부한 것처럼 음악 역시 그렇게 했다. 대체로 특정 분야에 깊은 지식을 가진 자는 닫힌 사고를 하기 쉽지만, 여러 분야에 보편적 지식을 가진 자는 열린 사고를 한다. 전자는 한정된 생각에 매몰되기 쉽기 때문이다. 그래서 혁신은 후자 쪽에서 실현하기 유리한데, 음악에서는 바그너가 본보기다. 그는 호사가의 열정으로 방대한 지식을 쌓은 다방면의 천재였다.

호기심을 아이디어의 원천으로 삼는 자는 신기하고 새로운 것을 만들어 내는 것에 관심을 가지며, 그 목표는 혁신을 이루는 데 있다. 그것을 가능하게 하는 열쇠가 독창성인데, 그는 자신의 음악철학을 말한 에세이 《오페라와 드라마》에서 예술의 요체는 독창성과 혁신이라고 적었다. 이 둘은 그가 평생 동안 매달린 창작의 화두였고, 생애에 걸쳐 자기 음악을 변화시킨 근원이었다. 실은 음악사에 있어 그처럼 흥미로운 창작의 발전상을 보여 준 이는 없었다.

호기심과 상상력, 독창성이 바그너 음악을 이룬 뿌리였다면, 음악 스타일을 결정지은 요소는 형식 면에서는 오페라이고 내용에서는 설화다. 다음은 그가 창작의 주된 장르를 오페라로 선택한 이유다.

첫째, 오페라는 문학과 음악의 재능을 함께 나타낼 수 있다.

둘째, 오페라는 음악의 표현력을 넓고 다양하게 나타낼 수 있다.

셋째, 오페라는 종합예술작품의 이론을 실현하는 데 적합한 장르다.

넷째, 오페라는 새로운 작곡 기법을 시도하는 데 좋은 장르다.

다섯째, 오페라는 혁신적인 무대장치를 실험할 수 있는 장르다. 특히 오페라의 소재를 신화와 전설에서 취했을 경우 그 효과는 배가된다.

바그너는 1832년(19세)에 『교향곡 C장조』를 작곡하여 호평을 받았다. 하지만 교향곡은 베토벤에 이르러 완결되었다고 본 바그너는 베토벤의 오페라 『피델리오』에서 자기 음악의 장래를 가늠했다. 그가 오페라를 창작의 본령으로 삼은 이유는 또 있다. 당시 독일에는 카를 베버가 요절한 뒤로 마르슈너Heinrich Marschner(1795~1861)와 로르칭Albert Lortzing(1801~1851)이 작곡한 유희적 오페라가 명맥을 유지하고 있었다. 반면 이탈리아 오페라는 선율의 아름다움에서, 프랑스 오페라는 볼거리에서 유럽을 장악하고 있었다. 이러한 현실은 그가 독일 오페라를 중흥시키고자 한 동기로 작용했다.

바그너는 『돈 조반니』와 『노르마Norma』가 완벽하게 구성된 오페라임을 주장한 쇼펜하우어에 공감하면서도 두 작품을 모범으로 여기지는 않았다. 그가 자기 오페라의 미래를 본 것은 베버의 『마탄의 사수』와 베토벤의 『피델리오』에서였다. 특히 『피델리오』는 일부가 교향곡의 성격을 띤 오페라처럼 꾸며져 있어 악극의 요소를 가졌다. 그 점에서 베토벤이 이 작품을 작곡하지 않았다면 오페라적 교향곡인『합창 교향곡』은 나오기 힘들었을 것이다. 바그너는 자신이 지향할 작품의 아이디어를 모차르트의 많은 오페라가 아니라 베토벤의 하나뿐인 오페라에서 취했다.

『합창 교향곡』은 바그너가 표현한 대로 "인간의 목소리와 장엄한 저음현의 레치타티보가 불가분임을 알린 놀라운 작곡 방식이며, 관악기의 떠들썩함과 성악의 유려함이 어우러져 단순한 웅대함의 홍수를 이루는 대작이다." 그렇다. 이 곡은 두 종류의 사운드가 독립된 지위를 가진 채 하나가 되는 악곡 구조를 가졌다. 바그너 음악이 지닌 열광과 도취감은『합창 교향곡』에 담겨 있는 그것을 재현한 것으로, 그는 가창과 관현악이 함께 빚어내는 감동의 울림을 악극을 통해 나타내고자 했다.

이러한 연유로 바그너는 베토벤 음악의 고전적인 면을 이은 브람스를 무시하고, 베토벤 음악의 혁신적인 면을 이은 베를리오즈와 리스트를 주목했다. 후자가 낭만파 음악의 서장을 연 두 편의 교향곡,『전원』과『합창』에 착안하여 새로운 형식의 교향곡을 지었다고 본 때문이다. 즉 바그너는 베를리오즈의 극적 교향곡『로미오와 줄리엣』과 리스트의 표제 교향곡『파우스트』,『단테』에서 아이디어를 떠올리고 자신이 주장한 음악론에 기초하여 혁신적인 오페라를 만들었으니, '교향악적 구조를 가진 오페라Drama Symphony'『트리스탄과 이졸데』가 그 결정체다. 따라서 이 곡은 성악을 떼어 내더라도 관현악으로서의 독립성을 잃지 않는다.

바그너는 오페라에서 서곡이 차지하는 역할과 중요성을 높였다. 서곡이나 전주곡은 한 편의 작품을 요약하는 힘이 있다. 하지만 그때는 오페라 선율 가운데 익숙한 부분을 가져다 잇거나 조금씩 바꾼 정도였다. 그저 형식을 갖추기 위해 붙이는 음악이라면 얼마나 진부하겠는가. 그는 이러한 관례를 깨뜨리기 위해 오페라의 꽃송이로 불린 모차르트의 『돈 조반니』 서곡과 글루크의 『아울리스의 이피게니아』 서곡, 오페라 완성도를 높인 베토벤의 『피델리오』 서곡, 주제음을 압축적으로 제시한 베버의 『마탄의 사수』 서곡을 참고하여 그 장점을 나름대로 발전시켰다. 하나의 독립된 작품으로도 손색이 없는 그의 서곡과 전주곡은 이런 노력의 결실이다.

바그너의 오페라는 거의 설화로 이루어졌는데, 작품 소재를 설화에서 취한 데는 이유가 있다.

첫째, 청년 시절의 그는 초자연적이고 환상적인 초기 독일 낭만주의 오페라에 끌렸다.

둘째, 설화 가운데 신화와 전설은 독일 정신을 구현하기 좋은 소재다. 바그너 음악의 본질은 민족주의이고, 악극의 뿌리는 민족정신임을 생각하자.

셋째, 쇼펜하우어가 주장하고 니체가 예찬했듯이, 비극의 본질에 다가서는 작품은 신화와 전설을 소재로 한 서사극이다.

넷째, 그는 그리스 신화를 창작의 보고로 삼았다. 그는 그리스 비극은 그리스 신화의 정신과 내용을 예술적으로 체화한 것으로, 예술이란 인간이 숭앙하는 신화 속의 주인공—신, 영웅, 사람—을 자신과 동일시함으로써 그들의 소망을 충족시키는 작업이라고 이해했다.[1]

다섯째, 극장형 작곡가인 그에게 설화는 상상력을 넓혀 주는 아이디어의 보고였다. 역사는 시간과 더불어 존재하지만 설화는 시공을 초월

---

1. Richard Wagner, William Ashton Ellis(trans.), *Opera and Drama*(University of Nebraska Press, 1995), pp.155~156.

하여 존재하기 때문이다.

　설화는 인류의 집단 무의식이 만든 이야기로, 전승 과정에서 다채로운 상상의 옷을 입는다. 설화의 세계를 수시로 넘나들면서 인간은 얼마나 많은 아이디어를 끌어왔는가. 지금 시대의 사이버 게임 역시 신화의 연장이다. 각국의 설화는 모양과 색깔이 다를 뿐 내용은 크게 다르지 않다. 역사는 나라마다 다르지만 인간의 기본적인 정서는 서로 비슷한 까닭이다. 바그너는 세계적으로 연주될 음악을 작곡하기 위해 민족적인 것에서 소재를 가져왔다.

　신화는 역사가 밝히지 않은 이야기를 집권층에서 신성하게 꾸민 것으로, 상징과 은유의 옷을 벗겨 낸다면 사실로 풀이할 수 있는 것이 많다. 이에 비해 전설은 역사적 삽화를 바탕으로 민중이 만든 이야기이므로 대부분 허구다. 그래서 신화를 장편 서사극이라고 한다면 전설은 단편 서정극에 비유할 수 있다. 다만 전자는 국가의 기틀을 세우는 중에, 후자는 공동체의 유대를 튼튼히 하는 중에 입말로 전해진 이야기인 점에서 다르지 않다. 바그너의 작품에서 신화와 전설은 경계가 모호한데, 그는 이러한 전승담의 유래에 착안하여 이 둘을 아울렀기 때문이다.

　그 예로 바그너는 북유럽 신화《에다Edda》와 독일 신화《니벨룽의 노래》를 『니벨룽의 반지』로 종합하여 자신의 관점에서 새롭게 꾸몄는데, 이는 건국 설화인 신화Mythology보다 민족 설화인 영웅 전설Saga을 선호하는 민중의 뜻에 따른 것이다. 한편 전설을 소재로 한 『방황하는 네덜란드인』과 『탄호이저』는 관현악과 성악이 균형을 이루는 가운데 정형적인 오페라의 틀을 크게 벗어나지 않는다. 그래서 음악은 전설을 이야기하듯 서정적인 색채를 띠고 있다. 반면 같은 중세 전설이지만, 『트리스탄과 이졸데』와 『파르지팔』에서 성악은 노래하는 악기로 간주되어 아리아와 서창의 구분이 없다. 여기서 가창은 극을 주도하여 독창자가 20분 이상 노래하는 경우도 있다. 이렇게 전개되는 악극은 음악을 서사적으로 이끄는데, 다분히 신화적이다. 한편 기사 전설과 성배 전설을 한데 엮은 『로엔그린』은 인간극과 신비극의 요소가 결합해 전설과 신화의 성격을 함께 갖는다. 바그너는 인간의 드라마에 신성함을 불어넣기 위해 전설조차 신화로 들리길 원한 민족주의자였다.

다음은 바그너가 음악의 스타일을 만드는 데 중요시한 기법이다. 첫 번째는 선율을 펼치면서 늘려 가기보다 두 개 이상의 선율을 쌓으면서 늘려 가는 대위법이다. 두 번째는 하나의 악절이 끝났다는 느낌을 주지 않음으로써 선율을 무한히 이어 가도록 한 반음계주의이고, 세 번째는 기능 화성에서 벗어나 자유로운 조바꿈을 시도함으로써 음악의 표현력을 넓힌 화성법이다.

위의 세 가지 기법은 대편성 오케스트라에 의한 파노라마 효과, 짙은 벨벳 융단을 펼치는 듯한 현악의 활주 효과(리하르트 슈트라우스의 표현), 빛나는 울림Sonority을 선도하는 관악의 취주 효과, 소리 띠Band를 이룬 악기 무리가 같은 음을 포개어 연주하는 합주Unison 효과와 어울리면서 이른바 바그너 사운드로 맺어졌다. 바그너 사운드의 핵심은 음향의 확대와 음색의 확장이다. 그 바탕은 금관악기의 보충과 그룹 오케스트레이션에 의한 총주 효과로 만들어지는데, 한 무리의 악기가 전 음계에 걸쳐 쌓아 올린 소리덩이로 음색의 파도를 만들어 내는 게 그 비결이다. 그래서 바그너는 현대음악의 빗장을 푼 작곡가임에도 그의 음악을 회화에 견준다면 렘브란트나 루벤스의 화풍처럼 색감이 화려하고 질감이 두터우며, 그림 선이 힘찬 바로크 스타일에 비유할 수 있다. 드뷔시가 그를 가리켜 "(현대음악의) 대단한 새벽으로 간주되었으나 실은 (낭만파 음악의) 아름다운 노을"이라고 말한 것에 수긍이 가는 이유다.

음악의 표현에서 박진감 넘치는 사운드는 과장으로 치닫고, 장중한 묘사는 요란함으로 흐르기 쉽다. 또 장관으로 꾸민 무대는 자칫 공허한 느낌을 줄 수 있다. 하지만 바그너는 깊이감과 무게감 외에 세밀함까지 더함으로써 이러한 위험을 극복했다. 니체는 그를 가리켜 "음악이 낳은 위대한 세밀화가"라고 말했다. 바그너는 그 정도로 음 조직의 달인이었다.[2] 그러므로 바그너 음악의 생명은 독창성이고, 그 본질은 자신이 주장한 음악론의 실현이다. 그는 전통 악전을 혁신한 데 이어 관현악에서 민주주의를 구현했다.

바그너는 오케스트라에서 보조역에 머무는 저음부의 관악기를 현악기와 대등한 정도로 구사하거나, 단역에 그치는 타악기의 사용 빈도를 높여 음색의 확장을 이루었다. 일례를 들자면 관현악에서 주도권을 쥐고 있는 현악기조차 『탄호이저』 서곡에서는 관악기(특히 금관악기)를 받쳐 주는 역할에 그친다. 따라서 바그너 사운드의 키워드는 균형과 대비. 균형은 음향의 입체감을 높이고 대비는 음향의 선명도를 높이기 때문인데, 본디 높은 음(또는 큰 음량)은 낮은 음(또는 작은 음량)을 돋보이게 하고, 낮은 음(또는 작은 음량)은 높은 음(또는 큰 음량)을 두드러지게 한다. 다만 그의 관현악 기법은 합주 효과가 강조된 점에서 전체

---

2. 바그너 음악의 세밀함을 가장 잘 표현한 지휘자는 카라얀이었다. 그는 『니벨룽의 반지』를 녹음(1966~1969)하면서 규모의 사운드에 치중했던 이전 연주와 달리 깊이의 사운드에 치중하여 바그너 음악의 디테일을 두드러지게 표현했다. 비평가들은 그의 음반을 듣고 실내악의 느낌을 준다고 평가했다. 이는 소규모란 뜻이 아니라 실내악처럼 앙상블 효과가 뛰어나고 정밀하다는 뜻에서 한 호평이었다. 이 평을 잘못 받아들이면 바그너 음악은 시끄럽게 연주해야 한다는 의미가 된다. 원래 바그너 음악은 장중한 느낌의 악곡과 섬세한 느낌의 악곡이 균형을 이루고 있다. 그의 작품 중 『트리스탄과 이졸데』와 『파르지팔』은 후자의 사운드가 주조를 이룬 작품이다.

주의적인 면도 있다. 그의 인격에서 두드러진 양면성이 작곡 스타일로 나타난 결과다.

그는 으뜸음과 조성에 얽매이지 않은 외에 불협화음을 폭넓게 사용했다. 또 악기 무리 간에 다양한 조합을 꾀하는 등으로 '소리의 경관景觀, Soundscape'을 넓혔다. 따라서 그의 음향은 온갖 분위기(기이, 오묘, 신비, 비장, 장엄)를 자아내고, 여러 정서(긴장, 불안, 공포, 희열, 감동)를 불러일으킨다. 또 여러 장면(장중, 화려, 전장, 열애)을 연상케 하고, 깊은 사색에 젖게 하는 힘이 있다. 이러한 연유로 그의 음악은 듣는 이를 도취시켜 탐닉하게 만든다. 그가 여느 작곡가와 달리 열렬한 마니아를 갖는 이유이며, 그의 음악이 영화에서 자주 인용된 배경이다.[3] 그는 음색을 빚어내는 능력에서 베를리오즈를 넘어서며, 관현악을 구성하는 능력에서 리스트를 따돌린다.

실제로 바그너 음악의 웅장함은 적병을 압도하는 장수의 위용을 보는 듯하고, 자기 확신에 찬 연사의 사자후를 듣는 듯하다. 혹자는 히틀러의 변설을 듣는 느낌을 준다고도 했다. 하지만 달리 표현하면 거봉을 등정한 알피니스트가 내려다보는 장관을 보는 듯하고, 압제자를 무릎 꿇리는 저항군의 함성을 듣는 듯하다. 음악은 듣는 이의 마음에 달려 있기 때문이다.

---

3. 바그너의 음악 중 영화에서 가장 많이 쓰인 것은 반지 4부작 중 『발퀴레』에서 「발퀴레의 기마 행진Walkürenritt」과 『트리스탄과 이졸데』 전주곡이다. 이 두 곡이 가장 효과적으로 쓰인 예를 들어 본다. 앞의 곡은 「지옥의 묵시록」(1979)에서 공격 중인 헬리콥터 편대가 비행하는 장면에서 쓰인 예이고, 또 하나는 「자헤드」(2005)에서 걸프전으로 사우디아라비아에 파견된 미군 병사들이 「지옥의 묵시록」을 보던 중 해당 장면이 나오자 일제히 손을 흔들면서 그 곡을 힘차게 따라 부르는 부분이다. 그 점에서 「발퀴레의 기마 행진」은 '클래식의 로큰롤'인 셈이다. 또한 뒤의 곡은 「무기여 잘 있거라」(1932)에서 헨리 중위가 죽어 가는 연인과 이별하는 장면에 쓰인 예로 그토록 애절할 수가 없다.

바그너의 음악언어

종합예술작품

바그너는 1849년 5월 드레스덴 봉기가 실패하자 그해 11월부터 1851년까지 피신처인 스위스 취리히에서 새로운 음악을 만들 계획서―《예술과 혁명》,《미래의 예술작품》,《오페라와 드라마》―를 연이어 발표했다. 집필 동기는 "예술은 사회혁명을 이루는 데 전위 역할을 하므로 진정한 음악은 예술을 위한 예술이기 전에 사명을 위한 예술이어야 한다"는 취지에 따른 것이다. 그는 음악의 정치적 역할을 의식한 작곡가로, 그 무기는 종합예술작품Gesamtkunstwerk론이었다. 그는 이루지 못한 사회혁명 대신에 음악혁명을 이루고자 했다.

원래 종합예술의 이론은 철학자 셸링이 선학의 이론에 자기 의견을 더한 1803년의 강의에서 윤곽을 갖추었다. 그의 강의 요지는 "고전 연극의 성과에 시, 음악, 무용을 결합하여 장래의 극음악을 낳아야 한다"는 것으로, 1817년 카를 베버가 『마탄의 사수』에서 처음으로 시도했던 것이다.[4] 하지만 이를 단초로 체계화된 음악론을 편 데 이어, 『트리스탄과 이졸데』에서 『파르지팔』에 이르는 종합예술작품, 즉 악극Musikdrama을 만들어 대미를 장식한 이는 바그너였다. 따라서 그가 말한 악극은 이전의 오페라를 극적으로 표현한 용어 사용례―17세기 이탈리아에서 사용한 음악을 위한 극Dramma per musica이나, 18세기 영국에서 헨델이 사용한 음악적 드라마Musical drama 또는 19세기 E. T. A. 호프만이 사용한 음악극Musikalisches Drama―와 다르다.

---

4. Nicholas Vazsonyi(ed.), *The Cambridge WAGNER Encyclopedia*, p.158.

바그너는 시, 음악, 춤을 인간이 말하고 듣고 보는 기능에서 유래한 예술의 세 자매로 정의했다. 그 가운데 음악을 예술의 기둥으로 보았는데, 그가 말하는 종합예술의 전범은 마임Mime(무언극), 미술, 건축 등을 한데 아우른 고대 그리스 연극이었다. 따라서 그의 취지는 고대 그리스 철학이 모든 과학의 모체였듯이 개별 예술로 갈라져 나온 그리스 연극을 새롭게 재통합하는 것이었다. 그는 이를 위해 그리스 비극론과 19세기 초 독일을 풍미한 미학이론을 연구했다. 그들 이론의 이상은 고대의 문화유산을 18세기의 독일 예술에 되살리고자 한 미술사학자 요한 빙켈만의 정신이며, 그 목표는 그리스 고전 비극을 새롭게 재현하는 것이었다.[5] 그 결과 선학들이 추구하던 종합예술론은 고대 그리스 연극에 독일 문화사의 지적 성과를 독창적으로 녹여 낸 성과물로 나타났다.

고대에서 연극은 제식을 방불케 하는 연행演行이었다. 그것은 디오니소스 축제에서 진화한 공연예술이기 때문이었다. 따라서 극장은 광장의 연장이었고 배우는 공적인 인물이었다. 바그너는 이처럼 고대 그리스인이 향유한 높은 수준의 여가와 교양을 당대의 관객에게 선사하고자 했다. 그러려면 전통 오페라의 형식을 넘어서야 했다. 오페라의 지나친 대중성은 공허한 무대와 소일거리에 불과한 음악을 낳기 마련인데, 로시니의 오페라 부파와 프랑스의 그랑(그랜드)오페라, 독일의 유희오페라가 그 예다.

원래 바그너는 이탈리아와 프랑스의 오페라가 독일의 것보다 선율도 유려하고 재미도 낫다고 생각했다. 그래서 독일 오페라가 이 두 나

---

5. Nicholas Vazsonyi(ed.), *The Cambridge WAGNER Encyclopedia*, p.14.

라의 것을 앞서려면 선율 못지않게 화성에 치중하고, 흥미보다는 감동을 우선해야 한다고 보았다. 그는 진정한 음악이란 고뇌를 형상화한 것이며, 오페라의 본질은 사랑과 죽음의 미학을 표현하는 데 있다고 보았다. 예술은 그래야 영속성을 가질 수 있으니, 이는 음악이 철학과 이념을 아우를 때 비로소 가능하다고 주장했다. 이러한 연유로 그의 음악은 감상에서 해석의 단계로 나아가야 융숭한 재미를 느낄 수 있다. 종합예술론은 그 필요에서 나온 것으로, 그에게 영감을 준 것은 셰익스피어의 비극과 베토벤의 『합창 교향곡』이었다. 그는 셰익스피어가 유례없이 발전시킨 시극詩劇과 베토벤이 새롭게 변모시킨 교향곡을 단일한 예술 형태로 융합하기로 한 것이다. 그 결실이 악극이며 그에게는 그 일이 어렵지 않았다.[6]

바그너는 새로운 독일 오페라를 만들기 위해 먼저 모차르트에 이르러 높은 완성도를 보인 오페라 부파와 베버에 이르러 정점에 달한 징슈필 오페라의 영역을 넘어섰다. 나아가 성악과 관현악을 동등하게 구성함으로써 고전 오페라의 양식을 개혁하고자 한 글루크의 아이디어를 자기 방식으로 확대했다. 오페라는 그에 이르러 문학과 음악이 통합되었고, 낭만주의와 민족주의가 결합되었으며, 음악에 사상이 녹아들었다. 그에게 악곡의 착상과 대본의 구상은 별개가 아니기 때문이다. 바그너가 문학의 재능과 음악의 재능을 아울러 가진 것은 음악사의 행운이었다.

바그너는 전통 오페라의 기초는 아리아이며, 그것은 가수의 노래가 중심이라고 했다. 그래서 관현악은 성악에 종속되어 있었으나 정작 가

---

6. 브라이언 매기, 김병화 옮김, 《트리스탄 코드》, p.158.

사의 음악성(운율)은 중시하지 않았다. 좋은 예가 베르디의 오페라다. 베르디는 이탈리아의 전통 오페라를 지켜 가면서 작곡했다. 따라서 관현악은 성악의 반주에 해당하여 선율적이고 화성적이다. 그에 비해 바그너는 자신의 음악 이론을 바탕으로 새롭게 작곡했다. 따라서 성악과 관현악은 대등한 까닭에 교향악적이고 대위법적이다. 베르디의 창작 소재가 인간과 역사이고, 바그너의 창작 소재가 영웅과 설화인 점은 각자의 창작 방식과 무관하지 않다. 바그너는 전통 오페라의 관례를 깨뜨리기 위해 성악과 관현악에 차등을 두지 않았다.

바그너는 이 점에 착안하여 혁신적인 오페라(악극)에서는 문학(남성)과 음악(여성)이 악극을 지탱하는 두 바퀴이므로, 작곡가란 언어시인 Word-poet의 능력(언어의 음악적 기능을 구현하는 능력)과 음조시인Tone-poet의 능력(음악의 시적 기능을 구현하는 능력)을 아울러야 한다고 주장했다.[7] 그는 시가 음악에 종속된다고 본 모차르트와 달리 시와 음악은 대등하다고 본 것이다. 시의 생명은 리듬에 있고, 극의 생명은 구성에 있듯이 악극의 생명은 이 둘을 결합하는 데 있기 때문이다. 그가《미래의 예술작품》에서 두운법의 적용과 운율적 리듬의 중시, 가창적 말하기 등을 논한 이유다.

바그너가 종합예술작품으로 발표한 악극은 언어가 대단히 중요한 오페라다. 따라서 표현의 목적이 되어야 할 대본을 수단으로 전락시킨 종래의 오페라를 교정하는 음악이다. 그에게 오케스트라란 고대 그리스 연극에서 코러스가 맡은 역할을 하는 것으로, 악극을 이끄는 것은 가창이기 때문이다. 또한 그의 악극은 독자적인 음악언어에 의해 꾸며

---

7. Richard Wagner, William Ashton Ellis(trans.), *Opera and Drama*, pp.23~25.

진 오페라다. 따라서 전통 오페라와 다른 특색을 갖는데, 그 장치가 유도동기Leitmotif, 트리스탄 화음Tristan chord, 무한선율Unendliche Melodie, 두운법Stabreim이다. 이 넷의 관계를 굳이 비유하자면 종합예술론은 뿌리이고, 음악언어는 가지이며, 악극은 열매다.

유도동기, 뮤직드라마의 실마리

유도동기 또는 주제동기는 바그너의 오페라를 다른 작곡가의 것과 확연히 구별 짓는 장치의 하나다. 그것은 전체 악곡의 싹이자 선율을 이어 가게 하는 기본 곡조로, 실은 바로크 음악 이전부터 있었다고 봐야 한다. 하지만 엄격히 말하자면 오페라의 개척자 몬테베르디Claudio Monteverdi(1567~1643)가 작품을 이끌어 가는 주제 선율로 사용한 이래 카를 폰 베버가 『마탄의 사수』에서 인물의 개성을 드러낼 목적으로 사용했으며, 베를리오즈가 『환상 교향곡』에서 도입한 고정관념Idée fixe으로 구체화했다. 그리고 유도동기를 창작의 지렛대로 활용하여 음악에 힘과 생명을 불어넣은 이는 바그너였으며, 그것이 빛을 낸 작품이 『니벨룽의 반지』다. 따라서 이 대작은 유도동기로 수놓은 선율의 파노라마로 펼쳐진다.

비평가 에두아르트 한슬리크Eduard Hanslick(1825~1904)는 반지 4부작이 처음 공연된 1876년 8월(8. 13~8. 30) 당시 "유도동기는 관람객을 이국적인 음악 세계로 탐험하게 해 주는 관광안내서"라고 말했다. 언뜻 들으면 호평 같으나 실은 비아냥거림에 가까운 비판이다. 또한 작곡가 겸 비평가 에밀 나우만은 유도동기를 "퇴행적인 스타일 장치"라고 깎아내렸다.[8] 그러나 바그너의 비서 볼초겐Hans von Wolzogen(1848~1938)이 출간한 《리하르트 바그너의 축제오페라 "니벨룽의 반지"를 관통하는 음악적 주제(Thematischer Leitfaden durch die Musik zu Richard Wagner's Festspiele "Der Ring des Nibelungen")》가 좋은 반응을 얻음으로써 비판은 일축되었다. 이 안내서는 100쪽 분량임에도 유도동기의 용례를 알기 쉽게 소개하고 있어 그 무렵 발간된 바그너 관련 도서 가운데 큰 인기를 모은 문헌이다.

유도동기의 집대성으로 불리는 『니벨룽의 반지』는 작곡가의 세계관과 예술관이 반영된 작품으로도 유명하지만, 상징과 비유로 얽어 놓은 이야기 내용으로도 유명하다. 음악이 워낙 방대하다 보니 거미줄처럼 얽힌 주제의 연쇄를 이해하지 못하면 이내 악극의 삼림에 파묻히고 만다. 또 대본에 함축된 사상과 음악이 지닌 극적 효과 탓에 그 자체로 하나의 거대한 예술 세계로 불린다.

미학에서는 복잡도가 높은 창작물을 두고 고도의 예술성을 지녔다고 말한다. 하지만 뼈대를 이루는 구성이 명료하거나 간결하지 못하다면 결코 완성도가 높은 작품이 되지 못한다. 예술에서 작품성을 보장하는 것은 복잡도이지만, 그걸 담보하는 것은 단순함이기 때문이다. 반지 4부작이 걸작인 이유는 복잡도가 높은 작품임에도 단순미를 아우른 까닭인데, 그걸 가능하게 한 것이 유도동기다. 바그너는 대작주의를 지향했으나 창작의 바탕은 미학적 단순함을 견지한 작곡가였다. 유도동기는 악극의 줄기세포로, 악극의 이해를 돕는 핵심어 구실을 한다. 그는 음악 드라마를 다채롭게 펼쳐 가기 위해 주제 악곡을 극적 도구로 사용했다. 그것은 음악적 건축자재이자 악극의 동력장치였다.

바그너는 음악의 대하 소설가이자 화가다. 그가 등장인물, 사물, 사

---

8. 조수철 편저, 《바그너와 우리》(삶과꿈, 2013), pp.90~91.

건, 정서 등을 동기로 삼아 주제 선율을 표현한 것은 악극의 틀을 설계하는 것과 다르지 않다. 또 이야기 진행과 상황에 따라 유도동기의 악곡을 적절히 변형시키고 발전시키는 기법은 소설에서 사건을 펼치고 플롯을 엮는 과정과 같으며, 회화에서 형태를 그리고 색을 입히는 과정과 같다. 이는 건축가의 발상과도 유사하다. 그에게 극본은 설계도이고 창작 기법은 디자인이며, 유도동기는 축조기술이다.

유도동기는 청각화한 이미지로 사건의 연쇄를 알기 쉽게 풀어 가는 극음악의 열쇠다. 또 극에 긴장감을 조성하고 반전을 암시하며, 파국을 예고하므로 악극의 삼림에서 길을 안내하는 길잡이다. 유도동기는 첫째, 듣는 이의 귀를 잡아끄는 시그널 곡조를 요소에 배치함으로써 흥미로운 것을 기대하게 만들거나 새로운 것을 상기하게 만든다. 둘째, 사건을 암시함으로써 흥미를 불러일으키고, 감정 · 정서 · 분위기 등을 실감 나게 전달함으로써 관객의 이해를 돕는다. 셋째, 배경과 인물에 생동감을 불어넣어 준다. 또한 유도동기는 세 가지 기능을 한다. 하나는 기대Anticipation로, 인물 · 사건 · 전조 등이 나타나게 되리라는 동기다. 둘은 상기Recollection로, 기억을 떠올리게 하는 동기다. 셋은 회고Reminiscence로, 회상 · 반성 · 원한 등 기억을 되씹게 하는 동기다. 그래서 유도동기는 음악으로 설명하는 기억 장치이면서 전조 장치인 셈이다.

유도동기는 음악이 멎었음에도 그 선율이 귓전을 울린다는 '소리벌레Ohrwurm(Ear worm, Music worm)'의 다른 이름이며, 그 점에서 귀에 익은 선율이 전곡을 이끌어 가는 비제의 『카르멘Carmen』은 유도동기로 가득한 오페라다. 알기 쉬운 예로는 영화에서 인물이 등장하거나 극적 사건이 일어나기 전, 분위기를 묘사하기 위해 흘러나오는 음악을 들 수 있다. 또 뉴스 시작 전에 울리는 인상적인 음악이나 특정 상품을 상기시키는 광고음악 역시 넓게 보면 유도동기다. 바그너를 일러 영화음악의 선구자라고 하는 이유는 극적인 사운드와 함께 주제 선율의 기법이 영화에 도입된 데 있다.

그렇다면 유도동기의 기법을 가장 많이 사용한 반지 4부작에서 그 예를 들기로 하자. 여기서 유도동기는 140여 개로, 대개 선율로 나타나지만 화성이나 리듬으로 나타나기도 한다. 또한 편의상 '극의 바탕을 이루는 동기'와 '극을 이끄는 동기'로 나눌 수 있다. 하지만 여러 개별 동기(발퀴레, 대장간, 용의 동기 등) 외에는 전자와 후자의 역할이 때로는 함께 사용되어 굳이 구분할 이유는 없다. 참고로 극의 바탕이 되는 동기가 극을 이끄는 역할을 겸하지만, 극을 이끄는 모든 동기가 바탕 동기가 되는 것은 아니다.

극의 바탕을 이루는 모티프에는 자연과 반지, 대지로 상징되는 에르다, 불로 상징되는 로게, 하이야야하이야Heiajaheia, 발할라Valhalla의 동기 등이 있다. 그 가운데 자연의 동기는 물의 동기라고도 하며 '근본적인 동기'로 불린다. 이 동기는 라인강과 그 물결, 라인강의 세 처녀로 전이되면서 숲과 무지개다리 등 여러 동기로 변형되거나 개별 동기와 결합하여 다양하게 나타난다. 또한 이 동기는 제1부 『라인의 황금』 서곡에서 서주부로 연주되며 악극의 출발점이자 근간이 되므로 동기의 동기라고도 일컫는다. 따라서 드라마 전편全篇의 주제로 간주되는 만큼 대단히 유장하다. 은은한 파형을 그리면서 고조되는 음이 강줄기를 따라 유유히 흐르는 광경을 눈에 잡힐 듯 묘사한다. 극을 이끄는 모티프에서 대표적인 것은 칼, 지크프리트, 브륀힐데, 보탄의 동기다. 특히 앞의 두 동기는 영화에서 많이 인용하는 발퀴레의 동기와 더불어 귀에 가장 익은 곡조다. 유도동기는 악극의 이해를 돕는 키워드이면서, 음악의 완성도를 높이고 극을 풍요롭게 만드는 아이디어다.

트리스탄 화음, 무한선율의 실타래

유도동기가 악극을 전개하는 실마리라면 무한선율은 트리스탄 화음이란 실꾸러미에서 풀려 나오는 실이다. 바그너는 진정한 오페라란 중단 없는 선율로 일관하는 극음악이라고 했다. 지고한 예술체험은 몰입감에서 비롯된다고 본 때문인데, 그 관건은 관현악과 성악, 아리아와 중창, 합창, 발레로 구분되는 번호 오페라Number Opera의 관례를 깨뜨리는 데 있었다. 그에 의하면 이탈리아 오페라는 얄팍한 즐거움을 위한 접대부의 음악이며, 프랑스 오페라는 허영과 유흥을 위한 교태의 극음악이지만 독일 오페라는 진지함으로 대표된다고 했다.[9] 다만 바그너는 벨리니가 1831년에 발표한 『노르마』를 높은 예술성을 지닌 이탈리아 오페라로 평했다. 또한 이탈리아 오페라는 바그너와 동시대를 산 베르디가 활약함으로써 더 이상 접대부의 극음악이 아니었다.

실제로 이탈리아 오페라는 선정적인 소재에 달콤한 선율로 일관하는 편이고, 프랑스 오페라는 오락적인 소재에 흥겨운 선율로 치장하는 편이며, 대부분 이기적인 캐릭터가 펼치는 세속적인 드라마다. 바그너는 이러한 구태를 깨뜨리기 위해 역사와 설화에서 소재를 취하고, 희생과 구원의 주제를 택하여 높은 예술성을 지닌 악극을 만들기로 했다. 그 전제로 그가 택한 방침은 악전의 틀을 바꾸는 것이다. 형식은 내용을 결정하는 단서이기 때문이다. 그는 그 방법으로 선율이 줄곧 이어지

---

9. Richard Wagner, William Ashton Ellis(trans.) *Opera and Drama*, pp.112~113.

는 느낌을 받도록, 즉 선율에서 단락감(끊어지는 느낌)과 종지감(끝나는 느낌)을 받지 않도록 주로 반음계를 사용하고, 조성에 얽매이지 않는 전조轉調의 작곡 기법을 고안했다.

그가 『탄호이저』에서 처음 시도한 이러한 기법은 독특한 오페라 형식을 낳는 데까지 진화했다. 최초의 악극 『트리스탄과 이졸데』는 그 결실이며, 그 비결은 변형된 화음, 즉 트리스탄 코드였다. 본디 이 코드는 리스트가 『파우스트 교향곡』에서 시도한 감減화음(기본 3화음을 살짝 찌그러뜨린 화음)과 증增화음(기본 3화음을 살짝 늘인 화음)의 예를 바그너가 독창적으로 발전시킨 것이다. 1855년에 발표한 이 작품은 순전히 증화음으로만 이루어진 고통의 주제로 시작하며, 조금 뒤 대단히 우렁찬 감화음이 연속적으로 터지면서 악마가 등장한다.[10]

바그너는 악극을 꾸미는 방식으로, 주제를 펼쳐 가는 대신 주제를 쌓아 가면서 악구를 늘려 나갔다. 그걸 지탱한 것은 두 개 이상의 선율을 포개어 나가는 대위법인데, 이는 예로부터 엄격히 지켜야 하는 악전의 하나였다. 그런데 그 규범을 거스르지 않으면서도 아름다운 화음을 만든 이가 바흐였다. 다만 바흐의 경우에는 변화가 적어 단조롭게 들리는 편이다. 바그너는 그 규칙을 깨뜨려 경이로운 음의 신경지를 열었으니, 바로 트리스탄 코드다. 그가 지은 화음은 조성이 애매한 불협화음으로 꾸민 탓에 비선율적이다. 그럼에도 귀에 거슬리기는커녕 귀를 잡아끈다. 원래 불협화음은 마음을 동요시키는 '악마의 곡조'로 여겨져 기피되곤 했다. 하지만 불협화음은 비음악적 화음이 아니라 음악을 다채롭게 꾸미는 장치다. 두 화음의 조화 여부는 악전의 지침이 아닌 악곡의 문맥

10. 하워드 구달, 장호연 옮김, 《하워드 구달의 다시 쓰는 음악이야기Story of Music》(뮤진트리, 2015), pp.241~243.

이 결정하는 것으로, 지루한 협화음보다는 극적인 불협화음이 청각에 깊이 와닿는 까닭이다. 생각해 보라. 악곡을 협화음으로만 꾸민다면 얼마나 건조하고 지루하겠는가. 바그너에게는 인상적이지 않으면 선율이 아니었고, 가슴을 울리지 않으면 화음이 아니었다. 그의 음악에서 선율과 화음은 별개가 아니다.

트리스탄 코드(악보 예시)

『트리스탄과 이졸데』에서 음높이가 F – B – D♯ – G♯ 간격으로 이루어진 화성적 음조Harmonic signature는 현대음악의 문을 열어젖힌 신호음이다. 그것은 말러가 분열된 자아로 표현한 다조성의 원형이고, 쇤베르크가 혁신적인 12음 기법으로 사용한 조성 해체의 발단이며, 푸치니 특유의 달콤쌉싸름한 '아름다운 무한선율'의 뿌리다. 서양음악사상 가장 유명한 음정 중 하나인 이것은 네 시간에 달하는 악극의 망망대해를 헤쳐 가는 방향타와 같다. 특히 하나의 악절이 끝났다는 느낌을 주지 않기에 플롯이 간단한 러브스토리를 음악적 대하드라마로 이끄는 동력이기도 하다. '트리스탄 코드'로 불리는 이 화음은 화성적으로 해결되지 않는 계류음繫留音, Suspension[11]이며, 반음계적 화성의 극치를 이루

11. 하나의 화음이 다음 화음에 속하지 않으면서도 그 음이 후속 화음으로 이어지는 화성학 용어다. 열망, 불안, 긴장감을 불러일으키는 음조를 갖는다.

는 '모호한 화음'이자 순간순간의 조성을 느끼게 하는 '부유하는 화음'
이기 때문이다. 이러한 무한 진행의 비결은 5도 화음Dominant chord을 유
지하는 가운데 끊임없이 조성을 옮겨 가는 데 있다.

계류음은 협화음으로 매듭지어야 할 선율을 변조된 화음으로 연장
하기에 불안, 격정, 분노 등의 감정이나 무섭고 음산하거나 기이한 분
위기를 표현하는 데 효과적이다. 따라서 영화음악의 기법으로 자주 사
용된다. 선율을 불협화음으로 이어 가는 서스펜스 효과 때문이다. 이
러한 화음Chord은 협화음으로 해소되지 않는 화성Harmony[12]으로 진행
되기에 긴장감과 불안감을 느끼게 하고, 묘한 감흥과 불편한 황홀감을
불러일으킨다. 그래서 듣는 이의 혈압을 오르내리게 하고 맥박을 빠르
게 한다. 악곡의 흐름에 변화가 많고 리듬이 일정하지 않아 신체적 스
트레스와 정신적 오르가슴을 함께 느끼게 한다. 리듬은 질서를 지닌
소리의 움직임이다. 리듬은 박자meter, 빠르기tempo, 강약accent, 모양새
pattern 등 네 요소로 이루어지기에 한 가지라도 흐트러지면 부자연스
러운 느낌을 준다. 하지만 교묘하게 꾸민 리듬은 신기하고 신선한 기
분을 자아낸다. 바그너는 음악의 파노라마를 펼쳐 가기 위해 불협화음
의 가장자리를 자유자재로 넘나든 악음의 탐구자였다.

두운법

바그너는 시(대본)의 음악성을 최대한 살리기 위해 자유시가 지닌 내
재율보다는 정형시에 특유한 외형률을 중시했다. 또 운율에서는 압운
押韻.Rhyme을 강조했는데, 그중에 특히 주목한 것은 두운이었다. 두운법

---

12. 화음은 동시에 울리는 음들의 조합으로 음의 종적 배치이며, 화성은 이러한 음들이 서로 유기
적 관계를 갖고 연결된 것으로 음의 횡적 배열이다.

은 음성학적으로는 첫머리 음(대개는 자음)이 같은 단어들(둘, 가끔은 셋)이 어울려 운율을 이루는 것(노래하는 말Tone-speech)이고, 의미론적으로는 운이 같은 두 단어의 뜻이 서로 대조를 이루는 것(뜻을 전하는 말Word-speech)이다. 두운법은 더러 모운母韻, Assonance[13]을 포함한다. 그에게 언어란 악기와 다름없으며, 두운법은 그가 언어를 악기로 사용한 기법 중 하나였다.

바그너는 이상적인 극본이란 운문(시)으로 꾸민 것이며, 대사는 강세를 가진 노랫말이라고 했다. 그 강세가 그에게는 두운이었다. 본디 게르만어는 두운의 강세가 두드러진 언어로 독일인의 기질과 감정을 잘 나타내며, 고대 북구의 영웅시가와 독일문학에 주로 쓰였다. 또한 각운법脚韻法, Endreim은 화자의 정서를 나타내거나 서정적 분위기를 드러내는 데 좋고, 두운법頭韻法, Stabreim은 화자의 심리를 나타내거나 엄숙한 분위기를 드러내는 데 좋다. 그 전형이 고대 영어로 된 8세기의 무훈시 《베오울프Beowulf》다. 바그너가 반지 4부작의 대본을 집필할 때 두운법을 적극 활용한 것은 그가 극시 《지그프리트의 죽음Siegfrieds Tod》(1848)을 쓰면서 이 운율법의 진지한 효과를 깨달은 데 있었다.

두운법은 지각력이 뛰어난 귀를 위해 고안된 운율법이다. 그래서 시인이 두운법으로 표현할 수 있는 감정은 작곡가가 조바꿈으로 표현할 수 있는 감정과 흡사하다. 예를 들어 "Liebe giebt Lust zum Leben(사랑은 살아가는 기쁨을 준다)"는 글귀는 하나의 율격을 유지하듯, 그 뜻은 하나의 감정을 나타낸다. 그런데 앞의 글귀를 "Die Liebe bringt Lust und Leid(사랑은 기쁨과 고통을 가져왔다)"로 구성하면 음악에서 꾀한 조바꿈의

---

13. 모운은 유운類韻 또는 유사음이라고도 하며, 강세가 있는 모음은 같은 음이지만 자음은 다른 음으로, 운rhyme의 일종(예: take와 hate, crime과 blind)이다.

느낌을 문장에서 받을 수 있다.[14] 그러므로 사랑Liebe과 더불어 어원이 같은 기쁨Lust과 고통Leid은 화성적 조바꿈을 거치면서 그 의미가 한층 대비된다. 두운법은 악극을 구성하는 장치의 하나이며, 대사는 극본의 일부를 넘어 가창을 돕는 음악의 언어인 것이다.

바그너는 두운법을 수사기법의 장치로도 활용했다. 이를테면 그는 『트리스탄과 이졸데』에서 마르케 왕의 탄식을 모순어법 "du treulos treuester Freund(너 믿을 수 없는 가장 충직한 친구여)"로 꾸몄으며, 『지그프리트』에서 지그프리트가 미메의 생김새를 혐오하는 대목에서 강조법 "G'rade so garstig, griesig und grau, klein und krumm höckrig und hinkend, mit hängenden Ohren, triefigen Augen···(꼭 그렇게 추접스럽고 잿빛으로 오톨도톨, 작고 꼬부라진 모습, 혹투성이 절뚝절뚝, 축 늘어진 귀에 짓무른 눈···)"[15]으로 꾸며 가성歌聲의 묘미를 살렸다. 다만 바그너는 문장의 짜임새보다는 운율의 짜임새에, 그보다는 소리의 짜임새에 중점을 두었으므로, 두운법의 장점을 우리말 번역으로 살리기 쉽지 않다.

실제로 두운법은 『니벨룽의 반지』 곳곳에서 들을 수 있다. 바그너는 그 때문에 많은 조롱을 당했으나, 두운법을 만들기 위한 그의 노력으로 오늘날의 풍자적 표현은 풍부해졌다. 사실 두운법의 원리는 언어의 토대다. 독일어의 'Mann und Maus'나 영어의 'Hearth and Home', 'Safe and Sound' 등의 예에서 보듯 독일어와 같은 정도로 영어에서도 많이 발견할 수 있다.[16]

다음은 『라인의 황금』 장면 1에서 보글린데(라인강의 세 처녀 중 한 명)

14. Richard Wagner, William Ashton Ellis(trans.), *Opera and Drama*, p.292.
15. 리하르트 바그너, 안인희 옮김,《지그프리트》(풍월당, 2018), p.217.
16. Barry Millington, *The Sorcerer of Bayreuth*(Oxford University Press, 2012), p.94.

가 알베리히에게 경고하는 부분에 쓰인 두운법의 예다.

Nur wer der Minne

Macht versagt,

nur wer der Liebe

Lust verjagt,

nur der erzielt sich den Zauber

zum Reif zu zwingen das Gold

사랑의 힘을

포기한 사람,

사랑의 즐거움을

쫓아 버린 사람만이

황금을 벼려 반지로 만들

마법을 얻지.[17]

다음은 『지그프리트』 제2막 3장 가운데 지그프리트가 의인화된 새로부터 경고를 듣는 장면에 쓰인 예다.

O, traute er Mime

dem treulosen nicht!

Hörte Siegfried nur Scharf

17. 리하르트 바그너, 안인희 옮김, 《라인의 황금》(풍월당, 2018), p.161.

auf des Schelmen Heuchlergered':

wie sein Herz es meint,

kann er Mime versteh'n

so nützt' ihm des Blutes Genuss

오, 그가 저 신의 없는 미메를

믿지 않았으면 좋겠네!

지그프리트가 저 악당의 간사한 말을

예리하게 들었으면.

제 마음이 생각하는 대로

미메의 말을 이해할 수 있지.

그럼 피를 맛본 보람이 있을 텐데.[18]

18. 리하르트 바그너, 안인희 옮김, 《지그프리트》, p.255.

제6장   바그너의 천재성과 인성

나의 삶은 임종 때 나타났으면 좋을 모순된 것들의 바다랍니다.

                                    — 바그너가 오토 베젠동크에게 보낸 편지에서

천재는 큰 실수를 저질러도 처벌받지 않는 특권을 가진다.

                                                    — 프랑수아마리 볼테르

바그너는 처세에 갈등이 없는 인물이었다.
그는 대인관계에서 신의보다 실익을 앞세웠으며, 언제든 입장을 바꾸었다.
그의 이중적 언행을 지탱한 수단은 여건에 따라 역할 가면을 바꾸어 쓰는 연극
배우의 자질이고, 상황에 따라 대처하는 이중 전략이었다.
그리고 그 무기는 달변과 천재라는 위광이었다.

천재성의 비결

믿음의 세계에 메시아 도래 사상이 있듯이 앎의 세계에도 천재 탄생의 신화가 있다. 그 천재가 숭배의 대상이 된 적이 있었으니, 바로 18세기였다. 철학자 쇼펜하우어는 "천재란 세상에서 좀처럼 받을 수 없는 선물을 세상 사람들에게 제공한 사람이며, 그 선물은 그가 아니면 대체할 수 없는 창작물"이라고 정의했다. 따라서 이견은 있겠으나 예술가만이 천재에 해당한다. 인간의 사고 체계와 자연의 이치는 언젠가 다른 이도 생각해 내거나 찾아낼 수 있기 때문이다. 그 점에서 사상가와 과학자 등은 천재에 준하는 자다.

예술 가운데 천재가 가장 빛을 발하는 분야는 음악이다. 음악은 형체도 없고 언어로도 표현할 수 없는 것을 그려 내는 고도의 창조 행위인 까닭이다. 그것은 무한한 잠재력과 고도의 감성을 지닌 예술의 꽃이다.

흔히 음악 천재 가운데 신동형 천재의 전형으로 모차르트를 들고 노력형 천재의 전형으로 베토벤을 든다. 그런데 삶이 모차르트 못지않은 신화로 이야기되고, 음악은 베토벤의 것 못지않게 깊이 논의된 인물을 꼽자면 바그너일 것이다. 천재를 '초인적 마력에 신들린 존재'라 할 때 그 말에 잘 어울리는 인물이 바그너. 행동에서 열정이 넘치고 인성에서 모순덩이며, 주장은 논쟁적이고 음악에서는 흡인력을 가졌기 때문이다. 니체의 표현을 빌리자면 "바그너야말로 쇼펜하우어가 천재라고 일컫는 형상과 완벽하게 부합하는 인물이다."

바그너는 지능에서 출중한 반면 인격에서 부정적인 면이 두드러진다. 그는 사교적이고 쾌활함이 특징인 순환성循環性 기질과 내향적이고 울적함이 특징인 분열성 기질이 교대하는 가벼운 정도의 정동장애(조울증세)가 있다. 그가 사색에 젖게 되면 오랫동안 창작에 몰입하거나 울적한 정서에 잠기는 한편 평상시는 쾌활하고 자신감에 넘치는 언행을 하거나 사치 생활을 한 배경은 여기에 있다. 또한 이 점은 그가 가치관에서 양면적인 입장을 취하고, 대인관계에서 이중적 태도를 취하는 데 영향을 끼친 원인이기도 하다. 그는 이 외에도 비교적 심한 정도의 과대망상이 있으며, 복장도착과 과도한 성욕 등 중간 정도의 성적 편향을 지닌 경계성 성격장애자인 편이다.[1] 하지만 그의 조울증은 유례가 드문 음악을 탄생시켰고, 과대망상은 바이로이트 극장 건설로 이어졌으며, 그의 과도한 성욕은 창작의 불씨로 점화했다.[2] 광인의 광기는 족쇄이지

1. John Deathridge(trans.), Ulich Müller and Peter Wapnewski(ed.), *Wagner Handbook, Wagner in the History of Psychology, Isolde Vetter*(Harvard University Press, 1992), pp.118~155.
2. 정신건강에서 정상과 비정상의 경계는 정도의 문제이며 정의 또한 유연하다. 사람은 누구나 성격상의 약점이 있기 마련으로 각자는 정신의학적 치료를 요할 만큼 심각한 정도가 아닌 한 현실에서 이를 조절하고 적응해 간다.

만, 천재의 광기는 도구다.

깊은 감성

바그너는 모차르트와 멘델스존처럼 신동으로 불리진 않았으나 열한 살에 작곡을 시도한 슈베르트와 더불어 조숙한 천재성을 보인 음악가에 속한다. 바그너는 조금 늦게 시작한 대신 독창성과 작품성에서 대단한 평판을 받는 대가의 길을 걸었다. 신동으로 대접받다 성년이 되어 잊힌 인물이 얼마나 많은가. 천재성의 조건은 재능이지만 그 관건은 노력이다. 천재는 주어진 것이 아니라 되는 것이기 때문이다. 그 점에서 바그너의 천재성에 불을 지핀 것은 천품(재능)보다는 성품(개성)이었으며, 그의 인성Personality(성격과 기질의 합체)을 결정한 바탕은 감성이었다. 본디 감성이 무딘 자에게 상상력은 꽃피지 않는다. 감성은 그를 종합예술가로 만든 동력의 원천이었다.

영국의 철학자 브라이언 매기는 찰스 다윈 이후 학문의 깊이와 독창성, 영향력에 있어 괄목할 업적을 이룬 세 명의 지적 거인으로 카를 마르크스와 지그문트 프로이트, 알베르트 아인슈타인을 들면서 그들과 같은 반열에 놓을 인물로 바그너를 지적했다.[3] 그렇다. 그들은 종합형 천재로서 남다른 통찰력을 바탕으로 지적 거인이 된 인물이다. 바그너는 이전의 예술철학을 근간으로 악극을 창안한 데서 선학의 이론을 빌려 새로운 사회경제 모델(공산주의이론)을 창안한 마르크스에 비견되며, 현대 오페라의 길을 연 데서 새로운 학문 패러다임(정신분석학)을 만든 프로이트를 닮았고, 음악사의 정상에 선 소수의 인물인 데서 물리학 분

---

3. Bryan Magee, *Aspects of Wagner*(Oxford University Press, 1988), p.19.

야에서 큰 영향력(상대성원리)을 끼친 아인슈타인을 떠올리게 한다. 게다가 바그너 역시 갈수록 의문의 여지가 좁혀짐을 감안할 때 그들처럼 유대인의 피를 받았으며, 지적 상상력을 통해 자신의 업적을 구축했다는 점에서도 공통점을 갖고 있다.

예로부터 유대인의 감성은 낙관적 인도주의에 닿아 있으며 그들의 상상력은 몽상과 동심에서 비롯한다. 어느 유파에도 속하지 않는 마르크 샤갈의 환상화가 신비주의를 지향하는 유대인의 심성과 그들 민족의 집단 무의식을 반영한 것이듯, 바그너의 독창적 음악 또한 그 연장선에 있다. 많은 작품의 주제를 연민과 사랑, 구원과 속죄로 일관한 것이나, 인도주의와 종교상대주의를 주장한 『파르지팔』로 창작 여정의 대미를 장식한 것을 보면 알 수 있다. 그는 독일인의 두뇌에 유대인의 심장을 지닌 양면적 심성의 천재였다.

바그너의 깊은 감성은 이따금 자신을 심한 우울증으로 몰아넣은 원인이었다. 그는 고독을 즐겼고, 사색에 잠기는 걸 좋아했다. 그럼에도 겉으로 드러난 그의 성품은 사교적이고, 평소 언동은 활기에 넘쳤다. 실제로 작곡가들 가운데 그는 자신을 우스꽝스럽게 묘사한 희화戱畵가 가장 많다. 그 점에서 '낙천적 울적함Optimistic melancholy'은 그의 인성적 특징 중 하나다. 물론 고독은 창작에 도움을 준다는 점에서 이로우며, 사색은 방대한 독서에 의해 영향을 받았다는 점에서 자연스럽다. 또 다소의 우울한 정서는 누구에게나 있다. 하지만 바그너의 우울함은 (그토록 힘든 파리 시절을 견뎌 낸 그임에도) 1852년 가을에는 자살을 숙고할 정도로 심각했다. 게다가 그해 2월에 만난 마틸데 베젠동크에 대한 이룰 수 없는 열애가 그를 더욱 침울하게 만들었음은 물론이다. 이러한 증세는 1857년에 이를 때까지 때때로 그를 괴롭혔으니, 이때가 그의 생애

바그너를 풍자한 그림

에서 감정 기복이 가장 심한 시기였다.

　그런데 위기는 그가 채권자를 피해 전 재산을 버리고 빈에서 뮌헨, 남부 독일 일대, 스위스를 거쳐 슈투트가르트에 몸을 숨겼던 1864년 4월 29일에 다시 찾아왔다. 당시 그는 모든 희망을 잃은 채 "나는 끝장이다. 나는 어디론가, 이 세상에서 사라져 버려야 한다"[4]고 되뇌며 체념한 상태였다. 그해 5월 4일 바이에른의 군주 루트비히 2세로부터 자신의 후원자가 되겠다는 통보를 받지 않았다면, 그는 정말 자살해 버렸을지도 모른다.

4.　디터 케르너, 박혜일 옮김, 《위대한 음악가들의 삶과 죽음》, p.383.

바그너의 예민한 감성은 여성의 사랑에 집착하는 성향으로 나타난 것 외에, 자신의 음악에 풍부한 색감을 입히고 악곡의 무드를 에로티시즘으로 물들이는 데 영향을 끼쳤다. 본디 예술은 성을 기반으로 나타나는데, 오페라 음악사에서 바그너만큼 여성 인물의 캐릭터에 치중한 이는 드물었고, 그의 작품만큼 성욕의 모티프로 일관한 음악은 없었다.[5] 고전음악의 예에서 에로틱한 분위기를 가장 잘 실감할 수 있는 분야는 오페라다. 그 가운데 리하르트 슈트라우스의 것이 조금 짙으며, 바그너의 것은 아주 짙은데,『탄호이저』와『트리스탄과 이졸데』는 특별히 농염하다. 전자는 베누스 산정에서 펼쳐지는 성희의 축제Bacchanal가 대단히 호색적이고, 후자는 두 주인공이 함께 부르는「사랑의 밤Liebesnacht」이 정사의 절정감을 느끼게 한다. 또한 바그너가 에로스를 주제로 한 에세이 〈성적 사랑의 형이상학Metaphysik der Geschlechtsliebe〉과 〈여성에 관하여Über die Weiber〉를 집필한 동기 역시 여기에 있다.

니체에 의하면 바그너는 여성성을 가졌으며, 이는 그의 삶 전부를 차지한 성도착증을 뜻한다고 했다. 따라서 바그너의 음악은 듣는 이를 '생리적으로 위급한 성적 흥분 상태'로 몰고 간다. 불규칙한 호흡과 혈액 순환의 장애, 갑작스러운 의식 불명을 수반한 극단적 예민함을 느끼게 하는 것으로, 그것이 '음악적 오르가슴'이다.[6] 그 점에서 그의 엄청난 창작 에너지는 남다른 성적 욕망Libido에서 비롯한다. 정력은 체력을 바탕으로 하며 체력은 지적 능력을 뒷받침해 주기 때문인데, 왕성한 창작 활동 못지않게 왕성한 성욕을 보였던 톨스토이와 피카소 역시 같은 예에 든다.

5. Laurence Dreyfus, *Wagner and the Erotic Impulse*(Harvard University Press, 2013), p.41.
6. 요하임 퀼러, 최효순 옮김,《광기와 사랑》(한길사, 1999), pp.258~259.

뛰어난 상상력과 강박적 열정

바그너의 천재성에 불을 지핀 두 번째 동력은 상상력이었다. 그는 어려서부터 연극 무대에 섰던 경험과 환상적인 무대장치, 무섭고 기이하게 꾸민 배우의 분장에서 받은 인상으로 공상에 젖거나 백일몽에 빠져드는 일이 잦았다. 또한 그가 소년 때 접한 고대 그리스 문학과 셰익스피어의 희곡, 괴테와 단테의 극시, 초자연적 내용으로 이루어진 고딕 문학, 유럽의 전래 설화(신화와 전설) 등은 자신이 펼친 별세계에 뼈대(구조)를 더하고 형체(구성)를 입혀 창작의 발판이 되게 했으니, 그중에서 중심이 된 요소는 설화였다.

설화는 민족의 집단 무의식이 만든 이야기이므로 전승 과정에서 다채로운 상상의 옷을 입는다. 따라서 설화를 창작의 소재로 삼은 것은 대표적인 극장형 작곡가인 그가 온갖 상상으로 오페라 무대를 꾸밀 수 있기 때문이었다. 그 점은 바이로이트 극장에서 상연한 『방황하는 네덜란드인』에서부터 『파르지팔』까지의 열 개 작품 중 『뉘른베르크의 마이스터징거』를 제외하고는 모두 신화와 전설에서 아이디어를 가져온 데서 알 수 있다.

바그너는 모차르트나 슈베르트와 달리 창작 속도가 느린 작곡가다. 그가 머릿속에 그린 악상의 파노라마―탐욕과 정욕의 묘사, 구원과 연민, 세상의 종말, 물과 불의 이미지 등―는 손쉽게 오선지에 옮겨 놓을 수 없을 만큼 거대했다. 그는 작품을 구상하는 속도가 빠른 대신 초고 상태의 아이디어를 완성작으로 내놓기까지 오래 숙고하는 것으로 이름났다. 이는 최고의 것을 만들어야 한다는 강박관념 때문인데, 그의 오페라가 음악성이 뛰어난 데 비해 작품 수가 적은 이유 중 하나다.

그는 창작을 위한 상상력의 범위가 넓은 것으로도 유명하다. 그는 사랑하는 여성들에게서 창작의 영감을 얻었으며, 잦은 국외여행에서 소재를 찾았다. 창작의 광맥이라 할 설화, 역사, 문학, 철학 등이 그의 관심 영역이었고, 착상의 바다라 할 경험, 꿈, 기억의 흔적 같은 무의식이 창작 동기가 되었다. 그는 이런 방식으로 장대한 악극을 만들기 위한 창조의 대형 발전기를 목숨이 다할 때까지 가동할 수 있었다. 예를 들어 꿈꾸기는 창의적인 아이디어를 찾아내기 위한 검색 작업의 하나로 꼽히며, 실제로 사람들은 꿈을 통해 이따금 천재의 영감을 얻는다. 이를테면 수평적 사고에 의해서는 상상해 내기 힘든 초현실주의풍의 그림들, 상징과 은유를 담은 카프카의 문학, 행성 운행에 관한 케플러의 가설, 뱀이 자기 꼬리를 먹는 꿈을 꾸고 착안한 케쿨레Friedrich August Kekule의 벤젠 화학구조식, 썰매를 타고 광속으로 달리는 꿈에서 생각해 낸 아인슈타인의 상대성원리 등 그 사례는 헤아리기가 쉽지 않다.

꿈과 창조가 연관된 인상적인 사례 중 하나가 바그너의 경우다. 그는 1853년 가을 어느 날 『라인의 황금』 전주곡의 악상을 다듬는 중에 낮잠이 들었다. 그는 꿈속에서 가파른 계곡을 타고 내려오는 급류처럼 한 다발의 선율이 무의식의 둑을 터뜨리는 경이로움을 의식했다. 꿈은 의식의 거울에 비친 무의식의 얼굴이다. 따라서 각성했을 때에는 대부분 잊어버리거나 왜곡되어 버린다. 하지만 그는 의식과 가면假眠 상태를 번갈아 가며 조각난 선율의 윤곽을 다듬은 결과 꿈속의 선율을 거의 원형대로 복원할 수 있었다. 그는 자서전에서 처음 136개의 소절이 중단되지 않고 긴 악절을 이루는 가운데 E장조, 3화음의 기조를 유지할 수 있게 된 것은 꿈속에서 들리는 선율이 중단 없이 굽이치는 의식 경험을 했기 때문이라고 밝혔다. 통상의 창작심리로는 끌어내기 힘든 독창적인 악곡을 직관으로 끌어낸 것이다. "신화는 집단의 꿈을 공식화한

Da lieg auch du — dunkler Wurm!
Den gleißenden Hort heb' ich hurtig.

128. C.-v. Grimm. Schalk. Leipzig. 1879

용을 퇴치하는 지그프리트.
바그너 풍자화

것이며, 꿈은 개인이 무의식으로 포장한 신화"라는 말이 있다. 그는 집단의 꿈이라고 할 수 있는 신화로 개인의 상상력을 넓혀 간 한편, 자신이 꾼 꿈으로 음악의 내용을 풍부하게 만든 것이다.

『라인의 황금』 전주곡에서 기본 화음은 지속하는 파동 음향을 만들어 은은하고 신비로운 분위기를 자아낸다. 그가 오페라에서 자주 사용한 물의 이미지인데, 여기서는 강에서 유영하는 느낌을 준다. 이는 자연에 대한 인상을 청각의 이미지로 표현한 작곡가의 놀라운 상상력 덕분이다. 참고로 프랑스의 정신의학자 앙드레 미셸은 "저음의 5도 음이 점차 고조되면서 '자연(라인강)의 동기'로 전이되는 과정은 양막羊膜에 싸여 있는 태아의 감각을 음악으로 재현한 것"[7]으로 보았다.

바그너는 깊은 학습으로 넓은 관심 분야를 통합한 다음 그것을 창작의 영역으로 확장시키는 데 대단한 능력을 보여 주었다. 그는 베토벤 이후에 드물게 등장한 종합형 예술가이자 통섭의 작곡가로, 오른쪽 뇌가 담당하는 선율의 지각력과 왼쪽 뇌가 담당하는 화성의 지각력이 두루 뛰어났다. 음악의 역사에서 바그너처럼 다방면의 지식을 섭렵한 이도 없었고, 다양한 재능을 보여 준 이도 없었다. 그것을 가능하게 한 것은 언제든 작곡을 하고 글을 쓰지 않으면 견디지 못하는 집요한 창작열이며, 언제나 손에 책을 들어야 하는 반복된 습관이다. 이렇게 보면 천재는 강박적 되새김질obsessive rumination을 하는 신경증 환자인 셈인데, 바그너는 그 정도가 심했다.

실제로 바그너에게는 세 가지 강박이 있었다. 하나는 성취강박으로 만능 예술인이 되겠다는 집념과 유례없는 음악을 만들겠다는 집념과

7. André Michel, 櫻林仁·森井惠美子 옮김,《音樂の精神分析》(音樂之友社, 1979), p.125.

자기 오페라를 공연하는 전용 극장을 만들겠다는 집념이고, 둘은 물과 불에 대한 물체강박이며, 셋은 소위 3J 강박으로 저널리스트Journalist와 유대인Jew, 예수회Jesuit 교단에 대한 피해의식이다. 그의 강박관념과 집 념은 신내림의 경지에 든 광기 같은 것으로, 이 광적인 힘은 누구도 시 도하지 못한 대하 악극 『니벨룽의 반지』를 완성하고 바이로이트 축제 극장을 완공시킨 동력이었다.

인성 특징

사회인으로서 바그너는 자기를 현실무대의 배우로 여기는 데 능숙한 인물(연극인의 자아를 가진 인물)이었다. 이러한 유형의 인간은 처세에 기민한 융통성과 상황에 대처하는 적응성, 현실과 이상을 조화시키는 유연함을 특징으로 한다. 한편 정신병리학적 관점에서 바그너의 인성을 살펴볼 때, 그는 평균인과 반사회적 인격장애ASPD: Antisocial Personality Disorder의 경계선에 있는 편이다. 그 유형은 쿠르트 슈나이더[8]가 분류한 것 중 현시顯示형과 열광형에 속하는데, 이 유형은 떠벌리기 좋아하고 독선적인 면모를 보인다. 또 열정에 넘치는 성향을 지니고, 자기애적 신경증세를 가졌다. 다만 바그너는 자기 통제가 가능하고, 공감 능력이 있으며, 과장적, 기만적, 자기중심적 성향을 보인 점에서 성격장애(정신병질Psychopath)라기보다는 인격장애(사회병질Sociopath 또는 반사회적, 비사회적 인격)에 가깝다.

---

8. 쿠르트 슈나이더Kurt Schneider(1887~1967)는 반사회적 인격장애의 연구에 정평이 난 독일의 정신의학자다. 그가 발표한 열 가지 인격장애 유형 가운데 특히 중요한 것은 의지결핍형, 감정결핍형, 현시욕형, 열광형으로, 범죄와 직접 관련이 있는 것은 감정결핍형이다. 감정결핍형은 소시오패스와 사이코패스의 영역을 겸한다.

실제로 테오도어 푸슈만Theodor Puschmann은 1872년 9월, 바그너를 정상이 아니라고 판정한 130쪽 내외의 저서 《리하르트 바그너, 정신 의학적 연구Richard Wagner, eine Psychiatrische Studie》를 출간했다. 당시는 바그너가 바이로이트 극장을 건립하기 위해 동분서주하던 때로, 푸슈만은 그를 과대망상광Megalomania이라고 정의했다. 그 근거는 바그너는 자신을 철학자·정략가·음악가·극작가·구원자·구세주로 생각하지만, 실은 돈에 집착하고, 남을 못살게 굴며, 비합리적 사고를 하고, 도덕적으로 타락했으며 정상에서 벗어난 자라는 것이다.[9]

실은 푸슈만의 주장이 근거 없지는 않다. 바그너는 자기중심적이고 자만심이 강해 거만한 인상을 풍긴다. 그는 지인들을 자신의 영향력 아래 두기를 원했으며, 필요에 따라 조종하려 들었다. 그 결과 다수는 그의 추종자가 되었고, 극히 소수가 그로부터 벗어났다. 지인들 중 자신과 대등하게 대한 이는 루트비히 2세와 리스트, 바쿠닌과 니체 정도였다. 그것도 장인 리스트를 제외하고는 이해관계를 우선시했는데, 자신에게 왕은 우정 이상으로 후원자 역할이 중요했고, 니체는 우정 이상으로 도우미 역할이 중요했다. 또 바쿠닌은 봉기를 위한 동지 이상이 아니었다. 참고로 그들 중 리스트를 제외한 세 사람은 바그너의 오페라 주인공처럼 비극적이면서 여운을 남기는 죽음을 맞았다.

바그너에게는 부정적 면도 많지만 감성이 풍부하고 호방한 면이 있어 인간적 매력도 많다. 따라서 그의 됨됨이를 엄밀히 살피자면 단지

---

9. Derek Watson, *Richard Wagner, A Biography*, p.260. 푸슈만의 저서는 130쪽 미만으로, 그에 대한 언급은 바그너의 결정적 전기를 쓴 어니스트 뉴먼의 저서에 한 문장으로만 나온다. 그 이유는 바그너의 정신 상태에 대한 푸슈만의 판단이 과학적 근거보다 바그너 개인에 대한 편견에 치중했다고 본 때문이다.

유별난 성격을 지녔다고 보는 편이 옳다. 게다가 그는 대단한 지적 능력을 가진 천재이고, 창의적 두뇌를 지닌 예술가였기에 이러한 인격적 흠결은 도리어 그의 성공을 도운 요인이었던 셈이다.

양면적 성격을 지닌 복잡한 인간

한 사람의 지능과 인성은 어느 정도는 타고나지만 대부분 양육과 환경에 의해 결정된다. 바그너 역시 예외가 아니었다. 다만 그는 천재가 될 조건과 유별난 성품을 지닐 가능성을 보다 많이 가졌다. 그 이유로는 다양한 재능을 지닌 양부 루트비히 가이어의 영향 외에도[10] 연극배우의 가정에서 교육받았다는 점, 그리고 다섯 누이로 둘러싸인 가족 틈에서 자라난 점을 들 수 있다.

연극은 인성이 형성되는 그의 아동기에 많은 영향을 끼쳤다. 그는 화가이자 배우인 양부 가이어의 손에 끌려 다섯 살 때부터 연극 무대에 섰다. 바그너의 다섯 누이 중 셋이 무대예술인(두 명은 연극배우, 한 명은 오페라 가수)이었으며, 아내 역시 배우였다. 그 영향으로 그는 처세에 기민하고 인간관계에서 실리적인 '연극인의 자아(여러 얼굴의 자아)'를 가졌다. 물론 그는 상황에 따른 '역할 가면persona'을 빠르게 바꿀 수 있는 인물이지만, 언제든 통합된 자아로 돌아올 수 있는 실생활의 연기파 배우였다는 점에서 역할 자아에 매몰되어 본래의 정체성을 회복하기 힘든 다중인격자는 아니었다.

사실, 사람은 누구나 여러 개의 인격을 갖고 살아간다. 사회적 신분과 지위에 따라 그에 어울리는 행동을 해야 하기 때문인데, 그렇게 하

---

10. 가이어가 바그너의 생물학적 아버지일 가능성은 여러 정황으로 미루어 충분하다. 그렇다면 그는 가이어의 피도 물려받은 셈이다.

지 않으면 부적응자가 되어 사회에서 낙오하게 된다. 이는 인간관계에서는 역할 연기이고, 개인 입장에서는 처세다. 참고로 상황에 따른 임기응변이 뛰어난 이들 중에는 사기 범죄인이 드물지 않은데, 바그너가 대인관계에서 신용이 좋은 편은 아니었다. 따라서 그의 언행은 혼란스럽지 않을 수 없는데, 그를 부르는 별칭의 하나가 '여러 형체로 얼굴을 바꾸는 악마Plastic demon'다. 바그너의 이미지는 보는 이에 따라 여러 가지로 풀이할 수 있다는 뜻에서 붙여진 것으로 그는 그만큼 별난 인물이었다. 여기서 악마는 그의 부정적 면모를 부각한 과장법으로 쓰였다.

바그너는 여러모로 모순된 태도와 행동을 취하는 데 남달랐다. 그는 활동적인 낙천주의자였으나 고독과 사색을 즐겼고, 허무주의에 사로잡히는 때가 잦았다. 또 감수성도 깊었으나 매정한 면도 강했으며, 호방한 기질을 가졌음에도 성격은 급하고 까다로워 주변 사람들과 자주 다퉜다. 채식주의자로 알려진 그는 "인간은 채식을 통해 구원받아야 한다"고 곧잘 말했으나 실은 육식을 꽤 즐겼다. 여성을 대하는 태도 역시 이중적이어서 그들을 존중하는 입장을 견지했음에도 성애의 대상으로 사귀는 데 치우쳤다. 이 점은 그가 1881년 10월 23일에 적은 일기로 미루어 알 수 있다. 짧지만 그의 반여권적 사고를 보여 주는 글은 다음과 같다.

인종 간의 뒤섞임에 있어 고귀한 남성의 피는 비속한 여성적 요소에 의해 더 럽혀진다. 여성들은 남성의 몫을 동등하게 차지하는 동안 남성적 요소에 고통을 가하고, 남성의 성격을 여성의 뜻대로 만들어 간다.[11]

11. Nicholas Vazsonyi(ed.), *The Cambridge WAGNER Encyclopedia*, p.724.

그의 반유대주의 역시 이중적 태도에 기인한다. 그는 공석에서나 저술을 통해 반유대주의에 동조하고 있었으나 심정적으로는 유대인에 반감을 갖지 않았다. 그는 후일 자신과 경쟁관계에 놓인 일부 유대계 음악가에게 적대심을 표한 적은 있다. 하지만 자신의 측근이 된 유대인과의 친교는 평생 유지했다. 그의 음악 활동에 도움을 준 사람들, 그의 작품을 연주한 지휘자들 중에는 유대계 인사들이 적지 않다.

바그너의 우정에 대한 태도 역시 다르지 않다. 그는 자기와 이해관계가 있거나 대등한 영향력이 있는 자에 대해서는 상황에 따라 변심했다. 그 예로 그는 자신을 존경한 니체에게는 자서전을 받아 적거나 아들의 가정교사 역을 바라는 등, 그를 여러모로 이용하려 했다. 그 결과 니체는 바그너와 갈라선 다음 증오의 심정에서 상대를 비난했다. 하지만 바그너에 대한 니체의 원망怨望은 그가 싫어서라기보다 그를 잊지 못하는 원망願望의 표현으로 볼 수 있다. 니체의 비판은 워낙 진지하고 신랄하여 애증이 묻어나기 때문이다. 또 바그너는 자신에게 아낌없는 재정적 지원을 한 루트비히 2세에게도 신의보다 타산적인 마음을 앞세웠다. 루트비히 2세는『로엔그린』을 본 뒤 영감을 받아 풍광이 수려한 뮌헨 외곽에 백조의 성을 지었으나, 정작 바그너는 그 성을 한 번도 구경하지 않았다.

파리에서의 궁핍했던 시절, 바그너는 마이어베어로부터 음악 지도는 물론 경제적으로도 도움을 받았다. 그는『위그노 교도들Les Huguenots』에 대한 비평에서 작곡자를 극찬했는데,『리엔치』를 작곡하면서 마이어베어의 창작 스타일에 빚을 졌다는 점을 감안하면 빈말이 아니었다. 하지만 자신이 1850년 가명으로 발간한《음악에서의 유대주의》가 주로 공격한 대상은 바로 마이어베어였다. 이처럼 그는 대인관계에서 몰인정

바그너를 『로엔그린』의 백조 기사에 빗댄 풍자화

한 면도 두드러진다.

바그너는 1849년 4월과 5월 동안에 일어난 사회주의혁명(드레스덴 봉기)에 가담할 만큼 급진적인 면모를 보인 반면, 사치가 몸에 밴 골수 부르주아였다. 하지만 그는 사회주의자도 아니고 공산주의자는 더더욱 아니었다. 실은 1848년부터 유럽에서 산발적으로 발생한 혁명운동은 노동계층에 의한 봉기가 아니라 시민 계층이 주도한 봉기였다. 본디 그는 호화 생활을 꿈꾸는 속물근성의 인간으로, 감당도 못 할 빚을 진 다음 파산 직전에 이르면 다시 도움을 애걸하는 일에 개의치 않았다. 그는 단지 평등과 박애의 이념에 공감했을 뿐이다.

바그너의 양면적 성품은 이처럼 신념과 행동이 일치하지 않는 사례에서도 확인된다. 그는 속으로는 공화주의를 추구하고 유대인에 친화적이었으나, 겉으로는 입헌군주제를 지지하고 반유대주의적 태도를 보였다. 그럼에도 배치되는 두 입장을 경우에 따라 적절히 타협하거나 선택하는 행동을 취했다. 다만 그는 지사적 인물이 아니라 기회를 좇는 현실 영합적 인물로, 예술에서는 이상주의 입장을 견지했다. 그는 이타주의의 가면을 쓴 이기주의자였으며, 가슴은 이상주의자이고, 머리는 현실주의자인 야누스적 지식인이었다. 하지만 그에 앞서 자유주의자(엄밀히는 급진적 자유주의자)였다. 그의 양면성은 생애 주기에 대한 태도에서도 보인다. 그는 과거의 올바르지 못한 행적은 반성하기보다 무시했으며, 현재는 사치를 즐기는 쾌락주의 입장을 취했다. 그럼에도 높은 성취 지향적 미래관을 지녀 자신이 처한 어려운 국면을 슬기롭게 헤쳐 나갔다. 그는 부정적인 면만큼 긍정적인 면도 많았던 자기 모순적인 인물이었다.

학문과 예술은 자유주의 정신에서 활발히 피어나며 물질적 풍요를 바탕으로 발전한다. 바그너 자신도 격식과 인습에 얽매이기 싫어한 자유주의자였다. 그렇다면 그가 망명 생활을 하게 된 동기는 정치신념 탓이라기보다 낭비벽이 가져온 빚 독촉 때문이라고 볼 수 있다. 그의 사치 생활은 잘 알려졌다. 한 예로 그는 『파르지팔』을 작곡하는 동안 최고급 향수를 뿌린 욕조에서 자주 목욕을 했다. 정신의 희열을 악극에 담기 위해서는 육신의 쾌감을 느껴야 했을 수도 있고, 창작에 따르는 고통을 감각적인 편안함으로 보상하기 위해서였을 수도 있다. 아니면 둘 다였을 것이다. 정신과 육체는 분리할 수 없기 때문이다. 하긴 그처럼 세속적인 향락을 즐긴 예술가라면 창작 환경도 호사스러워야 했을 것이다. 걸작을 만들기 위해서라면 최고급 향수쯤이야 대수겠는가.

황금의 노예였던 그는 그것을 좌지우지하는 제우스가 되고자 했고, 실제로 그렇게 했다. 하나는 『니벨룽의 반지』를 작곡하는 동안 돈을 쥐락펴락하는 기분을 즐긴 일이고, 또 하나는 루트비히 2세의 지원을 받아 자신의 꿈(바이로이트 극장 건설)을 이룬 일이다. 그는 분수에 넘치는 호화 생활을 하여 곤욕을 치렀기에 황금을 두고 아귀다툼을 벌이는 악극을 만들 수 있었고, 돈의 위력을 절감했기에 그토록 갖고 싶었던 부(극장과 반프리트 저택)를 탐했는지도 모른다.

또한 바그너는 고도로 예술적인 악극을 지향한 반면 누구보다 대중적인 인기에 연연한 속물근성의 작곡가였다. 그의 음악 역시 두 얼굴을 갖고 있어 선율에 입힌 관악은 우렁찬데, 현악은 섬세하고 부드럽다. 그의 오페라는 성악과 관현악을 구분한 이전의 작품들과 달리 가창이 오케스트라의 한몫을 담당하는 교향악의 틀을 갖고 있다. 또 신화와 전설을 소재로 한 드라마에 심오한 주제를 녹여 이해하기 쉽지 않다. 반면 장중하고 화려한 음색과 극적이고 임장감에 넘치는 음향, 귀에 솔깃한 유도동기의 곡조 등을 지닌 그의 음악은 일부를 선곡해 듣는다면 쉽게 들린다. 또 작품 내용과 작중 인물 또한 두 얼굴을 갖고 있다. 그가 『니벨룽의 반지』에서 선과 악의 경계를 모호하게 묘사한 것이나, 인간의 약점을 솔직하게 드러낸 것은 자신의 이중적 성향을 은연중에 반영한 결과다.

바그너의 양면성은 천재가 지닌 특징이기도 하다. 니체는 《비극의 탄생Die Geburt der Tragödie》(1872)에서 예술을 디오니소스(감성: 충동적, 낙천적)적인 것과 아폴론(이성: 논리적, 이지적)적인 것으로 나누어 비교한 바 있다. 그는 이 두 유형을 조화롭게 구사할 줄 아는 예술가가 훌륭한 작품을 낳을 수 있다면서 그 예로 바그너를 들었다. 즉 그는 바그너의 악극을 '디오니소스의 정신이 낳은 아폴론적 작품'으로 보았는데, 당사자는 니체의 주장을 입증하듯 비망록에 "나는 햄릿(아폴론형, 숙고형 자아)과 돈키호테(디오니소스형, 행동형 자아)의 혼합형이다"[12]라고 적었다. 그 점에서 바그너의 상충되는 성향은 인간으로서는 결함이었으나, 예술가로서는 바람직한 자질이었던 셈이다.

또 바그너는 오만한 행동을 취하다가도 필요에 따라서는 아첨꾼으로 표변하면서 처세에 갈등이 없는 언동을 보였다. 그 점에서 그는 양면성이 유별난 성품을 지녔다. 물론 그의 자아분열적이고 모순된 태도는 자신의 이중전략적 사고에 의해 관리되고 있는 만큼 자기정체성에 혼란을 주는 걸림돌이 될 수는 없었다. 그의 인성을 읽어 가면 마치 잘 훈련된 배우가 악마와 천사, 남성과 여성의 가면을 번갈아 써 가며 연기하는 것처럼 보인다. 한편 그가 작곡 기법에 지속적인 변화를 꾀한

---

12. Rudolph Sabor, *The Real Wagner*(Cardinal by Sphere Great Britain Books Ltd., 1987), p.351.

점, 평생을 극음악에 매달린 점, 작곡가와 지휘자, 작가, 무대연출가 등 종합예술인으로 두루 활동한 점 역시 연기자의 자질이 발동한 것으로 볼 수 있다.

바그너가 상대와 상황에 따라 기민하게 대처한 이면에는 아역배우일 때 터득한 즉흥연기의 힘이 컸다. 그는 실러의 희곡《빌헬름 텔》을 무대에 올렸을 때 주인공의 막내아들을 연기하면서 처음으로 대사를 말했다. 그 대목은 제3막 제1장의 끝 장면이었는데, 빌헬름 텔이 과녁대에 오를 큰아들(셋째 누나 클라라가 연기)을 데리고 퇴장하려고 하자, 바그너는 "클라라, 네가 간다면 나도 갈 테야"라고 극적인 표정과 몸짓 연기를 곁들여 대본에 없는 대사를 하였다. 다행히 극은 막을 내리는 지점으로, 그때 양부는 아들을 꾸짖기는커녕 "너는 즉흥연기를 타고났구나"라고 칭찬해 주었다. 당시 공연 기록에 적힌 날짜는 1820년 9월 19일로, 바그너는 일곱 살이었다.[13] 이로 미루어 보건대 임기응변에 능한 그의 처세술은 타고난 것으로 여겨진다. 이렇듯 그는 다면적인 인성을 지닌 인간이면서 복잡한 면모를 보인 천재였다.

여성적 심성을 지닌 투사형 인간

바그너는 어린 시절, 수줍고 겁이 많았다. 또 응석을 받아 주지 않으면 새침해지곤 했다. 이러한 성품은 누이들로부터 사랑을 받았던 환경 탓이 크다. 그래서 그는 어른이 되어서도 많은 여성으로부터 사랑받길 원했다. 그가 여성들과 나눈 친교와 애정은 큰누나에게 받았던 사랑과 막냇누이와 함께 했던 소꿉놀이의 연장인 셈이다. 그런데 그가 사랑

13. Ernest Newman, *The Life of Richard Wagner vol.1 1813-1848*(first published 1937)(Cambridge University Press, 2014), p.42.

받기를 바라고 사랑하기를 원한 또 다른 대상이 있었다. 바로 동물이었다.

그의 동물 사랑은 연민의 정에서 비롯한다. 원래 감성이 무딘 자에게 연민은 싹트지 않는다. 소년 시절 도축 직전에 놓인 황소를 구하려 도살장에 뛰어 들어간 적이 있었던 그는 1858년 베네치아 여행 때 길거리에서 닭과 오리를 죽이는 장면을 목격한 뒤로 육식을 자제했다. 또 1839년 채무자를 피해 라트비아의 리가에서 파리로 도피하는 중에도 반려견 로버를 데리고 갈 만큼 동물 사랑이 남달랐다. 그가 1841년에 쓴 단편소설 〈파리에서의 마지막 날〉을 보면 로버에 대한 그리움이 절절히 배어 있다. 힘든 시기를 함께 보낸 로버를 한 해 전에 잃어버렸기 때문이다.

바그너는 로버를 잃은 상심을 달래기 위해 늘 반려견을 곁에 두었다. 스무 마리가 넘는 개가 수명이 다해 자기와 헤어지는 아픔을 되풀이해 겪으면서도 말이다. 그는 리가에서 음악감독으로 재직하던 때의 일화를 자서전에 다음과 같이 적었다. "우리 부부는 개를 키움으로써 아이가 없는 결혼 생활에 온기와 생기를 돌게 했다. 한번은 집 밖에 새끼 늑대가 버려져 있어 그걸 데려와 키웠으나 몇 주 만에 길들이는 것을 포기해 버렸다." 그는 창작할 때는 주위가 조용해야 했으나, 개 짖는 소리만큼은 개의치 않을 만큼 개 사랑이 유별났다. 물론 다른 동물도 좋아해서 그가 만년에 살던 트립셴과 바이로이트의 저택 마당은 작은 동물원이나 다름없었다. 이후 그는 동물복지운동가인 에른스트 폰 베버 Ernst von Weber(1830~1902)가 쓴 《생체해부의 고문실Die Folterkammern der Wissenschaft》(1879)을 읽고 그 논지를 지지하는 논설을 발표하기도 했다. 그 점에서 바그너의 동물에 대한 사랑은 신념에 가까웠다.

그는 민나와 사이가 틀어졌을 때, 그녀의 건강과 생계를 염려하여 이혼 대신 별거를 선택했다. 그의 매정한 면은 그 이상의 인정미를 동반한 것으로, 그는 아내가 죽을 때까지 생활비를 충분히 지원했다. 또 그는 한번 신임한 사람은 먼저 의절하지 않았다. 그가 격려와 도움을 아끼지 않은 까닭에 유대인을 포함한 많은 동지들이 그의 주위에 모여들었다. 여기에는 사람을 끄는 그의 언동과 사교성이 한몫했음은 물론이다. 그는 스승이나 사표가 된 인물에게는 극진한 마음으로 은혜를 갚았다. 스승 테오도어 바인리히의 미망인에게는 합창곡 「사도의 애찬」을 작곡하여 헌정했고, 바이올린을 가르쳐 준 로베르트 지프를 잊지 않고 바이로이트 극장 개관 때 초대했다. 또 자신의 영웅 베버의 유해를 영국에서 조국으로 이장하는 데 앞장섰으며, 난곡으로 기피되던 『합창교향곡』의 연주에 힘써 자신의 우상 베토벤을 기렸다.

그는 세 번 죽을 고비를 넘겼다. 첫 번째는 연약하게 태어난 그가 유아기 때 여러 차례 위중한 병에 걸린 것이고, 두 번째는 1839년 채무에서 벗어나기 위해 리가에서 파리로 도피하던 중 조난당할 뻔한 위험을 만난 것이며, 세 번째는 1849년 주동자로 참여한 사회주의 봉기가 실패한 탓에 해외로 도주하지 않았다면 중벌(극형)을 받아야 했을 때였다. 이러한 결정적 고비는 그의 이타적이고 사색적인 태도에 이기적이고 행동적인 태도를 더하는 계기가 되었다. 여기에 수단을 가리지 않는 강박적 성취욕이 더해지면서 그의 인성을 한층 복잡하게 만들었다. 그의 오페라 역시 작곡가의 성격을 반영하는 듯하다. 영웅과 악한이 대결하는 장중한 드라마이면서 여성성을 강조하고, 사랑과 구원의 주제가 서사를 이끄는 등 대비되는 요소가 조화를 이루기 때문이다.

그의 유별난 행동 중 하나는 입담과 다변이다. 그의 입담은 자신을 논객으로 만든 한편 지지자를 끌어들인 무기이기도 했다. 그의 음성은 적당히 높고 맑은 데다 어투는 리듬이 실린 만담 조여서 신이 나서 말을 할 때면 일상의 화제를 갖고도 해학·풍자·비유·반어·독설 등을 자유자재로 구사했다. 다만 다변은 상대를 배려하지 않은 것이어서 결점으로 작용하기도 했다. 바그너의 장광설에 대해서는 카튈 망데스가 《리하르트 바그너》에서 다음과 같은 인상적인 문장으로 요약하고 있다.

> 말, 말, 말!⋯끝없는 말의 홍수였다.
> il parlait, parlait, parlait!⋯un flot incessant.[14]

   이렇듯 바그너는 여성적 심성을 지닌 투사형 기질의 인간이고, 창조적 광기에 사로잡힌 천재이면서 특이한 성격을 지닌 복잡한 인간whole complex man이다. 그의 인성은 일반화할 수도 없고 명쾌하게 설명하기도 어렵다. 다만 그의 좋은 면은 무시당하고 안 좋은 면—기회주의, 기만, 독선, 시기, 인종주의, 수단과 방법을 가리지 않는 야망, 돈과 여성을 좇는 저열한 욕망—은 강조되거나 과장된 면이 있다.
   그에 대한 오해는 방만한 여성 편력과 반유대주의적인 주장, 히틀러와 관련된 문제, 반바그너파Anti-Wagnerian의 비난에서 비롯한다. 하지만 그가 여성을 좇았다고는 하나 불특정한 다수 여성과 황음을 즐긴 색마는 아니었으며, 반유대주의에 관한 비난은 위장된 주장으로 볼 여지가

---

14. Nicholas Vazsonyi, *Richard Wagner Self-Promotion and the Making of a Brand*(Cambridge University, 2010), p.2. 카튈 망데스가 쓴 《리하르트 바그너》는 200쪽가량 되는데 전기서가 아니라 바그너에 대한 본인의 소감과 인상을 적은 것이다.

있다. 또 히틀러가 바그너 음악을 정치 선전에 이용한 것은 엄밀히 말해 작곡가의 책임이 아니다. 다만 그는 음악을 권력화한 과오 외에 음악가의 이미지를 권위적으로 만들었다는 잘못이 있다. 실은 바그너처럼 카리스마[15] 넘치는 예술가가 또 있을까. 그처럼 카리스마의 다섯 얼굴―군인·독재자가 갖는 권위형Tremendum, 사업가·사회운동가·정치인이 갖는 열정형Energicum, 종교지도자가 갖는 신비형Majestas, 인기직업인이 갖는 매력형Fascinus, 신흥 교주가 갖는 마력형Mirum―을 두루 보여준 인물은 찾기 힘들다. 굳이 예를 든다면 나폴레옹 정도다.

미국의 음악평론가 딤스 테일러Deems Taylor는 바그너를 괴물이라고 지칭한 바 있지만, 그의 글을 읽노라면 이는 '괴물로 부를 만큼 비범하기 이를 데 없는 인물'이란 뜻에서 반어적으로 쓰였음을 알 수 있다. 본디 괴물의 라틴어 어원인 몬스트럼Monstrum은 경이롭고 불가사의한 존재를 일컫는 말이다. 르네상스맨(만능인)의 면모와 사악한 이미지가 바그너에게 어울리는 단어라 하겠다.

훌륭한 예술가는 반드시 훌륭한 인품을 가져야 할까. 예술은 사랑하지만, 예술가는 그 인간됨에 따라 좋아할 수도 싫어할 수도 있다. 그토록 경이로운 천재에게 인간적인 결점이라도 많지 않았다면 그에게서 인간적인 매력을 느낄 수 있을까. 역사가 인물을 평가하는 근거는 업적이지 성품이 아니다. 천재가 덕성을 갖추었다면 좋은 일이지만, 그렇지 않다고 해서 실망할 필요는 없다. 사람들이 천재를 기리는 것은 그의 비상함 때문이지 그의 인품 때문이 아니다.

바그너가 비록 흠결이 많다고 해도, 폭력 성향으로 여러 차례 살인

---

15. 그리스어 카리스마Kharisma, Charisma는 '신의 은총'이란 뜻으로 특별한 재능과 비상한 기운을 일컫는 말이다. 오늘날 이 말은 천재와 더불어 너무 흔히 쓰는 단어가 되었다.

왼쪽부터 첼리니, 카라바조, 제수알도

을 저지른 만능예술가 첼리니Benvenuto Cellini(1500~1571)나, 과격한 성향을 억제하지 못해 결투 중에 사람을 죽인 화가 카라바조Michelangelo da Caravaggio(1571~1610)나, 부인과 간부를 간통 현장에서 살해한 뒤 극도의 증오심에서 어린 아들까지 죽인 작곡가 제수알도Carlo Gesualdo(1566~1613)에 어찌 비교할 수 있을까. 그들에 비하면 인간 바그너와 예술가 바그너를 분리해서 생각하기란 훨씬 쉽지 않은가. 한편 카라바조는 도피 중에 열병에 걸려 죽었으나, 그보다 더한 범죄를 저지른 첼리니와 제수알도는 아무런 처벌도 받지 않았다. 그럼에도 그들이 만든 예술은 더없이 훌륭하지 않은가. 딤스 테일러는 "바그너의 음악이 자신의 모든 추행을 용서한다"고 말했지만, 그의 추행을 두고 비난은 할지언정 굳이 그의 음악으로 그것을 덮어야 할 정도는 아니다.

바그너 이후의 음악가들이 그를 비판한 것은 그를 극복하기 위한 방편이기도 했다. 바그너 반대파의 선봉장이었던 에두아르트 한슬리크조차 말하지 않았던가. "바그너는 수없이 비판되었으나 결코 무시되거나 거부된 적은 없다"고 말이다. 바그너에 대한 비판은 신중하거나 신랄

해서 찬사처럼 들리고, 그의 음악은 팽이와 같아서 채찍을 가할수록 더 잘 돌아간다. 누구든 사랑하지 않으면 미워하지 못하듯, 존경하지 않으면 비판하지 못한다.

바그너는 현실에서 피리 부는 사나이[16]가 되어 사람들을 끌어들였다. 그는 니체를, 루트비히 2세를, 여성들을, 부호들을, 예술가들을 끌어들여 열광하게 만들고, 깊은 상처를 입혔다. 전기 작가 어니스트 뉴먼의 표현대로 그는 "모든 것을 집어삼키는 불꽃"이었다.

니체의 말처럼 "바그너가 정치인이 되지 않고 음악가가 된 것은 예술을 위해 좋은 일이었으며, 독일을 위해 다행이었다." 인성에 결함이 있는 예술가는 유별나고 대단한 작품을 만들어 낼 수 있지만 인성에 결함이 있는 정치가는 국민을 불행하게 만들 뿐이다. 혹시 바그너는 리엔치의 말로에서 정치인이 맞아야 할 운명을 내다본 게 아닐까. 바그너는 자기애적 성향이 강한 여느 독재자나 그렇듯 자기중심적인 인물이다. 그래서 만일 바그너가 정치인이 되었다면 그의 인성으로 미루어 리엔치 못지않은 대중 영합주의자가 되었을 것이다. 또 제도와 규범에 의한 법치보다 집권자의 개성에 의한 인치人治, 즉 독재적 통치를 했을 것이다. 하긴 정치현상이 국가기관에 한정된 게 아니라면, 그는 정치인 못지않은 정치적 인물이었다. 그처럼 이득을 위해 권력자를 비롯한 많은 사람을 이용하고, 재능으로 그들을 자신의 영향권 아래에 둔 예술가는 없었다. 20세기 동안 바그너를 향해 쏟아진 숱한 비난은 필시 그에 대한 선망의 다른 표현이리라.

16. 바그너의 별칭 중 하나는 '바이로이트의 피리 부는 사나이'인데, 이 말은 독일의 전설 '하멜른의 피리 부는 사나이'에서 가져왔다.

제7장 　　　　　　　　바그너와 유대인 문제

금발에 고수머리를 한 지그프리트가 검정색 조끼를 입고
그의 어머니 코지마 옆에 선 모습을 보면 제 아버지 루트비히 가이어가
다시 태어나 제 앞에 나타난 것으로 보입니다.
　　　　　　　　　　　　　　　— 바그너가 루트비히 2세에게 보낸 편지에서

나는 「지그프리트 목가」를 100번도 더 연주했다.
바그너의 음악은 환상적이다. 그는 천재이지만 혐오스러운 인물이다.
　　　　　　　　　　　　　　　— 아니타 라스커발피슈(1943~1944),
　　　　　　　　　　　아우슈비츠 수용소 악단 첼리스트이자 홀로코스트 생존자

바그너는 별난 성격의 사람이었다.
그의 기행 중 하나는 유대인을 게걸스럽게 공격하는 모양으로 나타났으며,
멘델스존과 마이어베어에 대한 기억만으로 두 사람을 증오했다.
그는 장차 유대인 선조에 대한 평가가 정당했는지에 대한 증인이 될 것이다.
바그너, 그는 유대인에 대한 모든 것을 미워했음에도
유대인들은 그를 열광적으로 숭배했다.
　　　　　　　　　　　　　　　— 1883년 2월 16일 자 바그너의 부고 기사에서

바그너는 유대인인가

　바그너 전기물에서 흥미로운 대목 중 하나는 양부 루트비히 가이어가 그의 친부인가 하는 점이다. 여기에 관해서는 작가에 따라 상세히 서술하거나 간략히 서술하기도 한다. 또 그의 양부가 친부라거나 혹은 아니라거나(소수설), 확신할 수 없다(다수설)로 주장이 갈린다. 하지만 지금은 친부라는 쪽으로 굳어진 편인데, 이를 뒷받침할 자료가 하나씩 드러나고 있기 때문이다.

　가이어가 바그너의 친부일 여지는 여럿 있다.

　첫째, 가이어는 연극을 즐긴 프리드리히(바그너의 법률상 아버지)의 호의로 1812년 라이프치히에 소재한 그의 집에 하숙한 적이 있다.

　둘째, 프리드리히는 오페라와 연극 관람을 이유로 자주 집을 비우거나 여배우와의 염문으로 외박이 잦았던 탓에, 가이어는 실의에 빠진 친구의 아내를 위로할 기회가 많았다.

셋째, 1813년 7월 21일, 요한나 패츠는 두 달 된 갓난아들(리하르트 바그너)을 품에 안고 라이프치히에서 가이어가 공연 중이던 체코의 테플리츠로 가기 위해 240킬로미터나 되는 먼 길을 여행했다. 당시는 나폴레옹 전쟁이 막바지로 치달을 때로, 아이의 생부가 가이어가 아니라면 그녀는 모험을 할 이유가 없다.

자서전《나의 생애》앞표지에
인쇄한 가이어가의 문장

넷째, 바그너는 1870년에 출간한 자서전의 표지에 독수리 문장을 인쇄했고 이 문장을 바이로이트 저택 거실에도 걸어 두었는데, 그것은 양부의 가문을 나타내는 상징이었다. 즉 양부의 가족 이름 Geyer(Geier)는 대머리독수리Vulture를 뜻하며 독일 성姓 아들러Adler(독수리)와 같다. 바그너는 독수리가 합스부르크 가문이 통치한 이래 독일의 상징인 데서도 자부심을 느끼고 있었다. 이는 양부가 자신의 친부임을 부인하지 않는 태도로 볼 수 있다.

다섯째, 바그너는 예순여섯 살 생일에 그려진 가족의 초상화를 본 뒤그 감회를 루트비히 2세에게 다음과 같이 써 보냈다. "금발에 고수머리를 한 지그프리트가 검정색 조끼를 입고 그의 어머니 코지마 옆에 선 모습을 보면 제 아버지 루트비히 가이어가 다시 태어나 제 앞에 나타난 것으로 보입니다."

최초로《리하르트 바그너의 생애》를 저술함으로써 바그너 연구에 초석을 놓은 카를 글라제나프는 1878년부터 1905년까지 바이로이트를 출입하면서 많은 자료를 수집했는데, 그중 하나가 바그너의 생부에 관한 것이다. 그는 저서에서 "바그너는 우리가 이름을 알고 있는 여러 명의 지인과 대화하던 중에 '자신의 실제 아버지가 양부일지 모른다'고 자주 말했다"고 적었다. 그리고 1905년에 출간한 제4판에는 그 가능성을 추정(약한 긍정)에서 간주(강한 긍정)하는 것으로 의견을 바꾸었다.

위의 글에서 '우리가 이름을 알고 있는 여러 명의 지인' 중 한 사람은 프리드리히 니체로, 그는 1888년 《바그너의 경우Der Fall Wagner》에서 바그너는 순수한 독일인이 아니라고 적었다. 그의 기록은 반세기 동안 논란을 거듭한 바그너 양부-친부설의 진원지가 되었으며, 그 요지는 다음과 같다. "도대체 바그너가 독일인이긴 한가. 그에게서 독일인의 특성을 찾기란 어렵다. 그는 뛰어난 학습자로, 독일적인 것을 모방한 자다. 그의 아버지는 가이어라는 이름을 가진 배우였다. 그는 철두철미한 연기자였다." 따라서 글라제나프가 바그너의 마음을 헤아려 긍정 쪽으로 짐작을 했다면, 니체는 아예 단정을 한 셈이다. 또한 니체는 바그너가 개인적으로 인쇄(1870)해 둔 자서전 《나의 생애》 첫 장에 "나는 루트비히 가이어의 아들이다"라고 적은 문장을 보았던 적이 있다. 그래서 이처럼 확신에 찬 글을 쓸 수 있었다. 하지만 1911년에 출간(요약판)된 바그너의 자서전에는 그 이름이 "나의 아버지 프리드리히"로 대체되었다.

더욱 흥미로운 기록은 코지마가 1878년 12월 26일 일기에 쓴 남편과의 다음 대화다.

바그너: 지그프리트(바그너의 아들)가 아버지 가이어를 닮았군.
코지마: 그분이 당신의 친아버지라고 확신하세요?
바그너: 난 믿지 않아요.

코지마: 그러면 왜 닮았다고 하나요.

바그너: 어머니는 그분을 사랑했어요. 서로에게 끌렸던 것이지.[1]

반프리트의 문서고 책임자 오토 슈트로벨 박사는 1933년도 바이로 이트 축제 당시에 일기 내용을 확인하면서 바그너의 이러한 답변은 양부가 자기 친부임을 부인하는 증거라고 했다. 그러나 바그너 전기 의 결정판을 쓴 어니스트 뉴먼은 바그너가 강하게 부인하지 않은 것 은 긍정의 여지를 남겨 둔 것이라고 했다. 그러면서 작가는 "바그너의 코는 독일인의 것이 아니다"라고 1869년에 적시한 한 학자(알베르트 한Albert Hahn)의 주장을 인용했다.[2] 사실, 바그너의 코는 유대인에게 흔 한 매부리코의 선을 갖고 있다.

결정적 자료는 프랑스의 작가 앙리 말레르브Henri Malherbe(1886~1958) 에 의해 드러났다. 가이어가 요한나의 집에 하숙인으로 있었다고는 하 나, 두 사람이 깊은 관계였다는 심증을 굳히려면 그 전에 친밀한 사이 였음을 확인할 수 있어야 한다는 것인데, 그 증거를 찾은 것이다. 즉 1812년 9월(날짜 미상), 라이프치히의 한 호텔 투숙객 명부에 적힌 남녀 의 성명은 다름 아닌 루트비히 가이어와 요한나 가이어였다. 그들은 부 부로 가장하기 위해 같은 성을 쓴 것이다.[3]

바그너가 가이어의 친자라면 바그너는 독일계 유대인인가. 그에게서 많은 감화를 받았다는 히틀러의 예를 들기로 한다. 원래 히틀러는 완벽

1. Milton E. Brener, *Richard Wagner and the Jews*(McFarland & Company Inc. Publishers, 2005), p.296.
2. Ernest Newman, *The Life of Richard Wagner vol.2 1848-1860*(first published 1933), p.613.
3. Christopher Nicholson, *Richard and Adolf*(Gefen Books Israel, 2007), p.28.

'라이프치히의 유대인은 어떻게 바그너가 되었는가'
바그너를 유대인으로 간주한 캐리커처

한 독일계로 인정되는 기준에 맞는 자가 아니다. 그 기준이란 부모와
조부가 모두 순수한 독일인임을 법적으로 증명해야 한다는 것으로, 그
는 여기에 해당하지 않았다. 즉 히틀러의 할머니는 오스트리아의 그라
츠에 있는 유대인 가족의 가정부로 일했는데, 그 집안의 아들과 사랑
에 빠져 낳은 아들이 히틀러의 아버지라는 것이다. 지금은 반증에 의해
근거 없는 설로 일축되었으나 그의 혈통에 대한 의혹은 오랫동안 입에
오르내렸다. 그렇다면 그의 지나친 유대인 증오 심리가 이해된다. 그렇
게 하는 편이 자기 핏줄과 관련한 풍문을 부인하는 가장 직접적인 방
법일 테니까. 하긴 정복과 혼혈이 흔했던 유럽에서 순수 혈통을 고집하
는 것이 가당키나 한 일인가. 그래서 가증할 인종차별 집단인 나치스조
차 완벽한 독일인의 기준을 할아버지 대로 한정한다.

독일이 자랑하는 베토벤의 선조는 독일인이 아니다. 1684년에 태어
난 그의 증조부 미카엘Michael van Beethoven은 벨기에인이며, 조부 루트비
히는 벨기에에서 태어나 본으로 이주했다. 그래서 베토벤은 독일인으

로 간주될 수 있었다. 마찬가지로 가이어가 바그너의 친부일지라도, 위의 기준에 따르면 바그너는 독일인이다. 부계와 모계를 포함한 루트비히 가이어의 선조는 3대 이전부터 독일에 거주하면서 기독교로 개종했기 때문이다. 그에 비해 히틀러는 아버지 알로이스가 유대인의 피를 받았다면 오스트리아계 유대인에 속한다. 원래 유대인은 외부의 차별과 편견에도 자민족의 정체성을 부인하지 않는다. 그들을 오늘에까지 있게 한 바탕은 민족 이산離散, Diaspora에 의한 인종 간 혼혈로, 그들에게 중요한 것은 민족의식이지 인종의식이 아니다. 그 점에서 보면 바그너는 위의 기준에 관계없이 독일계 유대인에 속한다고 볼 수 있다.

바그너는 반유대주의자인가

짐승 무리는 자신들과 다르게 생긴 대상을 따돌린다. 하나는 오리 새끼 무리에 백조가 끼어 있는 경우이고, 또 하나는 같은 종의 기형인 경

코지마, 지그프리트, 바그너
(1874년 촬영)

우다. 사람 역시 다르지 않아서(인간은 그 정도가 더 심하다) 유다른 재능이 있는 괴짜는 질시하고, 피부색이 다른 자나 장애인은 무시한다. 전자에 해당하는 유대인은 유별난 자민족 의식이 더해져 속죄양의 짐까지 져야 했다. 차별과 편견은 인간의 속성이자 본성으로, 동정과 배려는 이를 시정하려는 마음에서 우러난 태도다.

인종을 포함한 타민족 차별의 역사에서 가장 많은 박해를 입은 대상은 아프리카인과 유대인이다. 하지만 그 뿌리가 훨씬 깊고 오래된 쪽은 유대인으로, 그들은 고대 로마의 압제에 대항해 싸운 마사다 7년 항전이 끝난 서기 73년부터 이스라엘을 건국하는 1948년 5월 14일까지 약 2,000년 동안 유랑 생활을 했다. 그들은 정착하는 곳마다 토착민들로부터 배척을 받았다. 그들은 기독교를 받아들인 거주지에서 이교도였으며, 기독교 교리가 금하는 고리대금업으로 부를 이루었기 때문이다. 유대인에 대한 차별은 독일에서 특히 심했는데, 그것이 조직화된 때가 19세기다.

그 무렵 독일은 정신문화로 유럽을 선도하고 있었다. 반면 산업화는 영국에, 도시화는 프랑스에 뒤져 있었고, 국토는 크고 작은 여러 왕국으로 쪼개져 있었다. 게다가 1807년에 피히테가 일깨운 민족주의는 유럽을 풍미한 낭만주의 이념과 어우러져 독일 전역을 물들였다. 즉 그때 분출한 유대인에 대한 증오는 독일인의 불만을 특정 집단에 전가하려는 데서 나온 것으로, 그들의 민족주의는 반유대주의의 외피를 두른 민족부흥운동이었던 셈이다. 따라서 독일의 민족주의는 국수주의적 성격을 띤다.

당시 독일에서 이러한 흐름은 학문으로는 역사법학파·역사학과 경제학·역사주의 사관 등으로 꽃피었고, 예술로는 낭만주의 문학과 낭만파 음악으로 결실되었으며, 정치적으로는 비스마르크에서 나치스에 이르는 국수주의(게르만 지상주의)로 나타났다. 따라서 민족주의 기운은 바그너에 국한된 게 아니다. 당시 독일의 지식인들은 자유주의자와 이상주의자는 물론 좌파와 우파를 막론하고 민족주의자였고, 반유대주의자였기 때문이다. 다만 바그너는 호소력이 큰 음악을 이용해 민족주의를 말한 데에 강점이 있었다.

그렇다면 민족주의자 바그너는 반유대주의자인가. 그에 관한 한, 그 여부를 단정하기는 어렵다. 바그너를 부정적으로 보는 원인 중 하나는 그가 1850년 9월 〈음악신보Neue Zeitschrift für Musik〉에 한 편의 논설,《음악에서의 유대주의》를 연재한 데 있다. 그는 그 글을 카를 프라이게당크Karl Freigedank(Freigedank는 자유로운 사상이란 뜻)란 가명으로 발표(그가 명성을 날릴 때인 1869년에 본명으로 재출간)했기에 유대인을 마구 헐뜯는 논조로 일관할 수 있었다. 실은 〈음악신보〉는 슈만이 1834년에 창간하였다. 하지만 1845년에 편집인이 된 음악사학자이며 비평가인 카를 브렌델Karl Franz Brendel(1811~1868)은 '신독일악파'를 새로운 음악의 기수로 여겨 해당 잡지를 바그너와 리스트의 대변지로 만들었다. 그래서 이 같은 논설을 게재할 수 있었다.

이 논설의 요지는 유대인은 이질적인 용모와 행동을 보여 불쾌감을 준다는 것이며, 자신들의 고유 언어

《음악에서의 유대주의》 표지

와 영토, 국가를 갖고 있지 않기에 예술을 모방할 뿐 말하듯이 시를 짓거나 진정한 음악을 만들 수 없다는 것이다. 그러고는 멘델스존과 마이어베어를 비난 대상으로 삼아 마구 힐책한 뒤 유대인 전체를 통렬히 꾸짖는 다음 문구로 끝맺는다.

> 생각해 보라. 당신들이 저주의 짐으로부터 구원받는 유일한 길은 아하수에루스Ahasuerus(전설상의 방황하는 유대인)의 속죄다. ─ 복종하라!

바그너가 이 글을 쓴 계기는 친구이면서 바이올리니스트인 테오도어 울리히Theodor Uhlig(1822~1853)의 제안을 받아들인 데 있었다. 그는 울리히가 마이어베어의 『예언자Le Prophète』를 맹렬히 비판하자 여기에 맞장구를 친 것인데, 친구가 "이참에 유대인의 음악적 재능을 비판하는 글을 써 보는 게 어떻겠느냐"고 바그너에게 말한 것이다. 따라서 울리히의 부추김은 바그너가 그 논설을 쓰는 데 큰 힘을 보탠 셈이다. 그로부터 19년 뒤 바그너가 보충 논설을 발표하기로 결정하자 아내 코지마는 한사코 본명을 밝히지 말라고 했다. 그럼에도 그는 실명으로 발표했다. 원저자가 공공연히 알려진 데다 자신의 글에 책임을 져야 한다는 이유에서였다.

당시 반유대주의는 바그너 개인에 국한된 현상이 아니었다. 그럼에도 그는 왜 인종차별론자의 오명을 얻고, 정도 이상의 비난을 받았을까. 그 이유는 비난의 근거를 정치적이고 경제적인 데서 예술 쪽으로 확대시킨 점, 예술계에 그릇된 믿음을 주어 나쁜 영향을 끼친 점, 자신을 도운 마이어베어와 그가 존경한 멘델스존, 우정을 나누었던 시인 하이네까지 덤으로 공격함으로써 패덕과 후안무치를 보인 점, 주장이 합리적이거나 논리적이지 못한 데다 의도가 악의적이란 점, 그를 숭배한 히틀러에게 잘못된 확신을 주어 유대인 박해를 부추긴 점 등이다.

하지만 그를 비난하기 전에 그가 이 주장을 펴게 된 동기와 배경을 살펴볼 필요가 있다. 애초에 그는 유대인에 대해 개인적인 감정(아내 민나를 데리고 야반도주한 사내가 유대인이었다)은 가졌으되, 반유대주의에는 무관심했다. 하지만 파리 시절에 겪은 고난이 유대인 전체에 대한 미움으로 번졌으니, 일종의 희생양 심리에서 비롯한 셈이다. 그는 채무를 피하기 위해 라트비아의 리가에서 파리에 도착한 1839년 9월 17일부터 드레스덴으로 이주한 1842년 8월 7일까지의 3년을 혹독하게 견뎌야 했다. 이때의 체험은 그가 쓴 단편소설 〈파리에서의 마지막 날〉에 묘사되어 있다. 여기서 절정 부분은 파리에서 홀로 노력하던 중 궁핍과 질병으로 죽은 젊은 예술가를 추모하던 화자(바그너)가 어떠한 역경이 닥치더라도 분연히 이겨 내 필히 성공하겠노라고 다짐하는 장면이다. 그가 오랫동안 유럽 금융계를 장악한 유대인을 증오하고 사회주의 사상에 공감한 것이나, 1859년 5월 드레스덴 봉기 때 전열에 나선 동기는 이 시기에 싹튼 것이다.

그가 반유대주의를 주장하는 또 하나의 근거는 예술에서조차 상업성을 우선시하는 유대인의 태도였다. 당시 프랑스 음악계를 풍미한 이들은 유대인 작곡가들로, 그들은 예술적 깊이보다 외형에 치중했고, 음악적 완성도보다 흥행을 중시했다. 그는 이러한 작곡 성향을 경멸했는데, 그 전형이 마이어베어였다. 하지만 바그너야말로 누구보다 세속적 성공에 목을 맨 인물이었으며, 악극의 규모와 길이는 그랜드오페라의 그것을 넘어선다.

앞서 언급했듯, 그는 앞에 두문자 'J'로 시작하는 세 부류의 J(Jew,

Journalist, Jesuit)에 피해망상이 있었다. 그는 자기 작품이 오랫동안 주목받지 못한 까닭은 유대인 음악가, 기자 들이 자신의 진로를 방해한 탓으로 여겼다. 이는 전형적인 전가심리로, 그는 나이가 들어서도 이러한 생각을 바꾸려 들지 않았다. 여기 예수회가 포함된 이유는 그의 종교관과 어울리지 않은 데 따른 것이다.

바그너가 비난한 음악가 중 멘델스존Felix Mendelssohn-Bartholdy (1809~1847)은 자신이 존경했던 이로, 바그너는 1836년에 본인의 『교향곡 C장조』 총보를 그에게 선물한 적이 있다. 그는 멘델스존의 교향곡에서 색채적인 오케스트레이션 기법을 접한 데 이어 「핑갈의 동굴 Die Hebriden, Die Fingalshöhle」과 「아름다운 멜루지네Die Schöne Melusine」에서 유도동기의 싹을 발견하고는 흠모해 오던 터였다. 또 부수적 극음악인 『한여름 밤의 꿈A Midsummer's Night Dream』은 종합예술의 싹을 보여 주는 좋은 예라며 마음에 새겨 두고 있었다. 하지만 멘델스존은 바그너가 선물한 곡을 연주해 주기는커녕 잃어버리기까지 했다. 그러자 바그너는 그가 부유한 은행가의 아들로 태어난 데 따른 질투심 외에도, 멘델스존이 30대 중반에 대가가 된 데 비해 자기는 마흔 살이 되도록 성가를 떨치지 못한 데 따른 자괴감을 떨쳐 버릴 수 없었다. 그럼에도 바그너는 적어도 멘델스존이 죽는 1847년까지는 그에 대한 관심을 거두지 않았다. 바그너는 1843년 드레스덴에서 『성자 바

펠릭스 멘델스존

울*Paulus*』을 듣고 멘델스존에게 찬사를 보냈다. 이에 화답할세라 멘델스존은 다음 해 베를린에서 『방황하는 네덜란드인』의 초연을 듣고 호평을 했으며, 2년 뒤에는 『탄호이저』의 서곡을 게반트하우스 극장에 올려 손수 지휘했다. 따라서 그가 바그너에게서 받은 악보를 망실한 것은 무관심에 의한 소치가 아님을 알 수 있다.[4]

또 한 사람의 공격 대상인 마이어베어는 힘겹게 파리 생활을 꾸려 가던 바그너에게 음악 활동은 물론 경제적 도움까지 준 은인이다. 그가 마이어베어에게 도움을 간청한 편지의 다음 구절을 살펴보면 그 절실함이 어느 정도였는지를 알 수 있다. "음악을 위해서라면 당신의 종복이 되겠습니다. 저를 사 주시면 값어치 없는 구매는 아닐 것입니다. 당신의 소유물인 바그너." 그렇다면 바그너가 은인에게 보답은 고사하고 비난을 한 까닭이 짐작된다. 그로부터 많은 도움을 받았다고는 하나 자신의 호소를 만족시킬 만큼은 아니었다. 그 기대에 미치려면 역으로 마이어베어가 오만한 바그너의 종복이 되는 데까지 도와야 하지 않았을까.

마이어베어는 바그너를 파리의 그랜드오페라 극장주에게 추천해 주었으나 정작 바그너가 파리에서 완성한 『리엔치』와 『방황하는 네덜란드인』은 파리에서 초연되지 못했다. 대신 두 작품은 1842년과 1843년, 드레스덴에서 각각 초연되었다. 하지만 마이어베어의 도움이 없었다면 독일 내 공연이 순조롭게 이루어지기 힘들었다는 점에서 은인에 대한 그의 비난은 배은망덕한 처신이었다. 실은 바그너가 그처럼 행동한 것

---

4. 『교향곡 C장조』는 바그너의 재능을 시기한 멘델스존이 폐기했다는 설이 있었다. 하지만 1877년 트롬본 파트가 빠진 악보가 드레스덴의 한 가정에서 발견되어 오해가 풀렸다. 다행히 바그너에게는 1849년 시민봉기 때 피신하면서 챙겨 간 물품 속에 금관 부분의 사본이 들어 있었고, 그는 그것으로 총보를 복원할 수 있었다.

은 마이어베어의 위세가 자신의 성공에 도움이 되기보다 오히려 방해가 되었다고 본 때문이다. 하지만 그로 인해 규모는 큰 대신 내실은 빈약한 그랜드오페라 양식에서 벗어나 자기만의 스타일을 정립할 수 있었으니 마이어베어는 역설적인 의미에서도 은인이었던 셈이다.

자코모 마이어베어

결국 바그너가 두 작곡가를 헐뜯은 동기는 멘델스존에게는 앙갚음 심리에 있었고, 마이어베어에게는 어리광 심리에 있었다. 여기에 본인의 프랑스 문화에 대한 반감이 더해졌음은 물론이다. 유대인이라는 지적은 그들을 폄훼하기 위한 구실이었을 뿐이다. 바그너가 경쟁 상대로 여기지 않은 알레비에 대해서는 우정과 존경심을 버리지 않았다는 것이 그 증거다. 코지마는 1882년 6월 27일 점심 식사 중 남편이 알레비의 오페라에 대해 논평하는 말을 다음과 같이 일기에 적었다.

알레비가 작곡한 『유대인 여성La Juvie』에서 유월절 축제 장면과 마지막 합창, 제5막의 첫 부분은 무척 아름다워요. 그것은 유대적인 성격을 가장 잘 표현한 음악이지.[5]

그런데 바그너가 1840년(추정)에 발표한 〈마이어베어와 '위그노 교

5. Milton E. Brener, *Richard Wagner and the Jews*, p.292.

도들')과 1843년에 발표한 〈알레비의 '사이프러스의 여왕'〉을 비교하면 두 작품에 대한 논조가 찬사로 일관하고 있어 비평에 차이가 없다. 따라서 그가 마이어베어에게 품은 반감은 진정성도 없고 객관적이지도 않다. 두 작곡가를 차별한 것은 바그너의 이중적 심리 탓이었다.

바그너가 반유대주의를 주장한 데는 양부가 자신의 생물학적 아버지일 수 있다는 데 따른 자기혐오감도 작용했다. 이스라엘의 역사학자 야코브 카츠Jacob Katz(1904~1998)는 유대인에 의한 바그너의 피해의식은 반유대주의라는 정치적 의제에 집착한 때문이라고 했다.[6] 하지만 니체는 오래전부터 그 원인을 본인의 혈통에 대한 혐오감으로 보았다. 그렇다면 그가 반유대주의를 주장한 또 하나의 이유가 설명된다. 자신이 유대인임을 감추려면 반유대주의자로 행세하는 것이 가장 효과적이었을 것이다. 그래야 민족주의자가 득세하는 주류사회에 편입할 수 있을 것이었다. 그가 비망록에 "나는 독일인 중에서도 가장 독일인이다"라고 쓴 배경 또한 여기에 있다.[7] 그것은 자기가 독일인이라는 자신감의 표현이기보다 유대인이 아니라는 강박감의 표현에 가깝다. 그래서 바그너의 위장된 유대인 증오는 부계 혈통에 대한 복합심리에서 비롯한 것이고, 태생을 의심받는 또 한 사람의 인물인 히틀러의 유대인 박해는 자기 핏줄에 대한 반동심리 탓으로 볼 수 있다.

이와 같은 시대 배경 탓에 당시 사회적 명사로 알려진 독일 거주 유대인 상당수가 반유대주의에 동조하거나 유대인임을 숨기고 기독교도로 개종했다. 그들 중 한 명이 카를 마르크스로, 그는 돈이란 사람을

---

6. Milton E. Brener, *Richard Wagner and the Jews*, p.291.
7. 바그너가 틈틈이 적어 둔 비망록은 표지가 갈색으로 되어 있어 '갈색 책Das braune Buch, Braun Buch'으로 불린다. 1975년에 편집되어 취리히에서 단행본으로 출간되었다.

소외시키는 세속적인 신이라며—궁핍으로 시달렸던 경험도 한몫했을 테지만—이재에 능한 유대인을 혐오했다. 심지어 암모니아 합성으로 1919년에 노벨화학상을 받은 프리츠 하버Fritz Haber처럼 제1차 세계대전 때 사용할 독가스를 만들어 독일에 맹목적 충성을 보인 이도 있었다. 이상은 그들이 드러내기 싫어하는 자기혐오감을 역으로 나타낸 위장된 행동이었다. 바그너 역시 그의 언동으로 미루어 자기 몸속에 흐르고 있을지 모를 유대인의 피에 대해 혐오와 연민이 교차하는 감정을 지니고 있었음을 알 수 있다.

미국의 음악학자 로버트 구트먼은 《리하르트 바그너Richard Wagner The Man, His Mind and His Music》(1972)에서 바그너의 악극에는 유대인을 증오하는 메시지가 들어 있으며, 그 점에서 그의 주장은 본심일 가능성이 많다고 했다. 또 프랑크푸르트학파의 철학자인 테오도어 아도르노 Theodor W. Adorno 역시 《바그너를 논함Versuch über Wagner》(1952)에서 같은 요지의 글을 적었다. 하지만 구트먼이 예를 든 『뉘른베르크의 마이스터징거』에서 직스투스 베크메서는 유대인을 희화한 배역이 아니라 반바그너파의 선봉장인 에두아르트 한슬리크를 연상시키는 악역이며, 4부작 『니벨룽의 반지』에서 난쟁이 형제 알베리히와 미메는 그들의 신체를 탐욕에 빗댐으로써 악의 역겨움과 악인의 비애를 느끼도록 한 장치로 보는 편이 타당하다.

『파르지팔』에서 클링조르 역시 유대인을 표상한다고 단정해서는 안된다. 그는 바그너가 만든 악역 중에 가장 인상적이고 권위에 넘치는 캐릭터이며, 악의 화원을 경영하는 마술사이자 이교적 인물이다. 따라서 다양한 면모를 지닌 클링조르는 바그너가 오페라 무대감독으로서의 자신을 떠올리고 배치한 등장인물이다. 『파르지팔』은 인종주의를 은유한 작품이라고도 한다. 그러나 이 작품은 실은 다른 인종 또는 다른 종교 간의 이해를 말한 휴머니즘 드라마다. 그렇지 않다면 순혈주의를 강조한 나치스가 바그너의 작품 중 이 오페라를 유독 기피한 이유를 설명할 수 없다. 다만 '본문 한 편에 주석 백 편'이듯 등장인물에 대해서는 여러 해석이 나올 수 있을 것이다. 단적인 예로 『파르지팔』을 기피하거나 선전 수단으로 삼은 쪽은 나치스였기 때문이다. 참고로 바그너의 오페라 속 등장인물 중 베크메서와 알베리히·미메·클링조르는 유대인을 비하한 배역으로 알려졌다. 그들을 유대인으로 보는 작가들(바그너 관련 저서를 쓴 작가들)은 테오도어 아도르노·로버트 구트먼·하르트무트 젤린스키·배리 밀링턴 등이고, 그렇지 않다고 한 작가들은 브라이언 매기·디터 보르히마이어·마이켈 탠너 등이다.

실은 작중 인물의 사악한 정도에 따라 글쓴이의 심성을 재단한다면 셰익스피어와 도스토옙스키는 진정한 악인일 것이다. 그들처럼 악한의 이미지를 선명하게 그려 낸 이는 달리 없기 때문이다. 하지만 그들이 만든 비극의 주인공만큼 악행을 뼈저리게 반성하고 죗값을 톡톡히 치르는 인물은 문학사에 드물다. 인간의 태도는 양면적인 까닭이다. 그렇다면 바그너가 반유대주의자인가의 여부는 주장보다 행동으로 판단하여야 한다. 내심은 주장으로 위장할 수 있기 때문이다. 바꾸어 말하면 본심은 행동으로 나타낼 수 있을 것이다. 바그너의 반유대주의 주장은 표면상의 의사에 지나지 않으며, 따라서 그는 사실상 친유대주의자로 간주할 수 있다.

우선 그에게는 종합예술가의 자질을 물려준 유대인 양부가 있다. 그의 양부에 대한 감정은 유대인에 대한 상반된 태도를 반영한다. 그는 공석에서는 반유대주의에 동조했으나, 심정으로는 그들에 반감을 갖지 않았다. 그는 양심으로는 친유대주의자였기 때문이다. 그와 사귄 유대인들은 그의 본심을 이해했기에 그와 의절하거나 비난하지 않았다. 물론 이를 두고 유대인들이 그와 친지가 되는 대가로 그의 반유대주의관을 애써 무시했다거나, 가식적인 공생관계임을 묵인했다는 설이 있지만, 그러한 관계는 깨어지기 마련인 점에서 설득력이 없다. 가면은 본얼굴을 감추려고 쓸 때보다 다른 자기(반유대주의자)를 만들려고 쓸 때 정체(친유대주의자)를 감쪽같이 숨길 수 있다. 다름 아닌 유대인에 대한 그의 이중전략이 그러했다. 자신과 교제하는 유대인과 교제 범위 밖에 있는 유대인을 구별한 것이다.[8] 그 전략은 그가 리스트와 코지마로부터 반유대주의적인 사고를 자제하라는 말을 들을 만큼 철저했으니, 그는 그 정도로 위장하고 싶었던 것일까. 또는 그 정도로 미워했던 것일까. 하긴 수많은 가면을 바꾸어 쓰더라도 그걸 쓰는 자는 한 사람이다. 어느 쪽으로도 해석이 가능한 이유다.

그렇다면 남편의 반유대주의 언행에 가끔 주의를 준 코지마의 유대인관은 어떠했을까. 실은 코지마는 유대인에 대하여 남편과 같은 이중적 태도를 취했다. 하지만 그녀는 남편과 달리 진정한 반유대주의자로 불러도 좋을 언동을 꽤 남겼다. 그녀의 반유대적 사고는 자신의 가정환경과 관련이 있다고 본다. 코지마는 자신을 버린 자식으로 취급한 어머니(마리 다구 백작부인)를 심히 원망했는데 외할머니는 유대 금융가의 딸인 지몬 베트만Simon Moritz Bethmann이었다. 또한 코지마는 자신을 엄하게 다룬 아버지의 정부 카롤리네 자인비트겐슈타인Carolyne von Sayn-Wittgenstein 부인도 싫어했다. 그녀 역시 유대계로 알려졌다. 따라서 코

---

8. Jacob Katz, *The Darker Side of Genius, Richard Wagner's Anti-Semitism*(University Press of New England, 1986), p.94.

지마의 유대인에 대한 감정이 좋을 리 없었다. 그녀는 남편의 사후 바이로이트 축제 사업을 운영하면서 유대인 지휘자를 기피했으며, 그 결과 바그너의 사도 구스타프 말러를 바이로이트 극장 무대에 세우지 않은 아쉬움을 남겼다. 다만 헤르만 레비는『파르지팔』의 첫 지휘자였을 뿐 아니라 적임자임을 감안하여 자신이 바이로이트 축제를 주관하는 동안에도 배제하지 않았다.

　바그너는 유대인들로부터 무상 지원을 받은 적도 있고, 돈을 빌린 적도 여러 번이었다. 하지만 그들에게 빚을 갚은 적은 드물었다. 심지어 그는 돈을 빌릴 때 상대가 유대인임을 밝히면 "샤일록!(《베니스의 상인》에 나오는 유대인 고리대금업자)"이라고 말하기도 했다. 설령 농담조라고 해도 그들에게 돈을 제대로 갚은 적이 없는 그가 할 말은 아니었다. 이는 《바그너의 참모습Real Wagner》(1987)을 저술한 루돌프 사보Rudolph Sabor가 자신의 증조할아버지 아브라함이 가족에게 전한 말을 인용한 것으로, 내용은 다음과 같다.

　나는 바그너에게 많은 돈을 빌려주었으나 그는 감사를 표하는 데 인색했다. 나는 그에게 내가 유대인인 것은 어쩔 수 없는 일이라고 말했지만, 그는 나를 '샤일록'이라고 불렀다. 당신도 알다시피 친구들이여, 세상에는 돈을 빌리고 갚지 않는 자와 남의 아내나 딸, 연인을 훔치는 자들로 가득하다. 그러나 그들 중『트리스탄과 이졸데』를 작곡한 사람은 한 사람뿐이다…바라건대 내 자녀와 자녀의 자녀들이 내 말을 듣지 말고 그의 음악을 들었으면 한다.[9]

9.　Bryan Magee, *Wagner and Philosophy*(Penguin Books, 2000), p.357.

바그너의 창작 활동에 도움을 주었거나
정을 나눈 유대인은 적지 않다. 시인 하인
리히 하이네, 언어학자 자무엘 레르스Samuel
Lehrs(1806~1843), 지휘자 겸 작가 하인리히 포
르게스Heinrich Porges(1837~1900), 피아니스트
카를 타우지히Karl Tausig(1841~1871)와 요제
프 루빈시테인Josef Rubinstein(1847~1884), 흥행

카를 타우지히

사 안겔로 노이만Angelo Neumann(1838~1910),
지휘자 헤르만 레비Hermann Levi(1839~1900)가
그들로 바그너가 말한 소위 '예외적 유대인'
이다. 그중 바그너와 부자지정을 나눈 타우
지히는 죽기 3개월 전 바이로이트 축제의 운
영 계획자로 지명받았으며, 그가 요절하자 바
그너는 "그대의 죽음으로 우리는 사업의 대
들보를 잃었다"고 탄식했다. 또한 레비는 『파

헤르만 레비

르지팔』의 초연자로 바그너 음악 연주의 전범을 보여 주었다. 그래서
바그너 음악을 잘 연주하는 이들(구스타프 말러·에리히 라인스도르프·게오
르크 솔티·다니엘 바렌보임·제임스 러바인 등)은 유대인 지휘자란 말도 나
왔다.

참고로 유대계 지휘자인 레너드 번스타인은 1985년 〈뉴욕타임스〉지
에 '바그너 음악은 인종을 차별하지 않는다'란 제목으로 다음과 같은
글을 실었다. "바그너는 제3제국이 그랬듯이 오래전에 죽어서 묻혔다.
음악을 사랑하는 우리는 위대한 음악으로 살고, 그것에 굶주려 있다.
나는 바그너가 훌륭한 음악을 썼다고 생각한다. 어째서 우리는 그의 음

악을 껴안고 장려하면 안 되는가."[10]

바그너가 자초한 굴레

바그너가 19년 뒤에 《음악에서의 유대주의》를 재출간한 것은 이중
의 실책이었다. 그로 인해 그는 한동안 유대인 친구들로부터 외면을
받았다. 한 예로 바그너와 친했던 바이올리니스트 요아힘Joseph Joachim
(1831~1907)은 글을 쓴 이가 바그너임을 알고는 "나에게 유대적인 요소
가 있다면 그게 무엇인지 말해 달라"며 항의했다. 바그너는 요아힘에
게 양해를 구했으나 이를 계기로 두 사람의 사이는 아주 멀어져 버렸
다. 바그너의 둘째 누나 루이제는 그를 크게 꾸짖었으며, 뷜로는 "그 작
은 책이 세상의 훌륭한 친구들과 형제처럼 지낼 수 있는 싹을 잘라 버
렸다"고 비난했다.

그렇다면 바그너의 저의는 무엇인가. "거짓으로 가장한 진실은 밝히
기 어려워도 진실로 가장한 거짓은 밝히기 쉽다"는 말이 있다. 하지만
그 경계를 분명히 가리기는 쉽지 않다. 바그너의 유대인에 대한 입장이
무엇이었는지는 본인만이 알겠지만, 그 저의는 짐작할 수 있다. 즉 유
대인에 대한 그의 두 얼굴은 자신이 그렇게 하지 않으면 엘리트 집단
에 귀속될 수 없는 시대상황의 반영인 것이다. 그래서 그를 비난하자면
자기 본심을 반유대주의의 외투로 숨긴 데 있다. 그의 양면적 태도는
이중적 사고에 의한 것이며, 그는 유대인에 대한 처신에서 기회주의자
인 셈이다. 다만 히틀러라는 미치광이가 나타나 그의 주장을 곧이곧대
로 받아들임으로써 바그너-히틀러 커넥션의 빌미가 된 점은 불행이다.

10. M. Owen Lee, *WAGNER, The Terrible Man and His Truthful Art*(University of Toronto Press, 2007), p.47.

그렇다면 바그너는 히틀러로 하여금 홀로코스트를 사주한 셈인가? 물론 바그너가《음악에서의 유대주의》를 썼다고 해서 히틀러가 홀로코스트를 실행했다고 단언할 수는 없다. 나치스는 책 등의 유무에도 불구하고 극단적인 인종 청소를 자행하는 지배체제이기 때문이다. 그럼에도 바그너의 해당 저서가 히틀러의 유대인 학살에 영향을 끼치지 않았다고 주장하기는 힘들다. 편견과 억측으로 이루어진 바그너의 논지야말로 광적인 추종자에게는 더할 나위 없는 악행의 빌미가 되었을 테니 말이다.

그렇다고 홀로코스트를 부추긴 원죄가 전적으로 바그너에게 있지는 않다. 그 시대의 반유대주의자 모두가 그 책임에서 자유롭지 못하기 때문이다. 어째서 연합국 측은 죽음의 수용소가 있음을 알고도 적극적으로 대처하지 않았는가. 어째서 유럽의 개신교회와 로마 가톨릭교회의 지도자들은 나치스의 만행에 침묵했는가. 유대인 절멸을 위한 '최종 해결책'은 뿌리 깊은 반유대정서와 유대인 박해사가 있었기에 가능했던 방안이다. 그처럼 조직적인 대량 학살은 개인이나 소수 권력층의 의지만으로 실행할 수 있는 게 아니다. 원래 인종이란 당사자 뜻대로 고를 수 없다. 자기 임의로 선택할 수 없는 것을 두고 차별당하는 것만큼 터무니없는 일이 또 있을까.

바그너가 인종차별론자인 조제프 고비노Joseph Arthur de Gobineau (1816~1882)와 교제한 사실을 두고 그의 견해에 전적으로 동조했다고 보는 것은 단견이다. 바그너는 1876년과 1880년 두 차례에 걸쳐 베네치아에서 고비노를 만났다. 하지만 그동안 고비노의 의견에 동의했다거나 그의 저서《인종의 불평등에 관한 에세이L'Essai sur l'inégalité des races humaines》에 대해 논평을 했다는 증거는 없다. 의례적이고 짧은 면담에 불과한 것이었다. 따라서 로버트 구트먼(바그너의 전기 작가)이 『파르지팔』에 고비노의 영향이 보인다고 한 것은 예단에 지나지 않는다. 바그너가 『파르지팔』의 대본을 탈고한 해는 1877년이고 총보의 스케치를 끝낸 해는 1879년이기 때문이다. 고비노는 1881년 5월 반프리트에 들러 2주 이상 머물렀으며, 1882년에도 저택을 방문하여 의견을 나누었다. 그는 혼혈에 의한 인종의 열등화를 믿었으나 바그너는 유대인을 포함한 모든 인종이 보편적인 구원을 통해 개선될 수 있다고 했다.[11] 바그너의 인종관은 고비노처럼 편협하지 않았으며, 당시를 풍미한 사회적 진화론을 비판적으로 수용한 편이었다.

당시 유럽인의 통념은 인종 간에 계층이 있다고 여겼다. 심지어 20세기에 이르러서도 열대지역의 원주민을 인간과 유인원의 중간 단계에 있는 동물로 보았다. 우리는 이러한 인종차별적 사고를 사회적 다위니즘(진화론을 사회 영역에까지 확대한 이론)에 적용하여 특정 인종을 말살하려한 예를 나치스의 만행을 통해 알고 있다.

바그너를 나치스와 연결 지은 두 사람의 영국인이 있다. 바그너의 사위이자 인종주의 작가인 휴스턴 체임벌린Houston Stewart Chamberlain (1855~1927, 에파 바그너의 남편, 1908년 결혼)과 그의 며느리이자 히틀러와 친밀했던 비니프레트Winifred Williams Wagner(1897~1980, 지그프리트 바그너의 아내, 1915년 결혼)다. 자신을 제2의 루트비히로 자처한 비니프레트는 바그너-히틀러 커넥션의 중심인물이었고, 바이로이트 극장을 히틀러의 안방극장으로 만든 협조자였다. 그녀는 1975년 한스위르겐 지버베르크Hans-Jürgen Syberberg(1935~) 감독이 연출한 다섯 시간 분량의 기록 필름(「비니프레트 바그너와 반프리트 하우스의 1914~1975년의 역사

---

11. Nicholas Vazsonyi(ed.), *The Cambridge WAGNER Encyclopedia*, p.163.

Winifred Wagner und die Geschichte des Hauses Wahnfried von 1914~1975」)을 통하여 자신의 친나치 행적에 관해 변명과 회피로 일관했다. 그 요지는 두 사람이 서로를 극진한 애칭인 볼프Wolf와 비니Winie로 부를 만큼 격의가 없는 사이였으나, 자신은 비정치적 사람으로서 정치와 예술 활동을 구분하여 오로지 히틀러를 친구로 대했을 뿐이라는 것이다. 심지어 그녀는 인터뷰 중 기쁨에 차 더듬는 목소리로 "예를 든다면 말이죠. 만일 히틀러가 여기 문을 통해 들어온다면, 나는 그를 여기에 모시는 것이 언제나처럼 기쁘고 행복할 것입니다" 하고 한술 더 뜨기까지 했다. 비니프레트는 바이로이트 극장의 운영자로서는 유능했지만, 자신이 죽는 1980년(82세)까지 진솔한 반성의 말은 하지 않았다. 하지만 지그프리트와 비니프레트가 부부의 연을 맺은 때는 바그너 사후(1883년 사망)였다. 히틀러가 탄생한 해(1889)가 바그너 사후였듯이 말이다. 하긴 그와 같은 시대를 산 베르디의 오페라 역시 무솔리니에 의해 이탈리

비니프레트 바그너와
아돌프 히틀러

아 부흥운동Risorgimento의 선전용으로 이용되지 않았던가.

바그너가 쓴 글 중 많은 논란을 불러온 《음악에서의 유대주의》는 히틀러가 탐독한 저작으로 알려졌다. 하지만 바그너가 히틀러에 미친 영향은 과장되었다. 히틀러는 반유대주의의 뿌리로서 바그너를 언급한 적도 없으며, 바그너의 어떠한 저서를 꼼꼼히 읽은 증거도 없다.[12] 또한 바그너가 발간한 잡지 〈바이로이트 월보Bayreuth Blätter〉는 당초 의도와는 달리 반유대주의를 선동하는 수단으로 이용되었다. 이 월간지는 바그너가 1878년 1월에 발간한 잡지로, 편집자 한스 폰 볼초겐이 사망하는 1938년까지 발행되었다. 모두 61권으로 2만 쪽에 달하며, 우파적 시각에서 쓴 논설, 음악 비평, 바그너 음악과 관련한 정보와 지식 등을 실었다. 이 잡지는 바그너 음악과 그의 사상 등을 알 수 있는 유익한 자료지만, 일부 반유대주의적 시각을 담은 논평과 의견이 나치스에 이용당하는 등 부정적인 면도 있다. 따라서 그의 의도가 무엇이건, 그 글들이 독재자에게 홀로코스트를 부추기게 했다는 비난은 피할 수 없다.

특히 《음악에서의 유대주의》는 유대인에 대한 한 음악가의 악의적 저술 이상의 의미가 있다. 이는 바그너에게 실책이었고, 유대인에게는 불행이었으며, 독일인에게는 수치였다. 사실, "음악은 악마의 적이며, 신에게서 받은 최고의 선물이다."(마르틴 루터) 그러나 음악은 감정을 고조시키는 열광성으로 인하여 때로는 악마의 동반자가 된다. 그 대표적

---

12. Monte Stone, *Hitler's Wagner*(Steinberg Press, 2019), p.20[Richard J. Evans, *The Third Reich in Power*(Penguin Book, 2006), p.199 재인용]. 히틀러의 대담자였던 헤르만 라우슈닝은 저서 《Hitler Speaks》(1939)에서 히틀러는 "나만큼 바그너의 심리와 정신세계를 잘 알고 있는 사람은 없다. 나는 삶의 모든 단계에서 그에게 의지했다"고 썼다. 이는 바그너의 저작물을 두루 읽지 않으면 할 수 없는 말이다. 하지만 과장벽과 허언증이 있는 히틀러이고 보면 그의 말은 지어낸 것으로 간주해야 한다. 다만 히틀러의 극단적 반유대주의 성향을 감안하면 그가 《음악에서의 유대주의》를 탐독했다는 점은 인정할 여지가 있다.

인 것이 바그너의 음악으로, 그 악마는 그의 음악을 정치적으로 이용한 히틀러였다. 바그너의 그림자가 히틀러인 이유다. 다만 바그너가 반유대주의를 기회적으로 이용한 '위장 반유대주의자'라면 히틀러는 반유대주의를 고집스럽게 실천한 '골수 반유대주의자'다.

이스라엘에서 바그너 음악을 기피하는 이유가 히틀러를 연상시키기 때문이라면, 독일에서 바그너를 기피하는 이유는 그와 히틀러를 연결짓기 때문이다. 즉 전자는 피해자 의식이 근원이고, 후자는 가해자 의식이 근원이다. 그래서 독일에서 바그너 음악을 좋아한다고 말하면 대체로 정치 성향을 의심받는다. 그럼에도 독일에서 바그너 음악은 바흐 음악이나 베토벤 음악 이상으로 인기가 있다. 이스라엘인들은 바그너 음악을 기피하는 것과는 별도로 바그너가 이룬 예술적 성취를 부인하지 않으며, 독일인들은 음악가 바그너를 싫어하지 않는다. 바그너 음악을 바그너와 분리해서 생각할 수 있기 때문이다(물론 히틀러가 바그너 음악을 정치에 이용한 것은 순전히 바그너에 열광한 그의 개인적 취향 때문이다).

바그너는 죽어서도 징벌을 받고 있다. 온갖 음악이 지구상에 울려 퍼지는 지금, 그의 음악만은 이스라엘에서 공식적으로 연주하는 것이 관례상 금지되어 있다. 이스라엘인에게 그것은 홀로코스트의 기억을 유도하는 시그널 뮤직으로 들리기 때문이다. 그럼에도 그의 진정성을 인정할 수 있으니, 그 잣대는 일관성이다. 적어도 그는 유대인 개인에 대한 우정에서는—마이어베어를 예외로 한다면—변함없는 태도를 보였다. 그 일관성은 그가 "음악은 종교고, 극장은 교회다"라고 말한 데서 찾을 수 있다고 본다. 그는 피부색과 생각이 어떠하든, 어디 출신이든, 국적이 어디든 음악을 직업으로 갖는 사람은 모두 같은 믿음을 가진 동지로 보았던 게 틀림없다. 그렇지 않다면 그의 유대인에 대한 이중성

을 납득하기 힘들다.[13]

바그너가 1872년 9월 9일, 카를 타우지히의 묘비에 새긴 헌사에서
유대인을 향한 그의 본심을 헤아려 본다.

Reif sein zum sterben,

das Lebens zögernd spriessende Frucht,

früh reif sie erweben, in Lenzes jäh eblühender Flucht,

war es Dein Loos, war es Dein Wagen

Wir müssen Dein Loos wie Dein Wagen beklagen

죽기에는 무르익은 삶

그 열매는 천천히 열렸으되

그 열매는 일찍 익었다네

그것이 그대의 운명인가. 그처럼 도전코자 한 것이

우리는 비탄에 잠겼다네, 그토록 도전코자 한 것에[14]

13. 바그너의 자손들 중 일부는 친유대주의적 언동을 보였으며, 일부는 반유대주의적 인물과 연관
이 있다. 바그너의 외손자 빌헬름 바이들러(1901~1981, 큰딸 이졸데의 아들)는 팔레스타인 관현악
단(이스라엘 관현악단의 전신)의 운영자로 활동한 친유대주의자였고, 바그너의 둘째 사위 휴스턴 체
임벌린(둘째 딸 에파의 남편)은 반유대주의자였다. 바그너의 며느리 비니프레트는 히틀러와 절친한
사이였으며, 바그너의 손자 빌란트(1917~1966, 지그프리트의 장남)의 바이로이트 축제 운영은 제2
차 세계대전이 끝날 때까지 독재자의 영향력하에 있었다. 한편 손녀 프리델린트(1918~1991, 지그
프리트의 딸)는 나치스를 혐오하여 미국으로 망명한 적이 있으며, 증손자 고트프리트(1947~ , 지그
프리트의 둘째 아들 볼프강의 장남)는 가문의 친나치스 전력과 반유대주의 성향을 비판한 인물이다.
이처럼 바그너의 자손들은 바그너 본인이 그랬던 것처럼 유대인과의 관계에서 상반되는 면모를 보
여 준다.
14. Nicholas Vazsonyi(ed.), *The Cambridge WAGNER Encyclopedia*, p.585.

제8장   바그너와 여성

여성은 인생의 음악입니다.
　　　　　　　　　　　— 바그너가 친구 테오도어 울리히에게 보낸 편지에서

인생은 사랑을 낭비하고, 사랑은 인생을 낭비한다.
　　　　　　　　　　　　　　　　— 코지마 바그너의 일기에서

당신이 결혼한다면 곧 알게 될 거요.
한 사람은 다른 가락으로 노래한다는 것을.
　　　　　　　　　　— 『뉘른베르크의 마이스터징거』 제3막 2장, 한스 작스의 노래에서

바그너가 사랑한 여성의 원형

처음에는 바그너와 우호적인 관계였으나 이내 사이가 틀어져 버린 이들 중 한슬리크가 있다. 그는 비평가답게 뜻을 함께하는 브람스 편에 서서 바그너와 그 지지자들을 매섭게 비판하거나 비방했는데, 그중 하나가 "바그너는 끔찍한 엽색가"라는 지적이다. 이에 뒤질세라 바그너는 "브람스는 고자"라고 응수했다. 하지만 브람스가 독신자라고 해서 성적 무능력자로 단언할 수는 없다. 분명 바그너의 말은 옳지 않다. 반면 한슬리크가 한 말은 부인하기 어렵다. 바그너를 꾸짖는 여러 호칭 가운데 하나가 '호색한' 또는 '불륜의 명수' 등 여성과 관련된 것이기 때문이다.

바그너에 관한 스캔들은 그의 유별난 연애사에 한정되지 않는다. 그는 여자의 속옷이나 여성용품에서 성적 쾌감을 느끼는 물건애호증Fetishism과 여자용 겉옷을 입는 복장도착증Transvestism 외에 동성애 성향이 있다고 알려졌다. 다만 그의 난봉꾼 행각은 부풀려진 점이 없지 않으며, 그의 성적 취향은 실제보다 많이 왜곡되었다. 더구나 그는 동성애자가 아니었다. 다만 그런 경향을 지닌 감정은 갖고 있었는데, 그 근원은 우정과 애정이 분화하기 전 아동기에 느꼈던 단짝에 대한 감정이다. 바그너의 경우 동성애호적 교제에서 여성적 감정을 강하게 느끼는 젊은 상대를 파트너로 삼았는데, 니체와 루트비히 2세가 그러한 상대다.[1] 한편, 그의 여성과 관련한 추문은 자신에 대한 여러 비난이 그렇듯 얼마간 오해와 질시에서 비롯된 것이 사실이다. 그래서인지 천재성을 정신질환의 발현으로 본 체사레 롬브로소[2]조차 바그너를 '성적 사이코패스Sexual Psychopath'로 진단한 이전의 주장을 거둬들였다.[3] 참고로 성심리 연구에 정평이 있는 크라프트에빙Richard von Kraft-Ebing(1840~1902)은 통상적이지 않는 성적 판타지는 모두 '질병Psychopathia Sexualis'으로 보았다. 따라서 그에 의하면 바그너는 성적 사이코패스다. 하지만 성적 편기를 넓게 해석하면 그로부터 자유로운 사람은 거의 없을 것이다.

바그너의 사춘기는 누이들의 옷과 향수, 장신구에 대한 관심에서부터 시작되었다. 열두 살 때 친구들과 오페라 『마탄의 사수』로 연극놀이를 하며 분장 삼아 누이의 옷을 입은 것이 계기였다. 그는 이후 누이들

---

1. 레온 카플란, 박영구 옮김, 《모나리자 신드롬》(자작, 2002), p.107. 저자는 바그너의 이러한 성향을 어머니와 양부 루트비히 가이어 간 불륜으로 인한 스트레스에 기인한다고 보았는데, 자세히는 어머니의 죄의식에 따른 긴장감이 모태 내의 혈중 테스토스테론 농도의 저하와 상승을 불러일으킨 결과라고 했다.

2. 체사레 롬브로소Cesare Lombroso(1835~1909)는 이탈리아의 정신의학자로, 범죄인을 체질인류학의 견지에서 연구하여 범죄학의 창시자로 불린다. 저서에 《타고난 범죄인L'uomo delinquente》(1876), 《천재론L'uomo di genio in rapporto alla psichiatria》(1888) 등이 있다.

3. John Deathridge(trans. and ed.), *Wagner Handbook, Wagner in the History of Psychology, Isolde Vetter*, p.129.

의 의상에서 포근한 촉감을 느끼거나 향긋한 냄새를 음미하는 것으로 성적 환상을 즐겼다. 소녀들의 옷장은 그들이 쓰는 전용 물건에서 소년이 몰래 공유하는 물건이 되었다. 또한 그것은 그가 극장의 분장실에서 여배우의 의상을 보면서 느꼈던 호기심을 되살려 주었다. 그의 성적 능력은 지적 능력 못지않게 조숙했던 셈인데, 그의 신장(166cm)이 작았던 데는 자신의 키를 좌우하는 호르몬이 어른이 다 된 줄 알고 성장판을 일찍 닫도록 신호를 보낸 탓도 있을 것이다.[4]

바그너에게 당시의 기억은 그가 어른이 되어서도 여성의 속옷을 입거나 여성용으로 디자인한 외투를 입는 버릇으로 고착되었다. 하지만 그는 자신을 자주 괴롭힌 단독 때문에라도 부드러운 속옷을 입어야 했다. 실제로 살갗에 직접 닿는 옷감은 매끄럽고 윤이 나는 공단이어야 했으며, 침구류는 솜이나 깃털을 넣은 누비이불이어야 했다.[5] 따라서 그에게 피부병이 없었다면 그가 여성 내의에 집착하는 일은 없었을지 모른다. 게다가 그의 이러한 행동은 자신이 능히 통제할 수 있는 데다 누구나 가질 수 있는 아동기의 성적 취향을 성년기에까지 연장한 정도여서 이를 성적 기행으로 볼 수는 있으되 지금 쓰이는 '성심리장애 감별진단법'에 따르더라도 성적 도착으로 볼 수는 없다.

한편 비단과 공단의 감촉을 24시간 피부로 느껴야 하고, 화려하게 수놓은 카펫과 커튼으로 방을 치장해야 하며, 따뜻한 색상의 화훼류를 거실에 두거나 향수의 방향芳香을 실내에 머물도록 한 그의 강박적 호사 취미는 빚을 지는 데 크게 기여했다. 대신 그의 사치벽은 과도한 성

---

4. 바그너의 신장은 여성으로서 평균 키 이상이었던 첫 아내 민나와 비슷했고, 큰 키(약 173cm)였던 두 번째 아내 코지마보다 작았다.
5. Terry Quinn, *Richard Wagner The Lighter Side*, p.13.

욕을 진정시키는 효과와 더불어 악극에 풍부한 색감을 입히고, 악곡의 무드를 에로티시즘으로 물들이는 데 영향을 끼쳤다.

바그너에게는 자신보다 열네 살 많은 큰형과 아홉 살 많은 둘째 형이 있었다. 하지만 형들은 그가 여덟 살이 되기도 전에 독립하여 그는 대부분의 아동기를 다섯 누이들로 둘러싸인 환경에서 자랐다. 이러한 가족 구성은 그에게 새침하고 감성적인 심성을 갖게 했는데, 남에게 지지 않으려는 성향은 어린 시절의 소심함을 보상하려는 심리의 발동이다. 다만 종잡기 힘든 감정 변화와 때때로 찾아든 우울증은 집필을 위한 다독과 사색, 작곡을 위한 숙고 탓으로, 평생 지울 수 없었다.

바그너 집안은 우애가 두터운 가정이었다. 그는 자서전에 가족의 즐거운 한때를 적었다. 온 식구가 집시풍으로 꾸민 장식으로 분위기를 돋우면 손님으로 온 작곡가 카를 베버가 장기인 요리를 하고, 셋째 누이 클라라는 큰누이 로잘리에가 연주하는 피아노 반주에 맞추어 노래를 하며, 나머지 가족은 연극의 한 장면을 연기한다. 그러면 양부는 그 정경을 화폭에 옮겼다는 일화다.

그의 어린 시절은 자신에 대한 누이들의 보살핌과 사랑, 그들과 함께한 놀이의 추억으로 가득했다. 다만 누이가 많은 환경에서 성장한 막내 남아의 경우, 대부분 자기중심적이고 감성적이어서 완고하거나 변덕이 심하다. 또한 여성 편력을 일삼는 버릇이 있다. 이는 어른이 되어서도 여성에게 사랑받기를 원하는 퇴행심리 때문인데, 바그너가 그랬고 푸치니Giacomo Puccini(1858~1924)가 그랬다. 두 작곡가는 위로 누나가 네 명이고 여동생이 한 명인 점, 여성과의 교제에 집착하여 스캔들을 만들어 낸 점, 작품 속 여주인공에게 중요한 역할을 준 점에서 공통점이 있다. 하지만 가족사가 비슷하더라도 타고난 성격이 다르듯, 푸치니는 여성에게 수동적이었다. 그는 부인의 영향력에서 벗어나지 못한 탓에 바람기를 자제하는 쪽이었고 연인에 대한 태도가 조심스러웠지만, 바그너는 거칠 것이 없었다. 그들의 여성관은 각자의 작품에 등장하는 여성을 통해서도 드러난다. 즉 푸치니의 여주인공이 성격비극적인 수동형이라면, 바그너의 여주인공은 운명비극적인 능동형이다.

그 점에서 두 작곡가의 오페라에 등장하는 여주인공들은 각자가 사랑한 여성들의 분신인 셈이다. 다만 분신의 성격은 서로 다른데, 그 차이는 그들 어머니의 아들에 대한 태도에서 비롯한다. 푸치니는 어머니의 과보호를 받았으나 바그너는 그렇지 않았다. 자랄 때 어머니의 사랑을 많이 받은 남성은 여성에게 소극적인 태도를 갖지만, 반대의 경우 사랑을 보상받기 위해 적극적인 태도를 보인다. 바그너는 자서전에 어머니의 품에 안긴 기억이 거의 없다고 썼다. 그의 어머니는 강인한 면이 있는 반면 조급하고 완고한 편이었는데, 그녀의 이런 면은 바그너의 성격에 영향을 미쳤다. 그는 자라면서 어머니로부터는 사랑의 결핍을, 누이들로부터는 사랑의 과잉을 느꼈던 것이다. 그가 여성을 성적 대상으로 취급하는 자기와 여성을 존중하는 자기로 나누어 그들에 대해 양면적 태도를 보인 이유다.

다행히 바그너에게는 어머니 같은 큰누나 로잘리에가 있었다. 요한나는 자신과 결혼하여 독신 생활의 안락함을 잃어버린 가이어에게 애정을 쏟느라 막내아들을 장녀가 보살피도록 했다. 큰누나는 바그너보다 열 살이 많았다. 그 나이의 여자아이가 어린 동생을 데리고 노는 걸보면 마치 엄마가 자식에게 하는 것만큼 자상하다. 어린 그에게 누나는 어머니이면서 놀이 친구였다. 유아기의 바그너에게 엄마 역할을 한 사람이 큰누나라고 한다면, 아동기의 바그너에게 다정한 짝이 되어 준 사람은 바그너보다 두 살 많은 오틸리에와 두 살 적은 체칠리에였다. 이들은 바그너가 좋아하는 타입의 여성을 결정하는 데 큰 영향을 끼친 여성들이다.

사람들은 흔히 연인이나 배우자를 각자가 원하는 이상형에서 찾는다. 또 그 이미지는 가족이나 이웃, 또는 책이나 경험을 통해 얻는데, 바그너에게는 그 대상이 누이였다. 카를 융Carl Gustav Jung(1875~1961)에 따르면 그것은 이른바 남성이 무의식에 숨겨 놓은 '여성적 자아Anima 찾기'와 같다. 괴테 역시 "사랑하는 사람은 내 지나간 시간 속에서의 누이"라고 하지 않았던가. 바그너에게 이상적인 여성상의 원형은 다름 아닌 큰누나 로잘리에와 막냇누이 체칠리에였다. 그 점에서 그가 사랑한 여성들은 자기 누이의 그림자인 셈이다. 그렇다면 그가 연하의 여성과 결혼할 기회가 있었음에도 네 살 많은 여성과 결혼한 까닭이 설명된다. 즉 하나는 큰누나의 이미지를 찾으려는 무의식의 심리이고, 다른 하나는 어머니로부터 받지 못한 사랑을 메우려는 심리다.

그는 가이어에서 바그너로 성을 바꾸는 열다섯 살 때부터 어머니의 정절을 의심했다. 자신이 양부의 친자일 수 있다는 생각에서였다. 실제로 그의 어머니는 남편 생시에 양부와 깊은 사이였음을 암시하는 행적을 꽤 남겼다. 따라서 바그너는 대가족을 보살펴야 하는 어머니를 존경했음에도 그녀의 정숙함은 불신하는 태도를 보였다. 게다가 아내 민나의 불륜과 불성실함은 그가 여성과 진지한 관계를 맺기보다 부담 없는 관계에 치중하는 데 영향을 끼쳤다. 그의 오페라 속 여주인공이 정결하고 이상적인 여성상인 것은 이러한 여성을 바라는 보상심리에 기인한다.

한편 그는 자신이 유년기에 어머니의 보살핌을 제대로 받지 못한 원인이 어머니가 양부에게 과도한 애정을 쏟은 데 있다고 보았다. 그래서 그는 존경하는 양부에 대한 선망과 어머니에 대한 질투에서 '오이디푸스 콤플렉스'를 무의식중에 갖게 되었다. 그의 이러한 어머니에 대한 상반된 감정—대가족의 생계를 위해 애쓰는 어머니와 불륜을 저지른 어머니—은 그의 연애관에 투사된 외에, 작품 속 여주인공의 성격으로 나타나고 있다. 즉 전자는 그가 사랑하는 유부녀를 단념하기보다 그녀의 남편을 경쟁 상대로 보고 그의 부인을 가지려 하는 행태로 나타났으며, 후자는 『탄호이저』에서 엘리자베트와 베누스, 『로엔그린』에서 엘자와 오르트루트, 『니벨룽의 반지』에서 지글린데와 브륀힐데의 대조적인 배역, 그리고 『파르지팔』에서 쿤드리의 양면적 성격에 녹아 있다. 이처럼 오페라 속의 대조적인 여성 캐릭터는 정숙한 여성을 좇으면서 관능적인 여성을 탐하는 바그너의 양면성을 반영한 것으로 볼 수 있다.

바그너의 어머니 요한나는 74세까지 살았다. 하지만 그가 어머니 이상으로 진한 모정을 느꼈던 로잘리에는 34세에 요절했다. 그러므로 모성애에 대한 그의 아쉬움은 어머니와 거의 떨어져 살았던 소년기의 경험과 청년기에 겪었던 큰누나의 죽음 때문에 각별했을 것이다. 이러한 개인사의 배경으로 그는 자신에게 재정적 지원을 해 준 율리에 리터 부인을 어머니로 불렀으며, 자신보다 아홉 살 많은 소프라노 슈뢰더데프린트에게는 어머니에 버금가는 예우를 했다. 후일 그는 반지 4부작에서 자애로운 지글린데의 면모와 강인한 브륀힐데의 면모를 강조했는데 이는 큰누나에 대한 기억의 반영이며, 『지그프리트』를 작곡할 때는 제2막 2장에서 모성애의 동기를 넣어 서운함을 달랬다. 바로 용을 퇴치하러 가는 지그프리트에게 길을 안내하는 새 한 마리를 등장시켜 어머니를 회상하는 말벗으로 삼는 장면이다.

Du holdes Vöglein!

dich hört' ich noch nie;

bist du im Wald hier daheim?

Verstünd' ich sein süsses Stammeln!

Gewiss sagt' es mir' was,

vielleicht…von der lieben Mutter?

아름다운 작은 새야!

너의 노래, 전엔 들어 본 적이 없어.

이 숲이 너의 고향이냐?

저 지저귐 소릴 내가 알아들을 수가 있다면!

쟤가 분명 나한테 뭔가 말하고 있는데,

어쩌면…사랑하는 어머니 이야길까?[6]

그의 어머니에 대한 인상은 『니벨룽의 반지』에서 에르다와 브륀힐
데, 『파르지팔』에서 쿤드리로 반영되었다. 즉 전자의 투사적인 면은 두
번이나 일찍 남편을 여의었음에도 재혼하지 않고 가정의 버팀목이 되
어 준 어머니의 다른 모습이고, 후자의 양면적인 면은 양부를 유혹한
어머니와 자녀를 양육한 어머니의 다른 모습이다. 그에게 어머니는 반
려자 없이 가정을 위해 헌신한 자신의 또 다른 아버지였다. 한편 그는
여성에 대해서는 다음과 같이 생각했다. 즉, 코지마를 만나기 전 자기
를 차지한 여성은 없었다는 것이다.

6. 리하르트 바그너, 안인희 옮김, 《지그프리트》, p.221.

라인강의 세 처녀: 바그너의 세 처녀

바그너가 이성에 끌리기 시작한 때는 비극《로이발트》를 쓰기 시작한 1826년이었으니, 그의 사춘기는 재능과 짝으로 찾아온 셈이다. 그해 12월 초 바그너 가족은 프라하의 한 극단에 좋은 조건으로 취업한 장녀 로잘리에를 따라 그곳으로 옮겼다. 다만 바그너는 드레스덴에 남았다. 막내아들에게 독립심을 갖게 하려는 요한나의 배려 때문이다. 바그너의 하숙집 주인은 어머니와 친한 이웃으로, 그의 아들은 바그너의 급우 루돌프 뵈메Rudolf Böhme였다.

뵈메 가족이 사는 집은 작고 가구는 후졌다. 그래도 진한 가족애를 느낄 수 있어 그로서는 만족스러웠다. 게다가 딸 부잣집인 덕에 그는 누이와 헤어진 아쉬움을 덜 수 있었다. 또 그들의 친구들이 자주 찾아와 심심할 틈이 없었는데, 그들 중에 바그너가 처음으로 사랑을 느낀 아멜리에 호프만Amelie Hoffmann이 있었다. 하지만 그는 좀처럼 그녀와 눈을 맞출 수 없었다. 정작 그녀가 자신에게 말을 걸어왔을 때, 그는 말 한마디 건네지 못했다. 짜릿한 흥분과 설렘이 말문을 닫게 했기 때문이다. 그는 자서전에 썼듯이 일부러 실신한 채 그 자리에 누워 버렸다. 그러고는 침대에 누워 자기 옆에 바짝 붙은 채 물수건으로 얼굴을 닦아 주는 아멜리에의 감촉을 즐겼다. 아멜리에는 바그너보다 네댓 살이 많았으므로, 애초에 그의 여자 친구가 되기는 힘들었다. 그녀에게 그는 우연히 만난 철부지 소년에 지나지 않았을 것이다.

그해 12월 말 드레스덴에 들른 요한나는 바그너를 데리고 프라하로 갔다. 아들을 한 주일간 누이들과 상면시키기 위해서였다. 그는 며칠 뒤 넷째 누나 오틸리에를 찾아온 파흐타Pachta 백작의 두 딸 예니Jenny Raymann와 아우구스테Auguste Raymann 자매를 보고 다시 한번 연정을 불태웠다. 두 소녀의 미모는 아멜리에보다 한 수 위였다. 언니 예니는 열여섯 살로 짙은 갈색 머리에 크고 시원한 눈매를 가졌고, 동생 아우구스테는 금발에 웃는 표정이 매력적이었다. 실은 두 소녀는 레이만 부인의 사생들이었다. 그녀는 소문난 미인으로 남편과 일찍 사별한 뒤 파흐타 백작을 만나 자매를 낳았다. 레이만 부인과 백작은 여전히 친밀한 사이인데, 부인은 꽤 큰 성을 소유한 재력가로 그 영향력은 연인에 못지않았다. 바그너는 두 소녀가 마음에 들었다. 굳이 택하라면 짙은 갈색 눈동자를 가진 언니 쪽이었으나, 생각 같아서는 자매가 모두 연인이었으면 싶었다. 그러고는 열세 살 나이임에도 기껏 생각한다는 것이 '왜 남자는 두 여자를 사랑하면 안 되는가'였다.

바그너는 다음 해(1827) 4월, 단짝 친구 루돌프 뵈메를 꼬드겨 프라하로 도보여행을 떠났다. 가족보다는 꿈에 그리던 예니와 아우구스테를 보고 싶어서였다. 드레스덴에서 프라하까지는 직선거리만도 120킬로미터가 된다. 출발지에서 40킬로미터 떨어진 테플리츠까지 가는 데 꼬박 하루가 걸렸는데, 여비와 요깃거리도 떨어지고 발도 부르터 무슨 대책을 세우지 않으면 안 되었다. 하나 여기서 물러설 바그너가 아니었다. 아역배우 시절의 기억을 되살린 그는 뒤따르는 친구에게 자기를 지켜보라는 듯, 행인과 상점주에게 통사정을 하거나 구걸을 하기도 하고, 승합마차를 얻어 타기도 해서 이틀 뒤에 목적지에 당도할 수 있었다. 당시 그들이 이용한 교통수단은 화물을 실은 서민용 마차로, 중산층 이상은 편하고 빠른 우편마차를 이용했다. 이때의 경험은 이후 바그너가 체면과 염치에 아랑곳하지 않고 필요하다면 누구에게든 도움을 청하거나 돈을 빌리는 단초가 되었다. 나아가 적선이란 베푸는 이나 받는 이 모두에게 이로운 행동이며, 그러므로 세상을 위해 예술품을 창조하

는 사람에게는 사적으로든 공적으로든 재정 지원을 아끼지 않는 것이 올바른 일이라는 생각을 갖게 됐다.[7]

　프라하에 도착한 바그너는 누이들이 귀족 신분의 자제들과 사귀는 것을 보고 신분 상승을 한 기분이 들었다. 그는 예니와 아우구스테에게 자작시를 낭송하거나 피아노를 연주하는 것으로 자신의 교양을 뽐냈으며, 이 도시의 예술적 분위기에 젖는 즐거움도 누렸다. 그는 닷새가 지나 프라하를 떠날 즈음 두 소녀를 두고 더는 갈등하지 않았다. 그는 언니인 예니에게 사랑을 고백하기로 마음먹었다. 그렇지만 열네 살 소년의 연정이란 게 얼마나 대단하겠는가. 그동안 하루도 빠짐없이 그녀를 만났음에도, 미래의 카사노바는 그저 자기 자랑만 늘어놓을 뿐이었다. 게다가 그는 누나 오틸리에가 하는 말에 주눅이 들어 버렸다. "넌 걔들의 친구가 되기엔 너무 어려. 걔들에겐 멋지게 생긴 귀족 사내들이 줄을 서고 있는걸."

　그로부터 7개월 뒤 크리스마스를 앞두고 차녀 루이제가 라이프치히의 한 극장에 취업하자 가족은 이를 계기로 주거지를 다시 옮겼다. 라이프치히는 바그너가 태어난 곳으로, 그는 이 기회에 가족과 합류했다. 다만 루이제는 다음 해 결혼을 앞두고 있어 아파트에서 혼자 생활하고 있었는데, 바그너는 자신의 마음을 뒤흔든 또 다른 소녀 레아 다비드Leah David를 여기서 보게 된다. 그녀는 열일곱 살, 유대인 은행가의 외동딸로 용모는 예니보다 못하지만, 예니와 달리 자신에게 호감을 보이는 데 적극적이었다. 그러나 어쩌랴. 한 달도 못 되어 그녀는 약혼자라며 바그너에게 키 크고 잘생긴 청년을 소개했다. 그는 그날 저녁 태

---

7. Ernest Newman, *The Life of Richard Wagner vol.1*, pp.48~49.

어나 처음으로 침대에 머리를 파묻고 흐
느꼈다. 그러고는 애써 자신을 위로했다.
"그래, 나에게는 그녀보다 아름다운 예니
가 있다. 가까운 날에 그녀를 만나 사랑
한다고 말하자."

테오도어 아펠

바그너가 예니를 만나는 일은 그로부터
5년이 지나서야 이루어진다. 그동안 작곡
공부와 창작으로 여념이 없었던 까닭이
다. 그는 이번에도 배낭여행을 택했는데,
동반자는 라이프치히 대학교 동기 테오도
어 아펠Theodor Apel(1811~1867)이었다. 아펠은 장차 재산가인 아버지의
유산을 받을 것이어서 바그너의 재정도 돕고 극작가로서 그의 창작도
도와줄 친구였다. 둘은 견문을 넓히기 위해 빈과 프라하를 거쳐 예니가
있는 프라보닌으로 갈 예정이었다. 바그너도 처음 여행 때와는 달리 자
신감이 생겼다. 그가 마흔 살에 알프스 고산지역을 도보로 여행한 것이
나, 유럽 일대를 처소 삼아 정처를 자주 옮겨 다닌 것은 이때의 경험이
큰 몫을 했다.

때는 1832년 9월, 바그너도 이제는 소년티를 벗은 열아홉 청년이었
다. 어디 그뿐인가. 지역 신문에 이름이 소개된 예비 작곡가다. 그는 그
때의 벅찬 감정을 잊지 못하여 "나는 멋지게 자라는 턱수염에 가슴 뿌
듯해하며, 예니 가족의 환대가 가져다준 자신감에서 자매 중 누구든지
나를 사랑하기 바랐다"고 자서전에 썼다. 하지만 그는 다음 날 그들 각
자에게 약혼자가 있음을 알게 되었다. 그가 이전과 달리 실연의 아픔을
오랫동안 겪어야 했음은 물론이다.

바그너는 그해(1832) 12월을 맞을 때까지 실연의 아픔에서 헤어나지 못했다. 예니는 그의 영원한 스타였기 때문이다. 그 무렵 그가 완성한 『결혼』의 오페라 대본은 확신이 서지 않았다. 초입부에서 멈춘 음악은 진척이 없었다. 마침 큰누나 로잘리에도 실연으로 비탄에 빠져 있었다. 그녀는 배우와 가수로 성공적인 경력을 쌓았으나 자신처럼 사랑에 성공하지는 못했다. 그는 둘째 누나 루이제가 결혼한다는 소식을 들었을 때 서운함을 느껴 누나를 원망했다. 셋째 누나 클라라가 결혼했을 때는 누이가 그리워 라이프치히에서 마그데부르크까지 배낭여행을 했다. 로잘리에는 두 동생이 결혼한 지 3년이 지나도록 홀몸이었다. 그때 바그너는 그녀가 앞으로 4년 뒤(1836)에 결혼하여 이듬해에 딸을 낳고 죽을 줄 생각이나 했을까.

　큰누나는 그가 아기 때 어머니처럼 보살펴 주었고, 그가 잘못된 행동을 할 때면 엄히 꾸짖어 주었다. 또 그가 작곡을 했을 때는 창작 악보를 피아노로 연주하면서 고언을 해 주었다. 그 누이가 이제는 자기와 동병상련의 처지가 된 것이다. 그런 누이가 전에 없이 『결혼』의 대본을 단호하게 비판했다. 하긴 그것은 제목에 어울리지 않게 정략결혼의 비극을 다룬 것이다. 구성은 E. T. A. 호프만의 소설에서 빌려 온 어둡고 오싹한 분위기 외에도 설화에서 가져온 유령과 광기의 소재 등으로 산만하다. 그러나 로잘리에가 실연하지 않았다면 대본을 고쳐 쓰라는 충고 정도로 끝나지 않았을까. 혹은 행복하게 마무리되는 희극이라면 그토록 혹평하지는 않았을 것이다. 바그너는 바인리히 교수로부터 이 작품의 서두에 들어간 7중창에 대해 칭찬을 받은 바 있었다. 그래서 폐기하기보다는 보완할 여지가 있는 작품으로 여겼다. 그럼에도 그가 로잘리에의 비판을 받아들여 대본을 불태운 것은, 그 역시 마음의 상처가 깊었기 때문일까.

바그너는 1834년 7월 친구 아펠과 프라하 여행 중에 예니와 아우구스테를 다시 만났다. 아마 자매와의 달콤쌉싸름한 추억이 없었다면 그들의 여행지는 바뀌었으리라. 자매는 아직 결혼하지 않았으나 부자 아버지로부터 유산을 받은 터여서인지 태도가 달라져 있었다. 부유한 청년 아펠에게 관심을 보이던 아우구스테는 물론 바그너를 대하는 예니의 태도 역시 살갑지 않았다. 공교롭게도 그즈음 바그너의 머릿속에 떠오른 오페라는 『연애금지』였다. 그로서는 자매 중 누구와도 인연을 맺지 못한 처지를 그들에 대한 사랑을 제지당한 결과로 여겼을 법하다.

그로부터 9년 뒤 1843년 가을, 바그너는 프라하 여행 중에 자매를 마지막으로 보았다. 그들은 행복한 가정을 꾸렸으며, 자신의 열렬한 음악 팬이 되어 있었다. 만일 바그너가 부모로부터 많은 재산을 물려받은 예니와 결혼할 수 있었다면, 궁핍한 청년기의 생활은 면할 수 있었을까. 혹시 그의 유별난 사치벽으로 인해 예니의 재산을 거덜 내지나 않았을까.

추남 알베리히의 과잉보상: 바그너의 별난 애정 행각

테레제 링겔만과 프리데리케 갈바니

바그너는 1833년 2월 뷔르츠부르크 극장의 합창감독직을 맡으면서 음악 무대에 섰다. 그의 임무는 합창연습 외에도 단원 중에 유망한 가수를 찾아내어 오페라 무대에 데뷔시키는 일이었다. 그의 관심 대상은 목소리 못지않게 얼굴이 반반한 여성 단원이었는데, 그중에 단연 돋보인 이가 소프라노 테레제 링겔만Therese Ringelmann이었다. 그는 그녀를 프리마돈나로 키우고 싶었다. 하지만 그 전에 그녀의 연인이어야 했다. 그는 더 이상 사랑을 애걸하는 애송이가 아니었다. 더욱이 그녀는 그의 짝이 되려고 안달이 나 있었다.

테레제의 아버지는 분묘 터를 파는 인부였다. 그녀의 어머니는 가장의 신분을 감추기는커녕 딸을 바그너와 맺어 주려고 열심이었다. 그럼에도 그들의 사랑은 오래가지 않았다. 그의 관심이 시들해진 이유는 그녀 아버지의 직업 탓이 아니었다. 실은 테레제의 지식 정도가 낮은 데다 그녀만큼 아름다운 여성이 한둘이 아니었기 때문이다. 그는 위신이나 체면 따위를 따질 위인이 아니었다. 만일 그녀의 아버지가 부자였다면 변심하는 일은 없었을지도 모른다.

대하 악극 『니벨룽의 반지』에서 알베리히는 라인강에서 헤엄치는 세 처녀에 반하지만, 그들은 그의 추한 모습에 처음에는 기겁을 하더니, 나중에는 그를 놀려 댄다. 그는 거기에 앙심을 품고 그들이 숨겨 놓은 황금을 훔쳐 달아나는데, 바그너로 말하면 못생긴 알베리히에서 잘생긴 지그프리트로 변신을 한 셈이다. 소년일 때 그는 사랑하던 세 처녀로부터 차례로 업신여김을 당하지 않았던가. 그래서 한때 그는 그 보상으로 도박과 결투에 운을 걸기도 하고, 홍등가를 드나들면서 저열한 쾌락에 젖기도 했다. 하나 지금은 자신이 가진 황금(재능)으로 여성들이 선망하는 남자가 되었다.

바그너의 다음 연인은 프리데리케 갈바니Friederike Galvani였다. 그녀는 이탈리아 과학자 루이지 갈바니의 손녀로 검은머리에 짙은 갈색 눈동자를 지닌 남부 유럽형 미인이었다. 바그너는 불륜의 명수다웠다. 그는 프리데리케가 같은 극장에 소속된 관현악단의 오보에 주자와 약혼한 사이임을 알고도 그녀와 뜨거운 사이가 되었으니 말이다. 하지만 그들의 관계는 바그너가 1834년 1월 21일 뷔르츠부르크를 떠나면서 끝이 났다. 그는 뜨거운 피를 가진 남부 여성이 내심 두려웠다. 그녀는 테레제와 달리 질투심이 많았던 탓이다. 게다가 약혼자를 두고도 다른 남성을 사귀는 여자라면, 언젠가 자신도 그녀에게 버려질 수 있을 터였다.

그렇다면 의문이 생긴다. 두 여성은 그의 눈을 단박에 사로잡은 것으로 보아 그가 아내로 택한 민나의 미모에 뒤지지 않았을 것이다. 민나의 교양 역시 그들보다 나은 수준은 아니었다. 그녀는 남편의 창작욕을 북돋우기보다 가장이 벌어 오는 적은 수입을 타박하는 데 치우쳤다. 그가 아내의 고집과 투정으로 결혼 초에 곤욕을 치른 점을 감안하면 아이러니하다. 사랑이란 마법과 같아서 명쾌하게 설명할 수도 없고, 숙명과 같아서 이처럼 어울리지 않는 조합도 만들어 내는가 보다.

빌헬미네 슈뢰더데프린트: 연정과 흠모 사이

바그너에게는 첫눈에 반했으나 연인이 되지 않고 음악 동료로 남은 여성이 있다. 그녀는 슈뢰더데프린트Wilhelmine Schröder-Devrient(1804~1860)로 1804년에 태어나 바그너보다 아홉 살이 많았으며, 1860년에 죽어 그보다 23년 일찍 세상을 떠났다. 그가 슈뢰더데프린트에게 마음을 빼앗긴 것은 1829년 4월, 『피델리오』에서 레오노레 역으로 무대에 선 그녀를 보고 나서였다. 그는 자서전에 당시의 감흥을 다음과 같이 적었다.

젊고 아름다운 빌헬미네 슈뢰더데프린트가 『피델리오』에서 피력한 노래와 연기는 그녀의 예술 경력에서 내가 다시 볼 수 없었던 절정의 무대였다. 나의 삶을 돌아보면 나에게 그처럼 깊은 인상을 준 인물은 없었다. 그녀가 전

성기에 보여 준, 비할 나위 없이 혼신을 다해 배우의 혈기를 쏟아부었던 예술인을 나는 다시 찾지 못했다.

나는 공연이 끝나자 친구의 집에 달려가 그녀에게 보내는 메시지를 몇 자 적었다. 나는 쪽지에 '그 무대는 내 생애의 진정한 의미를 깨닫게 한 순간이고, 예술의 세계에서 당신에게 보내는 최상의 찬사이며, 그날은 다가올 내 운명을 만든 저녁임을 당신이 기억해 주길 바란다'고 썼다. 나는 그것을 그녀가 머무는 호텔 방에 남겨 두고는 기쁜 마음에 미친 듯이 밤길을 내달렸다. 1842년(10월 20일), 내가 『리엔치』를 가지고 드레스덴 무대에 데뷔하는 날, 나는 온정 어린 마음으로 나를 맞이하는 그녀에게 오래전 내가 서신에 적은 말을 건넸다. 그녀의 놀라워하는 표정은 나에게 강한 인상을 받았다는 외에, 내가 보낸 메모지를 아직도 갖고 있다는 뜻으로 읽혔다.[8]

바그너는 그로부터 3년 뒤인 1832년 12월 『마탄의 사수』에 출연한 그녀를 다시 보았고, 1834년 3월 벨리니의 『캐플렛가와 몬태규가』에서 로미오를 노래하는 그녀를 또 보았다. 그녀의 가창은 이전보다 완숙되어 있었으며, 마치 배우처럼 연기를 펼쳐 감동을 자아냈다. 그녀는 이전의 가수와 달랐다. 아름다운 가성은 슬픈 여운을 머금었고, 힘찬 가창은 극적인 분위기를 띠었다. 그처럼 동작이 큰 몸짓과 여러 표정을 보인 가수는 여태껏 없었다.

그는 그날의 충격으로 자신의 첫 오페라 『요정』의 공연을 포기했다. 자기 오페라는 노래와 연기를 겸비한 극음악이어야 하며, 이러한 요구를 만족하지 못하는 습작은 무대에 올릴 수 없다는 게 이유였다. 원래

---

8. Richard Wagner, *Mein Leben(1813-1864)*, p.34.

『요정』은 큰누나 로잘리에가 라이프치히 극장 지배인에게 매달리다시피 하여 공연을 의뢰한 작품이지만, 극장 측에서는 확신이 서지 않는다며 1834년 여름 시즌에나 고려해 보겠다고 언질만 해 둔 터였다. 이후 『요정』은 방치되었으며, 초연은 바그너 사후 5년이 되는 해(1888년 6월 29일)에 이루어졌다.

바그너가 슈뢰더데프린트를 직접 대면한 때는 그가 마르부르크 극단의 음악감독으로 있던 1835년 4월이었다. 하지만 공연 중에 소란이 생겨 객연 가수로 초대된 그녀와 자세한 대화를 나누지 못했다. 바그너에게 슈뢰더데프린트는 자신의 영웅인 베토벤과 카를 베버의 오페라에서 여주인공(레오노레와 아가테)을 노래한 우상이었고, 오페라에서 노래와 연기는 하나라는 사실을 입증시켜 준 이상적인 프리마돈나이자 노래하는 배우, 연기하는 가수였으며, 파울 루벤스의 누드 그림처럼 풍만한 몸매와 풍성한 성량을 지닌 아름다운 여신이었다. 당시 그녀는 독일에서 가장 인기 있는 소프라노였다. 슈뢰더데프린트의 옆얼굴과 전신이 그려진 그림을 보면 크고 시원한 눈매에 반듯한 콧대, 이지적인 느낌을 주는 입매를 가졌으며, 평균을 조금 넘는 키에 약간 큰 체격임을 알 수 있다. 바그너는 그녀에게 영향받아 그로부터 15년 뒤 《미래의 예술작품》에서 성악가에게 노래와 연기력을 겸비할 것을 요구했다.

슈뢰더데프린트의 가창은 그 자체가 연기였다. 그녀는 남성으로 변장한 여성(레오노레)을 노래했고, 여성으로서 남성 역(로미오)을 노래했으니, 오리지널 카스토라토Womanly Castrati의 목소리를 실연實演한 셈이다. 또한 그녀는 토마Ambroise Thomas의 『햄릿』에서는 가련한 여성 역(오필리어)을 노래함으로써 두 성역(소프라노와 메조)과 두 성격(드라마틱 보이

빌헬미네 슈뢰더데프린트

스와 리릭 보이스)을 아우르는 능력을 보였다.[9] 그 점에서 그녀는 소프라노와 메조를 겸한 바그너 가수 마르타 뫼들[10]과 극적이고 서정적인 목소리를 낸 마리아 칼라스의 원형이었다. 그녀는 열창과 사실주의 연기로 찬사를 받았다. 다만 이따금 목소리에 난조를 보여 비판을 받기도 했다. 그녀의 전성기는 1825년에서 1846년에 이르는 비교적 짧은 시기로, 무대에서의 혹사가 이유였다.

슈뢰더데프린트는 바리톤 프리드리히 슈뢰더와 인기 여배우 안토니에타 조피 브뤼거 사이에서 태어났다. 따라서 그녀의 풍려한 노랫소리와 발군의 연기력은 부모의 자질이 결합한 결과다. 그녀는 바그너가 원한 여성영웅Heroine의 이상으로, 만일 그녀가 없었다면 바그너 소프라노의 전형은 사뭇 달랐을 것이다. 그녀는 『리엔치』와 『방황하는 네덜란드인』에서 여주인공들을 노래했고, 『탄호이저』에서 비너스를 노래했으며, 브륀힐데와 쿤드리의 원형이었다. 모두 바그너가 그녀의 이미지와 노래 성격을 떠올리면서 만든 캐릭터라는 데 공통점이 있다. 한편 그녀는 그가 《오페라와 드라마》를 쓰는 데 영향을 끼쳤으며, 〈연기자와 성악가에 관하여Über Schauspieler und Sänger〉의 역할 모델이었다.

슈뢰더데프린트는 바그너의 생애에서 이토록 강한 인상을 남긴 여성이었다. 그녀에 대한 그의 첫인상은 베를리오즈가 아일랜드 태생의 영국 배우 해리엇 스미스슨Harriet Constance Smithson에게서 느꼈던 것만

9. Nila Parly, *Vocal Victories, Wagner's Female Characters from Senta to Kundry*(Museum Tusculanum Press, 2011), p.40.
10. 마르타 뫼들Martha Mödl(1912~2001)은 전설적인 바그너 성악가로 알려진 히르스텐 플라그슈타트Kirsten Flagstad(노르웨이)의 뒤를 이어 왕성하게 활동한 소프라노다. 아스트리드 바르나이Astrid Varnay(스웨덴), 비르기트 닐슨Birgit Nilsson(스웨덴), 귀네스 존스Gwyneth Jones(영국)와 더불어 전후 바그너 소프라노 4인방으로 알려졌다. 뫼들은 독일 태생으로, 중음역이 탄탄하고 소리대역이 넓어 메조소프라노로도 활동했다.

큼 강렬한 것이었고, 그녀에 대한 열정은 베를리오즈가 스미스슨에게 쏟았던 열애에 버금가는 것이었다. 당시 두 작곡가는 상대 여성과 달리 무명이었다. 이후 베를리오즈는 이름이 알려지고도 6년의 설득 끝에 스미스슨을 아내로 삼을 수 있었던 데 비해 바그너는 그러지 않았다. 그 이유는 무엇일까. 두 여성 모두 연상이었으되 스미스슨이 그보다 세 살이 많았으며, 슈뢰더데프린트는 그보다 아홉 살이 많았고 남편이 있었다. 하긴 바그너에게 9년의 나이 차와 유부녀라는 신분은 그의 연애 경력에 비추어 보면 걸림돌이 아니다. 두 작곡가의 행로를 가른 것은 본인의 상대 여성에 대한 태도와 두 여성의 상대 남성에 대한 견해차였다. 즉 베를리오즈는 우상에 대해 사랑의 감정을 느꼈고, 바그너는 우상에 대해 존경의 감정을 느꼈다. 연모와 흠모는 그 뿌리가 사랑에 있다고 해도 이처럼 다른 결과를 낳는다. 또한 스미스슨은 배우를 그만둘 만큼 상대의 구애를 믿은 반면, 슈뢰더데프린트에게 바그너는 단지 전도유망한 음악가였을 뿐이다.

슈뢰더데프린트는 바그너에게 연인이나 누이가 아닌 어머니의 감정을 느끼게 한 여성이었다. 실은 바그너가 그녀를 배우자로 염두에 두지 않은 것은 베를리오즈와 스미스슨의 결혼 생활이 행복하지 못했음을 감안하면 다행이었다. "인기인의 사진을 벽에 걸어 두면 언제나 흐뭇하지만, 그가 집에 오래 머물면 불편해진다"는 말이 있는 것처럼 환상이 현실이 될 때 실망의 정도는 엄청난 법이다. 슈뢰더데프린트는 1823년 배우 카를 데프린트와 부부의 연을 맺었으나 5년이 지나 헤어졌다. 이후 그녀는 재혼과 이혼, 별거로 끝난 세 번째 혼인 등으로 순탄치 않은 결혼 생활을 보냈다. 그래서 그녀가 재혼 상대를 바그너로 택했다면 사정은 더욱 나빴을지 모른다.

바그너는 그녀를 연인으로 꿈꾸었으나, 현실에서 존경하는 여성으로 선택하는 데 그쳤다. 그의 아내가 된 코지마는 1871년 남편이 했던 말을 다음과 같이 일기에 적었다.

"나는 슈뢰더데프린트를 꿈에서 보았소. 난 그녀와 관계beziehungen를 맺었지." "어떤 종류의 관계였죠?" 내가 남편에게 물었다.

"으레 그렇듯 육욕적인 관계가 아니었소. 그래요. 나는 그녀에게 이성애의 열망liebes-sehnsucht을 품은 적이 한 번도 없었소. 그녀와는 온건한 관계 이상이 아니었고, 더 이상 캐물을 것도 없는 사이였소."[11]

바그너와 슈뢰더데프린트는 서로에게 둘도 없는 예술 동지였다. 그녀는 그로 인해 가수로서 더욱 발전할 수 있었으며, 그는 그녀 덕에 작품에 깊이를 더할 수 있었다. 그는 그녀를 우상으로 남겨 둠으로써 그녀에 대한 판타지를 평생 간직할 수 있었다. 그녀는 바그너의 어머니와 누이들의 대리상像이었으며 그가 죽기 이틀 전 꿈에 나타난 여성 중 한 사람이었다.

제시 로소

바그너는 바람둥이가 될 여건을 제대로 갖추었다. 그는 여성과 대면할 기회가 많은 무대 예술 분야에서 일을 한 데다 비상한 재능과 언변으로 상대를 매료시키는 카리스마가 있었다. 또 넘치는 정력의 소유자였고, 성욕을 채우기에 급급한 남자였다. 그는 처세의 달인이었던 만큼

---

11. Laurence Dreyfus, *Wagner and the Erotic Impulse*, p.54 [Cosima Wagner, Martin Gregor-Dellin und Dietrich Mack(ed.), *Die Tagebücher vol.1*(Piper, 1982), p.419 재인용].

연애에도 달인이어서 여성을 조종하는 데 빈틈이 없었다. 그는 자신의 무의식을 지배하는 모성상(첫째 누이 로잘리에의 원형 이미지로 흠모의 대상)과 무의식이 갈망하는 이성상(막냇누이 체칠리에의 그림자 이미지로 성애의 대상) 사이를 오가면서 사랑을 예술처럼 하고, 예술을 사랑처럼 한 로맨티스트였다. 또 여복은 많은 반면 여난은 잘 피해 갔다. 아내의 별난 질투심으로 곤욕을 치른 푸치

제시 로소

니나, 아내의 자살 소동을 겪은 드뷔시와 달리 바그너는 여자 문제로 화를 당한 적이 없다. 그 점에서 그가 다수의 유부녀와 각별한 염문을 일으켰다면 그는 대단한 운을 시험한 셈이다.

제시 로소Jessie Taylor Laussot(1829~1905)는 영국인으로, 포도주 판매업을 하는 프랑스인 남편과 보르도에 사는 유한부인이었다. 그녀는 1845년 10월 19일 드레스덴에서 공연한 『탄호이저』를 본 이래 바그너의 열혈 팬이 되었다. 그로부터 5년 뒤(1850년 3월 14일), 그녀는 파리에 체재 중인 바그너를 보르도에 초청했으며, 그날 동석한 율리에 리터(작곡가이자 시인 카를 리터의 어머니) 부인은 5월 초 바그너를 방문하여 자신과 제시 부부가 합의하여 그에게 3,000프랑(현 한화로 450만 원)[12]의 연금을 주기로 한 사실을 전했다. 하지만 바그너와 제시는 이미 한 달 전부

---

12. 위의 한화는 현재 가액으로 환산한 액수로, 당시 현지에서의 구매력은 감안하지 않았다. 실제 가액은 그 여섯 배인 2700만 원 정도가 될 것이다(참고로 1프랑=1파운드, 1플로린=3파운드, 1굴덴=3파운드, 1탈러=4파운드, 1두카트=11파운드다. 1파운드는 현 한화로 1,500원에 해당한다. Rudolph Sabor, *The Real Wagner*, p.170).

터 뜨겁게 사랑하는 사이였다. 그는 자신보다 열여섯 살 어린 젊은 부인에게 반하고, 그녀는 젊은 음악가의 재능에 반한 것이다. 그에게 아름다운 여성은 거액의 연금과도 바꾸지 못할 유혹이었다.

그들은 그저 깊은 관계에 그치지 않았다. 그해 5월 그리스 지역으로 함께 도피하기로 한 까닭이다. 그러나 낌새를 눈치챈 그녀의 남편이 그에게 권총으로 위협한 데다 그녀의 변심으로 도피행은 수포로 돌아갔다. 바그너는 그의 권총 위협을 받으면서 13년 전 민나를 정부에게서 떼어 놓기 위해 연적을 권총으로 겁박했던 때를 떠올리지 않았을까. 물론 그로 인해 바그너가 받기로 한 연금은 물거품이 되었다. 다만 율리에 리터 부인이 약속을 깨지 않은 덕에, 그는 1851년부터 1859년까지 당초 연금의 약 3분의 1에 해당하는 연 800프랑을 지원받을 수 있었다. 하긴 800프랑이라고는 해도 한 시즌의 지휘에 기껏해야 200프랑을 받는 그로서는 이보다 더 기분 좋은 수입은 없었다. 그러나 한시적인 지원은 되레 그의 과소비를 부추기고, 빚을 불리는 역효과를 불러온 요인이었다.

공교로운 것은 제시가 바그너와 스캔들을 일으킨 코지마와 간접적으로 연결되어 있는 점이다. 제시는 코지마의 첫 남편 한스 폰 뷜로Hans von Bulow(1830~1894)와 피아노를 함께 배운 동문이었고, 피렌체로 이주해서는 '케루비니 협회'를 설립하여 독일의 실내악곡들을 알리는 등으로 코지마의 아버지 리스트로부터 찬사를 받았다.

한스 폰 뷜로

두 마틸데와 한 미망인

마틸데 베젠동크

　제시 로소가 바그너의 삶에서 가볍게 지나간 사랑의 홍역이라면, 마틸데 베젠동크Mathilde Agnes Luckemeyer Wesendonck(1828~1902)는 그의 음악과 삶의 일부가 된 사랑의 열병이었다. 아마도 바그너의 생애에서 가장 치열하고 극진하게 사랑한 여성을 꼽으라면, 마틸데 베젠동크이리라. 그녀는 바그너가 편지에 '그대, 성배여Du, heilige Gral'로 적었듯이 지상표上의 보물이었으며, 지그문트가 사랑한 지글린데였다. 또한 트리스탄이 죽도록 사랑한 이졸데였으나 그럼에도 끝내 단념할 수밖에 없었던 마이스터징거(한스 작스)의 에파였다.

　그녀는 인문학적 소양이 풍부한 시인이었고, 그녀의 남편 오토 베젠동크는 회화 수집에 취미가 있었으며, 부부가 음악애호가였다. 바그너는 그들 부부를 1852년 2월 17일 자신이 주관한 연주회에서 처음 만났다. 당시 그는 정치 망명으로 스위스의 취리히에 머물렀는데, 그들과 인연을 맺은 것은 행운이었다. 베젠동크는 부유한 비단 판매상인 덕에 1853년 5월 기금을 마련해 바그너 축제를 열도록 주선했으며, 1년 뒤에는 그의 빚을 갚아 주었기 때문이다. 또 매년 2,000프랑의 연금을 지급한 것 외에도 1857년 4월에는 자택 옆에 위치한 집(바그너가 아쥘Asyl, 즉 은신처로 이름 붙임)에서 살도록 호의를 베풀었다. 하지만 그사이에 마틸데 베젠동크는 바그너의 연인이 되었다.

　바그너는 마틸데에게 음악을 말하고, 그녀는 그에게 문학서와 불교 관련 서책을 선물했다. 그는 1855년 1월, 이에 대한 감사의 표시로 「파우스트 서곡」 개정판 악보의 표지에 약어문자 S.L.F(Sein Lieben Freundin

그의 친애하는 친구)를 써서 그녀에게 헌정했으며, 수개월 뒤에는 『발퀴레』 제1막의 초고 대본 겉에 'I.l.d.g(Ich liebe dich grenzenlos 그대를 무한히 사랑합니다)'라고 쓰고, 안쪽에 'L.d.m.M.(Liebst du mich Mathilde 마틸데여, 저를 사랑합니까)?', 'D.b.m.a(Du bist mir alles 당신은 저의 모든 것입니다)!'라고 써서 선물했다. 하지만 그들의 연애 행각은 1858년 4월 7일 그녀의 남편(오토)이 충고하고 그의 처(민나)가 훼방 놓음으로써 파국을 맞았다. 그날 민나가 마틸데에게 보내는 남편의 연서 '아침의 고백Morgenbeichte'을 중도에서 가로챈 것이 발단이었다. 그것은 『트리스탄과·이졸데』 서곡의 초고 악보 안에 넣어 인편으로 보낸 것으로 다음은 연서의 일부다.

이 아침에 저는 또다시 이성적인 마음이 되었답니다. 제 가슴 깊숙이 제 천사에게 기도하는 저를요. 기도하는 자는 사랑입니다! 사랑! 이 사랑, 제 구원의 뿌리 안에 제 영혼의 깊디깊은 기쁨이 놓여 있습니다…저를 보세요. 모든 것이 저에게는 의심할 여지 없는 진실이 되었습니다. 저에게 이처럼 훌륭하고 성스러운 휘광이 머물 때 저는 확신을 가집니다. 그것과 더불어 그 안에 저 자신을 빠뜨릴 것을요.[13]

바그너는 그날 이후 아내의 냉대를 받았으나 개의치 않았다. 오히려 마틸데에 대한 그리움만 더할 뿐이었다. 당시 『파르지팔』 초고를 쓰기 시작한 그는 며칠 뒤 그녀에게 그 작품의 대본 구상을 들려주면서 파르지팔(바그너)이 찾는 진정한 성배는 마틸데 베젠동크라고 말해 주었다. 그러고는 마틸데를 자신의 성배로 정한 글에 곡을 붙여 그녀에게

13. Barry Millington, *Wagner*, p.65.

마틸데 베젠동크

보냈다.

PARZIVAL.

Wo find' ich dich, du heil'-ger Gral, dich sucht voll Sehn-sucht mein Her - ze.

「파르지팔(바그너)의 성배」

Wo find' ich dich? Du heiliger Gral, dich sucht voll sehnsucht mein Herze.

그대를 어디서 찾을 수 있을까요? 그대, 성배여, 내 마음은 그리움에 가득 차 그대를 찾고 있다오.[14]

이후 그는 파르지팔이 성배를 의인화해서 "누가 성배인가요?" 하고 구르네만츠에게 묻는 대사를 대본에 넣었다. 이는 질문의 의도와 별도로 자신이 '마음으로 정한 성배는 마틸데 베젠동크'였다는 것을 말해 준다.

바그너는 그로부터 3개월 뒤(7월 7일) 마틸데에게 자신과 함께 사랑의 도피행을 할 것을 넌지시 알렸으나 상대의 완곡한 거절로 이루어지지 않았다. 이어서 한 달 뒤(8월 17일) 바그너 부부는 계속된 불화 끝에 민나는 처가가 있는 드레스덴으로, 바그너는 베네치아로 거처를 옮김으로써 별거에 들어갔다. 남편은 외도를 포기할 의향이 없었고, 아내는

---

14. Ernest Newman, *The Wagner Operas*(first published 1937)(Princeton University Press, 1991), p.663.

남편의 외도를 더 이상 방치할 수 없다는 절박한 심사였던 것이다.

이후 마틸데는 바그너와 헤어진 아쉬움에서 전에 살던 아쵤로 돌아오라는 서신을 보냈다. 하지만 그는 자책하는 마음에 눌리고 주위의 이목이 두려워 단념했다. 두 사람은 그로부터 3년 뒤(1861년 11월 17일) 바그너가 베네치아에 머물던 오토 베젠동크 부부를 방문하면서 다시 만났다. 당시 마틸데는 임신 중이었는데, 그들의 마지막 만남이었다.

오토 베젠동크는 지금의 아내에게 사별한 첫 부인과 요절한 누나가 쓴 같은 이름, 마틸데를 붙여 줄 만큼 그녀를 극진히 아꼈다. 그래서 그가 아내를 관용한 것은 은인을 배신한 바그너에게는 후원을 받는 이상으로 감사할 일이었다. 결국 당사자 간의 사연邪戀은 이로써 끝났으나, 이들의 만남은 마틸데가 쓴 다섯 편의 연작시에 바그너가 곡을 붙인『베젠동크의 노래Wesendonck Lieder』와 두 사람의 사랑 이야기인 불후의 악극『트리스탄과 이졸데』로 결실되었으니, 그녀는 둘도 없는 창작의 뮤즈였던 셈이다. 바그너의 열정은 이처럼 치정을 동반한 것이었으나, 예술로 승화함으로써 일탈만으로 끝나지 않았다.

마틸데는 초상화에서 보듯 반듯한 얼굴선에 우아한 기품이 돋보이는 미인으로 알려졌다. 하지만 민나의 딸 나탈리에 플라너는 그녀의 성품에 관하여 다른 말을 전한다. 나탈리에는 영국의 전기 작가 메리 버렐Mary Burell에게 보내는 편지에 "마틸데는 상대를 곧잘 곤혹스럽게 하며, 사려가 깊은 대신 뱀처럼 교활하고 아첨을 잘하는 차가운 인간"이라고 썼다. 그러면서 "베젠동크 저택은 악의 여왕이 다스리는 마술 궁전"이라고 덧붙였다.[15] 나탈리에는 필시 어머니의 입장에서 그녀를 힐

---

15. Rudolph Sabor, *The Real Wagner*, p.111.

난했을 것이다. 그렇더라도 마틸데의 부정적인 면모를 엿볼 수 있는 점에서 무시할 수만은 없는 증언이다. 나탈리에는 이 내용을 바그너가 사망한 9년 뒤에 밝혔다.

마틸데에 대한 바그너의 태도는 신중한 편이었다. 반면 그들의 사랑은 열화 같았다. 그래서일까. 『트리스탄과 이졸데』에서 성애의 극치감을 불러일으키는 혼성 이중창 「사랑의 밤Liebesnacht」을 음미할 때면 욕정을 만끽한 그리움이 느껴지기도 하고, 욕정을 자제한 아쉬움이 느껴지기도 한다. 두 사람의 절절한 애정이 녹아 있기 때문인데, 어느 쪽일까. 짜릿함을 맛보게 하는 기이한 화음과 사랑 행위를 암시하는 선율감이 듣는 이를 압도하기에 앞의 경우로 본다. 참고로 그의 전기 드라마 「바그너」(480분, 1981)에서는 두 배우의 정사 장면이 포르노그래피에 육박하는 수위로 연출되었다. 하지만 영상의 흐름으로 미루어 실제 정사 장면을 보여 주는 것인지, 아니면 바그너가 마틸데와 정사하는 장면을 상상으로 보여 주는 것인지에 대해서는 해석의 여지가 있다.

마틸데 마이어와 프리데리케 마이어

마틸데 베젠동크를 향한 사랑을 단념해야 했던 바그너가 또 한 사람의 마틸데Mathilde Maier(1833~1910)를 만난 것은 1862년 3월 28일 마인츠에서였다. 그는 마틸데 마이어를 '제2의 마틸데(마틸데 베젠동크)'로 불렀다. 하긴 그사이에 연인이 없지는 않았다. 자신의 음악 팬이자 오스트리아 황후의 주치의 요제프 슈탄트하르트너Joseph Standhartner가 1년 전 6주간의 휴가 기간(8월 초순에서 9월 하순) 동안 자기를 자택에 기거하도록 호의를 베푼 사이, 바그너는 그의 조카 제라피네 마우로Seraphine Mauro와 염문을 뿌렸다. 그녀는 동료 작곡가 페터 코르넬리우스Peter

234

Cornelius(1824~1874)의 연인이었지만, 바그너에게 그것은 장애가 아니었다.

마틸데 마이어는 공증인의 딸로 그녀는 아버지의 친구였던 출판업자 프란츠 쇼트의 집에 들렀다가 바그너를 보았다. 그때 바그너는 마흔아홉 살, 그녀는 스물아홉 살이었다. 그녀는 마틸데 베젠동크보다 수려하지는 않았으나, 푸른 눈동자에 짙은 금발이 우아하게 생긴 얼굴선과 잘 어울려 바그너를 사로잡는 데 모자람이 없었다. 또한 그녀는 아버지를 여의고 다섯 식구의 생계를 꾸려 가는 가장인 데서 큰누나 로잘리에를 떠올리게 하는 여성이었다. 그가 그녀를 연애 상대가 아니라 반려자로 생각했다는 증거는 그녀에게 보낸 1862년 5월 26일 자 편지의 아래 구절에서도 드러난다.

> 친애하는 마틸데 양. 이 말이 제가 그대를 부르는 호칭입니다. 그대는 나에게 무엇입니까. 그대는 스스로 자초했습니다. 보탄이 브륀힐데에게 말하듯, 그의 사랑스러운 아이에게 말하듯이요.[16]

위의 '그대는 스스로 자초했습니다deine Strafe schuf'st du dir selbst'란 문장은 '당신이 나로 하여금 당신을 선택(사랑의 열병을 자초)하게 만들었다'는 뜻으로 다분히 운명적인 해후를 전제로 한 인사이며, 『발퀴레』 제3막 2장에서 보탄이 브륀힐데에게 한 대사를 그대로 인용한 것이다. 또 아래와 같은 내용도 있다.

16. Rudolph Sabor, *The Real Wagner*, pp.147~148.

난 스스로 내 의향을 꺾으면서까지 그대를 향한 대가와 결과를 견뎌 낼 것입니다. 만일 그 이상이 필요치 않다면—오, 그대여! 난 이제 오십 세가 되었다오. 그 생애의 순간에, 폭풍우의 끝, 고요를 그리워하는 방황하는 네덜란드인처럼, 난 사랑을 바란답니다.

바그너는 그해 5월 22일 자기 생일에 그녀를 초대해 청혼했다. 상대를 배려하는 마음과 겸손한 태도에 반했던 것인데, 이는 자기 고집이 강한 민나에게는 볼 수 없는 장점이었다. 당시 그는 『뉘른베르크의 마이스터징거』의 대본을 탈고한 뒤로 한편으로는 에파를 단념한 한스 작스의 처지에 공감했고, 한편으로는 극 중 에파를 차지한 발터 폰 슈톨칭과 같은 기분을 맛보았다. 하지만 마틸데 마이어는 그의 프러포즈에 응하지 않았다. 그때 그녀는 귀가 들리지 않는 상태가 상당히 악화되어 있었기 때문이다. 그럼에도 그녀가 청력을 이유로 그의 청혼을 거절한 것은 핑계로 보는 편이 옳다. 바그너가 민나 플라너와 여전히 결혼 상태인 데다, 자신에 대한 사랑이 열렬하지도 않고, 진정성도 없다고 보았기 때문이다. 또한 마틸데 마이어는 여성에 대해 성실하지 못했던 바그너의 행적도 감안했을 것이다.

이후 마틸데 마이어는 바그너를 의도적으로 피했다. 바그너는 아쉬운 마음에 1864년 6월 뮌헨의 자택(하우스 펠레트)에 그녀를 초대하는 열의를 보였다. 하지만 그사이에 코지마로부터 자택을 방문하고 싶다는 소식을 듣자 바그너는 마틸데 마이어와의 약속을 취소해 버렸다. 바그너는 구애에 급급하면서도 사랑에는 연연하지 않는 남자였다. 그럼에도 마틸데 마이어에 대한 그의 관심은 이듬해 가을이 될 때까지 수그러들지 않았다. 그는 코지마와 사귀게 된 뒤에도 이따금 그녀에게 안부 편지를 보냈으며, 두 사람은 친구로 남았다.

마틸데 마이어가 청혼을 받아들였다면 그녀는 바그너의 아내가 되었을 것이다. 당시는 별거 중인 민나가 생존해 있었으므로 그녀가 사망하는 1866년 1월 25일 이후에야 결혼할 수 있었겠지만 말이다. 참고로 바그너의 자녀를 셋이나 낳은 코지마도 그와의 결혼식은 5년 뒤(1870년 8월 25일)에 올렸다. 만일 두 사람이 부부

마틸데 마이어

가 되었다면 재미있는 가정을 할 수 있다. 바그너-코지마 스캔들도 없었을 것이고, 그들이 그토록 욕을 먹는 일도 없었을 것이다. 혹시 아는가. 그들이 부부가 되었어도 바그너가 굳이 코지마를 취할 작정이었다면, 그는 민나에게 했듯이 마틸데를 별거 상태로 두지 않았을까. 워낙 여성 편력이 화려한 인간인지라 장담하기 어렵다.

바그너의 마틸데 마이어에 대한 사랑이 식어갈 즈음 그의 눈을 일시 돌리게 한 여성이 프리데리케Friederike Meyer였다. 그녀는 이졸데 역을 맡기로 한 마이어두스트만 부인Luise Meyer-Dustmann의 동생으로 미모가 출중한 편은 아니었으나, 큰 키에 재기가 넘쳐 사람을 끄는 매력이 있었다. 그녀는 바그너에게 막냇누이 체칠리에를 떠올리게 하는 여성으로, 그가 있는 곳이면 거의 언제나 모습을 드러냈다. 하지만 그와 코지마 간에 사랑이 무르익으면서 그녀와의 짧은 로맨스 역시 끝이 났다.

말비나 슈노어 폰 카롤스펠트

말비나 슈노어 폰 카롤스펠트Malvina Schnorr von Carolsfeld Garrigues(1825~ 1904)는 『트리스탄과 이졸데』에서 이졸데 역을 처음 노래한 소프라노로, 그녀의 남편은 최초의 트리스탄 역을 한 루트비히 슈노어 폰 카롤스펠트Ludwig Schnorr von Carolsfeld(1836~1865)다. 바그너는 공연 불가로 소문난 이 악극을 무대에 올리기 위해 두 주역 가수에게 무리한 연습을 시켰다. 무엇보다 두 사람을 초조하게 만든 것은 발성의 어려움을 극복하는 것과 발음의 명료함을 유지하면서 장시간의 가창을 견디는 것이었다. 그들 부부를 힘들게 한 것은 그뿐만이 아니었다. 노래 자체가 극도의 희열감과 긴장감에 젖게 할 만큼 기복이 심해서 감정 변화에 따른 엄청난 체력 소모도 감당해야 했다.

결국 말비나는 출연을 앞두고 목이 쉬어 공연 날짜를 한 달 연기해야 했고, 남편은 자주 피로감을 호소했다. 비만형인 루트비히는 심혈관과 호흡기 계통의 질환에 취약한 신체적 약점이 있었는데, 세 번째 공연(1865년 7월 1일)에서 트리스탄의 긴 독백(제3막)을 끝내자 열이 나고 가슴이 두근거리며, 호흡을 몰아쉬는 신체 변화를 보였다. 그날의 불길한 조짐은 루트비히의 죽음을 예고한 것이었을까. 그는 그로부터 19일째 되는 날 죽었다.

기이하게도 루트비히의 비극은 자신에 한하지 않았다. 그가 사망한 해로부터 46년 뒤인 1911년 6월에는 뮌헨에서 펠릭스 모틀Felix Mottle이 『트리스탄과 이졸데』를 지휘한 지 11일 만에 사망했다(당시 이졸데를 노래한 소프라노는 그의 연인이었다). 또 1968년 7월에는 뮌헨에서 요제프 카일베르트Joseph Keilberth가 같은 악극을 지휘하던 중 쓰러져 병원으로 이송했으나 사망했다. 이후 이 일은 트리스탄 역을 노래하는 가수와 지휘자에게 터부시되어 그 역을 맡는 동안 보험을 드는 게 관례가 되었다. 하지만 오랫동안 아무런 일이 일어나지 않자 저주도 잊히고 관례도 지켜지지 않았다. 드물게 일어나는 이러한 징크스는 유연한 선율감과 긴박한 속도감, 장단과 기복이 상시로 이어지는 곡 흐름이 연주자를 부자연스럽고 괴로운 희열감에 휩싸이게 하여 심장에 부담을 주기 때문으로 보고 있다. 그렇다고 이졸데 역이 쉬운가 하면 그렇지 않다.

말비나 슈노어 폰 카롤스펠트

어떤 면에서는 트리스탄 역보다 더 어렵다. 여성은 남성보다 완력에서는 약하지만, 지구력과 인내력은 더 강한 편이어서 그동안 불상사가 없었다고 보는 게 옳을 것이다. 우연의 일치이겠으나 세 사람이 사망한 곳은 뮌헨이었다.

바그너는 자기 음악의 순교자가 된 루트비히를 생각해 홀로 된 말비나를 극진히 위로했다. 그는 그녀가 특별 유족연금을 받도록 주선했고, 여러 배역을 맡도록 배려했다. 또한 그해 10월에는 "친애하는 말비나, 잊지 못할 이졸데! 비할 나위 없는 예술가여!"로 시작되는 감사 편지를 보내 격려했다. 그뿐 아니었다. 바그너는 "루트비히 카롤스펠트는 바그네리안으로서 장렬히 전사했으며, 그의 부인은 차세대 여성 가수들의 존경을 받으면서 그 선두에서 전투를 이어 가는 여전사"라고 공언했다. 다만 그때는 그녀로 인해 상당한 곤욕을 치를 줄 생각하지 못했다. 참고로 말비나는 죽은 남편보다 열한 살 연상이고, 바그너보다 열두 살

연하다.

말비나는 1865년 11월 10일 영매를 자처하는 이지도레 로이터와 함께 바그너의 저택 트립셴을 방문하여 자신이 "죽은 남편과 영혼으로 교신하는 능력을 얻었는데, 그가 전하는 말은 심령술사를 통한다"는 믿기 힘든 말을 바그너에게 늘어놓았다. 그녀는 저택에 이틀간 묵었으나 그가 여전히 흘려듣자 열흘이 지나 편지 두 통을 띄웠다. 아마 코지마가 바그너에게 불편함을 토로하지 않고, 바그너가 말비나에게 정중한 어조로 나가 달라는 말을 하지 않았다면 그들은 언제까지고 머물 기세였다. 말비나가 보낸 편지 중 한 통은 루트비히 2세에게 보낸 것으로, "코지마는 바그너의 비서가 아니라 정부이며, 젖먹이(이졸데)는 두 사람 사이에 태어난 딸"이라는 것이며, 다른 한 통은 바그너에게 보낸 것으로, 남편이 자주 꿈에 나타나 "당신은 바그너의 아내가 되어 그와 함께 예술적 성취를 이루어야 할 운명"이라고 말했다는 것이다. 이로 인해 트립셴은 벌집을 쑤신 듯했고, 이른바 '말비나 스캔들'로 알려진 소문은 한동안 사교계의 화제가 되었다.

말비나는 바그너가 보여 준 연민을 애정으로 오해하고, 그의 정부(코지마)를 선망하더니 이내 질투하고 급기야 증오하여 루트비히 2세에게 두 사람의 관계를 일러바친 것이다. 결국 그녀는 그로부터 2년 뒤 바그너 부부에게 "영매로 불리는 여성은 사기꾼으로 해고했으며, 자신의 심령술 능력은 지어낸 것"이라고 실토했다. 바그너에 대한 말비나의 집착은 워낙 집요해서 정신의학자들의 연구 대상이 되었다. 그 결과가 1897년에 발표되었는데, 당시 그녀의 정신 상태를 '망령에 의한 흥분성 편집증Paranoia exaltiva auf seniler Basis'이라고 설명했다.[17] 필시 그 원인은 바그너를 연모하고, 코지마를 질투한 데 따른 히스테리였다. 하지만 바그녀는 코지마를 포기할 마음이 없었기에 말비나의 애정 공세를 받아들일 처지가 아니었다.

바그너의 아내가 된 여성

첫 번째 아내 민나 플라너

바그너는 1834년 7월 말 마그데부르크 극단의 음악감독(지휘자)직을 제안받는다. 그가 생각하기에 대우도 나쁘지 않았고, 실권도 있었다. 다만 욕심은 많고 경영 수완은 형편없는 지배인 베트만Heinrich Bethmann 탓에, 그는 여름이면 근거지(마그데부르크)를 떠나 서커스단을 방불케 하는 순회공연을 소화해야 했다. 게다가 연습을 소홀히 하는 하류 관현악단의 연주이니, 그 수준이야 불문가지였다. 바그너는 베트만으로부터 이번 주 일요일에 『돈 조반니』를 상연해야겠으니 토요일까지 연습을 마쳐야 한다는 말을 듣고 음악감독직을 거절했다. 솜씨가 서툰 출연진으로 모차르트의 대작을, 그것도 일주일 만에 무대에 올린다는 것은 말처럼 쉬운 일이 아니었기 때문이다.

그날 밤, 바그너의 마음을 돌리게 한 계기가 있었다. 숙소의 식당에서 같은 극단의 연극부에 소속된 운명의 여인 민나 플라너를 만난 것이다. 그는 그녀의 모습을 보는 순간 눈이 멀었다. 그 아름다움은 자신이 사랑을 느낀 여느 여성보다 뛰어난 것으로, 그토록 찾던 얼굴선의 원형이었다. 실제로 바그너의 초상화를 그린 화가 프리드리히 페흐트

---

17. Ernest Newman, *The Life of Richard Wagner vol.4*(first published 1946), p.9. 말비나의 증조부는 근친혼의 전력이 있으며, 일부 후손은 약간의 정신적 편기를 보였다. 그녀의 망상과 예민한 심기 또한 그 영향으로 본다.

Friedrich Pecht(1814~1903)는 그녀의 자태를 두고 "숨이 멎을 만큼 수려했다"고 묘사했다.[18] 그가 마음을 바꾸어 8월 2일 변두리 마을 바트 라우흐슈타트에서 『돈 조반니』를 지휘했음은 물론이다. 객석은 일부가 비었으나 다행히 연주는 나쁘지 않았고, 관객의 반응도 좋았다. 아이러니한 것은 돈 후안으로 불러도 좋을 그의 지휘 데뷔 작품이 하필이면 바람둥이의 징벌을 소재로 한 오페라인 점이다.

바그너가 민나를 원했던 이유는 또 있었다. 며칠 뒤 그는 피부병(단독)으로 병상에 있을 때 헌신적으로 간병해 준 그녀를 보며 큰누나 로잘리에를 떠올렸다. 그녀에게는 장차 콘트랄토 가수로 오페라 무대에 설 동생 아멜리에가 있어 그의 소년 시절 우상이었던 예니와 아우구스테 자매를 다시 만나는 느낌도 주었다. 물론 그는 코지마와 그녀의 언니 블란디네를 보았을 때도 그런 기분을 즐겼다. 그는 민나를 천생의 배필로 여겼다. 하지만 민나는 바그너의 청혼이 내키지 않았다. 독신 연예인의 자유를 계속 누리고 싶기도 했고, 여동생에게 양육을 맡긴 여덟 살 난 딸(나탈리에)이 있었기 때문이다. 게다가 민나는 바그너보다 네 살이 많았으며, 자신을 따르는 남성 둘을 연인으로 두기도 했다. 여기서 궁금한 것은 민나가 평소 막내 여동생이라고 둘러댄 나탈리에의 친부가 누구냐 하는 점이다. 나탈리에의 친부에 대해서는 자세한 기록이 없다. 단지 이름은 아인지델Ernst Rudolph von Einsiedel 대위이며, 작센 왕가의 근위병 대위로 민나를 꾀어 임신을 시켰다는 정도다. 그렇다면 당시 민나가 사춘기 소녀의 호기심에 끌려 그의 유혹에 넘어갔으리란 것은 쉽게 짐작할 수 있다. 바그너는 나탈리에가 민나의 딸임을 알고 있었으나, 자서전에서는 아내의 여동생이라고 적었다.

바그너의 첫 번째 아내 민나 플라너

바그너는 그녀의 흠결을 모르지 않았다. 그러나 그녀에게 빠져 있는 그에게 그런 것쯤은 장애가 되지 않았다. 단지 난관은 그녀의 망설임이었는데, 이유는 두 가지였다. 하나는 결혼을 할 경우 뭇 남성들로부터 받던 인기를 포기해야 할뿐더러 차후 연기자 생활을 보장받기 힘들다는 것이고, 다른 하나는 굳이 결혼을 하려면 직업을 포기하는 데 따른 손실을 보상하고도 남을 부유한 짝을 만나고 싶은 것이다. 그녀에게 바그너는 열정만 가득했지 생활력은 모자란 남성으로 보였다. 그녀는 오랜 망설임 끝에 1835년 11월 4일 베를린 인근 쾨니히슈타트 극장에서 공연하기 위해 마그데부르크를 떠났다. 바그너는 그녀를 놓칠세라 다음 날 뜨거운 구애 편지를 보냈다.

민나, 내 마음을 어떻게 표현해야 할지 모르겠군요. 당신은 떠나 버렸고, 나는 상심에 빠졌답니다. 나는 좀처럼 앉아서 마음을 추스를 수가 없기에 어린애처럼 흐느끼고만 있소. 신이시여, 저는 어쩌면 좋습니까.[19]

19. Barry Millington, *Wagner*, p.16.

그는 이와 같은 투의 내용에 더하여 당신이 원하는 것은 무엇이든 다 해 줄 테니 결혼해 달라는 애원조의 편지를 하루에도 네 번 이상 보냈다. 결국 민나는 반은 질리고 반은 감동하여 2주 만에 돌아오고 말았다.

다음 해 1836년 3월을 맞아 바그너는 민나의 환심을 사기 위해 거금을 들여 치장한 방으로 그녀를 맞아들였다. 극장주 베트만으로부터 전권을 위임받아 음악회를 열기로 한 데 따른 것이었다. 하지만 3월 29일, 그가 성공을 자신하던 연주회는 객석이 거의 비었고, 뒤이어 상연한 『연애금지』는 당국의 검열을 의식하여 '팔레르모의 수녀'로 이름을 바꾸었음에도 이틀을 넘기지 못했다. 원인은 2류에도 못 미치는 악단의 연주에다 대기 중이던 두 남자 성악가가 한 여자 성악가를 두고 육박전을 벌여 중도에 막을 내린 탓이다. 다음 날 입장객은 불과 세 명이었다. 따라서 그가 수익을 기대하고 들여놓은 호화 가구, 고급 의상, 고가 서적의 대금은 그대로 빚이 돼 버렸다. 그래도 그건 앞으로 불어날 빚에 비하면 보잘것없는 액수였다. 마침내 민나는 그의 정체를 알아 버렸다. 그는 사치벽이 있는 고질적인 빚쟁이에 불과했다. 극장은 그날 이후 파산했고 바그너는 당장 실직자가 되었다. 게다가 5월 중 베를린에서 공연하기로 예정된 『연애금지』는 취소되었다.

민나는 며칠 뒤 독일 동북단에 있는 쾨니히스베르크로 떠났다. 바그너 역시 그녀를 놓칠세라 다음 날 그녀를 찾아 열화 같은 구애를 했다. 바그너가 민나에게 얼마나 깊이 빠져 있었는지는 1836년 5월 21일 그가 베를린에 있을 때 그녀에게 보낸 편지의 내용으로 알 수 있다.

나의 가엾고, 가여운 민나여! 만일 당신이 이 글을 빨리 읽을 수 있다면! 내 눈은 눈물로 흘러넘치고, 내 기력은 슬픔으로 망가졌답니다. 당신은 멀리,

저 멀리, 아주 멀리, 낯선 이들과 무감동한 사람들 속에 있겠지요. 나는 계속 울먹이고, 눈물을 흘리는 것을 부끄러워하지 않습니다. 오! 내가 그렇게 해야 한다면, 내가 한 번이라도 그럴 수 있다면, 우리들의 행복을 위해 내가 모든 것에, 정말 모든 것에 고마움을 표함으로써 마침내 당신이 나에게 감사를 표한다면 얼마나 기쁠까요.

나의 가엾고 가여운 여인이여, 난 이미 당신께 그토록 말썽을 부렸고, 그처럼 염려를 끼쳤습니다. 당신은 아직도 날 사랑하나요? 아직도요? 그렇다면 이 세상에 당신과 나를 떼어 놓을 것은 아무것도 없습니다. 영원한 신에 따르면, 민나! 당신과 당신의 리하르트를 갈라놓을 것은 아무것도 없다오. 난 이제 더 이상 할 말이 없기에 그만 쓰려고 합니다. 그래도 당신이 알아 둘 것은, 지금 이대로인 내가 당신이 알고 있는 나라는 사실입니다.[20]

그의 호소는 간절하다 못해 애절하고, 편지에는 사랑을 쟁취하려는 열기는커녕 포기한 듯한 분위기가 묻어 있다. 그의 연서는 이후에도 끊이지 않았다. 드디어 그녀는 상대를 반신반의했음에도 그의 정성에 감복하고 또 어느 정도는 지쳐서 그해 11월 24일 쾨니히스베르크의 한 교회에서 조촐하게 결혼식을 올렸다. 그때 바그너는 23세, 민나는 27세였다. 서로 나이를 의식해서였을까. 신랑은 혼인신고서에 한 살 많게, 신부는 네 살 적게 적었다.

바그너는 다음 해인 1837년 4월 1일 쾨니히스베르크에 소재한 극장의 음악감독직을 얻었다. 하지만 남편의 수입이 기대했던 것보다 적은 데다 점차 생활이 궁핍해지자 그녀는 그해 5월 31일 유대인 상인

---

20. Rudolph Sabor, *The Real Wagner*, p.97.

디트리히와 함께 야반도주해 버렸다. 실은 그녀는 두 달 전에도 가출하여 3주 만에 돌아온 적이 있다. 그는 이번엔 마냥 기다리지 않았다. 불같이 화를 내며 작정한 듯 총과 채찍을 들고 아내를 찾아 떠난 그는 수소문 끝에 드레스덴 인근 지역인 블라우비츠의 한 여인숙에 갔으나 한발 늦었다. 그로부터 두 달 뒤 민나는 불륜 상대와 헤어지고 드레스덴의 친정집에 가 있었으니, 결혼 7개월 만에 벌어진 볼썽사나운 장면이었다. 처제 아멜리에 플라너의 간곡한 설득이 주효했던 덕분일까. 바그너는 아내를 보자 화를 내기는커녕 자신은 후한 조건으로 리가 극장의 음악감독으로 가게 되었다는 말을 하면서 되레 용서를 구했다. 민나는 남편의 너그러운 마음에 감복하여 그를 부둥켜안고 눈물을 흘리며 화해했다. 그날 이후로 1년 6개월 동안은 28년에 걸친 두 사람의 결혼 생활에서 그나마 금슬이 좋은 시기였다.

민나는 바그너의 관용에 감복하여 이전의 바람기를 지우고, 여배우 시절의 추억을 잊기로 했다. 또 남편의 외도를 참아 내고 생활고를 이겨 내는 배우자가 되어 그에게 보답했다. 그럼에도 그들은 해로하지 못했다. 25년을 함께 사는 동안 바그너는 아내에 대한 사랑이 식어 버렸고, 민나는 남편의 사랑을 포기해 버린 것이다. 원인은 남편의 잦은 외도 때문으로, 민나는 그에게서 열 배의 앙갚음을 받은 셈이다. 하지만 그녀가 애정을 거두게 된 결정적 계기는 1849년 5월 그가 드레스덴 봉기에 참여함으로써 가장의 임무를 저버리고, 아내를 위험에 빠뜨린 일이었다.

그들의 금슬은 함께 살아가는 동안 자주 불협화음을 냈다. 그럴 때 부부는 그걸 협화음으로 바꾸는 데 기민했다. 바그너는 『라인의 황금』 총보를 완성한 나흘 뒤인 1854년 9월 30일 아내에게 "당신은 보탄의 아내 프리카요"라고 적어 보냈다. 당시는 그가 베젠동크 부인에게 정신이 팔려 있을 때로, 민나를 남편(보탄)과 자주 다투는 프리카에 비교한 것이다. 그의 비교는 참으로 적절했는데, 자신은 프리카의 남편 못지않은 바람둥이가 아닌가. 바그너가 아내에 대한 죄의식과 불만을 오페라의 등장인물에 투사한 것은 자기 나름의 대처 방식이었던 셈이다. 그런데 그들이 다스리지 못할 파국은 1858년 4월 7일 바그너와 민나, 마틸데 베젠동크 간의 삼각관계가 절정일 때 찾아왔으니, 일주일 뒤 민나가 심장병 치료를 위해 브레스텐베르크로 떠나면서 자연스레 맞은 별거였다. 그로부터 민나는 1년 뒤 파리에 정착한 남편의 동거 제안을 받아들여 함께 살았다. 이후 그들은 프랑크푸르트와 바덴바덴 등지로 여행을 다니는 등 정분을 두텁게 했는데, 1861년 7월 중순 민나가 바트조덴에서 2주간 지병(심장질환)을 치료한 뒤 드레스덴으로 가면서 다시 헤어졌다. 1859년 11월 17일 합류한 이래 약 1년 8개월간의 이름뿐인 동거였다.

그로부터 7개월 뒤(1862년 2월 21일) 민나가 비브리히에 거주하는 남편을 불시에 방문했을 때, 그에게 보낸 마틸데의 선물을 발견한 그녀는 처음이자 마지막이 될―바그너가 '열흘간의 지옥'으로 이름 붙인― 격렬한 부부싸움을 걸어 왔고, 결과는 합의 이혼이었다. 하지만 아내의 건강을 염려한 그가 먼저 그녀에게 생활비를 주는 것과 가끔 아내를 찾는다는 조건으로 별거할 것을 제안했으며, 민나는 동의했다. 바그너는 그해 11월 3일 드레스덴에 거주하는 아내를 방문한 이래 다시는 그녀를 찾지 않았다. 하나 민나는 죽는 날까지 바그너의 법적 아내였다.

민나는 임종하기 약 8개월 전인 1865년 5월 11일 딸 나탈리에를 피상속인으로 지정했다. 그녀는 다음 해 1월 9일 바그너가 아내를 방치하고 있다는 보도를 한 기자에게 "나는 내 남편 리하르트 바그너로부터 계속해서 재정 지원을 받고 있지요. 그래서 안정되고 편안한 생활을 하고 있습니다" 하고 해명했다. 그녀의 말은 사실이었다. 다만 그는 4년 동안 아내에게 생활비는 꼬박꼬박 챙겨 주었으나, 가끔 하기로 한 면회는 단 한 번뿐이었다. 민나는 1866년 1월 25일 드레스덴에서 죽었다. 그때 바그너는 프랑스의 마르세유에 머물고 있어 장례식에는 참석하지 못했다.

바그너는 대체로 여성에게 구애한 뒤 이내 시들해지는 행동을 보였으나 민나에게는 그러지 않았다. 앞의 경우는 여성에 대한 불신에서 기인한 것이지만 뒤의 경우 역시 불신의 반응이다. 다른 점이 있다면 전자는 상대를 덜 사랑했기 때문이고, 후자는 더 사랑했기 때문이다. 그는 자신을 향한 민나의 헌신을 바라는 심경에서 청년일 때는 아내에게 집착했고, 장년일 때는 아내에게 관심을 두지 않았다. 또 민나가 싫어졌을 때는 갈라서는 대신 별거하는 데 그쳤다. 내심으로는 민나를 사랑했기 때문이다. 만일 민나가 남편보다 오래 살았다면 코지마인들 내연녀에 그치지 않았을까. 여성의 정결과 양성 간의 헌신은 그의 오페라 주제 가운데 하나였다.

민나는 낭비벽이 심한 남편과 달리 구두쇠에 가까웠다. 그녀는 무엇이든 정돈하기를 좋아했고 속박당하는 것을 싫어했으나, 남편은 허세 부리기를 즐기고 내키는 대로 행동하는 성품이었다. 그는 민나를 지배하려 들었으며, 아름다운 장식품으로서의 아내이길 바랐다. 반면 민나는 바그너가 자기를 공주처럼 받드는 충직한 남편이길 바랐다. 그들의 대조되는 성품은 이후에도 바뀌지 않았다. 하지만 서로 이해는 할 수 있었으니, 그 계기가 된 것이 리가에서의 탈출이다. 바그너는 애초에 『방황하는 네덜란드인』의 여주인공 이름을 젠타가 아닌 민나로 정하고, 이미지는 요절한 큰누나 로잘리에를 모델로 삼았다. 리가에서 파리로 여행하는 동안 민나가 보여 준 헌신과 희생이 부부를 단단히 결속시켰다고 본 때문이다. 그는 1841년 민나의 생일 때 "이토록 훌륭한 명성을 가진 사람은 성실함과 신뢰에 대한 보상으로 장래에 여러 좋은 일이 기다리고 있다"[21]는 글을 적어 주었다.

바그너는 민나에 대한 관심은 식었으나, 사랑만은 거두지 않았다. 그럼에도 여성을 좇는 그의 버릇은 고쳐지지 않았으니, 그들의 결별은 예정되어 있었던 셈이다. 단지 차갑지만 모질지 못했던 그가 그녀와 갈라서지 않은 것은 다행이었다. 실은 그보다는 고난의 시기를 함께 헤쳐 나갔으며, 자신이 저지른 행동의 결과를 잘도 참아 낸 조강지처에 대한 고마움과 미안함이 마음에 더 걸렸을 것이다. 아쉽게도 바그너는 자서전을 코지마에게 구술하여 쓰도록 했다. 코지마는 민나에 대한 부분을 적절히 손질했으나, 그녀의 영향력에도 불구하고 민나에 대한 기술은 주로 바그너의 편에서 쓰였다. 이는 코지마가 천재 바그너의 위광을 더 사랑한 데 비해 민나는 인간 바그너를 더 사랑했다고 보는 이유가 된다. 결국 연극배우였던 민나가 현실이라는 무대의 공연자로 택한 바그너는 완전히 잘못 고른 상대였다.

만일 그들이 1839년 7월 채권자를 피해 리가에서 파리로 도피할 당시 민나가 유산을 하지 않았다면, 부부의 결혼 생활은 다른 결말을 맞지 않았을까. 아쉬운 점은 이후로 그녀가 임신을 하지 못했다는 사실이

---

21. Robert W. Gutman, *Richard Wagner The Man, His Mind and His Music*, p.109. 저자는 바그너의 민나에 대한 감정을 영국왕 헨리 8세(1491~1547)의 첫 부인 캐서린에 대한 감정(죄스럽지만 충심을 다한 마음Royal heart)에 비유했다. 저자의 비유는 과도한 면이 있으나 수긍은 간다.

다. 민나의 딸 나탈리에(바그너의 양녀)는 1890년 영국의 전기 작가 메리 버렐에게 바그너 부부가 채권자를 피해 리가에서 탈출할 당시(1839년 7월) 마차가 뒤집힌 날을 떠올리면서 어머니는 자신에게 귀엣말로 임신을 하지 않았다고 말한 것으로 전했다. 하지만 민나가 딸에게 그런 말을 한 것은 사고 이후에 보인 그녀의 신체 정황으로 미루어 남편을 원망하는 심경에서였지 실제로 임신하지 않았다는 뜻으로 한 말은 아닌 것으로 여겨진다.

두 번째 아내 코지마 리스트

코지마는 1837년 12월 24일, 이탈리아의 휴양지 벨라시오에서 당대의 슈퍼스타 프란츠 리스트와 재색을 겸비한 다구 백작부인 사이에서 태어났다. 마리 다구는 1833년 리스트의 정부가 되면서 재산과 지위, 남편과 자녀를 버렸다. 하지만 그로부터 6년 뒤 리스트가 아일랜드의 무용수 롤라 몬테즈Lola Montez(1821~1861)를 만나면서 유럽에서 큰 화제를 몰고 왔던 한 편의 드라마는 끝났다.

뜨거웠던 리스트와 다구 백작부인의 로맨스와 달리 그들 사이에서 태어난 세 자녀는 행복하게 자라지 못했다. 리스트는 헤어진 연인에 대한 서운한 감정을 자녀에게 투사하여 관심을 두지 않았고, 다구 부인은 혼외자인 자녀들을 껄끄러워하여 찾지 않았다. 결국 아이들은 할머니(리스트의 어머니) 손에 자랐으며 학령기 때는 기숙사에서 지냈다. 아버지가 다음번 정부로 삼은 카롤리네 자인비트겐슈타인 부인 역시 다를 바 없었다. 그녀는 연인의 자녀들을 까다롭고 나이 든 가정교사에게 맡긴 것도 모자라 은근히 구박했다. 게다가 아버지마저 자녀들에게 무관심했으니, 코지마가 느꼈을 소외감은 엄청났을 것이다.

코지마의 불행은 성인이 되어서도 그치지 않았다. 힘든 가정환경 속에서 서로에게 의지가 되어준 언니와 남동생이 연이어 죽은 것이다. 언니 블란디네 리스트 라헬(1835~1862)은 스물여섯 살 때 아들을 낳은 뒤 산욕열로 죽었고, 남동생 다니엘 리스트(1839~1859)는 스무 살 때 폐결핵으로 죽었다. 블란디네는 아름다웠고, 다니엘은 아버지의 준수한 용모를 닮았다. 그들에 비해 코지마는 코가 너무 길고 입이 커서, 우아한 얼굴선을 가졌음에도 조금은 밉게

코지마 리스트

보인다. 그녀는 그들 사이에 낀 '미운 오리새끼'였다. 사실 코지마의 삶은 바그너를 만나기 전에는 슬픔의 연속이었다. 그녀는 남동생에 이어 언니마저 죽자 "나는 오로지 공허함을 느낄 뿐"이라고 적은 편지를 친구에게 보내 위로를 구했다.

코지마가 운명의 남자 바그너를 처음 본 것은 그가 1853년 파리에서 아버지 리스트를 방문했을 때였다. 당시 그녀는 열여섯 살로, 그들의 만남은 스무 살 청년 로베르트 슈만과 열한 살 소녀 클라라 비크의 첫 대면만큼이나 무감동했을 것이다. 바그너는 코지마보다 24세 연상이었으나 시선을 잡아끄는 강한 매력이 있었다. 코지마는 같은 해 그가 낭독한 극시 《지그프리트의 죽음》 마지막 장면을 듣고 독일어를 거의

알아들을 수 없었음에도 감동의 눈물을 흘렸다. 독일어는 영어와 함께 어려서 배우긴 했으나 프랑스어처럼 애초에 익힌 언어가 아니었다. 하지만 바그너에 대한 비상한 관심으로 그녀는 20대에 독일어를 유창하게 구사할 수 있었다.

그로부터 3년 뒤(1856) 코지마는 자신보다 여덟 살 많은 한스 폰 뷜로와 결혼했다. 당시 열아홉 살인 그녀로서는 내키지 않는 결혼이었다. 부정에 목말랐던 코지마는 뷜로에게 감정적으로 의지했으나 연정을 느끼지는 않았기 때문이다. 리스트는 처음에는 주저했으나 애제자를 사위로 삼을 욕심에 그들의 결혼에 적극적이었다. 뷜로는 그때의 감회를 "나에게 스승님의 명령은 절대적이며, 코지마는 다른 모든 여성을 압도한다"고 술회했다. 하지만 고집스럽고 격정적인 성격을 지닌 뷜로는 아내를 까칠하게 대하기 일쑤였고, 가정보다 일을 우선한 탓에 아내를 외롭고 힘들게 했다.

코지마는 1857년 9월, 남편을 따라 스위스에 있는 바그너의 아쥘에 들러 3주간 머물렀다. 그들은 다음 해 7월 21일에도 바그너를 방문하여 함께 휴가를 즐겼다. 아쥘은 베젠동크 부부가 무상으로 대여한 주택으로, 코지마는 거기서 민나와 마틸데가 바그너를 사이에 두고 사랑 다툼을 벌이는 광경을 목격했다. 코지마가 보기에 바그너는 여복에 겨운 남자이기보다 여난에 지친 남자에 가까웠다. 그래서 마틸데에게는 질투가 일었고, 민나에게는 연민이 일었다. 그녀는 만일 자신이라면 뮤즈의 역할과 배우자의 역할을 능히 할 수 있다고 생각했다. 또 그곳을 떠나던 날, 악수를 청한 자신의 손을 바그너가 얼굴에 부비며 연정을 표했다. 바그너 역시 그들에게서 벗어나 막냇누이 체칠리에가 연상되는 코지마에게 의지하고 싶었을 것이다.

코지마는 결혼 2년 차에 극심한 우울증에 빠져 작곡가이자 일곱 살 연상인 시인 카를 리터에게 마음을 의지하게 되었다. 그녀는 1858년 겨울, 리터의 제안을 받아들여 제네바의 호수에 보트를 띄워 놓고 그 위에서 동반 자살하기로 결심했다. 그들은 약속 장소까지 동행했으나 함께 죽지는 못했다. 그러고는 다시 만나지 않았다. 당시 바그너는 그녀의 자살 미수 사건을 전해 듣고 묘한 감정에 휩싸여 『트리스탄과 이졸데』의 창작에 속도를 냈다.

코지마는 결혼 생활 7년 동안 남편과의 사이에 두 딸 다니엘라와 블란디네를 낳았다. 그럼에도 그녀는 뷜로에게서 애정을 느끼지 못했다. 부모의 사랑을 받지 못하고 자란 그녀에게 무뚝뚝하고 일에만 열중하는 남편의 태도는 하나의 질곡이었을 것이다. 뷜로는 아내의 정사情死 미수 사건이 있은 후에도 가정보다 일을 우선시했으며, 아내가 두 딸을 낳은 뒤에도 태도는 달라지지 않았다. 따라서 코지마에게 카를 리터가 일시적 도피처라면 바그너는 장래의 안식처가 될 터였다. 그녀는 사교적이고 다감한 천재 바그너의 반려가 되어 억눌린 감정을 해방시키고, 자신의 숨은 재능을 펼치고 싶었다. 실제로 코지마는 바그너의 아내가 되면서 미운 오리새끼에서 '아름다운 백조'로 변신할 수 있었다. 바그너가 '백조 왕' 루트비히 2세의 후원을 받고 '백조 기사'로 입지할 수 있었던 것처럼.

코지마와 바그너는 1863년 11월 28일 마침내 사랑을 교감하는 사이가 되었다. 그날은 바그너가 뷜로와 함께 순회 연주 여행 중 베를린에 들렀을 때로, 바그너가 한동안 마음을 빼앗겼던 두 사람의 마이어(마틸데 마이어, 프리데리케 마이어)와 멀어진 지 9개월이 지난 무렵이었다. 원래 리스트의 딸 중에 바그너의 첫눈에 든 쪽은 코지마보다 두 살 많은 블란디네였다. 실제로 그는 블란디네를 만날 때면 추파를 던지곤 했다(두 사람이 연인 사이였다는 소문이 났으나 확인된 바는 없다). 하지만 사랑의 올가미는 처음부터 코지마를 자신의 운명에 묶이도록 움직이고 있었다. 그는 자서전에 "우리는 눈물을 흘리며 흐느끼는 중에, 이제부터 사랑은 서로에게만 속할 것이라는 고백을 주고받았다"고 적었다. 그에게 코지마는 딸 나이의 여자가 아니라 청년 때 기분으로 돌아간 자신의 새로운 연인이었으며, 그녀 역시 천재를 위해서라면 자신에게 쏟아지는 어떠한 비난도 감수할 만큼 그에게 쏠려 있었다.

바그너는 1864년 5월 10일 슈타른베르크 호수가 보이는 저택(하우스 펠레트)으로 옮겼다. 루트비히 2세가 무상으로 빌려준 집이었다. 하지만 큰 저택에 홀로 사는 바그너는 외로움을 느껴 뷜로 가족을 초대했다. 그러자 뷜로는 6월 29일 아내와 두 딸을 먼저 보내고 자신은 7월 7일에 바그너의 저택을 방문했다. 그런데 어쩌랴. 그사이에 바그너와 코지마는 연인 사이가 되었다. 그녀가 방문한 첫날 두 사람은 깊은 관계를 맺은 것이다. 3개월 뒤 자초지종을 안 뷜로는 아내에 대한 배신감과 자신의 우상에 대한 갈등으로 손발을 제대로 움직이지 못하는 증세에 시달렸다. 그동안 억눌려 온 분노가 신체 반응으로 나타난 것이다.

1864년 10월 15일, 바그너는 뮌헨 소재 브린너가 21번지의 저택으로 거처를 옮겼다. 그 역시 루트비히 2세가 무상으로 빌려준 곳으로, 5주 뒤에는 뷜로 부부가 그의 이웃이 되었다. 그때 임신 4개월 차였던 코지마는 4개월 전인 6월 29일 하우스 펠레트에서 바그너와 관계한 기억을 떠올리며 아이의 아버지를 생각해 냈을 것이다. 그렇지만 1865년 4월 10일 여자아이(이졸데)가 태어났을 때, 아버지임을 먼저 주장한 이는 뷜로였다. 코지마가 남편의 입장을 감안하여 아이의 전체 이름을 이졸데 뷜로로 지은 까닭인데, 뷜로는 아내가 설마 바그너의 아이를 임신했으리라고는 생각지 않은 게 분명했다. 그는 그로부터 두 달 뒤(6월 10일) 바그너의 요청으로 『트리스탄과 이졸데』 첫 공연의 연주를 맡았을 때, 트리스탄(바그너)에게 이졸데(코지마)를 빼앗긴 마르케 왕의 처지에서 혼신의 지휘를 했다. 당시 그는 마비 증세에서 회복된 지 얼마 되지 않은 데다 심신이 극도로 지친 상태였다.

원래 뷜로는 피아니스트로서 음악을 시작했다. 하지만 그는 자신의 연주력이 장인 리스트를 따를 수 없다는 걸 알고 지휘로 영역을 옮겼다. 뷜로의 지휘는 바그너와 리스트에 비해 활동력이 넓다. 또 뷜로는 연주의 흐름을 연주자의 기량에 일임하기보다 자기 스타일로 통제하여 언제 지휘하더라도 연주가 크게 다르지 않도록 했다. 그 점에서 뷜로는 전문 지휘자의 원조로 불리기에 손색이 없다. 바그너는 뷜로에게 연주, 지휘 다음 단계는 작곡이니 창작 부문에서도 재능을 피워 보라고 권했다. 하지만 뷜로는 작곡 능력이 생각만큼 따라 주지 않았던지 지휘에 전념했다. 만일 뷜로가 작곡까지 아울렀다면 바그너는 그동안 실현하지 못했던 작품 구상들을 그에게 전수했을지 모르지만, 그 전에 바그너와 코지마로 말미암아 겪어야 했던 심적 고통을 음악으로 표현하지 않았을까.

뷜로는 1868년 10월, 마침내 이혼 의사를 밝혔다. 그러나 바그너와 코지마는 결혼의 또 하나의 장애물인 종교 문제와 맞닥뜨렸다. 코지마는 가톨릭 교도였고, 바그너는 개신교도였다. 리스트는 둘의 신앙이 다른 점을 우려했으나 코지마가 바그너의 요구대로 신교로 개종함으로써 해결했다. 또한 세 사람은 가슴에 묻어 둔 그간의 앙금을 씻어 냄으로써 서먹한 분위기도 해소했다. 뷜로는 코지마와 1870년 7월

18일 이혼했으며, 바그너와 코지마는 같은 해 8월 25일 루체른의 기독교 교회에서 결혼식을 올렸다. 민나가 죽은 지 4년이 지나서였다. 이로써 바그너의 이졸데(마틸데 베젠동크)는 코지마로 변용되었으며, 현실의 트리스탄(바그너)은 코지마와 행복한 결합을 이룰 수 있었다. 또 한 사람의 마르케 왕, 뷜로가 용인한 덕이었다. 5년을 끌어 온 세 사람의 어색한 동거도 끝이 났다. 그사이에 바그너는 코지마와의 사이에 이졸데 (1865~1919), 에파(1867~1942), 지크프리트(1869~1930)를 낳았으니 유례를 보기 힘든 기이한 동거였다.[22]

코지마가 누구던가. 작곡가 리스트와 다구 백작부인과의 열애 끝에 태어난 딸이 아닌가. 아버지가 누구인지 의심받는 바그너와 혼외자로 태어난 그녀는 필시 반려자로 만나게 될 숙명이었다. 뷜로는 그들이 동거하는 동안 아내와 말다툼을 벌이곤 했으나, 바그너에게 서운한 감정을 내비치지는 않았다. 두 사람의 우정은 물론 이후에도 변하지 않았다. 물론 뷜로는 코지마와의 사이에서 태어난 두 딸을 데리고 있음으로써 이혼한 아내에게 보복할 심산이었다. 하지만 바그너 부부의 불편한 심기를 눈치챈 그는 두 딸에게 트립셴 저택을 왕래하도록 허용했다. 뷜로는 그 정도로 바그너의 음악에 심취해 있었다.

22. 이처럼 기이한 삼각관계는 그로부터 4년 후 라파엘 전파의 화가 가브리엘 로제티Dante Gabriel Rossetti(1828~1882)와 다재다능한 예술가 윌리엄 모리스William Morris(1834~1914), 그리고 모리스의 아내 제인 모리스Jane Burden Morris(1839~1914) 간에 이루어진 5년 동안(1869~1874)의 동거로 재현된 적이 있다. 로제티와 모리스는 예술 동료였고, 제인 버든은 두 사람의 이상적인 모델이었다. 두 그룹의 불륜 관계는 닮은 점과 다른 점이 있다. 가브리엘 로제티는 바그너에 못지않은 열정가에 바람둥이였고, 윌리엄 모리스와 폰 뷜로는 격정적이지만 내성적인 성격이었다. 그럼에도 상대에 대한 정이 돈독하여 각자의 연적을 관용한 점도 닮았다. 그러나 로제티-제인 모리스의 경우는 바그너-코지마의 경우와 달리 불륜으로 태어난 자녀도 없었으며, 이혼(모리스 부부)도, 결혼(로제티와 제인 모리스)도 하지 않고 삼각관계를 청산했다.

코지마와 바그너
1872년 빈에서

결과적으로 뷜로가 아내를 바그너의 집 하우스 펠레트에 보낸 일은 실책이었을까? 내심 원한 일이었을까? 뷜로 부부는 바그너를 방문하여 담소 나누기를 무척 즐겼다. 당시 바그너는 아내와 별거 중이었고, 뷜로는 외로움을 잘 타는 성품이어서 서로를 반겼다. 혹시 뷜로는 바그너를 가족의 일원으로 묶어 둘 필요를 느끼지 않았을까? 그 고리가 음악이고 코지마였다. 음악이 그들을 동지애로 묶었다면 코지마는 그들을 가족애로 묶었다고 보기 때문이다. 바그너와 뷜로가 만나면 음악 이야기에 머물지만 코지마와 함께 만나면 대화가 넓어지고 분위기가 한층 살가워졌다. 하지만 이후의 일은 뷜로가 바라던 대로 따라 주지 않았다. 그도 그럴 것이 아주 미인은 아니지만 대단히 지적이고 우아한 매력덩이 아내를 호색가 바그너 옆에 홀로 둔 것은 화로 옆에 화약을 둔 것과 다름없는 일이었을 테니까. 그렇다면 뷜로의 무의식은 아내를 그와 공유함으로써―성적인 의미에서가 아니라―가족과 같은 정을 공감하고 싶었다고 짐작할 수 있다. 뷜로는 그 정도로 바그너의 분신이나 다름없었다. 다만 자신의 우상을 향한 존경심과 증오심이 갈등하는 와중에 그는 꽤 오랫동안 마음고생을 했을 것이다.
　결국 코지마는 뷜로가 자신의 제우스(바그너)에게 바친 최상의 제물이었던 셈이다. 뷜로가 코지마의 이혼 제의를 쉽게 받아들이지 못한 이유는 그로 인해 바그너와의 인연이 아주 끊어질지 모른다는 불안감 때문이었을 것이다. 그가 공적으로는 모른 척 함구한 것이 그렇게 보는 이유다. 뷜로는 바그너의 장례식 다음 날 "19세기는 나폴레옹과 비스마르크, 바그너라는 걸출한 세 인물을 낳았다"고 공언했을 정도이니 저간의 사정을 미루어 짐작할 수 있다. 결국 바그너는 뷜로의 배려로 바이로이트 극장을 운영할 최고의 선물인 세 자녀를 얻었고, 뷜로는 바그너의 배려로 자신이 연주할 최고의 선물인 오페라를 얻었다.

바그너의 만년은 코지마의 헌신적인 내조로 행복했다. 그의 거처에 대한 방랑이 바이로이트에서 닻을 내렸듯이 그의 여성에 대한 방황은 코지마의 품에 안기면서 끝났다. 코지마는 일기에 "나는 그를 모시는 것 말고는 아무것도 알고 싶지도, 듣고 싶지도 않으며, 입을 다물고 싶다"고 적은 대로 남편이 쓴 에세이 초고와 자서전을 정서하거나, 지인과 주고받은 방대한 편지를 정리하며 그를 도왔다. 또 14년 동안 5,000매 분량의 일기를 기록하여 귀중한 자료를 남겼으며, 남편이 죽은 뒤에는 그의 유지를 성공적으로 이끌어 바이로이트 축제를 오늘에 이르게 한 공이 있다. 그녀의 능력은 극장 운영에 국한되지 않았다. 무대장치와 연출 방법의 결정, 지휘자와 가수의 선정에 이르기까지 전 영역에 걸쳐 있다. 그녀는 바그너의 부인을 넘어 바이로이트의 여제였다. 여성이라는 핸디캡에도 불구하고 남성에게 기대되는 역할 이상을 수행한 코지마야말로 대단한 인물이다. 그 점에서 바그너와 코지마는 운명적으로 얽힌 부부였다. 하지만 그녀는 남편의 명성에 흠이 되거나 논란의 여지가 있는 일체의 자료를 파기한 과오도 남겼다.

코지마는 바그너 사후 1885년부터 1889년까지 대부분의 지휘를 뷜로에게 맡겼다. 즉 헤르만 레비는 5년간 총 다섯 차례 『파르지팔』을 지휘했고, 한스 리히터는 1889년 한 차례 『니벨룽의 반지』를 지휘했으며, 한스 폰 뷜로는 5년간 위의 두 작품을 제외한 10편의 오페라를 총 열네 차례 지휘했다. 코지마가 이처럼 뷜로를 배려한 이유는 자기로 인해 고통을 당한 전남편에게 보상하고 싶었던 한편, 자신의 죄의식도 덜고 싶어서였을 것이다.

돈 조반니의 마지막 로맨스

쥐디트 고티에

마틸데 베젠동크가 바그너의 음악적 뮤즈라면 쥐디트 고티에Judith Gautier(1845~1917)는 바그너의 지적 뮤즈였다. 그녀는 프랑스의 작가 테오필 고티에와 그의 정부이자 오페라 가수(콘트랄토)인 에르네스타 그리시 사이에서 태어났다. 그녀는 동양 문화에 대한 해박한 지식과 중국어 실력을 바탕으로 중국 시를 번역하고 동양을 소재로 한 소설을 쓴 문인이었으며, 사교계를 사로잡은 미인이었다. 그녀의 남편 카튈 망데스 역시 작가로, 1869년 7월 바그너가 거주하는 스위스의 트립셴에 남편과 함께 방문한 이래 그녀는 바그너와 사랑에 빠졌다. 쥐디트는 열여섯 살 때 파리에서 공연한 『탄호이저』를 본 이후 작곡가를 흠모하던 터였다. 그래서 마틸데 베젠동크가 이졸데 역의 화신이라면 쥐디트 고티에는 『파르지팔』에 등장하는 쿤드리 역의 화신이다. 바그너가 두 사람의 이미지를 등장인물에 녹여 넣었기 때문이다.

당시 바그너를 방문한 이는 망데스 부부 외에 시인이자 극작가인 비예르 드 릴라당Villiers de L'Isle-Adam(1838~1889)이 있었다. 그날 망데스는 바그너의 다변에 질린 반면 릴라당은 바그너의 박식함에 놀랐다. 한편 바그너는 고티에의 자태에 반한 정도로 릴라당의 지성에 반했다. 그날 릴라당은 트립셴에서 하루를 묵으면서 바그너와 함께 역사·문학·철학·예술 등 다양한 주제를 두고 밤늦게까지 이야기를 주고받았다. 바그너는 그가 하는 말이 흡사 분화구에서 분출하는 용암과 같은 위력을 지녔다는 뜻에서 그에게 '에트나 화산'이란 별칭을 붙였다. 또 릴라당은 바그너를 '백 년에 한 번 나올 만한 천재'라고 불렀다.

망데스는 그날 이후 아내를 줄곧 의심
했다. 하지만 쥐디트는 남편의 질투에 아
랑곳하지 않았으며, 끝내는 나이 서른
에 남편과 갈라섰다. 이후 그녀는 프랑스
의 피아니스트 겸 아마추어 작곡가 루이
스 베네딕투스Louis Benedictus를 만나 연인
사이가 되었다. 하지만 쥐디트는 그 사랑
을 끝내기도 전에 당시 추파를 주고받던
바그너와 불같은 사랑을 한 것이다. 그   쥐디트 고티에
녀는 자유연애주의자였다. 따라서 보들
레르는 그녀를 일러 '허리케인'이라고 불렀다. 쥐디트가 흠모했던 명
사는 바그너 외에도 문호 빅토르 위고와 화가 존 싱어 사전트John Singer
Sargent(1856~1925)가 있다. 하지만 그녀의 마음을 빼앗은 이는 바그너
였다. 그녀는 위고를 정신의 아버지로 여겼고, 사전트는 애송이로 보았
기 때문이다.

바그너는 자기보다 서른두 살이나 어린 그녀에게서 삶의 활력을 얻
었으며, 쥐디트는 그에게 회춘의 샘터가 되어 주었다. 그녀의 그에 대한
사랑은 사리와 연령을 넘어선 열정이었으니, 점차 코지마의 자리까지
넘보았다. 코지마에게 쥐디트는 강적이었다. 쥐디트는 자신보다 여덟
살 어렸고, 더 아름다웠으며, 풍만했다. 하지만 일이 여의치 않음을 깨닫
자 쥐디트는 그 아쉬움을 상대에게 보내는 절절한 연서로 대신했다.

부디 오세요. 친애하는 영혼이여! 깊이 사랑하는 영혼이여! 모든 것이 현실
이고 비극이군요. 그럼에도 당신은 언제나 나를 사랑하겠지요. 제가 결코 그

러지는 않겠지만, 설령 제가 그대를 사랑하지 않겠다고 해도요. 천 번의 입
맞춤을 보냅니다(1877년 12월).

오, 당신의 따뜻하고 달콤한 영혼이여! 제가 그대의 팔에 안겨 찾은 영감이
여! 제가 그것을 잊어야 할까요? 아니죠! 하지만 모든 게 비극이고 끝이며,
최상의 슬픈 노래인걸요. 저는 당신의 것, 당신은 제 생애의 아름다운 충만
함이랍니다(1878년 1월).[23]

쥐디트는 이후 바이로이트에 머물면서 『파르지팔』의 대본을 프랑스
어로 번역하는 등 바그너 음악의 전도사가 되었다. 그녀는 바이로이트
의 특급 손님이었으며, 바그너는 그녀를 『파르지팔』의 뮤즈라고 불렀
다. 바그너가 이 작품을 작곡하는 동안 쥐디트에게 "당신을 느끼고, 당
신으로부터 영감을 받도록 향수와 비단을 보내 달라"고 부탁하면 쥐디
트는 그것을 보내주었다. 쥐디트는 바그너의 오페라가 공연될 때면 작
곡가의 옆자리에 앉았다. 그러면 코지마는 아버지 리스트 옆에 앉거나,
조용히 뒷자리에 앉아 아픈 마음을 추슬렀다. 바그너와 쥐디트는 그로
부터 1878년 2월 10까지 내밀한 연서를 주고받았으나, 그녀의 편지는
그해 3월 코지마가 불태워 버렸다. 한때는 그녀와 남편과의 서신 왕래
를 돕기까지 한 코지마였다. 하지만 두 사람 사이가 정리 단계에 이르
자 기다렸다는 듯이 해치운 일이었다.
　쥐디트가 바그너에게 보낸 연서의 행간에는 그의 반려가 되었으면
하는 소망이 묻어 있다. 그러나 코지마는 그에게 누구보다 소중했으니

---

23. Rudolph Sabor, *The Real Wagner*, p.165.

쥐디트는 정부로 삼고 코지마는 아내로 한다는 바그너 특유의 이중전략은 이 경우에도 주효했다. 바그너는 코지마로부터 예술적 조언을 구하는 반려자의 역할을 바랐고, 쥐디트로부터 예술적 영감을 구하는 동지의 역할을 바랐던 것이다. 두 사람의 관계에 대한 지금 사람의 견해는 상대가 필요할 때면 언제든 만나고, 원할 때면 가끔씩 정사를 나누는 사이라는 데 대체로 이견이 없다. 쥐디트는 바그너와 관련한 회고록 세 권과 에세이 여러 편을 남겼다.

바그너를 저승으로 이끈 캐리 프링글

삶과 작품에 있어 바그너만큼 여성의 영향력을 많이 받은 예술가는 없을 것이다. 그에 버금가는 이가 있다면 푸치니이리라. 바그너에게 사랑은 생의 활력이었으며, 예술의 동력이었다. 음악이 사랑의 양식이라면 그의 말대로 "여성은 인생의 음악"인 까닭이다. 그에게 여성 편력은 피카소의 예에서 보듯 호색을 위한 사랑의 게임을 넘어 창작을 위한 사랑의 모험이었다.

그는 죽기 이틀 전 아내에게 자신의 우상이자 프리마돈나인 슈뢰더데프린트를 꿈에서 보았다며 감회에 젖어 다음 말을 이었다. "내가 사랑한 여성들이 내 눈앞을 스쳐 가는군요." 그러고는 잠시 뒤 서재로 향했다. 그들에게 고마움을 전하는 에세이를 쓰기 위해서였다. 하지만 여성은 그의 죽음에도 영향을 미쳤다.

1883년 2월 13일 오전 11시, 베네치아의 벤드라민궁Palazzo Vendramin-Calergi에 머물던 바그너는 영국 태생의 소프라노 캐리 프링글Carrie Pringle(1859~1930)로부터 자신을 방문하고 싶다는 서신을 받는다. 내용은 자기를 베네치아에 있는 라페니체 극장 무대에 설 수 있도록 주선해 달라는 것으로, 실은 2개월 전부터 지휘자 헤르만 레비와 상의한 일이었다. 바그너는 작년 9월 15일에 베네치아에 도착한 이래 그녀를 잊고 지낸 날이 거의 없었다.

캐리는 1년 전 7월 26일에 있었던 『파르지팔』의 초연 때 클링조르를 따르는 여섯 명의 꽃 소녀 가운데 한 명이었다. 코지마는 긴장했다기보다도 화가 났다. 그녀가 남편의 새로운 연인이라는 소문을 들은 터였기 때문이다. 쥐디트 고티에로 인해 소란을 피운 지 겨우 1년이 지났을 때였다. 실은 『파르지팔』에서 꽃 소녀가 등장하는 장면은 중요한 대목이 아니다. 그럼에도 그는 "나는 일류 소프라노 여섯 명을 요구한다. 이들은 음색과 음역이 모두 같아야 하고, 아름답고 날씬한 여성들이어야 한다"고 공언할 만큼 관심을 보였다.

바그너는 지난해 7월 26일 바이로이트에서 행한 그들의 오디션을 직접 챙겼다. 캐리는 가장 먼저 선발한 소프라노였는데, 노래 솜씨 못지않은 그녀의 미모와 몸매가 그를 움직인 결과였다. 이후 그는 리허설과 공연, 축하연에 이르는 동안 그녀와 담소를 나누거나 그녀를 연회장 구석으로 데려가는 등 남달리 귀여워했다. 그녀는 바그너의 입김으로 『파르지팔』의 공연 횟수가 늘어날수록 인기 출연자가 되었다. 하지만 공연 중에 노끈에 발이 걸려 무대 아래로 떨어져 부상을 입었다. 다행히 크게 다치진 않았으나 그녀는 잦은 구설로 인해 극장을 떠나야 했다. 이 우연한 사고는 코지마가 꾸몄다는 설이 파다했지만 진상은 밝혀지지 않았다.

캐리 프링글은 코지마의 인내를 시험하는 마지막 리트머스 시험지였다. 그도 그럴 것이 코지마는 바그너와 동거하던 1865년에는 말비나 카롤스펠트로 곤욕을 치렀고, 바그너와 결혼해서는 쥐디트 고티에로 속을 썩었다. 그날 코지마는 처음으로 남편과 크게 말다툼을 했다. 그녀는 바그너에 헌신하기로 마음먹었으나 차마 질투심까지 버리진 못했다. 실은 그가 누구인가. 연이은 작곡과 집필, 다망한 연주 활동과 사교 활동 중에도 병풍을 두를 만큼 많은 여성을 전전했던 정욕의 화신이 아니던가. 그가 소년일 때 연정을 품었던 소녀들과 우상으로 존경한 슈뢰더데프린트는 논외로 하고, 그가 결혼 상대로 고려한 마틸데 마이어를 제외하면, 심증이나 정황상 그가 내뿜는 사랑의 불길에 화상을 입지 않은 여성이 있기나 할까. 그는 코지마를 마지막 반려자로 삼은 지금도 욕정의 둥지를 찾아 헤매는 엽색가로 불러 마땅한 사내였다. 그럼에도 코지마가 그날 남편을 닦달한 것은 캐리에 대한 시기심 때문만은 아니었다. 자신에게 없고, 그녀에게 있는 젊음에 대한 좌절감에서였다.

캐리는 바그너에게 서신을 보낸 이틀 뒤 그의 사망 소식을 접했다. 하지만 이 소동으로 인하여 바이로이트에서 기피인물Persona non-grata이 되고, 『파르지팔』에 더 이상 등장하지 못할 것이라는 사실은 생각하지 못했다. 그날의 언쟁이 바그너의 약한 심장에 충격을 준 것일까. 그로부터 세 시간 뒤인 오후 3시 30분, 바그너는 심장마비를 일으켜 임종의 여정에 올랐다.

바그너의 표현에 따르면 여성은 인생의 음악이었고, 따라서 작곡가인 그에게는 삶의 동반자 이상이었다. 그는 여러 여성과 인연을 맺었다. 하지만 그들 중 바그너의 운명에 큰 영향을 끼친 이는 첫 번째 아내 민나와 그의 뮤즈 마틸데 베젠동크와 두 번째 아내 코지마였다. 그는 침상이 아닌 책상에서 〈인간성에 있어서 여성다움에 관하여〉를 쓰던 중에 임종을 맞았다. 그러므로 목숨이 다할 때까지, 그는 여성에게 감사 표시를 한 셈이다. 그가 쓰다 만 에세이는 여섯 문단으로 이루어져 있으며, 마무리 문장은 다음과 같다. 짧지만 바그너가 수놓은 애정 드라마의 글로는 충분하다.

이와 같이 여성 해방의 과정은 황홀한 몸부림하에서만 진행된다. 사랑은—
비극이다.

Gleich wohl geht der Prozeß der Emanzipation des Weibes nur unter
ekstatischen zuckungen vor sich. Liebe-Tragik.

제9장　　　리가로부터의 탈출과
　　　　　　궁핍한 파리 시절

선원들은 닻을 내리고 돛을 접어 올리면서 기쁨에 넘쳐 소리쳤다.
곧이어 거대한 화강암 벽에 부딪쳐 되돌아오는 메아리를 들으며,
나는 형언할 수 없이 만족스러운 느낌이 들었다.
그 부름은 날카로운 리듬을 자아내면서 상쾌한 기운으로 나를 감쌌으며,
나의 『방황하는 네덜란드인』에서 선원들이 부르는 노래의 주제로 다듬어졌다.
　　　　　　　　　　　　　　　　　　　　　　　　— 바그너, 《나의 생애》

돈에 굶주린 음악가

누구에게나 그렇지만, 특히 바그너에게 돈은 생활을 윤택하게 한 도구인 반면, 그로 말미암아 덜미를 잡힌 족쇄이기도 했다. 그도 그럴 것이 그는 풍족한 생활을 유지하기 위해 샘에서 물이 솟아나듯 끊임없이 돈을 지출해야 했기 때문이다. 그는 고급 가구와 값비싼 의류를 사들이고, 실내를 화려한 커튼과 양탄자와 값나가고 귀한 그림으로 꾸미고, 호화 장정을 한 희귀본을 사들이고, 유럽 각지를 여러 차례 여행 다니고, 창작의 영감을 떠올리기 위해 황금 장식이 든 욕조에서 목욕을 하고, 최고급 비누와 향수로 몸을 갈무리하고, 최고급 잉크와 펜으로 필기를 하며, 아이디어 저장고를 기름지게 하기 위해 언제든 성찬을 배에 넣어 두어야 했으니, 돈은 그에게 절대로 떨어져서는 안 되는 생명줄이었다. 아마 이 같은 삶은 부호나 귀족이었다 하더라도 사치 생활로 간주할 수 있을 것이다.

바그너는 부유한 집안에서 태어나지도 않았고, 작곡으로 큰돈을 벌어 본 적도 없었다. 그의 작품 중 열에 여덟은 흥행에 실패했다. 그 무렵 독일에서 신흥 부르주아 계층이 음악을 제대로 즐겼다고는 하지만, 저작권법은 1870년에야 시행되었다. 그럼에도 분수에 넘치는 생활을 했으니, 그는 이 모든 호사를 남의 돈을 빌려서 누린 것이다. 그에게는 일시적으로 도움을 준 리스트를 비롯한 친지들도 있었고, 자신에게 적지 않은 연금을 준 율리에 리터 부인[1]과 베젠동크 부부도 있었다. 하지만 그에게 돈은 언제나 모자라는 것이어서 한강에 돌 던지기와 다름없었다. 따라서 그가 돈 걱정 없이 제대로 호화 생활을 할 수 있었던 것은 그의 나이 쉰한 살 때인 1864년 5월, 루트비히 2세를 만나고부터였다. 하긴 그것도 남의 돈이기는 마찬가지다.

돈은 바그너에게 마약과 같았다. 그는 돈을 아내를 위해 쓰지도, 요긴하게 쓰지도 않았다. 대신에 오로지 금단 증상(낭비하는 버릇을 참지 못하는)을 진정하는 용도로 탕진했으니, 빚은 눈덩이처럼 불어날 수밖에 없었다. 그리고 그 해결책은 야반도주였다. 그는 이후에도 사치벽을 고치기는커녕 재차 빚을 얻었다가 가계가 거덜 나면 다시 도주하는 게 고작이었다. 하지만 세상에 공짜는 없는 법이다. 그에게 호화 생활의 대가는 혹독했다. 도주를 택한 건 자유이나 지옥은 면할 수 없는데, 아내가 외간 남자와 야반도주한 것도 따지고 보면 본인의 사치로 인한 궁핍 때문이었으며, 리가에서 파리로 도망 다니는 동안 죽을 고비를 당

---

1. 율리에 리터에게는 딸 에밀리에 리터Emilie Ritter(1825~1863)가 있었다. 에밀리에는 바그너와 1850년부터 1859년 동안 편지를 주고받았다. 그가 에밀리에에게 보낸 마지막 편지 내용은 큰돈을 빌려 달라는 것이었고, 그것으로 편지 왕래는 끝났다.

한 일은 채무를 모면하다 벌어진 사건이다.

바그너는 이름난 빚쟁이였으므로 언제나 채권자가 주시하고 있었다. 그의 첫째가는 담보는 음악이었고, 다음은 사람을 사로잡는 언변과 비굴하리만큼 싹싹한 행동이었다. 그 점에서 그는 밉지 않은 사기꾼이었다. 즉 그는 돈이 궁한 음악가가 아니라 돈에 굶주린 음악가였다. 바그너는 편지로 돈을 빌리거나 희사받기를 원할 때는 애처로울 만큼 간절했다. 직접 빌릴 때는 성공률을 높이기 위해 전직 배우인 아내에게 연기를 시키기도 했다. 다만 내용은 판에 박힌 투여서 돈 액수와 수신인만 바꾸면 누구라도 상관없을 정도였다. 다음은 그가 친지들에게 돈을 빌려 달라거나 도움을 청하는 편지의 하이라이트 부분이다.

나는 정신이 나갔었네. 나는 미친 자처럼 구는 것도 모자라 분수에 넘치는 생활을 했네. 아무리 갑부라도 나처럼 돈을 마구 써 버리지는 않았을 걸세. 부디 400탈러(240만 원)의 빚을 갚게끔 도와주게. 나는 지금 외톨이일세. 특히 어머니의 염려가 이만저만이 아니라네. 지금은 어머니마저도 나를 도와줄 형편이 아니거든. 이제 나에게 남은 건 자네밖에는 없다네.

— 친애하는 벗 테오도어 아펠(바그너의 부유한 친구로,
아펠은 그의 지갑 구실을 했다)에게, 1835년

아내가 자네에게 간곡히 청하는군. 우리를 위해 인편으로 1만 프랑(1500만 원)을 융통해 달라고 말일세.

— 친애하는 매제 에두아르트 아베나리우스(바그너의 막내 여동생 체칠리에의
남편으로, 바그너의 급전 창구 역할을 했다)에게, 1843년

나는 파리로 향하는 이 편지에 우표를 붙이려고 했지. 나를 아껴 주는 지원자 슐라이프슈타인 씨로부터 도움을 받았다면 말일세.

— 친애하는 에른스트 키에츠(바그너의 죽마고우)에게, 1842년

데프린트 부인께서 나에게 1,000프랑(150만 원)을 빌려주었다네. 하지만 무엇보다 자네에게 돈을 갚기 위해 아베나리우스를 통해 600프랑(90만 원)의 돈을 보내겠네.

— 친애하는 에른스트 키에츠에게, 1842년(이른바 돌려막기인 셈이다)

들어 보세요, 프란츠! 나에게 묘안이 떠올랐어요. 그 미망인에게 편지를 보내 제가 에라르 그랜드 피아노를 가질 수 있도록 힘을 써 주었으면 합니다. 당신은 매년 우리 집을 세 번은 방문하는데, 그분더러 제 집에 있는 오래된 절름발이 피아노보다 더 좋은 것이 필요하다고 꼭 말해 주세요.

— 프란츠 리스트에게, 1856년(당시는 바그너의 장인이 되기 전이다)

돈을 꾸려는 측은 꾸어 주는 측에 온갖 사정을 하지만, 일단 꾸고 나면 처지는 역전된다는 말이 있다. 하긴 그는 자신이 빌린 돈을 제대로 갚은 적이 한 번도 없다. 그에게 돈을 빌려준 이들 역시 상환을 확신하지 않은 것은 아닐까. 분명한 사실은 후일 대부분의 채무자가 이 유명한 천재로부터 돈을 돌려받지 못한 데 대해 크게 억울해하지 않았다는 점이다.

바그너의 가당찮은 지론 중 하나는 "적선이란 베푸는 자나 받는 자 모두에게 이로운 행동이며, 세상을 위해 예술품을 창조하는 사람에게는 사적으로든 공적으로든 재정 지원을 아끼지 않는 것이 올바른 일"이라

는 것이다. 이러한 논법에 따르면 자신은 채무자에게 빚을 갚을 의무가 있는 게 아니라 상대에게 도움을 받을 권리가 있는 셈이다. 이 점은 그가 별 부담 없이 돈을 빌려 쓴 주된 이유다. 다음은 바그너의 씀씀이를 알 수 있는 예로, 그에게 의류 등을 공급한 베르타 골드바크는 19세기 중엽 빈에서 명망 높은 호상豪商이었다.

납품처: 리하르트 바그너

납품일: 1865년 11월 15일

납품 목록

1. 드레싱 가운: 3벌

— 풀 먹인 옷깃을 댄 분홍색 가운 1벌

— 위와 같은 파란색 가운 1벌

— 위와 같은 초록색 가운 1벌

2. 짧은 상의와 긴바지: 상하의 3벌

— 분홍색 상하의 1벌

— 아주 연한 노란색 상하의 1벌

— 연한 회색 상하의 1벌

3. 부츠: 6켤레

— 흰색, 분홍색, 파란색, 노란색, 회색, 초록색 각 1켤레

4. 침대보: 1매

— 무거운 분홍색 비단으로 줄을 대고, 여기에 멋진 장식을 단 흰색 침대보

5. 방석: 4개

— 2개는 크고 흰색, 1개는 분홍색, 나머지 1개는 노란색(겉은 장식을 가득한 것)

6. 장식 리본: 1점

─ 가급적 많고 아름다운 10미터가량의 흰색 자수를 놓은 리본

7. 비단 천: 1점

─ 크고 무거운 20~30미터의 분홍색 비단 천[2]

다음은 1863년 5월, 바그너가 50세 때 빈 인근 펜칭 소재의 고급 저택으로 이사하면서 마치 오페라 무대를 꾸미듯이 각 방에 장식한 것들이다. 그는 장식을 끝낸 다음 1년 전 청혼한 적이 있는 마틸데 마이어의 환심을 사기 위해 이러한 내용을 편지에 적어 그녀에게 보냈다. 그러나 그녀는 관심을 보이지 않았다. 상식이 있는 여성이라면, 상대의 호기에 유혹되기보다 그의 사치벽과 씀씀이를 경계해야 옳을 터였다.

식당: 작은 장미 봉오리가 그려진 짙은 갈색 벽지

담소실: 무늬가 없는 진홍색 벽지(모서리는 진한 비단 벨벳에 테두리는 황금 띠를 두른 것)

서재: 진홍색 꽃무늬가 있는 연한 갈색 바탕의 회색 벽지

다실: 무늬가 없는 초록색 벽지(모서리는 자주색 벨벳에 테두리는 황금 띠를 두른 것)

의상실: 짙은 빨강색 꽃무늬가 있는 연한 초록색 벽지

침실: 무늬가 없는 진홍색 벽지(모서리는 초록색 벨벳에 테두리는 황금 띠를 두른 것)

2. Rudolph Sabor, *The Real Wagner*, pp.171~172 [L. Kusche, *Wagner und die Putzmacherin* (Wilhelmshaven, 1967), pp. 119 재인용].

음악 살롱: 페르시아식 자수를 놓은 갈색 모직물 커튼(진한 색 비단을 댄 안락의자 추가)

바그너의 이러한 호사 취미는 그가 마지막으로 거처한 반프리트 저택에서 절정에 이른다. 그곳은 자신의 말대로 마에스트로가 기거하는 별궁이었고, 바그너 음악을 찾는 이들의 전당이었기 때문이다. 특히 응접실은 그의 주문대로 최고의 건축 디자이너 로렌츠 게돈Lorenz Gedon에게 설계를 맡겨 다른 방보다 돋보이게 꾸몄다. 바닥에는 고급 태피스트리를 깔고 값비싼 빈티지 서가와 가구·석상 등을 비치했으며, 벽에는 붉은빛이 감도는 폼페이산 비단 벽지를 바른 위에 초상화와 회화를 걸어 운치를 더했다. 그의 연극적 자질을 최대한 살린 실내 구성으로, 준공식 날에는 동료 볼초겐이 〈바그너 사원을 찾으며〉로 제목을 붙인 헌사를 바쳤다.

바그너의 사치벽과 낭비벽은 교정이 불가능한 습벽이었을까. 만일 바그너가 수입이 생길 때마다 적당히 소비하고 나머지 돈을 모았다면, 그는 빚을 지지 않고도 풍족한 생활을 했을 것이다. 한 예로 그는 1855년 영국 연주 여행(2. 26~6. 30) 중에 빅토리아 여왕도 알현하고, 700파운드(현 가액으로 8만 4000유로)에 해당하는 자기 몫의 돈도 벌었으나, 런던에서 체재하는 동안 거의 다 써 버렸다. 그의 이러한 행태는 수차례의 유럽 장기 순회공연 때에도 달라지지 않았다. 그러므로 루트비히 2세를 만나지 않았다면 그는 죽을 때까지 빚의 굴레를 벗어나지 못했을 것이다. 바그너의 과소비 성향의 원인은 무엇일까. 타고난 요인도 있겠으나 환경의 요인이 크다고 본다.

첫째, 그는 아동기 때 극장 의상실에서 호화롭게 치장한 의류를 많이

Frou-Frou Wagner.

Karikatur auf die Publikation der Briefe Wagners an seine Wiener Putzmacherin.
Floh, Wien. 1877

호화 의상에 집착하는 바그너를 풍자한 그림

보아 왔다. 또 사극을 할 때는 화려한 분장과 울긋불긋한 무대장치에 넋을 놓았던 기억도 영향을 주었다.

둘째, 그는 소년 시절, 자신이 귀족의 피를 받았다는 가족 로맨스도 품었고, 자기는 여러모로 남과 다르다는 과대망상을 가졌다.

셋째, 그는 중등학생일 때 악전을 배우고 바이올린을 익히기 위한 교습비를 어머니 몰래 빚을 내 충당한 적이 있다. 이러한 경험은 그에게 자신이 하고 싶은 일이라면 돈을 꾸어서라도 반드시 해야 한다는 사고방식을 심어 주었다.

넷째, 그는 청년일 때 부유한 친구 테오도어 아펠과 함께 쾌락주의 사고에 젖어 식도락에 탐닉하고, 허식에 찬 지적 토론을 즐기는 등 유한계층의 생활을 흉내 낸 적이 있다.

다섯째, 그는 자신이 존경한 작곡가 알베르트 로르칭이 생활고로 인해 영양실조로 죽고, 많은 선배 음악가들이 가난으로 고생했던 사례를 들어 값진 음악을 창작하는 이들은 궁핍하게 살아서는 안 된다는 지론을 갖고 있었다.

여섯째, 그는 음악가로 입지하기 위해 파리에서 생활하던 당시 홀대를 당하고 궁핍을 겪은 데 대한 보상심리를 무의식중에 갖게 되었다.

일곱째, 그는 자극에 민감한 피부를 가진 탓으로 단독에 자주 시달렸다. 따라서 여성 내의를 입거나 비단과 벨벳으로 된 옷감 또는 그런 천을 선호하였는데, 이러한 습벽이 호색 취미(페티시즘, 복장도착증 등)로 이어져 사치를 자연스레 받아들였다. 여기에 호사스러운 것을 좇는 그의 타고난 성향이 더해졌음은 두말할 필요가 없다.

성실한 바그너와 무책임한 바그너

바그너는 1833년 1월 10일 게반트하우스 극장에서 『교향곡 C장조』를 무대에 올려 호평을 받았다. 그날 열네 살 클라라 비크는 피아노 독주자로 출연했다. 그녀는 연주를 끝낸 뒤 장래 남편이 될 슈만에게 보낸 편지에 "바그너 씨는 당신을 능가해요"라고 적었다. 만일 바그너가 클라라의 원대로 슈만과 만나 교제를 텄다면 장차 두 사람의 관계가 견원지간이 되지 않았을 테고, 브람스와의 사이도 적대적이지 않았을지 모른다. 하지만 반대의 견해도 있을 수 있다. 두 사람은 상대에 대한 인상을 기록으로 남겼다. 슈만은 바그너에 대해 "나와 바그너가 사귀는 일은 없을 것이다. 사람은 언제나 말을 할 수 없음에도, 그는 쉬지 않고 지껄인다"고 했으며, 바그너는 슈만에 대해 "나와 슈만이 사귀는 일은 없을 것이다. 그는 희망이 없다. 그는 하루 종일 아무 말도 하지 않는다"고 했다.[3]

그로부터 일주일 뒤(1833년 1월 17일) 바그너는 뷔르츠부르크 극장의 합창감독직을 맡으면서 음악가로서 첫발을 내디뎠다. 그의 나이 스무 살 때로, 같은 극장의 테너 가수 겸 무대감독인 맏형 알베르트 바그너의 추천에 의한 취직이었다. 뷔르츠부르크는 작은 마을에 지나지 않는다. 하지만 시즌마다 기대작과 흥행작을 무대에 올리는 오페라 공연지여서, 바그너로서는 10굴덴(현 한화로 45만 원에 해당하며, 당시 구매력으로도 30만 원에 못 미치는 액수다)의 박봉마저 감수할 만한 곳이었다.

혜택은 그뿐이 아니었다. 우선 맏형으로부터 음악과 무대연출에 관한 지도를 받을 수 있는 데다 맏형 댁에서 자주 숙식을 해결할 수 있었으며, 무대 예술인은 징집을 면제하는 작센 정부의 방침에 따라 군대에

---

3. Terry Quinn, *Richard Wagner, The Lighter Side*, p.95.

가지 않아도 되었다. 게다가 1833년 봄 시즌 동안 그는 오베르의 『프라 디아볼로』, 베토벤의 『피델리오』, 마르슈너의 『흡혈귀』, 마이어베어의 『악마 로베르』, 로시니의 『탄크레디』, 베버의 『마탄의 사수』 등 공연을 위한 연습으로 많은 경험을 쌓을 수 있었으니, 『방황하는 네덜란드인』과 『탄호이저』, 『파르지팔』에서 들을 수 있는 독창적인 합창곡들은 이 시기의 수련 덕분이다.

맏형 알베르트 바그너는 뷔르츠부르크에서 꽤 중요한 인물이었다. 하지만 전국 무대에 오르기에는 부족한 기량 탓에 테너 가수보다 배우로서 더 많이 활동했다. 그의 아내 역시 배우로, 괄괄한 성격에 키가 크고 무섭게 생겨 그가 어째서 고르곤[4]을 떠올리는 여성과 결혼했는지는 의문이다.[5] 맏형은 아내와의 사이에 세 딸을 두었다. 바그너가 뷔르츠부르크 극장의 합창감독직에 임명되었을 때, 장차 유명한 오페라 가수가 될 조카 요한나는 일곱 살이었다.

바그너가 맏형의 도움을 받을 수 있었던 것은 행운이었다. 그는 오페라 작곡가가 되는 것이 꿈이었기 때문이다. 바그너는 뷔르츠부르크 극장에서 합창감독과 오페라 리허설을 담당한 외에 자질이 뛰어난 합창단원을 독창자로 선정하는 임무도 겸했다. 다만 그가 택한 기준은 노래 솜씨 외에도 한 가지가 더 있었는데, 다름 아닌 미모였다. 그리고 그 대상자는 테레제 링겔만과 프리데리케 갈바니로, 이 둘은 당연히 그의 연인이 되었으나 테레제는 그를 사로잡는 힘이 모자란 탓에 헤어졌고, 프

---

4. 그리스 신화에 등장하는 세 자매의 단수형 이름. 복수형은 고르고네스라고 하며, 고르곤Gorgon으로 표기하면 주로 메두사를 가리킨다. 머리카락은 뱀으로 되어 있고 그들과 눈을 마주치면 상대는 돌로 변한다.
5. Ernest Newman, *The Life of Richard Wagner vol.1*, p.98.

리데리케는 너무 열정적인 탓에 바그너가 그녀를 두려워해 헤어졌다. 그가 합창감독으로 재직하던 동안(1년 5일) 있었던 한때의 사랑이었다. 가정이긴 하나 그가 창작에 쏟는 마음을 배우자 찾는 데도 쏟았다면 화려하지는 않을망정 건강한 여성관은 지켰을 것이다.

뷔르츠부르크 극장의 봄 시즌은 5월 초에 끝난다. 가을 시즌이 시작되는 9월 중순까지는 휴관으로, 맏형 내외는 예약된 공연을 위해 슈트라스부르크로 떠났다. 바그너 역시 취리히 극장의 지휘자직을 제안받았으나, 휴관 기간에도 보수는 지급되었고, 맏형의 부탁도 있어 조카들을 돌보면서 그의 자택에 머물기로 했다. 하지만 실은 마무리 중인 『요정』의 총보를 완성하고, 마르슈너의 『흡혈귀』에서 오브리의 마지막 아리아를 편곡하는 등 작곡 수련을 하기 위한 것이었다. 그 무렵 마르슈너의 오페라는 독일 전역에서 성황리에 공연되는 흥행작이었다. 그러나 국외에서는 달랐다. 로시니, 벨리니로 대표되는 이탈리아 오페라와 마이어베어가 일으킨 프랑스의 그랜드오페라가 유럽을 풍미하고 있어 독일을 오페라의 변두리로 내몰고 있었다. 따라서 바그너에게 당장 필요한 것은 지휘 경력보다 독일의 오페라를 중흥시킬 아이디어였다.

바그너는 1834년 1월 6일 『요정』의 총보를 완성하자 9일 뒤(1월 15일) 라이프치히로 떠난다. 그해 7월 말 마그데부르크 극단(또는 베트만 극단)의 음악감독(지휘자)직을 수락하여 그가 고향에 머문 기간은 짧았다. 그럼에도 그가 라이프치히에 머문 마지막 6개월은 분발의 시기였다. 바그너는 이때 벨리니의 『캐플렛가와 몬태규가』에서 연기와 가창을 아우르는 빌헬미네 슈뢰더데프린트의 솜씨를 보고 바그너 소프라노의 전형을 떠올렸으며, 하인리히 라우베가 주관하는 '청년 독일' 기관지에 자신의 포부를 밝힌 〈독일 오페라〉를 게재했다. 또한 이때 사회 풍자와 비판을 담은 『연애금지』를 작곡하기로 마음먹었다. 바그너의 초기 세 오페라 『결혼』(미완성작), 『요정』, 『연애금지』와 관련하여 생각할 거리가 있다. 세 작품 모두 남녀 간의 애정을 기둥 줄거리로 하며, 그중 『연애금지』는 지배 계급의 위선과 관습에 저항하는 주제를 담은 점이다. 따라서 그의 오페라 창작에 관한 두 가지 원형 코드는 여성을 좇는 성향과 새것을 좇는 경향이라 할 수 있다.

바그너가 음악감독으로 취임한 마그데부르크 극단은 본거지를 같은 이름의 극장에 두고 여름이면 순회공연을 하는 흥행단체였다. 그들이 보여 주는 볼거리는 오페라와 연극이었는데, 소속 관현악단은 상설이 아닌 탓에 연주 실력은 3류급이었다. 더구나 극단의 지배인 하인리히 베트만은 욕심이 지나쳐 되도록 많은 지역을 순회하려고 안달이었다. 다행히 1834년 8월 2일, 바그너의 지휘로 공연한 『돈 조반니』는 반응이 좋았다. 그리고 그 하루 전에 바그너는 같은 극단에 소속된 배우로, 자신의 아내가 될 민나 플라너를 만났다.

베트만은 바그너를 신임했다. 생각하면 모차르트의 대작을 짧은 연습 기간 내에, 그것도 기량이 못 미치는 악단원들과 가창진을 데리고 관객을 만족시키는 공연을 펼친다는 것이 말처럼 쉬운 일이 아니기 때문이다. 그에게는 뷔르츠부르크 극장의 음악감독 시절에 익힌 연습 경험이 주효했던 셈이다. 그는 엄선한 인기 오페라와 2악장만 남긴 『교향곡 E장조』를 레퍼토리 삼아 한 지역을 더 순회한 뒤, 10월에는 마그데부르크로 돌아와 오페라 『요정』의 서곡과 함께 오베르 · 벨리니 · 케루비니 · 로시니의 오페라를 매일 무대에 올렸다. 그사이 그는 가는 곳마다 유능한 청년 지휘자로 이름을 날렸고, 같은 극단에 속한 민나 플라너는 그의 연인이 되어 있었다.

연이은 소동과 『연애금지』

바그너의 행운은 오래가지 못했다. 다름 아닌 무대에 올린 레퍼토리가 원인이었는데, 선곡 동기는 바그너의 자만심과 과장하는 버릇에 있었다. 여기에 독일의 제일가는 소프라노 슈뢰더데프린트를 객연가수로 초빙했으니, 자기 속셈으로 말하자면 흥행은 따 놓은 당상이었다. 그는 1835년 4월, 「콜럼버스 서곡」에 여섯 개의 트럼펫을 더하고, 베토벤의 『비토리아 전투Schlacht bei Vittoria』(일명 '전투 교향곡' 또는 '웰링턴의 승리')를 연주할 때는 현장감을 살리기 위해 대포 소리와 총소리를 내는 기구까지 준비했다. 다만 음향 시설이 빈약한 연주회장을 감안할 때 그 결과는 장담할 수 없었다. 그날의 백미 슈뢰더데프린트가 만일의 위기를 구원할 수 있을까.

연주 당일, 기대는 완전히 무너졌다. 전국적인 명성을 지닌 가수가 외람되게 지역 무대에 서는 날, 극장도 아닌 연회장에, 하필이면 객석은 반 정도가 비어 이미 체면이 말이 아니었다. 그녀의 아름다운 노래도 잠깐, 「콜럼버스 서곡」이 끝나고 더욱 시끄러운 『비토리아 전투』가 울려 퍼지자 객석은 아수라장이 되고 말았다. 바그너의 우상은 수모를 안고 황급히 연주회장을 떠났고, 관객 역시 연주가 끝나기 전에 나가 버렸다. 베트만 극단의 명성은 이로써 금이 갔으며, 극단의 재정은 파산의 조짐을 보였다. 바그너는 자서전에 그날의 상황을 다음과 같이 적었다.

연주회 곡목 중에 슈뢰더데프린트가 노래하고 내가 피아노로 반주한 베토벤의 「아델라이데Adelaide」는 대단히 섬세했다. 그러나 어쩌랴! 내가 선곡한 음악이 생각지 못한 불상사를 불러왔다. 런던시티 호텔(연주회장)은 과도한 반향으로 인해 견디기 힘든 소음천지가 되었고, 여섯 명의 트럼펫 주자가 합세하는 나의 「콜럼버스 서곡」은 초저녁의 관객을 두려움에 휩싸이게 했다. 마침내 베토벤의 『비토리아 전투』 순서가 오자 나는 최대한 본전을 뽑을 요량으로 화려한 음향을 만들어 갔다. 값비싼 소리 기구인 대포와 특별히 2관, 3관으로 무장시킨 트럼펫과 소집용 나팔 등, 정성을 다해 배치한 총기병들이 프랑스와 영국 양 진지에서 불을 뿜었다. 슈뢰더데프린트는 고맙게도 앞좌석에 앉아 있어 연주회가 끝날 때까지 관람할 작정으로 보였다. 하지만 그녀가 이러한 공포에 익숙해져 있고, 나와의 우정을 감안하더라도 이번 경우는 견디기 힘든 지경이었나 보다. 영국 측이 프랑스 측에 절망적인 공격을 가하자 그녀는 양손을 꼭 쥐고 홀을 빠져나갔다. 그녀의 동작을 신호로 관객 역시 공황상태가 되어 홀을 빠져나갔다. 객석이 텅 비자, 나와 관현악 단원 간에 흐르는 내밀한 분노 속에서 웰링턴은 승리를 축하했다.[6]

불운은 그것으로 그치지 않았다. 바그너가 『연애금지』를 공연한 1836년 3월 29일, 흥행은 더 큰 규모로 참패했다. 즉 첫날은 객석이 거의 비었고, 다음 날 관객은 불과 세 명이었다. 그는 흥행을 기대하고 외상으로 들여놓은 호화 가구와 고급 서책 등의 대금을 갚을 길이 막연했고, 극장은 파산해 버렸다. 게다가 5월 중에 예정된 『연애금지』의 베를린 공연마저 무산되었으며, 1837년 5월 31일에는 아내가 외간 남자와 눈이 맞아 야반도주해 버렸다. 그가 쾨니히스베르크 극장의 음악감독직을 맡은 지 두 달 만의 일이었다. 다행히 그로부터 두 달 뒤 민나는 정부와 헤어졌으며, 그는 불같은 성격임에도 아내를 관용했다. 바람둥이가 바람둥이 심정을 안 것일까. 대신 그녀는 한때의 약점으로 죽을

6. Richard Wagner, *Mein Leben(1813-1864)*, pp.85~86.

때까지 남편의 외도를 견뎌야 했다. 그들 부부에게는 서로의 애정을 돈독히 하는 일보다 외부인과의 연애를 금지하는 일이 더 절실해 보였다.

『연애금지』의 원작은 성을 소재로 한 법률 희곡Legal play인 셰익스피어의 코미디(문제 희극, 심각한 희극)《자에는 자로》[7]다. 바그너의 바람둥이 성향을 생각한다면 그에게 연애금지령이라도 내려야 할 테지만, 그가 이 극을 오페라화하기로 한 것은 가장 은밀한 성을 공적 영역으로 끌어들여 제재를 가한다는 소재가 재미있었고, 독일의 예술과 정치를 개혁해야 한다는 '청년 독일 운동'의 취지(자유연애를 포함한 자유주의 사고를 주장함)에 공감했기 때문이다.

바그너는 원작의 배경을 빈에서 시칠리아의 팔레르모로 바꾸었다. 사교적이고 분방한 이탈리아인(라틴계)들이 과묵하고 격식을 차리는 오스트리아인(게르만계)의 섭정에 억압을 당한다는 상황을 가정하고 싶어서였다. 그는 1836년 3월, 『연애금지』를 마그데부르크 시립극장에서 초연하려고 했을 때 시청으로부터 제목이 선정적이라는 이유로 무대에 올릴 수 없다는 말을 들었다. 그러자 제목을 '팔레르모의 수녀Novize von Palermo'로 한시적으로 바꾸었다.

이곳에서는 향락을 부추기는 축제와 오락 사업이 금지되며, 정당한 연애 외는 모두 범죄다. 정당한 연애란 법적으로 인정받은 연애로 직설적으로 말해 부부간의 성관계 외는 불법이란 뜻이다. 그 대가는 '범죄에 합당한 처벌Fit the Crime, Fit the Punishment'이라는 원칙도 무색하게 사

---

7. 희곡의 원명 'Measure for Measure'는 마태복음 제7장 2절인 "and with what measure ye mete, it shall be measured to you again(너희가 헤아리는 그 헤아림으로 너희가 헤아림을 받을 것이라)"는 구절에서 나왔다. 여기에서 연유한 영국의 옛 격언은 "눈에는 눈으로, 이에는 이로" 앙갚음한다는 뜻으로, 이 격언을 번역 제목으로 쓴《셰익스피어 전집》(이상섭 옮김, 문학과지성사, 2016)이 출간되었다. 하지만 여기서는 국내에서 일반화된 '자에는 자로'를 제목으로 쓰기로 한다.

형이다. 그 목적은 문란한 성을 예방한다는 것이지만, 보호되는 법적 이익은 그로 인한 권리 침해에 비하면 지극히 사소하다. 사랑하는 사람을 사랑하는 자연법적 자유(권리라고 해도 좋다)가 죄가 되는 사회는 지옥이나 다름없기 때문이다. 이러한 터무니없는 법은 입법하지 않는 게 가장 좋고, 만일 있다면(전제하는 것부터가 난센스다) 적용하지 않음으로써 죽은 법으로 만들어야 한다. 성도덕은 양식과 윤리로 지켜져야 하고 사적 영역에 속한 섹스는 의사에 반한 성행위에 한하여 공적 개입을 해야 옳다. 간통 또한 부부간의 신의성실에 반한 행위로 보고 개인들끼리 해결하도록 해야 한다. 그것이 '성적 억압은 최소화하고, 성적 자제는 최대화해야 한다'는 원칙이다.

『연애금지』에서 국왕의 명을 받은 섭정 프리드리히는 미혼인 클라우디오가 사랑을 했다는(여성을 임신시켰다) 이유로 사형을 선고한다. 그러자 예비 수녀인 클라우디오의 여동생 이사벨라는 섭정에게 용서를 구한다. 섭정은 이사벨라와 대면 끝에 그녀의 유혹에 넘어가 오빠의 죄를 면해 주는 대신 그녀에게 정사를 요구한다. 입법자와 집행자를 겸한 그는 스스로 범법자가 되려고 한 것이다. 게다가 그는 이사벨라의 동의를 받고도 그녀의 오빠를 처형하는 판결문에 서명을 함으로써 가혹한 위선자(두 겹의 배신자)의 면모도 보였다. 이는 역설적 상황을 빌린 통렬한 풍자이면서 가혹한 법은 부당한 법이 될 수밖에 없는 이유를 설명한다. 그래서 '형법 조항이 많아지면 범죄인이 많아지고, 지키기 힘든 법은 유명무실해진다'는 말이 나왔다.

셰익스피어가 활동하던 시절 영국은 소송 폭주의 시대이며, 소매치기까지 사형에 처하는 처벌 만능의 시대였다. 그럼에도 소송과 범죄는 줄어들지 않았다. 연애금지법은 문학의 세계에만 존재했던 게 아니다.

독일인과 유대인의 성관계와 혼인을 금하는 법이 실제로 있었다. 일명 '뉘른베르크법'으로 1935년 9월 15일 뉘른베르크 전당대회에서 공포한 '독일인의 피와 명예를 지키기 위한 법률Gesetz zum Schütze des deutschen Blutes und der deutschen Ehre'이다. 셰익스피어의 연애금지법은 황당한 법이고, 나치스의 연애금지법은 사악한 법이다. 전자는 준법자의 입장에서 유명무실한 법인 데 비해 후자는 입법자의 입장에서 강제할 법이기 때문이다. 따라서 두 법률, 특히 후자의 법은 자연법의 눈으로 볼 때 법이 아니다. 역사는 나치스가 만든 법률들을 통해 실정법주의가 오도되면 얼마나 무서운 결과를 가져오는지 말해 준다.

바그너는 《자에는 자로》의 배역 이름과 부수적인 플롯, 결론 부분을 임의로 바꾸었으나 기본 줄거리는 그대로 따랐다. 이사벨라의 지략으로 죄상이 드러난 섭정은 연애금지법을 폐기하는 것으로 처벌을 면하고, 해당 법률을 위반한 사람들 역시 처벌을 면한다. 셰익스피어는 권력자가 개인적 동기로 민중의 성적 자유를 억압하는 행위를 풍자적으로 꾸짖었으며, 바그너는 이를 음악으로 만들어 자유연애를 주장했다.

타악기의 흥겨운 리듬(C장조)으로 시작하는 『연애금지』의 서곡은 축제의 동기에서 연애금지의 동기로 이어지는데 로시니의 오페라 서곡을 연상시키는 익살맞은 악곡으로 충만하다. 바그너는 전자의 동기를 프리드리히의 동기로 삼고, 후자의 동기를 이사벨라의 동기로 삼음으로써 두 주제를 반어적으로 사용하는 코믹한 면도 보여 주었다. 또한 전곡에서 느낄 수 있는 분위기는 이탈리아 부파, 프랑스의 코믹오페라, 독일의 유희 오페라를 한데 어울러 놓은 것처럼 다채로워 종합 능력에 뛰어난 바그너의 솜씨를 제대로 보여 준다.

『연애금지』는 바그너가 그랜드 코믹오페라로 부른 만큼 2막으로 구

성한 여섯 개 장면 안에 앙상블 효과가 뛰어난 중창과 합창곡, 발레, 무
언극을 안배해 넣었다. 또한 처음으로 극 상황과 등장인물을 안내하고,
기억을 떠올리게 하는 유도동기의 음악을 사용했다. 그는 『요정』과 『연
애금지』를 가리켜 젊은 시절에 행한 실수라고 했다. 하지만 철학자 브
라이언 매기는 바그너가 두 오페라를 작곡할 당시 나이의 모차르트조
차 그에 상응하는 오페라는 작곡하지 못했다고 말했다. 『요정』과 『연애
금지』는 저평가된 바그너의 작품이다.

연애금지의 동기

카니발과 이사벨라의 동기

바그너가 마그데부르크 극단에서 리가(지금의 라트비아 수도)의 음악
감독으로 취임하기까지의 3년간(1834년 7월에서 1837년 6월)은 이처럼
역경의 연속이었다. 그럼에도 그는 자신의 호사 취미를 만족시키고,
민나의 환심을 사기 위해 사치품을 구입하는 데 주저함이 없었다. 다
만 그 와중에 오페라 소재를 찾은 것은 다행이었다. 그것은 영국 작
가 에드워드 불워리턴Edward Bulwer-Lytton이 쓴 《리엔치, 최후의 호민
관Rienzi, The Last of the Tribunes》으로, 아내와 불화 중일 때 시름을 잊으려

고 읽은 것이다. 베를린 가극장으로부터 『연애금지』의 취소 통보를 받던 날, 때마침 그는 스폰티니의 대작 『페르난드 코르테즈Fernand Cortez』를 관람하면서 다음 작품은 그랜드오페라여야 한다고 마음먹은 터였다. 《리엔치, 최후의 호민관》이야말로 그 요구에 맞는 원작이었다. 그는 꿈틀거리는 창작열에 가슴이 부풀었다. 하나 그에게는 더 큰 시련이 차례로 기다리고 있었다.

리가에서의 분주한 나날과 『리엔치』

바그너가 리가에 도착한 날은 1837년 8월 21일로, 자신이 음악감독직을 수락한 날로부터 2개월 뒤였다. 그는 현지 여건이 독일에 비해 낙후하고, 극장 측의 처우 역시 이전 근무지에 비해 나을 게 없어 실망스러웠다. 다행히 극장 시설은 좋았다. 그는 도착 즉시 베토벤의 3번에서 8번에 이르는 여섯 개 교향곡과 모차르트의 후기 교향곡, 케루비니의 오페라, 베버와 멘델스존의 관현악곡, 자작곡 「베이스를 위한 아리아 G장조」 등을 연주곡목으로 편성한 뒤 9월 1일부터 지휘를 시작했다.

그로부터 한 달 보름이 지나 바그너는 큰누나가 10월 12일 출산 중에 사망했다는 비보를 접한다. 로잘리에는 그에게 어머니와 다름없는 존재였다. 그는 어린 시절 큰누나의 품에 안겨 잠든 기억을 떠올렸고, 그녀의 장례식에 참석하지 못하는 처지를 생각하면서 깊은 슬픔에 잠겼다. 그는 1년 전 라이프치히에서 큰누나를 마지막으로 보았던 때를 기억했다. 그녀는 그에게 또 한 사람의 어머니였고, 둘도 없는 누이였으며, 절친한 친구였다. 다행히 10월 19일에는 아내 민나와 처제 아멜리에가 리가에 도착해 외로움을 덜 수 있었다. 그는 10월 25일 메조소프라노인 처제를 리가 극장에 출연하도록 주선했으며, 그녀는 벨리니의 『캐플렛가와 몬태규가』에서 로미오 역으로 데뷔했다.

바그너는 다음 해 여름 《아라비안나이트》 중 〈남성은 여성이나 행복한 곰 가족보다 더 교활하다〉(일명 '행복한 곰 가족')로 불리는 한 삽화를 기초로 희가극을 작곡하려고 했다. 하지만 기호에 맞지 않아 대본 일부와 총보 일부를 남겨 둔 채 미완성으로 끝냈다. 그는 전해에도 대본의 초고를 쓰다 중도에 포기한 적이 있는데, 4막 오페라로 구상한 그랜드스타일의 《고귀한 신부》가 그것이다.[8] 대신 그는 지난해 6월부터 계획한 『리엔치』의 대본 작업에 몰두하여 1838년 8월 6일 탈고하고, 다음 날 총보 집필에 착수했다. 또한 11월 15일부터 시작하는 겨울 시즌 동안 베토벤의 교향곡(9번은 제외)을 필두로 여러 작곡가의 오페라와 관현악곡을 지휘하는 일정도 소화했다.

바그너의 세 번째 오페라 『리엔치』의 주인공은 실존 인물이다. 그의 첫 오페라 원전은 민담이었고, 두 번째 원전은 셰익스피어의 코미디 희곡이었다. 그래서 그의 작품 소재는 판타지 세계와 실제 일어날 수 있는 문학 세계, 실제 일어났던 역사 세계를 아우른 셈이다. 하지만 그가 택한 이후의 소재들이 전설과 신화라는 점에서 역사 인물이 그의 주된 관심이 아님은 분명하다. 그럼에도 그가 콜라 디 리엔치(니콜라 디 리엔초, 1313~1354)에 특별한 관심을 보인 것은 세 가지 이유에서였다. 첫째, 리엔치는 불꽃처럼 치열하고 짧은 생애로 인해 그 이름이 전설이 되었다. 둘째, 5세기 전 그의 비상한 행적을 통해 19세기 시대상을 읽어 내고 자

8. 바그너는 1836년 여름 《고귀한 신부Die hohe Braut》의 초고를 완성본으로 만들기 전에 명성이 자자한 대본작가 외젠 스크리브에게 그것을 보내어 손볼 것을 의뢰했다. 하지만 그는 외면했고, 결국 이 초고는 체코의 작곡가 얀 키틀Jan Bedřich Kittle이 오페라로 완성하여 『비앙카와 주세페 Bianca und Giuseppe』란 제목으로 공연되었다. 당시 바그너는 스크리브의 능력을 자신의 능력보다 과대평가했다.

신을 그와 동일시했다. 셋째, 마이어베어와 스폰티니의 작품을 능가하는 그랜드오페라를 작곡하고 싶었다. 그는 그랜드오페라에 대한 관심을 〈내 친구에게 전함Eine Mitteilung an meine Freunde〉에 적어 두었다.

> 온갖 멋진 장면과 화려한 음악적 효과, 열정으로 가득한 엄청난 규모의 그랜드오페라가 내 앞에 서 있다. 나의 예술적 야심은 이전의 호화롭고 굉장한 볼거리를 단순히 모방하는 게 아니라 능가하는 데 있다.[9]

바그너는 당시 유럽의 정치 상황과 사회 구조가 14세기 로마와 크게 다르지 않다고 보았다. 소수의 유럽 귀족(14세기 로마 귀족)이 점차 세력을 키우는 유럽 시민(14세기 로마의 평민) 계층을 억압한 점도 닮았고, 1830년 파리의 7월 혁명에서 보듯 시민들이 공화정을 요구한 점도 닮아 보였다. 다른 점이 있다면 14세기 로마의 평민 계층은 혁명에 실패했지만 19세기 파리의 시민 계층은 몇 번의 착오 끝에 혁명에 성공한 점이다.

리엔치는 1313년 로마에서 주점을 하는 아버지와 세탁부 어머니 사이에서 태어났다. 가족이 사는 곳은 위생 상태와 치안이 열악한 빈민가로 그의 형은 주위 불량배에게 폭행당해 죽었다. 그는 소년일 때 바닥에 버려진 석판 조각과 벽에 붙은 동판에 쓰인 글자가 궁금하여 독학으로 라틴어를 익혔다. 글의 내용은 고대 로마인들이 영토를 넓혀 간 역사이면서 황제들의 업적을 찬양한 것이었다. 그는 영락한 소도시에 지나지 않는 지금의 로마가 한때 유럽 대륙과 아프리카 북부, 중동을

---

9. Barry Millington, *Wagner*, p.153.

아우르는 대제국의 수도였다는 사실이 믿기지 않았다. 당시 로마는 부패한 귀족들이 집권하여 사회는 무질서했으며, 시민들의 삶은 궁핍했다. 게다가 교황은 문화도시로 알려진 프랑스의 아비뇽으로 옮긴 탓에 로마의 마지막 남은 권위마저 사라진 터였다.

리엔치는 장차 부패한 정치를 쇄신하고 도시를 재건하여 고대 로마의 영광을 재현하기로 결심한다. 그래서 이탈리아반도만이라도 하나로 묶으면 좋겠다고 생각했다. 그는 이탈리아를 통일한 세 영웅(카보우르, 마치니, 가리발디)보다 5세기 앞서 원대한 구상을 한 것이다. 그는 교황권 복구 운동과 정치 개혁에 앞장섰으며, 그의 웅변과 열정에 감동한 시민들은 1347년 그를 지도자로 추대했다. 지지자였던 시인 페트라르카는 그를 축하하면서 '당신은 이탈리아의 정치를 부흥시키고, 나는 이탈리아의 문화를 부흥시키자'고 다짐했다.

리엔치는 본인을 호민관Tribune(로마 시민을 대표하고 보호하는 직책)으로 부르도록 한 뒤 지배층에 공화정을 요구하고, 법령을 정비하고, 부패 관리를 색출하는 민병대를 조직하고, 빈민을 구제하는 제도를 만드는 등 개혁을 밀어붙였다. 하지만 그는 권력을 행사하는 동안 자만과 독선, 전횡을 일삼았다(역사는 그렇게 기록하고 있다). 리엔치의 서슬 푸른 기세에 위기를 느낀 귀족 가문과 집권층은 합세하여 그를 음해하고 비방하는 소문을 퍼뜨렸다. 그러자 이에 동조한 시민들이 7개월 만에 그를 권좌에서 끌어내렸다. 이후 그의 삶은 피신과 유랑, 구금과 재판, 사형 선고와 집행 면제, 교황의 특사로 로마에 파견되는 등 풍운의 연속이었다.

리엔치가 권좌에서 쫓겨나고 7년 뒤(1854년 8월), 그는 로마 시민들로부터 열렬히 환영을 받는다. 그들은 폭정에 시달리고 전염병과 지진을 겪는 동안 리엔치를 그리워하고 있었다. 그는 시민들에 의해 원로원

의원이 되었다. 하지만 2개월 뒤 그는 다시 한번 정적들의 공격을 받고 쫓겨난다. 결국 그는 피신하던 중에 광분한 시민들에 의해 난자당해 이틀 동안 시신이 거꾸로 매달린 뒤 테베레강에 버려진다. 그의 나이 41세, 누린 권력은 불과 9개월. 그 대가는 7년간의 호된 시련과 끔찍한 죽음이었다. 다만 오페라에서는 극적인 효과를 위해 화재로 무너지는 의회 건물에 깔려 죽는 것으로 윤색했다.

파란만장한 삶을 산 이상주의자 리엔치에 매혹된 네 사람이 있었다. 불워리턴은 그의 생애를 소설로 썼고, 바그너는 오페라로 만들었다. 무솔리니와 히틀러는 정치의 길로 갔다. 앞의 두 사람이 리엔치를 문학과 음악으로 부활시켰다면 뒤의 두 사람은 그의 최후를 재현했다. 무솔리니는 시민의 손에 죽어 그 시신이 거꾸로 매달린 데서 리엔치의 죽음과 흡사하고, 히틀러는 권총 자살을 한 데서 그의 죽음과 유사하다. 두 정치 후배는 선배의 야망과 집권에 주목했으나 실패를 교훈 삼지 않음으로써 그의 최후를 답습한 꼴이었다. 그래서인지 테오도어 아도르노는 리엔치를 일러 "로마 최후의 집정관이면서 사상 최초의 테러리스트"라고 낙인찍었다. 그러나 리엔치는 그처럼 오만하고 독선적인 야심가였을까.

리엔치에 대한 후대 사람들의 평가는 갈린다. 역사가인 야코프 부르크하르트Jacob Christoph Burckhardt와 에드워드 기번Edward Gibbon은 그를 어리석고 무모한 자, 명예욕에 굶주린 자로 폄하했고, 시인 바이런과 《이탈리아인Gli italiani》(1964)을 쓴 루이지 바르치니Luigi Barzini는 그를 진정한 영웅이라고 보았다. 한편 이탈리아의 법의학자 체사레 롬브로소는 리엔치를 정신의학적 견지에서 평했다. 그는 리엔치의 성공은 전례 없는 대담함 덕분이며, 역사가들에게는 수수께끼 같은 인물이고 귀족들에게는 미치광이라고 했다. 또 그는 정적(로마 귀족)에 대한 과도한 공격성과 일관성 없는 관대함, 자기 확신에 의한 무모한 개혁 시도, 광기의 냄새를 풍기는 편지 내용 등을 고려할 때, 리엔치는 과대망상증 인간이고 정신분열증 환자라고 했다.[10] 다만 롬브로소는 리엔치와 동시대인이 아니고, 학자로서의 임상적 소견을 말한 것이므로 참고하는 데 그쳐야 한다고 본다.

"역사는 승자에 의해 쓰인다"는 말이 있다. 리엔치는 대단한 웅변가이고 군중을 휘어잡는 선동가의 소질이 있어 정치가Statesman보다 정략가Politician에 가까웠다. 더욱이 그는 지배 귀족들에게 눈엣가시였으므로 평가가 좋을 리 없다. 하지만 페트라르카에 의해 그 이름이 상찬되었으며, 로마의 부흥을 위해 젊음을 바친 그의 열정을 감안한다면 리엔치에 대한 부정적 평가는 부풀려진 면이 많다. 그는 미천한 평민의 아들로 태어나 손수 익힌 지식과 웅변술을 무기 삼아 권력의 정상에 오른 인물이다. 그렇다면 그는 어리석은 무뢰한이 아니라 출중한 지도자다. 따라서 그가 실패한 원인은 그의 뜻을 펴도록 기회를 주지 못한 눈먼 시민과 부패한 집권층에 있다.

로마 시민은 리엔치를 죽음으로 몰아낸 자들로 그에게 불순한 야심이 있다고 보았다. 그를 칭송하고 따랐던 이들도 그들이었고, 그를 처참하게 죽인 이들도 그들이었다. 다수의 온건한 시민은 소수의 과격한 시민을 이기지 못하며, 열렬히 환영하는 시민은 철저히 적대하는 시민이 되기 쉽다. 그래서 시민이 군중을 이루면 변덕이 심하고 거짓 선동에 쉽게 휘둘리는 법이다. 바그너는 리엔치에게 다음과 같은 마지막 대

10. 체사레 롬브로소, 김은영 옮김,《미쳤거나 천재거나》(책읽는귀족, 2015), pp.420~450. 롬브로소의 리엔치에 대한 평가는 자신의 '타고난 범죄인론'에 대한 주장처럼 지나치게 주관적이다.

사를 줌으로써 그를 시대를 앞서간 불운한 선지자로 그렸다.

Furchtbarer Hohn! Wie? Ist dies Rom?

Elende glaubt ihr mich zu Vernichten?

So hörst nun mein letztes Wort.

So lang die sieben Hügel Romas stehn,

So lang die ewige Stadt nicht wird vergehen,

Sollt ihr Rienzi wiederkeren sehen!

이 끔찍한 모멸이라니! 왜? 이것이 로마인가?

이 비참함, 당신들은 나를 파멸시켰다고 생각하는가?

들어라. 내 마지막 말을.

로마의 일곱 기둥이 버티고 있는 한,

영원의 도시가 사라지지 않는 한,

당신들은 리엔치가 귀환하는 걸 볼 것이다!

역사는 그로부터 140년 뒤 리엔치를 떠올리게 하는 한 인물을 낳았다. 로마 교황청의 성직 매매를 비난하고 피렌체 시민들을 각성시키는데 힘썼으나 교회와 반대 시민들에 의해 화형당한 지롤라모 사보나롤라Girolamo Savonarola(1452~1498)다. 다만 그는 처음에는 의인이었으나 나중에는 독선과 아집의 화신이었던 점에서, 자신의 선의를 오해받아 죽임을 당한 리엔치와는 달랐다.

『리엔치』의 원제는 『리엔치, 최후의 호민관』으로 지금은 줄여서 쓰는 게 일반적이다. 이 작품은 작센 왕가에 의해 교회를 모독한다는 이유로 검열받은 적이 있다. 또 6시간(막간 포함)의 길이로 공연 전 우려가 많았다. 하지만 1842년 10월 20일 초연 당시, 드레스덴 궁정극장 안은 열광의 도가니였다. 리엔치의 개혁 의지에 공감하고, 스펙터클한 무대와 박진감 넘치는 음악에 취한 독일 중산층이 크게 환호한 것이다. 그날의 디바, 슈뢰더데프린트를 비롯한 출연진과 연출진 모두가 예상외의 갈채에 놀랐다. 그럼에도 바그너가 줄일 뜻을 말하자 리엔치 역을 노래한 요제프 티하체크Josef Aloys Tichatschek(1807~1886)는 "대단한 작품이므로 한 줄도 줄일 수 없다"고 고집했다. 결국 극장 측은 바그너의 의도대로 두 시간가량 잘라 낸 축약본을 '리엔치의 위대함'과 '리엔치의 몰락'으로 나누어 이틀간씩 공연했다. 그 후 관객은 갈수록 원본 공연을 보고 싶어 했으나 이루어지지 않던 중 유일한 원본이 히틀러에게 건네진 탓에 1945년 베를린 공습 때 소실되었다. 작곡가의 자필 원본 총보를 인쇄해 두지 않은 것이 잘못이었다. 필시 이 작품에 대한 바그너의 애착이 크지 않았던 것으로 짐작된다.

『리엔치』는 바그너를 장래가 촉망되는 음악가로 만들어 주었고, 드레스덴 궁정극장의 음악감독이 되는 데 영향을 주었다. 하지만 파리(1843)와 베를린(1847) 공연은 흥행하지 못했다. 파리에서는 수구적인 신흥 부유층이 득세한 탓에 반응이 차가웠고, 베를린에서는 대작 사극을 감당할 제작 여건을 갖추지 못해 호응을 얻지 못했다.

리엔치 역의 요제프 티하체크

바그너는 『리엔치』를 자기 음악 스타일과는 무관한 범작이라고 말했다. 그로서는 마이어베어 스타일로 일관한 『리엔치』의 음악성을 부정하고 싶었고, "마이어베어의 또 다른 흥행작"이라고 말한 평단의 비판이 거슬렸다. 후일 한스 폰 뷜로는 냉소적 비판을 바로잡기 위해 "마이어베어의 가장 뛰어난 작품"(뷜로의 찬사 역시 냉소적이다)이라고 했다. 하지만 한 세기 뒤 미국의 피아니스트 겸 작가 찰스 웰스 로젠Charles Welles Rosen은 저서 《낭만주의 세대The Romantic Generation》(1995)에서 "마이어베어가 쓴 최악의 오페라"로 치부했다. 물론 이 작품은 마이어베어의 스타일을 적지 않게 모방했다. 또 바이로이트 극장에 오르지 못했을뿐더러 자주 상연되지도 않는다. 그럼에도 바그너 오페라의 싹을 틔운 점은 부인할 수 없다. 그 점에서 로젠의 혹평은 지나치다. 바그너의 위대성은 그랜드 오페라의 장점(볼거리가 풍부하고 규모감을 느낄 수 있는 극장 적합성)은 취하고, 단점(조밀감이 부족하고 깊이감을 느끼기 힘든 점)은 버린 데 있다. 그것이 악극의 단서로 『리엔치』는 그 가능성을 보여 준 작품이다.

『리엔치』의 서곡을 들은 베를리오즈는 대단히 인상적이라는 평을 남겼다. 실제로 서곡은 단독으로 자주 연주될 만큼 귀에 솔깃한 혁명의 동기, 리엔치의 동기(기도), 행진의 동기, 승리의 동기 등 모티프 곡들로 이루어졌다. 또한 서곡이 끝나고 리엔치가 장렬한 최후를 맞는 피날레 장면에 이르기까지 스펙터클한 임장감을 느끼게 하는 군중 장면, 장중한 곡 중에 피어나는 서정성, 독창과 중창, 장내를 압도하는 합창(제3막 C단조), 행진곡, 발레곡 등 긴장감과 박진감 넘치는 음악이 요소마다 안배되어 있다. 특히 리엔치가 절망의 순간에서 용기를 구하는 「리엔치의 기도」는 서곡과 함께 백미다. 따라서 여섯 시간에 달하는 초연 관극 시간에도 불구하고 관객의 환호가 이어졌다는 기록에 수긍이 간다.

당시 『리엔치』가 당대의 거장 마이어베어가 작곡한 『위그노 교도들』에 비견된다는 평을 받았음을 감안하면, 『리엔치』는 의외로 과소평가된 오페라로 볼 수 있다.

자유 선언의 동기

「리엔치의 기도」

고국을 떠난 바그너에게 기쁜 일이라면 민나가 임신한 것과 반려견 로버의 존재였다. 반면 그를 괴롭힌 것은 리가 극장의 지배인 카를 홀타이Karl von Holtei(1798~1880)의 거들먹거리는 태도였다. 그는 여러모로 마그데부르크 극장 지배인 베트만과 비교되는 인물이었다. 두 사람 모두 빠듯한 일정으로 출연진을 몰아붙이기는 다를 바 없었다. 그나마 베트만은 인정미라도 있었는데, 홀타이는 거만하고 교활하여 가까이하기 힘든 자였다. 그는 이제 갓 마흔임에도 적은 머리숱을 감추려고 가발을 썼고, 언제나 옷을 말끔히 차려입은 채 요설을 흘리고 다녔다. 문제는 그가 그해 11월 실러의 《스코틀랜드의 여왕 메리》를 비롯한 네 편의 연극에 특별 출연 중인 민나의 미모에 반해 그녀를 유혹한 데 있었다. 민나는 남편에게 홀타이의 추근대는 행동을 알렸고, 바그너는 그에게 공개적으로 망신을 주었다.

그로부터 한 달 뒤 홀타이는 바그너가 감기에 걸렸음에도 러시아의 미타우(지금의 라트비아 지역) 순회공연을 강행했다. 그 결과 병중에서 과로한 바그너의 건강 상태는 급기야 장티푸스로 발전했다. 다행히 응급 치료로 죽을 고비를 넘겼으나, 참으로 아찔한 일이었다.[11] 결국 바그너는 1839년 초 새로운 지배인이 된 요제프 호프만Joseph Hoffmann의 지지가 있었음에도, 카를 홀타이의 입김에 따라 지휘자직을 연임하지 못했다. 후임자는 하인리히 도른으로, 그는 9년 전 12월 24일 바그너의 「팀파니 서곡 B플랫장조」(일명 북소리)를 무대에 올린 지휘자였다.

바그너는 리가에서 보낸 마지막 4개월 동안 불투명한 장래를 생각했다. 그는 음악감독으로 재직하던 1837년 9월 1일부터 1839년 3월 31일까지 26편의 작품―모차르트, 베토벤, 케루비니, 베버, 아당, 오베르, 마이어베어의 오페라와 베토벤의 교향곡―을 지휘했다. 그러므로 그에게는 의미 있는 수련 기간을 보낸 셈이었다. 하지만 그는 음악감독직을 얻기보다 유럽의 수도로 불리는 파리에서 작곡가로 명운을 걸고 싶었다. 그곳에는 막내 여동생 체칠리에와 매제 에두아르트 아베나리우스가 브로크하우스 출판사의 파리 지점장을 겸하여 서점을 열고 있었다. 매제는 오베르와 마이어베어, 알레비는 물론 그들의 오페라 대본을 쓰고 있는 외젠 스크리브와도 친면이 있었다. 바그너는 평소 동경하던 파리로 가기 위해 이전부터 프랑스어 공부를 해 둔 터였다. 그러나 그에게는 눈앞의 장애가 있었다. 그동안 여기저기서 꾸어다 쓴 돈이 감당 못할 만큼 불어나 본인과 아내의 여권을 채권자에게 압수당했던 것이다.

바그너는 모험을 감행하기로 했다. 그는 해결사의 도움을 받기로 했는데, 머리에 떠오른 이가 아브라함 묄러Abraham Möller였다. 묄러는 통

---

11. Derek Watson, *Richard Wagner, A Biography*, p.55.

통한 체격의 50대 흥행사로, 바그너가 쾨니히스베르크에서 음악감독을 할 때 알게 된 사이였다. 그는 호인인 데다 자신을 볼 때면 살갑게 대해 주어서, 바그너는 그를 형님처럼 생각하던 터였다. 그는 바그너 부부에게 마차를 알선하고, 운반 삯을 지불하고, 런던을 출발하는 배편까지 주선할 것을 약속했다. 묄러는 그들에게 둘도 없는 구원자였다.

도주하는 독일인과 파리의 왕들

때는 1839년 7월 초, 일행은 민나와 검정색 바탕에 흰 털이 수북한 뉴펀들랜드종 대형 개 로버, 바그너 셋이었다. 소지품은 대형 트렁크 두 개, 동프로이센의 발트해 연안 필라우에서 출항하여 런던으로 가는 것이 1차 행로였다. 민나는 로버를 떼어 놓고 가려 했다. 하지만 로버가 바그너와 떨어지지 않으려고 한 데다─설령 로버가 그러지 않았다고 해도─그는 정이 들 대로 든 반려견을 떼어 놓고 갈 생각은 추호도 없었다. 만일 바그너가 민나의 원대로 로버를 떼어 놓고 갔더라면 부부가 편하게 육로를 이용해 파리로 갈 수 있었을 것이다. 대신『방황하는 네덜란드인』은 만들어지지 않았을지도 모르고, 설령 만들어졌다 해도 초기 세 편의 오페라처럼 바이로이트 무대에 올릴 일은 없었을지 모른다.

첫날 그들은 로버에게 마차를 따라오도록 했다. 때는 여름인지라 로버는 한 시간도 못 돼 기진맥진한 상태로 뒤처지기 시작했다. 그러자 틈틈이 뒤돌아보며 안타까워하던 바그너는 기회를 잡은 듯 로버를 마차에 태웠다. 몸집이 큰 개를 마차에 태우면 공간이 좁아져 불편하다던 민나도 차마 불평을 드러낼 수 없었다. 이튿날 늦은 오후, 그들은 러시아와 프로이센의 국경에 도착했다. 하지만 바그너 부부는 여권이 없는 탓에 마부는 야밤을 틈타 초소와 떨어진 길을 택해 마차를 내달렸다.

코사크 병사들이 수비하는 초소는 한 군데가 아니었다. 그때마다 위기를 모면했으나, 만일 마차가 옆길로 새는 동안 로버가 한 번이라도 짖었다면 그들은 러시아에서 장기 구금을 당했거나, 생사를 알 수 없었거나 둘 중 하나였을 것이다.

무사히 국경을 넘은 그들은 하루를 묵은 뒤 뮐러가 가져온 다른 마차로 갈아탔다. 다음 행선지는 런던행 배가 정박 중인 필라우항(지금의 러시아 칼리닌그라드 소재)이었다. 하지만 중간에 기착할 쾨니히스베르크는 바그너를 벼르고 있는 채권자들이 도사리는 곳이어서 부득불 우회 도로로 가던 중 마차가 뒤집혔다. 다행히 사고 지점이 거름 더미여서 부부는 지독한 냄새를 묻히긴 해도 큰 부상은 당하지 않았다. 다만 임신 중인 민나가 충격을 받은 탓에 유산하고 말았다. 그들은 민나의 회복을 위해 그곳에서 사흘을 머물렀다.

바그너는 오후 늦게 필라우항에 도착하자 뮐러와 헤어졌다. 그는 파리에 가서 힘든 일을 만나면 연락하라는 언질까지 주었다. 부부는 여권이 없는 탓에 뮐러가 알려 준 대로 숨겨 둔 보트를 이용해 배에 올라야 했다. 런던행 배는 돛대 두 개를 단 증기선으로, 중량 106톤에 불과한 상선이었다. 선원 일곱 명이 탄 테티스Thetis라는 이름의 선박은 주로 곡물을 운반했는데, 세관검사 시에 바그너 부부는 짐 더미 속에 몸을 숨겼다. 그때도 순둥이 로버가 짖었다면 그들의 계획은 틀어졌을 것이다. 다행히 배가 출항하면서 부부는 선장의 호의로 선장실에 머물 수 있었다.

테티스호가 런던까지 가는 데는 통상 열흘이 걸렸지만, 이번에는 3주일이 걸렸다. 까닭인즉, 발트해에서는 바람이 쥐 죽은 듯하여 바람을 탈 수 없었고, 유틀란트반도의 해협에 들어서서는 역풍이 불어 선수를 서쪽으로 틀릴 수 없었기 때문이다. 결국 테티스호는 7월 29일 아침에 방향을 북으로 돌려 노르웨이의 남동쪽 피오르Fjord(내륙에 깊이 들어간 만)에 피난했다. 바그너는 이때의 광경을 자서전에 다음과 같이 적었다.

선원들은 닻을 내리고 돛을 접어 올리면서 기쁨에 넘쳐 소리쳤다. 곧이어 거대한 화강암 벽에 부딪쳐 되돌아오는 메아리를 들으며, 나는 형언할 수 없이 만족스러운 느낌이 들었다. 그 부름은 날카로운 리듬을 자아내면서 상쾌한 기운으로 나를 감쌌으며, 나의 『방황하는 네덜란드인』에서 선원들이 부르는 노래의 주제로 다듬어졌다. 이 오페라의 아이디어는 내가 최근에 받은 인상으로 인하여 바로 이 순간에도, 이전에도 내 마음속에 있던 분명히 시적이고 음악적인 색깔로 다시 나타났다.[12]

바그너는 전날 요동치는 배 위에서 이전에 읽은 빌헬름 하우프Wilhelm Hauff의 《유령선 이야기Die Geschichte von Gespensterschiff》와 하이네의 《폰 슈나벨레보프스키 씨의 회상Aus den Memorien des Herrn von Schnabelewopski》을 떠올렸을 것이다. 유령선 전설은 해상 조난 사고가 빈발했던 18세기에 널리 퍼진 이야기로 뒤의 작품은 하이네가 소설 형식을 빌려 쓴 에세이다. 요지는 영국 선원이 네덜란드 선원에게서 받은 한 묶음의 편지를 들고 수취인이 사는 영국 주소지에 가 보았더니 그들은 백여 년 전에 죽은 고인이었다는 것이다. 테티스호는 노르웨이의 산드비카Sandvika에서 3일간 정박했다. 이곳은 그에게 『방황하는 네덜란드인』의 배경을 제공한 장소였으며, 작곡에 영감을 준 장소였다. 실은 여기저기 정처를 옮겨 다니면서 끝내는 외국에서 죽어 외지에서 묻힌 자신이야말로 방황하는

---

12. Richard Wagner, *Mein Leben(1813-1864)*, p.138.

네덜란드인이 아닌가.

테티스호는 8월 1일 런던을 향해 출항했다. 8월 8일에는 예상치 못한 폭풍우가 몰아쳤는데, 유틀란드반도 해협에서 만난 것에 비하면 위력이 훨씬 컸다. 거센 바람은 연신 배를 요동치게 했으며, 배를 집어삼킬 듯한 파도는 모두를 공포에 질리게 했다. 예로부터 바다에서 죽은 영혼은 땅에서 죽은 영혼과 달리 안주하지 못한다는 말이 나돌았기에, 승선원 모두는 죽음의 문턱에서 전전긍긍했을 것이다. 미신을 잘 믿는 선원들은 거듭되는 불운이 밀항자를 태운 탓이라며 투덜거렸고, 바그너는 트렁크 두 개 중 한 개를 파도에 떠내려 보냈다. 선원들의 불만이 또 다른 재난을 불러온 것일까. 테티스호는 그해 겨울이 오기 전에 태풍을 만나 선체와 선원 모두 물속에 잠겼다. 만일 바그너가 그때에 맞추어 승선했다면 그는 음악사의 한 귀퉁이에서나 찾을 수 있는 작곡가에 지나지 않았을 것이다.

다행히 테티스호는 나흘째 되는 8월 12일, 목적지인 런던의 템스강에 들어왔다. 바그너 부부는 눈앞에 펼쳐진 런던의 도시 풍물에 매혹되었다. 그들은 옛 콤프턴가의 한 숙박 시설에 일주일을 묵었고, 돈이 떨어질 때까지 관광으로 소일했다. 부부는 그동안 난생처음으로 기차를 타보았다. 바그너는 2년 전 자신에게 「지배하라, 영국이여Rule, Britannia 서곡」[13]을 의뢰한 조지 스마트George Smart를 만나기 위해 필하모니아 협회를 찾았고, 오페라 『리엔치』의 원작자 에드워드 불워리턴을 만나기 위해 국회의사당을 찾았다. 영국의 의사당은 5년 전(1834) 화재로 파괴된 자리에 신축한 건물이다. 바그너는 한눈에 들어오는 시계탑Big Ben의 위

---

13. 이 곡은 바그너 특유의 대편성 관현악곡으로, 오랫동안 총보를 잃어버린 것으로 알고 있었다. 하지만 실은 영국의 국립도서관에 완전한 상태로 보관되어 있었다.

용에 놀라고, 아름다운 국회의 외관에 새삼 감탄했다. 하지만 그가 찾고자 하는 두 사람은 시외에 장기 출타 중이어서 아쉽게도 만나지 못했다.

바그너 부부는 8월 20일, 프랑스의 불로뉴로 가기 위해 한때는 열렬히 원했고, 한 달 전에는 두 번 다시 승선하고 싶지 않았던 배에 올라 도버 해협을 건넜다. 그들은 이때 이후로는 한 번도 바다 여행을 한 적이 없다. 바그너 부부는 불로뉴로 가는 선상에서 운 좋게 마이어베어와 친분이 있는 두 여성을 만났다. 그들은 유대인 모녀로, 마침 마이어베어가 불로뉴에 있다면서 소개장까지 써 주었다. 다음 날 마이어베어는 자신을 찾아온 바그너를 친절하게 맞이했다. 그는 바그너가 『리엔치』의 대본 중 제3막 첫 부분을 읽어 주자 참을성 있게 듣고는 극적인 내용을 칭찬했다. 바그너는 나머지 대본을 그에게 건네주면서 숙독할 것을 부탁했다. 마이어베어는 독일에서 태어나 이탈리아에서 교육받고, 프랑스에서 활동하여 3개 국어에 능통했다.

며칠 뒤 마이어베어는 바그너에게 불로뉴에서 활동하는 피아니스트 겸 작곡가 이그나즈 모셸레스Ignaz Moscheles를 소개해 주었고, 파리로 떠나기 전에는 오페라 감독 샤를 뒤퐁셸Charles Duponschel과 지휘자 프랑수아 아베넥François Anton Habeneck(1781~1849)에게 보내는 소개 편지를 써 주었다. 바그너는 그의 호의와 격려에 고무되어 불로뉴에 머무는 약 한 달 동안 『리엔치』의 대본 집필에 속도를 냈다.

바그너 부부는 1839년 9월 17일 불로뉴를 떠나 당일 파리에 도착했다. 그들은 기대와 달리 파리가 런던에 비해 불결하고 도로 폭이 좁은 데 크게 실망했다. 하지만 정작 바그너를 낙담케 한 것은 갈수록 자신을 냉대하는 프랑스 음악계의 태도였다. 그는 마이어베어가 써 준 소개장을 들고 오페라 감독을 찾았으나 퇴짜를 맞았으며, 지휘자는 그를 냉대했고, 기대를 갖고 찾아간 대본작가 외젠 스크리브Eugène Scribe(1791~1861)는 그를 건성으로 대했다. 스크리브는 바그너가 리가에서 탈출하기 전에 편지를 보내 도움을 청할 만큼 신임한 자였다. 바그너는 이에 실망하지 않고 취업을 위해 극장이나 협회를 찾아다녔으나 결과는 마찬가지였다. 그는 날이 갈수록 자신감을 잃어 갔다. 그는 점차 파리가 싫어졌고, 프랑스에 대한 반감이 끓어올랐다.

원래 바그너는 프랑스에 나쁜 감정을 갖지 않았다. 그는 파리를 성공의 길로 가는 발판으로 삼았으므로, 파리는 그가 이전부터 동경하던 마음의 고향이었다. 하지만 며칠 뒤 그곳 음악계가 자신에 관해 쓴 냉소적인 신문 기사를 보고는 주눅이 들었다. "대단한 용기를 가진 독일인이다. 그가 손에 쥔 완성작은 하나, 작곡 중인 것도 하나, 피아노는 서툴고 프랑스어는 더욱 서툴다. 그나마 돈이라도 많이 가졌다면 모르겠지만." 그는 그때까지 오페라 두 작품을 완성했으나, 『요정』은 공연을 하지 않았던 탓에 파리의 언론에서는 완성작으로 치지 않았다. 그래서 그는 파리 제왕諸王들의 일원이 되겠다는 포부를 접어야 했다. 여기서 파리의 왕들이란 그 무렵 프랑스 문화계를 풍미한 위고·발자크·알렉상드르 뒤마·조르주 상드·테오필 고티에 등의 문인들과 앵그르·들라크루아 등의 미술가, 베를리오즈·로시니·케루비니·파가니니·리스트·쇼팽·마이어베어·알레비 등의 음악가들이었다. 그러나 안중에도 없던 한 떠돌이 음악인이 후일 프랑스 음악계를 한 손에 장악할 줄 그때는 누구도 상상하지 못했다. 이러한 처지에도 그는 그해 11월 프랑수아 아베넥이 파리 음악원협회Société des Concerts du Conservatoire에서 지휘하는 베토벤의 『합창 교향곡』을 듣고 자신도 그와 같은 대곡을 쓰고자 하는 의지를 불태웠으며, 베를리오즈의 극적 교향곡 『로미오와 줄리엣』을 듣고는

"음악의 새로운 세계를 열어젖힌 작품"이라고 극찬했다.

파리에서 마이어베어의 위상은 독일에서 듣던 것 이상이었다. 유럽 음악계를 평정한 로시니의 음악조차 그의 것에 눌리기 시작하던 때였다. 그는 프랑스 음악계의 거인이었고, 자신이 가까이하기에는 너무도 먼 존재였다. 그는 바그너가 파리에 머문 30개월 동안 유럽 연주 여행을 떠나 대부분 현지에 없었으며, 『연애금지』의 공연을 돕겠다며 그가 알선해 준 르네상스 극장은 상연을 앞두고 파산해 버렸다. 바그너는 그 일이 몹시 서운하여 그가 방해 공작을 한 게 아닌가 하고 의심까지 했다.

바그너는 마이어베어에 대해 증오심이 일었다. 누구보다 자의식이 강하고 이기적이었던 그이고 보면, 리가에서 도피할 때 묄러에게 도움을 받은 만큼 마이어베어로부터 도움을 받았으면 싶었을 것이다. 결국 그는 마이어베어에 대한 미움의 감정을 유대인 전체로 투사했다. 그 증거가 왜곡과 편견으로 일관한 그의 논설 《음악에서의 유대주의》다. 다만 그 정도는 인물에 따라 조금씩 달라서 마이어베어에게는 존경심을 거두고 비난했으며, 멘델스존은 무시했고, 하이네는 존경하되 가까이하지 않았다. 반면 그와 절친한 사이였던 카를 타우지히와 요제프 루빈시테인 등은 한결같은 마음으로 대했다. 이는 좀처럼 이해하기 힘든 처사이지만, 매사를 편리한 대로 생각하는 그에게는 어려운 게 아니었다. 즉 그는 유대인을 친소 관계에 따라 좋은 유대인과 나쁜 유대인으로 나누어 대했는데, 첫 번째 이유는 그들을 선택적으로 사귀는 것이 유대인과의 관계를 단절하는 것보다 실리적이라는 점에서였고, 두 번째 이유는 유대인 문제에 관해서는 갈등하지 않겠다는 생각에서였다. 그는 경우에 따른 채식주의자였듯이 경우에 따른 반유대주의자였고, 사회주의자였으며, 여권론자였다.

『방황하는 네덜란드인』과 궁핍한 생활

바그너는 이듬해(1840) 1월이 되자 돈이 거의 바닥났다. 그는 지금껏 음악 관련 신문에 글을 기고하고, 드레스덴에서 발행하는 신문(《드레스덴 소식지Dresdner Anzeiger》)의 파리 통신원으로 일했으며, 자신의 작곡 취향과 맞지 않는 유명 작곡가의 작품을 편곡하는 등으로 생계를 근근이 이어 갔다. 궁지에 빠진 그는 파리에서 어려운 일을 만나면 연락하라던 뮐러에게 도움을 구했으나, 답장은 오지 않았다. 그는 부득불 막내 여동생 체칠리에의 남편 에두아르트 아베나리우스에게 400프랑을, 그것도 여러 차례 빌려 썼다. 이 일로 그는 우의가 무척 깊었던 여동생 체칠리에와 한동안 냉담한 사이가 되었다.

바그너는 7년 전(1833년 1월 17일) 스무 살 때 드레스덴을 떠나 떠돌이와 다름없는 생활을 해 왔으나, 지금은 위기를 느낄 만큼 궁핍한 처지에 놓이게 되었다. 그는 파리의 노숙인 심정이었으며, 독일과 가족이 새삼 그리웠다. 모국과 동포에 대한 상념은 괴테의 '영원히 여성적인 Ewig-weibliche' 시적 이미지로 다가왔으며, 오디세이가 자신을 애타게 기다리는 아내를 찾고, 네덜란드인 선장이 자신을 구원할 여성을 찾는 마음으로 맺어졌다.[14] 그는 1840년 5월 2일『방황하는 네덜란드인』의 초고를 쫓기듯 써 내려갔다. 그리고 그달 5월 28일에는 대본까지 탈고했다. 전에 겪어 보지 못한 역경에 처한 데다『리엔치』의 총보를 쓰던 중임을 감안하면 놀라운 속도였다. 실은 그에게는 그럴 만한 이유가 있었다. 유령선에 관한 이야기가 매력적인 창작 소재였던 것이다. 게다가 전설의 현장 노르웨이 해안에 발을 들여놓는 체험도 했으며, 조난 직전

---

14. Ernest Newman, *The Wagner Operas*(first published 1937), pp.19~20.

의 위기도 겪었다. 바그너에게 대본 집필은 자신의 경험을 되새기는 과정이나 다름없었다.

유령선 전설은 선원들이 겪는 조난의 두려움에서 생겨났으며, 그 중심지는 17세기 무렵 해상 무역을 주도한 네덜란드였다. 당시는 해상 조난이 빈발했던 만큼 폭풍우나 굶주림으로 실제 유령선이 생기기도 했지만, 저주받은 해역과 실종자에 대한 괴담이나 문학 작품도 흔했다 (하이네와 하우프의 작품은 그중 일부다). 따라서 유령선 전설은 사실과 풍문이 어우러진 이야기다. 즉 전자는 17세기 중엽 동인도에서 돌아오던 네덜란드인 선장이 아프리카의 희망봉(배가 부서지는 곶岬)을 지나던 중 폭풍우를 만나는 실제 사례이고, 후자는 그때 선장이 "최후의 그날까지 희망봉을 항해할 것이다"라고 외치자 악마가 영원히(파선할 때까지) 바다를 떠돌도록 저주한다는 지어낸 이야기다.

바그너는 유령선에 관한 자료를 읽던 중 '영원히 떠도는 유대인Der ewige Jude' 아하스페루스Ahasverus의 전설도 살폈으며, 열세 살 때 삼촌 아돌프 바그너에게 배운 그리스어 실력으로 《오디세이》의 앞부분 3권을 번역한 일도 떠올렸다. 아하스페루스는 형장으로 끌려가는 그리스도를 자기 집에서 쉬지 못하게 하고 욕설을 퍼부은 대가로 그리스도가 재림할 때까지 지상을 떠돌게 되었다는 구두공의 이름이다. 그에 관한 이야기는 박해를 피해 유랑하는 유대 민족의 디아스포라Diaspora(민족 이산)를 전설로 윤색한 것이면서 유대인들의 자기 연민에서 비롯한 설화다. 또한 《오디세이》는 서양 문학의 원천이면서 모험 드라마의 원형이다. 바그너는 귀향한 영웅의 안식처가 페넬로페인 데 공감하여 젠타를 방황하는 선장의 정착지로 보았다. 고국을 그리워하는 자신을 아하스페루스와 오디세이와 동일시한 것이다.[15]

오페라는 제1장의 도입부가 끝나고 네덜란드인이 독백을 하는 데서 본격적으로 전개된다. 그는 항해를 끝내고 상륙하는 과정을 7년마다 되풀이하는 저주에 묶여 있다. 그가 악마의 저주를 벗는 길은 자신을 진정으로 사랑하는 여성과 결혼해서 정착하는 것이다. 하지만 그런 여성을 찾을 수 없기에 그는 기약 없는 방랑에 넌더리를 낸다. 그래서 그는 죽기를 원하지만 방황하는 동안에는 죽지 않는다. 끝없는 수난을 당하기 위해 목숨을 부지해야 한다는 뜻이다. 다행히 네덜란드인은 그런 대상, 선장 달란트의 딸 젠타를 만난다. 하지만 사랑하는 여성이 언약을 저버리면 그녀 또한 저주를 받게 되므로, 그는 젠타를 위해 기약 없는 항해를 계속하기로 한다.

그렇다면 네덜란드인이 배에 다시 오르는 사유가 젠타의 정절을 의심한 탓인가? 혹시 있을지 모르는 젠타의 변심(그녀에게는 지금도 자신을 사랑하는 연인 에릭이 있다)을 염려한 탓인가? 그 결과는 같아도 동기는 아주 다르다. 전자는 상대를 믿지 못하기 때문이며, 후자는 상대의 불행을 원하지 않기 때문이다. 네덜란드인이 자신의 저주를 벗는 방법은 젠타의 참된 사랑을 믿고 그녀와 부부의 연을 맺어 정착하는 것이다. 그럼에도 모처럼 맞은 기회를 받아들이지 않고 승선하므로 그는 바다를 떠돌 수밖에 없는 운명이다. 그러자 젠타는 그에게 변함없는 사랑을 확인시키는 길은 자신의 죽음뿐이라고 생각하고 바다에 몸을 던진다. '희생은 사랑의 궁극적 표현'이라는 말을 몸소 실행한 것이다. 그 순간 방황하는 배는 침몰하는데 이제 그는 유령선의 선장이 아니다. 이어서 바다 위에 떠오른 네덜란드인과 젠타는 햇살을 받으며 승천한

---

15. Barry Millington, *Wagner*, p.158.

다. 이 장면은 젠타가 자기를 희생함으로써 저주받은 그의 영혼을 구원했다는 의미로, 항해 중인 선원들이 여성을 그리워하는 심리에 착안(여성을 배에 태우면 재앙을 불러온다는 미신은 선원들의 금욕을 합리화하기 위해 만든 관습이다)하여 바그너가 창작한 부분이다.

결국 네덜란드인은 상대에 대한 배려(또는 불신)로 행복하게 끝낼 결말을 비극으로 만들었다. 그럼에도 젠타의 희생으로 네덜란드인의 저주가 풀린다는 점에서 불행하지만은 않은 결론이다. 젠타는 바그너가 말한 대로 장래에 사랑하는 이를 구원할 '미래의 여성das Weib der Zukunft'이며, 『방황하는 네덜란드인』은 '사랑을 통한 구원'의 주제를 본격적으로 채택한 첫 작품이다. 그리고 바이로이트 극장에 오르는 작품 중 시기적으로 가장 먼저 작곡한 것이다.

바그너는 오페라 초고를 쓸 때 네덜란드인은 스코틀랜드인으로, 에릭과 달란트는 게오르크(조지George의 독일 이름)와 도날트로, 젠타는 안나(자신의 아내 민나도 염두에 두었다)로 정했다. 하지만 대본을 꾸미는 중에 자신이 밟은 나라의 지명을 떠올려 이름을 바꾸었다. 참고로 극작가 에드워드 피츠볼이 1827년에 쓴《방황하는 네덜란드인 또는 유령선The Flying Dutchman or the Phantom Ship》의 주인공 이름은 '반데어데켄Vanderdecken'이다. 바그너는 극에 신비로운 분위기를 더하기 위해 네덜란드인의 이름을 숨기는 쪽을 택했다.

바그너는 애초에 이 작품을 단막으로 구성하려고 했다. 자신이 항해 중에 겪은 위기 상황을 제대로 반영하려면 단막이어야 한다고 보았던 것이다. 하지만 생각을 바꾸어 3막으로 나누었다. 대신 단일한 효과를 거두기 위해 장면에 중점을 두었다. 즉 가창(독창·중창·합창)이 독립성을 갖고 장면과 장면을 잇는 종래의 오페라 방식을 지양하고, 그것이 장면 안에 녹아들도록 작곡했다. 따라서 이 작품은 번호 오페라가 아닌 '장면 오페라'로 불러야 옳다. 그가 1851년에 집필한 주저《오페라와 드라마》에서 개진한 종합예술론은 이때 그의 머릿속에 싹트고 있었다. 그 점에서 첫 로맨틱 오페라『방황하는 네덜란드인』은『탄호이저』와『로엔그린』으로 이어지는 출발점이 된 작품이다.

『방황하는 네덜란드인』의 서곡은 처음부터 긴장감을 조성하는 악곡으로 이루어져 다음 곡에 대한 기대감을 불러일으킨다. 그것은 주제동기로 꾸민 한 편의 교향시로서 바그너가 항해 중에 목도한 폭풍우와 위력적인 파도가 눈에 보일 만큼 압도적이다. 서곡(d단조)은 바그너의 오페라 서곡(전주곡 포함) 중 앞으로 전개되는 드라마를 가장 잘 압축하며, 그의 체험이 반영된 것이지만 악상은 베토벤의 교향곡 9번 d단조 서주부에서 영감을 얻었다.[16]

이 오페라에서는 「조타수의 노래」·「네덜란드인의 독백」·「물레의

합창」·「젠타의 발라드」·「선원들의 합창」과 같은 성악곡들이 뛰어난
데 그 가운데 백미는 '구원의 동기'와 '저주의 동기'를 포함하고 있는
「젠타의 발라드」다. 바그너는 11년 뒤 〈내 친구에게 전함〉에서 이 곡
의 착상과 중요성에 대하여 다음과 같이 적었다.

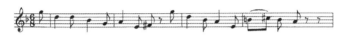

「젠타의 발라드」(시작하는 악절)

「물레의 합창」

「선원들의 합창」

16. Barry Millington, *Wagner*, p.160.

나는 『방황하는 네덜란드인』을 작곡하기에 앞서 제2막 「젠타의 발라드」 대사와 선율을 스케치해 두었다. 이 부분은 오페라 음악의 모든 주제가 될 씨앗으로 쓰는 동안에는 몰랐다. 그것은 내 마음의 눈으로 보는, 시적으로 응축된 전체 드라마의 이미지였다. 그것을 완성하자 극적 발라드로 이름 붙이고 싶은 마음이 강하게 들었다. 마침내 작곡 단계에 이르자 나도 모르게 간직한 주제적인 이미지가 완전하고 끊이지 않는 거미집처럼 드라마 전체로 퍼져 나갔다.[17]

『방황하는 네덜란드인』은 바그너의 예상과 달리 초연 당시 큰 주목을 받지 못했다. 하지만 몇 가지 수확이 있었다. 첫째, 각 장면이 주제 동기로 짜여 나가는 교향악적 양식을 제시한 점이고, 둘째, 가사의 중요성을 부각한 결과 음악이 진지해짐으로써 본격 오페라(종합예술로서의 무대음악)의 등장을 예고한 점이다. 셋째, 등장인물에 입체적 개성을 부여함으로써 극의 재미가 깊어진 점이다.

바그너는 『방황하는 네덜란드인』을 작곡하는 동안 갈수록 생활고에 내몰렸다. 그는 막다른 골목에서 결혼반지와 패물을 저당 잡혔고, 집세가 싼 곳으로 옮겨 다녔다. 또 파리의 오페라 단장 레옹 필레에게 『방황하는 네덜란드인』의 초고를 500프랑에 팔았으며, 출판사에서 교정을 보거나 잡문을 쓰는 일도 마다하지 않았다. 당시 그의 분노를 달래준 것은 사회주의자 피에르조제프 프루동의 선동적인 저서와 무신론자 루트비히 포이어바흐의 급진적인 저서였다. 이 시기에 그의 절망감은 적개심으로 변했고, 주된 대상은 프랑스 금융계와 음악계를 장악하

---

17. Barry Millington, *Wagner*, p.160.

고 있는 유대인이었다. 그의 심경은 이
해 못 할 바 아니나 이유는 지극히 개인
적이고, 심리는 전형적인 남 탓이다. 다
음은 독일 작가 한스 마이어Hans Mayer가
1959년에 발표한 《리하르트 바그너》에
적은 내용의 일부다.

피에르조제프 프루동

리하르트 바그너는 3년 동안…파리에서
굶주린 삶을 살았다. 그는 그가 발전시킨
양식 안에서 시민자본주의 사회를 제시
한다…민중의 비참함과 지배계급인 은행
가의 호사, 특히 로트쉴트가(1814년 이래
유럽에서 손꼽히는 금융 왕국을 건설한 유대
인 가문)의 사례를 보여 줌으로써 당대의
발자크가 되었다…그의 문학에는 소름이
끼칠 만큼 실제적인 묘사가 담겨 있다…
그는 예술을 행하는 가운데 모든 예술이
상품으로 변질되어 죽어 버리는 것을 보여 준다.[18]

루트비히 포이어바흐

이 암담한 시기에 그를 상심하게 만든 일이 일어났다. 하루는 상환
기간을 늘려 달라는 요청을 하러 채권자에게 가던 중 뒤따르던 반려견
을 잃어버린 것이다. 그는 애타게 로버를 찾았으나, 그날은 안개가 자

18. 베로니카 베치, 노승림 옮김, 《음악과 권력》(컬처북스, 2009), p.346.

욱한 데다 실의에 빠진 탓에 발걸음도 무거워 중도에 포기해야 했다. 그의 손에는 주인에게 돌려주려고 가지고 나온 메트로놈까지 들려진 상태였다. 끼니를 고민해야 했던 때에도 로버만큼은 제대로 먹이지 않았던가. 그는 리가에서 파리로 오는 동안 로버가 자신과 함께 위기를 넘긴 때를 회상하며 가슴 아파했다.

바그너는 1840년 9월 20일이 되자 극빈 상태에 놓였다. 날씨가 추워지자 부부는 바깥출입도 삼간 채 한 방에서 지냈으며, 바그너는 글을 쓰고 작곡을 하는 시간을 빼고는 줄곧 침대에서 지냈다. 혹시 그는 고독과 궁핍 속에 요절한 슈베르트를 떠올리고, 끼니를 자주 거른 탓에 영양실조로 죽은 로르칭을 생각하지 않았을까. 그는 친구 테오도어 아펠에게 자신의 절망적인 상황을 토로하면서 도움을 청하는 편지를 보냈다.

나는 불쌍한 아내를 위해 약을 사 주고 싶네. 아내는 이처럼 비참한 처지에서 살아남을 수 있을까? 나는 이러한 처지를 보고 견뎌 낼 수 있을까? 오 신이시여, 도우소서! 나는 더 이상 어떻게 해야 할지 알 수가 없다네. 나는 모든 것에, 정말 모든 것에, 마지막 남은 식량마저 떨어졌다는 사실에 지쳤다네. 불행히도 지금껏 파리에서 나를 따뜻하게 대해 준 사람은 없다네. 돈—이것이야말로 이 세상의 고귀한 것들을 죄다 무너뜨리는 저주일세.[19]

그는 이 편지를 보내면서 300탈러(180만 원)를 보내 달라고 간청했다. 하지만 아펠로부터는 돈도, 답장도 오지 않았다. 그로부터 20일이

---

19. Derek Watson, *Richard Wagner, A Biography*, p.66.

지나 바그너는 빌린 돈을 갚지 못하여 감옥에 갇히게 된다.[20] 그 무렵 『리엔치』의 총보를 마무리하는 중이었던 바그너는 수치스러운 재소자의 신분으로 고귀한 영웅의 반생을 담은 오페라를 완성한다.

10월 28일, 민나는 남편이 읊어 준 대로 아펠에게 다시 편지를 보냈다. 이번에는 한층 절박한 투였다. 그러나 결과는 마찬가지였다. 11월 17일, 민나는 이전과 달리 자기 목소리로 편지를 보냈다. 드디어 아펠은 돈을 보내 주었고, 이틀 뒤 바그너는 유치장에서 풀려났다. 바그너가 구금당한 기간은 한 달 열흘로, 석방되던 날 그의 손에는 『리엔치』의 총보가 쥐어 있었다. 그가 드레스덴 궁정 오페라극장을 주관하는 뤼티하우 남작Wolf Baron von Lüttichau에게 그것을 건넬 수 있었음은 물론이다.

아펠은 어째서 바그너로부터 두 차례나 편지를 받고도 돈을 부치지 않았을까. 그는 부유한 집안에서 태어나 꽤 많은 돈을 물려받은 친구였다. 그는 바그너에게 상환 여부에 개의치 않고 여러 번 큰돈을 지원해 준 적이 있다. 그는 수시로 도움을 바라는 친구에게 진력이 났다기보다 파리에서의 고생을 감수하라는 뜻으로 그의 요청을 무시한 게 아닐까. 아펠은 친구가 처한 상황이 심각한 지경임을 뒤늦게 알고는 돈을 보내 주었다. 실은 바그너는 리가에서처럼 상환 기일이 도래하기 전에 도주할 수 있었다. 하지만 그러지 않았다. 도피를 포기한 게 아니라 파리를 떠나기 싫었던 것이다. 파리는 출세를 위한 도약대로, 그에게 이곳을

---

20. 당시는 사법과 공법의 영역이 명확히 나뉘지 않은 때로, 민사상의 다툼을 형사상의 절차법으로 규율할 수 있었다. 그러므로 채무자가 약정한 기한까지 상환하지 않을 경우 당사자는 구금을 감수해야 했다. 그것도 빌린 돈의 액수를 일자로 계산하여 구속해 두는 환형換刑 유치가 아니라, 빚을 완전히 갚을 때까지 구속해 두는 이행강제여서 악법에 가까운 강행 법규였다.

떠나는 것은 물고기가 물을 떠나는 것과 같았기 때문이다.

바그너가 태어나서 처음 옥살이를 했다면 생활이 호전된 이후에는 돈을 꾸어 쓰지 말아야 했다. 하나 그러지 않았다. 심지어 마구 빌려 쓰기까지 했다. 돈은 그가 표현한 대로 저주이지만, 한편으로는 알라딘의 요술램프와 같은 것이었다. 그는 이전의 경험이 알려 준 교훈은 애써 잊고, 돈의 위력을 즐기는 데만 급급했다. 그는 한 입으로 두말을 예사로 하는 두 얼굴의 인간이 아니던가. 무엇보다 우려할 점은 그의 부채가 늘어나는 속도가 그의 가계 형편이 나아지는 속도를 훨씬 앞질렀다는 사실이다. 그는 궁핍했던 파리 시절을 통해 어떠한 어려움도 이겨 내는 정신력을 얻은 반면, 사치 생활을 함으로써 곤궁했을 때의 기억을 보상하려는 심리도 덤으로 갖게 되었다.

바그너의 고된 파리 시절에도 힘든 일만 있었던 건 아니다. 그는 은인이자 동지이면서 장인이 될 리스트와 만났으며, 매제 아베나리우스로부터 국립도서관 사서로 일하는 고트프리트 안데르스Gottfried Anders를 소개받아 귀중한 문헌을 볼 수 있었고, 시인 하인리히 하이네와 청년 학자 자무엘 레르스와 사귀어 지적 담론을 나누었다. 특히 하이네의 기지에 넘치는 문장으로부터 많은 영향을 받았다. 또 그는 화가 에른스트 키츠Ernst Kietz(1815~1892)를 이곳에서 만났으며, 역시 화가인 프리드리히 페흐트와 사귀었다. 두 사람은 유명한 화가는 아니지만, 바그너의 귀중한 풍자화와 초상화를 남긴 인물이다. 그들은 1841년 새해 전야에 함께 만나 푸치니의 『라 보엠La Bohème』 속의 한 정경을 재현하는 추억도 만들었다.[21] 안데르스는 샴페인을, 레르스는 송아지 뒷다리 고기를,

21. Derek Watson, *Richard Wagner, A Biography*, p.67.

키츠는 럼주와 간식을, 페흐트는 거위고기를 들고 엘더Helder가에 있는 바그너의 셋집에 모여 애환 속 행복을 나누는 장면이 그것이다.

바그너는 어려운 중에도 1840년 11월 19일 『리엔치』를 완성했고, 1년 뒤 11월 중에 『방황하는 네덜란드인』을 완성했다. 하지만 파리에서는 양식 면에서 시대를 앞서 간 두 작품의 상연을 주저하고 있었다. 그는 두 오페라를 독일에서 공연하기로 결심했다. 1842년 4월 7일, 바그너 부부는 드레스덴으로 가기 위해 파리를 떠났다. 파리에 온 지 2년 6개월 만이었다.

제10장　　　　　　바그너의 귀국과 혁명

혁명의 숭고한 여신은 폭풍의 날개와 더불어 천둥을 몰고 온다.

－ 바그너, 《나의 생애》

나는 항상 젊고 창조하는 삶을 살고 있다.
나는 죽음이 아닌 억압받는 자의 꿈이고 위안이며, 희망이다.
나는 죽은 암석에서 샘솟는 생명으로, 어디로 가든 압제자를 쳐부술 것이다.
나는 당신을 으스러트리는 사슬을 깨부수고, 죽음의 포옹으로부터 구해 낸다.
나는 당신의 혈관에 젊은 생명의 숨결을 불어넣기 위해서 왔다.

－ 바그너, 〈혁명〉

열성적인 카펠마이스터와 『탄호이저』

바그너 부부의 귀국 여행은 파리에서 드레스덴까지 4륜 우편마차(정류장마다 교대하는 급행 마차)로 엿새가 걸렸다. 4월 7일 아침에 출발하여 4월 12일 밤에 도착한 여정으로, 마차가 독일 국경 포르바흐에 들어서자 비바람이 몰아쳐, 장차 바그너의 풍운을 예고하는 듯했다. 그는 라인란트를 지나칠 때 새삼 조국을 생각했고, 풍부한 전설이 깃든 그곳을 보면서 바르트부르크성을 무대로 펼쳐지는 『탄호이저』 제3막의 장면을 마음속에 그렸다. 그는 중세의 음유시인Minnesänger, Troubadour의 이야기가 독일인의 정체성을 확인하는 데 좋은 오페라 소재임을 확신했다. 그는 이때의 감회를 1835년부터 쓰기 시작한 빨간색 수첩(자서전 초고)에 "나는 태어나 처음으로 라인강을 보면서 눈물을 흘렸다. 나는 가

난한 음악가이지만, 조국 독일에 영원한
충성을 맹세했다"고 적었다.[1]

요제프 티하체크

그는 드레스덴에서 가족들과 해후했
다. 그들은 모처럼 마주 앉아 정담을 나
누었고, 일찍 세상을 뜬 로잘리에를 추
억했다. 금세공사인 둘째 형 율리우스
가 조금 못하긴 해도 가족들 모두 자신
보다 유복한 가정을 이루고 있었다. 다
행히 그가 흥행을 기대한 『리엔치』는 그
해(1842) 10월 20일 드레스덴 왕립 작센 궁정극장에서 초연되어 대단
한 성공을 거두었다. 지휘는 같은 극장의 음악감독 카를 라이시거Carl
Gottlieb Reissiger, 리엔치 역은 인기 테너 요제프 티하체크, 아드리아노
역은 그의 우상 슈뢰더데프린트로, 모두 최고의 기량을 다해 공연 수준
을 높였다. 그에게 『리엔치』의 성공은 3년 가까운 파리 시절의 고행을
단번에 보상하는 쾌거였다. 그로 인해 돈도 벌었다. 하지만 빚을 청산
하기에는 턱없이 모자랐다. 이후의 사정은 더욱 나빠서 벌어들이는 수
입에 비해 빚은 날로 늘었다. 분수에 넘치는 생활을 바꿀 마음도, 마이
어베어나 오펜바흐Jacques Offenbach(1819~1880)처럼 대중이 좋아하는 오
페라를 쓸 마음도 없었기 때문이다.

그는 1843년 1월 2일, 흥행의 여세를 몰아 『방황하는 네덜란드인』을
같은 극장에서 공연했다. 이 작품은 번호 오페라의 관례를 따르긴 했으
나 그 구분은 완화되었고, 적소에 유도동기를 배치하여 극적 효과가 뛰

1. Barry Millington, *Wagner*, p.27.

어나다. 그 밖에 그의 오페라를 일관하는 구원의 주제가 여기서 처음 채택되었으며, 그랜드오페라를 답습한 흔적이 없어 바그너 오페라의 초석으로 불리고 있다. 다만 흥행의 결과는 『리엔치』에 미치지 못했다. 음악의 분위기가 무거운 데다 내용이 어둡다는 게 이유였다. 그럼에도 자신의 창작 스타일을 찾은 것 외에 우상 슈뢰더데프린트가 젠타의 배역을 빛냈다는 점에서 크게 아쉽지 않았다.

그는 두 작품의 국내 공연에 힘입어 그해 2월 2일 드레스덴 왕립 작센 궁정극장의 공동 음악감독Kapellmeister에 임명되었다. 직위는 부악장에 해당했으나 대우는 카를 라이시거와 같은 조건이며, 직분은 그와 같은 공동 감독이었다. 연봉은 1,500탈러로 그가 직업을 가진 이래 가장 많은 급여였다. 그럼에도 빚을 진 탓에 그 돈을 제대로 손에 쥔 적은 한 번도 없었다. 그는 약관의 나이에 한 극장의 보조감독(합창감독)으로 출발하여 10년 만에 선망의 직책인 궁정 음악감독으로 취임한 것이다. 하지만 『탄호이저』를 비롯한 대부분의 작품이 흥행하지 못한 데다 1849년 봉기에 가담한 일로 13년간 유랑 생활을 한 탓에 그의 출세 가도는 순조롭게 이어지지 못했다. 그는 대기만성형 음악가일까. 겉으로 보면 그렇지만, 실은 일찍 뜻을 성취한 경우로 보는 편이 타당하다. 예술가의 성공 정도가 작품의 성취도를 결정하는 기준은 아니기 때문이다.

파리에서 드레스덴으로 돌아온 바그너는 1842년 7월 6일 『탄호이저』의 초고를 끝내고 체코의 테플리츠로로 휴양을 떠났다. 그에게 중요한 과제는 대본 집필에 참고할 원전의 열람과 선택이었다. 노래경연에 얽힌 중세 기사담은 19세기에 몇 가지 버전이 있었다. 그것은 루트비히 베히슈타인Ludwig Bechstein(1801~1860)의 《이야기 보고와 튀링겐 지방의 전설Der Sagen-schatz und die Sagenkreise des Thüringerlandes》을 비롯하여 루트비히 티크가 쓴 민담《판타수스Phantasus》중 한 편인 〈심복 에카르트와 탄넨호이저Der getreue Eckart und der Tannenhäuser〉, E. T. A. 호프만의 단편 〈가수들의 경쟁Der Kampf der Sänger〉, 하이네의 풍자시 〈탄호이저Der Tannhäuser〉 등이다. 하지만 그가 탄호이저의 원전 중 결정본을 보게 된 것은 1841년 12월 친구 자무엘 레르스로부터 쾨니히스베르크 독일협회가 소장한 문헌을 소개받은 덕분이었다. 그것이 C. T. L. 루카스Christian Theodor Ludwig Lucas(1796~1854)가 쓴《바르트부르크에서의 경연 Über den Krieg von Wartburg》이며, 이때 성배 전설에 관한 문헌도 함께 소개받았다.

바그너는 『탄호이저』의 제목을 '베누스베르크, 낭만적 오페라Venus berg, Romantische Oper'로 정했다. 베누스베르크는 세 겹의 의미가 있다. 하나는 말 그대로 비너스가 있는 산등성이를 뜻하고, 또 하나는 환락가를 뜻하며, 다른 하나는 여성의 은밀한 부위(치구恥丘, 불두덩)를 뜻한다. 그러나 제목을 다르게 받아들이는 측에 의해 좋지 않은 입소문을 탈 수 있다는 지적이 있었던 데다, 굳이 부제목(낭만적 오페라)을 덧붙일 필요가 있느냐는 말을 받아들여 '탄호이저와 바르트부르크의 노래경연 Tannhäuser der Sängerkrieg auf Wartburg'으로 바꾸었다(지금은 흔히 '탄호이저'로 불린다).

탄호이저는 실존했던 음유시인이자 기사로 알려졌으나 실은 전설적인 인물에 가깝다. 그는 함께 등장하는 두 명의 음유시인, 볼프람 폰 에센바흐Wolfram von Eschenbach(1170~1220?)와 발터 폰 포겔바이데Walther von Vogelweide에 비해 생애에 관하여 알려진 바도 거의 없고, 활동했던 시기도 13세기 중엽(1230년에서 1260년 사이)으로 전해질 뿐이다. 바그너

1865년 비스바덴 공연 무대의 하나

는 행적이 불명한 탄호이저 쪽이 이야기를 꾸밀 여지가 많다고 보고, 그를 주인공으로 정한 원전의 예를 따랐다. 또한 별도 이야기인 노래경연과 탄호이저 전설을 한데 아울렀다.

중세의 음유시인 중에는 기사 신분인 자도 있었으나 사회적 지위는 높지 않았다. 하지만 고대 그리스인과 켈트인은 그들을 이야기의 전승자이고, 언어의 연금술사이며, 신과 인간의 매개자로서 신성한 존재로 여겼다. 음유시인은 유흥을 제공하는 예능인이기보다 교양을 돕는 예술가에 가깝다. 그들은 작사, 작곡, 노래, 연주, 연기는 물론 연출까지 맡아 했으므로 종합예술가였던 셈이다. 또한 그들은 십자군 원정으로 남편을 떠나보낸 귀부인들의 여흥을 위해서도 필요한 존재였다. 독일의 역사학자 크리스토프 바겐자일Johann Christopher Wagenseil(1633~1705)

에 의하면 튀링겐 궁정에는 여섯 명의 저명한 음유시인이 있었다. 그들은 하인리히 폰 오프터딩겐Heinrich von Ofterdingen, 볼프람 폰 에셴바흐(『파르지팔』에도 등장함), 발터 폰 포겔바이데(『뉘른베르크의 마이스터징거』에도 등장함), 라인하르트 폰 츠베크슈타인Reinhart von Zweckstein, 하인리히 슈라이버Heinrich Schreiber, 요하네스 비터롤프Johannes Biterolf이다. 그들 중 오프트딩겐은 기사 신분으로 태어나지 않았는데, C. T. L. 루카스는 그를 탄호이저와 동일인으로 보았다(대부분의 작가는 부인한다).[2]

『탄호이저』는 중세 귀족 계층의 연애관을 묘사한 오페라다. 그리고 그 매개가 된 것이 민네장Minnesang(사랑의 노래)이다. 민네장에는 고귀한 연가Hohe minne가 있고, 저급한 연가Niedere minne가 있다. 마찬가지로 중세 사람들은 고귀한 정신적 사랑이 있고, 저급한 육체적 사랑이 있다고 보았다. 그래서 전자는 당연시하고 후자는 죄악시했다. 물론 편의상 사랑을 구분할 수는 있지만 실제로 구분할 수 있는 것은 아니다. 이성 간의 사랑은 정신과 육체의 결합이며, 남녀가 마음을 주고받는 동안 사랑을 공감하면 성관계를 맺거나 부부가 되는 일은 자연스러운 과정이기 때문이다. 그럼에도 당시의 귀족과 성직자는 성욕을 금기시했다.

중세의 지도층은 성에 대해 이중적 가치관을 가졌다. 그래서 상류층 남성들은 자녀를 갖기 위해서는 아내와 잠자리를 갖고, 즐기기 위해서는 직업여성을 찾았다. 일종의 타협인 셈이다. 이는 같은 성행위라 해도 생명을 잉태하는 행위와 쾌락을 위한 행위를 구분하여 전자를 성스러운 영역에 넣고, 후자를 속된 영역에 넣는 것과 같은 이치다. 이러한

2. Barry Millington, *Wagner*, p.169.

성생활은 점차 중산층에까지 받아들여졌으나 현실에서는 엄격히 차별화해 실행하기 어렵기에 19세기에 이르러 완화되었다. 그렇다면 탄호이저가 정결한 엘리자베트의 사랑을 피해 베누스(비너스)와 관능적인 사랑을 나눈 이유가 설명된다. 그에게는 정신적인 사랑보다 우선은 감각적인 사랑이 절실했을 테니까. 하긴 정신적 사랑을 신성시하고, 육체적 사랑을 죄악시해서는 완전한 사랑이 이루어질 수 없다. 또 정신적 사랑만 해서는 자손을 만들 수 없고, 육체적 사랑만 해서는 예술을 만들기 어렵다. 인간은 동물과 달리 금욕을 예술로 보상하는 존재이기 때문이다.

이 세 인물을 하나의 유기체로 보고 심리적으로 풀이하면 비너스는 욕구에 해당하고, 탄호이저는 자아이며, 엘리자베트는 초자아(양심)에 해당한다. 또한 세 인물의 관계를 바그너에 적용하면 여성의 관능성(비너스)을 탐하면서 정숙함(엘리자베트)을 동경하는 바그너(탄호이저)의 여성관에 빗댈 수 있으며, 비너스는 바그너의 정부 쥐디트 고티에 비유할 수 있고, 엘리자베트는 바그너의 뮤즈 베젠동크 부인으로 비유할 수 있다.

『탄호이저』가 은유하는 육체적 사랑은 육체미를 찬양했던 고대 그리스 문화(헬레니즘, 베누스)를 나타낸다. 또한 정신적 사랑은 금욕을 강조했던 기독교 문화(헤브라이즘, 엘리자베트)를 나타낸다. 한동안 환락에 파묻혀 심신이 지친 탄호이저가 엘리자베트가 그리워 베누스를 물리칠 때 "성모 마리아"를 부르는 것이 이를 말해 준다. 하지만 베누스와 엘리자베트는 상극이 아니다. 오늘의 유럽 문화는 헬레니즘과 헤브라이즘의 정신을 바탕으로 이루어진 것으로 보기 때문이다. 감각으로 느끼는 성과 마음으로 느끼는 사랑은 조화와 균형을 이루어야 하며, 이 작품이

주는 교훈은 사랑의 양면성을 인정하되 문란한 성을 경계해야 한다는 것이다. 그러므로 인간은 정결한 사랑을 바탕으로 건강한 성적 결합을 이루는 연애관을 가져야 한다.

혹시 환락가는 남성들이 베누스(성)의 노예가 되지 않도록 자구책으로 만든 장소가 아닐까? 참고로 후일담에 의하면 탄호이저는 죽지 않고 베누스에게로 돌아갔다고 한다. 후일담의 취지는 탄호이저가 방탕해서 그랬다기보다 정신적 사랑만큼 육체적 사랑도 중시했다는 의미다. 휴머니즘의 관점에서 종교를 논한 루트비히 포이어바흐는 인간을 감각적인 존재로 보았다. 그는 인간의 고유한 특성은 사랑을 베푸는 것이며, 그 본질은 감각적이고 현세적인 데 있다고 보았다. 따라서 진정한 사랑은 정신적 교류를 중시하면서도 육체적 관계를 배제하지 않는다고 했다. 바그너는 포이어바흐의 애정관에 주목하여 탄호이저의 전설을 자기 나름대로 해석한 것이다.

『탄호이저』는 주인공(탄호이저)이 베누스 동굴에서 나와 튀링겐 지방의 바르트부르크에서 열리는 노래경연에 참가하면서 전기를 맞는다. 그는 경연장에서 관능적인 사랑을 노래한 대가로 순수한 사랑을 노래한 기사들에 의해 위협을 당하지만 엘리자베트에 의해 위기를 모면한다. 이제 불경죄를 지은 탄호이저가 용서받는 길은 로마 교황으로부터 사면을 얻는 일뿐이다. 그는 교황청을 향해 순례를 떠나지만 목적을 이루지 못한다. 그는 실망하여 베누스에게 돌아가려고 하지만 엘리자베트가 자신의 영혼을 구원하기 위해 희생했다는 말을 듣고 발걸음을 돌려 그녀의 시신을 붙들고 죽는다. 엘리자베트 역시 장래에 사랑하는 이를 구원할 '미래의 여성'이었다.

바그너 오페라에서 주인공의 '죽음'은 실의에 빠져 죽고, 비탄에 지

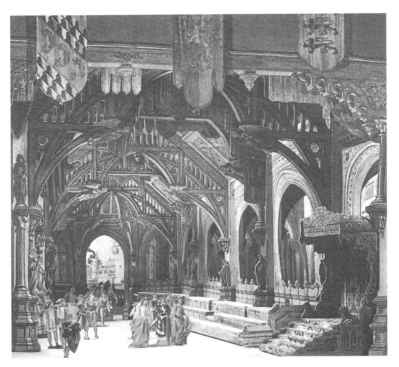

1861년 파리 공연 무대의 하나(노래의 전당)

처 죽고, 충격을 받아 죽는 등 너무 쉽게 죽는 탓에 작위적이고 안이하다는 말을 듣는다. 『방황하는 네덜란드인』에서 선장과 젠타의 죽음은 초현실적인 상황에서 이루어진 것이라고 하지만, 탄호이저와 엘리자베트의 죽음이나 『로엔그린』에서 엘자의 죽음, 트리스탄과 이졸데의 죽음은 자연스럽지 않다. 그러나 어떤 이는 전쟁 중에 심한 부상을 입고도 죽지 않지만, 어떤 이는 극도로 애가 타거나 큰 충격을 받으면 죽을 수 있다. 사람의 마음은 몸과 달라서 그 정도로 예민하다. 바그너는 등장인물의 죽음을 자연인의 주검으로 처리했으나 실은 지고한 사랑을 보상하고 버림받은 영혼을 구원하기 위한 희생으로 해석하였다.

『탄호이저』는 등장인물의 개성화에 있어 『방황하는 네덜란드인』보다 한 단계 앞선 작품이다. 또한 장면을 중시한 전작에 비해 가창과 관현악을 한층 자연스럽게 이어 가도록 한 '이행 기법Kunst des Übergangs'을 사용하여 드라마의 흐름을 중시했다. 따라서 관현악의 역할이 강조되었고 주제동기의 활용이 정착되었다. 또한 베누스의 동굴(봄과 밤)과 바르트부르크의 경연장(가을과 낮)의 대비, 베누스(관능미)와 엘리자베트(청순미)의 대조가 돋보일 만큼 극적 구성력이 뛰어나다(이 점은 『트리스탄과 이졸데』에서 더욱 발전되었다). 특히 관현악으로 베누스의 세계와 엘리자베트의 세계의 균형을 잡은 바그너의 솜씨는 빼어난데, 전자는 열정적이고 화려한 색감으로 관능성을 강조하고, 후자는 은은하고 담백한 색감으로 청순함을 강조했다. 또 청아하게 느껴지는 소프라노(엘리자베트)의 노래 음성과 부피감이 느껴지는 메조소프라노(베누스)의 노래 음성을 대비함으로써 탄호이저의 갈등을 부각했다. 그 점에서 『로엔그린』이 악극으로 향하는 관문이라면 『탄호이저』는 디딤돌이다.

『탄호이저』의 서곡은 순례의 동기(느린 속도, 탐색하는 분위기), 베누스의 동기(빠른 속도, 희열에 젖은 분위기), 순례자의 동기(반성과 영적 승리의 분위기)로 구성되어 구도의 세계가 관능의 세계를 이긴다는 3막의 드라마를 잘 요약한다. 이 작품에는 서곡 외에도 아름다운 독창곡과 이중창, 합창곡이 들어 있다. 엘리자베트가 부르는 「전당殿堂의 노래」와 볼프람이 부르는 「저녁별의 노래」, 「순례자의 합창」도 훌륭하지만, 노래경연장에 입장하면서 울려 퍼지는 「그랜드 행진곡」 역시 훌륭하다. 『탄호이저』는 이처럼 귀에 솔깃한 선율을 곳곳에 안배한 덕에 인기가 대단한 『로엔그린』보다 접근하기 쉽다는 평을 듣는다.

Ach, schwer drückt mich der Sün – den Last, kann län – ger – sie nicht mehr er – tra – gen

「순례자의 합창」

「바카날레」

Dich theu – re Hal – le, grüß' ich wie – der, froh grüß' ich dich

「전당의 노래」

Oh! du mein hol – der A – bend – stern, wohl grüßt'ich im – mer dich ___ so gern

「저녁별의 노래」

　　음악감독으로서 바그너의 행보는 거침이 없었다. 그는 1843년 7월 6일 성인과 소년으로 이루어진 1,200명의 남성합창단과 100명의 관현악단을 동원하여 「사도의 애찬」을 연주했다. 다만 유례없이 큰 규모인 데다 합창단의 기량이 받쳐 주지 못해 기대만큼의 성과는 거두지 못했다. 그럼에도 청년 음악가의 포부와 호연지기가 돋보이는 공연임에는 틀림없었다. 그의 활동 영역은 지휘와 작곡에 그치지 않았다. 그해 여름에는 그림 형제의 설화문학과 북유럽 신화를 읽었으며, 가을에는 고대 그리스 희곡, 중세 독일 시가와 전설, 칸트와 헤겔을 비롯한 근대 독일철학, 유럽의 근대 문학을 두루 탐독하여 자기 음악의 원리와 원천으로 삼는 한편 앞으로 전개할 논설의 이론적 지주로 삼았다. 그는 대외 활동도 열심이었는데, 런던에 묻힌 카를 베버의 유해를 드레스덴으로 옮기는 데 앞장서 그해 12월 15일에는 안장식까지 마쳤다.

악극으로 가는 길목 『로엔그린』

바그너는 1845년 4월 13일 『탄호이저』의 총보를 완성하고, 3개월 뒤 보헤미아의 온천 마을 마리앙바드(지금의 체코 마리안스케라즈네)에서 7월 3일부터 중순까지 여름휴가를 즐겼다. 그는 휴가지에서 온수 요법을 겸하여 그림 형제가 편찬한 《독일 영웅 신화집Deutsche Sagen》과 볼프람 폰 에셴바흐가 쓴 서사시 《파르지팔과 티투렐Parzivâl und Titurel》을 탐독했다. 바그너는 두 번째 책의 마지막 부분에 등장하는 성배 기사가 3년 전 자무엘 레르스로부터 소개받은 동일 문헌의 등장인물(로엔그린)임을 확인하고 그를 오페라 주인공으로 등장시키려는 창작욕에 휩싸였다. 또한 1845년 8월 3일에는 『로엔그린』의 대본 집필에 앞서 다음 과제로 《파르지팔》을 염두에 두었다. 그때의 마리앙바드는 탐색과 구원의 주제에 감동한 그가 신화와 전설의 진가를 재확인하는 곳이었다.

그가 참고한 『로엔그린』의 원전은 에셴바흐의 저서 외에 요제프 폰 괴레스Johann Joseph von Görres(1776~1848)가 편집한 저자 미상의 서사시 《로엔그린》이 있었다. 그는 『로엔그린』의 대본을 11월 27일 탈고했으며, 12월 17일에는 그것을 지인들에게 공개하는 낭독회를 열었다. 그 자리에 참석한 슈만은 "그처럼 짧은 대본으로 전통적인 아리아와 이중창을 충분히 만들 수 있겠느냐?"고 의문을 표했다. 또한 페르디난트 힐러 Ferdinand Hiller(1811~1885)는 "바그너가 이 대본으로 작곡한다는 것은 유감스러운 일이다. 그의 음악적 재능은 시적 재능에 미치지 못한다"고 비판했

페르디난트 힐러

다. 하지만 그들은 틀렸다. 바그너는 구성이 단순한 드라마를 대하 음악극으로 만드는 비상한 재주를 가진 작곡가였으며, 그 전형이 『트리스탄과 이졸데』다. 오페라의 모더니스트 바그너에게 중요한 것은 대본의 플롯보다 음악의 작곡 방식이었다.

『로엔그린』 1막에서는 동프랑크 왕국(지금의 독일)의 왕 하인리히 1세가 마자르인(지금의 헝가리인으로 훈족과 몽골족에 이어 유럽을 침략해 온 기마민족)을 막아 낼 군사를 동원하기 위해 안트베르펜(지금의 벨기에 지역)에 도착한다. 그는 민족이 단합하여 외적을 물리치자는 감동적인 연설을 하는데, 음악은 고무적인 느낌을 준다. 바그너는 이 오페라를 작곡하던 중에 독일의 부흥과 통일을 염원하는 뜻에서 하인리히 1세(876~936)를 1막에 등장시켜 그에게 가슴 뛰게 하는 노래를 부르게 한 것이다.[3] 하인리히 1세는 신성로마제국의 길을 연 국왕으로 '새잡이 하인리히 Heinrich der Vogler'로 불린 실존 인물을 모델로 한 배역이다. 『로엔그린』은 바그너가 혁명의 열기에 들떠 있던 때에 작곡한 것으로 그의 작품 중 『뉘른베르크의 마이스터징거』와 함께 민족주의를 가장 고취한 오페라로 불린다.

『로엔그린』은 전설의 요소를 두루 갖추었다. 즉 무대는 10세기(930년경) 안트베르펜의 브라반트 왕국이다(실제 무대와 시대를 빌렸으나 엄격히 지정하지는 않았다). 본격적인 이야기는 섭정 텔라문트 백작과 그의 부인 오르트루트(악당의 등장)가 브라반트의 어린 영주를 살해한 이가 그

---

3. 하인리히 1세가 오페라에서 사자후를 토하는 노래는 유럽 정복을 합리화하는 나치스의 선전용 음악으로 악용되었다. 히틀러는 바그너의 오페라 중 『로엔그린』을 가장 좋아하여 자신을 위기에 빠진 독일을 구하는 백조 기사로 여겼다. 하지만 그는 로엔그린처럼 조국을 구하고 신비롭게 사라진 게 아니라 독일을 황폐하게 만들고 지하 참호에서 권총 자살로 삶을 끝냈다.

로엔그린이 텔라문트를 격퇴함(페르디난트 레케의 유화)

의 누나인 엘자(아름다운 여성의 등장)라고 모함하는 데서 시작한다(악당의 흉계). 백조 기사 로엔그린은 이 어려운 때에 홀연히 나타나(신비로운 미남 기사의 등장) 곤경에 빠진 엘자를 돕는다(역경에 빠진 주인공의 구조). 기사는 엘자에게 자신의 정체를 알려고 하지 말 것을 당부하면서(비밀의 고지) 백작을 결투에서 물리친 뒤 그녀와 결혼한다(악당의 퇴치와 로맨스). 하지만 그녀는 백작 부부의 흉계에 빠져 기사의 정체를 묻는 실수를 저지른다(비밀의 파기). 결국 기사는 떠나고 백조가 되었던 동생은 인간의 모습으로 돌아온다(변신과 마법에서 풀려남). 엘자는 기사를 잃은 데 상심하여 동생을 얻은 기쁨에도 불구하고 비탄 속에 숨진다(좌절당하는 소망 또는 행복). 그래서 『로엔그린』의 내용을 살펴보면 전설의 교본을 보는 것 같다.

인간은 타고난 이야기꾼이다. 이는 예부터 설화문학이 전승돼 온 이유인데 그것이 입말로 전해지려면 분위기는 신비스러워야 하고, 내용은 현실에 얽매이지 않되 교훈적이어야 하며, 행복의 순간은 짧아서 아쉬움 속에 끝나야 한다. 여기에 무섭고 기이한 사연이 더해지면 후속담을 꾸며 내기에 더욱 좋다. 『로엔그린』 전설은 신성한 세계와 세속적인 세계가 서로 떨어져 있기를 바라는 마음을 반영하고 있으며, 현세의 한시적 사랑을 내세의 영속적 사랑으로 이어 가려는 소망도 반영하고 있다.

그렇다면 로엔그린이 정체를 숨기는 이유는 무엇일까? "신비는 비밀을 덮는 베일"이라는 말이 있다. 또 로마의 역사가 타키투스는 "미지의 것은 대단하게 여겨진다Omne ignotum pro magnifico"고도 했다. 그러므로 정체가 드러난 미지의 기사는 존재할 이유가 없다. 예를 들어 가면무도회에서 실수로 가면이 벗겨지면 멋쩍은 것은 고사하고 그 자리에 있어야 할 이유가 없어진다. 누군가 가면을 쓰거나 신분을 위장하는 것은 정체를 숨기려는 일차 목적을 넘어 새로운 나를 만들어 내기 위해서다. 그래서 정체가 탄로 나면 새로운 내가 사라지는 것은 물론 원래의 나도 상처를 입는다. 참고로 영화는 여느 콘텐츠보다 신화와 전설의 틀을 많이 빌린다. 백조 기사가 자신의 정체가 탄로 나자 황급히 사라지는 것은 서부극 「셰인Shane」(1953)에서 악당을 처치한 주인공이 총잡이의 신분이 드러나자 자신을 따라나선 소년을 뒤로한 채 황야로 사라지는 것과 같다. 마찬가지로 정의를 행하는 복면 기사 조로나 슈퍼맨은 가면을 벗는 순간 더 이상 영웅이 아니다. 그들이 비밀을 지키는 부적 마스크를 생명처럼 여기는 이유다.

바그너는 『로엔그린』부터 서곡을 전주곡으로 대체했다. 서곡은 이탈리아와 프랑스에서 사용하는 것으로 오페라 내용을 악곡의 분위기로 함축하거나 1막에 앞서 의례적으로 연주하는 데 목적이 있다. 하지만 전주곡은 주로 유도동기를 제시함으로써 내용을 암시하는 데 목적이 있다. 또한 서창敍唱은 관현악에 자연스레 녹아드는 '반주부 서창 Accompagnato-Rezitativ'으로 옮겨지고, 아리아·중창·합창이 유도동기에 섞여서 흘러가는 점에서 악극에 가장 근접한 작품이면서 '로맨틱 오페라와 뮤직드라마의 가교'로 불린다. 그래서 리스트는 『로엔그린』을 "낡은 오페라를 끝내는 작품"이라고 했다.

『로엔그린』은 이전 작품에 비해 성격 묘사가 더욱 깊어졌다. 텔라문트 백작과 그의 부인 오르트루트의 악역이 부각되면서 그들과 맞서야 하는 백조 기사와 엘자의 성격도 함께 선명해졌다. 그들의 개성을 표현하는 가창과 관현악이 이전보다 정교해진 점이 이를 설명해 준다. 또한 이 오페라는 유도동기가 복선의 역할을 하면서 극의 실마리를 풀어 간다. 금지된 질문을 암시하는 주제동기가 결혼식 전에 연주되는 화사한 음악에 끼어들면서 불길한 전조를 암시하는 부분이 한 예다.

바그너는 작곡을 하는 중에 친구 테오도어 울리히에게 『로엔그린』의 음악은 '유도동기가 거미집처럼 얽혀 들어 가면서 구성되는 방식das thematische Formgewebe'을 택했다고 설명했다. 악극은 일관성과 통일성이 생명인데, 그는 하나의 장면에서 다음 장면으로 옮겨 가는 동안 생생한 이미지의 맥락을 터득하는 체험을 한 것이다. 그는 혁명의 해에 『로엔그린』의 총보를 완성(1848년 4월 28일)함으로써 음악의 혁명을 일으킬 준비를 완료했던 셈이다.

『로엔그린』은 풍부한 화성법으로 꾸며져 다채로운 음색을 띠며, 다양한 관현악 기법을 시도해 부피감과 입체감을 느끼게 한다. 그래서 '관현악의 팔레트'로 불린다. 『로엔그린』에는 제1막의 전주곡을 비롯하여 아름답고 이름난 곡이 많다. 대표적으로 「엘자의 꿈」과 용솟음치는 듯한 기세로 시작하는 3막의 전주곡, 「혼례의 합창」, 로엔그린이 자신의 신분을 밝히는 노래 「아득히 먼 나라에서」와 「나의 사랑하는 백조여!」 등이다.

오르트루드의 동기

엘자의 동기

환희의 동기(제3막 전주곡)

「혼례의 합창」

특히 1막의 전주곡은 하모닉스 주법에 의한 바이올린의 활주음이 환상적이다. 현악기는 목관악기의 음색과 어울리면서 흡사 소리의 빛을 타고 비상하는 느낌을 준다. 독특하고 신비로운 음색 효과를 내기 위한 바그너의 아이디어 덕이다. 하모닉스 주법은 현 위의 한 점 위에 손가락을 대고 떼는 방법으로 배음倍音(원래 소리보다 큰 진동수를 가진 소리)을 얻는 주법이다. 그래서 운지運指 판을 세게 누르는 통상의 주법과 다른 부드럽고 투명한 울림음을 낸다. 현악기의 활주 효과를 리하르트 슈트라우스는 '벨벳Velvet 효과'라고 말했다.[4]

『로엔그린』은 바그너의 오페라 중 첫째가는 인기작이고, 첫 공연에서 호평을 받은 흥행작이다. 내용이 기사도 정신과 귀부인 숭배 의식을 담은 데다, 당시는 낭만주의 풍조가 극성일 때라 시류에 맞았던 것이다.

바그너는 다음 해 4월 5일 성지聖枝주일 연주회에서 베토벤의 『합창 교향곡』을 지휘하여 호평을 받았다. 그는 이때의 감회를 자서전에 "베

---

4. 벨벳 효과는 『파르지팔』에 이르러 더욱 발전하여 마치 천상의 화음을 듣는 듯하다. 여기에 영감을 얻은 안톤 브루크너는 교향곡 제8번과 제9번의 아다지오 악장에, 구스타프 말러는 교향곡 제5번과 제6번, 제9번의 아다지오 악장에 현악기의 벨벳 효과를 독창적으로 녹여 내었다.

토벤의 『합창 교향곡』은 엄청난 성공을 거두었다. 이 연주는 내가 음악을 하는 한 무엇이든 성취할 수 있다는 힘을 주었다"고 적었다. 이 작품은 바그너의 명쾌한 지휘로 더 이상 연주하기 어려운 곡이 아니었다. 그는 음악가로 입지한 순간부터 베토벤의 사도였으며 베토벤 교향곡은 그의 기본적인 지휘 곡목으로, 『합창 교향곡』의 성공적인 연주는 그 결실이었다. 그는 1847년 2월 22일, 글루크의 『아울리스의

크리스토프 글루크

이피게니아Iphigénie en Aulis』를 지휘하여 다시 한번 큰 호응을 얻었다. 그는 글루크에게서 많은 영감을 받았는데, 그의 오페라는 18세기의 것임에도 음악이 이어지는 형식을 가지고 있었기 때문이다. 그는 『아울리스의 이피게니아』 대본을 독일어로 바꾸고, 서곡과 끝부분을 가필하는 외에 아리아와 합창곡을 잇는 음악을 덧붙였다.

이 기간 동안 바그너에게 고무적인 일만 있었던 것은 아니다. 그는 자기 작품에 대한 평단의 혹평에 시달렸고, 부채로 인해 곤욕을 치렀으며, 어머니의 죽음으로 슬픔을 겪었다. 1844년 1월, 베를린에서 『방황하는 네덜란드인』을 공연한 데 이어 드레스덴에서 『탄호이저』를 공연했으나 비평은 관객의 비판 이상으로 가혹했다. 그를 특히 실망시킨 것은 『탄호이저』에 대한 평단의 차가운 반응이었다. 그래도 그때는 16년 뒤(1861년 3월 13일) 파리에서 『탄호이저』를 공연하던 중에 엄청난 모욕(이른바 조키 클럽Jockey club 사건)을 당하리라고는 생각지도 못했다.

당시 바그너를 무엇보다 힘들게 한 것은 채무였다. 채무는 그가 자

초한 것이자 익숙한 버릇과도 같아서 수입이 조금 늘었다고 빚이 줄어들지는 않았다. 궁정극장의 음악감독직은 그에게 대단한 신분 상승을 한 것 같은 착각을 심어 주었다. 여기에 파리에서의 궁핍했던 생활을 보상하려는 심리까지 더해져, 그는 이전보다 큰 규모로 과시적인 소비를 했다. 결국 그의 채무는 1846년에 이르러 감당하기 힘든 수준에 이르렀다. 급기야 극장의 연금기금에서 5,000탈러를 대부받은 것도 모자라 마이어베어에게 추가로 빌리려고 했으나 상대가 거절했다. 다행히 궁정극장 측이 바그너에게 10년에 걸쳐 갚는 조건으로 빚을 대신 갚아 주었다. 하나 그에게는 해결책이 되지 못했으며, 스위스로 망명을 떠나는 탓에 상환 의무를 이행할 수도 없었다. 실은 국내에 있었어도 제대로 갚았을지는 의문이지만 말이다.

그는 1848년 1월 9일 모친의 부음을 들었다. 11년 전 어머니 같은 큰누나 로잘리에를 잃은 데 이어 자신을 낳아 준 어머니까지 잃은 것이다. 이로써 그는 가족을 이어 주는 마지막 끈이 끊어지는 느낌을 받았다. 그는 모친이 별세하자 가장으로서의 어머니를 생각했다. 그녀는 두 번째 남편 루트비히 가이어와 사별한 1821년(47세)부터 세상을 떠나는 1848년(74세)까지 홀몸으로 가족의 버팀목이 되어 주었다. 어머니는 아버지에 대한 기억이 거의 없는 바그너에게 사실상의 아버지였고, 신화 속의 여전사였다. 그는 1848년 3월 8일 어머니의 명복을 빌면서 자신이 편곡한 팔레스트리나Giovanni Pierluigi da Palestrina(1525?~1594)의 『성모 애가Stabat Mater』를 지휘했다. 그는 이 곡을 재해석하면서 평온하고 전아典雅한 느낌을 주는 르네상스 시대의 다성多聲음악Polyphony에서 무한한 영감을 받았다. 후일 그가 『파르지팔』에서 사용한 합창곡은 당시 받은 감동을 재현한 것이다.

이 같은 어려움이 있었음에도, 바그너에게 1848년은 의미 있는 해였다. 그해 4월 28일 그는 『로엔그린』의 총보를 완성했으며, 10월에는 반지 4부작의 밑그림이 되는 일련의 저작물을 집필했다. 그는 10월 4일 드라마 초안인 《니벨룽 신화: 드라마 작업을 위한 설계Der Nibelungen-Mythus: Als Entwurf zu einem Drama》를, 11월 28일에는 《지그프리트의 죽음 Siegfrieds Tod》을 썼으며, 12월에는 〈비벨룽: 영웅담으로서의 세계사Die Wibelungen: Weltgeschite aus der Sage〉(탈고 1849년)를 썼다. 그는 드레스덴 궁정 오페라극장의 음악감독에 취임하면서부터 스위스로 망명할 때까지 5년 3개월 동안(1843년 2월 2일~1849년 5월 28일) 집필에서 많은 성과를 냈다. 이 기간은 그의 생애에서 중요한 시기였고, 예술가의 삶에서 보자면 '결정적 시기'였다.

드레스덴 봉기

유럽에서 1848년은 혁명의 해로 불리며, 그해 2월은 마르크스와 엥겔스가 《공산당 선언Communist Manifesto》을 발표한 때이기도 하다. 그리고 그 여파는 다음 해까지 이어진다. 1848년 혁명은 단일한 혁명도 아니고, 한 기간 내에 완결된 혁명도 아니다. 그것은 19세기 초 유럽을 둘러싼 정치, 사회, 경제 등 여러 문제가 1848년에 이르러 연쇄적으로 폭발한 일련의 혁명운동이다. 혁명의 배경은 두 가지로 요약할 수 있다. 하나는 나폴레옹 전쟁을 수습하는 과정에서 배태된 자유와 민족주의에 대한 열망이고, 둘은 초기 자본주의의 폐해로 인한 사회주의 사상에 대한 동경으로, 그 동기가 된 것은 왕정에 대한 시민 계층의 반감이며, 자본가에 대한 노동자 계층의 불만이다.

1848년에 숙성된 혁명의 기운은 유럽 각지로 퍼져 나갔다. 그해 1월

22일에는 시실리의 팔레르모에서 일어난 봉기(나폴리 왕의 헌법 인가)를 위시하여 2월 22일에는 파리에서 혁명(루이 필리프의 퇴위와 공화정 성립)이, 3월 13일에는 빈에서 봉기(메테르니히 축출)가 일어났으며, 5월 18일에는 프랑크푸르트에서 국민의회가 긴급 소집되었다. 또 그 손길은 프라하, 체코, 헝가리 등 동유럽으로까지 뻗었다. 유럽에서 19세기는 혁명의 세기였다. 그때는 권리의식이 분출한 시대였고, 지식 탐구와 창작 의욕이 폭발한 시기였다. 실은 서구 역사에서 19세기 중반(1830~1870)만큼 예술가 · 철학자 · 과학자 · 작가 들이 의욕적으로 활동했던 때도 드물었다. 당시 개혁 성향을 가진 바그너 역시 당장은 드레스덴의 선거제도를 개혁하고, 멀리는 사회정의를 세우려는 혁명의 열기에 가슴이 한껏 부풀었다.

당시 작센 왕가는 그해 5월 19일 혁명운동을 미연에 방지하고자 각지의 음악감독에게 편지를 보냈다. 하지만 바그너에게 예술과 정치는 분리할 수 없는 것이어서 그는 당국의 이익이 자신의 이익과 부딪칠 경우에는 단연코 후자의 입장을 따를 인물이었다. 그는 5월 11일 예술 행정을 개혁할 의향으로 〈작센 왕국 국립극장 조직에 관한 안Entwurf zur Organisation eines Deutschen Nationaltheaters für das Königreich Sachsen〉을 궁정에 제출했다. 요지는 궁정협회 소속의 극작가와 작곡가는 민주적 절차에 의해 운영되고 선출되며, 드라마 학교를 설립하여 가수를 훈련하거나 관현악단을 늘리고, 급여를 인상하는 등의 업무를 자율적으로 결정하도록 하는 계획이었다. 물론 그의 제안은 채택되지 않았다.

바그너는 여기에 기죽지 않고 6월 16일 〈드레스덴 소식지〉에 〈왕정체제는 공화주의자와의 관계에서 그들의 노력을 어떻게 받아들이는가?Wie verhalten sich republikanische Bestrebungen dem Königtum gegenüber?〉라는 제목의 연설문을 익명으로 기고하여 자신의 정치 성향을 드러냈다. 그는 이름을 밝히지 않았으나 하루 전에 '조국협회Vaterlandsverein'로 알려진 공화주의 단체의 모임 석상에서 연설하여 열렬한 호응을 얻었다. 그의 연설문은 감정을 달구는 어휘로 이루어진 데다 격정적이고 강건한 문체로 꾸며져 자신의 음악만큼 장쾌한 느낌을 준다. 게다가 그의 음성은 낭랑하고 음조는 리듬이 실려 있어 듣는 이를 매료시켰다. 회원들은 행동에서 과격하지도 않았고, 사상에서 급진적이지도 않았으나, 집회의 성격상 비밀리에 회합을 가졌다. 당시 독일의 리버럴한 부르주아 지식인들은 왕정을 전복하거나 사회를 변혁하는 혁명에는 적극적이지 않았다. 그들은 통치제도(입헌왕정을 포함해)를 바꾸고, 집권자들을 바꾸는 데 더 열심이었다.[5] 당시 궁정극장 측에서는 바그너의 이와 같은 행적을 우려하여 그의 해고를 상부에 권고했으나, 조치로 이어지지는 않았다.

바그너가 조국협회에서 행한 연설은 온건한 편이었으나 논조는 은근히 선동적이었다. 국민의 자유란 독일에서 계급 없는 사회가 뿌리내리는 것이며, 예수 그리스도의 가르침을 충족하기 위해서는 자신이 간주하는 모든 불행의 원인(그는 특히 돈을 강조했다)으로부터 자유로워져야 한다는 논지였다. 하지만 그의 연설문 곳곳에서 숨은 의미를 찾으면 결코 온건하지만은 않다. 그는 연설에서 "희미하게 명멸하는 최후의 귀족정신이 사라지기를 원한다"고 주장하여 자신은 공화주의자임을 밝히고, "우리의 선조, 하나의 아버지 아래 모든 자녀들, 하나의 가족 아래 형제들"을 거듭 강조하면서 오직 독일인이라는 핏줄에 주목하고,[6] "머지않아 공화주의자의 노력은 하나의 위대한 국민을, 군대가

5. Barry Millington, *Wagner*, p.34.
6. 히틀러가 나치스의 표어로 정한 "하나의 민족, 하나의 국가, 하나의 지도자Ein Volk, ein Reich, ein Führer"는 바그너의 연설문을 본뜬 것이다.

아닌 공동사회에 의지하도록 만든다"고 말하면서 독일 통일과 함께 사회주의를 수용하는 입장을 취했다.[7] 다만 산술적 분배를 앞세운 공산주의는 비합리적인 데다 급진적이라는 이유로 경계했다.

그 무렵 바그너의 공산주의에 대한 지식은 단편적인 것이 아니라 해박한 편이었다. 하지만 마르크스는 바그너의 저서를 타인의 손을 거쳐 읽은 흔적이 있으나, 바그너는 마르크스의 저서를 읽은 증거가 없다.[8] 그렇더라도 마르크스와 엥겔스의 중요 저작들은 1840년대에 출간되었고, 바그너가 바쿠닌을 통해 마르크스와 그의 공산주의 이론을 들었으리란 점은 의문의 여지가 없다.[9] 엄청난 독서가였던 바그너는 출판사를 운영하던 매형 프리드리히 브로크하우스의 개인 도서관에서 상당한 양의 인문사회 관련 도서를 접했는데, 드레스덴 봉기가 진압당하자 당국은 매형이 갖고 있던 그들의 저서를 압수했다. 하지만 그 전에 그들의 저서를 볼 수 있는 기회는 있었다.[10] 참고로 마르크스가 1843년에 쓴 논문 〈유대인 문제에 관하여Zur Judenfrage〉의 결론 부분이 바그너가 7년 뒤 《음악에서의 유대주의》에서 논한 "유대인의 사회적 해방은 유대주의로부터 사회를 해방하는 데 있다"는 부분의 요지와 눈에 띨 만

7. Richard Wagner, William Ashton Ellis(trans.), *Art and Politics, Appendix to German Art and German Policy*(University of Nebraska Press, 1996), pp.136~145.
8. John Deathridge(tran.), Ulich Müller and Peter Wapnewski(ed.) *Wagner Handbook: The Revolutionary of 1848-1849, Rüdiger Krohn*, p.158.
9. 마르크스와 바쿠닌은 1872년 9월 2일 헤이그에서 개최한 인터내셔널 총회의 이론 대결로 적대적 관계로 돌아섰다. 전자는 프롤레타리아 계급을 양성한 다음 자본가를 무너뜨리고 공산주의 정권을 세워야 한다는 데 비해 후자는 민중이 모든 공적 조직과 억압 구조를 무너뜨린 다음 무정부주의를 실현해야 한다는 점에서 서로 대립된다. 사상가 마르크스와 행동가 바쿠닌은 끝내 어울릴 수 없는 인물이었다.
10. Ernest Newman, *The Life of Richard Wagner vol.2*, p.51.

큼 닮았다는 점에서 그가 마르크스의 저작을 읽었다는 사실을 유추해 볼 수 있다.[11]

바그너는 1849년 1월 《나사렛의 예수》로 제목을 정한 초고(5막 구성)를 집필했다. 그는 혁명의 시대에 즈음하여 예수를 정치혁명가이자 사회개혁가로 묘사한 대작을 오페라로 만들어 자신의 이상을 피력하고, 그동안 읽은 프루동, 루트비히 포이어바흐, 청년 헤겔학파의 다비트 슈트라우스와 브루노 바우어의 사상을 작품 안에 비판적으로 녹여 낼 심산이었다.[12] 바그너는 프루동이 말한 "소유란 도둑질이다"는 명제, 즉 탐욕의 근원인 재산을 사유하지 않는다면 그것을 둘러싼 범죄도 일어나지 않을 것이라는 논리에 공감하여 예수를 사유를 버리고 나눔을 실천한 이상주의자이면서 원조 공산주의자로 여겼다. 하지만 엄밀히 말해 소유는 인간의 본성이므로 프루동의 명제는 보편적이지도 타당하지도 않다. 그는 시간이 지나면서 사적 소유는 정의롭지 못하지만 개인의 자유를 보장받는 수단인 점에서 무시할 수 없다며 자신의 고집을 시정했다. 바그너가 프루동에 공감한 저의는 엄청난 빚을 진 데 따른 절망감과 분노감을 채권자와 금융자본가에게 돌리려는 데 있었다.

바그너는 프루동의 주장과 관련하여 예수야말로 진정한 무정부주의자라고 보았다. 이 점은 후일 조지 버나드 쇼가 『니벨룽의 반지』를 사회주의적 관점에서 풀이한 배경이 된다. 실제로 바그너는 드레스덴 봉기를 전후하여 자신이 공산주의자임을 밝혔다. 그는 마르크스에 무관심했으나, 바쿠닌은 무정부주의자이고, 무정부주의는 공산주의에 뿌리

11. Barry Millington, *Wagner*, p.47.
12. Barry Millington(ed.), *The Wagner Conpendium*, p.321.

를 두고 있으므로 자신도 그렇게 여긴 것이다.[13] 그의 공산주의관은 소박했으며 사회주의와 공산주의, 무정부주의 간의 연관성은 알았으나, 그 차이점은 잘 알지 못했다. 이는 그가 마르크스의 저작을 제대로 읽지 않았음을 말해 준다. 이러한 점들로 미루어 바그너의 공산주의에 대한 식견은 밝은 편이긴 했으나 아주 깊은 편은 아니었고, 사회주의에 대한 신념은 확신에 찬 편이기보다는 유동적인 편이었다.

바그너는 아쉽게도 그해 5월 일어난 드레스덴 봉기와 뒤이은 스위스 망명으로 《나사렛의 예수》의 대본을 미완성으로 남겼다. 그래서 그가 혁명에 가담하지 않았다면 이 주제를 오페라로 완성했을 가능성이 높다. 그것은 이전에 창작하다 만 《사라센 여인Die Sarazenin》(1843년 대본 집필)이나 《프리드리히 1세Friedrich 1》(1848년 대본 집필)에 비해 더 큰 관심을 가진 주제이기 때문이다. 만일 그가 《나사렛의 예수》를 오페라로 완성했다면 이후의 작품 성격이 달라졌을 것이란 점은 논외로 쳐도, 그가 제기하는 민감한 주제들로 인해 《음악에서의 유대주의》에 버금가는 논쟁을 불러일으켰을 것이다.

바그너는 1849년 4월 1일 세 번째 성지주일 날, 드레스덴에서 마지막 지휘를 했다. 곡목은 베토벤의 『합창 교향곡』으로, 바그너는 하루 전 공식 리허설 때 관객으로 온 미하일 바쿠닌을 만났으며, 그가 "이 세상에 모든 것이 사라진다 해도 『합창 교향곡』만은 남겨 두어야 한다"고 큰소리친 데 동의했다.[14] 실은 바그너는 한 달 전 자신의 업무 보조 아

13. Nicholas Vazsonyi(ed.), *The Cambridge WAGNER Encyclopedia*, p.423 [Richard Wagner, William Ashton Ellis(trans.), *Richard Wagner's Prose Works 1 of 8 volumes*(Kegan Paul, 1892~1899), p.167, 바그너 저작집 8권 중 제1권 167쪽 주석 재인용].
14. Derek Watson, *Richard Wagner, A Biography*, p.104.

우구스트 뢰켈August Röckel(1814~1876)에게 그를 소개받아 구면이었으며, 그날 이래 슈바르츠 박사(바쿠닌의 별칭) 댁에서 개최하는 회합에서 혁명을 논의하고, 낙관적 비전에 찬 연설을 하는 등으로 동지들과 우의를 다졌다. 그들은 왕정을 반대하는 민족주의자였으며, 금융자본가를 증오하는 반유대주의자였다.

바그너는 동지들의 정치 성향을 파악하자, 이기주의 괴물이 된 의원들에게 경멸을 퍼부은 시 〈주검찰관에게An einen Staatsanwalt〉와 바쿠닌의 생각을 정리한 시 〈간절한 필요Die Noth〉를 발표하여 그들의 사기를 높였다. 바그너는 Noth의 개념을 루트비히 포이어바흐에게서 빌려왔다. 이 단어는 정확하게 번역되지 않는다. 그 의미는 간절하게 필요로 하거나 소망하는 것으로 시의 제목은 반지 4부작에서 구세계를 파괴하는 지그프리트의 명검, 노퉁(Nothung 또는 Notung)의 이름에 아이디어를 주었다. 또 그는 4월 8일에는 산문시 형식으로 쓴 논설 〈혁명Die Revolution〉을 뢰켈이 운영하는 〈국민시보Volksblätter〉에 익명으로 발표했다. 하지만 혁명을 예찬하는 열정적인 논조의 문체는 그것이 바그너가 쓴 것임을 알리는 것이나 다름없었다.

바그너는 논설 〈혁명〉에서 "숭고한 혁명의 여신은 항시 젊음을 샘솟게 하는 인류의 어머니이고, 모든 이를 형제로 대하는 새로운 사랑의 세계이며, 그들의 소망을 허용하고, 그들의 행동을 허용하며, 그들의 기쁨을 허용하는 메신저"임을 강조했다. 이는 자유를 지상의 가치로 여기는 루트비히 포이어바흐의 영향을 받은 것으로, 이후《예술과 혁명》,《미래의 예술작품》으로 확대되고, 『니벨룽의 반지』의 주제로 이어진다.

바쿠닌은 바그너보다 한 살이 적었다. 그는 체격이 크고 성격이 거친 편이어서 바그너와 여러모로 대조적이었는데, 생김새마저 그랬다.

바쿠닌은 옆으로 퍼진 곱슬머리와 콧수염이 투박하게 생긴 얼굴선과 어울려 강인한 인상을 주는데 비해 바그너는 깔끔하게 빗은 머리와 양 턱에 난 구레나룻이 날카로운 얼굴선과 어울려 매서운 인상을 주었다. 또 바쿠닌은 견문이 넓은 실천가형 투사였고, 바그너는 독서로 다진 이론가형 투사였다. 하지만 두 사람 다 다혈질인 데다 매사에 적극적이고 행동에 힘이 넘쳐 기질적으로 죽이 맞

미하일 바쿠닌

았다. 그들은 처음 만난 날부터 평생의 지기를 대하듯 상대를 격려했으며, 바그너는 바쿠닌을 자신이 염두에 둔 지그프리트로 여겼다.

바쿠닌은 그가 만난 사람 중 가장 걸물이자 확신에 찬 인물이었고, 무관無冠의 장군이었고, 능변가였고, 대식가·대주가였으며, 지적인 야만인이었다. 그래서 독선과 과격함에서 둘째가라면 서러워할 바그너마저 이 괴물 앞에서는 주눅이 들었다. 하지만 그는 그 점이 되레 마음에 들었다. 그는 이 사람이야말로 자신의 둘도 없는 혁명 동지라고 확신했다.[15] 그는 바쿠닌에게 《나사렛의 예수》에 대한 조언도 구했다. 바쿠닌은 주제를 선명하게 드러내려면 대사가 강렬해야 한다며, 그 보기로 테

15. 바쿠닌의 생활은 바그너와 달리 검소했으나 위장은 탐욕스러웠다. 또는 그의 두뇌는 지식으로 차 있으나 위장은 허기져 있었다. 이러한 식습관을 가진 이가 지도자가 된다면 국민을 배불리 먹이는 것을 제1 목표로 삼을 테지만, 십중팔구 과식하는 위장이 절제하는 두뇌를 배반하기 쉽다.

너의 가사는 "그의 목을 잘라라!"로, 소프라노의 가사는 "그의 목을 매달아라!"로, 베이스의 가사는 "불을, 불을 질러라!"로 고치는 것이 좋다고 조언해 주었다.[16]

바그너는 자서전에 "나는 붙임성이 있고 부드러운 마음씨를 가진 바쿠닌이 그토록 끔찍한 생각(목적을 위해 테러를 정당화하는)을 가졌다는 점에 한동안 당황했다"고 썼다. 바쿠닌은 낙관적 사고에 바탕을 둔 무정부주의자여서 호인이었던 게 아니라, 그저 상대에 호감을 가졌기에 바그너에게 호의를 베풀었던 것이리라. 바쿠닌은 자신의 행적과 관련하여 쉽게 마음을 여는 성품이 아니었다. 그럼에도 두 사람은 진정한 정치혁명은 사회주의혁명을 수반해야 한다는 점에 동의했다. 이러한 논의는 프랑스혁명이 시민의 자유를 가져왔으나 경제적 평등은 가져오지 않았다는 바뵈프Gracchus Babeuf(1760~1797)의 생각을 전제로 한 것이지만, 바그너가 사회주의혁명에 관한 실현 계획을 제시한 적은 없으며, 바쿠닌식의 무정부주의에 동의한 증거 역시 없다.[17]

바뵈프의 이상은 모든 사람이 재산을 똑같이 나누는 것이다. 하지만 그 재산이 언제까지나 유지되지는 않을 것이다. 각자가 지닌 능력과 각자에 속한 여건이 다르기 때문이다. 그는 평균적 정의(같은 것은 같게 대한다)는 중시했으나, 배분적 정의(다른 것은 다르게 대한다)는 무시했다. 따라서 바뵈프의 지론은 자신의 머릿속에만 있는 이념이다. 본디 무정부

---

16. Ernest Newman, *The Life of Richard Wagner vol.2*, p.50.
17. 사회주의는 차가운 머리가 만든 계몽주의가 극단적으로 진화한 것이고, 파시즘은 뜨거운 가슴이 만든 낭만주의가 극단적으로 진화한 것이다. 두 체제는 극과 극으로 다르지만 그 극점, 통치체제가 전체주의란 점과 상대의 주장을 용납하지 않는다는 점에서 서로 맞닿아 있다. 그렇다면 정부를 부정적으로 본 좌파 지식인 바쿠닌과 민족을 앞세운 우파 예술가 바그너가 친밀한 것이 기이하지도 않고, 극단적인 우파 정치인 히틀러가 바그너 음악에 열광한 것 역시 단순한 취향 이상의 이유를 갖게 된다.

주의Anarchism는 정부 통제가 만악萬惡의 근원이라고 본 영국의 정치사상가 윌리엄 고드윈William Godwin(1756~1836)이 생각해 낸 이념이다. 그렇다면 무정부주의자가 말하는 자유는 바뵈프가 말한 권력으로부터의 자유뿐 아니라 빈곤으로부터의 자유까지 포함한다. 하지만 이를 실현하려면 그들의 수단인 조합이나 협의체로는 어림없다.[18] 또 무정부주의는 필시 국가가 산업을 경영하여 조세 대신 그 수입으로 재정을 감당한다는 유산有産 국가를 지향할 것이다. 이는 능률적인 생산 조직과 명목상의 자치 기구가 아닌 강력한 통치 조직을 필요로 하며, 결국은 토머스 홉스Thomas Hobbes가 말한 리바이어던Liviathan(구약에 나오는 괴수) 같은 거대한 전체주의 정부를 만들게 된다는 뜻이다.[19] 그 점에서 무정부론자는 정부를 부인했다기보다 외면했다고 보는 편이 옳을 것이다. 어떠한 방식이든 관리되지 않는 공동체는 존재할 수 없기 때문이다.

바그너는 사회주의의 이상에 공감한 자유주의자로, 그가 바쿠닌의 생각에 맞장구를 쳤다고 보는 게 옳다. 실은 그는 호화 생활을 위해 빚을 지는 것도 마다 않는 졸부 근성의 부르주아였다. 그래서 바쿠닌의 이상은 반드시 이루어야 할 목표였던 데 반해, 바그너의 이상은 마땅히

18. 유사한 사례가 없지는 않다. 1871년 3월 28일 파리 민중(시민과 노동자)의 투표로 선출된 코뮌 대표가 자치 조직을 수립한 일이다. 하지만 파리 코뮌은 불과 2개월 만에 정부군에 의해 무너졌다. 당시 코뮌은 사회주의와 공산주의, 무정부주의를 포함한 원형으로 볼 수 있지만 엄밀히는 사회주의 체제에 가장 가깝다. 또 하나 참고할 수 있는 예는 영국의 사회주의자 로버트 오언Robert Owen(1771~1858)이 이상적인 노동조합 사회를 실현하기 위해 뜻을 같이하는 노동자들과 함께 미국(인디애나주의 뉴하모니)에 이주하여 공동생활을 했으나 3년이 안 돼 파산한 일이다. 실패의 근본 이유는 인간의 성정을 무시한 오언의 낙관적인 아이디어에 있었다. 이로 미루어, 특히 무정부 사회는 여러 형태가 있기는 하나 머릿속에 머물러 있을 수밖에 없는 공상적인 사회다.
19. 무정부주의가 실현된 적은 없으나 무정부주의의 이상과 어울리는 생각은 있었다. 즉 야경국가론과 신자유주의론이 그것이다. 실은 이러한 제도가 제대로 작동하려면 튼튼한 국방력과 고도의 외교력, 촘촘한 복지 그물망을 갖추어야 하는데 이는 역설적이지만, 무정부주의의 주장과 달리 힘 있는 정부(큰 정부가 아님)를 필요로 한다.

그래야 한다는 당위 정도에 그쳤다. 바그너는 하나의 사상에 얽매이지 않는 유연한 사고를 가졌다. 그는 가치관을 전환하는 데 갈등하거나 주저함이 없었으니, 대표적인 것이 쇼펜하우어에 의한 한순간의 사상적 개종이다. 바그너가 자유주의자임은 1851년 〈음악시보〉에 게재한 〈내 친구에게 전함〉의 다음 글에서 드러난다.

> 나는 공화주의자도 아니고 민주주의자도, 사회주의자도, 공산주의자도 아니다. 나는 예술가다. 오로지 본능에 따르고 선택과 결정에 따르는 혁명적인 예술가일 뿐으로, 낡은 것의 파괴자이며 새것의 창조자다.[20]

두 사람은 구질서의 파괴를 통해 새로운 세계를 건설한다는 데 의견을 같이했다. 여기에 대해서는 다툴 여지가 없는데, 다른 점이 있다면 바쿠닌은 정치제도를 개혁하려는 것이고, 바그너는 음악을 개혁하려는 것이었다. 또 바쿠닌에게 혁명은 목적이었고, 바그너에게 혁명은 수단이었다. 바그너가 생각하기에 사회가 변혁되면 채무도 사라지고, 자본가에 대한 불만도 사라질 것이기 때문이었다.

유럽을 휩쓴 혁명의 불길은 드레스덴이라고 해서 피해 가지 않았다. 이곳은 작센 왕국의 수도로 유럽에서는 한참 늦었으나, 독일에서는 가장 규모가 큰 봉기가 일어난 곳이다. 때는 1849년 5월 5일 토요일 새벽, 도시 중심가는 시민들로 이루어진 시위대와 작센 왕국의 군인들로 이루어진 진압대가 대치하고 있었다. 양측은 날이 밝아 오자 바리케이드를 사이에 두고 시가전을 벌였으며, 그 시간 바그너는 시내를 관측할 수

---

20. Rudolph Sabor, *The Real Wagner*, p.31.

있는 최적지인 십자가 교회의 망루에 올라 적의 동태를 살폈다.

드레스덴 십자가 교회

바그너는 그로부터 닷새 전인 4월 30일, 바쿠닌과 뢰켈, 작센 왕국의 정치인 오토 휴브너Otto Leonhardt Heubner 등 핵심 동지들과 함께 혁명 계획—시위대에 공급할 무기를 조달하고, 전략적으로 유리한 고지를 선점하며, 가능한 한 빨리 체코의 시위대와 합세하는 등—을 논의했다. 또 회합을 마친 뒤에는 5월 4일 교회의 종을 울리는 것으로 일제히 봉기에 참여한다는 것도 약속해 두었다. 그렇다면 바그너가 봉기에 참여한 동기는 무엇이며, 그의 직분은 무엇이었을까. 그가 주모자의 한 사람인 것은 분명하지만, 그는 자신의 지위와 역할에 대해서는 명시적으로 밝히지 않았다. 그는 예술가란 사회를 바꾸는 전위대여야 한다는 생시몽의 주장에 동조했으며, 새로운 음악의 힘을 강조했고, 음악과 정치와의 관련성을 중시했다. 또한 자신의 혁신적인 오페라가 널리 받아들여지기 위한 전제로 혁명이 있어야 한다는 지론을 갖고 있었다. 따라서 혁명은 그에게 강한 유인이었다. 혁명의 이상은 표면적인 동기에 지나지 않았다.

그는 궁정극장의 재정 지원을 건의했으며, 극장 운영을 개혁하는 안을 상부에 제출했으나, 채택되지 않았다. 무엇보다 큰 불만은 1847년 가을 프로이센 국왕에게 작곡 중인 『로엔그린』의 공연을 청원했다가 거부당한 일이었다. 여기에 혁명을 계기로 자신이 갚아야 할 엄청난 채무를 면하고자 한 저의도 무시할 수 없다. 사회가 변혁되면 부채도 사라지고, 자본가에 대한 불만도 사라질 것이기 때문이다. 그래서 바그너가 혁명운동에 참여한 동기는 평소의 신념에 따른 행동이기보다 개인적 불만을 해소하기 위한 측면이 컸다고 볼 수 있다.

바그너가 드레스덴 봉기에 기여한 몫은 어느 정도일까. 그는《나의 생애》에서 혁명의 정신에는 공감하지만 본인의 입장과 태도는 방관자에 가까웠다고 적었다. 그는 자서전에서 자기에게 불리한 주제를 언급하거나 곤란하게 만드는 대목에 이르러서는 축소나 왜곡을 서슴지 않았다. 따라서 봉기에 관한 부분은 믿을 게 못 된다. 그는 장차 후원자로 나선 루트비히 2세를 위해서도 왕정에 반기를 든 자신의 행적을

드레스덴 봉기

감추고 싶었을 것이다. 그러나 당시 바그너의 활약상을 살펴보면 그의 개입 정도는 여실히 드러난다. 그는 뢰켈과 함께 놋쇠 제작 업체에 수류탄 1,500개를 주문했으며, 바쿠닌과 별도로 시위대를 독려하고 작센군의 반란을 선동했으며, 선전물을 인쇄하여 전단을 뿌리도록 했고, 십자가 교회 망루에서 적의 동태를 살핀 뒤 수시로 그 상황을 시청에 있는 바쿠닌과 휴브너에게 알리는 등 지휘자와 행동대원을 겸했다. 그가 관여한 범위는 전방위에 미쳤고, 그의 동선은 최전선에 달하여 그의 목숨은 순전히 운에 맡겨야 할 판이었다. 따라서 바그너는 주모 그룹에 협조한 자로 보였으나, 실제로는 바쿠닌과 뢰켈을 조종한 총괄 지도자인 셈이었다. 그에게 혁명을 지휘하는 일은 오페라를 지휘하는 일과 다름없었다.

그날(5월 5일) 바그너는 봉기에 대비하여 그동안 준비한 각종 무기와 선전물, 상황실, 작전 계획서와 지휘 체계도 등을 꼼꼼히 살폈다. 그러고는 한참을 궁리하던 끝에 한동안 상념에 빠졌다. 혹시 그는 14세기 중엽 로마 최후의 호민관 리엔치를 떠올리면서 그와는 달리 개혁에 성공한 '독일의 리엔치'가 될 것을 다짐하지 않았을까. 당시 로마의 정치 상황과 사회구조가 독일의 그것과 다르지 않다고 본 이도 본인이었고, 자기를 리엔치에 동일시하여 그를 주인공으로 한 오페라로 만든 이도 본인이었다. 그로서는 지금이 절호의 기회였다. 하지만 그가 반신반의하면서 참여한 혁명의 동기는 이념보다 타고난 반골 기질과 지사적 허영심이 발동한 때문으로 보는 편이 옳다. 그러므로 혁명의 성공에 대한 그의 확신이 굳건하다고 볼 수는 없다.

다음 날인 5월 6일 일요일 오후, 대포 사격과 더불어 프로이센군이 드레스덴의 중심가에 진입했다. 지원군(프로이센군)은 혁명을 두려워한 독일 내 군주들의 요청으로 프로이센 국왕이 파견한 것이다. 실은 3개월 전 프랑크푸르트 의회는 군사력이 강한 프로이센 왕국의 프리드리히 빌헬름 4세를 독일의 실질적인 군주로 인정함으로써 혁명의 기운을 누그러트리고자 했다. 하지만 프로이센 왕은 드레스덴 의회의 기대와 달리 의회의 결정에 간여하고, 시위대를 강경하게 진압하도록 명령했다. 빌헬름 4세는 '동배同輩(군주들) 중의 으뜸'이 아니라 그 이상이었다. 실제로 프로이센군은 작센군과 달리 시위대에 대한 공격에 주저함이 없었다.

바그너는 그날 저녁 교회 망루에서 동지들과 토론을 하면서 밤을 새웠다. 그날은 시가지 곳곳에서 일어난 불길이 밤을 밝혔고, 프러시아군은 대오를 벗어난 시민군을 가차 없이 살상했다. 다음 날 오후, 건축가 고트프리트 젬퍼Gottfried Semper(1803~1879)의 설계로 1841년에 건설한 드레스덴의 알테Alte 오페라극장이 전소되었다. 방화자는 좁혀 오는 진압군의 포위망을 뚫기 위해 불가피하게 불을 지른 시민군이었다. 바그너는 무척 아쉬웠으나, 혁명은 그릇된 제도를 혁파하는 것뿐 아니라 불가피하게 시설물을 파괴하는 행위까지 포함한다고 여겨 애써 잊었다. 그가 이때 목격한 장면은 뇌리에 깊이 새겨져 반지 4부작의 피날레에 영감을 주었다. 그는 연작 오페라의 공연이 끝나는 날 수면 위에 가설한 극장을 불태워 대미를 장식할 생각이었다. 그것은 바그너가 꿈꾼 장엄한 연출의 일부로, 끝내 꿈으로 남았다.

5월 9일 새벽 4시, 바그너는 탑에서 내려와 아내를 피신시키기 위해 매형 하인리히 볼프람(셋째 누나 클라라의 남편)이 거주하는 켐니츠(드레스덴에서 78킬로미터 떨어진 곳에 위치)로 내려갔다. 민나는 남편을 대면하자 악장직을 내려놓고 위험한 모험을 택한 데 대해 불같이 화를 냈다. 아내는 거듭해서 가족을 위험에 빠뜨리는 남편의 처사를 더는 참지 못했다. 부부는 이 일로 리가에서 파리를 전전하는 동안 쌓은 신뢰와 애정에 큰 상처를 입었다. 바쿠닌 역시 혁명 지도부와 함께 켐니츠로 후퇴했다. 그는 그곳을 진지 삼아 드레스덴을 탈환하고자 블라우어 엥겔 호텔에 머물렀다.

5월 9일 오후, 어설프게 조직된 시민군은 잘 훈련된 진압군에 의해 대부분 무너졌다. 그날은 또한 혁명 지휘부가 와해된 날이기도 했다. 핵심 요원으로는 일부 동지의 배신으로 뢰켈이 가장 먼저 체포되었고, 뒤이어 바쿠닌과 휴브너도 같은 운명을 맞았다. 뢰켈은 사형선고를 받았으나 종신형으로 감형되어 13년을 감옥에서 살았으며, 석방 뒤 진보적 정치 저널리스트로 활약했다. 바쿠닌은 러시아로 이송되어 피터홀 감옥에서 8년간의 금고 중에 1857년 시베리아 유형지로 옮겨졌으나 1861년 탈출하여 외국을 전전했다. 휴브너는 사형을 선고받았으나 유기로 감형되어 10년을 감옥에서 살았으며, 출소하여 1871년에 드레스덴의 치안을 담당하는 공직자로 일했다. 바그너를 위해 바리케이드를 설치하는 데 도움을 준 쳄퍼는 후환이 두려워 런던으로 일시 도피했다.

주모자급이 붙잡힌 날, 바그너는 뢰켈이 도주하기 위해 대기시켜 놓은 마차에 제때 타지 못하여 체포를 면했다. 아내를 피신시키느라 혁명 지도부와 떨어져 있어 연락이 제대로 닿지 않았던 것이다. 바그너는 이튿날 리스트가 마련한 바이마르의 은신처에 몸을 숨겼다. 그러나 5월 16일 체포 영장이 발부되어 독일 전역에 수배 전단이 나붙자 위조 여권을 이용해 아이제나흐, 바르트부르크를 거쳐 5월 28일 스위스로 망명했다. 드레스덴에서부터 취리히까지는 846킬로미터에 이르는 거리로, 리스트는 바그너가 떠나기 전 그의 손에 두 달 치 생활비를 쥐어 주었다. 리스트는 바이마르에서 드레스덴으로 돌아간 민나에게도 생활비를 주었으며, 후일 그녀가 남편과 재회할 수 있도록 도왔다. 이로써 두 음악가는 지인 사이를 넘어 동지애로 맺어졌으며, 장차 장인과 사위로 만나 운명적인 사이가 된다.

바그너 수배 전단

취리히로 몸을 숨긴 바그너는 뒷일이 궁금하여 한시도 마음이 편치 않았다. 그에게 이곳은 낯선 데다 홀몸이어서 적응하기도 힘들었다. 또 외출할 때면 낯익은 독일인 망명자들이 눈에 띄어 달갑지 않았다. 그는 사흘 뒤 짐을 꾸려 파리로 가는 마차에 몸을 실어 6월 2일 도착했다. 파리는 그를 생활고에 시달리게 한 곳이지만, 그리운 추억을 남긴 곳이자 애환이 서린 곳이기도 했다. 또한 평생의 지기 리스트를 만난 곳이기도 했다. 그런데 그곳에는 부유층이 살고 있는 주택가까지 콜레라가 창궐해 있었다. 그와 안면이 있는 지인들은 현지를 떠났으며, 시신을 나르는 이륜마차가 거리를 오갔다. 그는 그날로 파리 외곽 지역에 한 달 동안 피신한 뒤, 지나온 삶을 되돌아보고 한동안 휴식을 가지라는 리스트의 제안을 받아들여 취리히로 돌아갔다.

바그너는 1849년 7월부터 완전한 사면령을 받은 1862년 3월 28일까지 13년 동안 망명자로 있어야 했다. 만일 그가 체포되었더라면 뢰켈보다 많거나 같은 형기를 채워야 했을 것이며, 그의 오페라는 다른 모습을 했을 것이다. 하긴 그는 『리엔치』의 총보를 채무 불이행자 구금소에서 완성한 적이 있다. 그렇더라도 『트리스탄과 이졸데』는 작곡할 기회가 없었을 것이고, 『니벨룽의 반지』는 대하 악극으로 작곡되기 힘들었을 것이다. 바이로이트 축제극장 역시 건설되지 못했을 확률이 높다. 그 점에서 그는 불운을 자초한 자이면서 그 굴레를 피해 간 행운아다.

제11장   망명으로 시작한 제2의 창작 여정

취리히를 아세요? 저는 여기서 제 모든 걸 쏟아부어야겠어요.

— 바그너가 리스트에게 보낸 편지에서

저는 아름다운 꿈을 꾸기 위해 사랑의 기념비를 세워 보고 싶소.
저는 『트리스탄과 이졸데』를 구상하고 있는데, 이는 단순하지만 활력에 넘치는
음악적 발상이지요.
저는 마지막에 나부끼는 '검은 깃발'로 제 몸을 덮고 싶소.
그러고는 죽음을 맞고 싶소.

— 바그너가 리스트에게 보낸 편지에서

작가로서의 바그너

바그너는 여러 번 위기를 맞았으나, 그때마다 고비를 넘겼다. 그에게 위기는 삶을 바람직하게 바꾸는 계기였다. 그것은 리가에서 파리로 도피하는 동안 겪은 극적인 모험이었으며, 파리에서 경험한 궁핍이었고, 드레스덴 봉기 때 시도한 혁명운동과 그에 뒤이은 망명이었다. 모두 자신이 자초한 위기였지만, 첫 시련은 『방황하는 네덜란드인』으로 결실되었고, 두 번째 시련은 독창적인 오페라를 작곡하는 밑거름이 되었으며, 세 번째 시련은 중요한 산문을 낳은 배경이자 바이로이트로 가는 관문이 되었다. 그 가운데 세 번째 시련은 그의 생애에서 정점을 이룬 시기였고, 예술적으로도 생산적인 시기였다. 이를 가능하게 한 것은 불굴의 의지와 강인한 체력이었다. 이제 그는 세 번째 위기를 발판 삼아 새로운 지적 모험을 시작할 참이었다.

바그너가 리스트의 제안을 받아들여 파리에서 취리히로 돌아온 때는 1849년 7월 초였다. 리스트는 그와 헤어질 때부터 소중히 보관한 오페라 총보들을 돌려주면서 그중에 『로엔그린』이 가장 좋았다고 말했다. 총보는 바그너가 망명할 당시 리스트에게 맡긴 것으로 자신에게는 소중한 재산이었다. 그가 파리로 떠날 때는 스위스가 귀양지처럼 여겨졌다. 하지만 취리히에 다시 발을 들여놓고 보니 돌아오기를 잘했다는 생각이 들었다. 스위스는 정치적 망명자의 피난처였으며, 풍광이 수려한 휴양지였다. 그에게 취리히는 드레스덴에서 실패한 정치혁명 대신 장차 음악의 혁명을 이룰 곳이고, 철학과 종교에 대한 학습에 몰두할 곳이며, 『트리스탄과 이졸데』의 사랑을 현실에서 재현할 곳이었다.

그는 그해 여름, 두 편의 중요한 산문 《예술과 혁명》과 《미래의 예술작품》을 집필하는 데 열중했다. 앞의 것은 뒤의 논설과 2년 뒤에 발표할 《오페라와 드라마》의 서론과 같은 글로, 오페라를 개혁해야 한다는 주장을 펼친 저술이다. 또한 이 글은 21년 뒤 니체가 《비극의 탄생》을 쓰는 데 영감을 주었다.[1] 바그너는 《예술과 혁명》에서 예술의 혁명은 그 전에 사회와 정치의 혁명이 선행되어야 하므로 예술은 그 전위대가 되어야 한다고 했다. 따라서 그의 오페라는 본질적으로 혁신을 지향한다. 또 그는 유흥에 봉사할 뿐인 19세기의 무대예술은 고대 그리스의 비극을 근대에 재현함으로써 격조 높은 예술로 거듭날 수 있다고 주장했다. 그것이 종합예술작품Gesamtkunstwerk으로, 그는 여기서 이 용어를 처음으로 사용했다.

종합예술작품론은 새로운 개념이 아니었다. 그것은 고대 유럽의 문

1. Nicholas Vazsonyi(ed.), *The Cambridge WAGNER Encyclopedia*, p.236.

화유산을 18세기 독일 예술에 되살리고자 한 미술사학자 요한 빙켈만의 주장을 일련의 작가와 철학자, 괴테·실러·E. T. A. 호프만·레싱 Gotthold Ephraim Lessing·노발리스Novalis(본명: Friedrich von Hardenberg)·셸링Friedrich Wilhelm Schelling이 자신들의 작품에 적용하고자 한 이론 틀이다. 하지만 누구도 바그너처럼 체계적이고 독립적인 예술 형태인 악극으로 발전시키지는 못했고, 바이로이트 극장을 건설하여 고대 연극의 연출 무대와 관람 환경을 재현하지도 않았다. 그 점에서 그의 종합예술론은 그만의 독보적 업적으로 보아도 무방하다.

바그너는 《미래의 예술작품》의 부제를 '포이어바흐에게 바침'으로 붙였으며, 총 135쪽 다섯 개 장으로 구성했다. 그는 가장 중요한 두 번째 장에서 예술의 세 자매인 음악, 무용, 시는 하나의 예술로 통합될 수 있다고 했다. 즉 무용은 음악과 리듬으로 연결되며, 시는 음악과 목소리 또는 언어로 연결되는데, 세 자매는 예술의 새로운 대양에서 미술, 조각, 건축 등 예술을 끌어들여 놀라운 시각예술(악극)로 거듭난다고 했다. 그러면서 베토벤이 마지막 교향곡에서 이룬 성취로 절대음악(기악 음악)의 수명은 다했다고 보았다. 또 그는 제2장의 결론에서 남성은 여성을 만나 자녀를 낳는 것처럼 예술은 각 장르가 서로 사랑하듯 결합함으로써 '완전한 예술'이 된다고 했다. 바그너는 마지막 장(제5장)에서 "미래의 예술가는 누가 될 것인가"라고 반문하면서 "그는 예술가들을 통합하는 자일 것이며, 궁극적으로는 국민이다"라고 했다. 그러고는 국민을 상징하는 인물로 자신이 작곡하기로 한 오페라의 주인공 '대장장이 빌란트Wieland der Schmied'를 내세웠다.[2] 그의 논리는 명

---

2. Nicholas Vazsonyi(ed.), *The Cambridge WAGNER Encyclopedia*, p.239.

쾌하지만, 발상은 다분히 전체주의적이다. 여기서 그가 말하는 국민은 마르크스 유의 프롤레타리아도 아니고, 전제군주나 자본가에게 대안 없이 대항하는 얼치기 군중도 아니었다. 그들은 독일 정신을 가진 평균적인 교양인이면서 나폴레옹 전쟁의 시련을 민족주의로 극복하고자 한 시민이었다.

《오페라와 드라마》는 380쪽에 달하며, 그가 쓴 모든 저작 중에 가장 길다. 그는 이 작품을 1850년 10월에 집필하기 시작하여 1851년 1월에 탈고했으며, 3부 중 가장 두꺼운 제1부 '오페라와 음악의 본질 Die Oper und das Wesen der Musik'은 완성 후 인쇄하여 친구 테오도어 울리히에게 보내 주었다. 제2부는 '연극과 극시의 본질Das Schauspiel und das Wesen der dramatischen Dichtkunst'이고, 제3부는 '미래의 드라마에 있어서 시와 음조Dichtkunst und Tonkunst im Drama der Zukunft'로, 그는 앞서 집필한 두 저작에 이어 이 작품을 탈고함으로써 바그너 음악의 이론서 3부작을 완성했다. 따라서 이 저서는 자기 음악의 원리를 집대성한 바이블이고, 자신의 창작 지침을 담은 음악 철학서. 또한 이 저서는 1년 전부터 자신의 머릿속에 싹튼 니벨룽 신화와 지그프리트의 영웅담을 전개할 음악적 기초 작업인 동시에 음악언어를 체계화하는 작업이었다.

바그너는 《오페라와 드라마》에서 종합예술론과 유도동기, 두운법 등의 예를 제시하고, 악극의 존재 이유를 밝힘으로써 장차 독일 오페라가 흥미 본위의 프랑스 오페라와 선율 위주의 이탈리아 오페라를 평정하기 바랐다. 그는 훌륭한 예술적 아이디어는 결정적인 예술 행위를 낳는데, 그것을 가능하게 하는 보고 가운데 으뜸이 베토벤 음악과 그리스 신화라고 했다. 또 그는 진정한 오페라 작곡가는 언어의 음악적 기능과 음악의 시적 기능을 아우른 자이며, 진정한 오페라는 여성으로서의 음악과 남성으로서의 시를 결합함으로써 전통 오페라를 개혁한 악극이라고 했다.

그는 1849년부터 1852년까지 위의 3부작 외에 악명 높은 《음악에서의 유대주의》를 비롯해 그리스의 청명한 기후가 신화와 연극의 번성에 영향을 끼쳤다고 본 〈예술과 기후Kunst und Klima〉, 〈취리히에 있는 극장Ein Theater in Zürich〉, 〈괴테 재단과 관련하여 프란츠 리스트에게 보낸 서신Über die Goethestiftung, Brief an Franz Liszt〉, 〈스폰티니 추도Nachruf an Spontini〉 등을 집필했다. 그가 이처럼 다양한 주제의 글을 다작할 수 있었던 데는 글 쓰는 재능을 타고난 외에, 많은 지적 정보를 습득한 데 따른 생각을 표현하고 싶었기 때문이다. 또한 그는 논쟁적인 이슈를 토론하기 즐기는 논객이었고, 글 쓰는 습관이 몸에 밴 까닭에 친지들에게 편지를 쓰는 데도 적극적이었다.

바그너의 생애에서 음악을 떼어 낸다면, 그는 한 사람의 완벽한 작가다. 그는 21세 때 에세이를 쓰기 시작해 70세 때 에세이를 쓰던 중에 임종했다. 그가 죽기 전에 작업한 것은 작곡이 아니라 집필이었다. 집필은 그가 작곡 활동 중에 여가 삼아 한 일이 아니라 음악 이상으로 중시한 일이었다. 그는 작곡가와 작가의 능력을 아울러 갖춘 예술가이면서 글을 곡처럼 쓰고 곡을 글처럼 짓는 통합형 작가이자 입체형 작곡가였다.

1851년에 발표한 〈내 친구에게 전함〉에서 "나는 아이디어로 고통받는 두뇌의 메시지를 실생활에서 이해할 수 있는 방식으로 말하기 위해 치열하게 쓰고자 한다"[3]고 적었듯이, 그에게 에세이는 메시지이며,

---

3. Thomas S. Grey(ed.), *The Cambridge Companion to WAGNER*(Cambridge University press, 2008), p.179.

자신의 천재를 표현한 매체인 점에서 음악과 다르지 않다. 그는 취리히에서 생활한 9년 가운데 6년을 작곡보다 집필에 치중했다. 그리하여 270편에 달하는 길고 짧은 글 중 가장 중요한 글들이 이 시기에 나왔다. 망명 시절에 쓴 산문 작품은 그에게 정신적 카타르시스를 제공했다.[4]

그는 자신이 쓴 글을 신문과 기관지에 게재하거나 소책자 또는 단행본으로 출판했다. 이 글들은 1871년에서 1883년 동안 단일 출판사가 선집 형태로 10권으로 출간했으며, 4년 뒤 제2판(1887년과 1888년 출판, 1976년 재인쇄)이 나왔다. 또한 1911년과 1916년에 걸쳐 한스 폰 볼초겐이 제2판에 6권을 추가하여 《리하르트 바그너의 산문과 시 전집(대중판)Sämtliche Schriften und Dichtungen von Richard Wagner(Volks-Ausgabe Vol.16)》이란 제목을 붙여 다시 출간했다.[5] 이 전집은 논설 · 에세이 · 제안 · 비평 · 시 · 소설 · 회고문 등과 산문 초고 · 대본 등으로 구성되어 있으나, 자신의 서신과 일기 · 코지마의 일기 · 개인 기록 · 자서전 초고 · 자서전 등을 망라한 것은 아니어서 실제 그의 문집은 스무 권이 넘는다.

다시 찾은 파리

바그너와 민나는 1849년 9월 말 취리히에서 재회했다. 그녀는 그동안 마음고생을 한 탓인지 눈에 띄게 얼굴 주름이 늘었다. 게다가 이제는 아름다운 윤곽선마저 꽤 흐려져, 그는 자기 앞에 마주 선 여인이 어떠한 대가를 치르더라도 아내로 맞고 싶었던 여배우인가 싶었다. 지금 아내는 심신이 지친 상태였고, 남편은 장래를 기약할 수 없는 신분이었다.

---

4. Ernest Newman, *The Life of Richard Wagner vol.2*, p.131.
5. Barry Millington(ed.), *The Wagner Conpendium*, p.195.

그가 망명자로서 느끼는 박탈감과 외로움은 예상했던 것 이상으로 컸다. 그래도 그는 집필과 독서로 상심한 마음을 조금은 달랠 수 있었다. 반면 아내는 급히 임대한 작고 좁은 집에서 뜨개질로 시름을 달래는 외에는 달리 할 일이 없었다. 그럴 때 부부의 근심을 잊게 해 준 것은 개 펩스Peps(스패니엘종)와 앵무새 파포Papo였다. 자녀가 없는 부부에게 반려동물은 가족의 소중한 일원으로, 펩스는 민나의 분신이나 다름없었고, 파포는 자주 바그너의 이름을 불러 그의 시름을 달래 주었다.

생활도 점차 어려워졌다. 민나가 드레스덴에서 가사를 정리하고 가져온 돈은 보잘것없는 액수여서 11월이 되자 그들은 끼니를 걱정해야 할 지경이었다. 게다가 민나는 한동안 어머니 댁에 보냈던 딸 나탈리에를 대동했기에 생활비도 많이 들었다. 마침 그 무렵 드레스덴에서 궁정 악장으로 있을 때 사귄 카를 리터의 어머니 율리에 리터 부인이 그에게 소액의 돈을 보내 주었다. 한편 바그너의 생계가 걱정된 리스트는 그에게 대중적인 노래곡을 짓든가, 바이런의 장시《천국과 지상Heaven and Earth》을 오라토리오로 만들든가, 글루크의 오페라를 새롭게 편곡하여 수입을 얻도록 조언하는 편지를 보냈다. 그의 배려는 고마웠으나 바그너는 그의 제안을 무시했다. 민나는 취리히에 오면서 가져온 남편의 대본 카피를 팔거나 브로크하우스 출판사가 펴낸 귀중한 서책을 남편 몰래 전당포에 맡기고 1,500마르크를 빌리는 등으로 모자라는 생활비를 벌충했다. 참고로 그 책들은 이후 다시 볼 수 없었으나, 1974년 바이로이트에 있는 바그너 재단에 기증되었다.

그는 그해 여름부터 글쓰기에 파묻혀 지냈다. 그에게 집필은 작곡만큼이나 중요한 일이었으나, 크게 보면 집필은 작곡을 위한 수단이기도 해서 한시도 음악을 잊고 지낸 적이 없었다. 그는 12월 중에 산문 두

편을 탈고한 다음, 오페라를 작곡하기로 하고 대본의 안내도로 쓰일 초고를 써 내려갔다. 그것은 8월에 구상한 '대장장이 빌란트'로, 영웅의 이미지와 활약상을 담게 될 전례 없는 소재였다. 내용을 간추리면 빌란트는 대장장이 겸 예술가로, 왕에게 바칠 칼을 단련할 때까지 도망가지 못하도록 불구가 된 몸이다. 그에게는 백조 아내가 있다. 그는 칼 대신 날개를 만들어 압제자를 죽인 다음 탈출하여 아내와 재회한다. 여기서 왕은 자유를 속박하는 권력자나 제도이며, 백조 아내는 이상이고, 빌란트는 넓게는 폭군을 굴복시키고 자유를 되찾는 국민이며, 좁게는 시련을 딛고 목적한 바를 성취하는 바그너 자신이다.

민나는 오페라를 구상하고 있다는 남편의 말을 듣고, 부디 흥행에 성공할 오페라를 만들어 자신을 기쁘게 해 주길 바란다면서 그를 격려했다. 더욱 좋은 일은 1850년 1월 15일 바그너가 취리히 극장에서 베토벤의 『7번 교향곡』을 지휘하여 스위스에서 입지를 다진 점이다. 연주는 성황리에 끝났고, 관객은 그의 곡 해석에 경탄했다. 그는 리스트에게 자신의 포부를 밝힌 편지를 부쳤으며, 리스트는 바그너에게 파리에서 운을 시험해 보라는 내용의 답장을 보냈다. 며칠 뒤 그는 취리히를 방문한 리스트로부터 지원금 500프랑을 받아 들고 1850년 1월 29일 파리로 향했다. 그리고 다음 날 프로방스가에 있는 한 칸짜리 아파트 4층에 숙소를 정했다.

파리는 바그너가 기대했던 도시가 아니었다. 거리는 여전히 누추했고, 시민들의 표정은 어두워 보였다. 그는 이곳이 2년 동안 유럽을 휩쓴 혁명의 진원지인지 의아스러웠다. 파리는 1848년 2월 혁명으로 왕정이 무너지고 루이 나폴레옹에 의해 공화정이 수립된 나라의 수도였다. 하지만 새로 선출된 지도자는 시대의 요구에 부응하지 못하는 자로 여겨진다. 그는 다음 해 12월 쿠데타를 일으켜 공화정을 무력화하고, 1852년 12월 2일 황제(나폴레옹 3세)로 즉위하기 때문이다.

오페라를 관람하는 파리 관객의 취향도 혁명 전과 다르지 않았다. 극장에서 상영하는 오페라는 아직도 마이어베어가 대세였고, 그 뒤를 이어 알레비와 로시니, 도니체티와 벨리니가 인기를 누렸다. 그 밖에 오베르와 스폰티니, 케루비니가 무대에 올랐으나, 모차르트나 글루크는 그만 못한 대접을 받았다. 유럽에서 선풍적인 주목을 받았던 베를리오즈조차 외면받고 있었다.

베를리오즈의 음악은 마이어베어의 것보다 예술성은 깊지만, 관객의 기호를 간파하는 재능은 모자랐다. 역으로 마이어베어는 베를리오즈의 천재성에는 미치지 못하지만, 관객이 좋아할 음악을 만드는 재능은 뛰어났다. 바그너는 관객의 취향을 꿰뚫어 보았으나 그들에 영합하기는 싫었다. 여전히 돈이 궁했던 그는 많이 벌어 풍족한 생활을 하고 싶었으나 음악을 개혁하고자 하는 뜻을 굽히기는 싫었다. 사실 바그너는 마이어베어처럼 재능이 모자라거나 베를리오즈처럼 천재성이 모자라는 게 아니었다. 단지 흥행성을 위해 예술성을 거스르고 싶지 않았던 것이다. 그럼에도 두 작곡가 중 하나를 택하라면 그는 베를리오즈 쪽이었다.

바그너는 베를리오즈의 음악이 흥행하는 시대가 오기를 바라기보다 관객의 취향을 바꿀 음악을 만들고 싶었다. 그런 음악이 장래에도 외면받지 않으리라고 보았다. 이러한 그의 뜻은 한 해 전에 집필한《미래의 예술작품》과 다음 해에 집필할《오페라와 드라마》에서 여실히 드러난다. 바그너에게 베를리오즈는 아이디어를 준 작곡가였으나 닮고 싶은 인물은 아니었으며, 마이어베어는 한때 닮고 싶은 작곡가였으나 지금은 배우고 싶지도, 닮고 싶지도 않은 작곡가였다. 전자는 음악의 혁신을 이룬 상태에 머물러 있고, 후자는 아직도 상투적인 양식에 머물러 있기 때문이었다. 또 한 사람, 리스트는 배우고 싶고 닮고 싶었으나 모델로 삼고 싶지는 않았다. 그는 혁신을 지속하고 있었지만 큰 발전은 없었다.

생각이 여기에 미치자 바그너는 자신이 그들을 능가할 수 있을지 의구심이 들었다. 그는 자기 능력을 의심하지는 않았으나 지금 계획 중인 작품을 확신할 수는 없었다. 어쩌면 그는 자신을 과대평가하는지도 몰랐다. 앞의 세 작곡가에 비하면 그는 검증되지도, 완성되지도 않은 단지 전도가 유망한 작곡가에 지나지 않았기 때문이다. 스스로 무한한 가능성과 대단한 야심을 가졌다고 생각하면서 감히 자신을 그들에 비교하는 만용을 부린 것이다. 그가 파리에서의 공연을 전제로 집필 중인 '대장장이 빌란트'는 갈수록 미덥지 않았다. 그럼에도 그 초안은 신화적 서사를 빌린 것 외에, 음악을 개혁하고자 하는 자신과 자유를 쟁취하고자 하는 주인공을 중첩시킨 극작술로 인하여 의미가 깊다. 다만 보편적이지 않은 내용에 시대를 앞선 음악으로 꾸며질 터여서 파리 시민의 구미에 맞을지는 자신할 수 없었다. 마음을 정한 바그너는 그해 3월이 지나도록 대본 초고를 다듬는 일에 매달렸다. 작품은 파리에서 공연할 것이므로, 그 전에 완성 대본을 프랑스어로 번역하는 과정도 남겨두고 있었다.

그해 3월, 바그너에게 시름을 잊게 하는 일이 생겼다. 자신의 음악 팬으로 자청한 부호 제시 로소와 그녀의 남편 외젠 로소가 그를 보르도에 있는 저택으로 초청한 것이다. 열여섯 살 때인 1845년(10월 19일) 드레스덴에서 『탄호이저』 공연을 본 제시는 바그너를 우상으로 여기고 있었는데, 그로부터 5년 뒤 어엿한 부호의 아내가 되어 그를 손님으로 맞이하게 되었다. 외젠 로소는 포도주를 생산하고 판매하는 큰 상인으로, 바그너를 초대한 3월 15일에는 제시를 그에게 소개한 율리에 리터 부인도 자리를 함께했다. 바그너는 제시가 자신과 대화할 때 독일어를 사용하는 것이 고마웠다. 그는 프랑스어를 읽고 해석하는 것은 잘해도 아직은 대화가 서툰 편이었다.

　바그너에게 보르도는 포도주의 명산지만이 아니었다. 그곳은 온갖 근심을 잊게 하는 지상 낙원이었고, 제시는 꿈에 그리던 뮤즈였다. 그녀의 남편은 첫날부터 바그너에게 의혹의 눈길을 주었고 아내에게 질투의 눈길을 거두지 않았지만, 두 사람에게 그는 안중에 없었다. 바그너의 언변과 풍모는 제시를 사로잡았고, 제시의 미모와 음악에 관한 교양은 바그너를 사로잡았다. 그녀는 민나가 갖지 못한 젊음 외에 민나에게 부족한 지성까지 갖추고 있었다. 바그너는 율리에 리터 부인과 제시가 지원하기로 약속한 3,000프랑의 연금에 넋이 나갈 만큼 기뻤으나, 그것조차 제시를 갖고 싶은 욕심과 바꾸기는 싫었다. 제시는 부호와 결혼하기 전부터 부유했다. 스코틀랜드 태생인 그녀의 어머니가 남편의 유산을 물려받은 재산가여서 제시는 어려서부터 유복하게 자랐다. 바그너는 이참에 아내를 지성이 넘치는 젊은 여성으로 바꾸고, 제시는 자기 남편을 천재로 바꾸고 싶었다. 특히 그의 구미를 당긴 것은 그녀와 결합하게 되면 더 이상 돈에 구애받을 필요가 없다는 점이었다. 그는 4월 16일 아내에게 이별을 통고하는 편지를 보냈다.

사랑하는 민나! 나는 신선한 등산가의 세계에서 드높은 축복을 원하노니… 안녕히! 안녕히! 나의 아내여! 나의 오래되고 불운한 동반자여! 오, 만일 당신이 나의 진정 어린 마음과 더불어 기쁨을 나눈다면, 온갖 결핍에도 불구하고 당신은 행복할 테지요. 나는 이러한 방식으로 당신에게 보답하고 싶지는 않군요. 내가 당신과 헤어짐으로써 당신의 삶과 화해한다면, 평화와 안락을 가져다준다면, 안녕히! 안녕히! 나는 2주 동안 참담한 이별을 되씹으며 천 번의 쓰디쓴 눈물을 흘렸다오. 그러나 나는 그래야만 하오. 수없는 망설임은 당신과 나의 치명적인 나약함일 따름이오. 안녕히! 안녕히! 나의 착한 민나! 안녕히! 오로지 우리가 함께 보낸 지극히 행복했던 시간을 떠올리면서, 당신이 행복해질 것을 내 기억 속에 넣어 두면서, 단지 나는 이별 후에 맛볼 당신에 대한 그리움과 사랑만을 생각할 것이오. 안녕히! 부디 안녕히! 마지막으로 당신에게 뜨거운 키스를 보냅니다.[6]

위선과 가식으로 가득한 편지다. 남편의 성공을 기원하며 취리히에서 홀로 집을 지키던 민나는 기쁜 마음으로 이 편지를 열어 보았을 것이다. 제시와 바그너는 당분간 그리스나 터키 지역으로 몸을 숨긴 뒤 상대 배우자의 분노가 진정되면 합의 이혼 후 결혼하기로 했다. 그는 두 사람이 오랫동안 외지에 은거해 있으면 상대방은 지쳐서 수배를 포기하고 이혼 제의에 합의할 터이고, 그러면 불법적인 동거에서 합법적인 부부의 지위를 회복할 수 있을 것으로 보았다. 상황은 다소 다르지만, 그는 이후에 이런 시나리오를 통해 코지마를 아내로 취하는 데 성공하게 된다. 그러나 이때는 외젠 로소가 바그너를 찾아와 권총으로 위협하고, 제시 로소가 겁을 먹어 도주 계획은 이루어지지 못했다. 바그너는 하도 아쉬운 마음에 6월 27일 율리에 리터 부인에게 "민나와 저는 오랫동안 서로 고통을 주고받는 천 개의 사슬로 묶여 있습니다"라는 요지의 편지를 보냈다. 뻔뻔한 남편이고, 용서하기 어려운 사내다.

6. Derek Watson, *Richard Wagner, A Biography*, p.113.

바그너는 실연에 크게 낙담한 탓인지 다음 오페라에 대한 자신감도 잃었다. '대장장이 빌란트'의 대본은 초고 상태에서 책상 서랍에 묻혔다. 결국 그는 이루어지면 대단히 좋았을 자기 오페라에 대한 희망적인 전망도 못 보고, 이루어지면 대단히 안 좋았을 불륜도 성사시키지 못한 채 7월 3일 취리히로 돌아갔다. 파리는 이번에도 그에게 좌절을 안긴 셈이지만, 그는 그로부터 11년 뒤 겪어야 할 파리 오페라극장에서의 모욕[7]은 생각지도 못했을 것이다.

망명 생활의 여유와 반지 4부작 계획

민나는 남편이 취리히로 돌아온다는 편지를 받고 그동안의 서운한 마음을 모두 잊기로 했다. 그녀는 바그너를 만나던 1850년 7월 3일, 얼굴을 붉히기는커녕 그에게 새로 입주해서 살게 될 집을 보고 왔다며 자랑까지 했다. 집은 시내에서 도보로 15분 거리의 슈테르넨가에 있었다. 전망은 호수를 굽어볼 수 있어 좋았고, 뒤뜰이 있으며 임대료도 적당했다. 부부는 집주인과 계약한 뒤 바그너를 친형처럼 따르는 카를 리터에게 2층을 내주어 그를 하숙생으로 들였다.

당시 취리히는 인구 3만 3000명의 작은 도시로, 망명자의 은거지인 까닭에 급진적인 사상을 가진 문인들과 학자들이 많이 거주했다. 바그너가 이곳에서 가장 먼저 사귄 친구는 시인 게오르크 헤르베그Georg Herwegh(1817~1875)였다. 그는 1848년 바덴에서 봉기를 일으켜 취리히로 망명한 전력이 있으며, 낭랑한 고음으로 정치적 소견을 말하는 솜씨가 뛰어나 하이네는 그를 '혁명의 강철 종달새'로 불렀다. 또 그는

7. 1861년 3월 13일 파리 오페라극장에서 소위 조키 클럽(경마 클럽)의 멤버들이 『탄호이저』를 관람하던 중에 소란을 벌여 공연을 망친 일을 말한다.

1854년 10월, 바그너에게 쇼펜하우어의 저서 《의지와 표상으로서의 세계Die Welt als Wille und Vorstellung》를 읽도록 권한 친구였다.

그 무렵 한적한 환경에서 에세이를 쓰던 바그너의 외로움을 달래 준 벗은 반려견 펩스와 앵무새 파포였다. 펩스는 바그너가 글을 쓸 때면 그를 지켜 주려는 듯 꼼짝도 않고 그의 뒤에 앉아 있었으며, 파포는 이따금 "리하르트!" 하고 이름을 불러 그를 즐겁게 했다. 수컷 앵무새인 파포의 재능은 놀라웠다. 파포는 『리엔치』의 한 가락을 곧잘 노래하여 가정에 활기를 불어넣었고, 부부가 말다툼을 할 때면 "나쁜 사람! 불쌍한 민나!" 하고 꾸짖어 그들을 머쓱하게 만들었다. 또 자주 방문하는 사람이 서로 호명하는 것을 기억해 두었다가, 그가 다시 올 때면 이름을 불러 주었다(파포는 1851년 2월에 죽었다).[8]

바그너는 다음 해(1851) 9월 중순, 에세르호이저의 한 주택으로 이사할 때까지 '빌라 리엔치'로 명명한 이 집에서 《오페라와 드라마》를 비롯한 주요 에세이를 썼다. 그에게 취리히는 에세이 창작을 위한 도시였고, 영감을 떠올리기 위한 장소이며, 자신의 음악에 지대한 영향을 끼친 마틸데 베젠동크와 만나게 될 뮤즈의 처소였다.

바그너는 1850년 8월 초, 리스트로부터 바이마르 대공 궁정극장에서 8월 28일 자기 손으로 직접 『로엔그린』을 지휘하게 되었다는 소식을 듣고 뛸 듯이 기뻤다. 바그너는 이런 기회를 간절히 원했다. 그의 음악에 감동한 리스트가 주선한 일이지만, 드디어 날짜까지 잡혔다니 좀처럼 믿기지 않았다. 다만 백조 기사(로엔그린)의 대사 부분을 삭제한다는 리스트의 언질이 마음에 걸렸으나, 망명 중인 그로서는 이를

8. Ernest Newman, *The Life of Richard Wagner vol.2*, p.229.

아쉬워하고 말고 할 처지가 아니었다.

리스트는 그 무렵 연습에 몰두해 있었다. 하지만 극장의 시설 규모와 공연 여건이 불만이었다. 그는 『로엔그린』과 같은 작품을 제대로 공연하려면 극장의 설비와 관현악단의 수준이 드레스덴이나 베를린에 있는 극장 정도는 되어야 한다고 보았다. 실제로 『로엔그린』을 연출하기 위한 지출 예산은 2,000탈러를 넘었으니, 해당 극장으로서는 전례가 없는 일이었다. 바그너 역시 염려가 되었는지 카를 리터를 현지에 보내 전말을 알려 달라고 했는데, 다행히 『로엔그린』의 공연은 성공적이었다는 말을 들을 수 있었다. 리스트는 극장 측이 지출할 수 있는 예산 범위에서 역량껏 공연했다. 바그너는 리스트의 헌신적인 노력에 고마움을 느껴 다음 해에 출간한 『로엔그린』의 총보 서문에 헌사를 바쳤다.

친애하는 리스트! 침묵의 오선지를 찬란한 소리로 살려 낸 분은 당신이었습니다. 당신은 어디에도 비길 데 없는 사랑을 저에게 보여 주셨습니다. 그 사랑이 없었더라면 제 음악 또한 침묵 속에, 저조차 잊은 채로 책상 서랍 안에 잠들어 있었을 겁니다. 실제 연주를 염두에 두며 악상을 꾸준히 오선지에 옮기던 5년 전만 하더라도, 제 심장을 두드리고 상상력에 날개를 달아 준 음악을 지각하도록 만든 사람은 없었습니다. 당신의 친절한 열정에서 비롯한 아름다운 행동은 이윽고 저의 의도를 실제 음악으로 옮길 수 있는 동력이 되었으며, 그 덕분에 여러 동지를 얻을 수 있었습니다.[9]

바그너는 이후에도 리스트에게 편지를 보낼 때면 최상의 예우와 극

---

9. 스티븐 존슨, 이석호 옮김, 《바그너, 그 삶과 음악》(PHONO, 2019) , p.101.

진한 감사를 표했다. 그는 이보다 더 지극한 표현을 마이어베어에게 한 적이 있다. 다른 점이라면 그의 리스트에 대한 감사는 진정에서 우러나온 것인 데 반해 마이어베어에 대한 감사는 타산적이고 가식적인 데서 비롯되었다는 것이다. 바그너가 같은 해에 가명으로 발표한 《음악에서의 유대주의》에서 주 공격 대상을 마이어베어로 정한 저의는 이전부터 품고 있었던 셈이다.

그러고 보면 바그너와 리스트의 관계는 운명적으로 맺어진 것으로 보인다. 리스트는 바그너가 드레스덴 봉기에 실패했을 때 그의 망명을 주선한 은인이었고, 그의 음악 활동을 적극 도운 동료였다. 뿐만 아니라 자신의 딸(코지마)이 그와 결혼함으로써 두 사람은 인척지간이 되었다. 바그너는 리스트보다 두 살 어린 데 불과했다. 하지만 바그너는 상대를 늘 깍듯이 대했으며 스승처럼 여겼다. 실제로 바그너는 베버와 멘델스존의 지휘보다 리스트의 지휘에서 더 많은 것을 배웠다. 물론 바그너는 리스트를 처음부터 가까이하진 않았다. 피아노 연주가 서툴렀던 바그너는 피아노의 황제인 리스트를 시샘했고, 그처럼 대접받는 사람들은 오만하거나 이기적이라고 생각해서 그로 인해 상처받기 싫었기 때문이다. 하지만 바그너는 리스트의 성품이 겸손하고 포용력이 넓은 걸 알고는 진심으로 그를 존경했다. 바그너에게 루트비히 2세가 재정적 수호천사였다면 리스트는 정신적 수호천사였다.

바그너는 1850년 10월 4일 취리히에서 『마탄의 사수』를 시작으로 음악회를 열었다. 연주곡목은 오페라 위주로 선정했는데, 10월 21일 『노르마』를 공연할 때는 바그너의 삶에서 중요한 몫을 차지할 젊은 남녀가 객석에서 구경하고 있었다. 그들은 오토 베젠동크와 마틸데 베젠동크 부부였다. 바그너는 이후 1855년까지 이어지는 연주회에서 오페라를 공연하거나, 베토벤의 교향곡과 「탄호이저 서곡」 등 관현악곡을 선정하여 정기 또는 비정기로 연주했다.

바그너는 망명 생활에 적응하던 1851년 9월 중 취리히 교외에 있는 알비스브룬에서 냉천욕을 한 데 이어 변비 치료도 받았다. 또한 그 기간에 『니벨룽의 반지』를 창작하기 위한 아이디어도 숙성시켰다. 그는 1845년 7월, 프랑스의 휴양지 마리앙바드에서 온천욕을 할 때도 『로엔그린』과 『파르지팔』에 관한 문헌을 접하고 대본을 구상한 적이 있다. 그는 치료와 병행하여 전에는 좀처럼 누리기 힘든 여유도 즐겼는데, 친구 테오도어 울리히에게 보낸 11월 11일 자 편지에 그 무렵의 일상이 담겨 있다.

나의 일과를 말하자면, 첫째, 5시 반에 일어나 7시까지 물수건으로 찜질을 하고, 냉수욕을 한 다음 8시에 마른 빵과 우유로 아침 식사를 한다네. 둘째, 관장을 두 번 하고 산책을 한 뒤 배를 차게 해서 눌러 주지. 셋째, 정오 무렵에 배를 문지른 다음 잠깐 산책하고 나면, 다시 한번 배를 눌러 준 뒤 카를 리터와 격의 없이 지내기 위해 내 방에서 함께 점심을 먹는다네. 그러고는 한 시간가량 산책을 하지. 넷째, 오후 5시경에 또 한 번 복부 마사지를 하고 잠깐 산책을 한 뒤, 다섯째, 25분가량 목욕을 하고 나면 한 시간이 지나가지. 그런 다음 6시경에 산책을 하면 몸이 따뜻해진다네. 이때 복부도 눌러 주지. 7시경에 마른 빵과 우유로 저녁을 먹고, 여섯째, 관장을 두 번 하고 나서 9시까지 카드놀이를 해. 그러고는 다시 한번 배를 문지른 뒤 10시가 되면 잠자리에 든다네.[10]

10. Barry Millington, *The Sorcerer of Bayreuth*, p.79.

이 편지에서 눈에 띄는 것은 변비 치료를 위한 식사라고는 해도 소박한 식사를 한 점이다. 바그너는 호사스러운 생활을 즐겼음에도 미식에 집착하지는 않았다. 술과 담배는 금하지 않았으나 지나치지 않았으며, 음주와 흡연이 건강에 영향을 미쳤다는 증거는 없다.[11] 바그너는 식품을 건강과 연결 짓지도 않았고, 주관을 앞세우지도 않았다. 그는 채식을 고집하지도, 미식을 멀리하지도 않았기 때문이다.

바그너는 1851년 5월 24일 《청년 지그프리트Der Junge Siegfried》의 대본을 탈고한 이래 그해가 지나갈 동안 악상을 다듬는 일에 열중했다. 그동안 작곡을 중단한 채 에세이 집필에 전념했으나, 완성된 원고에 음악을 입히지 않고 묵혀 두기는 싫었던 것이다. 원래 이 극본은 순서상으로 보면, 그가 2년 전에 탈고한 《지그프리트의 죽음》에 앞선 이야기다. 애초에 그는 《지그프리트의 죽음》을 단막 오페라로 만들기로 하고 지난해 8월 총보 작업에 착수했던 것인데, 악상을 악보에 옮기던 중 주인공의 젊은 시절까지 극을 연장시킬 필요를 느낀 것이다. 이른바 한 편의 이야기를 거슬러서 보여 주는 프리시퀄pre-sequel식 진행으로, 6개월 뒤(1851년 11월)에는 그 배경이 되는 『발퀴레』의 대본 초고도 집필하기 시작했다. 물론 그때는 《니벨룽의 노래》를 모델로 하여 연작 악극으로 발전시킨다는 구상은 하기 전이다.

원래 링 사이클은 바그너가 1848년(유럽 혁명의 해) 9월, 북유럽의 신화를 읽고, 그 내용을 이전에 읽은 《니벨룽의 노래》와 비교하면서 이를 소재로 오페라를 만들어야겠다는 생각에서 비롯되었다. 여기에 지그프리트라는 등장인물은 그를 반지 4부작의 창작에 매달리게 한 또 다

11. Nicholas Vazsonyi(ed.), *The Cambridge WAGNER Encyclopedia*, p.185.

른 동력이었다. 니체에 의해 '금발의 야수'로 불린 지그프리트는 바그너에게 독일 민족을 대표하는 영웅이었고, 프리드리히 1세(바르바로사 Barbarossa)를 닮은 인물이었으며, 자신의 대리자아였기 때문이다. 또 그는 바그너가 작품 속에 창조한 자신의 분신(그는 아들의 이름을 지그프리트로 지었다)이었다. 그는 1851년부터 쓰기 시작한 〈내 친구에게 전함〉에서 다음과 같이 적었다.

> 지그프리트의 훌륭한 자태는 오랫동안 나의 관심을 끌었다. 그는 내 앞에서 가장 나중에 자유를 찾는 순수한 인간의 모습으로 나타나면서 나를 진정으로 매혹시켰다. 나는 《니벨룽의 노래》를 통해 지그프리트를 알고 있는 만큼, 그를 영웅으로 만들 수 있는 가능성을 깨달았다. 나 자신은 결코 이겨 낼 수 없는 드라마의 영웅으로.[12]

그의 이러한 생각은 그로부터 1개월 뒤(1848년 10월) 《니벨룽 신화: 드라마 작업을 위한 설계Der Nibelungen Mythus, als Entwurf zu einem Drama》라는 제목을 붙인 짧은 시나리오로 윤곽을 갖추었고, 1848년 11월에는 극시 《지그프리트의 죽음》을 탈고함으로써 단초를 마련했다. 또한 그는 1846년에 쓰다 만 《프리드리히 1세》(신성로마제국의 황제 프리드리히 바르바로사)의 대본과 1849년에 탈고한 에세이 〈비벨룽, 영웅담으로서의 세계사〉를 떠올리면서 신성로마제국 시대의 호엔슈타우펜Hohenstaufen 왕조사(1138~1254)와 니벨룽족 신화 간에 유사성이 있음을 알고 지그프리트의 드라마를 대하극으로 만들 생각을 염두에 두었다. 특히 〈비

---

12. Barry Millington, *The Sorcerer of Bayreuth*, p.88.

벨룽, 영웅담으로서의 세계사〉는 지그프리트와 12세기 신성로마제국의 황제 프리드리히 1세를 비교하고, 니벨룽족과 성배 전설을 연결 지은 것으로 반지 4부작의 근간이 된 에세이다. 따라서 그가 이 대본들을 하나로 아울러 연작으로 확장하고자 마음먹은 것은 완성된 초고를 바탕으로 1851년 10월과 11월에 걸쳐 『라인의 황금』과 『발퀴레』의 대본을 쓰기 시작하면서부터였다.

바그너는 연작 오페라에 대한 구상이 무르익자 『발퀴레』의 무대를 묘사하기 위해 알프스 산지를 둘러보기로 했다. 일정은 1852년 7월 14일에서 8월 10일까지였으며, 동부 루체른 호수 연변에서 남부 베켄리트 연변을 거쳐 해발 2,300미터의 수레넨과 아팅하우젠, 로이스 계곡에 이어 해발 2,500미터가 넘는 샌티스를 등정한 뒤 브루넨까지 보트로 돌아오는 여정이었다. 바그너는 암벽 등반은 그만둘까도 생각했으나, 울리히는 만류하지 않았다. 하지만 함께 간 카를 리터는 겁을 먹어 중도에서 되돌아갔다. 그들은 여행 중에 프리드리히 실러가 쓴 《빌헬름 텔》의 무대를 일일이 돌아보는 열의를 보였으며, 울리히는 여행이 막바지에 이른 8월 초순, 건강을 이유로 드레스덴으로 돌아갔다. 그는 그로부터 6개월 뒤 31세에 결핵으로 목숨을 잃어 두 사람의 만남은 그것이 마지막이었다. 울리히는 바그너가 스위스로 망명한 이후 누구보다 가깝게 지낸 친구였고, 반지 4부작에 관한 조언을 하거나 창작에 필요한 아이디어를 전하는 등 많은 도움을 주었다.

바그너는 울리히와 헤어진 뒤 라인강의 이미지를 구상하기 위해 이탈리아 일대의 호수를 둘러보는 여정을 마저 끝냈다. 그는 두 번째 여행을 통해 반지 4부작의 무대를 머릿속에 그릴 수 있었다. 더불어 「발퀴레의 기마행진」 장면을 작곡하는 의외의 수확을 거두었다. 알프스

「발퀴레의 기마행진」을 풍자한 그림

산행은 반지 4부작의 배경을 떠올리기 위한 사전 답사였고, 창작의 아이디어를 책상이 아닌 현장에서 건져 낸 값진 여행이었다. 그가 알프스 산등성이를 굽어보면서 느낀 숭고한 감정은 해당 작품의 음악을 장중한 분위기로 물들이는 데 큰 영향을 끼쳤다. 그것은 현장에서 목도한 웅장한 광경에 무한한 상상력을 더한 것이었기에 압도적인 대작이 될 수 있었다.

반지 4부작의 진척은 순조로웠다. 하지만 바그너와 마틸데 베젠동크의 사랑이 고비를 맞는 1857년을 기점으로 좌초하고 만다. 바그너가 자신의 사랑 이야기인 『트리스탄과 이졸데』를 완성하기 위해 생애의 과업을 장기간 중단한 것이다. 그는 그만큼 그녀를 뜨겁게 사랑했다. 두 사람의 사랑이 없었다면 이 작품은 다른 얼굴을 했거나 또는 만들어지지 않았을 것이다. 바그너에게 스위스는 자신을 보호한 망명지만은 아니었다. 그곳은 아이디어를 찾는 광맥이었고, 사색의 무대였으며, 뮤즈의 낙원이었다.

스위스의 트리스탄(바그너)과 음악의 뮤즈 이졸데(마틸데)

바그너가 베젠동크 부부를 만난 것은 1852년 2월 17일 자신이 주관한 음악회(취리히 콘서트협회)에서였다. 음악회는 그가 1850년 10월 4일에 개최한 이래 지방(취리히) 관현악단의 연주 기량을 향상시킬 목적으로 1855년까지 지속한 장기 이벤트였다. 그는 한 번의 연주를 위해 몇 번이고 연습을 하는 열의를 보였으며, 현악기 연주자를 보강하는 데 드는 비용을 아끼지 않았다. 또 마틸데 베젠동크가 리허설 현장에 들러 질문을 할 때면 정성껏 설명해 주었다. 그녀는 바그너의 열의에 감복하여 음악 애호가인 남편 오토 베젠동크와 상의해 1853년 5월에 '바그너축제'를 열도록 거금을 쾌척했다. 그 무렵 스위스에서 바그너의 명성은 자자했고, 사람들의 입에 "바그너는 뛰어난 작곡가일 뿐만 아니라 뛰어난 지휘자"라는 말이 자주 오르내렸다.

오토 베젠동크Otto Wesendonck (1815~1896)는 1833년 비단 제조와 판매업을 겸하는 아버지를 따라 뉴욕에서 교육을 받고 1850년 가을 취리히에 돌아와 가족의 유업을 이었다. 그는 1847년 마틸

오토 베젠동크

데 에크하르트와 결혼했으나 신혼 중에 아내가 사망하는 불행을 겪었으며, 다음 해 아그네스 루케마이어Agnes Luckemeyer(1828~1902)와 재혼했다. 그는 두 번째 아내로 맞은 그녀에게 요절한 누나(마틸데 베젠동크)와 첫 아내(마틸데 에크하르트)의 이름, 마틸데를 갖도록 하여 아그네스 루케마이어는 마틸데 베젠동크가 되었다. 오토는 부호일 뿐 아니라 예술과 문학에 조예가 깊었으며, 마틸데 역시 예술에 교양이 깊은 시인이었다. 그들이 음악회에 참석함으로써 바그너와 인연을 맺게 된 것은 당연한 일이었다.

바그너는 마틸데를 처음 본 순간 매혹되었다. 그녀는 자신이 말한 대로 "취리히 제일의 미인"이었고, 그와 지적인 대화를 나눌 수 있는 여성이었다. 그녀는 발랄하고 애교가 넘치는 제시 로소와 달리 조용하고 다소곳한 품성을 지녔다. 사진으로 보는 그녀의 생김새는 단아한 미모이고, 표정에는 우아한 기품이 서려 있어 신비감마저 느껴진다. 그는 귀부인을 대하는 기사의 심정으로 마틸데에게 사랑을 털어놓았으며, 그녀는 그의 사랑을 은근히 받아들였다. 그들이 사랑하는 모습은 그와 제시 로소 그리고 쥐디트 고티에의 경우와 달랐다. 그것은 뜨겁지만 가볍지 않았고, 따뜻하지만 심각한 편으로, 타오를 듯 타오르지 않는 것이었다.

마틸데는 문학과 예술에 조예가 깊었으며, 시인이었다. 하지만 바그너의 지성에 압도되어 자신은 "아무것도 씌어 있지 않은 종이와 같은 존재"라고 말했다. 바그너는 그 말을 듣자 마틸데를 창작의 뮤즈로 삼고 싶었을 것이다. 따라서 애초에 두 사람의 교제는 스승과 제자 사이로 시작되었다고 보는 편이 옳다. 바그너는 자신에게 호감을 보이는 여성이라면 당돌하리만큼 정욕의 손길을 뻗었다. 그런 그가 이처럼 신중한 태도를 보인 점은 그녀에게는 함부로 대하지 못할 위엄이 있었기 때문일까. 한번쯤은 플라토닉한 관계를 유지하고 싶었기 때문일까. 두 사람 사이에 정사를 암시하는 모든 증거는 미궁으로 남아 있다.[13]

바그너와 마틸데는 자신들의 사랑이 무르익어 가던 1853년부터 자주 만났다. 바그너는 베젠동크 부부의 거처인 보로락 호텔을 자주 찾았고, 마틸데는 바그너가 거주하는 젤트베크가 13번지 아파트(3층 왼쪽에서 여덟 번째)를 자주 찾았다. 그들의 만남은 공식적인 것이었고, 두 사람은 함께 나눈 대화를 통해 짜릿한 영적 사랑을 교감했다. 그는 그동안에도 음악회의 지휘와 반지 4부작의 창작을 게을리하지 않았다. 그는 『니벨룽의 반지』 대본 50부를 인쇄하여 1853년 2월 16일에서 19일까지 보로락 호텔에서 낭독회를 가졌다. 낭독회에 참석한 이들은 여류소설가 엘리자 빌레Eliza Wille(1809~1893), 도서 서기관 야코프 줄처Jacob Sulzer, 시인 게오르크 헤르베그, 건축가 고트프리트 젬퍼 등이다.

그해 5월, 바그너는 오토 베젠동크의 후원으로 바그너 축제를 열었다. 그는 연주의 질을 높이기 위해 독일 연주자들을 초청했으며, 3일 동안 120여 명의 합창단과 함께 『로엔그린』을 공연했다. 취리히에서는 전례 없는 공연으로, 관객은 한 차례 공연이 끝날 때마다 30분 넘게 박수와 환호를 보냈다. 연주회는 성황리에 끝났다. 객석에 있는 마틸데에게 그는 화려한 날개를 퍼덕이는 공작새이자, 지휘봉을 든 무대 위의 영웅이었다. 그녀는 바그너에게 완전히 사로잡혔다. 하지만 그는 그 이상으로 그녀에게 빠져 있었다. 그는 기쁨에 겨워 "아름다운 여성이 공연하는 내내 함께 있었다"고 자랑하는 편지를 리스트에게 보냈다.

13. Barry Millington, *The Sorcerer of Bayreuth*, p.127.

바그너는 그해 7월 14일과 8월 10일 동안 친구 게오르크 헤르베그와 함께 알프스 산행을 했다. 1년 전 등반이 반지 4부작의 배경을 묘사하기 위한 것이라면, 이번 등반은 악상을 떠올리기 위한 것이었다. 그는 산행에 이어 9월 10일까지 이탈리아의 투린을 거쳐 리구리안 해안에 이르는 제노아, 라스페치아 일대를 여행했다. 그는 라스페치아 호텔에 묵는 중 의외의 행운을 만났다. 낮잠을 자다가 꿈속에서 『라인의 황금』 도입부의 악상을 떠올린 것인데, 이 선율은 다음 악장의 물꼬를 트는 모티프 곡이 되었다. 또 그해 11월 1일에는 그때까지 작곡한 초고 악보를 바탕으로 총보 작업에 착수하여 '자연의 동기'와 장면 일부를 완성했다. 그가 반지 4부작의 창작에 전념한 것은 필생의 대작을 완성해야겠다는 강박 때문이기도 하지만, 금지된 연인 마틸데로부터 벗어나려는 무의식 때문이기도 했다.

바그너는 1854년 9월, 본인의 분수에 넘치는 낭비에 더해 아내와 그녀의 딸 나탈리에, 장인과 장모를 부양하느라 빚이 1만 프랑으로 불어나자 오토 베젠동크에게 도움을 구했다. 그때는 오토가 아내 마틸데와 바그너가 사랑하는 사이임을 모를 때이므로 그가 염치없는 부탁을 했겠으나, 상대는 무척 당혹스러웠을 것이다. 오토는 바그너의 장래 공연 수입을 담보로 그의 빚을 갚아 준 외에 2,000프랑의 연금 지급도 약속했다.

바그너는 9월 26일 『라인의 황금』 총보를 완성한 뒤 『발퀴레』의 총보 작업에 바로 착수하지 않았다. 마틸데를 향한 사랑의 감정이 창작을 방해한 것이다. 채워지지 않는 열정과 억제할 수밖에 없는 욕구 사이의 갈등에서 그가 찾은 것은 고트프리트 폰 슈트라스부르크Gottfried von Strassburg(1200?~?)가 쓴 애정 서사시 《트리스탄과 이졸데(이솔트Iseult)》였다. 이 설화는 고대 켈트족의 전설로 구전을 기록한 때는 12세기경이며, 워낙 잘 알려진 전승담이기에 그가 몰랐을 리는 없지만, 이 이야기는 다름 아닌 자신의 것처럼 느껴졌다. 무대와 시대가 다르고, 상황은 달라도 처한 입장은 다르지 않았다. 그는 즉각 이 전설을 오페라로 꾸며야겠다는 충동을 느꼈다.

예로부터 '금단의 사랑'에 관한 이야기는 인기가 많았다. 쾌감은 금기에서 비롯되며 호기심은 금지된 것을 알고자 하는 데서 생겨나는 까닭이다. 모든 설화는 금지된 것을 깨뜨리는 데서 시작하고 그것을 되돌리는 데서 끝난다. 그 가운데 인기가 많은 것 중 하나가 중세 음유시인이 자주 읊은 귀부인과 기사 간의 사랑이다. 그것은 테세우스의 신화에서 유래한 희망(무사 귀환을 상징하는 흰 돛)과 절망(죽음을 뜻하는 검은 돛)의 동기로 꾸며지고, 사랑 본능(에로스eros)과 죽음 본능(타나토스thanatos)으로 빚어지는 근원적인 러브스토리다. 이런 스토리 구조는 콘월의 기사 트리스탄과 아일랜드의 공주 이졸데의 전설 외에도 아서왕 전설에서 기사 랜슬롯과 기네비어 왕비의 사랑 이야기, 프랑스의 브리타니 지방과 고대 페르시아 등지에서 전해 오는 유사한 로망스들의 근본이 되며, 그것을 소재로 수많은 문인과 화가가 작품을 만들었다.

바그너는 그로부터 한 달 뒤 또 한 권의 책을 만났다. 그것은 게오르크 헤르베그가 그에게 건네준 쇼펜하우어의 저서 《의지와 표상으로서의 세계》였다. 그는 그 책으로 종교적 개종에 가까운 가치관의 전향을 했다. 전향은 자기 성찰이 가능하고 열린 마음을 가진 자만이 가능하다는 점에서 바그너는 유연한 머리를 가진 예술가였다. 실제로 그는 독창적인 악극을 만들기 위해 전통 악전에 얽매이지 않았으며, 여러 작곡가의 스타일을 널리 참고했다. 그의 천재성은 다양한 사상을 편견 없이 받아들이는 포용성과 언제든 사 고의 전환이 가능한 가소성可塑性에 있다. 그는 이 책을 읽고 또 읽었다. 예술가의 작품 세계는 그가 가진 사상의 표현이라 는 점에서 바그너가 쇼펜하우어를 만난 것은 유익했다. 그의 철학은 바그너와 니 체를 더욱 가깝게 맺어 준 매개체였고, 바그너의 음악 세계를 한층 기름지게 한 초석이었다.

아르투어 쇼펜하우어

그는 쇼펜하우어를 사숙하면서 자신의 삶과 예술에 직접적으로 영향을 끼친 루트비히 포이어바흐와 프루동 의 사상에 거리를 두었고, 간접적으로 영향을 끼친 칸트와 헤겔에서 멀 어졌다. 대신 쇼펜하우어의 철학을 자신의 악극에 녹여 넣을 정도로 그 의 사상에 경도되었다. 즉 바그너는 『트리스탄과 이졸데』에 무無의 세 계관을 반영했으며, 『니벨룽의 반지』와 『파르지팔』에 구원의 사상을 녹였다. 쇼펜하우어의 염세주의 관념은 비관적 사고를 넘어선 니힐리 즘이며 각성을 통한 구원인 까닭이다. 그는 《의지와 표상으로서의 세 계》를 통해 불교에도 입문했다. 쇼펜하우어의 이데아는 불교와 맞닿아 있기 때문이다. 그는 1856년 5월, 부처의 삶을 그린 오페라를 만들기 위해 《승리자》의 대본(미완성)을 집필했다.

1857년 4월 초, 오토 베젠동크는 보로락 호텔에서 새로 지은 저택 으로 이사했다. '녹색 언덕'으로 불리는 곳에 위치한 이 집은 궁전을 연상할 만큼 컸으며, 그는 그 옆에 있는 작은 가옥을 구입하여 4월 중 순 바그너 부부에게 무상으로 임대해 주었다. 바그너가 '은신처'로 부

빌라 베젠동크

른 이곳은 베젠동크 부부가 거주하는 집에서 지근 거리에 있었다. 하지만 그들의 밀회는 되레 어려워졌고, 그럴수록 바그너의 마틸데에 대한 사랑은 불타올랐다. 그동안 그는 『니벨룽의 반지』 창작에 집중하면서 자투리 시간에 『트리스탄과 이졸데』의 대본과 악상을 구상했다. 하지만 8월 9일 그는 『지그프리트』 제2막 끝부분을 마무리한 다음, 4개월 뒤 시간과 정력을 『트리스탄과 이졸데』의 창작에 바치기로 했다.

　『트리스탄과 이졸데』의 이야기는 복잡하지 않다. 구성은 간단하고 복선은 단조롭다. 반면 내용은 심각하고 대본은 진지하여 장편 드라마로 읽힌다. 게다가 음악은 두 연인의 절절한 러브스토리를 변조화음Tristan chord과 무한선율로 꾸밈으로써 장편 로망스를 대하 서사극으로 만들었다. 불협화음을 협화음으로 해결하는 시간은 계류음繫留音, Suspension 기법으로 무한정 늘릴 수 있으므로 네 시간조차 길지 않다. 그 단서는 트리스탄의 동경과 이졸데의 열망을 이어 주는 징검다리, 즉 '트리스탄 화음의 연금술'에 있다.

『트리스탄과 이졸데』의 이야기 설정은 기사 트리스탄이 콘월 왕 마르케의 신부로 내정된 아일랜드 공주를 왕에게 데려가는 것이다. 발단부에는 복선이 담겨 있다. 자기 약혼자를 죽인 자가 트리스탄임을 안 이졸데가 그에게 속죄의 잔(독배)을 마시게 한 다음 자신도 죽으려고 그 잔을 마시지만, 실은 시녀(브랑게네)가 그 잔에 사랑의 묘약을 바꾸어 넣은 결과 두 사람은 사랑하는 사이가 된다는 것이다. 전개부는 트리스탄과 이졸데가 몰래 만나 금지된 사랑을 나누는 중에 적대자(멜로트)의 계략으로 밀회를 들키고, 트리스탄은 그와 결투 중에 부상을 당하여 동조자(쿠르베날)의 도움으로 몸을 숨기는 것이다. 대단원은 앞뒤 사연을 안 왕이 관용을 베풀지만, 트리스탄은 이졸데의 품에 안겨 숨지며, 이졸데 또한 연인을 잃은 슬픔에 숨지는 것으로 끝을 맺는다. 이 이야기에서 트리스탄을 바그너로, 이졸데를 마틸데 베젠동크로, 마르케 왕을 오토 베젠동크로 바꾼다면, 허구의 드라마는 현실의 드라마가 된다. 그런데 이 이야기는 훗날 다시 한번 반복된다. 그로부터 13년 뒤(1870년 8월 25일) 바그너는 그때의 경우와 달리 이졸데(코지마)를 아내로 취함으로써 다시 한번 마르케 왕(코지마의 남편 뷜로)에 대한 트리스탄이 되었다.

　원작에서는 두 연인의 순결을 강조하고 있다. 하지만 바그너는 음악으로 그들의 정사를 암시한다. 또 부수적인 플롯을 추려 내어 비극적인 결말을 한층 돋보이도록 했다. 그럼에도 두 버전의 공통점은 "우리는 한 몸이기에 영원히 떼어 놓을 수 없다"는 것이다. 이는 속된 표현으로 "당신 없이는 못 산다"는 말로, 옛 아랍 지역의 격언에도 있다.

And lo, The beast looked upon the face of beauty. And it stayed it's hand from killing. And from that day, it was as one dead.

보라, 야수는 미녀의 얼굴을 쳐다보았음에, 그 미모에 얼이 빠졌도다. 그날부터 그는 그녀 없이는 못 살았노라.[14]

그렇다면 마르케 왕의 관용을 극의 장치로 삼아 두 사람이 해로하는 내용으로 바꿀 수 있지 않았을까. 그러나 그는 그럴 필요를 느끼지 못했다. 비극은 최고의 경지에 있는 예술 형식이기 때문이다. 바그너는 쇼펜하우어의 영향으로 고도의 기쁨은 욕구를 해결하는 데서 생기는 것이 아니라 욕구를 억제하는 데서 비롯하는 것이며, 비이성적인 의지가 인간을 행동하게 만드는 원동력이라고 보았다. 이성의 눈을 멀게 하는 것이 사랑이듯, 트리스탄과 이졸데를 죽음으로 몰고 간 것은 충동적인 열정이었다. 하지만 죽음은 그들의 불륜을 정화하고, 영혼을 구제한다. 그렇다. 니체는 《아침노을Morgenröthe》(1881)에서 "트리스탄과 이졸데가 간통으로 인해 죽는다는 점에서 그들이 벌을 받는다든가 불륜에 대한 교훈을 준다고 믿는가. 무엇보다 두 연인은 감동적이고 위험하지만, 이따금 태양이 뜨겁게 불태우는 열광의 정점에 있다"고 적었다. 사실, 현실에서 짜릿하고 문학에서 기구한 사랑은 대개 불순한 관계다. 하지만 남녀가 윤리를 따지고 사랑하지는 않는다. 누구나 사랑에 빠지면 눈이 멀게 된다는 말이 있는 것처럼.

두 연인의 사랑은 절망을 배태한 염세적인 사랑이 아니라 내세를 기

14. 이 격언은 영화 「킹콩」(1933)의 앞부분에 자막으로 나온다. 여기서 흐르는 배경 음악은 『트리스탄과 이졸데』의 주제 악곡과 흡사한데, 작곡자는 「바람과 함께 사라지다」(1939)의 영화음악을 지은 맥스 스타이너Max Steiner다.

약하는 윤회의 사랑이며, 한 번의 사랑이 아닌 영원한 사랑이다. 따라서 두 연인의 죽음은 이승에서 중단된 사랑을 저승에서 연장한다는 의미를 갖는다. 영국 시인 존 던도 〈시성諡聖, Canonization〉을 통하여 "우리가 사랑으로 살 수 없다면, 사랑으로 죽을 수 있다We can die by it, if not live by love"고 말하지 않았던가. 트리스탄과 이졸데는 사랑의 순교자이면서 성취자다.

바그너는 '사랑의 밤' 분위기를 악극 속에 표현하기 위해 노발리스Novalis, Friedrich von Hardenberg(1772-1801)의 연작시《밤을 향한 찬가 Hymnen an die Nacht》를 참고했다. 신비로운 비밀을 간직한 결혼식 날 밤에 연인들이 죽음을 맞는데, 아침은 언제나 다시 돌아오지만 두 사람은 부부의 연을 저승에서 맺는다는 내용의 시다. 시의 절정 부분은 자연의 유구함과 인간의 유한함을 비교한 대구다. 노발리스는 "밤이 지배하는 세계는 시간도 공간도 없다"고 했는데, 이는 죽음의 세계를 가리킨다. 또 "잠의 지속은 영원하며, 잠은 성스럽다"고 했으니, 잠은 곧 죽음을 뜻한다. 그래서 죽음은 '영원한 삶Vitam Aeternum'이다. 죽음의 세계에선 더 이상 죽음이 없기 때문이다. 실은 죽은 자가 어찌 삶과 죽음을 생각할 수 있으랴. 이 작품은 노발리스의 약혼녀 조피Sophie von Kühn가 열다섯 살의 나이에 병으로 죽는 비련을 반영한 것이다. 그래서 이 시는 죽은 약혼녀에게 바치는 만가輓歌이면서 내세에서의 결혼을 기약하는 연가戀歌다.

바그너는 1857년 9월 18일 『트리스탄과 이졸데』의 대본을 탈고했다. 집필을 시작한 날이 8월 20일이었으니, 완성까지 채 한 달이 걸리지 않은 셈이다. 그를 재촉한 것은 마틸데에 대한 열렬한 사랑이었다. 그가 사랑의 첫 결실인 대본을 마틸데에게 보여 주자 그녀는 그를 껴안으며 눈물을 지었다. 바그너는 그녀의 사랑에 고무되어 같은 해 10월 1일 작곡에 들어갔다. 당시 그가 생각한 것은 대본에 곡을 입힘으로써 충족할 수 없는 애욕을 예술로 승화시키는 것이었다. 그리고 그해 12월에는 제1막의 총보를 마무리하기에 앞서 마틸데가 쓴 '여성 가창을 위한 다섯 편의 시Funf Gedichte fur eine Frauenstimme', 즉 〈천사 Der Engel〉, 〈멈추어라!Stehe still!〉, 〈온실에서Im Treibhaus〉, 〈고뇌Schmerzen〉, 〈꿈Traume〉에 음악을 입혔다. 그것이 『베젠동크의 노래』다. 이 연작시는 마틸데가 바그너로부터 『트리스탄과 이졸데』의 대본을 헌정 받고 감사 표시로 지은 것이다. 연가곡 중 「온실에서」와 「꿈」은 『트리스탄과 이졸데』 제2막에서 「사랑의 밤Liebesnacht」을 이루는 바탕 곡인 셈이며, 같은 오페라 제3막의 전주곡으로도 변주되었다.

바그너는 1858년 4월 초, 『트리스탄과 이졸데』 제1막을 끝내고 제2막을 구상 중에 있었다. 하지만 4월 7일 민나가 마틸데에게 보내는 남편의 연서 '아침의 고백'을 발견함으로써 세 사람의 갈등은 절정을

마틸데 베젠동크 옆얼굴 석고상
(1864년)

맞았다. 결국 민나는 그 일로 지병(심장질환)이 악화되어 브레스텐베르크에서 3개월간(4. 15~7. 15) 치료를 받았으며, 7월 20일 집(은신처)에 돌아온 그녀는 다음 날 남편을 방문한 마틸데와 매섭고 신경질적인 싸움을 벌였다. 그때 은신처에는 휴가 중인 뷜로와 코지마 부부가 일시 기거 중이었는데, 이로써 바그너의 삼각관계는 바야흐

로 사각관계로 접어들 조짐을 보였다. 즉 마틸데는 남편 오토를 사랑하면서도 바그너를 단념할 수 없었고, 민나는 바그너에 염증을 느끼면서도 아쉬움을 떨쳐 버릴 수 없었으며, 코지마는 신혼 중임에도 남편 뷜로에게 사랑을 느끼지 못하고 바그너에게 사랑을 느꼈다. 한편 바그너는 마틸데를 사랑하면서도 코지마에 끌렸으며, 민나에게는 연민의 정을 느꼈다.

　그로부터 한 달 뒤 8월 17일 바그너와 민나는 별거에 합의하여 아내는 드레스덴으로, 남편은 베네치아로 떠났다. 그는 아내와의 갈등을 진정시킬 요량이었으나, 그보다는 마틸데와 떨어져 있음으로써 그녀에 대한 열정을 식히고 싶었다. 그는 8월 29일 베네치아에 도착하여 아파트로 개조한 주스티니아니궁Palazzo Giustiniani에 거처를 정했다. 그의 동행자는 자신을 친형처럼 따르는 카를 리터로, 수행비서 겸 말벗이 되어 줄 터였다. 그는 도착 즉시 『트리스탄과 이졸데』 제2막의 총보 작업을 계속하는 한편 에세이 〈성적 사랑의 형이상학〉을 집필하여 9월에 탈고했다.

　"바그너의 음악은 아름다움을 빌미로 관객을 괴롭힌다"고 한 톨스토이의 말은 틀리지 않다. 바그너는 "음악이란 고뇌를 형상화한 언어"라고 정의했는데, 그의 작품 중 듣는 이를 가장 괴롭히는 것이 『트리스탄과 이졸데』다. 괴로울 정도로 아름답고, 지칠 만큼 감동적이다. 고통스럽기에 쾌감을 준다는 역설법은 특히 「전주곡」과 혼성 이중창 「사랑의 밤」, 이졸데의 절창 「사랑의 죽음Liebestod」에서 제대로 느낄 수 있다. 그렇다, 고통도 즐기면 쾌감으로 느껴진다. 순교자에게 극단적인 고문은 정신력으로 감당하는 엑스터시이듯, 수난(고통)과 열정(쾌락)은 한 얼굴의 양면이기 때문이다. 열정은 수난 중에 느끼는 희열로, 고통을 수반하지 않는 기쁨은 오래가지 못한다.

「사랑의 죽음」

『트리스탄과 이졸데』는 반음계로 일관하는 음악이다. 수식하여 '반음계주의의 미화', 또는 '반음계주의를 신성시한 음악'이고, 바로 말하여 '극단적인 반음계주의 음악'이다. 이로써 바그너는 『로엔그린』에서 정점을 이룬 로맨틱 오페라의 방사형Quadratur-Satz(거미집처럼 펼쳐지는 구조로 바그너가 쓴 용어) 구성을 접고 무한선율과 유도동기를 구성 원리로 삼은 악극 세계에 들어선 것이다.

이 악극의 전주곡은 네 개의 단일 화음으로 시작한다. 그것은 첼로로 연주되는 현악기의 음선을 바탕으로 오보에와 바순 등 목관악기와 합쳐지면서 화성적 해결을 미루는 선율로 펼쳐진다. 따라서 트리스탄 화음은 네 시간의 항해를 이끄는 방향타이며, 연인에 대한 그리움을 묘사한 반음계적 선율과 불협화음이 두 연인의 죽음을 뜻하는 협화음으로 끝맺기까지 한없이 이어지는 무한선율의 바다를 헤쳐 가는 음악의 동력이다.

그렇다면 왜 선율은 으뜸음에서 벗어나 조성이 해체될 지경에 이르도록 방황하는가. 충족이 이루어지지 않는 것은 고통이고, 새로운 소망이 없는 갈망은 권태이므로 선율의 본질은 이것과 상응하여 으뜸음에서 계속 벗어나고자 한다.[15] 바그너는 쇼펜하우어의 계류음에 대한 아이디어를 발전시켜 욕구의 갈등에 대응한 무한선율의 대장정을 펼쳤으며, 두 연인의 죽음에 상응한 협화음으로 드라마를 종결지었다. 이는 욕망을 해결하는 길은 죽음뿐이란 쇼펜하우어의 염세관을 반영한 것으로, 그는 쇼펜하우어가 성을 고통으로 본 점에도 주목했다. 즉 성적 충동은 살려는 의지의 표현이지만, 쇼펜하우어에 의하면 그 충동은 거부되어야 했다. 하긴 모든 이가 성을 거부한다면 다음 생은 어떻게 이어 가겠는가. 쇼펜하우어는 독신자로 살아 자손을 남기지 않았으나, 그의 참뜻은 성욕을 억제해야 한다는 것으로, 그래야만 욕정에 의한 죄악과 번뇌로부터 벗어날 수 있다는 것이다. 바그너는 금단의 사랑이 죽음으로 구원되고, 고통이 열락으로 정화되는 순간을 음악으로 나타냄으로써 쇼펜하우어의 논지를 재해석한 것이다. 그 점에서 바그너의 대본은 같은 제목을 가진 서사시에 비해 비관적인 무드가 짙다.

『트리스탄과 이졸데』는 사랑과 죽음을 가장 아름답고 열정적으로 묘사한 음악이다. 사랑-비극(죽음)은 구원의 주제와 함께 바그너가 평생 탐구한 창작의 화두이며, 그가 쓴 마지막 문장의 핵심어이기도 하다. 트리스탄과 이졸데는 공개적으로 서로를 사랑하며, 그들에게만 영원히 이루어질 수 있는 유일하고 진정한 단일성을 갈망한다. 그것은 죽음이 그들을 데리고 가 줄 초월적 상태에서의 단일성이다.[16] 그 점

---

15. 아르투어 쇼펜하우어, 홍성광 옮김,《의지와 표상으로서의 세계》(을유문화사, 2016), p.426.
16. 브라이언 매기, 김병화 옮김,《트리스탄 코드》, p.352.

『트리스탄과 이졸데』 제2막 러브신. 위는 초고본, 아래는 완성본

에서 '사랑의 묘약'은 따로 있는 게 아니다. 사랑을 물질화한 것이 묘약이다. 두 사람은 평생 동안 나눌 사랑을 단기간에 불태운 끝에 심신의 정기가 소진되어 산화한 것이다. 프로이트가 정신분석의 틀로 사용한 사랑 본능(에로스)과 죽음 본능(타나토스)은 바그너가 그 전에 악극의 틀로 사용한 개념이었다.

사랑은 삶의 비롯됨이요, 죽음은 삶의 끝마침이다. 하지만 그 전에 태어나지 않으면 죽지 못한다. 죽음은 영원한 삶의 세계로 들어가는 관문으로, 둘은 대립하면서 종결되는 것이 아니라 보완하면서 순환한다. 사랑amor과 죽음mori의 어원이 같은 이유다. 또한 그것은 태어남生에 연緣하여 죽음死이 일어나고, 만남會에 연하여 이별離이 일어난다는 불교의 화두와 같다. 사랑은 유토피아의 세계가 아니라 죽음을 동반하는 열반의 세계다. 그래서 음악은 사랑의 음식이며, 사랑과 죽음은 인생의 무한선율이다.

『트리스탄과 이졸데』는 드뷔시의 「목신의 오후 전주곡」과 더불어 클래식 음악 중 가장 관능적이고 에로틱한 작품이다. 다만 전자는 감정의 쾌감에 젖게 하고, 후자는 감각의 쾌감에 젖게 한다. 그러므로 승화된 극치감을 맛보게 하는 것은 『트리스탄과 이졸데』다. 물론 바그너는 이 작품에 관능적 희열감을 느끼게 하는 장치도 넣었으니, 그 예로 갈망 모티프의 꼬리를 이루는 네 개의 상승하는 반음(G#-A-A#-B)이 마지막 B장조 화음의 평화로운 품속으로 녹아들 때의 효과는 가히 계시와도 같다.[17] 또한 이 작품은 어떠한 음악에서도 느낄 수 없는 광희狂喜, Orgiastic ecstasy를 맛보게 한다. 미국의 작곡가 버질 톰슨Virgil

---

17. 스티븐 존슨, 이석호 옮김,《바그너, 그 삶과 음악》, p.223.

Thomson은 제2막 혼성 이중창 「사랑의 밤」에서 일곱 번의 극치감을 터 뜨리는 순간을 들을 수 있다고 했다.[18] 다만 바그너와 마틸데가 깊은 사이였는지는 추측만 할 뿐이어서 사랑의 이중창에 등장하는 일곱 번의 클라이맥스는 그들이 육체관계에서 느낀 희열을 나타낸 것인지, 채우지 못한 욕정을 음악으로 대신 표현한 것인지 알 길이 없다.

O sink hernieder,	오 가라앉아라,
Nacht der Liebe,	사랑의 밤이여,
gib Vergessen,	내가 살아 있다는 걸
dass ich lebe;	잊게 해다오.
nimm mich auf	나를 너의 품에
in deinem Schloß,	받아들여
lose von	이 세상에서
der Welt mich los!	나를 떼어 내다오!
Verlschen nun die letzte Leuchte;	마지막 햇불이 꺼졌다.
was wir dachten,	우리가 생각한 것,
was uns deuchte;	우리 마음에 떠오른 것.
all Gedenken —	모든 생각 —
all Gemahnen —	모든 연상 —

---

18. Barry Millington(ed.), *The Wagner Conpendium*, p.300.

heil'ger Damm'rung	거룩한 어스름의
hehres Ahnen	고귀한 예감이
löscht des Wahnens Graus	망상의 두려움을 끄며
welterlösend aus…	세상을 구원하네…[19]

「사랑의 밤」 혼성 이중창 앞부분

19. 리하르트 바그너, 안인희 옮김, 《트리스탄과 이졸데》(풍월당, 2018), pp.238~240.

바그너는 베네치아에 머무는 동안 자신의 행방을 쫓는 관헌에 시달리고, 이질과 다리에 생긴 종양으로 건강을 해쳤다. 그는 아직도 사면되지 않은 정치범이었으므로 그에게 당장 필요한 것은 안전한 거처였다. 그는 1859년 3월 24일 베네치아를 떠나 취리히에 도착한 뒤 4월 3일 루체른에 있는 슈바이처호프 호텔로 거처를 옮겼다. 그리고 4월 중에 『트리스탄과 이졸데』 제3막의 초고 악보를 마무리하고 8월 6일 총보 작업을 끝냈다. 작곡을 시작한 지 11개월째 되던 날로, 음악의 참신함과 복잡함, 작품의 길이와 깊이에서 유례가 드문 1,000여 쪽의 총보를 정서까지 마치는 일은 여간 힘들지 않았을 것이다. 그것은 자신의 힘만이 아닌 사랑의 힘이 더해져 가능했던 일이리라. 그는 그제야 주저하지 않고 오토와 마틸데 베젠동크 부부를 초청하기로 마음먹었다. 총보를 완성함으로써 마틸데와의 사랑은 끝났다고 본 때문이다. 그때 그의 나이는 마흔여섯, 『트리스탄과 이졸데』는 음악가로서의 역량이 정점에 이르렀을 때 작곡한 걸작이었다.

그해 9월 초순, 바그너를 방문한 베젠동크 부부는 그를 반갑게 대했다. 오토 베젠동크는 바그너를 보면서 세 사람을 둘러싼 주위의 입소문과 아내와의 말다툼으로 상심했던 일을 떠올리지 않았을까. 한때 그들 사이는 꽤 심각한 지경에 이르렀으며, 부부간의 안전판은 어린 아들 귀도뿐이었다. 그럼에도 오토 베젠동크가 상대에게 보여 준 관대함은 놀라운 것이었다. 더욱 좋았던 일은 바그너가 그들로부터 반지 4부작의 총보를 각 6,000프랑에 구입하겠다는 약속을 받은 사실이다. 악보 판매 수익은 그들이 가져가고, 바그너는 공연 수익을 가져간다는 계약 조건이었다.

마틸데와 바그너의 사랑은 이루어지지 않았고, 이루어질 수도 없었다. 그러나 그 사랑은 아름다운 음악으로 결정結晶되었다. 그것이 최초의 악극이자, 후대 예술인에게 큰 영향을 끼친『트리스탄과 이졸데』다. 바그너는 현실에서 트리스탄의 역할을 성실히 이행했고, 마틸데는 그의 상상 속 이졸데 역을 다했다. 또한 그녀는 둘도 없는 그의 뮤즈이기도 했다.

제12장 　　　　재난, 그리고 구원

나를 처음 가시밭길로 들어서게 한 작품,
『탄호이저』를 초연한 해(1845)였지요.
내가 『로엔그린』과 『뉘른베르크의 마이스터징거』의 대본 초고를
동시에 쓸 정도로 과도한 생산성에 쫓기던 그달(8월),
한 어머니가 저의 수호천사(루트비히 2세)를 낳았답니다.
　　　　— 바그너가 1864년 5월 26일, 엘리자 빌레 부인에게 보낸 편지에서

파리의 『탄호이저』 소동

『트리스탄과 이졸데』를 완성한 바그너는 이 작품을 무대에 올릴 곳으로 파리만 한 데가 없다고 보았다. 실은 첫 공연 장소로는 독일의 주요 도시가 좋았을 테지만, 그는 아직도 수배자였다. 그렇다면 대안은 파리밖에 없었다. 당시 파리는 유럽의 수도로 여겨진 데다 문화의 중심지로 알려진 터여서 베를린이나 빈조차 그 위상을 넘보지 못했다. 파리는 그에게 제2의 고향이나 다름없었다. 그는 음악가로 입지할 때부터 파리를 동경하지 않았던가. 바그너는 20년 전, 2년 6개월의 첫 파리 생활 동안 궁핍에 시달리고 주위의 무관심에 가슴 아파했던 나날을 잊지 못했다. 하지만 지금은 그마저 추억이 되었고, 그 시절에 사귄 이들은 귀중한 자산이 되었다. 그는 여전히 파리를 성공의 도약대로 생각하고 있었으며, 장차 프랑스 음악계를 손아귀에 쥐려는 야심도 갖고 있었다. 마침 그는 오토 베젠동크로부터 반지 4부작의 총보를 2만 4000프랑이란 거금에 구입하겠다는 언질도 받은 터였다.

바그너는 1859년 9월 6일 루체른의 슈바이처호프 호텔을 떠나 9월 10일 파리에 도착했다. 파리에서 그의 주거와 생활 방식은 20년이란 세월의 격차만큼이나 달랐다. 그는 뉴턴가에 있는 정원이 딸린 고급 저택을 3년 치 임대료 1만 2000프랑을 선불로 주고 빌렸다. 그는 집의 격에 맞춘다는 구실로 150개 품목이 적힌 12쪽의 실내장식 목록을 작성해 집 안 곳곳을 치장했다. 그 돈은 그가 루체른을 떠날 때 오토 베젠동크로부터 미리 받은 『라인의 황금』과 『발퀴레』의 총보 판매 수익금에 더하여 앞으로 받게 될 공연 수익금을 차용한 것이었는데, 호화 생활에는 워낙 이골이 난지라 한 달 만에 그 돈을 거의 다 써 버렸다.

그는 10월 19일 요제프 티하체크에게 5,000프랑의 급전을 융통해 달라고 편지를 보내는 한편 드레스덴에 있는 민나의 주치의 안톤 푸지넬리Anton Pusinelli(1815~1878)에게 연락을 취해 아내의 건강을 물었다. 그는 티하체크로부터 돈을 꾸게 되자 『탄호이저』와 『로엔그린』, 『트리스탄과 이졸데』를 공연하기 위해 안면이 닿는 대로 음악계 인사를 찾아다녔다. 하지만 가사에는 무능한 데다 독신 생활에 따른 외로움을 못 이긴 그는 11월 17일 아내에게 함께 살자고 편지로 설득했다. 며칠 뒤 민나는 반려견 펩스와 앵무새 파포 2세를 데리고 남편을 찾아왔으니, 그들의 1년 8개월에 걸친 마지막 동거가 이로써 시작되었다. 그녀는 기뻐할 수만은 없었다. 자신의 딸 나탈리에는 남편이 원하지 않아 데려오지 못했으며, 동거는 단지 명의상의 것이었다. 한 가지 다행인 점은 남편이 가사 도우미를 채용한 덕에 한동안 가사 노동에서 벗어난 일이었다.

바그너는 1860년 새해 들어 좋은 소식을 들었다. 악보 출판업자 프란츠 쇼트Franz Schott로부터 『라인의 황금』 공연 판권을 1만 프랑에 사고 싶다는 제안을 받은 것이다. 하지만 그 돈은 자신의 호화 생활을 지탱할 만한 액수는 아니어서, 그는 가계 유지를 위해 1월 25부터 2월 1일 동안 자기 오페라에서 가려 뽑은 관현악곡으로 세 차례 연주회를 열었다. 그는 이 기간 동안 파리 문화계의 주요 인사―시인 샤를 보들레르, 화가 귀스타브 도레, 작곡가 오베르·마이어베어·베를리오즈·구노·생상―로부터 환영을 받았으며, 언론의 반응도 좋았다. 다만 『트리스탄과 이졸데』의 전주곡은 대체로 낯설어했다. 반음계와 불협화음으로 이루어진 선율이 무한정 이어질 듯한 데다 강렬하고 신기한 느낌을 주는 화음이 듣는 이를 당혹게 한 때문이다. 심지어 『환상 교향곡』에서 사이키델릭 psychedelic하고 파격적인 곡을 선보인 베를리오즈조차 이해할 수 없는 음악이라고 투덜거렸다. 그의 공식적인 비평은 "바그너는 분명히 미쳤군!" 한마디였다. 『트리스탄과 이졸데』는 정녕 시대를 앞선 오페라인가. 바그너는 우선 『탄호이저』의 공연에 역점을 두기로 했다.

연주회 결과는 실망스러웠다. 성공적인 공연이 흥행을 보장하는 것은 아니어서, 그가 자비로 개최한 연주회는 1만 1000프랑의 적자를 보았다. 게다가 파리의 극장주들은 그가 요청한 세 편의 오페라 공연을 하나같이 거부했다. 여기에 심상찮은 조짐을 간파한 채무자들이 빚 독촉을 서두르자 그는 그해 3월 또 한 번 야반도주할 마음을 굳혔다. 그 무렵 바그너에게 수호천사가 나타났다. 그녀는 바그너 음악의 팬이면서 때마침 파리에 머물던 오스트리아 대사의 아내 파울리네 메테르니히였다. 실은 그녀는 경망스럽고 오만하다는 악평을 듣는 인물이지만, 예술에 대한 깊은 이해와 지원으로 호평을 듣는 인물이기도 했다. 사람은 누구나 이중적인 면이 있으며, 각자의 이해와 잣대로 상대를 평가하는 법

이므로 어떻다고 단정할 수 없다
(그 좋은 예가 민나가 보는 마틸데의 인
상과 바그너가 보는 마틸데의 인상이 극
적으로 달랐던 점이다).

파울리네 메테르니히는 튀일리
정원에서 열린 무도회에서 프랑
스 황제 나폴레옹 3세에게 『탄호
이저』의 상연을 요청했고, 그는
그 자리에서 응낙했다. 황제는 바
그너를 몰랐으나, 그는 바그너가
혐오하는 인물이었다. 공화정을

파울리네 메테르니히

질식시킨 자가 나폴레옹 3세라고 보았기 때문이다. 바그너는 이러한
연유를 모른 채 연주회 손실을 만회하기 위해 3월 중 브뤼셀에서 한 차
례 더 음악회를 열었다. 청중은 두 차례의 연주가 이어지는 동안 환호
했으나, 극장주에게 유리하게 정한 계약으로 이번에도 손실이 예상되
자 성미가 급한 그는 다음 연주를 취소했다. 그는 상심을 추스를 겸 파
리로 돌아오는 길에 로시니를 방문하여 처음이자 마지막 만남을 가졌
다. 그는 로시니의 음악 스타일을 좋아하지 않았으나 그의 천재성은 존
경했다. 바그너는 로시니가 사망하고 한 달 뒤인 1868년 12월 17일 아
우구스부르크의 〈알게마이네 차이퉁〉지에 그를 회상하는 글 「로시니
회고Eine Erinnerung an Rossini」를 실었다.

집으로 돌아온 바그너에게 또 한 번 실망을 준 것은 임대차 사기
였다. 그가 프랑스어를 곧잘 한다고 하지만 본토인처럼은 할 수 없었
던 데다, 자존심도 대단해서 누구의 도움도 받지 않고 계약을 한 것

이 화근이었다. 그는 집주인에게 3년 치 임차료를 선불했는데, 임대인은 도시 재개발로 건물이 헐릴 것을 알고 미리 받았던 것이다. 당시 파리는 나폴레옹 3세가 주관하고 조르주외젠 오스망Georges-Eugène Haussmann(1809~1891)이 감독한 파리 개조사업(1853년부터 20세기 초까지 진행)이 시행 중이었다. 그래서 바그너가 임차한 주택은 1860년 4월 중에 철거될 예정이었다. 이는 신의에 반하는 계약으로 이 대단한 천재가 세상일에는 백면서생인지라 속임수의 먹이가 된 셈이다. 바그너는 집주인의 말을 듣고 소송을 제기했다. 그러나 바그너는 그 같은 손해는 임차인의 귀책사유로 돌리는 민사 관련법 조항 역시 살펴보지 않았다. 당연히 손실 보상금은 상대가 차지하고, 자신은 나머지 임차료를 한 푼도 반환받지 못했으니, 그와 민나는 오말가의 낡고 작은 집으로 옮겨야 했다. 한 가지 위안은 『탄호이저』가 공연된다는 소식이었다.

바그너는 1860년 7월 15일 작센 왕국령을 제외한 독일 지역에서 사면령을 받았다. 그의 음악 팬인 프로이센의 황태자비 아우구스타의 요청에 의한 선처였다. 그녀의 남편은 장차 독일 제국의 황제 빌헬름 1세가 될 인물이었다. 바그너는 일부나마 사면령을 받자 11년 동안 고국에 가지 못한 한을 풀기라고 하려는 듯, 그해 8월 12일부터 9월 중순까지 아내와 함께 프랑크푸르트·바덴바덴·카를스루에·슈트라스부르크·바이마르·뉘른베르크·뮌헨·베를린 등지를 여행했다.

여행에서 돌아온 바그너는 9월 24일 『탄호이저』의 공연을 위한 본격 연습에 들어갔다. 장소는 파리에서 가장 호화로운 파리 오페라극장이었고, 공연 날짜는 연습이 충분히 됐다고 판단되는 때에 정하기로 했다. 그는 이번 공연을 발판 삼아 프랑스 오페라 관객을 사로잡을 심산이었다. 그동안 그가 『탄호이저』의 파리 공연을 성사시키기 위해 애쓴 일화는 리리크 극장 감독 레옹 카르발로Léon Carvalho의 회고에서 잘 드러난다. 바그너는 자신을 추앙하는 프랑스 의사 오귀스트 드 가스페리니August de Gasperini를 데리고 카르발로를 방문한 적이 있다. 그날, 그는 극장 오디션실에서 피아노를 연주하면서 『탄호이저』의 첫 부분을 큰 목소리로 노래했다. 그의 동작은 그랜드피아노를 내리누를 듯 컸으며, 두 손과 손바닥, 팔꿈치까지 사용하여 흡사 신들린 듯 건반을 두드렸다. 그의 표정은 격정과 몰입으로 이지러졌고, 얼굴은 땀으로 얼룩졌다. 다음은 카르발로의 말이다.

> 그는 울부짖었다. 그는 온몸을 내던지듯 연주했다. 그는 죄다 틀린 음을 두드리고 있었으며, 독일어로 소리 높여 노래했다. 그리고 그의 눈! 그건 미친 사람의 눈이었다. 나는 감히 그의 연주를 그만두게 할 엄두가 나지 않았다. 나는 겁을 먹었던 것이다.[1]

가스페리니는 그의 거친 연주에 강한 인상을 받았으나, 카르발로는 크게 놀랐다. 이윽고 바그너의 연주가 마지막 소절에 이르렀을 때, 카르발로는 몇 마디 점잖은 말을 더듬거리더니 이내 사라졌다.

『탄호이저』를 파리에서 공연하려면 몇 가지 까다로운 조건을 갖추어야 했다. 프랑스의 오페라극장에서는 제2막에 발레를 넣는 전통이 있으므로, 『탄호이저』의 2막에도 발레 장면이 있어야 했다. 프랑스의 오페라계는 아기자기한 선율미가 특징인 코믹오페라와 화려한 볼거리가 특징인 그랜드오페라가 양분하고 있었는데, 어느 것이나 발레는 빠지

---

1. Derek Watson, *Richard Wagner, A Biography*, p.163.

지 않았다. 이는 작곡자가 정한 규칙이나 창작상의 관례가 아니라 관객에 굳어진 불문율이었는데 그것을 정착시킨 이들이 조키Jockey(경마) 회원들이었다. 그들은 오페라 공연 전에 레스토랑에서 만나 느긋하게 저녁 식사를 즐긴 뒤 8시쯤 입장하여 2막에 등장하는 무용수들을 구경하는 게 낙이었다. 바그너는 그 전통을 깨고 싶었다. 굳이 발레를 넣으려면 제1막 비너스 산정의 축제 장면Baccanale scene에 넣든지 또는 마지막 장면에 넣을 것을 제안했다. 그러나 파리 오페라극장의 지배인 알퐁스 루아에Alphonse Royer는 주요 고객인 조키 클럽을 만족시키지 않으면 흥행할 수 없다며 2막에 발레를 넣을 것을 고집했다. 그럼에도 바그너는 1막에 발레를 넣는 안을 관철시켰다. 그들을 위해 드라마를 고칠 수도 없었을뿐더러 진지한 노래경연이 있는 2막에 축제 장면을 넣을 수는 없었기 때문이다. 그는 타협책으로 파리판으로 불리는 개정판을 만들었다.

바그너는 열세 편의 작품 중 네 편을 개정했다. 『요정』은 한 차례, 『리엔치』는 두 차례, 『방황하는 네덜란드인』은 세 차례, 『탄호이저』는 일곱 차례. 『탄호이저』의 원본은 1845년에 처음으로 공연한 드레스덴판이다. 개정판은 같은 해에 관현악 일부를 바꾼 판본이 있으며, 1847년에 마지막 장면을 고친 판본(1860년 출판)과 원본의 각 장면을 일부 수정한 판본(1851), 그랜드오페라 관행에 따라 베누스베르크 부분에서 바카날레 발레 장면을 추가한 파리판(1861), 파리판을 일부 수정한 판본(1865), 서곡의 피날레를 삭제하여 곧바로 바카날레 장면으로 전환한 빈판(일명 새로운 파리판, 1875), 빈판의 성악 부분을 고친 판본(1876)이 있다. 이 작품의 개정에 강박적으로 집착한 결과 실제 총보를 손질한 횟수는 30회에 달한다. 심지어 바그너는 임종하기 전에도 『탄호이저』의 개정을 염두에 두었다. 그 직접적인 동기는 비평가들의 비판에 대한 반감도 있었으나 완벽을 지향하는 자신의 고집이었다. 『탄호이저』의 공연은 코지마 시대에는 빈판을 바이로이트 무대에 올렸으며, 아들 볼프강 이후에는 드레스덴판을 무대에 올렸고, 지금은 주로 제1막은 빈판을, 제2막은 드레스덴판을 절충하여 공연한다.

번역 문제도 걱정거리였다. 『탄호이저』는 프랑스에서 공연하므로 독일어 대본을 프랑스어로 번역해야 했다. 해외 공연 시 원어 가창은 대부분의 나라에서 자연스럽게 받아들였다. 하지만 프랑스에서는 자국어가 규칙이었다. 바그너는 번역자 두 사람을 선정했으나 이내 한 사람을 해고했으며, 루아에는 그 자리를 메울 사람을 자신이 선정했다. 하지만 두 번역자 모두 열의가 없었고, 완성된 번역본은 딱히 마음에 들지 않았다. 다음은 지휘자에 관한 문제였다. 모든 초연 작품은 극장에 속한 지휘자가 맡는다는 규정에 따라 그는 한 달 전의 연습과 실제 공연의 지휘를 맡을 수 없었다. 바그너는 청력이 약하고 성격이 완고한 극장의 전속 지휘자 피에르루이 디치Pierre-Louis Dietsch가 도무지 미덥지 않았다. 그래서 바그너는 첫 공연의 마지막 부분만이라도 자신이 지휘하게 해 달라고 극장 측에 간청했으나 무시당했다.

지휘자에 대한 건이 바그너를 실망시킨 문제라면 주역 테너에 대한 건은 그에게 사활이 걸린 문제였다. 탄호이저를 제외한 배역은 대부분 프랑스인과 이탈리아인이었다. 바그너는 주역인 탄호이저 역만은 헬덴 테너helden tenor(영웅적인 힘찬 목소리를 내는 테너)에 어울리는 독일인이어야 한다고 우겨 자신이 선정했는데, 그가 거구의 드라마틱 테너 알베르트 니만Albert Niemann(1831~1917)이다. 그는 다혈질이어서 『로엔그린』의 하노버 공연 때는 막간에 지휘자를 밀어뜨려 나흘간의 구금형을 받은 적이 있었다. 또 연습을 할 때는 누구의 조언도 들으려 하지 않았다. 반면 성격이 호쾌하여 갈등 상황을 오래 묵혀 두지 않았다. 반면에 소심한 면도 있어 헬덴 테너답지 않게 고음 처리가 요구되는 부분은 삭제해 달라거나, 안이하게 처리하려는 등의 이유로 지휘자와 자주 다투었다.

알베르트 니만

이번에도 예외가 아니어서, 평소에는 가창 기교를 뽐내던 니만은 정작 배역의 내면을 표현하는 데는 힘들어했다. 그럴 때 바그너는 그에게 작곡자가 바라는 가창 기법을 설명하고, 자신감을 불어넣으려고 애썼다. 니만은 1급 테너였지만, 바그너가 바라는 바는 납득이 가지 않았다. 니만의 희망은 자기 목소리가 성한 채로『탄호이저』의 공연을 끝내는 것이었다. 그는 마지막 부분의 가창력을 살리기 위해 제2막 피날레의 결정적인 난곡을 삭제해 달라고 요구했다. 바그너는 선택의 여지가 없었다. 당시 주역 가수는 남녀를 막론하고 엄청난 보수를 받는 데다 능력에 따라 흥행이 결정되었으므로 작곡가나 지휘자의 힘은 보잘것없었다.

그렇다면 그는 왜 니만을 캐스팅했을까. 1860년 당시 첫 탄호이저 역을 맡은 요제프 티하체크는 53세로 상대적으로 나이가 많았고, 24세의 떠오르는 신예였던 루트비히 카롤스펠트는 카를스루에 오페라극장에 전속 계약 중이어서 극장의 감독 에두아르트 데프린트로부터 출연

허락을 받지 못했다. 비록 니만이 까다로운 테너이긴 하지만, 그는 나이·체격·성량에서 세 사람 중 가장 이상적인 조건을 갖추고 있었다. 다만 바그너에게는 한 가지 걱정거리가 있었는데, 그것은 자신을 모욕하기 위한 음모가 꾸며지고 있다는 소문이었다. 하나는 『탄호이저』 공연을 방해하려는 조키 클럽의 방해 공작이고, 또 하나는 라이벌이 된 마이어베어의 추종자들이 바그너를 음해하려 한다는 정보였다. 조키 클럽은 경마와는 무관한 친목 단체로, 왕정을 지지하는 귀족들이 회원이며, 신흥 부호들로 구성되어 오페라극장의 흥행을 주도하는 주요 고객이기도 했다.

그런데 10월 중순, 바그너는 거의 한 달 동안 장티푸스로 입원하면서 공연진을 걱정스럽게 했다. 필시 『탄호이저』 개막을 앞두고 전력을 쏟은 데 따른 과로에 더해 공연을 성공시켜야겠다는 부담이 원인이었을 것이다. 다행히 나폴레옹 3세가 공연을 허락한 덕에 비용은 넉넉히 지원되었고, 무대장치는 작곡자의 재량에 맡겨져 자신의 아이디어를 펼칠 수 있었다. 그는 이러한 와중에도 164회에 달하는 리허설을 했다. 초인적인 체력과 열정을 지닌 바그너가 아니라면 추진하기 어려운 연습 횟수였다.

드디어 공연일은 우여곡절 끝에 1861년 3월 13일로 정해졌다. 그날은 황제(나폴레옹 3세) 부부와 각료들, 귀족들과 사교계의 명사들, 기라성을 이루는 문화계 인사들이 두루 참석했다. 바그너는 자신의 오페라 공연에 이처럼 많은 귀빈이 참석하는 영광을 누려 본 적이 없었다. 그는 그간의 노고가 눈 녹듯 사라지는 기분을 느끼며 흡족한 표정을 지었다. 『탄호이저』는 흥행을 예약한 것과 같았고, 자신은 성공 가도에 오른 것이나 다름없었다.

잠시 후 막이 올랐다. 오케스트라석에서 귀를 잡아끄는 순례의 동기가 흘러나왔다. 뒤이어 베누스의 동기가 관능적이고 격정적인 축제 음악을 불러오고 남녀 무용수가 펼치는 에로틱한 군무가 무대를 화려하게 수놓았다. 이어서 은은하게 들려오는 순례자의 합창, 어느덧 춤사위가 잦아들면서 서곡은 마무리되었다. 여기까지는 관객의 혼을 빼놓기에 충분하여 객석에서는 아무런 조짐도 없었다. 제1막이 시작되자 부드럽고 달콤한 베누스의 메조소프라노 음성이 정적을 가르고, 탄호이저가 화답하는 동안에도 별다른 일은 없었다. 하지만 양치기 소년의 보이 소프라노 음성을 신호로 객석 여기저기서 휘파람 소리, 웃음소리, 고함 소리가 나기 시작했다. 그때 대다수 관객이 큰 소리로 제지하면서 양측은 공연이 끝날 때까지 소란을 피워 첫날의 공연은 어수선한 가운데 막을 내렸다. 그날 황제는 힘을 쓰지 못했다. 소동을 주도한 그룹이 왕당파王黨派였기 때문이다. 그들은 왕정은 지지했지만, 왕족이 아닌 나폴레옹 3세는 싫어한 탓에 바그너도 함부로 대응하지 못했다.

3월 18일, 두 번째 공연은 더욱 심했다. 그날 당국은 경찰 인원을 늘려 배치했다. 역할은 관객의 소란을 진정시키는 게 아니라 조키 클럽의 보호였다. 방해자들은 호루라기까지 불어댔으며, 야유와 모욕은 첫날보다 더욱 크게 들렸다. 음악에 감동한 관객의 환호와 박수 소리가 적대하는 측의 그것과 뒤섞여 무슨 의미의 환호인지 구분이 가지 않았다. 첫날과 달리 공연은 자주 중단되었고, 3월 24일의 세 번째 공연 역시 다를 바 없었다. 언론과 평단의 평가도 호의적이지 않았다. 실은 바그너는 두 번째 공연으로 막을 내리려고 했으나, 극장 감독인 루아에가 거절했다. 대신 다음 공연은 무산시킬 수 있었다.

조키 클럽이 소란을 벌인 동기는 작곡가가 입은 엄청난 피해와 다수

『탄호이저』흥행 참패로 실망하는 바그너와 그를 위로하는 리스트

관객들이 겪은 불편에 비하면 터무니없었다. 하나는 이른 시간에 개막하여 그들의 느긋한 식사를 방해한 것이고, 또 하나는 제2막에 발레를 넣지 않았다는 것이며, 다른 하나는 공연을 후원하는 곳이 오스트리아 대사관이란 점이었다. 바그너 신봉자 보들레르는 다음 달 〈리하르트 바그너와 파리의 탄호이저Richard Wagner et Tannhäuser à Paris〉로 제목을 붙인 소책자에서 "그들은 독일에서 파리에 관해 무슨 말을 할 것인가? 한 줌의 훼방꾼들이 다수를 치욕스럽게 만들었다"는 요지의 글을 써 바그너를 옹호했다.[2] 공연이 끝나고 수입금을 결산하는 날, 바그너는 한 번 더 낙담했다. 탄호이저를 노래한 니만은 거금 5만 4000프랑을 손에 쥐고 하노버로 떠났지만, 개막하기까지 총감독을 했던 자신은 7,500프랑만을 손에 쥐었다.

'『탄호이저』 스캔들'로 불린 그날의 소동은 초연 사상 악명 높은 피아스코fiasco(재난에 가까운 실패)로 기록된 푸치니의 『나비부인Madama Butterfly』과 스트라빈스키의 『봄의 제전Le Sacre du Printemps』보다 더한 실패 사례로 꼽힌다. 이로써 바그너는 20년 전 파리에서의 고난을 보상받고자 한 바를 이룰 수 없었다. 후속작으로 『트리스탄과 이졸데』를 공연하려던 희망도 사라졌다. 그는 프랑스인에 대한 반감은 가졌어도 프랑스는 사랑해 왔다. 하나 이제는 그마저도 싫어졌다. 그는 그날로부터 9년 뒤 발발한 프러시아-프랑스 전쟁에서 프랑스가 항복하는 모습을 목격했고, 1880년대에 이르러서는 프랑스 문화계 인사들의 우상이 되었다. 한 번은 자신의 민족 감정으로 설욕했고, 또 한 번은 프랑스를 자신의 음악으로 정복한 것이다.

2. Derek Watson, *Richard Wagner, A Biography*, p.176.

사실, 프랑스 음악에 끼친 바그너의 영향력은 대단했다. 원래 프랑스 음악은 장황하고 심오한 독일 음악과 달리 명료하고 우아하다. 따라서 프랑스인의 감성에서 벗어난 베를리오즈의 음악은 주목하지 않았다. 그럼에도 베를리오즈의 음악보다 더욱 장중하고 복잡하며, 극적이고 장대한 바그너 음악에는 왜 열광했을까. 바그너의 음악에는 듣는 이를 몰입케 하고, 도취시키는 춘약春藥과 같은 흡인력이 있기 때문이다. 프랑스 음악의 음색과 관현악이 이전보다 짙어지고 두터워진 것은 바그너의 영향이다. 실제로 바그너의 프랑스 인맥은 독일 인맥 못지않았다. 한 예로 바이로이트 순례를 행한 프랑스 작곡가들은 클로드 드뷔시, 에르네스트 쇼송, 카미유 생상, 쥘 마스네, 가브리엘 포레, 레오 들리브, 뱅상 댕디, 앙리 뒤파르크, 폴 뒤카 등이다.

방황과 사면

바그너는 『탄호이저』의 파리 공연이 참담한 실패로 끝나자 『트리스탄과 이졸데』는 독일에서 첫 공연을 하는 게 좋겠다고 생각했다. 하지만 그가 택한 카를스루에 오페라극장의 감독 에두아르트 데프린트는 그해 5월 작품이 난해하다는 이유로 공연을 거부했다. 그는 다음 대상지로 빈에 눈을 돌렸다. 빈은 오페라의 수도로 불리는 곳이어서 트리스탄과 이졸데의 노래를 불러 줄 가수를 찾기 쉬웠다. 실은 이 두 주역은 노래하기 무척 어려운 역이다.

바그너는 1861년 5월 9일 카를스루에를 떠나 빈에 도착했다. 그는 며칠 뒤 호텔에서 나와 자신의 신봉자이자 궁정의사인 요제프 슈탄트하르트너의 집에 머물렀다. 슈탄트하르트너가 마침 장기 휴가를 떠난다며, 평소 시중을 드는 조카 제라피네 마우로까지 딸려 그를 6주 동안 자기 집에 살도록 한 덕분이다. 제라피네는 작곡가 페터 코르넬리우스의 연인이었고, 코르넬리우스는 바그너의 추종자였는데, 바그너는 그 사이에 제라피네와 염문을 뿌렸다.

바그너는 5월 11일 빈 궁정 오페라극장에서 전체 리허설 중인『로엔그린』을 참관하고 감회에 젖었다. 13년 만에 처음 보고 듣는 무대로, 공연진은 그를 열렬히 맞아 주었다. 이 작품의 첫 공연은 1850년 바이마르에서 리스트의 지휘로 이루어졌다. 하지만 당시 그는 스위스에 망명 중이었으므로, 구경하지 못했다. 그는『로엔그린』을 관람하는 동안 로엔그린 역의 알로이스 안더Aloys Ander(1817~1864)와 엘자 역의 루이제 마이어두스트만Luise Meyer-Dustmann(1831~1899)에 주목했다. 그는 아내에게 보내는 편지에서 "두스트만은 혼을 간직한 천상의 목소리이고, 무슨 역이든 소화할 목소리이며, 극적 분위기를 전달하는 데 탁월한 능력을 지녔다"고 했으며, "알로이스 안더는 완벽하며, 성량도 풍부하고,

루이제 마이어두스트만

알로이스 안더

음색도 빛나는 가수다"라고 적었다.[3] 다만 빈 중앙 오페라극장 측에서 두 주역 가수를 대여할 의사가 없음을 확인한 바그너는 그들의 계약이 유효한 여름 시즌까지 기다려야 했다.

바그너는 빈에서 꿈을 펼칠 희망을 안고 5월 말 파리로 돌아갔다. 파리에서 집을 지키던 민나는 『탄호이저』 스캔들로 인한 화가 아직도 풀리지 않은 모양이었다. 아내는 나이에 비해 더 늙어 보였고, 심장의 건강도 나빠져 이전의 모습을 찾기 어려웠다. 아내는 파리에 더 이상 머물고 싶어 하지 않았다. 하루빨리 자신이 나고 자란 곳이자 음악감독의 부인으로서 가장 행복했던 시기를 보낸 곳, 드레스덴에서 여생을 보냈으면 했다. 그로부터 22일 뒤 부부를 슬프게 한 일이 생겼다. 반려견 펩스가 죽은 것이다. 바그너는 그동안 펩스가 든 바구니를 침대 위에 두고 그 옆에서 잠을 자고는 했다. 바그너는 그때의 심경을 다음과 같이 자서전에 적었다.

우리는 그 가여운 동물을 구할 수 없었다. 펩스는 조용히 웅크리고 누워서 점차 짧고 세차게 숨을 쉬었다. 밤 11시가 되자 그는 아내의 침대에서 잠에 빠진 듯이 보였다. 하지만 내가 그를 들어 올리자 이미 죽어 있었다. 이 울적한 일로 민나와 나는 아무 말도 할 수 없었다. 아이가 없는 우리의 생활에 반려동물이 끼친 영향은 대단히 중요했다. 이 활발하고 사랑스러운 동물의 갑작스러운 죽음은 오랫동안 가능하지 않을 것 같은 우리의 결속을 가르는 마지막 틈새였다.[4]

3. Ernest Newman, *The Life of Richard Wagner vol.3 1859-1866*(first published 1941), pp.138~139.
4. Richard Wagner, *Mein Leben(1813-1864)*, p.527.

이튿날 그는 펩스를 친구의 집 뒤뜰에 묻었다. 민나는 2주 뒤, 지병을 치료하기 위해 바트조덴으로 떠났다. 그녀는 2주간의 치료를 마치면 드레스덴으로 갈 예정이었다. 바그너는 살고 있던 아파트를 제3자에게 다시 세를 놓고, 가구는 가구점에 맡기고, 많은 빚을 남겨 둔 채 파리에서의 마지막 3주를 프랑스 주재 프러시아 대사의 손님으로 기거했다. 그리고 그해 8월 말 파리에 머물던 리스트를 만난 뒤 뉘른베르크와 뮌헨을 거쳐 빈으로 갔다.

민나 플라너와 반려견 펩스

바그너는 그해 11월 7일 베네치아에 체재 중인 베젠동크 부부의 초청을 받아 그곳에서 나흘간 묵었다. 그들과 헤어진 지 2년 2개월 만이었다. 그들은 그에게 호의에 넘치는 접대를 했다. 마틸데는 임신 중이었으며, 부부의 금슬도 좋아 보였다. 바그너는 자신에게 향하는 그녀의 다감한 눈길을 보면서 이 연인이 아직도 자기를 그리워하고 있다고 생각했다. 하지만 시간과 여건은 '은신처'에서의 추억을 재현하기에는 너무도 달라졌다는 사실을 일깨울 따름이었다. 그는 자서전에 그때의 심경을 "나흘간의 우울한 날"로 적었다.

바그너는 빈으로 향하는 기차 안에서 오랫동안 묵혀 둔 『뉘른베르크의 마이스터징거』의 대본을 쓰기로 마음먹었다. 이 작품은 『트리스탄과 이졸데』와 더불어 가창 언어의 완성도에서 높은 수준을 보여 준다. 그 비결은 희곡보다 극시의 형식으로 꾸민 대본에 있는데, 그래야 선율과 리듬에 어울리는 노랫말(가창 언어)을 구현할 수 있기 때문이다. 따라서 바그너가 이 극본을 두 달에 걸쳐 탈고(1861년 11월 14일~1862년 1월 25일)한 일은 놀랍다.

이 악극은 바그너가 1845년 7월 3일에서 8월 9일까지 마리앙바드에서 피부병 치료차 휴양할 때 접한 소재 중 하나다. 바그너가 여기서 함께 읽은 책들은 로엔그린과 파르지팔Parzival이 등장하는 성배 전설에 관한 것이다. 그는 장인 가수의 이야기가 3개월 전에 완성(1845년 4월)한 『탄호이저』처럼 노래경연을 담고 있어, 이번에는 희극 오페라로 꾸밀 것을 염두에 두고 그해 7월 16일 초고 작업을 마쳤다. 실제로 그는 1851년 〈내 친구에게 전함〉에 이 소재를 『탄호이저』에 대한 '그랜드 코믹오페라'로서 계획했다고 적을 만큼 관심이 대단했다.[5] 하지만 주인공이 실존 인물이므로 자료를 꼼꼼히 살펴볼 필요가 있었던 데다 작곡 순위에 밀려 그로부터 16년 뒤에 대본을 쓰기 시작한 것이다.

바그너가 이 악극의 창작을 염두에 둔 까닭은 또 있었다. 노래경연을 둘러싼 흥미진진한 이야기와 로맨스는 오페라 소재로서도 매력적이지만, 희극은 『연애금지』를 창작(1836)한 후로 모처럼 접하는 소재였다. 그는 독일에서 유행한 유희 오페라의 전통을 되살리고 싶었고, 독일 정신의 향수가 깃든 뉘른베르크[6]를 되새기고 싶었다. 또 민족주의 취향의 작품 소재가 당시 무르익던 독일 통일의 기운과 맞아떨어진 점이 마음

5. Martin Geck, Stewart Spencer(trans.), *Richard Wagner, A life in Music*(The University of Chicago Press, 2013), p.264.
6. 악극의 무대인 뉘른베르크는 독일을 대표하는 도시 중 한 곳이다. 히틀러는 이 도시의 역사적 의미에 주목하여 1934년 나치스 전당대회를 이곳에서 열었다. 하지만 1945년 연합군이 국제 군사재판을 열어 독일의 전범을 처형함으로써 뉘른베르크는 영욕의 도시가 되었다.

에 들었고, 출판업자 프란츠 쇼트가 대본 구입비로 1만 프랑을 제안한 점도 솔깃했다. 그는 그로부터 열흘 뒤(2월 5일) 마인츠에 있는 프란츠 쇼트 댁에서 『뉘른베르크의 마이스터징거』 대본 낭독회를 가졌으며, 한 달 뒤 작곡에 착수했다.

그가 작곡을 시작하고 보름째 되는 날(3월 28일), 작센 왕국은 그에게 사면령을 내렸다. 13년간의 족쇄가 완전히 풀리는 날로, 이제 바그너는 자신의 탄생지 라이프치히와 제2의 고향 드레스덴으로 여행할 수 있게 되었다. 하지만 영주할 의사는 없었다. 그는 아내를 보려고 드레스덴으로 갈 생각은 않고, 4월과 6월 동안 마인츠에 거주하는 마틸데 마이어에게 구혼하는 정성을 보였다. 하지만 그녀가 정중하게 거절하자 프랑크푸르트에 거주하는 프리데리케 마이어를 연인으로 만들어 두 달간 사귀다 헤어졌다. 그는 사면을 받고도 7개월 뒤, 그제야 별거 중인 아내를 만나기 위해 드레스덴으로 갔다. 부부가 헤어진 지는 8개월 만으로, 그는 1866년 1월 25일에 아내와 사별할 때까지 더는 찾아가지 않았다. 그는 아내에게 생활비는 빠뜨리지 않고 보내 주었으나, 아내를 자주 찾는다는 약속은 지키지 않았다.

바그너는 1862년 7월 중순 반가운 손님을 맞았다. 지휘자 한스 폰 뷜로 부부와 테너 가수 루트비히 슈노어 폰 카롤스펠트 부부가 비브리히에 거주하는 자신을 찾은 것이다. 바그너는 『로엔그린』을 관람하면서 카롤스펠트의 맑고 빛나는 노랫소리에 매료당한 적이 있으며, 소프라노인 그의 아내 말비나 카롤스펠트의 풍부한 성량에도 주목하고 있던 차였다. 바그너는 뷜로가 피아노를 연주하고, 카롤스펠트 부부가 노래하는 『트리스탄과 이졸데』를 오디션으로 갈음했다. 하지만 그는 '알로이스-두스트만' 카드를 버린 것은 아니었다.

루트비히 슈노어 폰 카롤스펠트와 그의 아내 말비나 카롤스펠트.
『트리스탄과 이졸데』 연습 장면(1865년 4월)

『뉘른베르크의 마이스터징거』

『뉘른베르크의 마이스터징거』의 작곡은 순조로웠다. 11월 1일 라이프치히에서 전주곡을 선보인 데 이어 11월 23일에는 의사 슈탄트하르트너의 집에서 중요 부분을 발췌한 대본 낭독회를 한 차례 더 가졌다. 그 자리에는 슈탄트하르트너가 초대한 평론가 한슬리크도 있었는데, 낭독자가 한슬리히Hanslich란 이름이 등장하는 대목을 읽어 나가자 그는 자신을 조롱하기 위해 설정한 인물임을 알아채고 자리를 박차고 나가 버렸다. 두 사람은 그날 이후 더는 만나지 않았다. 하지만 후일 한슬리크는 자신의 회고록《나의 생애Aus meinem Leben》에서 그날의 기억을 호의적으로 서술했으며, 대본은 훌륭했다고 적었다.[7]

이 악극의 주인공 한스 작스Hans Sachs(1494~1576)는 실존 인물인 만큼 그에 관한 문헌과 문학 작품이 많다. 바그너가 초안을 작성할 때 참고한 책은 게오르크 고트프리트 게르비누스Georg Gottfried Gervinus(1805~1871)의《시로 읊은 독일인의 민족문학에 관한 역사Geschichte der poetischen National-Literatur》와 야코프 그림(1785~1863)의 모음집《옛 독일의 마이스터 노래에 관하여Über den altdeutschen Meistersang》였으며, 대본 작업 때 가장 많이 참고한 책은 크리스토프 바겐자일(1633~1705)의《뉘른베르크 연대기, 장인 가수들의 고매한 예술에 관한 책Nürnberg Chronicles, Buch von der Meistersinger holdseliger Kunst》이었다. 또 그는 요한 뷔싱Johann Gustav Büsching(1783~1829)이 편찬한《한스 작스의 희곡》과 요한 다인하르트슈타인Johann Ludwig Deinhardstein(1794~1859)의《희곡, 한스 작스》, E. T. A. 호프만의《통 제조업자 마르틴과 그의 제자들Meister Martin der küfner und

---

7. Nicholas Vazsonyi(ed.), *The Cambridge WAGNER Encyclopedia*, p.563

sein Gesellen》도 읽었다.

이 악극에서 마이스터장Meistersang(장인이 부르는 교회와 세속의 노래)은 중세 후기 남부 독일에서 볼 수 있었던 예술 형식으로 민네장에서 유래했다. 그것은 궁정에서 불리던 노래였기에 민네징거는 대부분 귀족이었다. 하지만 도시가 커지고 상업과 수공업이 발달하면서 민네장은 수공업자들이 주축이 된 마이스터징거가 담당하게 되었다. 그들은 조합에 가입된 수공업자이어야 하며, 시 짓기는 조합의 규정에 따라 했다. '노래하는 장인匠人'은 노래만 하면 가수Singer, 이미 있는 곡에 시를 지어 노래하면 시인Dichter, 창작곡에 시를 지어 노래까지 할 수 있으면 거장Meister으로 불렸다. 또한 '조합원으로서의 장인'은 견습공Lehrling 위에 직공Geselle이 있으며, 그 위에 거장Meister이 있다. 뉘른베르크는 마이스터장의 중심 도시로 중심인물은 한스 작스였다. 그는 제화공이면서 마이스터의 노래를 배워 4,000편이 넘는 시와 그 절반에 해당하는 소설과 희곡(정확히는 시 4,275편, 소설과 희곡 등 1,910여 편)을 창작한 초인적인 인물이었으므로, 바그너에게는 역할 모델의 한 사람이었다.

만일 바그너가 『뉘른베르크의 마이스터징거』를 작곡하지 않았다면 한스 작스란 인물은 특정 지역에 국한된 인물로 남았을 것이고, 장인 가수의 활동은 널리 알려지지 않았을 것이다. 실은 뉘른베르크의 도시 문화가 발달하고 상공업이 발전한 데에는 장인들의 공이 컸다. 그들은 조합 규칙을 잘 준수했기에 도시 경제의 축이 되었고, 가족과 같은 유

한스 작스

대로 맺어져 장인 가수의 전통을 지켰다. 그들은 상인과 수공업자로서 지금의 하층 노동자가 아니라 중산층이었다. 그들은 독일의 국민 개념을 형성한 기층민이었으며, 국민 산업의 기반을 확립한 시민이었다. 따라서 이 악극은 귀족에 대한 시민의 이야기이고, 구세대에 대한 신세대의 이야기다. 또한 민네장이 마이스터장으로 교체된 것처럼 전통 오페라에 대한 새로운 형식의 오페라(악극)를 찬양한 작품이다. 그런 뜻에서 그는 제2막에서 한스 작스의 입을 빌려 "그 소리는 아주 오래되었음에도 아주 새로웠다. 5월이 오면 새가 노래하는 것처럼Klang so halt und war doch so neu, wie Vogelsang im sussen Mai" 하고 노래 부르게 했다. 따라서 이 가사는 "오페라는 아주 오래되었으나 그 안에 새로운 것이 있었다. 다음 시대가 오면 악극이 울려 퍼지는 것처럼" 하고 바꿀 수 있다.

민네징거의 노래는 사랑을 주제로 한 노래가 대부분이었으나 마이스터의 노래는 주제 선정의 폭이 넓었다. 시대가 바뀌면서 노래 주제도 넓어졌으며, 형식도 이전보다 자유로웠기 때문이다. 다만 시는 노래로 불러야 한다든가, 장인 가수가 되려면 조합원이어야 한다든가 등 조합이 만든 규정은 반드시 지켜야 했다. 주제는 마르틴 루터의 성경 교본이었고, 이것을 운문으로 만드는 것을 중요하게 여겼다. 뉘른베르크가 종교개혁의 성지인 만큼 시민들에게 그 당위성을 알리도록 한 데 따른 것이다. 한스 작스 역시 루터에게 바치는 시《비텐베르크의 나이팅게일Die Wittenbergisch Nachtigall》(1563)을 지어 그를 기렸으며, 바그너는 마이스터를 위해 부르는 마지막 부분의 합창에 앞의 송시頌詩를 인용했다. 그 밖에 문학이나 역사, 온갖 세상사가 해당되었으나 주제에 차등을 두지는 않았다.

한스 작스는 66세에 아내를 여의고 1년 가까이 홀로 지내다 27세의 젊은 과부와 사랑에 빠져 결혼한다. 그는 극 중에서 독신이므로 악극이 전개되는 때는 아내와 사별하는 1560년에서 그가 재혼하는 1561년 9월 사이에 일어난 일로 볼 수 있다. 또 극이 시작되는 날짜는 성 요한 축제일 하루 전인 6월 23일로 설정되었다. 바그너가 이 악극을 작곡할 때인 1862년은 아내 민나와 별거 중이었으므로 사실상 독신이었으나 자신이 제2의 마틸데(베젠동크 부인)로 부른 마틸데 마이어와 사귀는 중이었다. 하지만 2년 뒤 그녀와의 사랑은 결렬되었고, 총보 완성을 1년 앞두고 아내와도 사별하여 그 또한 홀아비가 되었다(그때는 코지마와 동거 중이었으므로 엄격히는 독신이 아니었다). 바그너는 원래 스승 테오도어 바인리히 교수를 한스 작스로 여겼고, 자신을 경연대회에서 승리하는 비결을 전수받는 발터 폰 슈톨칭으로 여겼다. 하지만 한스 작스가 연정을 느낀 여성을 포기하는 데서 마틸데 베젠동크와 자신의 로맨스를 읽어 내고 그와 동일시하게 된 것이다.

여기에는 다양한 개성을 지닌 인물들이 등장한다. 그들 중에 다비드(한스 작스의 제자, 테너)와 막달레나(에파의 유모, 소프라노)는 익살맞은 연인이며, 발터 폰 슈톨칭(청년 기사, 테너)과 에파 포그너(금세공사 포그너의 딸, 소프라노)는 진지한 연인으로 두 짝이 보여 주는 역할 대조가 절묘하다. 또 우스꽝스럽고 밉살스럽게 묘사한 직스투스 베크메서(시서기, 베이스)는 극에서 감초 같은 배역이다. 그는 연모하는 에파를 두고 속앓이만 하는 데다 자신은 심판관이지만 정작 노래는 시원찮은 점에서 연민을 느끼게 하는 인물이다. 한편 한스 작스는 사랑하는 여성을 젊은 기사(발터 폰 슈톨칭)와 맺어지게 하는 도량을 지녔고, 노래경연에 참가한 연적의 우승을 돕는 인정을 베푼다. 그래서 구세대를 상징하는 한스 작스와 신세대를 상징하는 발터 폰 슈톨칭은 대립 관계가 아니라 조화를 이루는 협력 관계다. 한스 작스는 삶을 달관한 인물로 악극 속에 그의 애환이 절절히 녹아 있다. 또 연정을 품었으나 끝내 에파를 단념해야 하는 점에서 이 악극은 비극적 요소가 녹아든 인간 희극이며, '심각한 희극' 또는 '무거운 희극'이다.

바그너는 직스투스 베크메서의 원래 이름을 '직스투스 한슬리히 Hanslich'로 지었다. 그 이름은 누가 보더라도 자신에게 비우호적인 한슬리크를 암시하는 이름임이 분명했다. 또 낭독회 때 참가한 본인의 항의도 있고 주위의 권고도 있어 베크메서로 바꾸었다. 베크메서는 바그너가 유대인을 비하하기 위해서 설정한 인물이라는 말이 있다. 하지만 작가에 따라서 이를 긍정하는 의견과 부정하는 의견이 갈린다. 이는 유대인에 대한 바그너의 이중적 태도에 따른 해석의 차이로 볼 수 있다. 참고로 한슬리크의 어머니는 유대인으로, 결혼 후에 가톨릭으로 개종했다.

『뉘른베르크의 마이스터징거』는 모호하게 들리는 『트리스탄과 이졸데』에 반해 명료하게 들린다. 앞의 악극은 온음계에 바탕을 두고 있고, 뒤의 악극은 반음계주의로 일관하기 때문이다. 『뉘른베르크의 마이스터징거』의 전주곡은 축제적 분위기에 젖게 하는 밝고 힘찬 C(다)장조로 시작(뉘른베르크의 동기)한다. 전체 악곡 또한 거의 C장조로 이루어져 있어 'C장조의 향연', 'C장조의 도가니'란 말을 들었다. 그 예로 한스 작스의 노래 「망상의 독백」과 발터가 부르는 「승리의 노래」, 경연대회장 입장, 이어지는 합창과 피날레 곡 등이 C장조다. 그래서 요란스럽고 후덥지근한 분위기를 자아내는 까닭에 즐겁고 들뜬 감정을 느낄 수 있다. 초연 때 관객의 반응은 대단했는데 이후에도 호의적인 평이 줄을 이었다. 하지만 영국의 미술평론가 존 러스킨은 1882년 이 악극을

Vorspiel.

Richard Wagner.

『뉘른베르크의 마이스터징거』의 전주곡

Morgenlich leuch - tend in ro - si-gem Schein, von Blüth und Duft geschwellt die

Luft, voll al-ler Won - nen, nie er-son-nen, ein Garten lud mich ein, Gast ihm zu sein.

발터의 「승리의 노래」

관람한 뒤 친구에게 보낸 편지에 다음과 같이 적었다. 그의 평은 지나
치리만큼 신랄한 데다 부정적인 단어를 여러 번 강조한 것으로 미루어
바그너의 오페라로부터 강한(요란하고 시끌벅적한) 인상을 받은 것만은
분명해 보인다.

> 그것은 내가 보았던 어느 무대보다 멍청하고, 꼴사납고, 서투르고, 딴청 부
> 리고, 온통 야만스러우며, 내가 참았던 어느 소리보다 지루하기 짝이 없고,
> 진을 빼놓고, 정신 못 차리게 하고, 시작도 끝도 없고, 위도 아래도 없고, 뒤
> 죽박죽이며, 뼈대만 앙상한 엉터리 노랫말이 영원토록 이어진다. 내 기억으
> 로는 기적汽笛 소리를 들었을 때를 제외하면, 솜씨 없는 장인의 절규가 중지
> 되었을 때만큼 안심이 된 적은 없었다.[8]

이 악극은 모차르트의 『마술피리』에서 느낄 수 있는 유희적 요소도
있고, 그의 오페라를 연상시키는 해학적인 분위기도 느낄 수 있어 친숙
하게 들린다. 실제로 이 악극은 유희 오페라의 단초를 연 모차르트와
그 맥을 이은 알베르트 로르칭의 오페라에 빚을 지고 있다. 그중 가장
많이 참고한 것이 로르칭이 한스 작스를 모델로 해서 작곡한 『무기 제
조가Der Waffenschmied』였다.

한스 작스는 악극의 마지막 장면에서 "신성로마제국은 여전히 존재
하리니, 신성한 독일의 예술이여das heilige römische Reich uns bliebe gleich. die
heilige deutsche Kunst"라고 노래한다. 그러자 경연대회에 모인 사람들이
"만세Heil! 한스 작스"를 열광한다. 그래서 이 악극은 나치스 집권기에

---

8. Rudolph Sabor, *The Real Wagner*, p.357.

'제3제국의 마이스터징거'로 선전되었고, 한스 작스는 열변을 토해 내는 히틀러로 비유되었다. 나치 지도부는 민족주의를 자극하는 대사의 내용과 명창 대회가 갖는 축제적 의미, 독일적인 분위기에 젖게 하는 악곡 등에서 정치적 상징 조작을 떠올린 것이다.

파산과 예기치 못한 방문객

바그너는 1863년 1월 1일부터 11일까지 빈에서 신년 음악회를 열었다. 하지만 결과는 적자였다. 그때 그의 팬인 오스트리아-헝가리 제국 황비 엘리자베트(애칭 시시Sissi)가 1,000굴덴을 후원했다. 황비의 지원금은 손실을 메우기에는 턱없이 모자랐으나, 그의 용기를 북돋우기에는 충분했다. 그는 손실을 만회하기 위해 1월 중순부터 4월 말까지 프라하, 베를린, 상트페테르부르크, 모스크바 등지로 연주 여행을 떠났으며, 그 결과 손실을 메우고도 4,000탈러의 수익금을 챙길 수 있었다. 5월이 되자 그는 그 돈으로 빈 근교의 펜칭에서 귀족풍으로 지은 저택을 연 2,400마르크를 주고 빌렸다. 이어 하인들을 고용하고, 호화 가구를 들여놓고, 방 열두 개에 갖가지 장식을 하고, 거실에 값비싼 양탄자를 깔고, 천장에 수정 상들리에를 설치하고, 화려한 의상을 구입하는 등 온갖 호사를 부렸다. 그뿐 아니었다. 친구에게 선물을 준다며 고가의 외투와 가운·스카프·금으로 만든 단추·희귀 장정본·역시 고가의 담뱃갑과 라이터 등을 구입했다. 결국 금고는 반년이 채 지나지 않아 거의 비었다. 당연히 그는 빚을 얻어야 했지만, 그럼에도 돈을 물 쓰듯했다. 따라서 이번에 불어난 빚은 전례 없이 큰 규모였다.

그는 1864년 1월, 마지막 희망을 『트리스탄과 이졸데』의 수익금에 걸었다. 그는 초연을 위해 중요 배역의 오디션 계획을 세우는 한편 관현악단과의 리허설을 준비하는 등 바삐 움직였다. 하지만 두 달여 동안의 준비 기간을 거치면서 그는 이 작품을 무대에 올리기 쉽지 않다는 사실을 깨달았다. 첫 번째 문제는 두 주역 가수였다. 알로이스 안더는 '아주 완벽한 테너'가 아니었고, 루이제 마이어두스트만은 '무엇이든 가능한 소프라노'가 아니었다. 테너는 연습 중에 자주 목소리가 탁해지거나 갈라졌고, 소프라노는 이졸데 역을 맡기에는 목소리가 힘에 부쳤다. 게다가 알로이스 안더는 마흔네 살로, 마이어두스트만보다 열네 살이 많았다. 다음 문제는 관현악단이었다. 단원들은 리허설을 77회나 가졌음에도 혁신적인 오케스트레이션 기법에 좀처럼 적응하지 못했다. 결국 그는 조건이 무르익을 때까지 초연을 연기해야만 했다. 그는 다시금 누구에게도 구애받지 않고 언제든 자기 오페라를 무대에 올릴 수 있는 전용 극장을 지어야겠다고 생각했다. 그는 1862년 12월, 〈무대축제극 "니벨룽의 반지" 출판에 대한 서문Vorwort zur Heraugabe der Dichtung des Bühnen Festspieles "Der Ring des Nibelungen"〉(1863년 라이프치히에서 출간)을 집필하면서 다음과 같이 결론을 맺었다.

축제극장 건립에 후원금을 낼 수 있는 군주를 찾을 수 있을까?

바그너는 3월 중순 파산을 앞두고 도주할 궁리를 했다. 그는 먼저 흉금을 털어놓는 엘리자 빌레 부인에게 오토 베젠동크더러 자신을 숨겨달라는 말을 전하도록 부탁했다. 그러나 본인으로부터 거절한다는 전갈을 받았다. 그는 러시아 공작부인 헬레네로부터 아내에게 보낼 생활비를 지원받자, 3월 23일 한밤중에 여장을 하고 빈을 벗어난 다음 스위스를 거쳐 뮌헨으로 도주했다. 『뉘른베르크의 마이스터징거』와 대망의 반지 4부작의 완성을 앞둔 상태였다. 그는 상황이 막바지에 이른다면 자결할지도 모르겠다고 낙담하면서 이대로 주저앉을 수는 없다고 다짐했다. 그는 절망적인 심경에서 페터 코르넬리우스에게 다음과 같은 요지의 편지를 보냈다.

나는 극도로 위태로운 처지에 놓여 있다오. 아주 작은 충격도 모든 것을 뒤엎어 버릴 만큼 아슬아슬한 지경 말이오. 더 이상 나에게서 나올 건더기는 없소. 아무것도, 아무것도! 한 줄기 빛이 보이기를 기대하고 있소. 지금 누군가 나타나 나에게 큰 도움을 주었으면 한다오. 오직 기적만이 지금의 나를 구원할 수 있을 것이오.[9]

마음이 답답했던 그는 한때 연인이었던 마틸데 마이어에게 보낸 4월 5일 자 편지에 간밤에 꾼 꿈 이야기를 적었다. 그것은 장차 이루어질 소원을 알린 예지몽이 아니라, 간절한 염원이 꿈에서 이루어진 암시몽에 지나지 않지만, 잠시나마 그를 들뜨게 했을 것이다.

나는 지난밤 간절하게 열망하는 꿈을 꾸었답니다. 프리드리히 대왕께서 나를 궁전으로 초청하여 볼테르와 함께 일하도록 한 꿈이었지요.[10]

바그너는 엘리자 빌레 소유의 마리안펠트 농장에 들른 뒤 4월 29일 슈투트가르트에 도착했다. 그는 그곳 마르쿠와 호텔에 며칠 머문 뒤 5월 3일, 다음 은신처로 떠나려고 했다. 그때, 그는 한 무리의 관리와

9. Derek Watson, *Richard Wagner, A Biography*, p.194.
10. Rudolph Sabor, *The Real Wagner*, p.292.

맞닥뜨렸다. 그들은 자신을 체포하려고 온 것임이 분명했다. 순간 그는 희망을 버렸다. 그는 자기 운이 거기까지라고 생각했다. 하지만 그 무리의 인솔자는 바이에른 왕국의 각료 프란츠 폰 피스터마이스터Franz von Pfistermeister였으며, 그들은 바그너를 왕궁으로 불러들이기 위해 루트비히 2세가 보낸 사자使者들이었다. 기적이 일어난 것이다. 바그너가 말한 "뮌헨의 기적"이!

제13장   바그너의 수호천사와 젊은 호적수

우리의 꿈은 실현되었소. 다음 세대 사람들은 우리를 부러워할 것이오.
우리는 비할 데 없이 행복한 순간을 맞이했소.
　　　　— 1876년 8월, 반지 4부작 리허설 참관 때 루트비히 2세가 바그너에게 한 말

내 아내 코지마가 나를 이곳으로 데려왔습니다.
　　　　— 1889년 5월, 누가 정신병원으로 데려왔느냐고 묻는 의사에게 니체가 한 답변

바그너와 루트비히 2세

바이에른의 왕 루트비히 2세Ludwig Otto Wilhelm(1845~1886)가 정치적 수완 대신 예술적 소질을 타고난 것은 불운일까. 그가 예술에 무관심한 현군이었다면, 왕국에 이롭고 신민에게 복이었을 것이다. 하지만 그에게 권력이 없었다면, 바그너를 후원하여 바이로이트 축제극장을 짓게 하고, 노이슈반슈타인성을 만들어 지금까지도 사람들을 불러 모을 수 있었을까. 그가 예술을 좋아하는 동시에 통치도 잘한 군주가 아니었다면, 예술을 모르는 유능한 통치자였기보다 예술에 애정을 쏟는 무능한 통치자였길 바라고 싶다. 권력은 한 사람에 속하지만, 영향력은 만인에 속하기 때문이다.

12세기부터 700여 년간 바이에른을 통치한 비텔스바흐Wittelsbach 왕가는 아름다운 용모와 정신병력을 물려받은 가문으로 알려졌다. 용모로 따졌을 때 그 대표적인 남성은 루트비히 2세고, 여성은 그와 사촌 지간이며 시시라는 애칭으로 불린 오스트리아 황비 엘리자베트Elisabeth Amelie Eugenie(1837~1898)다. 루트비히 2세는 서글서글한 눈매와 오똑한 코, 반듯한 이마가 대칭을 이룬 생김새에 균형 잡힌 장신(191cm)의 체격이 어우러진 미남이었다.

하지만 그는 1864년 3월, 열여덟 살의 나이에 바이에른의 왕으로 즉위하면서 기대와 달리 주어진 임무와 역할을 기피하고, 환상 세계에 집착하는 퇴행적 행보를 보였다. 다름 아닌 비텔스바흐가의 저주로 불리는 편집증세Paranoia 때문이다. 그것은 넓게는 '편집성(망상성) 인격장애Paranoid personality disorder'의 범주에 든다. 증상은 불안과 공포를 원인으로 하는 비합리적인 피해의식으로 나타나고 때로는 망상에 빠져든다. 정도가 심하면 정신분열증세로 나타나는데 약하면 단순한 편집적 성격으로 나타난다. 루트비히 2세는 경계상에 있다고 볼 수 있으며, 피해의식보다는 환상에 집착하는 증세를 보였다. 비텔스바흐가의 편집증은 개인차를 보이면서 다양한 양상으로 대물림되었다. 그에게는 바그너 오페라에 탐닉하고, 동화의 성 린더호프와 헤렌킴제, 노이슈반슈타인 건설에 집착하는 양상으로 나타났다. 바그너는 그가 택한 우상으로, 할아버지 루트비히 1세가 롤라 몬테즈에 빠져 왕국의 재정을 축내고, 한동안 국사를 위태롭게 만든 행태를 답습한 것이다.

루트비히 1세(루트비히 2세)는 롤라 몬테즈(리하르트 바그너)에게 뮌헨에서 살 집을 주었고, 그녀(그)는 왕의 총애를 받는 대가로 왕을 기쁘게 했다. 몬테즈(바그너)는 각료와 백성의 미움을 받은 탓에 왕은 그녀(그)를 뮌헨에서 추방했으며, 그녀(그)는 스위스로 피신했다. 왕은 그녀(그)를 위해 시를 지었으며, 신문은 그들의 관계를 비꼬았다. 루트비히 1세는 몬테즈에게 '라운트슈펠트 백 작부인'이란 칭호를 내렸고, 루트 비히 2세는 바그너에게 '예술과 과학을 위한 막시밀리안 증서'를 주었다. 두 왕은 각자 자신을 위한 아름다운 성을 지었으며, 루트비 히 1세는 1848년에 퇴위했고, 루 트비히 2세는 1886년에 퇴위했다.

롤라 몬테즈

하지만 할아버지의 몬테즈에 대 한 애착은 손자의 바그너에 대한 애착에 비할 바가 못 되었다. 마찬 가지로 그녀가 루트비히 1세에게 미친 영향력의 정도는 바그너가 루트비히 2세에게 미친 영향력에 비할 수 없었다. 만일 루트비히 2세에게 바그너가 없었다면 백조의 성 노이 슈반슈타인은 만들어지지 않았을지 모르고, 바이로이트 극장은 만들어 지지 못했을 것이다. 그는 아버지 막시밀리안 2세로부터 왕위를 물려 받았으나, 예술적 자질은 할아버지 루트비히 1세를 이어받았다.

루트비히 2세는 열여섯 살 때(1861년 2월 2일)『로엔그린』을 관람한 뒤 백조 기사를 장차 자신이 펼칠 환상 세계의 모티프로 삼았다. 그로 인해 그는 백조의 성을 짓고, 로엔그린을 주제로 한 프레스코로 벽을 장식하고, 로엔그린의 자태에 동성애적 감정을 느끼고, 바그너를 영웅 의 대리상으로 여기고, 바그너의 저서와 오페라 대본을 읽으며 그에 감 정이입하는 등으로 자신이 꿈꾼 세계를 만들고 즐겼다. 그러므로『로 엔그린』의 작곡자 바그너를 만나는 일은 그가 왕으로 즉위한 뒤 가장 먼저 해야 할 일이었다.

바그너는 1864년 5월 4일, 뮌헨에 소재한 왕궁에서 루트비히 2세를 알현했다. 그는 그날 오후 왕이 처음 맞은 인물이었다. 왕은 그가 간절히 원하던 한 줄기 빛이었고, 꿈속의 왕(프리드리히 대왕)이 아닌 현실의 왕이었다. 왕은 격식에 얽매이지 않았다. 그는 왕좌에서 일어나 바그너에게 다가와 악수를 청했다. 왕은 며칠 뒤 사촌 조피 샤를로테에게 바그너를 만난 소감을 다음과 같이 말했다.

그는 허리를 굽혀 나의 손을 잡았소. 그러고는 아무 말도 없이 오랫동안 그 자세로 있었소. 나는 그와 내가 역할이 바뀌었다는 느낌을 받은 거요. 나 또한 허리를 크게 굽혀 그를 보았거든. 나는 그를 대하면서 만남의 시간이 다할 때까지 진심으로 그를 대할 것을 다짐했소. 그게 그처럼 감동적이고, 자연스럽게 여겨집디다.[1]

실제로 키 191cm인 왕이 170cm가 안 되는 바그너와 눈을 맞추기 위해 고개를 숙인 자세는 허리를 굽힌 채 그를 올려보는 바그너의 자세와 묘한 대조를 이루었을 것이다. 하나 보기에 따라서는 왕이 상대에게 고개 숙여 극진한 예를 보인 데 비해 바그너는 상대와 눈을 맞추기 위해 고개를 들고 의연하게 상대를 맞이하는 장면으로도 볼 수 있다. 루트비히 2세가 전임 국왕의 아들로 태어나 왕이 되었다면, 바그너는 제힘으로 거장이 되었다. 사람의 진정한 키는 외관상의 높낮이로 따질 수 없는 것이며, 그들이 지닌 권력과 예술적 영향력의 차이로 따져

1. Ernest Newman, *The Life of Richard Wagner vol.3*, p.222.

루트비히 2세

야 할 것이다. 권력은 당대에 한하지만, 영향력은 무궁한 까닭이다. 다만 루트비히 2세는 권력을 통해 예술의 영향력을 넓힌 데에 위대함이 있다고 본다.

루트비히 2세는 바그너에게 연봉 5,000굴덴을 지급하기로 약속했다. 또 빈에서 진 빚을 갚을 수 있도록 4,000굴덴을 쥐여 주었다. 하지만 그것으로도 모자라자 1만 6000굴덴을 추가로 지원하여 모든 부채를 정리하도록 배려했다.

루트비히 2세와 바그너

게다가 그의 시중을 들 브라체크 부부를 붙이고 반려견까지 하사한 뒤, 슈타른베르크 호수가 보이는 고급 저택을 무상으로 대여해 주었다. 저택은 왕이 거처하는 슐로스베르크성과 가까워 두 사람은 언제든 걸어서 만날 수 있었다. 이상의 조치를 내린 다음, 왕은 그에게 이제부터 돈 걱정은 하지 말고 작곡에만 전념하라는 분부를 내렸다. 바그너에게 꿈같은 일이 일어난 것이다.

바그너는 친구 마틸데 마이어에게 보낸 편지에 왕과의 첫 만남을 신비로운 마술이라고 썼으며, 후일 쥐디트 고티에게는 자신의 임무를 수행하도록 하기 위해 하늘에서 내려보낸 사람이라고 써 보냈다. 또 그는 누님처럼 따르는 엘리자 빌레에게 그날의 만남을 다음과 같이 편지(5월 4일 자)에 적어 보냈다.

젊은 바이에른 왕께서 저를 위해 사자를 보냈답니다. 오늘 저는 그분을 뵈었지요. 그분은 대단히 잘생겼고, 훌륭한 영혼과 정신을 지니고 있으며, 빛나는 위엄을 간직하고 있습니다. 저는 이 범속한 세상에서 덧없이 흐르는 신성한 꿈처럼 그분의 존재가 사라지지 않을까 두렵군요.

그분은 첫사랑의 강렬한 불꽃이 붙은 것처럼 저를 사랑한답니다. 그분은 저와 제 음악에 관한 모든 것을 알고 있습니다. 그리고 제 속마음을 저 자신처럼 이해하고 있습니다. 그분께서는 저에게 언제든 옆에 머물며 작곡도 하고, 휴식도 취하고, 연주도 할 것을 원하셨습니다.[2]

그는 그로부터 5개월 뒤 루트비히 2세에게 지금 살고 있는 저택은 자신이 살기에 너무 크다고 청원하여 10월 15일 그곳에서 조금 떨어진 브런너가 21번지의 저택으로 옮겼다. 사실은 집의 크기보다는 왕궁과 너무 가깝다는 점이 불편해서였을 것이다. 또 3일 뒤에는 왕으로부터 『니벨룽의 반지』를 끝내는 데 필요한 3만 굴덴을 저작권료로 받았다. 그 돈을 저택 내부를 치장한답시고 신명 나게 써 버렸음은 물론이다.

바그너는 11월, 이전부터 꿈꾸어 오던 전용 극장의 건립 계획을 왕에게 보고했다. 그가 제시한 계획서에는 음악학교 설립 건도 딸려 있었다. 그의 구상에 매료된 왕은 11월 26일에 전폭적인 지원을 약속했다. 바그너의 오페라는 소년 시절부터 줄곧 왕을 사로잡은 이상이었다. 그러므로 바그너의 작품만을 공연하는 극장이 있다면 그것처럼 좋은 일은 없을 터였다. 바그너는 건축 책임자로 드레스덴 봉기의 동지 고트프리트 젬퍼를 천거했으며, 왕은 여느 극장보다 규모가 큰 석조 건축물로

2. Barry Millington, *The Sorcerer of Bayreuth*, p.161.

지을 계획이라고 말했다.

가칭 '바그너 축제극장'은 두 가지 문제를 해결해야 했다. 하나는 소요 경비 500만 굴덴을 조달하는 일이고, 다른 하나는 장소 선정이었다. 먼저 왕이 제안한 곳은 브린너가의 가로수를 낀 지역이었으나, 주변에 주택이 많아 보상비는 차치하고라도 주민들의 원성을 살 수 있었다. 그래서 바그너는 알테 식물공원이 입지한 인근에 짓자고 제안했다. 결국 최종안으로 이자르강 상류의 강변에 축제극장을 세운다는 계획이 채택되었다. 건축에 드는 예산은 예상 건축 기간인 6년 동안 가용 예산을 공정별로 조달한다는 원론적인 결론에 만족했으며, 세부적인 문제는 차차 논의하기로 했다. 하지만 축제극장 계획안은 바그너가 뮌헨에서 추방되면서 흐지부지되고 말았다.

바그너가 왕을 부추겨 거대한 극장을 짓는다는 소문은 금세 퍼졌다. 뮌헨 시민들은 바그너를 '금고 약탈자', '왕의 착취자', '드레스덴의 바리케이드 맨', 또 루트비히 1세의 정부 롤라 몬테즈에 빗대어 '롤루스 Lolus' 혹은 '남자 롤라 몬테즈' 등으로 불렀다. 뮌헨에는 이미 훌륭한

뮌헨에 세우기로 한 바그너
전용 극장 모형도

왕립 국민극장이 있었던 데다 새로 지을 극장의 건축비용이 엄청났기 때문이다. 루트비히 2세는 동요했고, 바그너와의 만남을 기피했다. 심지어 1865년 2월 12일 뮌헨에서 『탄호이저』를 공연할 때도 참석하지 않았다. 기자들은 이를 두고 왕이 바그너를 버렸다고 신문 기사를 냈지만, 실은 각료들의 불만과 시민들의 비난을 무마하려는 왕의 속셈이었다.

그해 3월, 바그너는 왕의 격려 편지를 받고 『트리스탄과 이졸데』의 뮌헨 첫 공연을 하려고 마음먹었다. 트리스탄 역은 슈노어 폰 카롤스펠트, 이졸데 역은 그의 부인 말비나 카롤스펠트로, 나이는 이졸데 역이 상대역보다 열한 살이 많았다. 그들의 컨디션은 최상이었다. 연습 때는 어려운 곡을 훌륭하게 노래하여 바그너는 특별히 마음에 드는 부분을 들을 때면 두 사람을 껴안고 뺨에 입을 맞추기까지 했다. 한편 뷜로는 4월 10일에 아내 코지마가 바그너의 첫째 딸 이졸데를 분만했음에도 연습에 몰입하는 것으로 고민을 잊으려는 듯 지휘에 열중했다. 애초에는 자신의 아이로 여겼으나 이제는 그간의 전말을 알았기 때문이다.

좋은 일에는 마가 낀다고 했던가. 모든 게 순조로울 듯했던 공연은 말비나 카롤스펠트의 목이 쉬어 5월 15일 무대에 올리기로 한 초연이 취소되었다. 사람들은 이를 두고 '트리스탄 징크스'라고 했고, '애초에 연주가 불가능한 작품'이라고도 했다. 그럼에도 왕은 초연을 재촉했다. 드디어 『트리스탄과 이졸데』는 곡절 끝에 1865년 6월 10일 뮌헨 왕립 국민극장에서 막을 올렸다. 바그너가 공연을 시도한 지 세 번째로, 4년 만이었다.

첫날의 공연은 완벽했다. 그토록 많은 정성을 들였고, 벼르고 벼르던

바그너, 코지마, 뷜로의 삼각관계를 『트리스탄과 이졸데』의 등장인물에 빗댄 풍자화

개막이었던 만큼 무대장치와 지휘, 가수진의 가창과 악단원의 연주가 한 치의 어긋남도 없었다. 관객들은 처음에는 당혹해했으나, 6월 13일에는 여기저기서 탄성이 들렸고, 6월 19일에는 환호하는 소리가 전보다 크게 들렸다. 7월 1일 최종 공연 때는 관객들의 연호와 갈채가 장내를 진동했다. 바그너는 그동안의 노고에 보답을 받은 듯 기뻐하며 눈물을 글썽였다. 루트비히 2세는 그날의 감동을 다음과 같이 바그너에게 전했다.

유례없이 훌륭하고 신성한 작품이오! 이보다 더한 기쁨이 있겠습니까. 완벽해요. 환희에 압도당할 지경입니다. 마음을 빼앗겨 깨닫지 못하는 사이, 천상의 기쁨으로 빠져들게 만드는 성스러운 작품! 영원히 내세에서도 변치 않을 것이오.[3]

신문에 실린 비평은 찬사와 비판이 갈렸으나, 대체로 호평에 기운 편이었다. 작곡에서 초연에 이르는 동안 바그너를 지치게 만든 『트리스탄과 이졸데』는 엄청난 대가를 요구했다. 극장 무대에서 죽음을 연기했던 트리스탄이 현실 무대에서 실제로 죽은 것이다. 공연이 끝나고 19일째 되는 날이었다. 주변에서는 작곡자가 극도로 부르기 힘든 곡을 지은 탓에 가수가 그걸 소화하느라 지쳐서 죽었으니, 바그너가 죽인 것이나 다름없다는 원성도 쏟아 냈다. 그는 비난에 대응할 말이 없었다. 혼신을 다해 트리스탄을 노래한 뒤 죽었으니 그 역을 위해 순교한 것이 분명했기 때문이다. 바그너는 앞으로 그가 맡게 될 다양한 배역과 수많은 노래

---

3. 비비안 그린, 채은진 옮김, 《권력과 광기》(말글빛냄, 2005), p. 397 [Otto Strobel, *König Ludwig 2 und Richard Wagner Briefwechsel vol.1*(Kalsluhe, 1936) p.105 재인용].

를 생각하며 깊은 슬픔에 잠겼다. 29세의 전도유망한 헬덴 테너였던 루트비히 슈노어 폰 카롤스펠트는 그의 희망이나 다름없었다. 바그너는 시와 메모를 적어 둔 갈색 책Das Braune Buch(바그너가 1865년부터 1882년까지 쓴 일기책으로 표지가 갈색임)에 그때의 감정을 다음과 같이 적었다.

나의 트리스탄! 나의 사랑하는 이여! 나는 심연을 향해 내려간다오. 나는 정신을 잃지 않고 거기에 서서 그(슈노어 폰 카롤스펠트)의 죽음을 정지하려고 그를 붙잡으며, 되돌아오기를 바란다오. 우리는 사신을 향해 외치는 경고음을 그가 듣기 바라면서 그를 (죽음으로부터) 잡아당긴다오. 나는 맑은 정신으로 그를 내려다보는 것만으로도 기쁘다오. 그러나 친구여! 나는 그를 잃었다오. 나의 트리스탄! 나의 둘도 없는 친구여![4]

루트비히 2세의 바그너에 대한 총애는 『트리스탄과 이졸데』의 초연 이후 날로 뜨거워졌다. 왕은 그의 연봉을 8,000굴덴으로 인상하고, 4만 굴덴을 별도로 하사하여 남은 부채를 정리하도록 했다. 왕은 바그너를 호엔슈반가우성에 초대하는 횟수를 늘렸으며, 대화 시간도 많이 할애하여 국사에 바치는 시간은 그만큼 줄어들었다. 한편 바그너는 그해 9월, 정치 지향형 기자들을 비난하고 일부 각료의 퇴진을 암시하는 논설문 〈독일이란 무엇인가?Was ist Deutsch?〉를 발표하여 중신들의 분노를 샀다. 바그너를 눈엣가시로 여기던 내각 수상 루트비히 폰 포르텐 남작Baron Ludwig von Pfordten은 이를 기회로 왕과 바그너를 떼어 놓고자 했다. 수상은 그가 드레스덴 봉기에 참여한 전력을 들추어 왕의 측근에 두

---

4. Derek Watson, *Richard Wagner, A Biography*, p.215.

호엔슈반가우성

기에는 위험인물임을 강조했다. 하지만 왕이 대수롭지 않게 여기자 수상은 국민이 봉기를 일으키려 한다는 말로 설득하는 한편 국민에 대한 사랑과 바그너의 우정 중에 택일하라며 은근히 겁박을 주었다. 또 건의가 받아들여지지 않으면 내각이 총사퇴하겠다는 의사도 덧붙였다. 루트비히 2세는 마지못해 그의 충언을 받아들였다. 바그너는 1865년 12월 10일 뮌헨에서 추방되었다. 그는 다음 날 새벽 5시 코지마와 코르넬리우스의 배웅을 받으며 스위스로 향하는 기차에 몸을 실었다.

하지만 그들의 우정은 이제 한 고비를 맞았을 뿐, 보다 극적이고 로맨틱한 우정을 주고받는 일은 이제부터였다. 동시에 서로가 상대의 결점—바그너는 이기적이고 실리적이며, 루트비히 2세는 타인을 잘 믿고 변덕스러운—을 알게 된 계기였다. 사실, 두 사람의 우정에는 차이가 있었다. 바그너는 타산적인 면이 없지 않았고, 왕은 순수했다. 그럼에도 두 사람의 신분과 나이를 초월한 우정은 역사상 유례를 찾기 힘들며, 생전에 그들이 주고받은 선물과 편지가 그것을 증명하고 있다. 바그너는 1864년부터 1882년까지 4년간(1871년부터 1874년까지)을 제외하면 한 번도 거르지 않고 왕으로부터 다이아몬드 반지, 왕의 초상화, 바그너 오페라의 주인공을 새긴 집기와 대리석 조각상, 회화, 고가의 캐비닛과 장식품 등을 선물받았다. 바그너 역시 1864년부터 1868년까지 해마다 루트비히 2세에게 에세이 〈국가와 종교에 관하여Über Staat und Religion〉 증정, 「경의 행진곡Huldigungsmarsch」 헌정을 비롯해 『방황하는 네덜란드인』 총보·『파르지팔』 대본 초고·『요정』 총보·『연애금지』 총보·『라인의 황금』 총보·『발퀴레』 총보·『뉘른베르크의 마이스터징거』 총보·『리엔치』 총보 등을 선물했으며, 1880년에는 자서전 《나의 생애》를 보냈다.

두 사람이 주고받은 통신과 횟수는 다음과 같다.[5]

	편지	전보	시
루트비히 2세가 바그너에게	177	76	2
바그너가 루트비히 2세에게	262	67	15

두 사람이 주고받은 서신 중에서 인사말과 끝맺는 말의 보기는 다음과 같다.[6]

루트비히 2세

	인사말	끝맺는 말
1865. 8. 14.	내 존재의 바탕이요, 내 삶의 기쁨. 진실로 사랑하는 친구여!	영원함과 영원함을 넘어, 당신의 충실한 루트비히.
1866. 11. 6.	나의 진실로 사랑하는 단 하나뿐인 친구여!	죽음을 맞을 때까지, 당신의 충실한 루트비히.
1867. 3. 9.	나의 단 하나뿐인 사랑하는 친구여, 나의 구원자, 나의 신!	당신의 루트비히.
1876. 8. 12.	위대한, 비길 데 없는 무한히 사랑하는 친구여!	바위처럼 단단한, 영원히 진실한 당신의 루트비히.

5. Rudolph Sabor, *The Real Wagner*, p.297.
6. Rudolph Sabor, *The Real Wagner*, pp.297~298.

리하르트 바그너

	인사말	끝맺는 말
1866. 10. 6.	오, 나의 친애하고 친애하는, 경이롭고 모든 것 중에 가장 사랑하는 이여!	더없이 행복한, 당신의 신하 리하르트 바그너.
1866. 11. 22.	나의 지지자이시며 보호자이신 가장 사랑하는 친구, 나의 군주여!	제 영혼으로부터 따뜻한 인사를, 영원히 당신의 충직한 리하르트 바그너.
1867. 7. 3.	나의 친애하는 가장 아름답고, 이 세상의 마지막 인연으로 남을 나의 사랑하는 친구여!	죽을 때까지 충성을 다하는 당신의 늙은 마술사 리하르트 바그너.

이상의 글귀 외에도 루트비히 2세는 바그너에게 보내는 편지에서 상대를 "당신"이라고 지칭하지 않고 "우리의 의도", "우리의 행동", "우리의 과업", "우리의 더욱 훌륭한 예술", "우리를 이해 못 하는 세상"이라고 적어 서로가 일심동체임을 강조했다. 따라서 두 사람 사이를 동성애 관계로 보는 이들도 있었다. 그러나 현재는 서로가 연애감정을 느낄 만큼 열렬히 아낀 친구 사이였던 것으로 인정하고 있다. 다만 왕의 바그너에 대한 우정은 자신의 동성애 성향과 더불어 독신 생활을 견지하는 데 영향을 끼쳤고, 코지마는 남편과 왕이 주고받는 편지에 가끔 질투를 느꼈다.

루트비히 2세는 바그너가 떠난 후 허전함을 달래기 위해 고딕과 로코코 양식을 가미한 신로마네스크 양식의 성을 축조하는 일에 매달렸다. 하긴 무엇도 그의 건축에 대한 열정을 잠재우지는 못했을 테지만, 바그너의 영향이 아니었다면 2020만 마르크(약 7000억 원 상당)의 돈을

노이슈반슈타인성

들임으로써 국고를 탕진하게 만들 정도로 노이슈반슈타인성 건축에 집착하지는 않았을지 모른다. 바그너의 추방은 내각의 의도와 달리 역설적이게도 왕의 편집증을 악화시킨 원인이었던 셈이다.

뮌헨을 떠난 바그너는 다음 해 1886년 1월, 프랑스 남부 지방을 여행했다. 목적은 거주에 적합한 곳을 찾기 위해서였는데, 마르세유에 머물던 1월 25일 민나의 사망 소식을 들었다. 비록 별거 중인 아내였지만 그간의 정리情理를 생각하면 그는 만사 제쳐 두고 드레스덴으로 달려가야 했다. 하지만 그렇게 하지 않았다. 대신 그는 프랑스 여행을 중단하고 스위스로 갔다. 스위스는 망명 시절의 은신처이자 마틸데 베젠동크와의 추억이 서린 곳으로, 그에게는 제2의 고향 같은 곳이었다.

그는 3월 8일, 거처 중인 제네바를 방문한 코지마와 함께 보금자리를 찾았다. 그들이 선정한 곳은 루체른의 피어발트슈테터제 호숫가에 위치한 트립셴 빌라였다. 트립셴은 그들이 그해 4월 4일 입주하여 1872년 9월 바이로이트로 옮길 때까지 7년 동안 거주한 곳으로, 다난한 바그너의 생애에서 목가적인 시기를 보낸 저택이었다. 매년 지불하는 임대료는 루트비히 2세가 지원했다. 가족은 코지마, 뷜로와의 소생 다니엘라(여섯 살)와 블란디네(세 살), 본인과 코지마 사이에서 태어난 이졸데(한 살), 여섯 명의 가사 도우미, 뉴펀들랜드종 반려견 루스였다. 루스는 왕으로부터 선물받은 반려견 폴이 죽자 대신 들여놓은 개였다. 이제 그는 빚을 지지 않고도 풍족한 생활을 할 수 있었으니, 순전히 루트비히 2세 덕분이었다.

바그너는 트립셴에서 그동안 묵혀 둔『뉘른베르크의 마이스터징거』의 작곡을 이어 갔다. 그 사이에 그와 왕은 편지를 주고받았다. 또 1866년 5월 22일 바그너의 생일에는 루트비히 2세가『뉘른베르크

바그너가 가장 좋아한 트립셴 저택

의 마이스터징거』에 등장하는 발터 폰 슈톨칭의 복장을 하고 트립셴을 방문하여 이틀을 묵고 돌아갔다. 그 무렵은 범ﬃ게르만의 주도권을 두고 프러시아와 오스트리아 간에 전운이 감돌 때임에도 왕의 우선 관심사는 바그너였다. 왕의 방문과 서신 왕래는 바그너를 향한 지원을 보장하는 징표였으나, 바그너 본인으로서는 부담스럽기도 했다. 왕이 코지마를 그의 개인 비서로 알고 있었기 때문이다. 하지만 그해 6월, 그들 사이가 불륜 관계임이 드러나자 왕은 질투심과 배신감을 느꼈다. 두 사람은 엄연한 우정 관계였지만, 동성애 성향이 있는 왕으로서는 상실감을 느낄 수 있는 상황이었다. 이 일은 루트비히 2세가 다음 해 1867년 1월 바이에른의 대공녀 조피 샤를로테와 약혼을 발표한 요인의 하나로 들 수 있다. 9개월 뒤 파혼을 공표(1867년 10월 27일)함으로써 애초에 결혼 의사가 없었음을 짐작게 하기 때문이다.

그해(1866) 6월 14일 오스트리아와 프러시아 간에 전쟁이 발발했다. 루트비히 2세는 바그너의 조언을 듣고 오스트리아 편에 가담했다. 당시 독일은 39개의 크고 작은 왕국이 연합을 이룬 동맹체였는데, 그중에 바이에른과 프러시아는 국력에서 우위를 다투는 강국이었다. 바그너는 오스트리아가 프러시아를 꺾음으로써 바이에른이 독일의 맹주가 되길 바란 것이다. 그러나 7월 3일에 벌인 쾨니히그래츠Königgrätz 전투에서 오스트리아가 패퇴하자 실의에 빠진 루트비히 2세는 퇴위 의사를 비쳤다. 바그너는 왕에게 통치자의 의무를 들어 극구 만류했고, 다행히 왕은 받아들였다. 실은 그로서는 왕이 물러나는 서운함보다 그로부터 지원을 받지 못할지도 모른다는 두려움이 더 컸을 것이다.

오스트리아-프러시아 전쟁은 1886년 8월 23일 프러시아의 승리로 끝났다. 이로써 오스트리아는 독일국가연합에서 제외되었고, 프러시아는 자국에 적대적이었던 북독일 연합 국가들을 거느리면서 독일 통일의 기선을 잡았다. 또한 프러시아는 1870년 7월 19일에 개전한 프러시아-프랑스 전쟁에서도 승리함으로써 1871년 1월 18일 베르사유 궁전 내 거울의 방에서 독일 제국을 선포하는 소명을 완수할 수 있었다. 통일 독일 황제는 프러시아의 왕 빌헬름 1세였다. 바그너는 2개월 뒤 독일 제국의 탄생을 기념하는 「황제 행진곡」을 작곡하여 황제에게 헌정했다. 이어서 전쟁을 승리로 이끈 재상 비스마르크에게도 눈을 돌렸다 (그는 빌헬름 1세와 달리 바그너에게 냉담한 편이었다). 장차 프러시아의 지원을 얻기 위해서였다.

바그너는 1867년 한 해 동안 『로엔그린』 공연(6월) 및 왕립 국민극장 운영, 본인의 연금 수령 등으로 뮌헨에 장기 출장이 잦았다. 그리고 1868년 5월 21일, 그는 루트비히 2세를 알현하기 위해 다시 뮌헨으로 갔다. 왕과의 약속에 따라 1년 전(10월 24일)에 완성한 『뉘른베르크의 마이스터징거』를 공연하기 위해서였다. 그는 5월 22일 왕과 함께 외륜기선外輪汽船 트리스탄호를 타고 자신의 생일파티를 즐긴 다음 연습에 들어갔다. 다시 한 달이 지난 6월 21일, 왕립 국민극장은 『뉘른베르크의 마이스터징거』를 공연했다. 루트비히 2세는 개막 전에 바그너를 귀빈석으로 불러 자기 옆자리에 앉도록 배려했다. 왕은 관객의 갈채를 작곡가와 함께 나눌 의도에서 그렇게 했으나 바그너는 제1막이 끝나고 막간에 박수가 터지자 자리에서 먼저 일어나 답례를 했다. 이는 결례였다. 왕이 답례를 한 다음 호출받은 자가 하는 게 관람 예법에 맞았기 때문이다. 바그너는 제2막이 끝난 뒤에도 이전처럼 답례를 했다. 왕은 제3막이 끝나자 자신을 향한 갈채를 바그너에게 돌리기 위해 즉시 귀빈석에서 나왔다. 하지만 그 전에 바그너가 결례를 했으므로, 왕의 행동은 화가 치

밀어 자리를 비운 것으로도 해석되었다.

루트비히 2세는 '발터'로 서명하여 바
그너에게 보낸 편지에서 그를 안심시키려
는 듯 작품 내용과 공연 결과에 대해 찬사
를 한 뒤 "본인은 감동으로 넋을 잃은 나
머지 찬사를 표하는 행동을 할 수 없었다"
고 적어 보냈다.『뉘른베르크의 마이스터징
거』는 왕의 호평이 아니더라도 비평과 흥   한스 리히터
행에서『리엔치』이후 가장 많은 찬사를 받
았고, 가장 큰 성공을 거두었다. 그날의 열띤 호응에는 뷜로의 지휘가
큰 몫을 했다. 그는 바그너 오페라의 지휘를 위해 태어난 듯 작곡자의
창작 의도를 완벽하게 읽어 냈다. 그는 자신의 우상 바그너에게 아내
를 바쳤고 이제는 바그너 음악의 사도로서 충성을 바쳤던 것이다. 그해
12월 바그너는 왕의 재가를 얻어 한스 리히터Hans Richter(1843~1916)를
뮌헨 왕립 국민극장의 수석 보조 겸 성악부 지휘자로 임명했다. 같은
극장 감독인 뷜로의 격무를 줄여 주려는 배려에서였다.

루트비히 2세는 1880년 11월, '비텔스바흐 가문 통치 700주년 축하
행사' 때 바그너와 마지막으로 만났다. 바그너는 뮌헨 왕립 국민극장에
서 왕에게 바치는 선물로『방황하는 네덜란드인』과『로엔그린』,『파르
지팔』의 전주곡을 지휘했다. 반면 왕은 1882년 7월 26일에 개막한『파
르지팔』의 초연 때 건강을 이유로 참석하지 않았다. 이전 같으면 웬만한
불편쯤이야 개의치 않았을 것이다. 왕은 바그너와의 우정이 종막을 맞
았다고 생각했을까. 또는 그동안의 서운한 감정을 되씹으며 삐쳤던 것
일까. 하지만 7개월 뒤 바그너가 죽었을 때 왕은 큰 충격에 빠졌으며,

바그너를 떠올리게 하는 성안의 피아노와 벽화 등에 검은 천을 씌웠다. 그 이후로 왕은 오로지 노이슈반슈타인성과 헤렌킴제성의 건설에 열정을 쏟는 듯 보였다.

　루트비히 2세의 인격은 점차 분열되었다. 단순한 기행은 터무니없는 명령과 심각한 이상행동으로 발전했고, 건축사업으로 진 국가 채무는 바이에른의 경제를 침몰 직전에 이르게 했다. 마침내 내각은 1886년 6월 8일 정신과 의사 베르나르트 폰 구덴Bernard von Gudden 박사의 정신감정서를 근거로 왕에게 퇴위를 종용했다. 루트비히 2세의 감정 결과는 정신질환이 상당히 진행된 상태로, 과도한 편집증으로 나타났다고 되어 있었다. 왕은 내키지 않았으나 퇴위를 받아들일 수밖에 없었다. 그로부터 사흘 뒤인 6월 12일 새벽 4시, 왕 일행은 노이슈반슈타인성을 출발하여 여덟 시간 만에 슈타른베르크 호수가 보이는 슐로스베르크성에 도착했다. 그 시간 동안 내린 폭우가 왕의 심경을 말해 주는 듯했다.

　다음 날인 6월 13일 오후 6시 45분, 루트비히 2세는 두 시간 전부터 수행하던 간호사와 경호원 들을 물리고 구덴 박사와 호숫가를 산책했다. 왕은 약속한 8시가 되어도 돌아오지 않았다. 그날 10시경 수색대가 발견한 것은 호숫가로부터 10여 미터 떨어진 곳에서 익사한 왕과 구덴 박사의 시신이었다. 왕의 죽음은 의문을 몰고 왔으며, 그 원인으로 자살설, 도주 실패설, 살해설 등이 입에 오르내렸다. 하지만 도주 실패설은 동기가 약하고, 살해설은 이미 폐위된 왕을 군이 살해할 이유가 없다는 점에서 무시해도 좋다.

　루트비히 2세는 시종에게 독약을 사 오라거나 탑에서 몸을 던지겠다고 말하는 등 수차례 자살 의지를 보였다. 울적한 기분을 자주 보인 점, 유폐당함으로써 열정을 바칠 대상을 잃었다는 점, 아름다운 얼굴선과 늘씬한 몸매가 볼품없는 모습으로 변해 가는 데에 환멸을 느꼈던 점 등이 그를 자살로 몰고 갔다고 보는 게 타당하다. 하지만 그 정도 낮은 수심에서, 수영을 잘하는 건장한 남성이 익사했다는 점은 의문이다. 그 점은 이렇게 설명할 수 있지 않을까. 살고자 하는 의지를 잃은 사람은 본능적으로 숨을 쉬려는 행동을 주저하게 되므로, 숨을 쉬려는 욕구와 죽으려는 욕구가 갈등하는 중에 결국은 의식을 잃게 되어 익사에 이르게 되었다고 말이다. 자살 의지가 강하면 물의 깊이나 노끈의 길이는 문제가 되지 않는다. 왕은 죽기 전 만류하는 구덴 박사를 완력으로 숨지게 했을 것이다. 그는 62세에 체구가 작은 편이었고, 왕을 정상이 아니라고 보고한 장본인이었다.

실제로 루트비히 2세를 부검한 결과, 폐에서는 물이 거의 검출되지 않았고 머리와 어깨에는 타박상이 있었다. 또 구덴 박사의 목에는 손으로 목이 졸린 듯한 흔적이 있었다. 이로 미루어 왕은 물에 들어가려는 자신을 제지하는 박사의 목을 조른 것으로 보인다. 그 과정에서 왕은 차가운 물에 넘어져 심장에 충격을 받았던 것이며, 소량이나마 물을 먹어 질식사에 이르게 되었을 것이다. 즉 왕의 선행 사인은 심장마비로 볼 수 있다. 신비롭게 죽음을 맞으면 그 최후는 비밀에 묻힌다더니, 이처럼 합리적인 추론과 과학적인 검증도 그의 죽음을 둘러싼 수수께끼를 잠재우지는 못했다.

루트비히 2세는 "나는 현재에서나 미래에서나 신비로 남았으면 한다"라고 했는데 소원대로 된 것이다. 그가 죽고 본인의 뒤를 이은 왕은 아이러니하게도 그보다 더 심한 광기를 보였던 동생 오토였다. 결국 국사는 루이트폴트 공작이 섭정했으며, 1913년 공작이 죽자 왕은 폐위되었다. 다음 왕위는 장남 루트비히 3세가 계승하였으나 그는 바이에른의 마지막 군주였다.

루트비히 2세는 통치자로서는 실패했으나 예술의 후원자로서는 성공한 인물이다. 그가 정치에 전념했다면 독일 통일을 선도한 프러시아의 역할은 바이에른에 넘어갔을지 모른다. 반면에 그가 바이로이트 극장의 건립을 돕고, 백조의 성을 건축하여 문화적 유산을 남긴 공로는 분명하다. 왕은 앞의 두 건축물을 짓는 데 왕국의 국고를 축내고 바그너에게 빠져서 국정을 게을리했다. 하지만 지금은 그가 남긴 기벽의 산물들이 지방 재정을 불리고 한 지역을 음악의 성지로 만들었으니, 참으로 아름다운 역설이다. 역사에서는 그를 가리켜 '광인 왕'이라고 부른다. 하지만 그는 예술과 바그너에게 미친 것이다.

바그너와 니체

게르만족의 일파로 동프랑크 왕국을 세운 독일인 중에는 세계적인 인물이 많다. 그 배경으로 두 가지를 든다. 하나는 지정학적으로 유럽의 중심인 데다 인종적으로 정통 핏줄을 이었다는 자부심이 만든 암시의 결과이고, 다른 하나는 독일의 문화적 환경이 만든 지식의 소산이다. 그렇다면 독일인 중 세계에 큰 영향력을 끼친 인물은 누구일까. 좀 더 범위를 좁혀 가장 세계적인 독일인 세 사람과 가장 독일적인 세계인 세 사람을 가려 보기로 하자. 여기서 '세계적인 독일인'이란 그가 창안한 사상이나 예술이 보편성을 띤다는 뜻이며, 그 자신은 세계적인 인물로서의 독일인이란 위치에 있다는 의미다. 또한 '독일적인 세계인'이란 그가 창안한 사상이나 예술이 게르만의 특성을 강하게 띤다는 뜻이며, 그 영향력의 측면에서만 범세계적이라는 의미다. 즉 그들은 독일 정신에 철저하면서도 세계 문화사에 깊은 흔적을 남긴 인물이다. 결론적으로 세계적인 독일인 세 사람은 칸트와 베토벤, 괴테이며, 독일적인 세계인 세 사람은 루터와 바그너, 니체다.

칸트의 철학은 경험론과 합리론을 비판적으로 종합한 보편성을 띤 사상이며, 베토벤의 음악과 괴테의 문학 역시 보편성을 지녔다. 다만 후자의 예에 드는 세 사람 가운데 루터는 논란이 있을 수 있다. 세속적으로 변질된 교회를 개혁하기 위해 목숨을 담보로 종교개혁에 앞장선 그의 용기는 세계사적인 것이기 때문이다. 하지만 여기서 주안점으로 삼은 것은 독일인으로서 세계사에 끼친 영향력의 측면보다는 개인이 지닌 인성의 측면이다. 이는 독일인으로서 갖는 국민성보다는 일종의 민족적 기질을 뜻한다.

그렇다면 가장 게르만적인 독일인으로 불리는 이들의 특징은 무엇일까. 그들은 자기 신념에 집착했으며, 권위적인 성격을 지녔고, 독선적인 행동을 취했다. 예를 들어 루터가 종교개혁을 이끌어 부패한 교회에 대항한 행위는 비상한 신념에 의한 업적이었다. 그러나 그는 자신을 도운 민중을 편리한 대로 조종했으며, 신과 정의라는 이름 아래 독선과 아집을 유감없이 드러냈다. 게다가 그의 웅변은 사람들을 홀릴 정도로 위력적이었다.

니체는 자기 사상에 대한 광적인 열정을 갖고 있었다. 사실, '권력을 향한 의지'와 '초인사상'은 일반인의 심성으로는 받아들이기 힘들다. 유럽에서는 "신을 거부한 사람은 발광한다"는 말이 전해 오는데, "신은 죽었다"고 말한 그는 만년에 광인이 되었다. 그의 날카로운 눈매와 권위적인 느낌을 주는 수염도 그렇지만, 도인의 설법을 떠올리게 하는 인상적인 문장은 한때 그에게 빠지지 않은 지식인이 드물다고 할 만큼 마력이 있었다. 따라서 이러한 니체가 바그너를 존경했다면 바그너야

프리드리히 니체

말로 게르만 정신의 꽃이라고 할 수 있다. 실은 니체의 글과 바그너의 음악만큼 독일 냄새가 물씬 풍기는 것이 또 있을까. 그 점에서 두 사람은 운명적으로 묶여 있다는 느낌을 준다.

바그너와 니체의 조우는 독일 문화사에서뿐 아니라 서양 지성사를 포함하여 가장 인상적인 순간으로 기록된다. 흔히 그들의 관계를 괴테와 실러의 그것에 비교하지만, 이 관계는 지적 긴장도에서 바그너와 니체의 그것에 미치지 못한다. 지적 라이벌 관계를 유럽 전역으로 넓혀도 그들 사이만큼 극적인 사례는 찾을 수 없다. 바그너와 니체의 우정은 한 편의 드라마였다.

바그너가 니체를 처음 만난 때는 1868년 11월 8일, 라이프치히에 있는 동양학자이자 넷째 누나 오틸리에의 남편인 헤르만 브로크하우스의 집에서였다. 그날 바그너는 넷째 누나 집에 머무르는 중이었고, 니체는 은사 아내의 소개 덕으로 바그너의 초대를 받아 오틸리에의 집을 방문한 것인데, 거기서 두 사람의 만남이 이루어졌다. 그때 니체의 나이는 24세, 바그너는 55세로 바그너는 니체의 아버지와 동갑이었다. 니체의 부친은 그가 다섯 살 때 작고했으므로 바그너는 그에게 자연스럽게 부친으로 받아들여졌고, 그 나이가 되도록 니체 또래의 아들을 두지 못했던 바그너 역시 니체를 아들처럼 여겼다. 두 사람은 아동기에 아버지를 여읜 공통점이 있기에 서로에 대한 애착은 맹목적이었다. 또한 쇼펜하우어의 철학과 그리스 비극에 관한 관심을 공유하고, 특히 음악이란 공통의 관심 분야를 갖고 있었다.

니체가 바그너 음악에 대한 정보를 처음 접한 것은 1861년으로, 그가 열일곱 살 때였다. 그는 한스 폰 뷜로가 피아노 편곡판으로 만든 『트리스탄과 이졸데』의 악보를 구입해 전곡을 연주해 보았으며, 가창 부분을 노래해 보았다. 당시 그는 "바그너가 미학적 계획을 수행하는 빛나는 업적을 거두었다"고 평했으며, 후일 그는 저서 《이 사람을 보라Ecce Homo》(1888)에서 "그 순간 나는 바그너주의자가 되었다"라고 썼다. 또 1866년 10월, 그는 『발퀴레』의 피아노 편곡판을 연주해 본 다음 친구 카를 폰 게르스도르프에게 "대단한 아름다움과 장점이, 또 그만큼의 추함과 단점이 균형을 이루고 있다"며 편지에 적어 보냈다. 이는 바그너 음악에 대한 일방적인 찬사에서 벗어나 복합적인 감정을 느끼기 시작한 것으로 볼 수 있다. 하지만 바그너와 만나기 한 달 전 『트리스탄과 이졸데』와 『뉘른베르크의 마이스터징거』 전주곡을 듣고는 그의 음악에 완전히 넋을 잃고 말았다. 바그너는 니체가 친구들에게 보내는 편지에 썼듯이 "쇼펜하우어가 말한 천재상을 재현하는 인물"이고, "신적인 것을 영접하는 느낌을 주는 인물"이며, "위대한 정신의 제우스"이자 "살아 있는 아이스킬로스와 핀다로스, 쇼펜하우어와 괴테"였다. 따라서 그가 자신의 우상을 처음 만났을 때 얼마나 흥분했을지 짐작이 간다.

처음 만난 날, 바그너는 니체에게 『뉘른베르크의 마이스터징거』에 등장하는 인물들을 우스꽝스럽게 묘사하거나, 자기 오페라의 연출에 대해 가차 없는 비판을 했다. 또 쇼펜하우어로부터 많은 감화를 받았다며 그를 극찬했다. 다음은 니체가 다음 날 장차 언어학자가 되는 친구 에르빈 로데에게 보낸 편지의 일부다.

식사 전후에 바그너는 '마이스터징거'의 중요한 부분들을 연주했다네. 그는 모든 음을 따라 했고, 동시에 아주 분방했다네. 그는 활달하면서도 열렬한 사람이더군. 그는 엄청 빠르게 말을 했고, 그러면서도 매우 웃겼다네. 그렇게 그는 거기 있는 모든 사람들을 아주 즐겁게 해 주었지. 그와 함께 쇼펜하우어에 대해서 긴 얘기를 나누기도 했다네. 그에 대해서 그는 형용할 수 없을 정도로 따뜻하게 말을 하던데, 내가 얼마나 즐겁게 들었는지 자네는 느낄 수 있겠지. 바그너는 쇼펜하우어의 어떤 점이 고마운지 말했고, 또 그가 음악의 본질을 알고 있는 유일한 철학자라고까지 말을 했다네![7]

바그너는 니체의 음악적 소양과 학문적 깊이에 매료되었다. 한편 니체는 독설과 유머를 섞어 가며 다방면의 주제를 열정적으로 읊어 대는 그의 화술에 매료되었다. 그들은 서로 공감했고, 바그너는 그에게 또 만나서 대화를 나누고 싶다면서 조만간 초대할 것을 약속했다. 이로써 장년의 거장과 청년 철학도의 첫 만남은 끝났다. 하지만 그 만남은 장차 두 천재가 영향을 주고받으며, 각자의 삶에 흔적을 남긴 드라마의 시작점이었다.

니체는 걸음마를 시작할 때부터 목사인 아버지에게서 피아노를 배웠다. 또 아버지를 여의고는 어머니의 지도로 음악과 친해졌다. 이는 바그너가 열 살 때 베버의 『마탄의 사수』를 보고 음악을 자각한 때보다 이르며, 니체의 피아노 연주는 바그너의 솜씨보다 더 나았다. 그는 20대 초반에 작곡을 시도했으며, 그가 가사를 쓰고 곡을 붙인 가곡들은 직업 음악가의 작품과 비교해 손색이 없다. 니체의 음악에 대한 지식은 바그너의 철학에 대한 지식과 비교해 뒤지지 않으며, 두 사람의 관심 분야에 대한 교양은 딜레탕트의 수준을 넘어선 것이었다.

니체는 그로부터 6개월 후인 1869년 5월 14일, 바젤 대학교의 고전 문헌학 교수로 임명되었다는 통보를 받았다. 그는 기쁜 마음에 이 소식

---

7. 이동용,《망각 교실》(이파르, 2016), p.440[Ivo Frenzel, *Friedrich Nietzsche*(Reinbeck bei, 2002), p.33 재인용].

을 바그너에게 자랑하고 싶어 바젤에서 스위스의 트립셴으로 갔다. 니체가 바그너의 저택에 당도했을 시각, 안에서는 무겁고 침울한 음조를 띤 음악 소리가 들렸다. 아코디언으로 연주하는 그 곡은 『지그프리트』 제3막 3장 중 브륀힐데가 자신을 깨운 지그프리트에게 부르는 노래의 한 부분이었다.

Kein Gott nachete mir je…
Verwundet hat mich, der mich erweckt!
Er erbrach mir Brünne und Helm
Brünnhilde bin ich nicht mehr!

어떤 신도 내게 가까이 온 적 없어…
나를 깨우는 자가, 내게 상처를 입혔네!
그가 내 갑옷과 헬멧을 열었어.
난 이제 브륀힐데가 아니야![8]

여기서 '나'인 브륀힐데를 바그너(또는 니체)로, 깨우는 자인 지그프리트를 니체(또는 바그너)로 바꾼다면, 그 곡은 앞으로 전개될 두 사람의 우정을 암시하는 셈이 된다. 그들의 우정은 서로에게 유익했으나 종국에는 상처를 남겼기 때문이다. 니체는 그를 맞이한 하인으로부터 바그너가 오후 2시까지 작곡 중이므로 저녁 식사 시간까지 기다려 달라는 말을 들었다. 하지만 저녁 시간에 다른 약속이 있던 그는 이틀 뒤인 5월

---

8. 리하르트 바그너, 안인희 옮김, 《지그프리트》, pp.352~355.

17일 바그너와 만났다. 니체는 그날로부터 바그너가 바이로이트로 이주하는 1872년 4월 25일까지 스물세 번에 걸쳐 그를 방문했다. 니체는 바그너와 처음 만나던 날 "위엄이 서린 그의 풍모"에 압도되었다. 또한 그날은 코지마의 "우아한 모습"에도 매료되었다. 다만 그 심경은 베르테르(괴테의 소설 주인공)의 로테에 대한 연정과 같은 것으로, 이룰 수 없는 것이기에 더욱 감상적이고 로맨틱했다.

코지마는 바그너의 주저《오페라와 드라마》를 강의안으로 사용하겠다는 니체가 고마웠고, 박사학위 없이도 교수로 발탁될 만큼 명민한 그의 지성에 매료되었다. 혹시 그녀는 니체를 보고 작곡가 겸 시인 카를 리터를 떠올리지 않았을까. 코지마는 뷜로와의 결혼 초기, 한동안 우울증에 빠져 리터와 동반 자살을 계획한 적이 있었다. 사실, 그녀는 바그너의 천재에 반한 것이지 그의 생김새에 반한 것은 아니었다. 게다가 니체는 바그너가 갖지 못한 젊음을 가졌고, 그에 버금가는 천재가 될 학자였으므로 한 사람의 여성으로서 그에게 끌릴 만했다. 하지만 그녀가 바그너에게 헌신하고자 하는 마음을 압도할 정도는 아니었다. 또 니체와 코지마 간에 오가는 감정의 기류는 바그너의 오해를 불러일으킬 정도로 강하지도 않았다. 니체는 그녀를 단지 마음속의 연인으로 한정할 만큼 사리에 밝았고, 코지마는 그를 단지 호감을 갖고 대하는 손님으로 여길 만큼 현명했다. 후일 니체는 바그너와 절교했을 때 그를 자신과 동일시함으로써 그리움을 삭였지만, 코지마에게만은 그리움을 숨기지 않았다. 그는 지인 말비다 폰 마이젠부크에게 보내는 1877년 7월 1일 자 편지에 "바그너 부인과 이야기를 나누고 싶은 마음이 간절합니다. 내가 더 이상 누릴 수 없게 된 기쁨 중 하나가 그녀와의 대화였습니다"라고 심경을 토로했다. 그 정도로 그는 코지마를 사모했다.

니체와
마이젠부크 부인

　그날 니체는 바그너와 함께 그리스 고전 등의 문학과 쇼펜하우어의
철학, 그리고 음악에 대해 논하면서 꿈같은 하루를 보냈다. 니체는 바
그너가 쇼펜하우어의 《의지와 표상으로서의 세계》를 9개월 간격을 두
고 다섯 번 읽었다고 말한 데에 짜릿함을 느꼈다. 그 책의 내용을 소화
하여 논문을 쓰는 데 참고한 니체로서는 오페라 대본에 그 논지를 담
았다는 그의 말을 듣고는 바그너야말로 쇼펜하우어의 현현顯現으로 보
았다. 니체는 트립셴에서 첫날을 보내고 나흘 뒤(5월 22일), 그에게 "제
삶의 가장 귀하고 값진 순간이 선생님의 이름과 연결되어 있으며, 제가
선생님을 존경하는 것만큼 존경하는 이가 쇼펜하우어"라는 요지의 편
지를 보내어 강한 유대감을 표했다.

　그날 코지마는 니체를 위해 방을 따로 마련했다. 그를 식구의 일원으
로 맞이하겠다는 뜻이었다. 바젤에서 트립셴까지는 기차로 세 시간 거
리여서 하루 일정으로는 충분한 만남이 이루어질 수 없는 데 따른 배
려이기도 했다. 그래서 그는 6월 5일 트립셴을 두 번째 방문했을 때는
하루를 묵었고, 다음 날 지그프리트(바그너와 코지마 사이에서 태어난 아들)
가 태어났다. 바그너가 니체에게서 육친의 정을 느끼지 못했다면 코지

마의 출산일을 앞두고 그를 집에 재우는 일은 없었을 것이다.

니체에게 트립셴 저택은 꿈의 궁전이었다. 그는 저녁 식사 후 코지마와 한마음이 되어 네 손으로 피아노를 연주하는 시간이 즐거웠고, 취침전 바그너 부부와 쇼펜하우어를 두고 담론하는 시간이 행복했다. 니체에게 바그너는 스승이면서 아버지였고, 코지마는 마음으로 정한 연인이었다.

바그너는 코지마를 가끔 아리아드네라고 불렀다. 니체는 여기에 착안하여 '트립셴 삼각관계'를 그리스 신화의 구도에 얹어 비유했다. 즉한스 폰 뷜로는 크레타 미궁의 괴수 미노타우로스를 퇴치하는 테세우스로, 코지마는 테세우스에게 도움을 주는 미노스의 딸 아리아드네로, 바그너는 테세우스로부터 버려진 아리아드네를 신부로 맞는 디오니소스로 보았다. 그는 여기에 머물지 않고 브람스를 근대 독일 문화의 신화적 재현으로서 아폴론에 비유했다.[9]

니체는 1870년 7월 바젤 대학교에서 쓸 강의 자료 〈그리스의 음악극Das griechische Musikdrama〉을 들고 친구 에르빈 로데와 함께 트립셴을 방문했다. 코지마는 니체에게 예를 다해 감사를 표했고, 바그너는 그리스 비극에 관한 니체의 주장에 자신의 주장이 포함된 것임을 알고 크게 기뻐했다. 그는 니체가 자신의 지적 계승자이자 동지임을 깨달았다. 니체는 바그너의 대단히 해박한 프랑스인 친구 비예르 드 릴라당보다더 전문적인 지식인이었고, 그의 여느 학자 친구보다 독창적이고 통찰력이 깊은 학자였다.

이후 그들의 관계는 더욱 굳건해졌다. 코지마가 니체를 위해 비워 둔

---

9. Derek Watson, *Richard Wagner, A Biography*, p.282.

방은 '생각의 방'으로 작명되었고, 언제든 연락 없이 찾아와 사용하도록
했다. 바그너는 무슨 일이든 니체가 자신을 도와주기 바랐다. 그는 니체
가 아들 지그프리트의 가정교사가 되기를 바랐고, 『니벨룽의 반지』 해
설을 쓰거나 자서전《나의 생애》의 원고를 정리하는 일을 맡도록 했으
며, 심지어 바젤에 갈 때면 지그프리트의 장난감과 군것질거리를 쇼핑
하는 일을 맡기기도 했다. 니체는 우상과의 대화에서 얻는 기쁨과 지적
감화를 위해서라면 그조차 마다하지 않았다. 다만 위의 바람 중 지그프
리트의 가정교사직과 반지 4부작 해설 건은 이루어지지 않았다.

니체는 정신의 아버지에게 고문헌학 논문을 읽어 주었고, 바그너는
정신의 아들에게 자신의 종합예술론을 설명해 주었다. 그들은 말 그대
로 부자지간 같았다. 그리하여 1872년 1월, 그 결실이 니체에 의해 태
어났으니, 그것이《비극의 탄생》이다. 이 저서는 "예술의 발전은 '아폴
론적인 것'과 '디오니소스적인 것'의 이중성과 관련이 있다"는 문장으
로 시작하며, 이 두 개념을 해석하는 것이 글의 핵심이다. 따라서 그 논
지는 쇼펜하우어의 철학을 바탕으로 그리스의 비극을 논하고, 바그너
의 예술론을 도구 삼아 고전 비극의 재생을 기대하는 것으로 이루어졌
다. '아폴론적인 꿈의 예술가'와 '디오니소스적인 도취의 예술가'를 통
합한 제3의 인물이 바그너이며, 고대 그리스의 비극 정신을 오늘에 부
활시킨 예술 형식이 음악극이라는 것이다.《비극의 탄생》은 바그너에
게 바치는 최상의 선물로, 바그너는 "이처럼 아름다운 책을 본 적이 없
다"는 요지의 편지를 '사랑하는 친구 니체'에게 보냈다. 다만 니체는 문
헌학 연구의 엄밀함을 갖추지 못했다고 학계의 비판을 받았으니, 바로
이러한 열린 연구 방향과 격식에 매이지 않는 연구 태도로 인해 그는
서양 철학사상 가장 이채로운 존재가 되었다.

두 사람의 우정은 언제까지나 이어질 것처럼 보였다. 하지만 그 틈을 조금씩 벌려 나간 이는 니체로, 그 기미를 눈치챈 이는 코지마였다. 후일 그녀는 니체가 변심한 것에도, 그 결별의 과격함에도 크게 놀라지 않았다. 그녀는 1871년 5월 11일 자 일기에 "니체가 바그너로부터 너무 큰 영향력을 받지 않기 위해 배신을 택하려는 성향이 있음을 느꼈다"고 적었으며, 같은 해 8월 3일 자 일기에 "그는 마치 바그너의 인격에서 받는 압도적인 인상과 싸우는 듯하다"고 적었다.[10] 하지만 두 사람 사이가 눈에 띄게 멀어지기 시작한 때는 1872년 4월 25일에 바그너 가족이 루체른의 트립셴에서 바이로이트로 이사하면서부터다.

니체는 1873년 4월 바이로이트의 다말레가에 거주하는 바그너를 찾았다. 하지만 바그너는 그를 대하는 태도가 이전 같지 않았다. 당시는 그가 축제극장 건립비를 마련하느라 전국 순회 연주회를 하거나 반지 4부작에 출연할 가수를 물색하느라 여념이 없었던 데다, 모금액 실적이 저조하여 한걱정일 때였다. 그럼에도 바그너의 니체에 대한 대접이 소홀해 보였던 것은 사실이다. 더욱이 니체는 귀족과 유지 등 후원자들을 대하는 바그너의 태도가 반기는 정도를 넘어 아첨에 가까울 만큼 비굴해 보이는 데 실망했다.

니체는 바그너에 대한 우정을 쉽게 버리지 않았다. 그는 그해 10월 30일 바이로이트를 다시 찾아 사흘간 묵었다. 또 1874년 8월 4일 반프리트 저택을 처음 방문하여 열흘을 머물렀다. 하지만 그는 바그너의 면전에서 "브람스의 음악은 독일 낭만주의 정신을 잘 표현한다"면서 호평하고, 반지 4부작을 의식하여 "바그너의 음악은 갈수록 내용보다 규

---

10. 조르주 리에베르, 이세진 옮김, 《니체와 음악》, p.99.

모에 치중한다"면서 정중히 비판하는 등 우상의 화를 돋우었다. 니체는 축제극장 건립에 매달리는 바그너를 보면서 그를 향해 '승리한 딜레탕트'라고 말했던 순간을 떠올리지 않았을까. 원래 바그너의 작곡 행위를 도락적인 예술 취미로 치부한 이는 슈만과 멘델스존이었다. 토마스 만도 그처럼 말한 적이 있다. 그는 바그너 사후 50주년 기념강연에서 "바그너의 천재는 딜레탕티즘이 키웠다"고 말했다.

그렇다면 바그너는 과연 딜레탕트인가. 슈만과 멘델스존은 바그너가 전문 음악인의 경력을 쌓지 않았다는 뜻에서 그렇게 말한 것이지 그의 음악을 무시한 것은 아니다. 니체는 바그너의 인문학 지식이 호사가적인 취미에서 비롯한 것이지만, 그 수준은 학자에 버금갈 정도였다고 말했다. 따라서 이 역시 바그너를 무시한 표현이 아니다. 또 토마스 만의 강연 요지는 호사가의 열정을 통해 종합예술가로 우뚝 선 바그너를 높이 평가한 말로 이해해야 한다. 슈만과 멘델스존의 경우, 그들의 집필 혹은 작곡 능력은 바그너와 대등하다고 볼 수 있지만 지휘와 공연 섭외 등의 활동량에서는 바그너에 미치지 못하고, 니체가 호사가의 열정으로 택한 음악은 바그너가 그렇게 해서 얻은 작가의 수준에 미치지 못하기 때문이다. 만일 바그너가 딜레탕트의 열정으로 다방면의 지식을 흡수하지 않았다면 집필과 작곡을 아우르는 천재적인 종합예술가가 될 수 있었을까. 바그너가 받은 대학 교육은 불과 8개월이었다. 그가 딜레탕트라면 정규교육을 제대로 받지 않은 모차르트와 베토벤은 딜레탕트가 아닌가.

그로부터 며칠 뒤 니체는 반지 4부작의 리허설 과정을 보았다. 하지만 소란스럽고 요란한 분위기로 가득한 연습 장면을 보고 실망했으며, 『트리스탄과 이졸데』와는 매우 다른 관현악 사운드에 위화감을 느꼈다. 그는 바그너의 영향력으로부터 벗어나고 싶었다. 바그너를 극복하는 길은 그에 대적하는 것이며, 그럼으로써 독립할 수 있다고 보았기 때문이다. 니체는 자신이 바그너와 영향을 주고받는 관계이기보다 영향을 받는 관계임을 인정한 상태였다. 실은 그의 저작 곳곳에 바그너의 흔적이 배어 있다. 반면 바그너의 글과 음악에서 니체의 흔적을 발견하기란 쉽지 않다. 바그너는 다만 니체로부터 지적 자극을 받은 데 불과했다. 혹시 니체는 바그너에게 열등감을 느낀 것일까. 한 예로 니체의 음악적 소양은 대단했으나, 그는 작곡가가 되지 못했다. 반면 바그너는 작문 소양을 바탕으로 손수 대본을 쓰는 등 작가로도 활동했다.

바그너의 지인 중에 그의 영향권에서 벗어나려고 한 이들이 있었다. 특히 페터 코르넬리우스와 카를 리터는 평소 사람을 붙잡아 두는 바그너의 마력을 속박으로 느꼈다. 심지어 코르넬리우스의 경우, 바그너가 그의 연인 제라피네 마우로와 염문을 뿌리기까지 했다. 그럼에도 그는 자신이 죽는 1874년까지 바그너 무리의 구성원으로 남았다. 그에 비해 리터는 1858년 8월, 바그너와 함께 베네치아 여행을 떠난 것을 마지막으로 그와 연락을 끊었다. 즉 전자는 바그너에 대해 인내로 일관했고, 후자는 그로부터 도피한 것이다. 하지만 니체는 아예 바그너와 대적하는 방법을 택했다. 그렇다면 니체는 바그너를 극복했는가.

니체가 바그너와 갈라서기로 한 원인은 그가 상대를 사랑하는 것만큼 상대가 그를 사랑하지 않은 데 있었다. 그는 바그너 음악을 알리고 모금을 돕는 것 외에, 바이로이트 축제 기공식에도 참가하는 등 바그너 사도로서 열성을 다했다. 하지만 자신이 바그너의 주변 인물에 지나지 않는다고 생각하자 소외감을 감당하기 힘들었다. 한때 니체는 바그너로부터 코지마 다음으로 중요한 인물이 당신이며, 그다음이 자신의 초상화를 가장 잘 그린 렌바흐Franz von Lenbach(1836~1904)라는 말을 듣지 않았던가. 니체는 심사가 틀어지면 지인일지라도 곧잘 외면하면서도 금세 화를 푸는 바그너의 성미를 떠올리며 애써 잊으려 했다. 그런데 지금은 바그너를 방문하기 위해 이름을 올린 사람이 500명을 넘고, 그가 하루에 접하는 사람은 40명에서 50명에 이른다. 그래서 한 번에 여러 명의 방문객을 만나는 실정으로, 그로 인한 소외감은 엄청났다. 1876년 8월 13일 일요일에 개최한 바이로이트 축제 공연 때 받은 실망감도 한몫했다. 그에게 '반지 4부작의 공연은 요란하고 장황한 무대의 극치이며, 극장은 속물 지식인과 천박한 부자들이 벌이는 잔치판'이었다. 특히 무더운 여름철에 여러 날 이어지는 전체 공연을 그는 도저히 볼 수 없었다.

마침내 니체는 우상과 헤어지기로 결심한다. 하지만 그로 인한 심적 고통은 견디기 힘들었다. 그에게 바그너는 "내가 만난 사람 중 가장 풍성한 인간이었기에 지난 6년 동안 커다란 결핍으로 괴로워한 것"(친구 프란츠 오버베크에게 보낸 편지)이며, "레오나르도 다빈치의 온갖 신비함도 『트리스탄과 이졸데』의 첫 음이 울리면 매력을 상실"(《이 사람을 보라》에서)할 정도로 위대한 음악을 지은 인물이었기에 그를 향한 사랑이 지나쳐 증오로 바뀐 것이다.

물론 니체는 1888년 《니체 대 바그너Nietzsche contra Wagner》에서 "겉으로는 성공한 자이지만 실제로는 타락한 자이고, 타인을 절망으로 이끄는 퇴폐주의자인 그는 어찌할 바를 모른 채 예수의 십자가 앞에서 굴복했다"고 씀으로써 그와 갈라선 동기가 바그너의 종교관에 있다고 했다. 하지만 이는 표면적인 이유에 지나지 않는다. 니체가 부정한 신은 독단과 위선에 얽매인 '낡은 신'으로, 그는 종교의 본질까지 거부하지는 않았으며, 이는 바그너가 『파르지팔』에서 추구한 모든 종교의 보편적 이상(사랑과 구원)과 니체의 견해가 다르지 않다고 보는 근거가 된다. 그러므로 니체의 주된 결별 사유는 바그너에 대한 선망과 증오에 있으며, 그 뿌리는 사랑이었다.

니체는 1878년 1월 3일 바그너가 보낸『파르지팔』의 대본을 받고 4개월 뒤《인간적인, 너무나 인간적인Menschliches, Allzumenschliches》제1부를 바그너에게 보냈다. 이 저서는『파르지팔』에서 바그너가 표현한 종교관에 대한 비판으로서의 의미가 있다. 바그너는 이 책의 내용에 대한 언질을 아내로부터 듣고 읽지 않으려고 했다. 그래도 궁금하여 조금씩 읽어 나갔던 그는 본인에게 반감을 표한 문장을 접할 때마다 분노했다. 그럼에도 그의 니체에 대한 우정은 아직 식지 않았다. 그가 1882년 7월 26일『파르지팔』초연 때 엘리자베트 니체를 별도로 불러 "오빠에게 전해 주세요. 그가 떠난 뒤 저는 고독하게 되었답니다"라고 말한 것이 그 증거다. 바그너는 1876년 11월 5일 소렌토의 비토리아 호텔에서 니체를 만난 뒤 거의 6년 동안 다시 상면하지 못했기 때문이다.

니체의 바그너에 대한 공격은 바그너가 사망한 지 5년 뒤에 출간한 《바그너의 경우Der Fall Wagner》에서 절정에 이른다. "바그너는 질병", "음악을 병들게 한 인간", "최면술사 바그너", "젊은이들을 미궁으로 끌어들이는 늙은 미노타우로스", "세계에서 가장 무례한 천재" 등 자극적이고 도를 넘은 악평들은 실은 그의 이미지를 허물어뜨림으로써 쾌감을 얻는 심리적 자위행위이며, 따라서 자신은 바그너를 극복하지 못했음을 의미한다. 만일 니체가 상대를 진정으로 싫어했다면 그는 바그너를 잊었을 것이며, 그 같은 저서는 쓰지 않았을 것이다. 하지만《바그너의 경우》에는 은유로 포장한 글과 반어적 표현의 글이 많아 찬사로 풀이할 수 있는 여지도 많다.

니체의 바그너에 대한 저항은 그에 대한 애증의 다른 표현이며, 여기에 코지마에 대한 동경이 어우러진 것으로 보는 편이 옳다. 니체의 예민하고 상처받기 쉬운 감성은 바그너와의 갈등 중에 광기로 나타났으며, 그의 광기는 바그너에 대한 공격을 담은 저서를 집필하는 중에 한층 깊어졌다. 니체의 문장이 갈수록 공격적이고 강건체로 굳어진 것 역시 그 영향이다. 다만 그의 바그너에 대한 반발심이 정신질환을 불러온 것인지, 정신질환 증세가 바그너에 대한 반발심에 영향을 끼쳤는지는 알 수 없다. 어쨌든 니체의 바그너에 대한 절교가 그에 대한 사랑의 위장된 표현인 것만은 확실하다.

결국 니체가 바그너를 거부한 뒤에도 바그너는 여전히 극복하지 못한 디오니소스로 남았으며, 바그너의 아내였던 코지마는 니체의 영원한 아리아드네였다. 하지만 정신질환이 심각해진 그는 자신을 디오니소스라고 여겼고, 따라서 아리아드네는 곧 자신의 아내였다. 그는 예나 대학교 부속 정신병원에 수용되었을 때 누가 여기로 데리고 왔느냐고 묻는 원장 오토 빈스방거Otto Ludwig Binswanger의 물음에 다음과 같이 답했다.

"내 아내 코지마가 이곳으로 데려왔습니다."

또한 그가 1897년부터 마지막 안식처로 삼은 바이마르의 빌라 질버블리크에서 어느 날 누이동생 엘리자베트가 책을 읽어 주었을 때, 그는 바그너란 이름을 듣자 낭독을 중단시켰다. 그러고는 다음과 같이 말했다.

"그렇지? 내가 그를 진정으로 사랑했던 게 맞지?"

제14장 　　　　　　　바이로이트로 가는 길

여기, 나는 오래도록 보존되어 수 세기 동안 안치될 초석이
세상을 향해 공표되었음을 밀봉하노라.
　　　　　— 바이로이트 축제극장을 세울 바닥에 바탕석을 놓으며 바그너가 한 말

여기, 환상이 찾은 휴식처—나는 이 집을 "반프리트"라 이름하노라.
　　　　　　　— 바그너 가족의 저택 반프리트 입구에 새긴 명판

착한 신의 눈짓

바그너의 생애에서 마지막 12년간(1870~1882)은 그의 삶에서 가장 빛나는 황금기였고, 장엄한 황혼기였다. 그는 그 기간 동안 자신의 롤러코스터 같은 행로에서 대미를 장식하는 드라마를 펼쳤다. 그동안 그는 바이로이트 축제극장의 역사役事와 반지 4부작을 완성하는 위업을 이루었고, 대망의 바이로이트 축제를 열었으며, 마지막 야심작 『파르지팔』을 작곡했다. 그래서 전기 작가 어니스트 뉴먼은 이 기간을 가리켜 "바그너가 자신의 이상을 위해 희생한 12년"이라고 표현했다.

그의 마지막 12년에서 첫 장을 연 축제극장은 원래 뮌헨에 세울 계획이었다. 하지만 그 계획은 바그너가 뮌헨에서 추방된 후 3년간 잠자고 있었다. 계획안이 다시 논의된 것은 1868년 3월이었는데, 젬퍼가 자신의 디자인과 법적 절차를 고수한 데다 내각의 방해도 있어 바그너는 뮌헨이 적지가 아니라는 결론을 내렸다. 당시 젬퍼가 설계한 도면은 1878년 드레스덴 왕립 극장 재건축(이전 극장은 드레스덴 봉기 때 전소) 때 대부분 채택되었다. 만약 바그너가 뮌헨에서 추방되지 않았더라면 축제극장은 바이로이트가 아닌 뮌헨에 세워졌을 확률이 높다. 강한 추진력을 가진 그가 그 정도 난관은 능히 해결했을 것으로 보기 때문이다. 하나 축제극장 계획은 잊힌 게 아니었다. 단지 점화될 계기만을 기다리고 있었다. 그 계기가 된 것이 루트비히 2세의 지시로 반지 4부작 중 제1부와 제2부를 별도 공연한 일이었다. 이는 바그너의 의사에 반하는 일로, 본래 바그너는 『니벨룽의 반지』를 자신이 염두에 둔 전용 극장에서 일괄 공연할 예정이었다.

바그너는 1869년 3월 23일 『지그프리트』의 총보 작업을 시작했다. 그가 작곡을 중단(1857년 5월 12일)한 지 12년 만이었다. 중단 사유는 창작 일정을 변경했기 때문인데, 그 사이에 그는 『트리스탄과 이졸데』(1859년 8월 6일 완성)와 『뉘른베르크의 마이스터징거』(1867년 10월 24일 완성)를 마무리했으며, 『라인의 황금』(1854년 9월 26일 완성)과 『발퀴레』(1856년 3월 23일 완성)는 그 전에 끝낸 상태였다. 지금껏 그가 제1부와 제2부를 무대에 올리지 않은 것은 제3부와 제4부를 완성한 뒤 함께 공연할 수 있도록 유보했기 때문이다. 하지만 루트비히 2세는 제1부에 해당하는 『라인의 황금』을 1869년 9월 22일 뮌헨에서 초연하도록 바그너에게 명령했다. 바그너는 왕에게 두 가지 사유를 들어 간곡히 만류했다. 하나는 연작 오페라의 개별 공연은 작곡자의 의도를 거스르고 관객의 기대를 저버리는 것이며, 둘은 공연의 완성도를 위해 본인의 감독하에 공연해야 한다는 것이었다. 그럼에도 왕은 그의 의견을 듣지 않았다. 그러자 바그너는 기대에 미치지 못하는 가창진과 빈약한 무대미술, 의상을 예로 들어 왕에게 항의했다. 역시 왕이 무시하자 그는 지휘자로 내정된 한스 리히터를 설득하여 지휘를 사양하게 만들었다. 왕은 그의 응수에 맞서 뮌헨 음악학교의 피아노 교수 겸 지휘자인 프란츠 뷜너Franz Wüllner를 지휘자로 임명했다. 루트비히 2세와 바그너는 서로 이해하고 존중하는 사이였으나, 왕은 이전처럼 그의 의견에 전적으로 따르려 하지 않았고, 바그너는 왕의 의중을 더 이상 살펴려 하지 않았다. 바그너는 뷜너에게 "내 작품에서 손을 떼지 않으면 악마에게 끌려갈 것"이라며 겁박을 주었고, 왕은 바그너에게 더 이상 공연을 방해하면 연금을 삭감하고 장차 뮌헨에서의 작품 공연을 금지하겠다고 경고했다. 바그너는 항의의 표시로 공연에 불참했으며, 왕은 이에 질세라 날짜까지 정하여 후속작으로 다음 해 6월 26일 『발퀴레』를 공연하도록 명했다.

『라인의 황금』의 공연 결과는 의외로 나쁜 편이 아니었고, 다음 해 6월 26일 공연한 『발퀴레』는 반응이 좋았다. 그럼에도 바그너는 분노하여 두 작품의 초연을 인정하지 않았다. 그는 『지그프리트』 작곡에 속도를 내는 한편 축제극장의 후보지를 물색했다. 반지 4부작을 공연할 극장 건립은 더 이상 미룰 수 없었다. 뮌헨 왕립 국민극장은 결코 전용 극장을 겸할 수도, 축제극장을 대신할 수도 없었다. 그는 입지 선정 기준을 중소 도시여야 하고, 도심지에서 떨어진 곳이어야 한다는 두 가지로 정했다. 극장이 들어설 환경은 도시의 편리함보다 전원의 안락함을 중시하므로 접근성은 문제가 되지 않았다. 그는 전용 극장이 바그너 음악의 성전聖殿이 되기를 바랐고, 관객은 장소와 거리에도 불구하고 신자가 성지를 찾는 마음으로 찾아 주기를 바랐다. 그는 그에 적합한 장소로 1835년 7월에 방문한 적이 있는 바이로이트를 떠올렸다. 그는 1871년 4월 26일 코지마와 함께 "평화롭게 저녁노을에 물드는 인상적인 도시"를 찾았다. 그의 말대로 "착한 신의 눈짓"이 그를 바이로이트로 인도한 것이다.

바그너가 바이로이트를 처음 찾은 1835년 7월, 바이로이트의 당시 인구는 1만 3000여 명이었다. 그런데 36년 뒤 그가 다시 방문했을 때, 마을의 규모는 커져서 인구가 두 배 이상에 달했다. 그들 부부는 바이로이트에 도착하자 바로크 스타일로 지은 마르크그라프 오페라극장 Markgräfliches Opernhaus을 먼저 찾았다. 이 극장은 1748년 완공되었으며, 건립자는 프리드리히 대왕의 누나이자 변경백邊境伯(마르크그라프) 프레데릭의 아내 빌헬미네였다. 원래 바이로이트는 14세기 호엔촐레른 왕가의 영지 확장책에 의해 프로이센에 속했으며, 변경 지역을 다스리는 같은 가문의 방계 혈족(후작)이 다스렸다. 그 후 이곳은 1805년 나폴레옹에 의해 신성로마제국이 해체되면서 바이에른에 편입됐는데, 바그너는 이러한 역사적 배경을 가진 도시에 극장을 세움으로써 프로이센에서도 지원을 받게 되기를 원했다. 바그너의 눈에 변경백 극장의 내부는 아름다웠지만, 반지 4부작의 무대를 수용하기에는 좁아 보였다. 내부 구조 역시 자신이 염두에 두고 있는 것과는 거리가 있었다. 실은 극장을 새로 건축하지 않고 이곳을 축제극장으로 겸한다는 생각은 애초에 전용 극장을 갖겠다는 야심과는 동떨어진 것이었다.

그는 1871년 4월 28일 베를린에서 '바이로이트 축제극장 건립을 위한 후원회'를 결성하면서 카를 타우지히를 회장으로 임명했다. 또 5월 5일에는 빌헬름 1세 황제와 아우구스타 황후가 참석한 가운데 베를린 궁정극장에서 자기 음악을 지휘했으며, 5월 12일에는 라이프치히에서 2년 뒤에 개최할 축제 계획을 발표했다. 한편 바그너는 공연 중에 해당

지역의 극장을 둘러보면서 축제극장의 모델을 찾는 용의주도함도 보였다. 하지만 그는 바쁜 일정을 소화하던 중에 예기치 않은 소식을 들었다. 그가 아들처럼 아끼는 타우지히가 30세에 급사했다는 것이다. 그는 며칠 뒤 친자식을 가슴에 묻는 슬픔에 젖어 『신들의 황혼』에 넣을 「지그프리트 장송곡」을 작곡했다. 그에게 타우지히의 죽음은 극 중 지그프리트의 죽음과 다를 바 없었다. 곡에서 느껴지는 비장한 분위기와 비통한 정조는 그토록 강렬한 그의 타우지히에 대한 비탄의 정도를 가늠하게 해 준다. 바그너는 다음 후원회장으로 통일 독일 제국의 백작부인 마리 폰 슐라이니츠Marie von Schleinitz를 임명했다. 당시 그녀는 29세로, 인맥이 넓고 사회성도 뛰어나 바그너가 간곡히 부탁했다.

바그너가 바이로이트를 축제극장의 건설지로 결정했다는 정보는 그해 가을 마을 일대에 퍼졌다. 시의회는 즉각 환영했으며, 부지를 무상으로 제공할 것을 제안했다. 바그너의 영향력이 그들 도시를 부유하고 유명하게 만들어 줄 것이기 때문이었다. 그는 1872년 1월 31일 바이로이트 은행장이며 시의회 의장인 프리드리히 포이스텔Friedrich Feustel이 추천한 부지를 둘러보았다. 도시가 한눈에 보이는 이른바 '녹색 언덕'은 최고의 적지였다. 이튿날에는 바이로이트 축제를 성공적으로 수행할 추진위원회를 발족했고, 극장 준공식은 축제극으로 개막할 반지 4부작의 초연 날로 정했다. 그는 4월 22일 다름슈타트 극장의 무대감독 카를 브란트Karl Brandt를 만나 기술 자문을 구하고, 그로부터 건축가 오토 브뤼크발트Otto Brückwald와 빌헬름 노이만Wilhelm Neumann을 추천받았다. 그리고 4월 25일 스위스(루체른)에 돌아와 니체의 방문을 받았고, 이틀 후 트립셴 저택에서 바이로이트의 판타지 호텔로 거처를 옮겼다. 그때 니체가 이삿짐을 싸고 정리하는 걸 도왔다. 바그너는 무척 자주 옮겨 다녔으나, 트립셴을 떠날 때만큼 아쉽고 서운한 적은 없었다. 니체 역시 서운한 듯 '생각의 방'에서 한참 동안 우두커니 서서 움직이지 않았다.

바그너 가족이 바이로이트로 이사하면서 건립 자금을 마련하기 위한 일은 탄력을 받았다. 후원회장 슐라이니츠 백작부인은 후원자 증명서 1,000매(액면가 300탈러)의 판매에 들어갔으며, 후원자들에게는 증서 Patronatsschein를 발행하여 그들의 기여를 기리는 한편 공연 때는 관람에 편리한 좌석을 우선 보장하도록 했다. 바그너는 자금 충당과 홍보를 겸하여 빈에서 연주회(5월 6일~5월 13일)를 가졌다. 이어서 자신의 집무실과 건설사무소를 만들고, 부지 정지 작업을 하는 등 바삐 움직였다. 비용은 루트비히 2세가 지원했다. 두 사람은 반지 4부작의 개별 공연을 둘러싸고 갈등이 있었지만, 왕은 바그너를 여전히 총애했고, 바그너는 왕을 변함없는 후원자로 생각했다. 그들은 축제극장의 공동 설립자로서 서로에게 운명적인 존재였다. 따라서 극장은 바그너의 의지와 왕의 지원이 없었다면 건립될 수 없었을 것이다.

기공식은 바그너의 생일에 맞춰 5월 22일에 거행되었다. 이른 아침부터 내리기 시작한 비로 길바닥은 진창이었으나, 각계의 저명인사와 귀족, 코르넬리우스, 포르게스, 니체, 마이젠부크 남작부인, 바그너의 친지 등 1,000여 명의 내빈이 참석해 축하해 주었다. 바그너는 반드시 참석해 주어야 할 두 사람이 눈에 띄지 않아 처음에는 의아해했다. 루트비히 2세는 반지 4부작의 개별 공연을 두고 자신과 다투었던 섭섭함이 가시지 않았고, 리스트는 코지마의 개종을 두고 빚은 갈등이 씻기지 않았다고 생각하면서 그는 아쉬운 마음을 달랬다. 그는 취주악 밴드가 연주하는 「경의 행진곡Huldigungsmarsch」을 들으며 자신이 지은 축시를 읊었다.

Hier schliess' ich ein Geheimnis ein,

Da ruh'es viele hundert Jahr'

So lange es verwahrt der Stein,

Macht es der Welt sich offenbar.

여기 나는 한 비밀을 봉인하노라.

이 돌이 그 비밀을 지키는 한

거기서 수백 년 세월 쉬다가

세상에 자신을 드러내리라

이어서 그는 축시와 루트비히 2세의 축하 전보가 담긴 금속 상자를 바탕석이 놓일 자리에 묻었다. 돌이 놓이자, 그는 망치로 세 번 힘차게 두드리며 외쳤다.

"축복받으라! 나의 돌이여! 오랫동안 견디고, 튼튼하게 지탱하라!"

그는 감개무량하여 뒤돌아선 채 흐느꼈다. 축복의 비가 그의 볼을 타고 흐르는 눈물을 씻겨 주었다. 내빈 일동은 변경백 극장으로 자리를 옮겨 2부 순서를 가졌다. 오후 5시경 바그너는 정초식을 축하하는 연설을 한 다음 자신의 지휘로 그날의 하이라이트인 베토벤의 『합창 교향곡』을 연주했다. 악장은 당대의 이름난 바이올리니스트 아우구스트 빌헬미August Wilhelmj, 독창은 메조소프라노에 마리 레만Marie Lehmann(릴리 레만의 여동생), 소프라노에 요한나 야흐만바그너(바그너의 조카), 테너에 알베르트 니만, 바리톤에 프란츠 베츠Franz Betz였다. 그날의 연주는

바그너가 지금껏 지휘해 온 여느 『합창
교향곡』을 뛰어넘는 감동적인 것으로 회
자되었다.[1]

아우구스트 빌헬미

  다음 날, 축하 전보와 편지가 쇄도하는
가운데 바그너는 모금 계획과 순회 연주
일정을 짜고, 가수진을 수배하고, 『신들
의 황혼』 제3막의 초고 악보를 검토하는
일에 매달렸다. 그의 바람은 내년 중으로
제1회 축제 행사를 개최하는 일이었다.
그는 극장의 외관을 확정하고, 내부 구조
를 설계하는 일에도 그에 못지않게 신경
을 썼다. 그는 계획 단계에서 포기한 젬
퍼의 설계도면과 그가 음악감독으로 재
직할 때 눈여겨본 리가 극장의 내부 구조
에서 아이디어를 얻은 외에, 자기 나름의
설계안을 가미했다. 바그너의 구상은 이

요한나 야흐만바그너

후 건축가 오토 브뤼크발트와 빌헬름 노
이만, 건축소장 카를 뵐펠Carl Wölfel이 새로운 안을 보탬으로써 현실화
되었다.

  바그너는 바이로이트 극장의 내부 구조와 음향 설계를 고안했으며,

1. 바이로이트 축제극장은 바그너 전용 극장으로 건립되었다. 하지만 바그너가 정초식 기념일에
베토벤의 『합창 교향곡』을 연주함으로써 베토벤은 바이로이트 극장에서 허용하는 유일한 작곡가
가 되었다. 그 후 『합창 교향곡』은 1951년 해당 극장이 다시 개관할 때 연주되었는데, 그때 지휘자
는 빌헬름 푸르트뱅글러였다.

바이로이트 극장 정초식 기념으로 베토벤의 『합창 교향곡』을 지휘하는 바그너
(1872년 5월 22일, 변경백 극장)

건설 과정에 직접 참견했다. 그러므로 그는 의견을 제시하고 희망사항을 전달하는 건축주라기보다 기술자들을 다스리는 총감독이라고 해야 옳다. 건물 대부분이 그가 생각한 디자인으로 실현되었다. 즉 극장 규모는 1,800석 내외로 하고(현 좌석 수 1,925석), 내부는 이전 극장처럼 객석 좌우에 귀빈석을 만드는 대신 뒤편에 만드는 것이다. 또 곁면과 기초를 제외한 몸체는 목조로 하며, 외관은 아름다움을 바탕으로 개성미가 드러나게 했다. 관람 공간의 구조는 고대 그리스의 원형극장을 모델로 삼았다. 관람석은 지그재그로 배치하되 경사도를 높여 좌석 어디에 앉아도 무대 쪽 시야는 동등하게 확보되었다. 여기에 좌석 간에 세로 통로를 내지 않아 관객이 중도에 자리를 뜨기에 불편하도록 만들고, 공연 중에는 객석의 조명을 밝히지 않도록 했다.

그는 오케스트라석을 무대 밑 안쪽으로 들여놓는 방식도 생각했다.

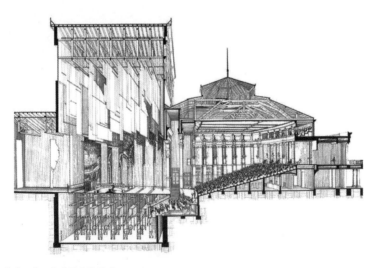

바이로이트 축제극장의 투시도

이는 좌석 간에 세로 통로를 내지 않은 점, 공연 중에 소등을 한 점과 더불어 이전에는 시도하지 않은 아이디어로, 출연자를 공연에 열중하게 만들고, 관객을 감상에 몰입하게 만든다. 하지만 그중 가장 특별한 점은 지하로 들어가게 설계한 악단석Orchestra pit이다. 이러한 배치는 가수들의 노랫소리를 두드러지게 만들고, 시끄러운 편인 바그너의 오케스트레이션을 누그러뜨리는 효과를 준다. 게다가 음향은 악단석에서 골고루 뭉쳐진 뒤 객석 구석까지 퍼져 나가므로 공명이 짙고 잔향이 깊은 소리를 낸다.[2] 또한 악단석은 객석의 경사도와 역으로 현악기, 목관, 금관, 타악기 순으로 앞에서 뒤로 내려가도록 만들었다. 그래야 날카로운 금관악기와 두터운 타악기 소리가 약음기를 댄 효과를 내어 부드러운 음색을 자아내기 때문이다. 여기에 더해 나무로 만든 좌석이 포근하고 은은한 반향을 일으키도록 했다. 음악을 듣는 공간은 편안함보다 뛰어난 음향 효과가 우선되어야 하기 때문이다. 따라서 관객들은 '바그너 사운드'를 감상하기에 좋은 이 공간을 '신비로운 심연'이라고 불렀다.

바이로이트의 돈 먹는 괴수

정초식이 끝나고 한 달 동안 각계의 후원이 이어졌다. 터키의 황제가 5,000탈러를 기부한 것을 비롯하여 이집트의 총독과 러시아의 공작부인 등이 후원금을 보내 주었다. 하지만 전체 액수는 적었다. 바그너는 9월 14일 모금 운동에 박차를 가하기 위해 판타지 호텔에서 건설 현장

---

2. 바이로이트 극장의 음향 설계는 1970년 오사카 세계박람회 개최 때 독일관 운영자가 전시관 내부의 음향 시설을 만들 때 응용했다. 그 공간은 지름 28미터의 원구 모양으로 550명을 수용할 수 있으며, 중앙에는 스피커 50개가 360도 회전하면서 경이로운 청각 경험을 선사하도록 장치되었다.

과 가까운 다말레가 7번지의 집으로 옮겼다. 한 달 뒤에는 리스트가 처음으로 바이로이트를 방문했다. 그는 장인에게 코지마의 개종에 대해 양해를 구하여 코지마의 개종을 허락받고 결혼 이후 해결하지 못한 숙제를 해결했다. 바그너는 홀가분한 마음으로 11월 10일 아내와 함께 가수 선정을 위한 극장 순회에 들어갔다. 그들은 뷔르츠부르크에서 라이프치히에 이르는 14개 도시를 순회하며 30곳이 넘는 극장을 방문했고, 그 전에 선정을 끝낸 프란츠 베츠(보탄 역)와 알베르트 니만(지그문트 역)을 제외한 거의 모든 배역을 여행 중에 확정했다. 다만 4부작의 실질적 주인공 브륀힐데 역은 구하지 못했다.

하지만 우려되는 일이 발생했다. 12월 5일 바그너가 심장발작을 일으킨 것이다. 다행히 곧 회복했으나 앞으로 해결해야 할 난관과 겪어야 할 노고를 감안하면 큰 걱정거리였다. 그들이 순회여행을 마치고 돌아온 12월 16일에도 모금 실적은 지지부진했다. 들어오는 기부금은 적었고 지출금은 엄청났다. 후원회원권의 판매 실적도 부진했다. 독일 황제 빌헬름 1세와 바이에른의 군주 루트비히 2세는 더 이상 지원하려 들지 않았고, 귀족들과 재력가들은 이전처럼 관심을 보이지 않았다. 해가 바뀌자 그는 1873년으로 알린 축제일을 1875년으로 연기했다. 그러고는 기금 마련을 위해 1873년 1월 12일에서 2월 7일까지 드레스덴과 베를린, 함부르크 등지로 연주 여행을 떠났다. 그는 이 여행에서 대단한 환영을 받았다. 그때마다 그는 독일 민족의 문화적 자부심을 일깨우는 연설을 했고, 축제 행사의 중요성을 역설했다. 그는 초인적인 의지로 평소보다 더 많은 연주 일정을 소화했으며, 정계 인사들을 만나 협조를 부탁했다. 그는 위상에 걸맞은 지휘료를 받았다. 그럼에도 그 액수는 건축비는커녕 부대비용도 충당하기 힘들 정도였으니 결국은 겉만 화려하고 실속은 없는 연주 여행이었던 셈이다.

그해 4월 초순 니체는 바이로이트를 방문하여 며칠간 묵었다. 바그너는 그가 반가웠으나 워낙 걱정이 많은 탓에 좀체 말문을 열지 않았다. 여느 때 같으면 수다에 가까운 변설을 늘어놓았을 터였다. 니체는 그가 자신을 홀대한다고 생각했다. 그즈음 바그너는 축제극장의 총감독직뿐 아니라 『신들의 황혼』 총보 작업에 들어간 상태였다. 하지만 극장 건립비를 보탤 생각에 4월 중에 콜로뉴와 카젤, 라이프치히 등지로 다시 연주 여행을 떠났다. 5월 3일에는 『신들의 황혼』 프롤로그와 제1막 일부의 총보를 완성했다. 그의 투혼이 체력을 이끌고 있었다. 그는 바이로이트라는 용과 대적하는 지그프리트였고, 온갖 역경을 헤치며 홀로 싸우는 헤라클레스였다. 동시에 그는 당대 사람들이 그를 가리켜 말했듯 '바이로이트의 돈 먹는 괴수'이기도 했다.

그동안 코지마는 남편 몰래 그의 60회 생일을 축하하기 위한 준비를 하고 있었다. 하지만 그는 생일조차 잊을 만큼 일에 몰두했다. 1873년 5월 22일 아침, 바그너는 자택 마당에서 임시 합창단이 부르는 『뉘른베르크의 마이스터징거』 제3막 중 「깨어나라! 새벽이 가까웠다Wach auf, es nahet' gen den Tag!」를 들었다. 오후에는 변경백 극장에서 바그너가 19세 때 작곡한 「서곡 C장조」가 연주되었고, 그의 양부 가이어가 쓴 《베들레헴의 영아 살해Bethlehemitisce kindermord》를 공연하면서 막간에는 민요곡이 연주되었으며, 끝으로 소프라노 가수가 『베젠동크의 노래』에서 「꿈」을 노래했다. 극 중에 넣은 민요곡은 양부가 임종을 맞을 때 바그너가 피아노로 연주한 것인데, 베버가 『마탄의 사수』에서 인용한 곡이기도 했다. 코지마는 그날 베토벤을 비롯한 다른 작곡가의 작품이나 남편의 잘 알려진 작품을 선택하지 않았다. 그녀가 그날 가이어의 희곡을 무대에 올리고, 바그너의 추억이 담긴 곡으로 레퍼토리를 꾸민 것은 그가 입버릇처럼 "나의 아버지, 가이어"라고 말해 왔기 때문이었다. 그녀는 남편이 가이어를 실제 아버지로 여기고 있으며, 친부가 아닐지라도 지금의 그를 있게 만든 분으로 생각한다고 보았다. 코지마는 남편의 생일에 그를 대신하여 가이어에게 감사를 표한 셈이다.

생일 축하 행사는 끝났으나 축제 행사를 위한 준비는 계속되어야 했다. 그는 독일 제국의 지원이 절실하다고 생각하여 1873년 6월 2일 〈바이로이트 축제극장 정초식 보고서〉와 자신의 연설문을 재상 비스마르크에게 보냈다. 하지만 그는 관심을 보이지 않았다. 8월 2일에 열린 상량식에는 축하의 팡파르가 울렸고 불꽃놀이가 진행되었다. 하지만 건설 관계자의 표정은 밝지 않았다. 모금액은 턱없이 모자라고 지출은 엄청나 빚을 얻어야 할 판이었기 때문이다. 바그너는 1875년으로 예정된 축제 연도를 무기한 연기했고 건축 공사는 중지되었다. 한 가지 보람은 루트비히 2세가 2만 5000탈러를 희사하여 개인 저택을 지을 비용을 마련한 점이다. 그로부터 2개월 동안 모금은 답보 상태였다. 그러나 여기에 좌절할 바그너가 아니었다. 성미가 급한 그는 11월 20일 루트비히 2세를 알현하러 뮌헨으로 갔다. 하지만 알현은 저지당했고, 다음 해 1월 초에 보낸 호소 편지의 답장도 받지 못했다. 실은 그 무렵 왕은 노이슈반슈타인성과 린더호프성의 건축비를 감당하느라 여유가 없었다.

그로부터 3주 뒤(1월 25일) 또 한 번의 기적이 일어났다. 루트비히 2세가 돕겠다고 응답해 온 것이다. 바그너는 축제의 해를 1876년으로 발표하고 즉각 공사를 재개했다. 왕은 2월 26일 신용을 담보로 10만 탈러를 빌려주겠다는 약속을 이행했으며, 나누어서 갚기로 한 대부금 중 일부를 후원자 증명서 판매 대금으로 돌렸다. 이로써 누구나 관람할 수 있도록 입장료를 저렴하게 정한다는 바그너의 의도는 수정되어야 했고, 채권의 성격을 띤 후원자 증명서에 적힌 금액은 바그너의 후손들이 갚았다. 만일 루트비히 2세에게 노이슈반슈타인성 건축비를 조달하는 데 어려움이 없었다면, 그는 그 돈을 희사하지 않았을까. 당시는 그 정도로 국고에 여유가 없었다. 3월에는 출판업자 프란츠 쇼트가 『신들의 황혼』 인세 1만 프랑을 바그너에게 선물로 주었다. 그는 두 달 뒤 타계하므로 바그너에게 마지막 선물을 주고 간 셈이다.

　바그너는 4월 28일 코지마와 세 명의 자녀(이졸데, 에파, 지그프리트) 그리고 코지마와 뷜로 사이에서 태어난 두 딸(다니엘라, 블란디네)을 데리고 다말레 7번지 집에서 그들의 새 보금자리 반프리트(환상이 찾은 휴식처)

앞줄 왼쪽부터
에파, 지그프리트, 다니엘라.
뒷줄 왼쪽부터
이졸데, 블란디네.

로 이사했다. 저택은 바그너가 신르네상스 양식으로 구상하고 건설현장 감독 카를 뵐펠이 설계했으며, 정면 왼쪽과 가운데, 오른쪽 벽면에는 다음과 같은 글이 명판으로 새겨졌다.

Hier, wo mein Wähnen Frieden fand—
WAHNFRIED
Sei dieses Haus mir bennant.

여기, 환상이 찾은 휴식처—
나는 이 집을 "반프리트"라 이름하노라.

저택의 전면 위 중앙에는 사각형으로 부각한 벽에 독일 신화의 한 장면을 새겨 넣었다. 그림 중앙에는 오른손에 지팡이를 든 보탄이 서 있고, 왼쪽에는 소프라노 빌헬미네 슈뢰더데프린트를, 오른쪽에는 바그너의 어머니를 모델로 삼아 새긴 여성이 서 있다. 보탄은 요절한 테너 루트비히 슈노어 폰 카롤스펠트가 모델이다. 저택 정문 앞에는 돌로 만든 좌대 위에 루트비히 2세의 흉상을 얹어 놓았다. 바그너는 반프리트의 건립비를 전액 지원한 그에게 감사를 표하기 위해 자신과 아내가 아닌 그의 조각상을 모셨다.[3]

이제 정처를 찾아 방황하던 바그너는 드디어 반프리트에 정착했다.

3. 반프리트 저택은 1945년 4월 5일 영국 공군의 폭격으로 저택의 앞부분이 파괴되었고, 9일 후에는 미군이 접수했다. 그 후 바그너 가족은 1949년에 입주하여 빌란트 바그너가 죽는 1966년까지 거주했으며, 1973년 저택을 바이로이트시에 기증했다. 시 당국은 반프리트를 완벽하게 복원하여 1976년 '리하르트 바그너 박물관'과 '리하르트 바그너 재단의 문서기록소'를 겸하여 외부에 공개했다.

반프리트 저택 전면

반프리트 저택 후면

하지만 자신이 찾아 헤매던 꿈(환상)은 아직 손에 잡히지 않았다. 그의 진정한 평화는 제1회 바이로이트 축제를 거치고 『파르지팔』 공연을 끝내야만 얻을 수 있을 것이었다. 실제로 그는 반프리트에 정착한 뒤에도 바로 안식을 취하지 못했다. 극장이 완성되지 않았으므로 그의 저택이 축제극장의 지휘소 겸 연습실로 쓰인 탓이다.

바그너는 6월 초부터 관현악단과 가수진의 호흡을 맞추는 리허설을 감독했다. 바그너가 지휘자로 선정한 한스 리히터는 7월 25일까지 머물렀다. 하지만 악단원들과 가수들은 바그너의 지휘하에 9월까지 연습했다. 가수들은 그가 1872년 겨울 한 달 동안 전역을 순회하면서 선정한 이들이었다. 다만 그때까지도 사실상의 주인공 브륀힐데는 정하지 못했다. 브륀힐데 역은 엄청난 성량과 지구력이 요구되는 배역인 까닭에 그만한 역량을 지닌 소프라노를 찾기도 힘들었지만, 도전하기를 자청한 이도 없었다. 그는 트리스탄 역을 공연한 뒤 급사한 슈노어 폰 카롤스펠트를 떠올리면서 불안감에 휩싸였다. 다행히 그는 반프리트에 입주한 지 3개월 만에 "나의 브륀힐데"를 찾았다. 그녀는 빈 궁정극장의 프리마돈나 아말리에 마테르나Amalie Materna였다. 그는 그녀가 부르는 『탄호이저』의 아리아 「너, 소중한 홀이여Dich teure Halle」를 들으며 그녀의 가능성과 자질을 발견했다. 역시 사람이 작곡한 것이라면 사

아말리에 마테르나

람이 부르지 못할 리 없었다.

바그너는 1874년 11월 21일 『신들의 황혼』 총보를 마무리 지음으로써 반지 4부작의 대미를 장식했다. 그는 총보의 마지막 면에 "반프리트에서 완성했다. 더 이상 할 말이 없다. R W"라고 적었다. 그가 1848년 《지그프리트의 죽음》으로 제목을 붙인 대본의 초고를 쓴 이래 26년이 소요된 대장정이었다.

제15장　　　오페라의 금자탑 『니벨룽의 반지』

이 건물(바이로이트 극장)의 돌 하나하나에 나와 당신의 피가 물들어 있소.
　　　　— 1876년 제1회 바이로이트 축제를 끝내고 바그너가 코지마에게 한 말

바이로이트 극장은 1876년에 문을 연 현재의 건물이고,
바그너는 1813년에 태어난 현재의 인간이다.

묵시록에 대한 두려움과 이상향에 대한 그리움은 서사극을 만드는 두 요소다.
따라서 종말과 재생의 뜻을 품은 반지 4부작은 열린 결말의 서사극이다.

원전과 창작

　『니벨룽의 반지』는 서양음악사상 가장 규모가 큰 궁극의 오페라다. 또한 작곡자가 원전을 재해석한 까닭에 대본을 텍스트 삼아 다양한 의미를 끌어낼 수 있는 악극이다. 지금까지 슈토크하우젠Karlheinz Stockhausen이 연작 오페라 『빛Licht』(1977~2003, 29시간 소요)을 작곡한 일은 있으나 그 무게와 역사성에서 반지 4부작을 능가하는 극장형 대작 오페라는 나오지 않았다. 아마 앞으로도 유일할지 모른다.

　『니벨룽의 반지』의 원전인 《니벨룽의 노래》는 그리스에서 발원하여 유럽 일대로 흘러 들어간 신화의 저수지인 셈이다. 그것은 중세시대의 역사 환경을 반영하면서 게르만 버전과 스칸디나비아 버전으로 갈라져 19세기 당시에 이르게 되었다. 그래서 니벨룽 설화의 인물, 배경, 내용을 거슬러 가면 신화의 원형과 만나게 된다. 즉 반지 4부작의 등장인물

중 보탄은 제우스, 프리카는 헤라, 지그프리트는 아폴론, 브륀힐데는 아테나, 라인의 세 처녀는 사이렌에 해당한다. 다만 그리스 신화는 지중해성 기후의 영향으로 밝고 낙천적인 데 비해 북구 신화는 긴 낮과 긴 밤이 교차하는 독특한 기후의 영향으로 어둡고 비관적이다. 반지 4부작의 분위기가 장중하고 결말이 파국적인 이유는 여기서 기원한다. 바그너는 북구와 게르만 신화를 자신의 버전으로 바꾼 데 이어 반지 4부작의 배역을 『파르지팔』에 연장하여 보탄을 암포르타스(결점 있는 지배자들), 지그프리트(무모한 영웅)를 파르지팔(깨우치는 영웅)로, 브륀힐데를 쿤드리(쟁취하는 여성 영웅들)로, 알베리히를 클링조르(악한들)로 재해석했다.

원래 유럽은 남부 지역(특히 그리스 일대)을 제외하고는 신화가 빈약했다. 그나마 게르만 민족에게 전해지던 설화(신화, 영웅담, 전설)는 로마 제국에 기독교가 전파되면서 대부분 사라졌다. 다행히 중부 유럽에는 니벨룽의 영웅담이 구전되었으며, 북유럽에는 아이슬란드 시인 스노리 스툴루손Snorri Sturluson(1179~1241)이 그 원형(게르만 설화)을 알 수 있는 북유럽의 신화를 수집 편찬하여 《산문 에다Prose Edda》를 펴냈다. 당시 북유럽을 대표하는 민족은 바이킹으로 불리는 노르만족으로 그들의 선조는 게르만족의 일파다. 또 그들 나라(스웨덴, 노르웨이, 덴마크, 네덜란드, 아이슬란드)의 언어와 영어는 독일어와 함께 게르만어 권역에 속한다. 그래서 오딘과 보탄, 시구르드와 지그프리트, 에다와 에르다 등은 이름은 조금씩 달라도 같은 등장인물이다.

바그너가 반지 4부작의 전거로 삼은 책들은 자신이 기본서로 택한 원전과 참고서로 택한 원전으로 나눌 수 있는데 다음은 기본 원전이다.

첫째, 《니벨룽의 노래》는 게르만 민족이 유럽 각 지역을 이동하는 동안(4~5세기) 구전된 설화로 독일 민족문학의 원점이면서 독일의 유일한 신화다. 이 신화는 두 가지 이야기로 이루어졌다. 하나는 용을 처치한 지그프리트가 지인들의 흉계로 살해되는 내용이고, 다른 하나는 436년 서로마 황제의 누이동생 호노리아가 정략결혼을 피하기 위해 훈족의 왕 아틸라에게 도움을 청한 역사적 사례를 바탕으로 꾸민 내용이다. 그것은 1200년대 초부터 필사본 형식으로 보존되어 왔으며, 필사자(도나우강 변 일대에서 활동한 기사와 음유시인)의 손을 거치면서 더해지고 윤색된 까닭에 30여 종의 사본이 있다. 하지만 내용은 크게 다르지 않으며 1862년 프리드리히 헤벨Christian Friedrich Hebbel(1813~1863)이 쓴 버전이 전범으로 알려졌다. 바그너는 1843년 가을 드레스덴 궁정극장의 음악감독으로 재직할 때 인근 도서관에서 원전을 처음 접했다. 그가 읽은 책은 프리드리히 하인리히 폰 데어 하겐Friedrich Heinrich von der Hagen(1780~1856)의 것을 비롯한 두 가지 이상의 버전이다.

둘째, 《운문 에다Poetic Edda》(또는 '구舊에다Elder Edda')는 800~1100년 동안 아이슬란드에서 전래된 영웅담으로 두운법으로 이루어진 무운시다. 게르만족이 북유럽에 정착하는 동안 틀을 갖추었다.

셋째, 《산문 에다》(또는 '신新에다Younger Edda')는 13세기 중엽(1240년 추정)에 스노리 스툴루손이 산문으로 적은 북유럽 신화다. 저자는 아이슬란드의 시인이자 정치가로서 정략에 뛰어나고 야욕이 지나쳐 정적에게 죽임을 당하는 극적인 삶을 살았다. 이 책은 바그너가 택한 기본 원전 중 유일하게 저자가 알려졌다.

넷째, 《베른의 티드레크 영웅담Thidreks Saga of Bern》은 1260년부터 1270년 동안 스칸디나비아 일대에 전래된 설화로 내용은 지그프리트의 성장담으로 이루어졌다.

다섯째, 《뵐중족 영웅담Wölsunga Saga》은 1270년 무렵에 전래된 설화로 바그너가 『발퀴레』 제1막과 2막의 대본을 쓸 때 크게 도움을 받았다. 바그너는 혁명의 해인 1848년 10월 왕립 도서관에서 이 책을 읽었으며, 《운문 에다》가 번역되는 1851년까지 북유럽 신화를 통독했다.

여섯째, 바그너는 기본 원전 외에 빌헬름 그림의 《독일 영웅담Die deutsche Heldensage》과 야코프 그림의 《독일의 신화Deutsche Mythologie》를 참고했다. 그중 빌헬름 그림이 편찬한 책은 그가 등장인물의 이름을 확정하는 데 도움을 주었다(예: Wodan→Wotan, Donar→Donner, Frikka→Fricka). 또한 보충 문헌으로 읽은 호메로스의 《오디세이》의 서사를 참고하고, 아이스킬로스의 《오레스테이아Oresteia》에서 무대극의 플롯과 분위기를 참고한 데 이어 3부작으로 나눈 구성 방식을 빌렸다. 그는 《오레스테이아》에 빚을 갚는 뜻에서 형식상 4부작으로 나눈 『니벨룽의 반지』를 전날 밤, 첫날 밤, 둘째 날 밤, 셋째 날 밤으로 이름 지어 실제로는 3부작으로 이해되기를 원했다. 즉 『라인의 황금』은 이어지는 3부작의 서곡인 셈이다.

바그너가 대본을 집필하면서 원전들과 차별화한 점과 역점을 둔 점은 다음과 같다. 하나, 《니벨룽의 노래》 중 역사적 배경인 크림힐트가 지그프리트의 복수를 위해 부르군트족과 피의 살육전을 벌이게 되는 부분은 버리고 신화에 해당하는 부분을 소재로 취했다. 그의 관심사는 역사보다 신화에 있기 때문이다. 둘, 등장인물의 개성을 입체적으로 묘사하여 신화의 인물이 아닌 현실의 인물로 받아들이도록 만들었다. 셋, 탐욕으로 표상되는 황금과 그걸 차지하려고 싸우는 드라마에 중점을 두어 사건보다 인물을 중시했다. 넷, 원전들을 창의적으로 종합하여 하나의 독립된 신화 세계를 만들었다. 다섯, 바그너 오페라 가운데 가장 많은 복합 전거로 이루어졌다. 여섯, 군주국으로 나뉜 독일을 하나로 묶기 위한 열망을 담으려 했다. 즉 그는 26년간의 창작 과정을 통해 원전을 오페라에 알맞게 다듬고 새롭게 고쳐 자기식의 버전을 만든 것이다. 따라서 그는 원작의 각색자가 아니라 원작을 독창적으로 재구성한 작가다. 소재는 원전에서 빌려 왔으나 거기에 살을 붙이고 변형을 가해 자기만의 작품을 만든 셰익스피어처럼.

바그너는 『니벨룽의 반지』 대본을 순서대로 집필하지 않았다. 그는 애초에 원작 전체를 오페라로 만들 생각도 하지 않았고, 4부작으로 계획하지도 않았다. 원래 반지 4부작의 뿌리는 1848년 11월에 탈고한 《지그프리트의 죽음》으로, 그는 이 극시를 단막 오페라로 만들 계획이었다. 하지만 망명 초기, 에세이 집필에 전념하느라 대본을 묵혀 둔 채 1851년 5월 자매편이라고 할 《청년 지그프리트》의 대본을 완성했다. 그는 5개월 후 그 배경이 되는 『라인의 황금』과 『발퀴레』의 대본을 한 달 간격으로 완성하는 동안 네 편의 대본이 서로 연관이 있는 드라마임을 알고 한 편의 연작으로 구성할 것을 결정한 것이다.

바그너는 1853년 2월 11일 리스트에게 "제가 만든 새로운 시에 표시를 해 주세요. 그것은 세계의 시작과 종말을 담았습니다"라고 쓴 편지를 보내 자신의 결심을 알렸다. 그는 1856년 4월 대본의 원제목 『청년 지그프리트』를 '지그프리트'로, 역시 《지그프리트의 죽음》을 '신들의 황혼'으로 바꾸면서 1, 2부에 이은 3, 4부의 총보를 완성하기 위한 작업에 들어갔다. 그가 정한 연작 오페라의 제목은 『니벨룽의 반지』였다. 반지 4부작의 대본과 총보의 집필, 그리고 완성에 이르는 과정은 다음과 같다.

대본 집필 순서
제4부: 『신들의 황혼』(원제 '지그프리트의 죽음')

1848년 10월~1848년 11월(1차 개정 1849, 2차 개정 1852년, 3차 개정 1856년)

제3부: 『지그프리트』(원제 '청년 지그프리트')

1851년 5월~1851년 6월(1차 개정 1852년, 2차 개정 1856년)

제1부: 『라인의 황금』

1851년 10월~1852년 11월

제2부: 『발퀴레』

1851년 11월~1852년 12월

총보 완성 및 초연 순서

전날 밤:　　제1부 1853년 11월~1854년 9월.
　　　　　　초연 1869년 9월 22일(뮌헨)

첫날 밤:　　제2부 1854년 6월~1856년 3월.
　　　　　　초연 1870년 6월 26일(뮌헨)

둘째 날 밤: 제3부 1856년 9월~1871년 2월.
　　　　　　초연 1876년 8월 16일(바이로이트)

셋째 날 밤: 제4부 1869년 10월~1874년 11월.
　　　　　　초연 1876년 8월 17일(바이로이트)

라인의 황금(1911년 무대미술)　　　　　　지그프리트와 용(1911년 무대미술)

반지 4부작의 요지

작곡가의 음악이 본인의 인성과 삶을 반영한 것이라면 바그너의 음악은 바그너 자신이다. 그의 오페라는 체험의 소산이었고(『방황하는 네덜란드인』), 사랑의 결실이었으며(『트리스탄과 이졸데』), 종교와 죽음에 대한 내면의 고백(『파르지팔』)이었다. 그는 자기 언행에 근거한 죄의식과 몰염치를 변명하느라 구원의 주제에 매달렸고, 부에 대한 갈망에서 황금을 둘러싸고 벌어지는 『니벨룽의 반지』를 필생의 역작으로 삼았다. 이 악극은 그가 1848년 혁명의 해에 착안하고 다음 해 실패로 끝난 드레스덴 봉기의 이상을 담고 있어 해석의 여지가 많은 드라마다. 또한 선과 악의 경계를 모호하게 묘사한 반면 등장인물의 약점은 솔직하게 드러냄으로써 바그너의 이중성을 반영한 드라마다. 그러므로 황금의 유혹에 빠져 비극을 맞는 군상들은 작곡가의 분신인 셈이다. 물론 그는 현실에서 돈 때문에 곤욕은 치렀을지언정 파멸을 맞지는 않았다. 그는 자신의 인격적 결함마저 처세의 도구로 삼아 성공 스토리를 쓸 만큼 비상했던 인물이다.

바그너는 『파르지팔』을 공연하여 수익을 낼 때까지 음악 활동으로 돈을 벌어 본 일이 거의 없었다. 반면 절제를 모르는 사치로 늘 채무에 시달리는 삶을 살았다. 그래서 그는 창작의 세계에서만은 황금의 주재자가 되고 싶었다. 그는 반지 4부작을 작곡하면서 한편으로는 제우스의 위치에서 황금을 마음껏 다루는 기분을 즐겼고, 한편으로는 탐욕에 농락당하는 등장인물들을 꼭두각시 삼아 불만을 풀었다. 황금(돈)은 자기 음악의 모티프이면서 자기 생애의 모티프로서 그의 무의식에 도사린 강박관념이었다.

황금은 반지 4부작을 움직이는 첫 번째 동력이다. 그것은 복을 안기고 선행을 베푸는 자산이면서 탐욕과 물신성의 근원이란 두 얼굴(미다스의 양면성)을 가진다. 또 그것은 골드러시로 신세를 망친 사람이 많았던 것처럼 한때 허망한 꿈을 좇아 시간을 허송한 '연금술사의 우매한 돌'이다. 반지 4부작에서 황금은 밝은 면보다 어두운 면이 부각되었다. 그래서 황금으로 만든 반지의 유도동기는 음산하고 불길한 느낌을 준다. 황금 자체는 밝은 빛을 내지만 그것을 가지려는 마음은 탐욕에서 기인하기 때문이다. 황금에 대한 집착은 전설을 사실로 믿게 하는 힘이 있다. 지금도 라인강에는 1500년 전 트로녜Tronje의 사람 하겐이 가라앉혔다는 전설상의 황금을 찾는 이들이 있다고 한다.

반지 4부작을 움직이는 두 번째 동력은 사랑이다. 사건의 발단을 만든 알베리히가 애초에 원한 것은 황금이 아니라 사랑이었다. 하지만 그는 자신의 모습을 조롱한 라인의 세 처녀에게 앙심을 품고 사랑 대신 물속에서 빛을 발하는 황금을 갖고 달아난다. 하긴 생김새가 추한 그로서는 사랑을 가지는 일이 무척 어려웠을 것이다. 물론 돈이 있으면 사랑(성)을 살 수 있다. 그러나 진정한 사랑은 아닐 것이다. 그는 훔친 황금을 벼려 절대반지로 만든다. 다음으로 등장하는 보탄은 발할라성 건설의 대가로 사랑과 젊음의 여신 프라이어를 거인들에게 넘긴다. 프라이어는 신의 정원에서 자라나는 황금 사과나무의 주인으로 그 열매는 신들을 늙지도 죽지도 않게 한다. 그러나 거인들은 프라이어 대신 반지를 요구한다. 반지의 세 번째 소유자인 지그프리트는 하겐의 음모에 빠져 진정한 사랑을 배신한다. 그들은 모두 눈앞의 보물에 눈이 멀어 그보다 소중한 사랑을 하찮게 여겼다. 반면 브륀힐데는 지그프리트를 향한 진정한 사랑을 깨닫고 손에 넣은 반지를 버린다. 그녀는 사랑의 제단(연인의 화장터)에 자신을 희생한 것이다. 그리스 신화에서 파리스의 사과를 차지한 여신은 최고의 여신 헤라나 지혜의 여신 아테나가 아니라 사랑의 여신 아프로디테다. 반지 4부작은 등장인물의 근시안적 선택이 빚은 비극이다.

반지 4부작을 움직이는 세 번째 동력은 권력이다. 여기서 권력은 반지에서 파생된 힘이다. 예부터 힘은 재화를 많이 가진 자에게서 나왔다. 많이 가진 자가 재화를 나누기는 쉬워도 힘센 자가 재화를 나누기는 어렵기 때문이다. 그래서 권력보다 우선하는 게 금력이다. 하지만 그것보다 우선하는 것은 성욕이다. 성욕은 인간이 생존을 유지하려는 근원적인 욕구이기 때문이다. 그럼에도 드라마에서나 현실에서 소홀히 여겨지는 것은 성욕이다. 그 연유는 가장 취하기 어려운 것이 권력이고 그다음이 금력인데, 사랑의 기회는 누구에게나 열려 있는 까닭이다. 대신 재화는 나눌 수 있어도 권력은 나누기 어려우며, 성욕은 결코 공유할 수 없다. 알베리히의 예에서 보듯 그는 성욕(라인의 세 처녀로 은유)의 대체 수단으로 물욕(황금으로 은유)으로 나아갔고, 그것으로 힘을 행사하려는 권력욕(절대반지로 은유)으로 나아갔다. 욕구의 결핍은 더 큰 욕구를 원하며, 그것을 충족하기 위해 과욕을 멈출 줄 모르는 게 사람의 마음이다. 실은 무한한 욕망을 채우는 가장 이상적인 방법은 그것에서 벗어나는 것이고, 가장 극단적인 방법은 죽는 것이다. 『니벨룽의 반지』에서는 대부분 죽음으로 그걸 해결한다. 결국 사랑하고, 나누고, 다스리는 욕구는 서로 조화해야 하며, 절제해야 한다는 것이 이 악극의 교훈이다.

반지 4부작에는 네 종족이 등장한다. 그들은 불멸의 존재인 신들과 거인족, 소인족, 인간이다. 그중 신들의 신 보탄은 최상위에 있으나 황금을 두고 다툰다는 점에서 타 종족과 다를 바 없는 부류다. 심지어 보탄은 성욕도 강해서 프리카(결혼과 정절의 여신)를 얻기 위해 한쪽 눈까지 바쳤으며(호색가인 바그너를 닮았다), 정부와 함께 세 명의 노른과 아홉 명의 여전사(발퀴레)를 낳았다. 또 그는 필요할 때 계책을 제공하는 로게(불의 신)를 데리고 있다. 보탄은 권위의 상징인 창을 소지하고 있는데 그에게 창은 카우보이에게 권총과 같다. 그에게는 질서를 강제하는 힘이 있다. 하지만 반드시 이행해야 하는 신성한 계약(Pacta sunt servanda: 발할라 성 건축비로 프라이어를 건넨다는 계약. 지금 시대에 이러한 계약은 무효이다)을 예사로 위반하는 데서 규범 밖에 있는 근대 이전의 교회와 같은 존재다.

거인은 우둔한 영웅이면서 무모한 힘을 상징한다(모험을 마다하지 않는 점에서 바그너를 닮았다). 난쟁이의 좌장 격인 알베리히는 게르만어 Albe-Rich로 '꼬마 악마의 왕'을 뜻한다(두뇌 회전이 빠르고 체격이 작은 데서 바그너를 닮았다). 라인의 세 처녀는 라인강의 황금을 지키는 문지기이고 성을 상징하는 요정이다. 그들은 독일의 민담에 등장하는 '하얀 여인Weiße Frauen'들과 유사하며 불길한 예언 능력이 있다. 하지만 그들에게서 황금을 빼앗은 알베리히는 예언을 무시한다.

보탄의 아내 프리카에게는 남동생 프로(봄의 신)와 도너(천둥과 번개의 신)가 있다. 그들의 임무는 프리카의 여동생 프라이어(젊음과 사랑의 여신)를 보호하는 것이다. 보탄은 정부 에르다(지혜의 여신)와의 사이에서 브륀힐데를 낳았다. 브륀힐데는 아홉 명의 발퀴레(모두 미혼이다) 가운데 으뜸이다. 발퀴레는 갑옷과 투구, 칼과 창으로 무장하고 방패와 군마를 가졌으며, 전사자의 영혼을 안식처인 발할라로 인도한다. 전사자의 시신은 불태운다. 그래야 시신은 재가 되고 영혼은 '불의 전차'를 타고 하늘로 올라간다. 발할라는 황금 방패로 지붕을 덮었으며, 한 번에 800명이 드나들 수 있는 540개소의 문이 있다. 전사戰士들(의 영혼)은 선과 악의 최종 전쟁인 '라그나뢰크Ragnaök(신들의 몰락)'에 대비해 야외에서 군사 훈련을 받으며, 안식처로 돌아오면 멧돼지 고기와 독한 벌꿀주를 대접받는다. 라그나뢰크는 호전성을 미덕으로 아는 북유럽인이 만든 신화로서 전사를 찬미하는 한편 멸족을 경계하는 이중의 의미가 담겨 있다. 그러므로 이슬람 전사들이 싸우다 죽으면 천국에 가서 미인들의 시중을 받게 된다는 믿음은 이른바 지하드에 의한 죽음(그들이 말하는 테러에 의한 순교)을 미화하려는 발할라의 이슬람 버전이다.

위의 세 부족(신, 거인, 소인)은 황금을 두고 갈등하는 사이다. 그런데 여기에 인간이 끼어들면서 상황은 한층 복잡해진다. 뵐중족의 영웅 지그문트와 그의 연인 지글린데는 보탄과 인간이 관계하여 낳은 쌍둥이다. 또 그들 사이에서 태어난 지그프리트는 보탄과 그의 정부 에르다 사이에서 태어난 브륀힐데와 연인 관계다. 즉 전자는 남매지간이고, 후자는 이모 조카 사이다. 이로써 근친상간의 모티프는 이 극을 만드는 하나의 장치가 된다. 보탄과 프리카의 사랑은 냉담하고, 지그문트와 지글린데의 사랑은 애틋하며, 지그프리트와 브륀힐데의 사랑은 다분히 계산적이다. 한편 보탄은 아내를 두고도 에르다와 연인 관계를 맺고, 지그문트는 훈딩의 아내 지글린데(지글린데는 훈딩의 위력에 의해 그의 아내가 되었다)와 연인이며, 지그프리트는 군터의 배우자가 된 브륀힐데(브륀힐데는 지그프리트와 군터의 위계에 의해 군터의 아내가 되었다)와 연인 사이면서 구트루네와 결혼한다(지그프리트는 하겐의 흉계로 당시의 기억을 잃은 탓에 고의가 아니었다). 구트루네를 제외한 이들은 모두 상간자로서 간통의 명수인 바그너의 분신인 셈이다.

지금까지 힘의 반지는 라인의 세 처녀로부터 그걸 빼앗은 난쟁이 알베리히에게, 역시 그로부터 그걸 빼앗은 보탄에게, 그가 프라이어를 되찾는 대신 거인 파프너와 파졸트 형제에게 줌으로써 거인에게서 멈추었다. 이는 마르크스의 수사를 빌리면 '다수 민중(난쟁이)의 재산Dwarflike property'을 '소수 자본가(거인)의 재산Giant property'으로 만드는 과정과 다름없다. 여기서 알베리히는 지능이 있고 파프너는 기술이 있으나 보탄처럼 지혜가 없다. 반지를 버리고 젊음과 사랑의 여신 프라이어를 되찾는 자는 보탄이기 때문이다. 물론 보탄의 현명함은 온전한 것이 아니다. 지혜의 여신 에르다가 겁박하여 반지를 포기하게 만든 까닭이다. 그렇지 않았다면 보탄은 반지를 차지한 대가로 프라이어를 잃은 채 늙어 갔을 것이다.

반지는 거인의 손에 들어갔으나 형(파프너)이 독차지하려고 동생을 죽인 탓에 첫 희생자가 생긴다. 이제 파프너는 반지를 빼앗기지 않으려고 타른헬름(마법의 투구)의 힘을 빌려 용으로 변신한다. 그는 반지를 지키는 강력한 수문장이 된 것이다. 원래 타른헬름은 난쟁이 미메가 만든 것으로 반지와 함께 빼앗긴 것이다. 미메는 지그프리트의 양부이기도 하다. 지그프리트는 양부로부터 반지를 되찾아 오라는 말을 듣고 명검(노퉁)으로 용을 죽여 반지의 네 번째 소유자가 된다. 하지만 그는 양부가 반지에 탐이 나 자신을 해치려고 하자 미메를 죽인다(유대인 양부 가이어에 대한 바그너의 애증 심리가 반영되었다). 황금은 권력과 함께 인의마저 저버리게 하는 무서운 요물이다.

이제 완력은 반지를 지키는 수단에서 미인계보다 하등 나을 게 없다는 것이 드러났다. 심지어 파프너는 라인의 세 처녀와 달리 목숨도 덤으로 빼앗긴다. 원래 용은 동양에서 신성하고 우호적인 수호자이지만 서양에서는 위력을 행사하는 적대적인 수호자다. 그래서 용은 영웅과 대척점에 있다. 영웅은 자신에게 주어진 몫보다 더 큰 삶을 살기 위해 희생을 각오한 자다. 또한 영웅은 무적의 존재로 은유된 용(가공할 무력, 강력한 유혹)을 죽임으로써 바람직한 가치를 실현하는 자다. 하지만 지그프

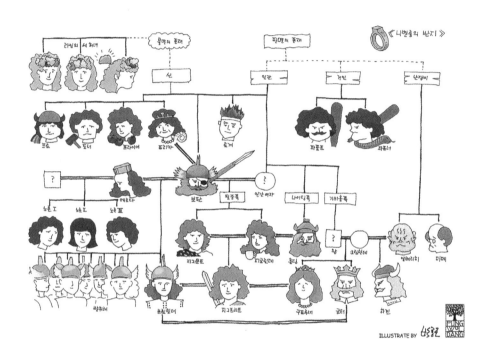

ILLUSTRATE BY 나윤경

『니벨룽의 반지』 등장인물 관계도

리트는 내면의 욕구(황금의 소유욕)를 극복하지 못하여 비극을 맞게 된다. 괴물과 싸우는 자는 먼저 자기 안의 괴물을 죽여야 하는 까닭이다.

지그프리트는 바그너가 상상한 튜턴족 영웅의 이미지를 지녔다. 그는 금발의 근육형 미남이고 악을 퇴치하는 불굴의 전사다. 하지만 결점 있는 영웅으로 그리스 신화의 영웅을 재현한다. 또한 그는 니체가 권력의 의지를 실현할 원형적 인물이고, 이후 나치스가 추구하는 영웅으로 바뀌어 정치 선전의 이미지로 이용되

브륀힐데(베르타 모레나),
1910년 바이로이트 공연

었다. 결국 파프너(용)는 반지의 힘을 사용하지도 못하고 곳간지기 노릇만 하다 죽임을 당하므로 막대한 부를 보관하는 데서 만족감을 느끼는 졸부와 다름없다. 그 점에서 부는 자본의 물신성(페티시즘)을 은유하며, 부는 가진 자를 행복하게 만드는 것이 아니라 종으로 부리는 존재다. 지그프리트 역시 반지를 손아귀에 넣었으나 정작 사용은 못 하고 죽음을 당하니 모두 반지의 소유자가 아니라 과시자이며, 정확히는 희생자인 셈이다. 이로써 알베리히의 불길한 예언은 적중한 것이다.

이제 반지는 인간의 손에 들어왔다. 하지만 기비홍족의 비열한 군터와 사악한 하겐이 개입하면서 니벨룽의 세계는 파국으로 치닫는다. 지그프리트가 하겐이 던진 창에 등을 찔려 죽은 것이다. 그가 용의 피를 온몸에 적셔 불사의 몸을 만들 때 나뭇잎 하나가 등에 앉은 탓에 그곳

이 치명적인 약점이 되었다. 결국 인간은 필멸의 존재일 수밖에 없다. 브륀힐데는 하겐의 꼬임에 빠져 지그프리트의 약점을 알려 준 것을 뒤늦게 알고 불길에 휩싸인 연인의 시신에 군마(그라네)와 함께 뛰어들어 장렬한 죽음을 맞는다. 그들을 삼킨 불은 발할라성을 잿더미로 만들 것이다. 이제 반지는 지그프리트의 손에서 브륀힐데의 손으로 넘어갔다. 이어서 넘쳐흐르는 라인의 강물이 그들을 집어삼키려 하자 하겐이 반지를 집으려고 하지만, 자연의 거대한 힘에 그들은 모두 물에 잠긴다. 마침내 반지는 그것을 발견한 라인의 한 처녀(플로스힐데)가 집어 들면서 극은 대미를 장식한다. 반지는 누구의 손도 아닌 원래의 자리로 돌아온 것이다. 극은 반지가 원형이듯 열린 결말임을 암시한다.

바그너는 이 악극에 태초의 지구를 구성했다는 네 원소를 녹여 넣었다. 여기서 공기는 절대자 보탄을 나타내고, 흙은 여신 에르다를 나타내는데, 각자의 유도동기로 표현되었다. 또 물은 자연의 모티프로 표현되었는데, 라인강을 나타내며, 황금을 지키는 세 소녀로 의인화되었다. 불은 로게로 의인화되었으며, 브륀힐데는 대단원에서 불과 동일시되었다. 물과 불은 대척점에서 문명의 동력이자 재난의 원인이다. 그래서 경고의 의미를 가진다. 이 두 가지는 모두 자연의 형상을 바꾸는 물질로, 그중에 지그프리트를 화장한 불은 더럽혀진 것을 태워서 정화하고, 라인강 물은 더럽혀진 것을 씻어서 정화한다. 정화는 재생을 뜻하며, 가고 오는 것은 자연의 순리다.

인간의 세 가지 욕구인 성욕, 금욕, 권력욕이 얽혀 들면서 펼쳐지는 반지 4부작의 특성은 다음과 같다.

첫째, 신과 인간이 등장하는 무대로 신화와 전설이 어울린 드라마다.

둘째, 신의 역할이 크지만 인간 중심으로 전개된다.

셋째, 불완전한 신과 완전함을 추구하는 인간을 대비함으로써 신과 인간의 세계가 둘이 아니고 하나의 양면임을 의미한다.

넷째, 결말은 신적 능력Deus ex Machina이 발휘되기보다 예기치 않는 사태로 좌절된다. 그래서 신화의 이야기 작법을 빌린 인간 드라마다.

다섯째, 음악이 장엄하고 무대가 웅장하여 종교적인 분위기를 느끼게 한다.

여섯째, 신은 불완전하고 영웅은 결점이 있다. 파국은 등장인물의 의지와 무관하게 닥친다. 그래서 성격비극의 요소를 곁들인 운명비극이다.

반지 4부작의 해석

이상은 반지 4부작의 요지로서 드라마 해석에는 인문학적 해석과 심리학적 해석, 사회경제학적 해석이 있다. 인문학적 해석은 반지 4부작의 대본을 철학, 역사, 신화, 문학과 연관 지어 풀이하는 입장으로 대표적인 저서는 로저 스크루턴의《진실의 반지The Ring of Truth》(2016)다. 심리학적 해석은 주로 정신분석학의 관점에서 풀이하는 입장으로, 로버트 도닝턴의《바그너의 반지와 그 상징들Wagner's Ring and its Symbols》(1963), 진 시노다 볼린의《힘의 반지Ring of Power》(1992), 톰 아틴의《바그너 콤플렉스The Wagner Complex, Genisis and Meaning of The Ring》(2012)가 있다. 또 사회경제학적 해석은 사회주의와 자본주의의 맥락에서 풀이하는 입장으로 조지 버나드 쇼가 쓴《완벽한 바그너 숭배자The Perfect Wagnerite, A Commentary on the Nibelung's Ring》(1898)[1]가 있다. 이상은 다수의 반지 4부작 관련 문헌 중 극히 일부다.

---

1. 쇼의 저서는《바그너, 니벨룽의 반지》(유향란 옮김, 이너북, 2011)로 번역 출간되었다.

인문학적 해석은 드라마의 요지를 설명할 때 곁들였으나 여기에 하나를 덧붙인다. 모든 이야기는 설화 구조의 반복과 변주다. 그것은 주인공(영웅)이 모험(여행)을 시작하게 되는 발단(사랑의 성취, 보물의 발견, 임무의 완수 등 모험 동기의 발생)이 있고, 드라마의 미궁으로 진입(극의 전개)하여 적대자(악당)를 만나 다투면서 시련을 겪지만, 동조자의 도움을 얻어 위기를 모면한다. 그리고 마침내는 목표에 도달(성취 대상의 쟁취)하면서 미궁에서 빠져나온다(모험의 종료). 다만 결과는 행복한 모습으로 나타나지만 때로는 파국의 모습으로 나타나기도 하고, 파국을 앞두고 불운을 피해 가는 다행스러운 결말도 있다. 파국의 원인은 주인공의 과도한 성취욕과 무모한 결정, 불운의 중첩 등이다.

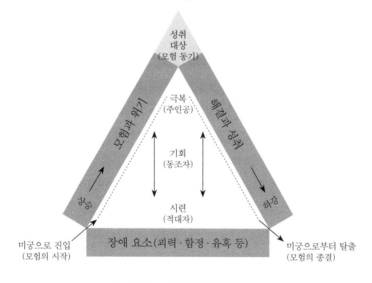

드라마(서사 모험극) 형성의 삼각구도

반지 4부작을 위의 구조에 적용한다면 알베리히가 라인강의 황금을 훔쳐 가는 발단이 있고, 반지를 제자리로 돌려놓아야 한다는 모험의 동기가 있다. 또 보탄(애매한 악당), 파프너(우둔한 악당), 알베리히(완벽한 악당) 등 방해자들이 반지를 두고 갈등한 결과 파프너(용)가 그것을 차지하여 지킴으로써 반지는 본래의 소재와 용도를 잃는다(여기서는 반지가 또 하나의 주인공으로 의제되었다). 이후 지그프리트(애매하고 결점 있는 영웅)가 용을 죽이고 반지를 되찾지만 사려 깊지 못한 그는 반지의 진정한 소유자가 아니다. 그에게는 동조자로 위장한 양부 미메와 정을 모르고 그를 배신하는 동조자(연인) 브륀힐데가 있다. 결국 그는 악당 하겐의 창에 찔려 죽지만 해결자(진정한 영웅)인 브륀힐데가 각성하여 반지를 라인강에 돌려놓음으로써 목표는 달성된다. 주인공은 모두 죽지만 드라마의 발단인 반지가 여정 끝에 제자리에 돌아옴으로써 다행스럽게 끝나는 비극이다. 그 점에서 브륀힐데는 갈등의 종결자이면서 파국의 구원자다. 다음은 반지 4부작에 대한 각각의 성격을 요약한 세 작가의 견해다.

　로버트 도닝턴의 《바그너의 반지와 그 상징들》은 사회경제적 해석에 대한 대안으로 나온 저서다. 그는 반지 4부작을 황금, 용, 거인, 난쟁이, 영웅 등 신화의 상징 원형에 자아, 페르소나, 그림자, 아니마, 아니무스 등 카를 융의 마음Psyche 이론을 적용하여 해석했다. 그는 보탄은 자아 전체(그를 포함한 모든 등장인물)를 제어하는 배역이고, 지그문트는 등장인물의 희생을 대표하는 배역이며, 지그프리트는 죽음 직전에 자기를 발견(지그프리트의 독백)함으로써 운명을 받아들이는 배역으로 그렸다. 또한 드라마는 어머니 자연(라인강)을 그리워하는 무의식(모성 본능)을 은유하는 한편, 내면의 욕구를 방해하는 세력과의 싸움을 묘사하는(삶의 에너지) 것으로 보았다. 전자는 탄생에서 죽음에 이르는 생명주기(또는 죽음Thanatos 본능)를 나타내고, 후자는 생의 의지(또는 사랑Eros 본능)를 나타낸다.

《힘의 반지》를 쓴 진 시노다 볼린은 『라인의 황금』은 힘을 추구하는 등장인물들이 치러야 할 대가를 암시한 드라마로 보았으며, 『발퀴레』는 권위적인 아버지와 엇나가는 가족을 비유한 드라마로 보았다. 또 『지그프리트』는 어른아이(철없는 어른, 아도르노는 철없는 보이스카우트라고 했다)인 영웅의 행적을 그린 드라마로 보았으며, 『신들의 황혼』은 절대반지의 종점에서 드러나는 진실을 그린 드라마로 보았다. 한편 《바그너 콤플렉스》를 쓴 톰 아틴은 『라인의 황금』이 앞으로 펼쳐질 드라마가 비극으로 향할 것이란 불안감을 느끼게 하는 서막으로 보았으며, 『발퀴레』는 지그문트와 지글린데의 슬픈 로맨스, 그리고 보탄과 브륀힐데의 애증을 보여 준 우울한 드라마로 보았다. 또 『지그프리트』는 양부(미메)에 대한 혐오감에서 친부(지그문트)와 자신을 동일시하는 지그프리트의 가족 로맨스를 반영한 드라마로 보았으며, 『신들의 황혼』은 등장인물들 간의 관계가 분열되는 드라마로 보았다.

두 작가는 등장인물의 심리와 극 상황의 관계를 살핀 것이지만 이를 좁혀서(하나의 인격체로 의제해서) 살피는 경우도 있다. 가령 평균적인 사회인은 자아가 건강한 사람으로 양심의 보루(초자아)가 튼튼해서 욕구(본능, 충동)를 잘 조절한다. 이를 반지 4부작에 적용하면 드라마의 정점(초자아)에 황금이 있다. 황금(충동)은 강한 유혹이지만 무엇보다 소중히 간직해야 할 양심의 보루이기도 하다. 유혹은 욕구를 불러일으키지만 억제의 대상이기도 한 때문인데 그 중심에 라인의 세 처녀(자아)가 황금을 지키고 있다. 그래서 자아가 한눈을 팔면 언제든 나락으로 떨어지게 된다(성직자가 범죄인이 되는 경우를 떠올려 보자). 욕구와 양심은 뜻으로는 엄청 멀리 떨어져 있으나 심리적으로는 아주 가까이에 있다. 다름 아닌 욕구의 주재자 알베리히(본능)가 라인의 세 처녀로부터 어렵지 않게 황금을 훔쳐 올 수 있는 이유다.

욕구는 하나가 아니므로 자아는 할 일(갈등 처리)이 많다. 그래서 자아는 분신을 여럿 두는데 그중 으뜸이 보탄이다. 그에게는 욕구를 자제하게 만드는 에르다가 있기 때문이다. 그 밖에 지그프리트와 브륀힐데가 있다. 황금은 그들을 시험하는 두 얼굴(양심과 그 그림자인 욕구)의 힘으로 반지는 그 표상이다. 파프너(용)는 무섭고 흉하게 생긴 욕구의 수문장이다. 지그프리트는 욕구에 빠지기 쉬운 약한 자아이고, 브륀힐데는 자아의 중심을 지키는 강한 자아다. 하겐은 자아의 강력한 교란자로서 알베리히가 사건을 불러일으키는 자이듯 파국을 불러일으키는 자다. 반지 4부작은 욕망하는 자가 황금(양심)을 훔쳐 반지(힘)를 만들지만, 그것을 탈취한 자아(지그프리트)가 강한 자아(브륀힐데)에 굴복함으로써 반지는 제자리로 돌아간다는(양심을 되찾는다는) 심리의 축도로 읽힌다.

반지 4부작의 사회경제학적 함의에 눈을 돌리게 한 첫 작가는 바그너 자신이다. 그는 니벨하임(노동 착취가 이루어지는 지하 세계의 공장)에서 알베리히(자본가)의 명령에 따라 금속을 녹이고 주조하는 니벨룽족(난쟁이족)은 프루동이 말한 노동자를 은유한다고 보았다. 노동자는 자본가를 부유하게 만들지만 저임금을 받으며, 부르봉 왕조와 봉건제의 전복을 가져온 프랑스혁명의 결과에 실망하는 계급으로 생각했다.[2] 신화에서 대장장이는 지금의 기계공 또는 기계 발명자를 뜻하며, 다수의 이

---

2. Paul Dawson-Bowling, *The Wagner Experience and it's meanining to us*, p.153.

익을 위해 노력하고 희생하는 존재다. 바그너에게 자본가는 노예(노동자)를 소유하는 새로운 귀족이자 최상층 부르주아로서 "즐거움이 지겨워 죽을 지경인 인간"이다.[3] 그는 1849년에 쓴《예술과 혁명》(마르크스보다는 프루동과 포이어바흐의 주장을 더 반영했다)에서 "산업화 시대의 신은 산업이 되었으나, 기독교인 노동자가 보다 나은 세상에서 질 좋은 필수품을 만들 때까지(막연해서 공상적이다) 가난하게 살아가도록 할 뿐"이라고 당시의 사회정치적 상황을 비난했다.[4] 공교롭게도 바그너가 사회주의적 시각을 갖고 『니벨룽의 반지』를 작곡할 무렵 마르크스는《자본론 Das Kapital》을 집필하고 있었다.《자본론》제1권은 『라인의 황금』이 초연(1869)되기 2년 전(1867)에 나왔으며, 두 지적 거인은 1883년에 운명했다.

조지 버나드 쇼는 알베리히를 착취적 자본주의하의 금권정치가이면서 '굶주림으로 상징된 회초리'로 노동자(자본가의 노예)를 위협하는 부호(자본가)로 보았다. 쇼에 의하면 몰인정과 탐욕은 자본주의 제도를 굳건히 하는 수단이다. 그는 "자본가가 만든 해악을 몰아내는 비책은 제도보다 사랑이란 만병통치약이다"고 말한 바그너에 대해, 그 비책은 '박애주의자의 실천'이라고 범위를 좁혔다. 쇼는 지그프리트를 순진한 무정부주의자이면서 인간의 자유를 위해 종교의 권위와 정치적 억압을 뒤집는 혁명가라고 했다. 하지만 지그프리트(시민 계급)는 보탄(교회)과 알베리히(자본가)가 활동하는 중에 죽음으로써 1848년 시민혁명의 결과를 암시하는 인물로 보았다. 쇼는 무정부주의와 공산주의를 포함한 혁명적 사회주의를 비판하고 점진적 사회주의를 주장한 이상

3. Nicholas Vazsonyi(ed.), *The Cambridge WAGNER Encyclopedia*, p.423.
4. Paul Dawson-Bowling, *The Wagner Experience and it's meanining to us*, p.155.

주의자였다. 그래서 그의 해석에는 급진적 변혁을 경계하는 의미가 담겨 있다.

반지 4부작을 쇼의 시각에서 연출한 무대는 1976년 바이로이트 극장에서 공연되었다. 그것이 『니벨룽의 반지』 초연 100주년 기념 공연이다. 파트리스 셰로Patrice Chéreau가 연출하고 피에르 불레즈Pierre Boulez가 지휘한 전위적 무대로서 처음에는 비판을 받았으나 공연의 영상물이 해외에 널리 알려져 호평을 받았다. 이는 '독일 문화(악극)에 대한 영국적 콘텍스트(버나드 쇼의 반지 4부작에 대한 사회주의적 해석)에 프랑스의 예술미학(프랑스인에 의한 오페라 연출과 지휘)을 가미한 협업의 결실'이었다.

참고로 반지 4부작의 배역을 당시 사회상과 비교한 일반적인 해석은 다음과 같다. 알베리히는 신흥자본가 계급으로 독일 금융계를 쥐고 있던 유대인을 가리키고, 보탄(불완전한 신)은 난쟁이와 거인, 인간 위에 군림하지만 그들과 다를 바 없는 근세 이전의 교회와 같다. 파프너는 보탄을 위해 발할라성을 건설할 능력(토지와 노동력)을 갖고 있으므로 농노를 거느리는 봉건 영주와 같다. 또한 그는 통일을 주도한 프로이센으로, 그의 동생 파졸트는 이름뿐인 오스트리아로 비유되기도 한다. 인간은 시민 계급이면서 미래를 이끄는 주도 세력을 가리킨다.

반지 4부작의 영역은 바그너가 만든 별세계이므로 어느 시대, 계층, 집단과도 연결 지을 수 있다. 이 악극을 공연할 무렵(1876)은 산업혁명에 의한 자본주의가 만개하였으며, 논쟁을 몰고 온 진화론이 사회와 정치 부문에까지 영향을 끼치던 때였다. 물론 그에 따른 부작용도 심해서 노동자들은 열악한 환경에 처하게 되었고, 그 결과 사회주의 운동이 크게 번졌다. 또 약육강식이란 진화론의 논리에 따라 각국이 식민지를 가

지느라 혈안이 되었다. 그러므로 이 악극을 대본에 기초한 텍스트로서 풀이할 것인가, 시대 상황을 반영한 콘텍스트로서 풀이할 것인가는 받아들이기 나름이다.

드라마의 결말와 음악

바그너는 브륀힐데가 부르는 마지막 절창(튼튼한 장작을 쌓아 올리시오 Starke Scheite Schichtet mir dort)에서 이 악극의 결말을 알리는 사자使者를 까마귀로 설정했다. 그 구절은 '집으로 날아가라, 너희 까마귀들아Fliegt heim, ihr Raben! / 라인강 변에서 너희가 들은 것을, 주인(보탄)께 고하라 raun't es eurem Herrn, was hier am Rhein ihr gehört!'인데, 이는 헤겔이 쓴 '미네르바의 부엉이는 어스름 무렵이 되어야 날아오른다die Eule der Minerva beginnt erst mit der einbrechenden Dammerung ihren Flug'에서 암시를 받은 것이다. 라인강의 까마귀는 미네르바의 부엉이를 가리키는 것이고, 부엉이는 하루의 끝 무렵이 되어야 날아오르며, 그것은 내일의 새벽을 알리는 비상이다.[5] 이는 반지 4부작의 대단원이 종말적 결말이 아니라 열린 결말임을 암시하는 단서다. 따라서 신의 황혼은 인간의 새벽으로 대체된다.

바그너는 반지 4부작의 대본을 통하여 세상은 신들과 악귀의 싸움으로 멸망한다는 라그나뢰크 세계관을 재해석했다. 사실, 종말론에 대한 생각은 사람마다 다르다. 그래서 인간의 수만큼 종말론이 있다고 보아야 한다. 만일 개인의 죽음과 함께 이 세상이 끝난다면 그처럼 허무한 일도 없을 테지만, 그처럼 공평하고 궁극적인 최후도 없을 터이다. 하

---

5. Nicholas Vazsonyi(ed.), *The Cambridge WAGNER Encyclopedia*, p.190.

지만 그러한 종말은 이기적이고 묵시록적인 종말론이다. 그래서 종교에서 말하는 부활이나 윤회 같은 순환적 세계관이 의미가 있는 것이다. 종말이 의미가 있는 것은 그로 말미암은 구원이 있기 때문이다. 그것이 재생의 종말론이다. 모든 이야기의 대단원은 열린 결말이다. 죽음과 소생, 파괴와 건설은 설화의 토대이기 때문이다. 니벨룽의 세계는 반지의 생김새처럼 영원히 회귀하는 우주적 주기를 가리키는 아이언Aion 시간대의 세계다. 따라서 구세계의 몰락과 함께 신세계의 태동을 의미한다. 다만 되풀이하는 회귀가 아니라 발전하는 회귀다. 하긴 전통음악의 황혼 무렵에서 다가오는 현대음악을 준비한 바그너의 창작 여정이야말로 반지 4부작의 열린 결말을 닮았다.

바그너는 애초에 반지 4부작의 피날레를 소유보다 사랑의 가치를 중시한 포이어바흐식 결말을 생각했다. 하지만 쇼펜하우어의 사상에 경도되어 "세계는 표상이다Die Welt ist Vorstellung"로 시작해서 "세계는 무이다Die Welt ist Nicht"로 끝나는 명제에 따라 종말적인 결말로 바꾸었다. 하지만 그는 이 결말이 염세적이라고 생각한 데다 무겁고 어둡다는 코지마의 조언도 있어 포이어바흐식 결말 중 마지막 절을 남기고 모두 버렸다. 이러한 이유 외에도 이 부분의 의미가 전체 극을 통해서 분명히 드러나는 만큼 빠져도 무관하다고 생각했다. 그래서 해당하는 부분의 음악도 작곡하지 않았다. 그는 반지의 결론이 낙관적이든 염세적이든, 또는 혁신적이든 보수적이든, 그 판단은 관객에게 맡기는 게 옳다고 결정한 것이다. 『니벨룽의 반지』는 여러모로 극장형 오페라의 정점이면서 시적 표현력과 철학적 함의로 가득한 음악의 서사시이자 오페라의 사상서다. 다음은 두 철학자의 세계관을 반영한 결말 부분이다.

포이어바흐식 결말

Ihr, blühenden Lebens	너희들, 피어나는 삶을
bleibend Geschlecht :	지속하는 종족(인간)아.
was ich nun euch melde,	이제 내가 너희에게
merket es wohl!-	고하는 말을 잘 들어라!
Saht ihr vom zündenden Brand	지그프리트와 브륀힐데를 태우는 불길을
Siegfried und Brünnhild' verzehrt :	너희가 보았거든,
saht ihr des Rheines Töchter	라인의 딸들이 반지를
zur Tiefe entführen den Ring :	깊은 물속으로 가져가는 것을 보았거든,
nach Norden dann	밤을 통해 북쪽을
blickt durch die Nacht!	바라보라!
Erglänzt dort am Himmel	그곳 하늘에 거룩한 불길
ein heiliges Glühen	솟아오르면,
wo wisset all'-	발할의 종말을 본다는 걸…
dass ihr Walhall's Ende gewahrt!-	모두들 알아라!
Verging wie Hauch	신들의 종족이
der Götter Geschlecht	연기처럼 스러지면,
lass' ohne Walter	나는 세계를
die Welt ich zurück :	지배자 없이 그대로 놓아두리니,
meines heiligsten Wissens Hort	내 가장 거룩한 지식의 보물을
weis' ich der Welt nun zu.-	이제 세상에 알려 주노라.

(Nicht Gut, nicht Gold,	(재물도 황금도,
noch göttliche Pracht:	신적인 화려함도 말고,
nicht Haus, nicht Hof,	집도 궁정도,
noch Herrischer Prunk:	당당한 장엄함도 말고,
nicht trüber Verträge	혼탁한 계약의
trügender Bund,	속임수 결탁도,
noch heuchelnder Sitte	아첨하는 관습의
hartes Gesetz:	단단한 법칙도 말고,
selig in Lust und Leid	오로지 사랑만이 복되게
lässt-die Liebe nur sein!-)	쾌감과 고통 속에 남아 있게 하라!)

(괄호 안의 시는 바그너가 1852년에 덧붙인 부분이다.)

Grane, mein Ross,	나의 말, 그라네야.
sei mir gegrüsst!	안녕!
Weisst du auch, mein Freund,	내 친구야, 너도 내가
wohin ich dich führe?	너를 어디로 데려가는지 알지?
Im Feuer leuchtend	너의 주인 지그프리트,
liegt dort dein Herr,	나의 행복한 영웅이
Siegfried, mein seliger Held.	저기 불 속에 빛을 내며 누워 있어.
Dem Freunde zu folgen	친구를 따라가면서 너도
wieherst du freudig?	즐겁게 히힝댈 거지?
Lockt dich zu ihm	웃는 불꽃이 너를
die lachende Lohe?	그에게로 유혹하니?
Fühl' meine Brust auch,	내 가슴도 그 불길

wie sie entbrennt:	타오르는 걸 느껴.
helles Feuer	밝은 불꽃이
das Herz mir erfasst;	내 가슴을 붙잡는다.
ihn zu umschlingen,	가장 강력한 사랑 속에
umschlossen von ihm,	그를 끌어안고
in mächtigster Minne	그에게 안겨서
vermählt ihm zu sein!-	그와 혼인하지!
Heiajaho! Grane!	하이아야호! 그라네!
Grüss' deinen Herren!	너희 주인들께 인사해라!
Siegfried! Siegfried! Sieh'!	지그프리트! 지그프리트! 보라!
Selig grüsst dich dein Weib!	당신 아내가 행복하게 당신께 인사드리네![6]

(이 시는 최종적으로 남은 포이어바흐식 결말 부분이다.)

쇼펜하우어식 결말

Führ' ich nun nicht mehr	나는 더 이상 가지 않겠노라.
nach Walhall's Feste,	발할라 요새로.
wiss't ihr, wohin ich fahre?	그대는 아는가?
Aus Wunschheim zieh' ich fort,	내가 어디로 가려는지를.
Wahnheim flieh' ich auf immer;	나는 욕망의 집에서 나와
des ewigen werdens	영원한 존재의 문,
off'ne Thore	망상의 집에서 영구히 달아났네.

6. 리하르트 바그너, 안인희 옮김, 《신들의 황혼》(풍월당, 2018), pp.328~332.

schließ' ich hinter mir zu:	내 뒤로 가까이 있네.
nach dem wunsch- und wahnlos	욕망과 망상으로부터 자유로운
heiligstem Wahlland,	선택받은 성스러운 땅이,
der Welt-Wanderung Ziel,	떠도는 세상의 정처에서
von Wiedergeburt erlös't,	다시 태어나 구원받은
zieht nun die Wissende hin.	깨달은 자 이제 가노라.
Alles Ewigen	모든 영원한 것의 복된 종말,
sel'ges Ende,	당신은 아는가?
wiss't ihr, wie ich's gewann?	내가 그걸 어떻게 얻었는지를
trauernder Liebe	비탄에 젖은 사랑,
tiefstes Leiden	아주 깊은 고통,
schloß die Augen mir auf:	내 눈을 뜨노라면
enden sah ich die Welt.-	나는 세상의 종말을 보았노라.

(이 시는 바그너가 1856년에 포이어바흐식 결말을 버리고 대신 넣은 부분이다. 하지만 역시 마음에 들지 않아 버렸다.)

반지 4부작은 19세기 말 독일인의 시각(바그너의 관점)에서 과거(신화의 역사적 배경)를 거울삼아 미래(바그너 이후의 세기)를 내다본 오페라로서 의미가 있다. 바그너는 열린 결말을 택했으므로 그 예견은 독일의 비극적 미래(두 차례의 세계대전 패배)가 아니라 희망적 미래(전후 부흥)를 지향한다. 하지만 당시 관객은 그 결말을 묵시록적이고 모호한 결말로 보았다. 이후 많은 독일 국민이 조국의 패전을 나치스의 패망과 분리하여 생각지 않은 데다 종전 직후의 상황을 『신들의 황혼』에 비추어 이해한 것은 그 연장으로 볼 수 있다. 한편 제1, 2차 세계대전을 경험한 독일계 영국인 톨킨은 독일이 니벨룽의 신화를 잘못 이해함으로써 파국의 길로 가는 것을 보고 그 교훈을 새기고자《반지의 제왕》을 집필했다. 따라서 그의 반지 드라마는 소유보다 경계에 의미를 두고 펼쳐진다. 톨킨의 절대반지는 바그너의 그것과 달리 은유의 대상이 아니라 그 자체가 상징(은유의 과정이 생략된)인 셈이다.

　『니벨룽의 반지』는 장대한 음의 파노라마로 꾸며졌다. 그것은 주제 선율로 조직하고 무한선율로 구성한 연작 악극이다.『니벨룽의 반지』는 작곡가의 세계관과 예술관이 반영된 작품으로도 유명하지만, 상징과 비유로 얽어 놓은 이야기 내용으로도 유명하다. 음악이 워낙 방대하다 보니 거미줄처럼 얽힌 주제의 연쇄를 이해하지 못하면 이내 악극의 삼림에 파묻히고 만다. 또 대본에 함축된 사상과 음악이 지닌 극적인 효과 탓에 그 자체로 하나의 거대한 예술 세계로 불린다.

　이 작품은 26년에 걸친 창작 기간과 대하드라마의 속성상 내용의 일관성이 부족하고 인물 간의 연결고리도 약하다는 지적이 있다. 하지만 이러한 지적에도 불구하고 연작 드라마를 한 편의 연결된 극으로 받아들이게 하는 비결이 있다. 그것이 유도동기로 불리는 주제 선율이다. 그것은 전 편을 통해 적절히 쓰임으로써 연작 드라마의 약점을 보완하는 한편 반지 4부작을 완성도 높은 대하드라마로 만들어 주는 음악적 장치다. 그래서 유도동기를 귀에 익히면 이 대작 악극이 의외로 듣기에 어렵다거나 생각보다 지루하게 느껴지지 않는다는 말들을 한다. 이 악극은 유도동기의 집대성이고 작곡 기법의 승리다. 또한 종합예술의 극치이기도 해서 연출 규모가 상당히 크다. 게다가 배경이 신화 세계이므로 초현실적인 무대를 만들어야 하는 과제도 있다. 그가 이 작품을 상연할 별도의 극장을 세우기로 한 것은 유례없이 스펙터클한 무대가 요구되기 때문이다.

『니벨룽의 반지』 전체 장면에서 핵심이 되는 음악은 다음과 같다.

라인의 황금 전주곡, 1장 라인의 세 처녀와 알베리히의 흉계, 2장 보탄의 발할라 찬양, 3장 지하세계 니벨하임의 대장간, 4장 에르다의 경고·신들의 발할라 입장·보탄의 마지막 노래.

발퀴레 전주곡, 제1막 3장 지그문트의 이야기·지그문트와 지글린데의 사랑(봄의 노래), 제2막 4장 지그문트의 죽음을 고지함, 제3막 1장 발퀴레 기마 행진·3장 보탄의 이별 노래·마법의 불.

지그프리트 전주곡, 제1막 3장 지그문트의 이야기·대장간의 망치질 노래, 제2막 2장 숲의 속삭임, 제3막 1장 에르다의 탄식·보탄 운명의 노래·3장 브륀힐데 잠에서 깨어남·브륀힐데가 지그프리트에게 보내는 사랑의 노래.

신들의 황혼 서막 세 명의 노른(운명의 여신)이 황혼을 예고함·새벽에서 브륀힐데가 노래함·지그프리트 라인의 여행, 제1막 2장 하겐의 감시, 제3막 2장 지그프리트의 죽음·지그프리트 장송곡·3장 브륀힐데 희생의 노래.

반지 4부작을 구성하는 음악 중 압권은 각 파트의 마지막 장면에 들어 있다. 제1부는 「신들의 발할라 입장」, 제2부는 「보탄 이별의 노래」, 제3부는 「브륀힐데와 지그프리트의 이중창」, 제4부는 「브륀힐데 희생」이다. 특히 4부에서 피날레 곡(브륀힐데의 희생)은 반지 4부작을 종결짓는 노래이면서 압권 중의 압권이다. 그래서 바그너 소프라노의 실력을 가늠하는 잣대는 이 노래가 결정한다는 말이 있다.

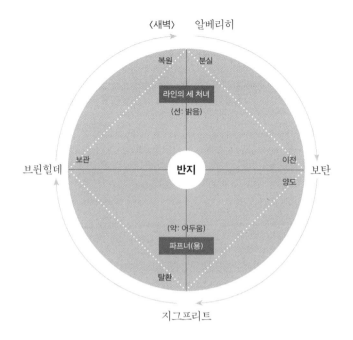

반지 드라마의 원형 구조

    반지 4부작은 가끔 연주회 형식으로 단막 공연(연주)을 한다. 단막 중에서 가장 많이 무대에 오르는 것은 『발퀴레』다. 박진감을 더하는 관현악(발퀴레의 기마행진은 백미다)이 호쾌한 느낌을 주고, 지그문트와 지글린데의 로맨스가 서정성을 더하기 때문이다. 특히 제3막 3장에서 보탄이 딸 브륀힐데와 이별하면서 부르는 노래는 사랑과 아쉬움이 절절히 교차하는 느낌을 주며,「마법의 불」음악은 장중한 피날레 곡으로 빼어나다. 그다음으로 『라인의 황금』, 『지그프리트』 순인데 『라인의 황금』은 전체 악극의 서곡 역할을 하는 데서 다음으로 많이 연주되고, 『신들의 황혼』은 악곡의 분위기가 어두운 점에서 거의 단독으로 연주하지 않는다. 다만 제4부 전체 곡 중 「지그프리트 장송곡」과 「브륀힐데의 희생」
은 단독으로 연주하는 인기곡이다.

　무대 예술(영화 포함)의 생명은 초반 10분이 결정한다는 말이 있다.
그렇다면 『라인의 황금』 전주곡(5분 미만)은 연작의 음악성을 보장하는
생명선이다. 전주곡은 자연(라인강)의 동기와 물결의 동기로 이루어졌
는데, 바그너는 유장하게 흐르는 물의 이미지를 청각화하여 그 움직임
을 연상하도록 만들었다. 그는 음색의 소리 화가로 강물은 악극의 토
대가 되는 무대이고, 라인의 세 처녀가 노니는 곳이며, 알베리히가 끼
어들어 드라마의 발단을 만드는 배경이다. 15시간 30분에 이르는 대하
악극의 수원지는 조용하고 활발하게 흐르는 136소절의 전주곡으로 바
그너가 꿈에서 영감을 얻었다(제6장 참조).

　반지 4부작에서 선율은 내림 마장조E flat major로 음의 여정을 시작한
다. 그것은 상승하는 화음과 어울려 점차 고조되는데, 때로는 펼침 화
음으로, 때로는 반음계 기법으로 나아간다. 그 과정에서 첫 음은 여러
겹의 후속 음과 만나 두터워지면서 주제를 강하게 드러낸다. 그러므로
관현악은 성악과 대등한 지위를 가질지라도 비중은 큰 편이다. 바그너
는 그 점을 감안하여 관현악은 극의 상황이나 인물의 심리를 묘사하도
록 꾸몄으며, 성악은 사건을 설명하고 극을 이끌어 나가도록 꾸몄다.

　이 악극에서 유도동기는 그대로 음악의 정체성을 결정한다. 자연의
동기는 악극의 분위기를 유장하고 신비롭게 만들며, 발할라·영웅·
칼·천둥·황금의 동기는 악극의 성격을 장중하고 비장하게 만든다. 또
발키리의 동기는 장쾌하면서도 박력에 넘치고, 등장인물 각자는 개성
과 역할에 어울리는 동기로 나타난다. 지그프리트는 기상이 용맹하며,
브륀힐데는 처연하지만 힘에 차 있다. 보탄은 위엄이 흐르고, 하겐은

음산하고 훈딩은 단호한데, 모두 불길한 기운을 풍긴다. 그 밖에 유도동기는 각 주제에 어울리는 정조를 띠거나 음조를 그리면서 음악의 대장정을 펼친다. 지금껏 오페라의 장면(드라마의 분위기와 무대의 정경)과 등장인물을 이처럼 음악으로 실감 나게 묘사한 작곡가는 없었다. 그래서 바그너를 영화음악의 창시자라고 부른다.

　바그너는 자신이 의도했던 효과를 관객에게 인식시키기 위해 이와 같이 여러 동기를 적절히 활용했다. 이는 지금의 연구에 따르면 변연계(동기·감정·학습·기억 등을 담당하는 부위)의 기능을 지속적으로 자극하는 셈인데, 공연 전략상 가장 중요한 순간일 때 그는 청중 개개인의 변연계를 강타하는 것이다. 거대한 예술품은 이런 결과로 탄생했다.[7]

「라인의 물결」

Wei - a! Wa-ga! Wo-ge, du Wel-le, wal-le zur Wie-ge! wa-ga-la wei - a! wal-la-la wei -a-la wei - a!

「라인 처녀들의 노래」

「발할라」

7.　한국바그너협회 편,《바그너와 나》(삶과꿈, 2003), p.125.

「발키리의 기마행진」

「지그프리트」(영웅의 동기)

「보탄의 이별」

「지그프리트 장송곡」

대망의 제1회 바이로이트 축제

바그너는 기금 마련을 위해 1875년 2월부터 5월까지 유럽 순회 연주를 했다. 리스트는 그를 지원하기 위해 3월 10일에 계획된 부다페스트 연주회에서 지휘를 맡았으며, 바그너가 4월 10일에 재개한 연주회는 하노버, 베를린 등지를 거치며 26일까지 이어졌다. 또 5월과 6월 사이에 제3차 빈 연주회를 개최한 뒤 7월과 8월에는 관현악단과 가수 개인이 호흡을 맞추는 리허설을 가졌다. 연습은 공사 중인 극장에서 이루어졌는데, 바그너는 총보를 보면서 리히터가 지휘하는 관현악에 손과 발로 리듬을 맞추었고, 화가 아돌프 멘첼Adolph von Menzel은 그의 모습을 연필로 스케치했다.

좋은 일에는 마가 낀다고 했던가. 모든 일이 한 치의 어긋남이 없이 진행되던 10월 무렵 빈 궁정 오페라극장 감독 프란츠 야우너Franz Jauner가 바그너에게 한 가지 조건을 내걸었다. 빈에 소속된 아말리에 마테르나를 바이로이트에 출연시키려면 그 전에 파리판『탄호이저』와『로엔그린』을 작곡자가 직접 연출해 주어야만 한다는 것이었다. 바그너에게는 하루하루가 소중했지만, 대망을 실현하기 위해서라면 기꺼이 고역을 감당하기로 했다. 그는 11월 1일부터 12월 17일 사이에 두 편의 오페라를 연출하여 조건을 이행했다.

바그너를 힘들게 한 것은 그뿐만이 아니었다. 해가 바뀌자 협심증이 갈수록 심해졌고, 축제 자금은 바닥을 보이고 있었다. 그런 와중에도 그는 축제를 위해서라면 객원 지휘를 마다하지 않았다. 또 1876년 2월, 그는 필라델피아 주지사로부터 5,000불의 작곡료를 받고 미국 독립 100주년 기념 「대축제행진곡Grosser Festmarsch」을 지어 인도했다. 미국을 여행한 적이 없던 그는 작곡하는 동안 아내에게 "작곡료 외에는

미국을 묘사하기 위한 어떠한 장면도 떠올릴 수 없다"는 말을 입버릇
처럼 했다.

　이상이 몸을 바쁘게 한 일들이라면 그의 마음을 지치게 한 것은 공
연 준비였다. 이를테면 분장감독 카를 되플러Carl Emil Doepler가 고안한
의상은 코지마가 인디언 추장을 연상시킨다고 할 만큼 어설펐고, 카
를 브란트가 만든 유영 기계와 머리가 완성되지 않은 용은 작동 여부
가 의심스러웠다. 특히 라인의 세 처녀 역을 맡은 가수들이 유영 기계
에 익숙해지도록 적응시키는 일은 어려울 뿐만 아니라 무척 위험해 보
였다. 유영 기계는 모두 세 개로 네 바퀴가 달린 사각형 나무 상자로 만
든 것이다. 그것은 두 사람이 뒤에서 밀고 한 사람이 앞에 앉아 핸들을
조작하면 나무판 중간에 장착한 길이 4미터의 받침대가 움직이도록 되
어 있다. 세 명의 출연자는 각각 한 개의 철 받침대 위에 눕거나 엎드
려 손으로 헤엄치는 동작을 하고 뒤에서는 제작진이 물결 모양의 무대
장치를 움직여 출렁이는 효과를 내도록 했다. 또한 용은 실물처럼 만들
었는데, 발이 움직이고 불을 뿜는 트릭 장치가 있으며, 꼬리가 흔들리
도록 설계했다. 용은 런던에 있는 공장에 도면을 주어 그대로 만들도록
했고, 제작비는 500파운드가 들었다. 꼬리가 먼저 도착했으며, 몸통이
7월 말에 도착했다. 머리는 공연 전에 가까스로 도착했는데, 목은 풍문
에 따르면 바이로이트가 아닌 레바논의 베이루트로 보내졌다고 한다.
목은 이후에도 도착하지 않았다.

　바그너는 가수들의 노래와 악단원의 연주가 마음이 들지 않으면 호
되게 질책했고, 연출진에 대해서는 집요하게 시정을 요구했다. 하지만
다혈질인 그는 금세 성화를 풀고 화해를 청했다. 그 와중에 그에게 위
안을 준 것은 요제프 호프만Joseph Hoffmann(리가 극장의 음악감독 호프만과

동명이인)이 그린 무대와 브뤼크너 형제Max Brückner, Gotthold Brückner가 만든 무대장치, 그리고 안무감독 리하르트 프리케Richard Fricke가 내놓는 유익한 아이디어와 헌신적인 도움이었다.

6월 3일 그는 마지막 리허설을 앞두고 축제를 연기할까도 생각했다. 공연의 완성도를 기대할 수 없었기 때문이다. 게다가 축제를 두 달 앞두고 경비가 거의 바닥난 상태였다. 그때 그의 수호천사 루트비히 2세가 대출금 상환을 연기해 주었다. 두 사람의 우정은 한동안 냉각기가 있었으나, 여전히 둘은 서로를 절실히 필요로 하는 사이였다. 왕은 자정이 지난 8월 6일 바이로이트를 방문했다. 축제 첫날에 참석하는 대신 리허설을 참관하면서 바그너와 만남의 시간을 갖기로 한 것이다. 그는 자신을 기다리던 중인 바그너와 함께 3박 4일 동안 머물 에레미타제성으로 향했다. 그들이 헤어진 지 8년 만의 해후로, 바그너는 오랜만에 보는 루트비히 2세의 용모에 크게 놀랐다. 왕의 얼굴선은 무디어졌고, 눈매는 흐려 보였다. 또 살이 쪄 이전의 잘생기고 날씬한 자태를 떠올리기 힘들었다. 왕은 아직도 청년의 나이(31세)였으나 그 모습은 이미 중년이었다. 혹시 바그너는 왕의 모습에서 저물어 가는 작센 왕가의 장래를 보지 않았을까. 두 사람은 그곳에서 새벽 3시까지 대화를 나누었다. 왕은 그날 『라인의 황금』 리허설을 참관한 것을 시작으로 8월 9일까지 반지 4부작의 리허설을 차례로 본 뒤, 오후 8시경 바그너를 위시한 공연진의 배웅을 받으며 바이로이트를 떠났다.

드디어 바그너가 기다리던 1876년 8월 13일이 왔다. 그날은 제1회 바이로이트 축제일이었고, 바이로이트 극장의 준공일이었으며, 『라인의 황금』 초연일이었다. 그는 축제에 앞서 공연진 모두에게 특별 메시지를 전달하여 유의할 일들을 당부했다. 극장으로 이어진 대로에는

바이로이트 축제극장

기나긴 마차 행렬이 줄을 이었고, 극장 앞마당은 개막 한 시간 전부터
쇄도한 초청객들로 부산했다. 초청인사 중에는 통일 독일의 황제 빌
헬름 1세와 브라질 황제 동 페드루 2세를 비롯한 57명의 왕족, 다수의
귀족과 정치인, 지역 유지가 있었으며, 리스트·차이콥스키·그리그·
구노·생상·브루크너·말러·담로슈·르누아르·니체 남매(프리드리히
와 엘리자베트) 등 문화계 인사들, 베젠동크 부부, 한때 그가 사랑했던
마틸데 마이어·쥐디트 고티에와 바그너의 초상화를 잘 그린 프란츠
폰 렌바흐와 역사화로 유명한 아돌프 멘첼, 그리고 바이로이트의 핵
심 멤버인 레비·노이만·볼초겐 등 친지들이 참석했다. 그날의 주인
공 바그너는 그들을 일일이 맞이했다. 하지만 초대 후원회장 카를 타
우지히, 맏형 알베르트 바그너와 둘째 누나 루이제 브로크하우스바그
너, 셋째 누나 부부 클라라 볼프람바그너와 하인리히 볼프람, 출판업

540

자 프란츠 쇼트, 그의 충실한 친구 페터 코르넬리우스, 바그너 음악의 충실한 홍보자 마리 무하노프Marie Muchanoff 백작부인, 바그너를 오랫동안 보필한 프란츠 므라체크Franz Mrazeck 등 많은 사람이 바그너의 꿈이 실현되기 1, 2년 전에 세상을 떠나기도 했다. 바그너는 그들의 기여를 마음속으로 기렸다.

마침내 시간이 되자 『라인의 황금』 전주곡이 흐른 뒤 축제의 막이 올랐다. 라인강에서 펼쳐지는 세 처녀의 유영 장면은 염려하던 것과 달리 완벽에 가까웠다. 하지만 이후부터 바그너가 염려하던 실수와 착오가 이어졌다. 보탄은 반지를 떨어뜨리는 실수를 했고, 무대장치를 바꾸고 치우는 보조 직원들의 모습이 관객의 눈에 띄었다. 무대감독 브란트의 무대장치는 기대한 만큼 효과가 없는 데다 라인강과 발할라성의 장

『라인의 황금』 초연 장면.
세 처녀가 물속에서 놀고 있다.

면 전환이 매끄럽지 못했다. 바그너는 첫날의 공연에 실망하여 관객의 부름에도 무대에 나가지 않았다. 그는 장시간 대기실에 머문 채 소임을 다한 안무감독 리하르트 프리케와 알베리히 역을 열연한 카를 힐을 제외한 모든 공연진에 비난을 퍼부었다.

『발퀴레』를 공연한 8월 14일, 연출진은 「발퀴레의 기마행진」 부분에서 해당 장면이 그려진 유리판을 환등기에 넣어 무대에 투사했다. 지금 같으면 장관으로 연출하기 위해 영사기와 레이저 빔을 쏘았을 것이다. 『지그프리트』 초연은 보탄 역을 맡은 프란츠 베츠가 감기에 걸려 하루가 연기되어 8월 16일에 개막했다. 그날은 용이 큰 볼거리였다. 관객은 용과 지그프리트가 싸울 때 드라마틱한 음악을 듣기보다 그로테스크한 용을 보는 데 정신이 팔렸다. 요즘으로 치면 관객이 영화를 보면서 음악은 흘려듣고 영화 장면에 열중하는 것과 같은 이치다. 『신들의 황혼』을 초연한 마지막 날인 8월 17일에는 무대에 붉은빛을 비추는 동안 기비홍성이 무너졌다. 원래는 계속 서 있어야 했는데, 결과로 보면 극적 효과가 더해진 셈이다. 한편, 바그너는 「브륀힐데의 희생」, 「튼튼한 장작더미를 쌓아 올리시오Starke Scheite schichtet mir dort」 장면을 기대만큼 연출하지 못했다고 생각했다. 그는 4부작의 절정을 이루는 이 장면에 큰 기대를 걸었다. 그때까지의 실수가 이 부분의 멋진 피날레로 묻히리라 생각한 것인데, 학예회 수준의 연출 때문에 허사가 되고 말았다.

그럼에도 연주와 노래는 훌륭했다. 스펙터클한 관현악 사운드와 박진감을 더해 주는 가창이 흐트러짐 없이 어울려 연작임에도 단일한 느낌을 주었다. 그것은 바그너의 힘이었다. 좌중을 압도하는 음악에 관객은 매회 열띤 환호와 갈채를 보냈다. 최종회 때는 모두 기립하여 오랫동안 공연진을 향해 박수를 보내며, 바그너를 연호했다. 잠시 뒤 축제의 총감독이 무대에 나타나자 관객은 더욱 큰 환호를 보냈다. 제1회 바이로이트 축제는 첫 사이클 이후 두 차례의 사이클(2차 8. 20~8. 23, 3차 8. 27~8. 30)이 더 있었다. 루트비히 2세는 3차 공연 때 방문하여 귀빈석에서 바그너와 함께 관람했다. 공연은 오후 4시·6시·8시에 막간이 있었고, 극장 테라스에서 팡파르를 울려 휴식 중인 관객을 불러 모았다.

제1회 바이로이트 축제는 무대장치에서부터 문제를 안고 있었다. 하긴 초현실적인 신화 장면을 무대에서 재현하는 일은 기술상으로 무척 어려운 과제이므로, 그의 기대는 지나쳤다고 볼 수 있다. 그럼에도 성의를 다하지 않은 연출상의 실수와 출연자의 서툰 연기는 참을 수 없었다. 바그너의 오페라를 노래하는 성악가라면 가창력 이상으로 연기력이 뛰어나야 한다고 주장한 이는 바로 바그너 자신이었다. 코지마는 남편이 공연하는 동안 "모든 게 잘못되었소. 다시는 공연하고 싶지 않소" 하고 자책한 사실과 공연이 끝난 뒤 "끔찍해, 망했어! 죽고 싶어" 하고 푸념한 사실을 일기에 적어 두었다.

바그너는 세 차례의 4부작 공연이 끝난 후 축제를 이끈 이들에게 축연을 베풀었다. 그는 출연진에 대한 총평도 남겼는데, 악단원과 악장 아우구스트 빌헬미·아말리에 마테르나(브륀힐데 역)·구스타프 지르Gustav Siehr(하겐 역)·루이제 야이데Louise Jaide(에르다 포함 1인 2역)·릴리 레만(보글린데 포함 1인 3역)·

마리 레만과 릴리 레만 자매

카를 힐(알베르히 역)에게는 극찬을 했으며, 프란츠 베츠(보탄 역)와 알베르트 니만(지그문트 역)은 좀 더 분발했어야 한다고 평했고, 게오르크 웅거Georg Unger(지그프리트 포함 1인 2역)는 아주 좋지 않았다고 했다. 지그프리트를 노래하려면 고음과 중음, 저음을 모두 아울러야 하는데, 바그너는 웅거가 중간 음역이 약하다고 보았다. 하지만 그가 체격이 우람하고, 성량이 커 가능성이 있다고 보았다(성실하고 겸손한 그는 1년 내에 중간 음역을 상당히 개선했고, 수년 내에 정상급의 헬덴 테너가 되었다). 바그너는 새삼 슈노어 폰 카롤스펠트를 떠올리면서 그의 죽음을 애석해했다. 그가 노래하는 지그프리트였다면 더 낫지 않았을까.

바이로이트시에도 문제가 있었다. 시내에는 축제를 도울 편의 시설이 부족했고, 무엇보다 음식의 질이 좋지 않았다. 이러한 불편은 바그너가 이 도시를 처음 찾았을 때 느꼈던 점으로, 그는 이곳의 맛없는 스테이크에 불만을 표한 적이 있다. 제1회 축제 때 바이로이트를 방문한 차이콥스키는 노트에 다음과 같이 적었다. "서비스는 열악했다. 우리 일행은 방을 예약했는데, 숙박 시설은 좋았다. 첫날 나는 점심 식사를 해결하는 데 무척 애를 먹었다. 그래서 어제 먹은 저녁에 또다시 빚을 져야 했다."[8] 지역 상인들은 손님이 몰리자 너도나도 상품 가격을 올렸으며, '라인강의 포도주', '바그너 목도리', '바그너 넥타이, '니벨룽의 모자' 같은 이름을 붙인 기념품을 내놓았다.

8. Derek Watson, *Richard Wagner, A Biography*, p.280.

제16장　　　　　　　거장의 마지막 임무

믿어 주세요. 나의 친구여! 우리의 예술이 종교랍니다.
예술은 가장 신성한 것을 온갖 독단주의와 딱딱한 형식주의에서 구해 낸답니다.
　　　　　　　　　　— 코지마 바그너가 『파르지팔』의 지휘자 헤르만 레비에게

바그너 숭배로도 불리는 바그너리즘은 본인 생시에
퇴폐주의·상징주의·인상주의·탐미주의와 동의어로 간주되었다.
따라서 이를 모티프로 삼은 무대예술과 회화·문학 작품이 봇물을 이루었으며,
세기말을 풍미하고 모더니즘을 선도하는 핵심어가 되었다.
바그너가 발표한 종합예술론과 오페라를 구성하는 소재(신화, 전설, 민담)와
갖가지 동기(에로티시즘, 갈등, 복수 등)·주제(사랑, 속죄, 구원)는
바그네리안들에게 창작의 광맥이었고, 그들이 생산하는 예술작품의 원자재였다.
바그너는 생시에 살아 있는 전설이었으며, 사후에는 예술문화의 아이콘이었다.

최후의 야심작

　제1회 바이로이트 축제가 끝나자 유럽의 언론들은 행사 결과를 연일 보도했다. 대부분의 비평가가 극찬했고, 소수가 비판했다. 그나마 비판하는 내용도 볼거리를 위해 만든 새로운 종류의 음악이라는 등의 신중한 비평을 제외하면 대부분 무대장치나 연출 등에 대한 기술적인 지적이었다. 음악 자체에 대한 혹평은 거의 없었다. 다만 진실로 혹평한 이가 있다면 바그너 자신이었다. 그때까지 장시간이 소요되는 연작 오페라를 작곡한 이도 없었고, 자기 음악을 공연하기 위한 전용 극장을 만든 이도 없었다는 점에서 그를 신화적인 존재로 생각하는 이들이 생겨났다. 따라서 바그너 컬트Cult 또는 바그너라이트Wagnerite로 알려진 숭배 현상은 당시에 이미 싹트고 있었다.

　바그너는 축제 결과에 한편으로는 만족하고 또 한편으로는 불만스러워했지만, 대체로는 득의만면했다. 하지만 잔치가 끝나면 으레 비용을 지불해야 하는 법이다. 9월 19일, 그의 손에 쥐어진 손익계산서는 14만 8000마르크(약 118만 4000유로)의 적자였다. 이것이 성황리에 공연한 반지 4부작의 결과인가. 적자의 원인은 관람료 수입을 넘어선 제작비 지출에 있었다. 그는 참담한 느낌이 들기 전에 창피했다. 사라지지 않는 빚더미! 부채는 오롯이 그의 몫이었다. 하지만 축제의 주관자이자 공연의 총감독, 그날의 주인공이란 영예를 누린 자는 그 결과가 무엇이든 받아들여야 한다.

그는 타개책으로 모금을 시도하려고 노력했으나, 여의치 않아 그만두었다. 대신 급히 3만 2000마르크를 대출받아 당장 급한 빚을 갚았다. 그리고 한 달 후에는 루트비히 2세에게 바이에른 정부 측에서 바이로이트 재단을 설립해 매년 10만 마르크를 지원하면 그 운영권을 양도한다는 의견서를 보냈다. 하지만 왕은 재정 문제를 이유로 지원을 거절했다. 바그너는 12년 전 엄청난 부채에 직면했던 때를 떠올리면서 실의에 빠졌다. 그는 장래의 축제 행사를 타인에게 양도하고, 반프리트 저택을 경매하여 그 대금으로 손실금을 보전하려고도 생각했다. 정처를 찾아 다시 유랑자가 되어야 할까. 제2회 바이로이트 축제를 자신이 주재하지 못한다면 무슨 낙으로 살아갈까. 자기 오페라를 바이로이트 극장에서 임의로 공연할 수 없다면, 그걸 전용 극장이라 할 수 있을까.

하지만 이대로 주저앉을 바그너가 아니었다. 그는 누구도 시도하지 못했던 바이로이트의 기적을 만든 인물이 아니던가. 놀라운 의지력의 소유자, 집념의 화신, 바이로이트의 마술사는 다시 한번 마술을 부리기로 했다. 그것이 '신성무대 축전극Ein Bühnenweihfestspiel'으로 이름 지은 『파르지팔』이다. 이 작품은 바그너가 1845년 7월 3일 피부병을 치료하기 위해 마리앙바드에 갔을 때 구상한 오페라 소재였다. 당시 볼프람 에셴바흐가 쓴 서사시《파르지팔》을 읽은 바그너는 그 내용이 3년 전 겨울에 접한《로엔그린》과 같은 성배 계열의 전설임을 알고 흥미를 가졌다.

성배 전설에 관한 핵심 문헌을 남긴 이는 볼프람 폰 에셴바흐다. 그는 기사이자 음유시인으로 그의《파르지팔과 티투렐》은 독일 문학사 최초의 성장문학으로서 의의가 있다. 그 밖에 프랑스의 음유시인 크레티앵 드 트루아Chretién de Troyes(1160?~1190?)가 성배를 소재로 한 미완성작《성배 이야기Le conte del Graal》를 남겼다. 성배 전설은 유럽의 근대문학으로 가는 여정에서 소재의 원천이며, 토머스 맬러리Thomas Malory(1415~1471)가 쓴《아서왕의 죽음Le Morte d'Arthur》은 그 가운데 가장 잘 알려진 작품이다.

바그너가 『파르지팔』의 대본을 스케치한 것은 그로부터 12년이 지난 1857년 4월 성금요일 아침이었다. 그날, 그는 망명지(취리히)의 자택 정원에 비치는 아침 햇살을 보고 영감에 사로잡혀 펜을 들었으며, 대본을 집필한 해는 1865년 8월, 탈고한 해는 1877년 4월이었다. 그리고 음악 총보가 완성된 해는 1882년 1월로, 그가 아이디어를 착상한 해로부터 무려 36년이 지난 때였다. 따라서 작곡가의 창작 동기가 이처럼 오랫동안 잠재의식에 묻혀 있었음에도 잊히지 않고 꽃을 피운 예는 달리 찾아보기 어렵다. 물론 그 사이에 대작들을 작곡하느라 늦어진 점도 있을 것이다. 하지만 『파르지팔』은 자신의 음악적 역량이 정점에 이르렀을 때 작곡하기 위해 의도적으로 묵혀 둔 것으로 보아야 한다. 다음은 바그너가 파르지팔의 대본 초고를 집필하기로 결심한 현시顯示의 순간을 자서전에 적은 내용이다.

아름다운 봄 날씨에 맞이하는 성금요일이었다. 나는 이 집에 처음으로 밝게 비치는 햇살을 보고 잠자리에서 일어났다. 초록색으로 물든 작은 정원에는 새들이 노래하고 있었으며, 나는 어느덧 베란다에 앉아 오랫동안 동경하던 언약의 메시지로서의 평온한 기운을 즐겼다. 나에게 이러한 감정은 문득 성금요일에 읽은 볼프람의 극시 《파르지팔》을 떠올리는 신호로 나타났다. 이 작품은 내가 마리앙바드에서 구상한 『뉘른베르크의 마이스터징거』와 『로엔그린』 이래 한 번도 떠올린 일이 없었으나 이제는 나를 압도하여 순식간에 전체 드라마를 머리에 그릴 수 있었다. 나는 펜을 들어 3막으로 나눈 대본의 초고를 즉시 완성하였다.[1]

원전 《파르지팔》은 여러모로 깊이 생각하게 만드는 인간 드라마다. 삶과 죽음의 의미와 종교의 이상을 묻는 주제가 겹쳐 있는 외에 성장 드라마의 요소도 있고, 중세 기사의 무훈담도 떠올리게 한다. 또 성에 대한 무의식, 연민과 구원에 대한 강박관념 등 매력적인 소재로 가득하다. 이런 연유로 그는 숙고의 시간을 갖고자 창작을 계속 미루었던 것인데, 코지마가 "이 악극을 언제 착수할 것이냐"고 물을 때면 "여든이 되었을 때 비로소 작곡할 수 있다"고 말해 주고는 했다. 그는 일흔에 세상을 떠났으니 실은 그 정도 연륜을 쌓은 다음에 작곡해야 할 만큼 깊은 의미를 가진 오페라란 뜻도 있고, 이 오페라에 자신의 명운을 걸었다는 뜻도 있다. 그래서 그때가 되어서야 경지에 도달한 자기 철학의 모든 것을 대본과 총보에 입힐 수 있다고 생각한 것이다. 대체로 노년까지 활동한 작곡가들은 점차 창작열이 둔화하거나 범작을 생산하는

1. Richard Wagner, *Mein Leben(1813-1864)*, p.446.

편이다. 하지만 바그너는 나이를 먹을수록 연륜에 값하는 걸작을 생산했다. 이 오페라는 바그너의 창작 활동을 결산하는 작품으로 창작상의 화두에 대한 결론이 담겨 있다. 그가 "『파르지팔』은 내가 이 세상과 고별하는 마지막 작품"이라고 말했던 이유는 여기에 있다.

바그너는 1877년 4월 19일 『파르지팔』의 대본을 탈고했다. 하지만 며칠 뒤 채권자들이 상환을 독촉하여 작곡을 미루고 5월 7일 런던으로 연주 여행을 떠났다. 그는 바이로이트에서 호흡을 맞춘 악단원들과 런던의 앨버트 홀에서 여덟 차례(5월 7일~5월 29일) 연주회를 가졌다. 지휘는 그와 한스 리히터, 안톤 자일러Anton Seiler가 분담했으며, 관객의 열렬한 환호를 받은 데 이어 빅토리아 여왕을 알현하여 축하도 받았다. 바그너는 5월 29일 바이로이트로 돌아와 자기 몫의 출연료 700파운드를 빚을 갚는 데 보냈다. 하지만 애초에 손실액이 큰 탓에 그것으로는 어림없었다.

그의 앞에는 부채로부터 벗어나는 일과 두 번째 축제를 성사시켜야 하는 일이 과제로 주어졌다. 후자는 자신의 영역에 속하지만, 전자를 해결하지 않으면 그 역시 가능하지 않으므로 그는 무능력자나 다름없었다. 그는 2개월 뒤 미국 이민을 생각했다. 그는 미국에 가 본 적이 없었다. 하지만 모험심이 강하고 여행을 즐겼던 그는 1850년대부터 미국에서 활동해 보고 싶었다. 게다가 1876년 2월에 필라델피아주로부터 미국 독립 100주년을 기념할 관현악곡을 위촉받으면서 미국에 대한 관심이 부쩍 늘었다. 1877년 6월에는 때마침 미국에서 온 치과의사 뉴얼 젱킨스Newell Sill Jenkins가 소식을 전해 주었다. 미네소타에서 좋은 조건을 제시한다는 것이었다. 그는 그곳에 정착해 제2의 반프리트 저택을 짓고, 또 하나의 축제극장을 세우고, 자신의 이름을 붙인 음악학교를 설립하고 싶었다. 『파르지팔』을 헌정하고 자신의 모든 공연권을 양도하는 조건으로 거액의 기부금을 받아 돈의 굴레에서 벗어나고 싶었다. 하지만 자신의 건강도 이전 같지 않고, 그곳 기후도 바이로이트보다 못하다는 얘기를 듣고는 결정을 주저했다. 물론 이 계획을 안 루트비히 2세는 대경실색했다. 그럼에도 가족의 반대만 아니었다면 그는 이민 계획을 실행했을 것이다.

그는 그동안 쌓인 피로를 풀기 위해 7월 5일부터 7월 28일까지 하이델베르크와 뉘른베르크, 스위스 등지로 휴가 여행을 한 다음 9월 15일 후원자들에게 바그너의 음악을 연주하고 공연할 음악인 양성학교의 설립 취지를 알린 뒤(이 계획은 수포로 돌아갔다) 『파르지팔』의 총보 작업에 들어갔다. 하지만 작곡은 느리게 진행되었다. 빚을 갚아야 한다는 압박감이 심한 데다 간헐적으로 협심증이 발작하면서 작업을 자주 중단했기 때문이다. 그는 그 와중에 1878년 1월 〈바이로이트 월보〉라는 월간 음악 비평집을 창간하는 열의도 보였지만, 두 달 뒤에 채권자들이 법적 수속을 진행 중임을 알게 되었다. 『파르지팔』을 바이로이트 극장에 올리려면 반드시 부채를 상환해야 했으나, 더 이상 돈을 조달할 수 없다는 사실을 절감한 바그너는 다시 한번 루트비히 2세에게 도움을 청하기로 했다. 루트비히 2세의 응답은 신속했다. 그는 3월 31일 나머지 부채를 갚도록 9만 8000마르크를 대출해 주었다. 대신 대출금은 『파르지팔』을 포함한 전 작품을 뮌헨에서 공연하고, 상환 방법은 공연 때마다 받는 작품 사용료에서 10퍼센트를 분납하는 것으로 했다.

루트비히 2세의 요구로 『파르지팔』을 바이로이트 극장에서 공연하려는 바그너의 희망은 어긋났다. 그럼에도 그는 빚의 속박에서 벗어난 점이 무엇보다 기뻤다. 그는 『파르지팔』의 초연일을 1880년 8월로 공표했다. 그때 그에게 중요한 것은 초연 장소보다는 개막일이었다. 하지만 예정일은 2년 뒤로 미뤄야 했다. 건강이 그의 발목을 잡았고, 예상외로『파르지팔』의 악상을 떠올리는 일도 쉽지 않았기 때문이다. 다음 해 4월 26일 총보의 초고를 마무리한 것은 그나마 다행이었다.

신성무대 축전극『파르지팔』

『파르지팔』은 바그너가 이전에 계획하였으나 중도에 포기한《나사렛의 예수》와《승리자》의 메시지를 반영하고 있다. 또 그에게 영향을 끼친 쇼펜하우어 철학과 불교의 이상이 담겨 있다. 그 연유는 이 작품을 자신의 창작 생활을 마무리하는 결산작으로 간주함으로써 자신의 종교관과 음악관을 종합하려고 한 데 있다. 따라서 악극의 주제는 사랑과 관용, 연민과 자비다. 앞의 두 가지는 기독교의 정신이고, 뒤의 두 가지는 불교의 정신이다. 둘 모두 구원을 실현하기 위한 가치이면서 모든 종교에 적용되는 가치이고, 휴머니즘의 본질이기도 하다.

바그너는 열네 살 때인 1827년 4월 8일 기독교 신자로서 안수례按手禮를 받은 기록이 있다. 하지만 그의 언행으로 보아 신앙심이 유지되었다고 보기는 어렵다. 그는 개신교에 의탁하고 있으나 심정으로는 비신앙자에 가깝다고 볼 수 있다. 이는 그의 창작 취지가 타인이 믿는 종교를 자기가 믿는 종교만큼 존중하는 종교 상대주의적 입장에 있다고 보는 근거가 된다.『파르지팔』은 모든 종교를 아우름으로써 역설적으로 종교성을 벗은 작품이다. 그 점에서『파르지팔』은 종교 지향적이면서 종교 초월적인 악극으로 종교를 기리기 위한 축전극이기보다 종교의 이상을 추구하기 위한 상징극이다. 바그너의 광범한 지식 욕구가 종교에 대해 열린 마음을 갖게 한 것이다.

루트비히 포이어바흐는《기독교의 본질》에서 추상적인 종교가 아닌 인간 사랑의 종교를 주장했다. 신은 믿음의 대상이기 전에 위안의 대상임을 알았기 때문이다. 그는 인간이 신을 믿는 이유는 행복해지고 싶은 욕구에 기인하며, 욕구가 다양한 만큼 신도 다양하다고 했다. 또 신은 자기 형상에 따라 인간을 만든 게 아니라 인간이 자기 형상에 따라 자신의 신을 만들었다고 하는 불경한 주장도 했다. 바그너는 그의 무신론적 해석을 옳다고 단언하지는 않았으나 종교의 진정한 목적이 인간을 위하는 데 있다는 점에는 동의했다. 사실, 그리스의 신은 인간화된 신이며, 기독교의 신은 인간의 거울 이미지임을 생각한다면 포이어바흐의 주장은 일리가 있다. 신화의 신은 인간이 생각한 가상의 존재이고, 종교의 신은 인간이 귀감으로 삼아야 할 영적 존재이기 때문이다.

　　바그너는 포이어바흐의 견해에 공감하여 진정한 종교란 신을 위한 믿음이기 전에 연민과 구원을 바탕으로 한 인간애의 믿음이라고 했다. 그래서 그가『파르지팔』에서 말한 종교는 특정한 종교가 아니며, 신 또한 특정한 신이 아니다. 그렇다면 성창과 성배, 종교 의례는 악극의 주제를 드러내기 위한 장치다. 즉 성배는 등장인물들이 추구하는 이상을 시각화한 것이고, 성창은 그들이 탐색하는 가치를 상징화한 것이며, 의례는 이 둘을 통합하는 과정이다. 또 성배와 성창은 파르지팔로 의인화된 대리상으로 볼 수 있다. 특히 성배는 진리나 가치, 이상을 대신하는 말로 쓰일 만큼 그 의미가 확장되었다. 악극에서는 분명 기독교의 성물과 의례가 사용되었으나 그것이 나타내는 함의는 불교와 이슬람교의 이상과 비교秘敎(비밀 의식을 행하는 종교)의 분위기를 포함하고 있다. 따라서 "바그너가『파르지팔』에서 예수의 십자가에 굴복했다"고 본 니체의 견해는 오해에서 비롯되었다고 여겨진다.

하지만 종교는 유일 신앙으로 발전하면서 독선에 빠져 여러 종파로 나뉘어 서로 싸워 왔으며, 타 종교와도 싸워 왔다.[2] 심지어 포교를 구실로 식민지를 만들어 자원을 수탈하기도 했다. 종교의 힘은 워낙 강해서 이 세상에 우선하는 것은 과학밖에 없다는 확신을 가지면 과학조차 종교가 된다는 말이 있다. 신앙의 힘은 그 정도로 강하다. '종교는 신념을 구현하는 이상이고, 신화는 이념을 표현하는 보고'라는 말이 있다. 그렇다면 '종교는 신앙의 형태로 바꾼 신화이고, 신화는 서사의 형태로 바꾼 종교'다. 이는 종교와 신화가 대등하면서도 종교가 신화를 아우른다는 뜻이다. 종교는 신화와 달리 국가가 아닌 천국에 속하기 때문이다.

사실, 정치를 종교화한 것이 공산주의이고 파시즘이라면 폭력을 종교화한 것은 테러다. 신의 이름을 빌린 폭력은 거칠 게 없을 테니까.[3] 악극은 음악을 종교화한 것으로, 그 대표적인 예가 『파르지팔』이다.[4] 다만 악극은 앞의 두 경우와 달리 해를 끼치지 않는다. 싫어하는 자는 듣지 않으면 되고, 좋아하는 자는 거기서 즐거움과 교양을 얻는다. 어느 쪽을 택하든 자유다. 음악을 하는 마음에 신이 깃들고, 신을 찬양하는 마음에 음악이 흐른다. 바로크 음악 이전에는 세속 음악보다 종교 음악이 더 많았다. 그 점에서 바그너의 일신상 신앙은 개신교(일신교)이면서 다종교(범신론은 아님)이며, 자유 신앙인이었던 그의 내면이 품은 신앙은 음악이었다.

2. 종교는 차갑고 신앙은 뜨겁다. 종교는 이상을 추구하지만 신앙은 신념을 동반하기 때문이다. 신앙은 종교의 핵심으로, 신앙인이 독선과 편견을 경계해야 하는 이유가 여기에 있다.
3. 신은 어떠한 경우에도 폭력의 빌미가 될 수 없다. 신은 권력으로 굴복시키는 절대적 존재가 아니라 영향력으로 승복시키는 초월적 존재이기 때문이다.
4. 바그너는 『파르지팔』 공연 중 박수를 금하도록 했다. 하지만 지금은 관객들의 의사에 맡기는 편이다. 또한 이 작품은 애초에 바이로이트 극장에서만 공연하도록 했으나, 1903년 뉴욕의 메트로폴리탄 오페라 하우스 측이 공연함으로써 금기를 깼다.

바그너는 《종교와 예술》에서 종교도 예술이 될 수 있으며, 예술도 종교가 될 수 있다고 주장했다. 예술을 종교의 경지로 격상되어야 할 가치로 본 때문이다. 종교 현상은 교인이나 신앙인에게 국한된 게 아니다. 무종교인일지라도 위기를 만나면 그 무언가(절대자, 초인적 존재, 우주, 자연)에 자신의 안전을 의탁하는 법이다. 그 무엇이 종교와 신의 기원이다. 그렇다면 바그너에게 또 하나의 신은 음악이 아닐까? 그는 살아서는 바이로이트 극장의 사제였고, 죽어서는 자기 음악의 교주가 되었다. 또 바이로이트 극장은 신전이고, 바이로이트 축제는 종교 행사로 간주되기도 한다. 그렇다고 음악을 종교화한 바그너를 나무라야 할까. 음악을 진정으로 좋아하는 자는 음악을 신앙처럼 듣는다. 누가 그것을 우상이라 할까.

『파르지팔』의 등장인물은 인간 군상의 축도를 표현한다. 그들은 하나같이 약점을 지녔으며, 그것을 이겨 내려고 무진 애를 쓴다. 파르지팔은 때 묻지 않은 심성을 가졌기에 타락하기 쉽지만 유혹을 이겨 내고 값진 성취를 이루는 인간상을 대변한다. 성배 의식으로 무의미한 생명을 연장하는 티투렐(전 성배 왕)은 명분을 목숨처럼 여기는 지도급 인사를 대변하고, 영생을 목적으로 성배의식을 행하는 기사들은 공익을 위해서 일하지만 실은 자기 행복만을 소중히 여기는 세속적인 인간상을 대변한다. 한 번의 정결 의무를 저버린 대가로 불치의 상처를 입은 암포르타스(현 성배 왕)는 사소한 범죄를 저지르고 무거운 형벌을 받는 인물을 대변하며, 주군(암포르타스)에게 충실한 구르네만츠는 맡은 바 직무를 다하는 성실한 인물을 떠올리게 한다. 클링조르는 훔친 성창으로 암포르타스에게 상해를 입히고, 쿤드리(파르지팔과 대척점에 있는 여주인공)를 조종하여 몬살바트성(성배 수호기사단의 성)을 타락시키려는 등 악역을 한다. 그래서 수단과 방법을 가리지 않고 위세를 부리는 인물을 대변한다. 또 그가 거느리는 꽃 소녀들은 사람들이 일상적으로 누리는 즐거움을 은유한 인물이며, 쿤드리는 약점투성이지만 끝내 약점을 극복하는 성숙한 인간상을 대변한다. 여기서 문제 인물은 클링조르와 쿤드리다. 전자는 몬살바트성의 성배 수호기사가 되려다 실패한 뒤 마법사가 된 퇴행적 인간형이고, 후자는 유혹을 무기로 도덕성을 시험하는 인물이면서 속죄를 위해 목숨까지 버리는 발전적 인간형이다.

파르지팔은 순수한 마음의 소유자다. 그의 순수함은 강점인 반면 더럽혀지기 쉽다는 점에서 약점이기도 하다. 다만 그 심성은 삼손의 만용이나 지그프리트의 오만과 달리 어리석음에 가까워 성숙한 자아를 담아낼 그릇으로 풀이할 수 있다. 그래서 그는 역경을 거치는 동안 지혜를 터득하여 임무를 완수함으로써 성배의 왕이 된다. 파르지팔은 인도 게르만과 고대 페르시아어로 조로아스터교를 뜻하는 '팔 파르지Fal parsi'에서 유래한 이름이다. 프랑스에서는 페르세발Perceval이라고 했는데, 이는 '골짜기(진리의 계곡)를 헤매는 사람' 또는 '순수한 바보(우직할 만큼 이상을 추구하는 인간에 비유)'를 뜻한다. 그는 이름의 유래대로 '진리와 이상이란 이름의 성창'을 찾아 헤매는 구도자였다.

파르지팔은 연민을 통해 깨달음을 얻기 전에는 순수한 바보였다. 그래서 백조를 활로 쏘아 죽이고도 아무 생각이 없었다. 세상에는 놀이로 사냥하는 사람이 있다. 하지만 이유 없이 생명을 해치고도 감정의 동요가 없다면 타고난 심성이 잔인한 자이거나 분별력이 없는 어린이일 것이다. 따라서 여기서 말하는 바보는 마음이 때 묻지 않은 자를 말하는 것이지 지적 장애가 있는 자(백치)를 말하는 것은 아니다. 현명한 자가 될 수 있는 이는 심성이 깨끗하여 마음의 그릇이 넓은 자이기 때문이다. 그 점에서 성자는 가장 순수한 자인 동시에 가장 현명한 자다. 천진한 아이와 성자의 눈빛은 구분하기 힘들며 현자와 바보의 눈매는 닮았다. 그래서 달관한 노인은 어린이의 마음으로 회귀하며, "어린이의 정신(순수함의 진수)은 초인의 정신이다"(니체).

사람이 태어나 가장 먼저 느끼는 정서는 공포와 분노다. 순진무구한 파르지팔은 어머니[5]의 죽음을 건성으로 전하는 쿤드리에게 두려움과 노여움의 감정을 표한다. 또 구르네만츠로부터 백조를 죽였다고 책망을 들었을 때는 자신이 왜 꾸지람을 들어야 하는지 모른다. 하지만 구르네만츠가 백조의 고통을 말하자 그제야 활을 부러뜨린다. 파르지팔이 보인 반응은 자책감에서 한 행동이기보다는 자신의 행위에 놀라고, 분노해서 한 행동에 가깝다. 구르네만츠가 그에게 "얼마나 큰 죄를 저질렀는지 아느냐"고 되풀이해 물었음에도 파르지팔이 "나는 (그게 죄가 되는지) 몰랐다"고 대답한 데서 알 수 있다. 그에 비해 연민은 당장 반응하는 감정이 아니다. 사람은 누구나 사냥 본능이 있다. 누군가는 어린이였을 때 동물을 보고는 무서워서, 징그러워서, 호기심에서, 혹은 무심코 해친 적이 있었을 것으로 본다. 그래서 그 결과를 보고는 처음에는 놀라고, 불쌍하게 여기고, 후회했을 것이다. 연민은 체험과 자각을 동반하는 감정이다. 그러므로 어린이는 연민의 감정에 젖어들면서 지혜를 쌓아 가는 것이다. 바그너가 파르지팔을 가리켜 '순수한 현자'라고 하지 않고, '순수한 바보'라고 한 것은 순진무구한 인물을 강조해서 쓴 말이다.

결국 파르지팔의 약점(백지 상태의 마음)은 약점으로 위장한 장점이었다. 그는 쿤드리의 입맞춤을 받고 꼬임에 넘어가기는커녕 상대를 물리

---

5. 어머니의 이름은 헤르체라이데Herzeleide(마음의 고통)인데, 남편을 여의고 아들과 헤어지는 슬픔을 담고 있다. 그녀는 무대에 등장하지 않고 쿤드리의 말을 통해서 소개된다. 헤르체라이데는 바그너가 자신을 낳은 지 6개월 만에 남편을 여읜 어머니를 반영한 인물이다.

칠 만큼 현명해졌다. 암포르타스가 고통받는 원인이 그녀의 유혹 때문이란 걸 안 까닭이다. 쿤드리의 입맞춤은 우둔한 자에게는 유혹의 몸짓이지만, 현명한 자에게는 각성을 촉구하는 몸짓이다. 입맞춤을 설화적으로 말하면 왕자가 긴 잠에 빠진 공주를 깨우는 행위와 다를 바 없으며, 성서적으로 말하면 뱀의 유혹에 빠져 금단의 사과를 먹고 원죄를 깨닫는 행위와 다를 바 없다. 각성은 오랜 시간을 요하지만 순간적인 깨달음만으로도 얻을 수 있다. 그것이 현시이고 불교에서 말하는 찰나의 득도다.[6] 여기서 바보는 현자의 반대어가 아니라 과거에 죄지은 적이 없다는 뜻이며, 요부는 정숙한 여자의 반대어가 아니라 과거에 지은 죄가 많다는 뜻으로 도덕적인 죄를 말한다. 파르지팔은 마음이 백지 상태였기에 그 안에 더욱 많은 지혜를 넣을 수 있었으며, 쿤드리는 마음이 오염되었기에 그 안의 때 묻은 과거를 씻어 내야 했다. 그래서 후회할 일도, 반성할 일도 없는 파르지팔은 구원자가 될 수 있었으나 쿤드리는 속죄할 일이 너무 많아 구원을 받는 자가 되었다.[7]

---

6. 영화 「가여운 것들Poor Things」(2023)에서 저능아 상태에 있는 여주인공은 항해 중에 신천옹의 목을 비트는 승무원을 보고도 무관심한 표정을 보였다. 하지만 그녀는 버려지고 상처 입은 육지 사람들을 보는 순간 연민의 정에 겨워 눈물을 주체하지 못한다. 「가여운 것들」은 소설《프랑켄슈타인》을 주요 모티프로 삼고, 성배 전설《파르지팔》을 보조 모티프로 삼은 영화다.

7. 신독일파 영화감독 한스위르겐 지버베르크가 연출한 「파르지팔」(아민 욜담 지휘, 몬테카를로 악단 연주, 1982)에는 두 사람의 파르지팔이 등장한다. 쿤드리의 유혹을 받고 이를 이겨 내기까지는 남성 파르지팔이 나오고, 이후는 남장 여인 파르지팔이 나온다. 또 성창으로 암포르타스를 치료할 즈음에는 두 사람이 함께 나온다. 마지막 부분에서 이들이 서로 포옹하기도 하는데 한편 당혹스럽기도 하지만 뛰어난 연출법이라고 생각된다. 이 악극이 인간의 양면성에 대한 통찰을 담은 것이라면 두 사람의 파르지팔은 한 사람이 지닌 두 모습이다. 한 면은 순수하기에 더럽혀지기 쉬운 파르지팔이고, 다른 한 면은 보다 높은 가치를 실현하려는 성숙한 파르지팔이다. 또한 남장 여인으로 등장하는 파르지팔은 자신의 여성적 자아인 쿤드리의 모습이다. 따라서 두 사람의 파르지팔이 포옹하는 것은 분열된 자아Ego가 하나의 자신Self으로 통합되는 과정을 나타낸 것이다. 감독이 이렇게 연출한 데에는 여성용 내의를 즐겨 입었던 바그너의 성향에 착안한 점도 있다.

구원자가 될 파르지팔은 클링조르가 던지는 성창을 자기 앞에 세울 정도로 무적이다. 영웅의 존재 이유는 재난을 없애고 악당을 무찌르는 데 있다. 암포르타스는 파르지팔이 클링조르에게서 되찾아 온 성창의 힘으로 상처가 회복되고, 쿤드리는 파르지팔의 감화로 죄를 씻고 행복한 죽음을 맞는다. 이제 파르지팔이 성배를 들고 축복을 내리자 몬살바트성은 천국의 빛을 되찾는다. 여기서 성령과 성배를 상징하는 비둘기가 나타나는 것은 그 의미를 강조하기 위해서다. 비둘기는 『로엔그린』에서 백조를 대신해 배를 끌고 갈 역할을 맡는데 상징하는 바는 동일하다. 새로운 성배의 왕 파르지팔은 마침내 소임을 다했으며, 지상의 에덴동산은 복낙원이 된 것이다. 이 악극은 영성을 추구하고 이상을 탐색하는 영혼에 대한 우화다.

바그너는 『파르지팔』의 초연 무대에서 금발의 파르지팔이 흑발의 암포르타스를 치유하는 것으로 연출했다. 그래서 관객들은 금발의 아리안 예수가 흑발의 유대인을 치유하는 것으로 해석했다. 또 쿤드리와 클링조르는 정화되어야 할 오염된 피를 가진 유대인으로 보는 해석도 있다.[8] 바그너는 파르지팔을 금발의 잘생긴 젊은이로 가정했으나 아리안의 피를 가진 예수로 가정하지는 않았다. 실은 중동 지역 사람인 예수가 파란 눈에 금발일 리는 없다. 그가 파르지팔을 금발로, 암포르타스를 흑발로 연출한 것은 다른 의도가 있어서가 아니라 극적 대비를 위해서였다. '본문 한 편에 주석 백 편'이란 말이 있다. 바그너는 《종교와

---

8. 『파르지팔』의 메시지를 왜곡한 해석은 20세기에 이르러 논의되었는데, 그 중심에 나치스가 있었다. 즉 성배에 담긴 예수의 피는 유대인의 피가 아닌 아리안의 피이며, 그것으로 이교도인 클링조르를 벌하고 요부 쿤드리의 영혼을 정화하는 것이 이 악극에 담긴 메시지라고 했다. 그래서 아리아인이 유대인을 청소(학살)하는 행위는 깨끗한 피로 환부를 닦아 내는 행위로 보았다. 나치스는 이러한 해석이 나온 뒤부터 『파르지팔』을 프로파간다에 적극 활용했다.

예술》에서 "구세주의 피는 그의 머리와 십자가에 못 박힌 상처 부위에서 흐르는 것이다. 어느 누가 구세주의 피가 백인에 속한다거나, 다른 인종에 속한다고 무례한 질문을 할 것인가? 신성한 연민은 모든 인종에게 내리는 은총이다"[9]라고 적음으로써 종교에 인종주의가 개입하는 것을 배제했다(그의 이중적 언행을 감안하면 진정성을 의심할 수는 있다).

쿤드리는 바그너가 가장 애착을 가진 등장인물이다.[10] 그녀는 악극에 극적 재미를 더하고 긴장감을 불어넣는 인물이다. 악역인 클링조르를 견제하고 파르지팔을 각성시키는 역할을 하기 때문이다. 쿤드리는 요부의 가면을 벗어 던지고 싶어 하는 인물로 모성의 면모도 지녔다. 그녀는 바그너가 사랑한 쥐디트 고티에를 모델로 삼았다는 말이 있지만 실은 어머니와 큰누나 로잘리에, 소프라노 빌헬미네 슈뢰더데프린트, 쥐디트 고티에의 이미지가 복합된 캐릭터다. 따라서 오페라를 통틀어 가장 입체적인 자아 발전형 인물이고, 자아 분열적 여주인공이다. 또한 노래와 함께 연기도 해야 하는 어려운 배역으로, 절절한 사연과 다양한 감정을 전하는 가창력은 물론 위로하고 간청하며 호소하고 겁박하는 연기를 해야 한다.

바그너는 쿤드리의 모델을 티치아노 베첼리오Tiziano Vecellio(1490~1576)가 그린 「비너스와 큐피드」에서 비너스처럼 풍만한 여성으로 생각했다. 하지만 얼굴과 표정은 같은 화가의 「참회하는 마리아 막달레나」를

9. Richard Wagner, William Ashton Ellis(trans.), *Religion und Kunst*(Bison Book, 1994), pp.280~281.
10. 쿤드리는 십자가를 지고 골고다 언덕을 걸어가는 예수를 향해 비웃은 불경죄를 지었다. 그녀는 그 벌로 남성을 유혹하는 요부가 되어 죽고 싶어도 죽지 못한 채 기독교의 성지를 돌아다녀야 했다. 하지만 그녀는 참회하기 위해 몬살바트성의 전령으로 일하지만, 성배 기사들을 타락시키려는 클링조르의 도구로도 일하는 기구한 인물이다. 쿤드리는 『방황하는 네덜란드인』의 동기로 쓰인 아하스 페루스의 경우와 흡사하다.

떠올리게 한다. 속죄하는 비너스와 회개하는 막달라 마리아는 쿤드리의 이미지와 흡사하다. 바그너는 대본에서 쿤드리를 남루한 차림을 한 야성적인 여성으로 적었으나 점차 거친 모습이 사라지는 것으로 묘사했다. 그렇다면 쿤드리의 자태는 아름다움으로 위장한 추함인가, 추함으로 변장한 아름다움인가. 추醜가 악惡이 아니듯이 미美 또한 선善이 아니다. 그럼에도 아름다움은 종종 악의 도구로 쓰인다. 자연에서 독이 있는 것이 아름다운 것처럼. 결국 쿤드리의 두 얼굴은 그녀가 죽음으로써 하나의 얼굴(본래의 심성)이 된다. 진정한 미는 내면의 아름다움으로, 그녀의 행로는 본인의 내면적인 성숙을 변모한 모습에 일치시키는 과정이었다.

『파르지팔』에서 성과 죽음은 속죄와 구원이란 주제를 드러내는 소재다. 성배 기사가 지켜야 할 계율은 금욕이며, 심지어 클링조르는 금욕을 하려고 스스로 거세까지 했다. 기사가 지켜야 할 것은 성배이지 금욕이 아니다. 혹시 금욕을 하듯 성배 수호를 하라는 뜻인가? 금욕은 유일한 계율이 될 수도 없고, 권장할 덕목도 아니다. 금욕이 지나치면 되레 성이 문란해지기 쉽다. 게다가 문제의 인물 쿤드리는 몬살바트성과 마법의 성을 자유로이 드나든다. 이는 성배 기사들의 계율은 유명무실하다는 것을 의미하며, 그 말은 성배를 지키기가 그만큼 어렵다는 걸 암시한다. 따라서 그들은 성욕을 억제당한 왕성한 정력의 남성을 은유한다. 여기서 섹스는 마법의 성주 클링조르와 그의 조력자 쿤드리, 여섯 명의 꽃 소녀로 의인화되었다.

경우에 따라 섹스는 백만 대군에 필적하는 무력일 수 있다. 본능은 신분과 지위, 나이를 가리지 않는다. 클링조르는 한때 성배 기사의 일원이 되고 싶었으나 티투렐에 의해 거부되자 성을 무기 삼아 몬살바트성을 차지하려는 인물이다. 그 점에서 클링조르는 성에 집착하는 사이비 교주 등을 역으로 암시한다. 또 쿤드리는 성으로 남성들을 타락시키는 여인이지만 죄를 회개함으로써 새 인간으로 거듭나려는 인물이다. 여섯 명의 꽃 소녀는 성으로 상징되는 꽃과 정결한 이미지를 뜻하는 소녀를 합쳐 놓았듯이 요염하되 음탕하지 않고, 장난기가 있으나 맑은 인상을 준다. 주인공 측에 선 인물들은 선을 대변하지만 약점이 있으며, 그 반대 측에 선 인물들은 선악 양면을 가지고 있다. 그들 중 보다 입체적인 두 악역을 예로 들어 본다. 즉 자기 안의 선과 악이 비등한 쿤드리는 내부의 악을 굴복시켜 승리자가 되고, 자기 안의 악이 우세한 클링조르는 외부의 선(파르지팔)에 굴복하여 패배자가 된다. 그 점에서 쿤드리는 분열적 인물이고, 클링조르는 이중적 인물이다. 『파르지팔』의 주제는 선과 악의 양면성을 지닌 인간 존재에 대한 물음과 해답이다.

클링조르는 성욕을 없애자고 스스로 고자가 되어야 했을까. 성을 탐하는 것은 마음이지 성기가 아니다. 그는 욕정의 심지를 잘라 내지 않고 애꿎은 성기를 잘라 불구가 되었으니 말이다. 성욕은 자연스러운 것이다. 쇼펜하우어는 '연민에서 우러난 사랑Agape'이 아닌 '개인적인 사랑Eros'은 성욕이라고 했다. 하지만 성욕은 사랑하게 만드는 힘이 있으며, 그의 의견은 한쪽으로 편향되었다. 현명한 사람은 욕정을 절제함으로써 건강한 이성애를 유지하기 때문이다.[11]

『파르지팔』은 죽음에 대해서 깊이 생각하게 만든다. 고통을 연장하면서까지 영생을 누리려는 티투렐은 측은하고, 고통을 끝내기 위해 죽기를 바라는 암포르타스는 단호하다. 되풀이되는 죄악의 굴레를 벗으

---

11. 죽음이 정지된 몬살바트성에서 죽음을 원하는 인물은 암포르타스와 쿤드리다. 그들은 육체관계를 맺은 사이로 성은 생명을 만들지만 죽음도 안긴다. 대신 성은 유한한 생명을 자손을 통해 계속 이어 가게 하며, 삶은 죽음을 떠올림으로써 그 가치를 되새긴다. 사랑과 죽음의 어원이 같은 이유다.

려고 죽기를 바라는 쿤드리는 숙연하다. 그녀의 죽음은 깨끗한 영혼으로 재탄생하는 통과의례로 생각되기 때문이다. 따라서 암포르타스의 죽음은 차선책이다. 그는 파르지팔이 되찾아 온 성창으로 상처를 치료받음으로써 죽기를 바라는 원인이 제거되니 말이다. 죽음은 암포르타스의 경우 도피이고, 쿤드리의 경우는 안식이다. 그 점에서 『파르지팔』은 한정된 수명을 가진 인간은 의미 있는 삶을 살고, 가치 있는 죽음을 맞으라는 교훈을 준다. 천수를 누린 죽음은 삶의 완성으로, 삶이 끝이 없다면 그 또한 무간지옥이리라.

수난받는 영웅이 해방되는 데는 죽어서 짐을 벗는 길과 임무를 달성하고 짐을 내려놓는 길이 있다. 쿤드리는 전자의 길을 갔고, 파르지팔은 후자의 길을 갔다. 파르지팔은 자만심으로 무너지는 지그프리트와 달리 결점을 극복하는 영웅이다. 그는 몬살바트성을 재건하고, 암포르타스의 상처를 치유하며, 쿤드리의 영혼을 구원하는 임무를 수행해야 하므로 지그프리트처럼 죽거나, 로엔그린처럼 사라질 이유가 없다. 그는 죽음으로써 극을 종결하는 영웅이 아니라 생존함으로써 극을 종결하는 영웅이다. 등장인물 중 클링조르는 죽음으로 간주되는데 그의 죽음은 악행에 대한 응보이며, 쿤드리의 죽음은 속죄로 인한 보상이다. 사람은 모두 죽는다. 하지만 그 모습은 다르다. 죽는 모습이 숙연한 자도 있고 측은하거나 추한 자도 있다. 죽음은 삶의 반영으로, 그것은 삶의 정지이기보다 결과인 때문이다.

바그너는 『파르지팔』을 작곡하면서 가슴에 와닿는 온갖 감정을 음으로 바꿀 심산이었다. 하지만 정작 악기로는 표현하기 힘들다는 걸 알았으며, 음표로 적은 악곡이 머리에 떠오른 악상을 남김없이 나타낼 수 없다는 것도 알았다. 이는 바그너의 아이디어가 상상할 수 있는 창작의 극한에 이르렀다는 점을 말해 준다. 그래서 "바그너 음악은 실제 들리는 것보다 좋다"는 말이 나왔다. 그의 음악은 들리는 이상의 의미와 깊이를 갖고 있기 때문이다. 그것은 필시 바그너가 처음 악보에 쏟아 놓고자 한 궁극의 음악을 뜻하는 것이리라. 그는 원래 머릿속에 떠오른 선율을 되살리기 위해 단순한 화음을 사용하되 악기를 다양하게 조합함으로써 관현악이 빚어내는 음색이 신비롭게 들리도록 했다. 한 예로 그는 현악기의 벨벳 효과 위에 관악기의 화음을 더함으로써 마치 은은한 빛을 받으며 공중을 부상하는 느낌을 주었다.

『파르지팔』은 관현악의 승리이고, 일흔을 바라보는 작곡가가 자신에게 바친 승리의 월계관이다. 그는 악의 상징인 클링조르 왕국에 대한 묘사는 반음계를 사용하고 파르지팔과 성배에 대한 묘사는 온음계를 사용하여 화성의 대비에 의한 음의 드라마를 엮어 내었다. 니체는 『파르지팔』에 표현된 종교적 함의를 나름대로 해석하여 비판했으나 음악에 대해서는 "『파르지팔』의 소재는 훌륭하다. 관객은 음악을 통해 숭고한 느낌을 맛볼 수 있으며, 영혼이 정화되는 기분을 느낄 수 있다"고 호평했다. 또 『파르지팔』에 대해서는 적대자인 한슬리크조차 "눈부실 정도의 예술적 효과를 거둔 훌륭한 작품"이라고 평했다. 드뷔시는 여기에 쓰인 관현악 기법을 가리켜 "뒤에서부터 빛이 비친다"는 평을 했다. 그는 관현악의 음향에서 성자의 후광을 보는 착시를 느낀 것이다. 『파르지팔』에서 사용한 관현악 기법은 드뷔시가 인상주의 음악을 만드는 데 크게 기여했다. 또 이 작품의 의미에 부정적 시각을 가졌던 스트라빈스키도 음악에 대해서는 비판을 자제했다. 그래서 성스러운 느낌을 주는 『파르지팔』의 음악에 인종주의와 반유대주의 메시지가 들어 있다는 해석은 터무니없게 여겨진다. 음악은 음표로 이루어진 악곡일 따름으로 설령 바그너가 그런 의도로 작곡했다고 하더라도 음악을 듣고 감정을 느낄 수 있을지언정 이념을 읽을 수는 없기 때문이다. 그래서인지 연출자가 원작의 시대와 배경을 임의로 바꾸는 레지테아터Regietheater 방식으로 오페라를 연출했을 때 가장 많은 야유를 받는 것이『파르지팔』이다.

대체로 장중하고 위압적인 바그너의 음악은『파르지팔』에 이르러 달관한 듯 그윽하고 심오해졌다.『트리스탄과 이졸데』가 바그너 음악미학의 진수라면『니벨룽의 반지』는 바그너 음악의 집대성이고,『파르지팔』은 그 정점이다. 그는 판타지로 시작하여 영웅 전설로 오페라의 금자탑을 쌓았으며, 이제는 영성靈性의 음악으로 신묘한 경지를 넘어섰다.『파르지팔』에서 성스러운 분위기를 자아내는 오묘한 화음은 현세에서 듣는 저세상의 음향이다. 그는 이 작품의 뒤를 이을 오페라는 쓸 수 없을 것으로 보았다. 그가 이 오페라를 생애의 마지막 작품으로 여긴 이유다.

『파르지팔』의 제1막 전주곡은 그 자체로 잘 짜인 한 편의 음악 드라마다. 그것은 전곡을 이루는 동기들을 압축적으로 구성한 악극의 요약본이고 앞으로 전개될 내용을 암시하는 안내서다. 이 악극의 전주곡은 바그너 오페라의 전체 전주곡과 서곡 중 백미다. 특히 성스러운 분위기에 애상적인 정조가 깔리는 성찬聖餐의 동기는『파르지팔』의 근본 동기라고 할 수 있다. 곡은 명상적이기도 해서 마치 천상의 세계에서 듣는 음의 계시로 느껴진다.

성찬의 동기

제1막 전주곡은 3막의 전주곡과 달리 주로 으뜸음을 기반으로 조바

꿈을 하면서 다시 바탕이 되는 음으로 돌아가는 조성調性 음악으로 이루어졌다. 그래서 결말을 향하는 등장인물들의 착잡한 심리를 암시하기 위해 반음계 기법을 사용한 3막의 전주곡과 비교된다. 성찬의 동기에 이어서 연주되는 성배의 동기와 신앙의 동기는 『파르지팔』에서 가장 중요한 동기다. 성배의 동기는 예배음악이며, 신앙의 동기는 경건하고 우렁차서 '파르지팔 팡파르'로 불린다.

신앙의 동기

「드레스덴 아멘」으로 불리는 성배의 동기는 드레스덴 궁정교회에서 예배 때 부르는 음악으로 고틀리프 나우만Johann Gottlieb Naumann(1741 ~1801)이 작곡했다. 하지만 18세기 이전부터 관례로 불러 오던 것을 그가 새롭게 정리했다는 설도 있다. 이 곡은 바그너가 드레스덴 궁정극장의 음악감독으로 있을 때 자주 들었던 곡으로 그 전에 멘델스존이 '종교개혁'으로 이름 붙인 『제5번 교향곡』 1악장에서 사용한 적이 있었다. 바그너는 적절하게 인용한 곡은 진부한 창작곡보다 낫다는 점을 깨닫고 「드레스덴 아멘」을 성배를 가리키는 주제로서 사용했다.

「드레스덴 아멘」(성금요일의 음악)

클링조르의 동기

쿤드리의 동기

파르지팔의 동기

    바그너는 관객의 고양된 감정이 공연 내내 유지될 수 있도록 『파르
지팔』의 전체 음조를 일관되게 이끌어 가도록 했다. 그래서 고음 악기
보다는 저음 악기를, 짙은 음을 내는 악기보다는 옅은 음을 내는 악기
를, 금관악기보다는 목관악기를 강조했다. 『파르지팔』의 음악은 Ab(내
림가) 장조로 '아주 천천히Sehr langsam' 흐르는 성찬의 동기를 동력으로
삼았는데, 점차 여러 동기가 나타나면서 변형된 동기들을 만들어 가도

록 설계했다. 그 결과 1막과 3막의 성배 기사단의 성찬식 장면에서 울려퍼지는 음악은 숭고하고 감동적인 기분에 젖게 한다. 특히 성스러운 음악이 흐르는 마지막 장면은 이 악극의 압권이다. 또한 음악에서 가장 중요한 대목은 파르지팔과 쿤드리가 만나는 2막과 피날레의 성배 장면이다. 2막에서 두 주인공이 만나 한쪽은 인내하고 다른 쪽은 유혹하는 갈등 장면, 그리고 성배 장면은 『파르지팔』의 핵심이다. 이 작품은 주로 A♭장조와 B단조로 이루어졌으며, 다섯 부분으로 나눌 수 있다. 즉, 시작 부분은 A♭장조·2막의 시작은 B단조·쿤드리와 파르지팔의 입맞춤은 트리스탄 화음·2막의 종지부는 B단조·오페라의 끝 부분은 A♭장조다.

생애 마지막 공연

바그너는 1879년 12월 31일 심장 기능이 급격히 약해지고 있음을 직감했다. 그는 죽음이 마지막 꿈을 방해하는 일이 없도록 장시간 작곡에 매달리는 일을 삼갔다. 다음 해 1880년 1월 4일, 그는 휴양을 위해 가족과 함께 나폴리만이 보이는 포실리포 소재 당그리 빌라에 머물렀다. 그는 여기서 여름이 올 때까지 작곡을 할 예정(실제 체류 기간은 1월 4일부터 8월 8일까지)이었다. 1월 18일 러시아 화가 파울 폰 주코프스키Paul von Joukowsky(1845~1912)가 그를 방문해 예술적 동지가 되겠다고 자청했다. 그는 주코프스키의 화실을 구경한 뒤 그에게 『파르지팔』의 무대미술과 의상 등 일체를 감독하도록 부탁했다. 바그너는 능력 있는 한 사람이 무대연출

파울 폰 주코프스키

을 총괄하도록 함으로써 『니벨룽의 반지』
를 공연할 때와 같은 실수를 되풀이하지 않
으려고 했다. 3월 9일에는 훔퍼딩크Engelbert
Humperdinck(1854~1921)가 방문해 『파르지팔』
의 총보를 정리해 줌으로써 스승의 일손을
덜어 주었다.

   바그너는 5월 초순 주코프스키와 함께 살   엥겔베르트 훔퍼딩크
레르노에 있는 루폴로 궁전Rufolo di Ravello에
들렀다. 그들은 이슬람 양식으로 지은 이 건물에 매료되어 궁전 내부
를 꼼꼼히 둘러보았는데, 마침 환상적인 느낌을 주는 정원을 찾고는
탄성을 질렀다. 바그너는 방명록에 "클링조르의 마법의 성을 찾았다!"
라고 적었다. 그들이 본 정경은 주코프스키가 스케치해 두었고, 그것
은 제2막에서 마법의 정원 무대 장면을 제작하는 데 밑그림이 되었다.
8월 21일에는 시에나 성당의 실내 홀을 보고 바그너는 '성배의 홀'을
떠올렸다. 그는 주코프스키에게 그것을 모델로 성배의 홀 무대장치를
설계하도록 지시했다.

『파르지팔』 성배의 홀
무대장치, 1882년

총보 작업이 점차 완성되어 감에 따라 바그너는 지휘자로 선정한 헤르만 레비를 자주 만났다. 둘은 1881년 4월 14일부터 나흘간『파르지팔』의 음악 해석을 논의했고, 바그너는 레비에게 자신의 지휘법을 따르도록 했다. 그로부터 2개월 뒤 바이로이트에 머물던 레비는 자신이 유대인임을 비난하는 익명의 편지를 받았다. 글 중에는 유대인은『파르지팔』을 지휘할 수 없다는 내용도 있었다.『파르지팔』은 종교 다원주의 시각에서 작곡한 작품이지만, 주된 성격은 기독교에 있다. 그러므로 반유대적 언사로 이름난 바그너가 유대인 지휘자에게 초연을 맡긴 사유를 두고 억측과 음해가 난무했다. 바그너 역시 루트비히 2세의 요청이 있기 전에는 그를 달가워하지 않았던 것으로 알려졌기 때문이다. 헤르만 레비는 이 일로 크게 상심하여 초연을 사양하고 바이로이트를 떠나려 했다. 그때 코지마는 그에게 다음과 같은 편지를 보냈다.

믿어 주세요. 나의 친구여! 우리의 예술이 종교랍니다. 예술은 가장 신성한 것을 온갖 독단주의와 딱딱한 형식주의에서 구해 낸답니다.[12]

바그너 역시 그의 마음을 돌리기 위해 간곡히 만류한 데 이어 "자신의 종교는 음악"이라며 히브리산 포도주를 함께 마시는 것으로 문제를 해결했다. 그해 가을 바그너는 협심증뿐 아니라 기침과 소화불량으로도 고생했다. 그는 건강을 고려해 11월 1일 가족과 함께 따뜻하고 햇볕이 잘 드는 팔레르모로 휴양을 떠났다. 그리고 다음 해 1882년 1월 13일『파르지팔』의 총보를 완성했다. 1877년 9월 작곡을 시작한 이래

---

12. Derek Watson, *Richard Wagner, A Biography*, p.291.

4년 5개월이 걸린 작업으로, 반지 4부작을 제외하고는 어느 작품도 이토록 작곡 기간이 길지 않았다. 이틀 후에는 프랑스의 인상파 화가 오귀스트 르누아르가 찾아와 그의 초상화를 그렸다. 바그너는 르누아르가 프랑스에서 얼마나 유명한 화가인지 몰랐다. 그들의 만남은 40분가량 지속되었는데, 바그너는 유창한 프랑스어로, 르누아르는 서툰 독일어를 섞어 가며 인상파 미술과 음악에 관한 주제로 대화했다. 르누아르는 현장에서 스케치를 했고, 완성은 귀가 후 화실에서 했다. 바그너는 초상화를 별로 내켜하지 않았는데 마치 "천사의 태아"나 "미식가가 삼켜 버린 굴"처럼 보인다거나 "개신교 목사"처럼 보인다고 했다.

1882년 3월 초순 바그너는 협심증을 앓고 나서 처음으로 위중한 심장 발작을 겪었다. 이후부터 증세는 심하지 않았으나 횟수는 잦았다. 그는 3월 20일까지 팔레르모에 머물렀으나 본인의 건강을 염려한 가족의 결정으로 열흘 뒤 다시 휴양을 떠났다. 메시나를 거쳐 나폴리와 베네치아를 들르는 일정이었다. 지병을 고려하면 장기간의 휴식을 취해야 했다. 하지만 『파르지팔』의 초연과 재정 문제를 걱정한 그는 오래 머물 생각이 없어 한 달 뒤(5월 1일) 귀가했다.

1882년 7월 1일, 『파르지팔』에 출연할 가수와 악단원이 바이로이트에 도착하여 다음 날부터 리허설에 들어갔다. 악단원은 107명이었고, 출연자는 주역 가수 12명(교대자 6명 포함), 조연진인 꽃 소녀 29명, 성배기사 31명, 사원의 합창단 19명, 어린이 합창단 50명이었다. 그의 조수 프란츠 피셔Franz Fischer, 지원자 엥겔베르트 훔퍼딩크가 리허설 지휘를 분담했고, 무대감독 주코프스키와 미술 담당자 브뤼크너 형제는 무대배경을 제작하고 점검하느라 분주했다. 제1회 바이로이트 축제 이후 관현악과 성악을 포함한 바그너 오페라의 연주 기량은 많이 발전한 터

오귀스트 르누아르가 그린 바그너의 초상화
오르세 미술관 소장

『파르지팔』 초연 장면.
앞줄 왼쪽부터 아말리에 마테르나(쿤드리 역), 헤르만 빙켈만(파르지팔 역)
뒷줄은 에밀 스카리아(구르네만츠 역)

였다. 무엇보다 연습량이 반지 4부작에 비해 수월한 점이 단원들의 심적 부담을 줄여 주었다. 다만 연습의 난도는 그에 못지않았다.

리허설 중인 7월 8일 루트비히 2세가 건강을 이유로 개막일에 참석하지 못한다는 서신을 바그너에게 보냈다. 그는 왕에게 "이것은 저의 마지막 작품입니다. 저는 힘이 완전히 소진되었습니다. 이제 더 이상 저에게서 기대하실 것은 없습니다" 하고 아쉬움이 묻어나는 답장을 보냈다. 하지만 그는 루트비히 2세가 고마웠다. 왕이 대출금을 보내 주었을 때 붙인 조건을 철회한 덕분에 『파르지팔』을 바이로이트 축제극장에서 초연할 수 있기 때문이었다.

드디어 1882년 7월 26일 제2회 바이로이트 축제가 열렸다. 『파르지팔』을 초연하는 날 황제와 왕은 오지 않았다. 대신 이전보다 많은 귀족들과 각계 인사들이 참석했으며, 리스트 · 브루크너 · 생상 · 레오 들리브 · 아르투어 니키슈 · 쥐디트 고티에 · 엘리자베트 니체 · 베젠동크 부인 · 마이젠부크 남작부인 등 예술인과 지인들의 수도 이전 못지않았다. 또 관람자 중에는 신학을 공부하던 루 살로메와 열여덟 살의 리하르트 슈트라우스가 끼어 있었다.

공연 마지막 날, 바그너는 제3막을 연주하는 헤르만 레비에게서 관객이 모르게 지휘봉을 건네받아 무대(야외-사원 내부)가 바뀌는 부분의 음악 23소절부터 지휘를 이어 갔다. 레비는 내심 걱정이 되었으나 막이 끝나고 객석이 떠나갈 듯한 환호와 박수가 10분 넘게 계속되자 감동에 젖어 목이 메었다(그는 그날의 감흥을 편지로 적어 아버지에게 보냈다). 바그너 역시 눈물을 머금었다. 이전까지의 생애가 바이로이트 극장을 위한 준비였다면 지금 이 순간은 오늘을 위한 결실이라고 말하는 듯했다.

두 번째 축제는 제1회 때만큼 요란하지는 않았다. 하지만 실속은 더 있었다. 열여섯 차례의 공연 결과 모든 경비를 제한 순이익이 15만 마르크였다. 더욱 좋은 일은 큰 손실을 안긴 『니벨룽의 반지』가 유럽 각처에서 흥행 중이라는 사실이었다. 이는 그해 5월부터 1889년까지 '바그너 극장'의 단장 안겔로 노이만이 거둔 장기 순회공연의 첫 결실로, 그들은 해당 기간 동안 유럽과 러시아를 순회하면서 『리엔치』에서 『신들의 황혼』에 이르는 작품을 공연했다. 사신死神이 그의 마지막 꿈을 이루도록 죽음을 연기해 준 것이다. 이제 그는 죽어도 여한이 없다고 생각했다.[13]

바그너는 이번 축제의 수익으로 비로소 돈의 질곡에서 벗어났다. 『파르지팔』은 등장인물의 영혼을 구원한 데 그치지 않고, 작곡자를 평생 동안 시달리게 한 물질로부터도 구원했다. 그가 임종을 7개월 앞둔 때였다. 그는 돈을 손에 쥐자 거처를 호화롭게 꾸미는 버릇이 다시 도졌다. 그것도 아예 끝장을 보려는 듯, 그의 낭비 기벽은 반프리트 저택에서 절정을 이루었다. 다만 화려함 일색이었던 이전과는 달리 격조를 아우른 것이었다. 그는 다가오는 겨울을 따뜻한 곳에서 지내고 싶었다. 가을이 한창인 9월 14일, 그는 가족과 수행원들을 데리고 베네치아로 긴 휴양을 떠났다.

13. Joachim Köhler, Stewart Spencer(trans.), *Richard Wagner, The Last of the Titans*, p.622.

반프리트에서의 한때.
왼쪽부터 코지마, 바그너, 리스트, 한스 폰 볼초겐

제17장   비판과 찬사

베토벤이 19세기 전반의 음악을 지배한 인물이었다면
바그너는 19세기 후반기에 웅자를 드러낸 인물이다.
바그너의 오페라는 음악의 행로만 바꾼 게 아니었다.
그 자신은 광기에 가까운 메시아적 과대망상에 사로잡혀 있었으며,
전례 없이 예술가로서의 영웅이란 개념을 일깨웠다.

— Harold C. Schonberg, *The Lives of the Great Composers* (1997)

역사에서 중요한 장면이 신화로 전해지듯 비상한 인물은 신화로 이야기된다.
음악가로는 바흐, 모차르트, 베토벤, 바그너가 있다.
하지만 가장 역동적인 인물은 바그너다.

바그너와 브람스

바그너는 조형적 아름다움에 사로잡혀 있던 서양 예술관을 수정한 개혁자였다. 개성 없는 미, 자극과 활력이 빠진 미는 상상력을 앗아 간다. 전통미의 내용인 형식과 조화, 균일과 질서(아폴론적 요소)는 아름다움의 단면일 뿐으로, 융숭한 미는 감정과 즉흥, 열정과 충동, 자유와 무질서(디오니소스적 요소)가 어우러질 때 드러난다. 이를 나타내기 위해서는 전통 악전에 얽매이지 않은 작곡가의 실험정신이 필요하다. 그렇다면 음악사를 빛낸 두 라이벌 중에서 브람스는 아폴론형 작곡가(전통주의자)이고, 바그너는 디오니소스형 작곡가(혁신주의자)라고 볼 수 있다.

실은 서양음악에서 아름다움의 두 측면을 처음으로 아우른 작곡가는 베토벤이었다. 그는 고전파 음악의 계승자이면서 낭만파 음악의 서막을 연 작곡가로, 베토벤 음악의 이러한 양면성은 낭만파 음악을 이끈 음악가들을 두 계보로 나누어 발전시켰다. 즉 베토벤이 사망한 뒤 후배 작곡가들은 그의 음악정신과 작곡 기법을 거울로 삼았다. 그래서 베토벤 음악의 정적이고 이지적인 면은 슈베르트와 슈만, 브람스가 이어받았으며, 동적이며 감성적인 면은 베를리오즈와 리스트, 바그너가 이어받았다. 그리고 그 전에 멘델스존이 베토벤 음악의 양면을 함께 강조한 바 있다.

자연을 이루는 생명들 속에 에너지가 있듯이 예술가에게도 창작의 에너지가 있다. 이른바 기氣라고 하는 것인데, 이理는 그걸 다스리는 마음이다. 다혈질인 사람, 과묵한 사람, 감성적인 사람, 이지적인 사람이 있는 것처럼 음악가 역시 기 쪽이 강한 사람이 있는가 하면 이 쪽이 강한 사람이 있다. 베토벤을 예로 들면, 그가 머리로 써 내려간 이의 음악은 브람스가 펼쳐 나갔으며 가슴으로 써 내려간 기의 음악은 바그너가 펼쳐 나갔다. 그것은 말러에 이르러 '신고전낭만파적 종합'을 이루고, 이는 다시 신고전파와 전위음악으로 나뉘는 갈래로 이어진다. 말하자면 전자의 흐름은 전통적인 점에서 베토벤 우파, 후자의 흐름은 혁신적인 점에서 베토벤 좌파라고 부를 수 있다.

바그너는 베토벤 음악의 열정적인 면을 악극에 도입하여 관현악의 표현력을 넓혔다. 대신 바그너의 작곡 영역은 오페라를 크게 벗어나지 못했다. 그에 반해 브람스는 오페라를 제외하면 베토벤이 그랬던 것처럼 거의 모든 장르의 음악을 작곡했다. 또 그는 낭만주의 시대에 활동한 작곡가였어도 자신의 음악 양식은 고전주의에 뿌리를 두고 있었다. 그가 표제음악을 무시하고 지나친 로맨티시즘을 배격함으로써 베토벤 음악이 지닌 무거운 분위기를 일관되게 유지한 이유가 여기에 있다.

두 작곡가는 베토벤이 지닌 음악의 양면을 각각 닮았을 뿐 아니라 인간적인 면에서도 서로 다른 부분을 닮았다. 베토벤은 많은 여성들과 사귀었으나 결혼에 이르기 전에 그들에게서 물러났다. 바그너는 베토벤처럼 많은 여성들과 사귄 점이 닮았다. 그럼에도 베토벤이 자제한 욕정의 문턱을 넘어 대부분의 여성들과 깊은 관계를 맺었다. 반면 브람스는 베토벤의 여성에 대한 존경과 자제심을 닮았다. 그래서 그는 조건이 무르익었을 때 포기하고 말았다. 베토벤이 자신의 열정을 이성으로 다스릴 수 있었던 것처럼 그 역시 여성 앞에서 좀처럼 뜨거울 줄 몰랐다. 따라서 베토벤처럼 독신으로 남은 브람스는 그의 품성을 많이 닮았다. 결국 바그너와 브람스는 베토벤이라는 하나의 뿌리에서 갈라져 나온 두 개의 가지였던 셈이다.

모든 예술이 그러하듯 어느 것도 완벽할 수는 없고 모두에게 만족을 줄 수도 없다. 어느 것이나 양면이 있기 때문인데, 그중에서도 바그너 음악만큼 호불호가 극단으로 갈리는 예는 당시나 지금이나 드물다. 그리고 그 중심에 '브람스 대 바그너 논쟁'이 있었으며, 그 바탕은 절대음악과 표제음악의 개념이었다. 19세기 중엽 유럽 음악계를 뜨겁게 달군 이 논쟁은 선율이 풍부한 이탈리아의 희가극과 볼거리가 풍부한 프랑스의 희가극을 두고 그 우열을 다툰 한 세기 전의 '부퐁 논쟁Querelle des Bouffons'을 능가하는 것이었다. 부퐁 논쟁이란 1752년에서 1754년 동안 파리에서 벌어진 음악 공연과 관련한 다툼이다. 논쟁의 계기는 1752년 부퐁(광대)이란 이름의 극단에서 페르골레시Giovanni Battista Pergolesi(1710~1736)의 『마님이 된 하녀La serva padrona』를 공연한 데 있었고, 논쟁의 계기는 이 작품을 극찬한 측과 그렇지 않은 측이 대립한 데 있었다. 즉 극찬한 측은 프랑스 왕비를 비롯하여 루소, 디드로, 달랑베르 등 계몽사상가들로서 이탈리아 오페라가 우월(음악 중시)하다고 보았으며, 다른 측은 루이 15세와 귀족들, 작곡가 라모Jean Philippe Rameau(1683~1764)로서 프랑스 오페라가 우월(대본 중시)하다고 보았다.

절대음악은 기악음악보다 넓은 개념이다. 그것은 바그너가 발표 (1846년 4월 5일)한 〈베토벤의 "9번 교향곡" 프로그램 해설Programm zur "9. Symphonie" von Beethoven〉에서 처음으로 사용했다.[1] 그는 "절대음악의 빗장은 베토벤의 『9번 교향곡』 4악장에서 거의 풀렸다"고 했으며, 니체는 절대음악을 "엄청난 미학적 미신"이라고 했다.[2]

바그너와 브람스를 둘러싸고 벌어진 다툼은 정작 당사자들보다는 그들의 음악을 지지하는 지인들에 의해 주도되고 확대되었다. 실은 두 작곡가는 서로를 존경했으며 상대의 음악을 대단하게 여겼다. 브람스는 바그너에게서 독일 오페라의 장래를 내다보았고, 바그너는 그에게서 베토벤 이후 기악 음악의 발전을 내다보았기 때문이다. 다만 서로에게 보였던 관심의 정도는 바그너 쪽이 조금은 냉담한 편이었다.

바그너는 1864년 2월 6일 자신의 추종자이면서 브람스도 존경한 작곡가 페터 코르넬리우스의 요청으로 브람스의 집을 방문한 적이 있다. 바그너는 거기서 브람스가 피아노로 연주하는 『헨델 주제에 의한 변주곡』(1861년 브람스 작곡)을 듣고 그에게 "옛 형식이라도 그걸 다룰 줄 아는 사람의 손을 거치니 이루어지는 것이 있군요"라고 칭찬했다.[3] 하지만 바그너는 1869년에 발표한 〈지휘에 관하여Über das Dirigieren〉에서 그때 느낀 속마음을 다음과 같이 적었다.

1. Thomas S. Grey(ed.), *Richard Wagner and His World*, p.486.
2. Ulrich Müller and Peter Wapnewski, John Deathridge(trans. and ed.), *Wagner Handbook, Wagner and Nietzsche, Dieter Borchmeyer*, p.333.
3. Derek Watson, *Richard Wagner, A Biography*, p.194.

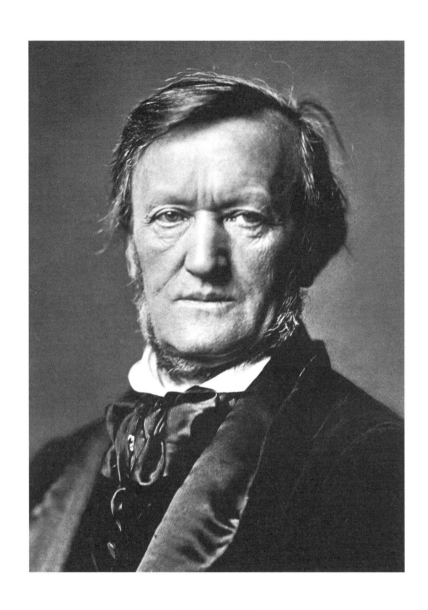

50대 후반의 바그너

한번은 요하네스 브람스 씨가 친절하게도 본인이 지은 진지한 변주곡을 연주해 보였다. 나는 그가 농담은 이해하지 못해도 작곡 실력은 훌륭하다고 생각했다. 그가 연주하는 다른 작곡가의 피아노포르테 곡도 들었는데, 즐거운 느낌을 받지 못했다…브람스 씨의 연주는 천상의 영역으로부터 오는, 즉 건반 자체에서 나오는 음이 아닌 자기 악파의 기름(개성)인 습한 기교(울적한 무드)가 묻어 있어 나를 불편하게 만들었다.[4]

당시 오페라 창작을 원했던 브람스는 바그너로부터 『탄호이저』 개정판 제2막의 자필 악보를 검토해 달라는 부탁을 받고 무척 기뻐했다. 며칠 뒤 바그너는 그에게서 그걸 돌려받자 답례로 가죽으로 장정한 『라인의 황금』 초판 악보를 기증했다. 『탄호이저』는 이후 안티바그너로 이름을 떨치게 될 한슬리크가 마이어베어의 『위그노 교도들』과 어깨를 겨루는 작품이라고 극찬했던 오페라다. 그는 이전에도 『리엔치』와 『방황하는 네덜란드인』을 호의적으로 평가했다.

슈만은 브람스와 달리 『탄호이저』는 잘 만든 점도 있으나 전체적으로는 겉만 요란한 탓에 오페라의 미학을 파괴한 작품이라고 비판했다. 또 그것은 마이어베어 음악의 모방작에 지나지 않으며, 대중에게 친근한 오페라도 아니라고 덧붙였다. 그는 바그너를 의식하여 '게르만 오페라'라는 표어를 걸고 1850년에 루트비히 티크의 희곡이 원작인 『게노페파Genoveva』를 작곡했다. 내용은 서기 730년 샤를마뉴 대제 치세의 유럽과 무어인의 전쟁을 배경으로 펼치는 삼각 애정극으로, 당시에는 성공했으나 지금은 음악사에 묻혔다. 그래서 역설적이지만, 친근하

---

4. Richard Wagner, William Ashton Ellis(trans.), *Art and Politics, About Conducting*, p.348.

지 않은 오페라는 『탄호이저』가 아니라 『게노페파』가 되고 말았다.

　브람스와 가까운 음악인들이 바그너에 대해 비판의 포문을 열기 시작한 때는 바그너의 존재가 크게 드러난 때와 일치한다. 바그너의 음악은 1870년대에 이르자 전 유럽을 풍미했다. 하지만 브람스의 음악은 (그가 바그너보다 20세 연하임을 감안하더라도) 그때까지도 오스트리아와 독일을 벗어나지 못한 편이었다. 그때 브람스 편에 서서 그의 음악을 적극 옹호하고 바그너의 음악을 맹렬히 비판한 이가 에두아르트 한슬리크였다. 그래서 ‘브람스 대 바그너’는 실은 ‘한슬리크파 대 바그너파’로 부르는 게 옳다.

　한슬리크는 《음악적 아름다움에 대하여Vom Musikalisch-Schönen》에서 “음악 미학의 핵심은 음악 자체의 아름다움에 있지 음의 꾸밈에 있지 않다”면서 진정한 미와 가장된 미를 구분했다. 즉 음악에는 교향곡, 협주곡, 소나타 등 자율미학(형식미학)을 잇는 기악이 있고, 문학, 연극, 무용, 성악과 관현악을 아우른 오페라, 오라토리오, 음악극 등 타율미학(내용미학 또는 감정미학)이 있는데, 이 중에서 앞의 것이 순수함을 지향한다고 했다. 하지만 이는 창작 가치의 문제가 아니라 창작 철학의 문제다. 따라서 같은 청각예술을 놓고 ‘절대음악 대 표제음악’으로 구분은 할지언정 우월성을 논하는 것은 잘못이다. 그 자신도 “동백꽃은 향기 없이 꽃을 피우고 백합은 색깔 없이 꽃을 피우며, 장미는 향기와 색깔을 갖고 피어나지만 이들은 저마다 모두 아름답다”[5]고 쓰지 않았던가. 마찬가지로 음악은 자율과 타율을 떠나 동등하게 아름다운 것이다.

　한슬리크는 “음악의 내용은 음으로 울리는 움직임의 형식들”[6]이라면

5.　에두아르트 한슬리크, 이미경 옮김, 《음악적 아름다움에 대하여》(책세상, 2004), p.90.
6.　에두아르트 한슬리크, 이미경 옮김, 《음악적 아름다움에 대하여》, p.78.

요하네스 브람스

서, 슈만과 브람스가 음악 자체의 내면을 파고든 데 비해 바그너는 음악에 감정과 환상을 입힘으로써 그 내용을 훼손했다고 보았다. 하지만 음악은 이 두 가지를 아우를 때 완전한 아름다움을 이룰 수 있다. 음악이란 음의 재료(형식)에 음악적 아이디어(내용)를 보탠 것이기 때문이다. 아이러니한 사실은 브람스 역시 예술에서 미학적 요소는 형식과 내용으로 명확하게 나누어서 이해하기가 불가능하다고 본 점이다.[7] 브람스 음악이 가진 서정적 깊이감은 내용을 떠나서 생각할 수 없는데, 그를 일러 가을 또는 우수의 음악가라고 하는 것이 그 증거다. 그러므로 형식미학과 감정미학은 우열의 문제도 아니고, 양자를 구분할 수도 없다. 칸트가 말했듯 "형식 없는 내용은 맹목적이고, 내용 없는 형식은 공허하다." 이 두 가지는 나눌 수 있는 것이 아니기 때문이다.

바그너는 1879년에 발표한 〈시 쓰기와 작곡에 관하여Über das Dichten und Komponieren〉에서 브람스를 가리켜 "낭만주의 시대에 바로크와 고전 양식에서 헤어나지 못하는 시대착오자", "음악의 정조 지킴이"라고 했다. 후고 볼프는 브람스의 음악을 일러 "무능한 멜랑콜리"라고 했으며, 니체는 "브람스의 우수는 창작에서의 충실함을 이루지 못하는 데서 오는 것으로, 그는 잠에서 깬 부인들의 음악가다"라며 한술 더 떴다. 이에 질세라 브람스 측에서 상대를 "끔찍한 엽색가"라고 하면 바그너 측에서는 "여성에 무력한 내시 예술인"이라며 응수했고, "바그너에게 오페라와 맞먹는 기악 작품이 없는 이유는 그 분야에 자신이 없기 때문"이라고 하면 "브람스가 오페라를 작곡하지 않는 이유는 그만한 실력이 없기 때문"이라고 맞받았다. 결과를 놓고 보면 브람스는 오페라를 작곡

---

7. 이성일,《브람스 평전》(풍월당, 2017), p.576.

하지 못했고, 배우자를 갖지도 못했다. 하지만 바그너에게 브람스에 맞먹는 기악곡이 없는 것도 사실이다. 브람스는 훌륭한 가곡을 작곡한 바 있으므로 오페라를 쓸 자질이 없었다고 보기 힘들고, 바그너는 다양한 장르의 곡을 작곡한 바 있으므로 오페라에 버금가는 기악곡을 남겼을 수 있었을 텐데 말이다.[8]

그렇다면 한슬리크의 바그너 비판은 합리적인가. 그는 누구보다 독일 오페라가 중흥하기를 바란 비평가였다. 만약 브람스가 오페라를 작곡했다면 설령 그것이 바그너의 것보다 못한 작품이라고 해도 그는 호평했을 것이다. 그렇게 보는 이유는 그가 『리엔치』와 『방황하는 네덜란드인』을 호평한 데 이어 『탄호이저』에 대해서는 특별히 좋은 평을 한 점에 있다. 그는 바그너를 통해 독일 오페라의 밝은 미래를 보았던 것이다. 따라서 그의 바그너 비판은 이중적이고, 사적 감정에 의한 것이다. 두 작곡가의 음악은 다 같이 훌륭한 것으로, 우열이나 호불호와 무관한 것이기 때문이다. 바그너 음악의 성배 기사로 불린 한스 폰 뷜로와 한스 리히터가 브람스 음악의 연주자로서도 호평을 받은 사실이 이를 입증하고 있다.

한슬리크는 당시 예술 비평계의 폭군이란 말을 듣기도 한 사람이었다. 그는 브람스를 제외한 대부분의 예술가에게 비판의 칼을 휘둘러 댔다. 일례로 그는 차이콥스키의 바이올린 협주곡 D장조에 대해서는 "바이올린은 연주되는 게 아니라 다만 어둠 속에서 조각으로 떨어져 나와 귀를 괴롭힐 뿐이다"라고 혹평한 적이 있다. 하긴 차이콥스키의 경우는

---

8. 브람스와 그의 우군 한슬리크는 단순한 바그너의 적대자가 아니라 적대적 동지, 즉 라이벌 관계에 가깝다. 적은 상대에게 배제되는 존재이지만, 라이벌은 서로 인정하면서 자극을 주고받는 존재다.

작품 하나를 혹평한 것이지만, 바그너에 대해서는 대부분의 작품을 싸잡아 공격했다. 그러므로 그는 자신의 비평에 대해 당당하게 말할 수 있는 객관적인 비평가로 보기는 어렵다. 그 점에서 그는 바그너로부터 "음흉한 종파주의자"란 말을 들어도 달리 할 말이 없다고 본다.

비판

반드시 그렇지는 않지만, "미움은 사랑의 다른 얼굴이며, 비판은 찬사를 뒤집은 표현이다." 마찬가지 논법으로 지휘자 카를 뵘의 말을 빌리자면 "바그너에 대한 비판은 신중해서 찬사처럼 들린다." 그에 대한 비판은 음악에 관한 것이라기보다 개인적인 흠결로 인한 것이 대부분이기 때문이다. 그래서 의도적인 악평을 도외시한다면, 바그너에 대한 비판은 찬사의 역설적 표현으로 보아도 무방하다. 실은 바그너처럼 열광적인 호응을 받고, 극단적인 기피를 당한 예술가는 없다. 또 바그너만큼 시기의 대상이 된 음악가도 없다. 쇼펜하우어가 말한 대로 "원래 독창적인 예술품이나 시대를 앞선 이론은, 처음에는 조롱당하고 다음에는 강력한 반대에 부딪히지만 끝내는 자명한 것으로 받아들여진다." 천재의 지적 상상력은 범인의 상식을 뛰어넘기 때문인데, 바그너의 음악 역시 그러하다. 그의 음악이 비판받는 이유는 나빠서가 아니라 경이롭기 때문이다.

바그너는 대작주의 예술가이고 무대예술에 관한 통찰력을 갖추었을 뿐만 아니라 악극이란 용광로에 여러 예술 수단을 하나로 녹여 넣은 종합형 음악가다. 그래서 그의 악곡은 심오하지만 요란스러운 면이 있고, 무대는 대규모 장치를 요한다. 한슬리크는 이러한 면에 착안하여 바그너 음악은 공연에 따르는 거창한 설비가 끝내는 예술성을 비켜 갈 것이라고 했다. 또한 신화와 전설을 소재로 하여 상징과 은유로 엮은 대본이 내용을 어렵게 한다는 점도 비난의 빌미가 되었다. 하지만 바그너는 약점이 될 수 있는 이러한 요소를 뛰어난 예술성과 혁신적인 작곡 기법으로 극복했다. 그의 종합예술론은 고대 그리스인이 향유한 높은 수준의 여가와 교양을 당대의 관객에게 선사하고자 한 데 있었기 때문이다.

한슬리크 이후 바그너 음악의 이러한 면모를 비판한 인물은 레프 톨스토이였다. 그는 《예술론》에서 음악과 문학은 서로 만나 하나가 되는 게 아니라 단지 영향을 주고받을 따름이라고 썼다. 그에 따르면 오페라는 극 형식을 빌린 음악 이상이 아니기 때문에, 문학이 강조된 『니벨룽의 반지』는 위조된 예술에 속했다. 또 톨스토이는 이 작품의 공연을 보고 나서 별난 규모의 무대장치가 요란스러운 음악을 필요로 했을 것이라는 요지의 비판도 덧붙였다.

톨스토이는 강한 주관을 지닌 완고한 휴머니스트였다. 그래서 그의 견해에 일면 타당한 점이 있다손 쳐도, 바그너 음악에 대한 그의 평가는 보편적 정서에 바탕을 두었다기보다 개인의 가치관에 치우쳐 있음을 부인할 수 없다. 그는 오페라를 기피했으며 무대장치가 화려한 그랜드오페라는 더욱 싫어했다. 그중에서도 바그너의 작품을 특히 싫어했다. 그는 베토벤의 『합창 교향곡』도 비판했다. 그는 이 작품의 위대한 점은 차치하고, 우선 종교적 감정을 전달하는 데 미흡하여 보편 예술이 될 수 없다고 주장했다. 이 점은 반지 4부작을 위조 예술로 보았던 그의 음악관과 일맥상통한다. 베토벤 음악이 지닌 열광성을 더욱 밀고 나간 작곡가가 바그너이기 때문이다.

음악은 도덕의 영역이 아닌 정서의 영역이다. 굳이 군가와 찬송가의 예를 들지 않더라도 곡은 듣기에 따라 감정을 들끓어 오르게 한다. 히틀러가 바그너 음악을 정치 선전의 도구로 삼은 이유는 감정을 고조시키기에 음악만큼 좋은 도구가 없기 때문이었다. 톨스토이는 참된 예술과 거짓 예술을 구별하는 표지는 예술의 감화력이라고 했다. 즉 음악이란 인간의 내면을 성찰케 하고 영혼을 어루만지는 힘이 있어야 한다는 게 그의 지론이다. 하지만 반드시 그게 전부일 수는 없다. 음악은 오직 아름다움만을 위해 작곡되기도 하고, 사랑이나 고뇌 등 여러 감정을 표현하기 위해서도 작곡되는 것이다. 게다가 작곡된 음악에 의미를 부여하고 효용을 정하는 이는 감상자다. 그러므로 톨스토이의 음악론은 상대적인 의미에서만 옳다. 또한 그는 뜨거운 분위기를 지닌 음악을 기피했지만, 실은 그가 상찬한 종교음악이야말로 무엇보다 열성적인 믿음인 신앙을 동기로 작곡된 것이다. 결국 그는 베토벤 음악이 지닌 야성은 부정하고 영성靈性은 간과했다. 생각해 보면 바그너의 음악은 영혼을 어루만져 주는 면에서는 손색이 있다. 반면 인간의 내면을 성찰케하고 인간의 양면을 돌아보게 하는 강력한 힘을 갖고 있다. 그의 작품 주제는 대부분 선악의 갈등과 양심의 문제를 다루고 있기 때문이다. 한편 톨스토이는 바그너의 악극이 아름다움을 빌미로 관객을 고생시키는 음악이라고도 했다. 하지만 아름다움은 때로 빌미가 아니라 그 자체로 목적이 되는 것이다.

역시 바그너 음악을 주로 비판했던 스트라빈스키는 『파르지팔』을 관람한 후 "바그너가 극장을 신전으로 만들고, 감상자를 신자로 만들어 음악을 우상으로 섬기도록 만들었다"고 비판했다. 하지만 음의 세계를 통해 경이적인 느낌을 체험한다면, 감상 행위를 의식처럼 여기고 음악을 신앙처럼 신봉하는 열정을 왜 마다하겠는가. 그는 "바그너가 총체예술이란 이름 아래 음악을 문학의 시녀로 만들었으며, 악극은 지루함을

참고서라도 감상을 강요하는 형식"이라고 했다. 하지만 오페라는 본질
적으로 장시간을 요하며, 문학이 중요시되는 장르다. 바그너 악극의 강
점은 지루함을 극복하도록 만드는 강한 흡인력이며, 문학의 요소를 강
조했다는 점은 단점이기보다 장점이다.

스트라빈스키는 "바그너의 과오는 음악에서 선율을 파괴한 데 있다"
고 했다. 과연 그럴까. 선율은 물론 리듬까지 파괴함으로써 바그너보다
한발 더 나아간 이는 스트라빈스키였다. 하지만 그로 인해 음악의 표현
력이 깊어지고 넓어진 것처럼 바그너 역시 전통을 깨뜨림으로써 되레
선율을 풍부하게 만든 작곡가였다. 그렇다. 오페라는 악극의 영향으로
내용이 더욱 풍부해졌으며, 현대 오페라는 바그너를 비판하는 과정에서
더욱 발전하였다. 다음은 바그너 음악을 비판한 사례들인데, 여러 차례
읽다 보면 찬사를 비틀어 표현한 것으로 느껴지는 경우가 더러 있다.

"바그너의 오페라에서 괜찮은 부분을 들으려면 길고 지루한 시간을 기다려야
한다."

— 조아키노 로시니

"『트리스탄과 이졸데』의 전주곡을 들으면 순교자의 배를 갈라 거기서 나온 창
자를 천천히 풀어 헤치는 옛 이탈리아 화가의 그림이 떠오른다."[9]

— 에두아르트 한슬리크(1868년의 공연을 보고)

9. 이 그림은 프랑스의 화가 니콜라 푸생이 1629년에 완성한 「성 에라스무스의 순교」로, 그림의
주인공은 AD 303년 로마 황제 디오클레티아누스가 기독교도를 박해할 때 순교한 주교였다. 읽기
에 따라서는 무서운 혹평 같기도 하고 의미 있는 호평 같기도 하다. 참고로 한슬리크의 이름이 지금
도 기억되는 것은 그가 당대의 저명한 비평가였다는 명성 때문이 아니라 바그너의 강력한 비판자
였다는 평판 때문이다.

"『트리스탄과 이졸데』는 한쪽 발을 앞으로 내민 고양이의 음악이다. 그것은 흰 건반 대신 검은 건반을 두드리는 어설픈 피아노 연주자가 만들 수 있는 곡이다."

— 하인리히 도른(라이프치히 시립극장 음악감독, 1870년의 공연을 보고)

"이것은 악명 높은 것이야!"

— 아르투어 쇼펜하우어(1854년, 『발퀴레』의 대본을 읽고 그 여백에 쓴 글)

"로시니, 만세! 베르디, 만세! 바그너에게 죽음을!"

— 1871년, 『로엔그린』의 볼로냐 초연에 이은 밀라노 공연 당시 해당 도시민의 연호

"바그너의 음악은 천사보다는 수퇘지를 깨우는 데 알맞다. 그것은 발광한 고자의 음악이다."

— 1876년, 파리 〈르 피가로〉지의 논평

"나는 『로엔그린』의 공연을 본 뒤 머리가 쪼개지도록 아팠고, 하룻밤 내내 오리를 보는 꿈을 꾸었다."

— 밀리 발라키레프(1868년의 공연을 보고)

"그의 음악은 결단코 아무것도 아닙니다. 그것들은 상궤를 벗어나게 작곡한 것으로, 독창성과는 어울리지 않습니다. 나는 베르디의 것이 100배나 더 좋습니다."

— 조르주 비제(바그너의 음악을 처음 듣고 자기 어머니에게 보낸 편지에서)[10]

---

10. 비제는 바그너의 오페라를 되풀이해 듣는 과정에서 호감을 느끼고 "바그너 오페라는 형언할 수 없을 만큼 매력적이다. 그것은 육감적이며 부드럽고 사랑스럽다"라고 말했다.

"바그너는 대단히 독일적인 것에 대한 최고의 해독제다."

— 프리드리히 니체(1888)

"바그너는 베토벤의 음악이 인기를 누리던 마지막 시기에 찬사를 받기 시작했다. 그의 음악은 우둔한 방식으로 쇼펜하우어의 신비로운 철학과 베토벤의 음악을 결합시켰을 뿐만 아니라, 모든 예술을 묶으려는 자신의 거짓된 음악론에 따라 작곡되었다. 그리하여 바그너는 예술과 동떨어진 모방자들을 이끌었다."

— 레프 톨스토이(1896)

"현대음악의 대단한 새벽으로 간주되었으나 실은 낭만파 음악의 아름다운 노을이다."

— 클로드 드뷔시(1903년, '프랑스 음악에 끼친 독일의 영향'을 언급하면서)[11]

"바그너는 한 주일 내내 쇼펜하우어의 열광자가 아니었듯이, 자신에 대한 열광자가 아니었다. 그의 마음은 자신의 기분에 따라 자주 바뀌었다. 바그너는 울적한 자아든 쾌활한 자아든, 자기 안의 두 멍청이 사이에서 다툼이 일어날 때는 자신의 스케르초 악곡에 베토벤의 아다지오 악곡을 인용했다. 또한 본인의 작곡 기법 역시 자신의 뜻에 반해 거의 제한 없이 타인에 의해 인용되었다."

— 조지 버나드 쇼(1908년, 바그너의 이중적이고 모순적인 언행을 지적하는 글에서)

"나는 바그너가 만든 오페라의 첫 막을 접하고 크게 즐겼다. 하지만 하나의 막

---

11. 드뷔시는 바그너에게 흠뻑 빠졌으나 끝내는 그의 비판자로 돌아섰다. 하지만 그의 바그너에 대한 태도는 애증이 뒤섞인 복합감정으로 볼 수 있다.

으로도 힘에 넘치는 효과를 느끼기에는 충분했다. 두 번째 막을 보았을 때는 온몸이 피곤해져 나가 버렸다. 전체 오페라 감상을 시도한 결과 다음 할 일은 자살이었다."

— 마크 트웨인(그의 유머 모음집에서)

"바그너 음악을 들으면 구역질이 난다."

— 알베르트 아인슈타인(1933년, 미국 망명길에 오르면서)

"나는 바그너를 좋아하지 않는다. 아무튼 나는 불쾌한 인물이었던 그를 좋아할 수 없다."

— 디트리히 피셔디스카우(이스라엘 기자와의 인터뷰에서.
그는 바그너의 작품에서 가장 많은 배역을 맡았다)

"나는 바그너의 음악을 많이 들을 수 없다. 왜냐고? 자주 듣게 되면 폴란드를 공격하고 싶어지니까."

— 우디 앨런(1993)

"바그너는 음악을 치료제와 마취제로서 사용했고, 생활철학의 용도로서 사용해 왔다. 이는 음악과 문화의 역사에서 그의 시대 이전에는 알려지지 않았던 현상으로, 치명적이다."

— 하르트무트 젤린스키(1982)[12]

12. 하르트무트 젤린스키Hartmut Zelinsky(1941~)는 바그너에 관한 비판적 저술로 정평이 난 독일 작가다.

찬사

바그너가 음악사에 끼친 공적을 두고 찬사를 늘어놓는 일은 사족일 수 있다. 그는 비판보다 찬사를 들어야 할 인물이지만, 그 비판조차 무시할 수 없는 그의 영향력과 그에 대한 관심에서 비롯된 것인 만큼 여느 비판과 다른 무게감이 느껴진다. 한편 그의 음악에 찬사를 표한 자도 때로는 혹평한 적이 있고 그 반대의 경우도 있어, 그의 음악에 대해서는 애증이 공존하는 경우가 잦다. 니체, 한슬리크, 드뷔시, 버나드 쇼, 토마스 만 등이 그 예다. 다른 작곡가들에게서는 보기 힘든 현상이다. 바그너에 대한 이러한 양가적인 반응은 인간 바그너와 예술가 바그너의 평가가 극명하게 갈리는 데 따른 현상이다.

다음은 바그너 음악에 대한 찬사의 예로, 비판은 신중하거나 신랄한 데 비해 찬사는 극찬이거나 칭송 일변도여서 묘한 대조를 이룬다.

"나는 최근에 저 놀라운 작품, 『니벨룽의 반지』를 스무 번도 넘게 연습하는 걸 들었다. 그것은 다른 산들을 굽어보는 몽블랑처럼 우리 시대의 모든 예술을 뛰어넘었다."

— 프란츠 리스트(바이로이트 축제에 앞서 4부작을 연습하는 것을 듣고)

"그 음악은 마치 내가 작곡한 것처럼 여겨진다. 누구라도 그것을 들으면 운명적인 사랑을 자각한다는 점을 나는 깨닫게 되었다."

— 샤를 보들레르(1861년, 『탄호이저』를 보고)

"나는 『트리스탄과 이졸데』 앞에서 경이와 공포에 사로잡혔다. 어떻게 이러한 음악을 생각하고, 현실화할 수 있을까. 2막은 숭고한 영혼의 창조물로 참으로 환상적이고, 너무도 환상적이고, 말할 수 없이 환상적이다."

— 주세페 베르디(해당 악극의 공연을 본 뒤 인터뷰 중에서)

"곳곳에서 아름답고 매혹적인 순간을 볼 수 있었으나, 상상을 뛰어넘는 음악적 난센스였다."

— 표트르 차이콥스키(1876년, 바이로이트 공연 첫날)

"『신들의 황혼』에서 마지막 화음을 듣는 순간, 나는 속박으로부터 풀려나는 느낌을 받았다."

"한 가지 확신할 수 있는 점은 우리의 손자와 증손자들이 바이로이트에서 일어난 일을 대대로 기억할 것이란 사실이다."

— 표트르 차이콥스키(바이로이트 공연 마지막 날)

"중단 없는 조성의 변화와 화음의 변조는 듣는 이를 지치게 한다."

— 에드바르 그리그(1876년, 바이로이트 공연 첫날)

"바그너의 악극은 역사상 거인의 작품이다. 아마도 미켈란젤로의 것과 맞먹는 예술작품일 것이다."

— 에드바르 그리그(바이로이트 공연 마지막 날)

"19세기는 걸출한 세 인물, 나폴레옹과 비스마르크, 바그너를 낳았다. 그들 중 누구도 자신들의 행동에 대해 해명할 필요가 없다."

— 한스 폰 뷜로(1883년, 바그너의 장례식 다음 날에)

"나는 바이로이트 극장에서 내 영혼이 강력하게 비틀리는 체험을 했다. 그것은 내 생애의 남은 나날 동안 전해질 것이다."

— 구스타프 말러(1883년, 『파르지팔』의 공연을 본 뒤)

"나는 바그너에 관한 책을 읽고 있단다. 얼마나 대단한 예술가인지! 그림도 그의 음악처럼 그릴 수 있기를 바란다면, 그렇게 할 수 있을 거야. 나는 진작부터 색채와 바그너 음악 사이에 관계가 있음을 느낄 수 있었기에 음악을 배우려는 헛된 시도를 해 보았지."

— 빈센트 반 고흐(1888년 6월, 동생 테오에게 보낸 편지에서)

"베를린 오페라극장의 2층 특별관람석에 앉아 첼로에서 흘러나오는 첫 음을 들었을 때, 나는 가슴이 단속적으로 졸아드는 느낌을 받았다. 음향과 열정의 홍수가 내 영혼으로 밀려드는 기분을, 열망과 지복至福이 내 가슴을 파고드는 기분을 이전에는 결코 느끼지 못했다. 바그너는 신이며, 나는 그의 선지자가 되기를 바란다."

— 브루노 발터(1889년, 『트리스탄과 이졸데』의 공연을 처음 본 뒤에)

"바그너의 음악은 어떤 작곡가의 것보다 좋다. 소리가 커 연주하는 동안 다른 사람이 무슨 말을 하는지 들을 수 없기 때문이다."

— 오스카 와일드(1890년, 듣기에 따라서는 찬사로 포장한 비판처럼 들린다)

"제가 『트리스탄과 이졸데』를 처음으로 지휘한 오늘은 내 생애에서 가장 경이로운 날입니다."

— 리하르트 슈트라우스(1892년, 코지마 바그너에게)

"바그너의 음악은 들리는 것보다 더 좋다."

— 마크 트웨인(바이로이트 축제에 참가한 뒤의 소감)[13]

"나는 방금 『파르지팔』을 보았습니다. 이렇듯 압도하는 오페라를 비록 함께 볼
순 없었지만, 만일 당신이 여기에 있었다 해도, 이 작품이 나에게 가져다준 엄
청난 활력과 정신을 혼비백산하게 만드는 경험은 어떠한 말로도 묘사할 수 없
군요. 내가 지금 말할 수 있는 것은 이 가장 위대한 관극觀劇의 경험을 함께 나
누기 위해서는 어느 때보다 당신의 도움이 필요하다는 겁니다. 나는 『파르지
팔』의 악보를 가지고 내 방 침대로 가서 오늘의 찬양을 이어 가겠습니다."

— 알반 베르크(1909년, 자신의 약혼녀에게 보낸 편지에서)

"나는 바그너 음악을 들으면서 내가 좋아하는 모든 색이 눈앞에 펼쳐지는 광경
을 보았다. 또 나는 『로엔그린』을 들으며 황혼이 물들어 가는 자연 풍경을 떠올
렸다."
"바그너의 음악은 어떠한 그림보다 강력한 시각적 경험을 전달하므로 화가에게
는 도전처럼 여겨진다. 나는 『트리스탄과 이졸데』 가운데 「사랑의 밤」에서 느꼈
던, 불가사의할 만큼 어렴풋이 명멸하는 느낌을 전달하는 그림을 본 적이 없다."

— 바실리 칸딘스키
(그는 「사랑의 밤」을 듣고 감동하여 1906년에 색채 소묘 「밤Nacht」을 그렸다)

---

13. 이 말(Wagner's music is better than it sound)에는 두 가지 의미가 있을 수 있다. 사운드에는 듣
기 좋은 소리와 듣기 싫은 소리가 있는 까닭이다. 즉 하나는 "바그너 오페라에 고유한 음악성이 연
주될 때의 사운드(음향적 요소)보다 낫다"는 뜻이고, 다른 하나는 음량이 큰 바그너 사운드를 음악
으로 꾸민 소음으로 간주하여 "바그너 음악은 소음(생활 소음이나 자연 소음)보다는 낫다"는 뜻이
다. 필자는 전자를 따랐다. 마크 트웨인의 바그너 음악관은 호불호를 포함하기에 중의적 해석이 가
능하기 때문이다.

"색채적이고 힘찬 관현악 리듬이 순간적인 감동을 불러일으킨다. 새로운 마신 魔神이 태어났다."

— 폴 발레리

"바그너 음악은 내 문학의 원천이다."

— 토마스 만(나치스가 바그너 음악을 선전용으로 이용할 동안에는 기피함)

"베르디, 로시니, 푸치니. 그들의 음악은 바보와 풍각쟁이를 위한 것이다. 그러나 바그너의 음악은 그들의 것과 완전히 다르다."

— 빌리 와일더(그의 영화 대본 「하오의 연정」에서)

"바그너가 백 년도 전에 집필한 《오페라와 드라마》는 이론을 전개하는 필자의 관점이 놀랍다. 나는 그의 글에서 아주 적은 부분을 인용하지만, 그 인용은 나의 글에서 큰 부분을 차지할 것이다."

— 조지프 커먼(1956년, 자신의 저서에서)[14]

바그너의 음악을 극찬하거나 혹평한 이들은 그 밖에도 많다. 그들 중에는 만일 바그너와 관련한 언급을 하지 않았다면 거명조차 못 되었을 이름도 숱하다. 간혹 바그너의 음악이 아닌 그의 삶에 대한 비난과 찬사도 들을 수 있다. 그에 대한 비난은 인신공격에 해당할 만큼 극단적인 것이 많은 반면, 찬사는 더러 숭배에 해당하는 것이 있다. 비

---

14. 조지프 커먼Joseph Kerman(1924~2014)은 미국의 음악학자로, 《오페라로서의 드라마Opera as Drama》에서 대부분의 작곡가를 비판했는데, 그들 중 가장 혹평을 받은 이는 푸치니다.

교적 온건하게 말한 마르크스의 언급과 찬사에 해당하는 일곱 가지 언급을 소개한다.

"바그너는 흥분 상태에 있는 작곡가다."
"바이로이트에서 열린 광대들의 축제로 인해 사람들은 바그너에 대해 궁금해한다."

— 카를 마르크스

"리하르트 바그너는 초인이라는 형상에 완벽하게 부합하는 인물이다."

— 프리드리히 니체

"당신은 신적인 인간입니다. 지상을 밝히고 구원하기 위해 성스러운 불을 하늘에서 땅으로 가져온, 신의 은총을 입은 예술가입니다."

— 루트비히 2세(1876년 8월 6일, 반지 4부작 리허설을 보고 쓴 편지에서)

"오직 베토벤과 바그너만이 있다."

— 구스타프 말러

"고뇌와 위대함으로서의 자기 시대, 그 19세기의 완벽한 현시顯示인 리하르트 바그너, 그의 정신이 내 눈앞에 서 있다. 신화학자로서, 자기 오페라의 토대인 신화 탐구자로서, 신화를 통한 오페라 구원자로서의 바그너, 그는 음악이란 신화를 보조하는 것 이상이 아니며, 그 외의 어떤 목적도 갖지 않았다는 것을 믿게 했다."

— 토마스 만

"아마도 바그너는 모든 사람들 가운데 가장 위대한 천재일 것이다."

— W. H. 오든[15]

"나에게 바그너는 신이며, 그의 음악은 종교다. 내가 그의 오페라를 보러 가는 것은 교인이 교회에 가는 것과 같다."

— 아돌프 히틀러[16]

15. 오든Wystan Hugh Auden(1907~1973)은 영국에서 태어나 서른한 살 때 미국 시민권을 얻은 시인으로, 희곡과 비평 분야에도 영향을 끼쳤다. 그의 시는 T. S. 엘리엇과 프로이트의 영향으로 갈수록 지적이고 난해한 쪽으로 기울었다. 바그너에 관해서 오든과 비슷한 말을 한 사람들이 있다. 니체는 "바그너 자체가 하나의 예술적 총량으로 뭉쳐져 분출하는 화산"이라고 했고, 비예르 드 릴라당은 "바그너는 1,000년에 한 번 나올 수 있는 그런 천재"라고 했다. 또 토마스 만은 "아마도 바그너는 예술의 역사에서 가장 뛰어난 재능을 가진 인물"이라고 했다.
16. Joachim Köhler, Ronald Taylor(trans.), *Wagner's Hitlers, The Prophet and his Disciple*(Polity Press, 2000), p.137. 이 말은 어떠한 전거도 없이 자주 인용되었으며, 가끔은 출처가 의심되는 1차 전거에 의한 2차 전거로 사용되었다. 여기서 1차 전거란 1942년 총통사령부에서 히틀러가 바그너의 오페라 녹음을 들으며 한 말을 옮겨 쓴 기사문이다[Monte Stone, *Hitler's Wagner*, p.85].

제18장　　　　　　　베네치아에서 맞은 임종

자연인으로는 살 수 있을 때까지 죽음을 미루고 싶었던 사람,
예술가로는 주어진 삶을 만끽했던 인물,
자기 예술로 영원을 살고 주검으로 영생을 누리는 인간, 바그너.

그의 죽음은 승리와 영광의 와중에서 졸지에 찾아와 나를 황망하게 했다.
리하르트 바그너는 의심할 바 없이 쇠약한 노인이었다.
그는 70년을 살았고, 50년 이상 희망을 갖고 고투했으며, 무모한 행동 탓에
추방당했고, 쉼 없이 창작을 했고, 계속되는 역경과 싸웠다.
그는 압도하는 자신의 능력과 격정, 과민함으로 마침내 대단한 승리를 얻었다.
이 비상한 남자는 적게 먹고, 적게 자면서 언제나 사랑하고 미워했으며,
언제나 사색하고 작업을 하며, 언제나 갈망했다.
그는 어느 때나 정신(이성)과 마음(감성)을 잃지 않았고,
이 세상 어떤 것에도 무관심하지 않았다.
그는 분명 평안한 무덤에서 휴식을 취할 자격이 있다.

— 파리, 질 브라스Jil Blas,
카튈 망데스 논평 1883년 2월 16일 자, 바그너의 부고 기사에서

죽음을 예감하다

서양음악사를 통틀어 만일 태어나지 않았다면 그 흐름을 크게 바꿨을 인물들이 있다. 바흐, 모차르트, 베토벤, 바그너, 스트라빈스키, 쇤베르크다. 이들은 음악사에 이름을 남긴 수많은 작곡가 중에서 상위권에 든다. 한 연구 조사에 따르면 수많은 고전음악 작곡자들 중 그 10분의 1에 해당하는 250명만이 오늘날 연주되는 거의 모든 작품을 창작했다고 한다. 그리고 그 250명 중 40명의 작품이 4분의 3을 차지하는데 연주 순위로 따지면 모차르트, 베토벤, 바흐, 바그너, 브람스이며, 그들의 작품은 그 가운데 4분의 1을 차지한다고 했다.[1]

실제로 학계와 예술계에는 그 방면에 일가를 이룬 태두가 있고 그 뒤를 이은 많은 지류가 있으며, 그들에게 바통을 받아 또 하나의 대하를 이룬 거장이 있다. 사람들은 그러한 인물을 천재로 부르며 이름을

기린다. 여기서 천재란 오늘날 흔히 쓰는
보통명사로서가 아니라 대단히 특별한
재능을 지닌 매우 한정된 인물에게 쓰는
말이다. 천재는 시대를 초월하여 존재하
기에 이례적인 탄생이고, 부모보다 출중
하면서 자기만큼 출중한 자식을 두지 못
한 자이기에 돌연변이다. 그 예로 바그너
는 자신의 역량에 못 미치는 아버지에게
서 태어났으며, 자기보다 역량이 떨어지
는 아들을 낳았다. 그의 법률상 아버지는

바그너의 아들
지그프리트 바그너

경찰관이었고, 실제 아버지로 간주되는 가이어는 재능은 어느 정도 갖
추었지만 평범한 화가이자 배우였다. 또 그의 아들 지그프리트 바그너
는 작곡을 하고 무대연출을 했으나, 예사 음악가에 지나지 않는다.

　바그너는 약하게 태어나 유년기에 여러 차례 죽을 고비를 넘겼다. 소
년기에는 겁이 많고 감수성이 깊었으며, 청년기에는 고집스럽고 반항
심이 강했다. 그는 작은 체격과 약한 체질을 물려받았으나 강인한 체력
을 지녀 죽음을 이겨 냈다. 다만 피부병은 반평생 그를 괴롭혔고, 만년
에 앓기 시작한 심장질환은 치명적이었다. 그는 자라면서 연민과 동정
심을 보인 반면 남에게 지기 싫어하고 역경을 참아 내는 의지를 보였

1.　이 조사는 이미 반세기 전의 것으로, 지금 조사한다면 20위권 밖으로 밀려난 푸치니와 40위
권 안에 있는 말러의 순위가 20위권 이내로 진입했을 것이다. 참고로 6위권에서 10위권은 연주 빈
도 순위대로 열거하면 슈베르트, 헨델, 차이콥스키, 베르디, 하이든이다. 하지만 이 순위에 든 작
곡가 역시 지금 조사한다면 그 이름이 달라질 것이다(아놀드 루트비히, 김정휘 옮김, 《천재인가 광
인인가》(이화여대출판부, 2005, p.49)[A. Melos, E. Cohen(trans.), *Information Theory and Aesthetic
Perception*(University of Illinois press, 1966)].

다. 이러한 대조되는 인성은 그를 사색적이면서도 행동적이고, 온화하지만 냉혹하며, 말과 행동이 다른 교활한 인간으로 만든 바탕이었다.

그는 평범하게 자랐으나 대부분의 신동이 범인으로 돌아오는 십대에 천재의 자질을 보였다. 여기에 방대한 지식을 습득하려는 지적 호기심과 지칠 줄 모르는 창조력, 높은 사회성과 넓은 행동반경은 개성적인 악극을 만들고 바이로이트 축제극장을 건설하는 힘이 되었다. 그는 요절하는 예술인이 많았던 시대에 그것도 병약했던 유년기를 보내고, 힘든 청년기를 보냈음을 감안하면 장수한 작곡가였다. 하지만 그의 비범한 재능을 감안하면 조금 일찍 죽은 편이다.

바그너는 불굴의 집념과 열정을 지녔으나, 칠순을 앞두고는 죽음을 예감한 것으로 보인다. 그는 1882년 5월 1일 이탈리아에서 바이로이트로 돌아와 축제 기간(7. 26~8. 29) 동안 공연할 『파르지팔』의 리허설과 무대연출에 전례 없이 매달렸다. 공연 마지막 날인 8월 29일에는 헤르만 레비로부터 바통을 건네받아 『파르지팔』 제3막의 피날레 장면을 지휘했다. 이는 축제 행사를 멋있게 마무리한다는 의미도 있었지만, 이 작품이 마지막 오페라일 수 있다는 생각에서 행한 상징적 의미도 있었다. 실제로 그는 『파르지팔』이 세상에 작별을 고하는 작품이라고 말한 바 있다.

바그너는 축제가 끝나자 피로감이 한꺼번에 몰려오는 느낌을 받았다. 그의 건강은 1882년 9월 들어 눈에 띄게 나빠졌다. 지난해 3월 위중한 심장발작을 겪은 이래 작은 경련이 자주 있었고 위장에는 염증마저 생겼다. 성품이 까다롭게 변한 지도 꽤 되었다. 사소한 일에도 잘 토라지고 쉽게 침울해져 소수의 측근 외에는 만나기를 꺼려했다. 그해 8월 31일에는 또 한 차례 큰 발작이 있었다. 자주색으로 변한 얼굴이

제 색으로 돌아올 때까지 그는 한참을 소파에 앉아 있었다. "나는 죽음으로부터 도망쳤어!" 그가 정신을 차리고 내뱉은 말이었다. 그가 4부작을 공연하고 『파르지팔』을 완성하는 동안 의지와의 싸움에 운명을 걸었다면, 이제는 지병과의 싸움에 명운을 걸고 있다. 다만 『파르지팔』을 작곡하는 내내 이 오페라를 미완성으로 남길지 모른다는 불안으로부터 벗어난 점은 다행이었다.

그는 이번 추위가 다가오기 전에 바이로이트를 떠나고자 했다. 기온이 따뜻하고 날씨가 맑은 지역에서 겨울을 나고 싶어서였다. 그는 2주 뒤인 9월 14일, 가족과 측근들을 데리고 베네치아로 휴가를 떠났다. 거기서 그는 다음 해까지 넘길 심산이었는데, 처음에는 스페인도 염두에 두었고 이집트도 후보지에 넣었다. 하지만 베네치아로 정했다. 1858년 8월 29일에 처음 방문한 이래로 베네치아만큼 많은 추억이 서린 데는 없다고 보았기 때문이다.

바그너 일행은 9월 16일 오후 숙소인 벤드라민궁에 여장을 풀었다. 9월 14일 이른 아침에 바이로이트를 출발하여 그날 저녁 베네치아 인근에 당도했으나, 그해 여름 홍수가 있은 데다 일행의 여독도 있어 이틀간 도착지의 호텔에서 머문 것이다. 벤드라민궁은 1509년, 시공한 지 28년 만에 완성한 르네상스 양식의 3층 건물이었다. 그는 값진 가구가 놓인 중간층의 방 18개를 모두 임대했는데, 코지마와 장남 지그프리트와 그의 가정교사 하인리히 폰 슈타인, 두 딸 이졸데와 에파, 코지마가 데려온 딸 다니엘라 폰 뷜로, 최측근 파울 폰 주코프스키, 가사 도우미 등 식구 외에도, 건물에 딸린 짐꾼과 곤돌라 사공이 그와 함께했다. 그 밖에 주치의 프리드리히 케플러Friedrich Keppler 박사를 포함한 초대 손님과 귀빈, 거처를 수시로 드나드는 방문객들을 감안하면 그는

반프리트 저택에서 바그너 가족의 한때.
가족 외의 식구로 서 있는 이(왼쪽 두 번째)는 지그프리트의 가정교사 하인리히 폰 슈타인,
앉아 있는 이는 최측근 파울 폰 주코프스키. 1881년 8월 촬영

한 지역의 영주나 다름없었다.

　바그너에게 이곳 생활은 파란만장했던 자신의 삶을 반추할 만큼 여유롭고 풍요로웠다. 하지만 그걸 즐기기에는 몸과 마음이 너무 지쳐 있었다. 다만 모처럼 자녀들과 많은 시간을 보낼 수 있어 기뻤으며, 그해 10월과 다음 해 1월 동안 그를 찾은 동지들 덕에 울적한 기분을 진정시킬 수 있었다. 그는 언제까지나 이곳에 머물며 쇠약해진 건강과 늘어난 심술을 다스리고, 『탄호이저』를 근사하게 개정하고, 그동안 염두에 둔 교향곡도 작곡하고, 에세이도 집필하고 싶었다.

　그는 《오페라와 드라마》에서 교향곡 장르는 그 수명을 다했다고 적은 바 있다. 그래서 악극을 만든 자신은 신독일악파의 기수이며, 브람스는 보수주의자라고 했다. 하지만 교향곡이야말로 발전 가능성이 무궁한 장르로 여겨졌다.[2] 그에게 교향곡은 자기 생애에 남겨진 숙제와 같은 것이었을까. 또한 시간이 허락한다면 쇼펜하우어 철학의 음악 버전인 《승리자》도 작곡할 생각이었다. 한편, 그는 1861년 3월 13일에 파리 오페라극장에서 당한 수모와 치욕을 여전히 잊지 못하고 있었다. 『탄호이저』 흥행을 망치려는 집단의 방해 공작으로 첫날과 두 번째 공연 모두 참담한 실패로 끝났기 때문이다. 물론 작품의 평가와는 무관한 악의적인 행동이었다. 하지만 그날 받은 상처는 어느덧 강박관념이 되어 여전히 그의 개정 욕구를 자극했다. 그는 "나에게는 『탄호이저』라

2.　하이든이 시작하고 베토벤이 정착시킨 교향곡은 슈베르트와 멘델스존, 브람스에 의해 계승되고, 베를리오즈가 변화를 시도하여 발전 가능성을 열었다. 이후 교향곡은 브루크너와 말러가 그 구조를 확장함으로써 오늘까지 이어지고 있다. 바그너는 1846년 4월 5일 난곡으로 알려진 베토벤의 『합창 교향곡』을 지휘하여 관객들로부터 열광적인 호응을 받았다. 그는 여기에 고무되어 베토벤의 작품에 못지않은 교향곡(두 편 이상)을 작곡하려고 초안까지 작성했으나 중도에 그만두었다. 또 그는 1877년부터 자신이 숨지는 1883년 2월까지 이전에 남겨 둔 초안을 바탕으로 수차례 작곡을 시도했다. 하지만 결국 이루지 못했다.

는 빛이 있다"고 말한 바 있다. 그에게 완성된 미완성작이 있다면 그건 『탄호이저』이리라.

그는 1882년 12월 24일 코지마의 생일을 맞아 『C장조 교향곡』을 라페니체 극장에서 연주했다. 교향곡의 첫 두 악장은 바그너가 지휘했고, 나머지 두 악장은 작곡가 엥겔베르트 홈퍼딩크가 지휘했다. 바그너는 그에게 지휘봉을 넘겨주면서 "난 다시 지휘할 수 없을 걸세. 아마도 곧 죽을지 몰라"라고 말했다. 이 작품은 청년기의 야심작으로 거의 50년 만에 무대에 올린 셈인데, 아내에게는 뜻있는 선물이었다. 개인의 축일을 기념하기 위해 극장에서 연주회를 여는 일은 이례적이지만, 그는 굳이 그렇게 하고 싶었다. 그는 1870년 코지마의 생일(12월 24일) 때 자신이 작곡한 「지그프리트 목가Siegfried Idyll」를 트립셴 저택 계단에서 열다섯 명의 악단으로 연주한 적이 있었다. 하지만 극장에서 큰 규모로 축하 연주를 한 것은 이번이 처음이었다. 또 그는 벤드라민궁에서 장인 리스트를 만나고, 지휘자 헤르만 레비를 만나 여러 날을 함께 보냈으며, 『파르지팔』에서 꽃 소녀 역을 맡아 자신의 호감을 산 캐리 프링글을 이곳에서 만날 작정이었다. 이상은 죽음을 예감한 그의 예언적 행위였다.[3]

1883년 1월 13일, 리스트가 부다페스트로 떠나자 바그너는 마음 한 구석이 빈 것 같은 느낌을 받았다. 리스트는 자신에게 가장 가까운 친지 중 한 사람이며, 소중한 인척이었다. 그는 바그너의 '헌신적인 경배자'만도 아니었고, 세칭 '바이로이트의 푸들'도 아니었다. 리스트는 자신의 둘도 없는 삶의 동지이자 음악 동지였다. 사실, 리스트와 바그

---

3. 바그너 가족이 벤드라민궁에 도착한 날로부터 바그너가 죽는 날까지의 일상은 코지마의 일기와 주코프스키의 회상록에 자세히 묘사되어 있다.

너 사이에는 묘한 경쟁심리가 있었다. 원래 '미래 음악의 주인공'은 리스트였으나, 바그너가 그 칭호를 가져갔다. 게다가 그는 리스트의 작곡기법을 발전시킨 데 그치지 않고 음악의 혁신을 이루었다. 리스트는 연인 카롤리네로부터 "당신의 돈주머니는 바그너의 것이나 다름없어요"라느니, "당신의 딸은 그자로 인해 중혼자가 되었어요"라느니 하는 핀잔을 자주 들었다. 그럼에도 리스트는 이 비범한 사위를 수용하는 태도를 앞세웠다. 물론 두 사람은 코지마-바그너 스캔들로 말미암아 한동안 갈등 관계에 있었다. 하지만 그들의 우정에 비하면 극히 사소한 것이었다.

부녀지간인 리스트와 코지마는 오랫동안 긴장 관계였다. 코지마는 리스트에 못지않은 피아노 연주 실력을 가졌음에도 딸이 직업 피아니스트가 되길 원치 않았던 아버지의 처사를 이해할 수 없었다. 리스트는 아들처럼 여기던 뷜로를 배신한 딸을 용서하기 힘들었고, 코지마 역시 사랑하지 않는 뷜로와의 결혼을 강제한 아버지를 용서하기 힘들었다. 그녀는 가톨릭교에서 개신교로 개종한 자신을 비난한 아버지를 이해하기 힘들었고, 자녀를 버리다시피 한 그의 행위를 잊을 수 없었다. 그녀는 언니 블란디네(27세에 사망)와 남동생 다니엘(20세에 사망)이 요절한 것은 아버지의 보살핌을 받지 못했기 때문이라고 여겼다. 하지만 코지마는 바그너와 결혼한 뒤

코지마와 리스트

리스트와 화해하더니, 그를 만날 때마다 살갑게 대했다.

리스트의 위세는 바그너가 유럽 음악계를 장악한 뒤에도 과거에 못지않았다. 하지만 그도 나이가 들어 부쩍 약해져 있었다. 특히 백내장이 악화되어 시력이 매우 좋지 않았다. 더구나 그들의 나이를 감안하면 다시 볼 날을 기약하기 힘든 건 분명했다. 그래서 바그너는 곤돌라를 타고 가는 리스트를 돌아오게 한 다음 다시 한번 힘찬 포옹을 나누었다.[4] 그는 장인이 떠난 후 대부분의 시간을 아내와 함께 셰익스피어와 괴테 등의 작품을 읽으며 보냈다. 때로는 바흐의 푸가와 베토벤의『합창 교향곡』을 피아노로 연주했으며, 1월 22일에는「순례자의 합창」을 연주하면서『탄호이저』를 크게 개정하고 싶다는 말을 아내에게 했다.

그는 그해 5월 22일에 맞는 70회 생일을 손꼽아 기다리고 있었다. 그날 지인들이 성대한 축하 연회를 열어 자신의 경이로운 성취를 기념하기로 했기 때문이다. 실은 작년에도 탄신 축하는 있었다. 그날은 그의 충실한 조수 엥겔베르트 훔퍼딩크가 소년합창단을 데리고『파르지팔』제1막의 한 부분을 연주해 주었다. 이번에 맞이할 탄신 축하 행사는 그와는 비교할 수 없을 만큼 대단할 것이었다.

그는 지나간 삶을 돌아보았다. 드레스덴 악장 시절이 자기 삶에서 결정적 시기라면, 망명 시절은 시련기였고, 사면이 이루어진 때부터 바이로이트 극장을 완공할 때까지는 삶의 전성기였다. 또한 바이로이트 축제가 열린 동안은 삶의 절정기였으며,『파르지팔』을 공연하면서 삶의

---

4. 리스트는 1886년(75세) 7월 19일 룩셈부르크에서 연주회를 끝내고 바이로이트로 돌아와 휴식을 취했다. 당시 그는 폐렴으로 건강이 악화된 상태였음에도 축제 공연 중인『파르지팔』과『트리스탄과 이졸데』를 관람하는 열의를 보였다. 리스트는 세 자녀를 버리다시피 했으나 코지마는 투병 중인 아버지를 극진히 간호했으며, 8월 3일 장례식도 주관했다. 리스트가 임종 때(7월 31일 오후 10시) 한 말은 "트리스탄!"이었다.

대미를 장식했다. 이제 그는 삶을 정리하는 시기를 맞았다. 실로 다사다난한 생애였다. 그는 살아가는 동안 여러 차례 위기를 만났고, 그때마다 고비를 넘겼다. 그것은 자신에게는 새로운 삶을 여는 계기였으며, 성공으로 향하는 관문이었다.

바그너는 그해 2월 6일 저녁, 간밤에 시작한 카니발 행사를 보러 가자고 졸라 대는 자녀들을 따라 외출했다. 주치의 케플러는 우려했지만, 그는 자녀들과 손을 맞잡은 채 고개를 위로 쳐들고 경쾌한 발걸음으로 축제를 즐겼다. 하지만 다음 날은 감기에 걸려 침대에서 대부분의 시간을 보냈다. 전날의 활기는 꺼져 가는 등불의 휘광 같은 것이었다.

그로부터 나흘 뒤(2월 10일), 그는 건강을 회복하여 아들과 함께 베로나로 유람을 떠나려 했다. 하지만 잔뜩 찌푸린 날씨여서 생각을 접어야 했다. 이 일로 그는 아이처럼 짜증을 냈으나 그날 저녁 기운을 차려 프리드리히 푸케가 지은 동화 《운디네》를 낭독했다. 운디네는 사랑을 위해 자기를 희생하는 물의 요정으로, 사랑은 바그너가 오페라에서 추구한 주제의 하나다.[5] 물은 생명의 고향이고, 요정은 설화의 원형적 모티프이며, 물의 요정은 성욕의 근원적 이미지다. 따라서 유럽에서 매력적인 이야기 소재로 통했다. 그 대표적인 예술작품은 E. T. A. 호프만과 로르칭이 작곡한 같은 이름의 오페라 『운디네』가 있고, 드보르자크가 작곡한 오페라 『루살카Rusalka』, 안데르센이 지은 동화 〈인어 공주〉가 있다. 그 밖에 같은 계열의 설화로 《멜루지네Melusine》가 있는데, 모

---

5. 운디네 이야기는 그리스 신화 중 사이렌에서 유래한 중세의 전설이다. 사이렌의 자태는 상반신은 여성이고 하반신은 새이며, 아름다운 노래로 남성들을 꾀어 물속으로 끌고 들어간다. 이를 정신분석학에서는 남성의 정체성을 빼앗아 그를 지배하는 것으로 풀이하는데, 사이렌의 존재는 오랫동안 금욕해야 했던 선원들의 원망심리가 만든 판타지다. 사이렌은 인어 전설로 발전하면서 점차 아름답고 순결한 이미지로 변형되었다.

두 아름답지만 안타깝게 끝나는 내용으로 되어 있다. 그날 저녁 주치의가 점검한 바그너의 맥박은 정상이었다. 그는 그날 밤 물의 요정을 꿈에서도 보았다.

다음 날 2월 11일, 바그너는 주코프스키에게 다음과 같은 말을 했다. "나는 물속 세계의 시적 정취에 깊이 감동받았네. 그 정경을 꿈에서 보았거든."

바그너의 꿈 이야기는 코지마의 일기에는 적혀 있지 않다. 대신 그녀는 일기에 남편이 큰 소리로 하는 혼잣말을 듣고 잠에서 깨어나 그와 무한한 사랑의 힘에 대해 대화를 나누었다고 썼다. 그 시간, 남편은 아내를 한참 동안 포옹한 뒤 "우리들의 사랑은 5,000년에 단 한 번 이루어진 것이오"[6] 하고 말했다. 그것은 단순한 포옹이 아니었다. 20세기 음악의 장래를 결정한 바그너와 그의 유산을 관리하고 전승하여 바이로이트 신화를 이룩할 코지마가 서로를 확인하는 의례였다.

백조의 노래

다음 날 2월 12일 아침, 바그너는 어제부터 쓰기 시작한 에세이 〈인간성에 있어서 여성다움에 관하여〉를 집필했다. 점심때는 아내와 식사를 하면서 자기 어머니에 관하여 자세히 말해 주었다. 최근에 그는 대부분 고인이 된 여성들을 연이어 꿈에서 보았다. 그는 1월 중에 첫 아내 민나 플라너를 만났고, 2월 10일에는 어머니를, 다음 날에는 청년 시절의 우상 슈뢰더데프린트를, 12일에는 그의 뮤즈 마틸데 베젠동크를 만났다. 그들은 그의 생애에서 중요한 역할을 한 여성들로, 그들의

---

6. Joachim Köhler, Stewart Spencer(trans.), *Richard Wagner, The Last of the Titans*, p.632.

현몽은 자신의 임종을 알리는 예지몽이었다.

바그너는 2월 12일 오후에 딸 에파와 함께 산책을 했다. 하지만 가슴을 쥐어짜는 통증에 이내 거처로 돌아와야 했다. 그날은 홈퍼딩크도 다녀갔다. 근래에 잘 삐치고 짜증을 잘 내던 바그너의 성격은 홈퍼딩크가 보기에 온화하고 여유로운 성품으로 바뀌어 마치 딴사람을 대하는 듯싶었다.

바그너는 저녁 식사를 마친 뒤 전날 읽은 《운디네》의 감동적인 대목을 다시 낭독했다. 주코프스키는 혈색이 도는 그의 얼굴을 주시하면서 그 모습을 연필로 그려 바그너의 마지막 초상화 2매(앞 얼굴과 옆얼굴)를 남겼다. 잠시 뒤 그는 1858년에 스케치하고 1881년에 완성한 「A플랫 장조의 주제」, 일명 '포라치 주제Porazzi Theme'를 피아노로 연주했다. 이 테마는 『트리스탄과 이졸데』 제2막(장면 2)의 악상을 떠올리는 데 도움을 준 것이었다. 연주가 끝나고 자녀들이 물러가자 그는 『라인의 황금』 제4장, 종막 직전에 부르는 세 소녀의 노랫말을 읊으면서 그 곡을 연주했다. 라인강은 그에게 창작의 영감을 준 곳이요, 라인의 소녀들이 부르는 노래는 다음 날 바그너가 숨을 거둠으로써 그를 위한 노래가 되었으니, 그는 무의식중에 자신의 운명殞命을 음악으로 예언한 셈이다.

Rheingold! Rheingold!	라인의 황금! 라인의 황금!
Reines Gold!	순수한 황금!
O leuchtete noch	네 순수한 장난감
in der Tiefe dein lautrer Tand!	깊은 곳에서 빛났었지!
Traulich und treu	그건 오직 깊은 곳에서만
ist's nur in der Tiefe.	믿을 수 있고 충실해.

바그너가 임종하기 하루 전,
파울 폰 주코프스키가 그린 앞 얼굴, 옆얼굴 소묘화

falsch und feig   저 위에서 기뻐하는 건

ist was dort oben sich freut!   가짜에다 비열한 것!⁷

이는 바그너가 죽기 전, 세계 음악사에서 차지하는 자신의 위치를 확
인하고 싶어서 한 행동이 아닐까. 노랫말을 다음과 같이 바꾸어 보면
그 의미가 살아난다.

서양음악의 황금! 서양음악의 황금! 너 순수한 음악의 황금! 네 명성은 영원
토록 빛나겠지. 바그너의 악극은 깊이 들어가야만 그 진수를 알 수 있으니,
겉만 번지르르하게 치장한 음악은 거짓되고 허황한 것이라네.

그는 소파에 앉아서 듣고 있는 아내를 향해 다음과 같이 말했다. "내
가 그때 이 부분을 잘 만들었다고 생각해요. 라인의 소녀들은 나에게
소중해요. 이 고분고분한 존재들은 열망에 가득한 여자애들이라오."
코지마는 남편이 말한 열망에 가득한 여자애들이 『파르지팔』에 등장
하는 여러 명의 꽃 소녀 중 한 명인 캐리 프링글[8]이라고 보았다. 그녀
는 남편과 염문이 있었던 소프라노로, 자신보다 스물두 살이나 어린 스
물네 살의 아가씨였다. 울화가 치민 탓일까. 코지마는 그날을 끝으로
일기 쓰기를 멈추었다. 그녀가 1869년 1월 1일부터 이날까지, 약 13년
1개월여 동안 적은 일기는 약 5,000쪽에 달하는 소중한 기록이다.

---

7. 리하르트 바그너, 안인희 옮김, 《라인의 황금》, p.365.
8. Joachim Köhler, Stewart Spencer(trans.), *Richard Wagner, The Last of the Titans*, p.633[Carl
Friedrich Glasenapp, *Das Leben Richard Wagners vol.6*(Legare Street Press, 2023), p.769 재인용].

다음 날 2월 13일 오후 1시 45분, 주코프스키는 점심도 먹지 않고 피아노를 연주하면서 슈베르트의 가곡 「눈물을 찬미하며Lob der Thränen」를 노래하는 코지마를 눈여겨보았다. 그 곡의 가사는 19세기 초 독일 낭만주의 작가 아우구스트 슐레겔August Wilhelm Schlegel(1767~1845)이 지은 시로 리스트가 피아노곡으로 편곡한 바 있다.

Nein mit süssen Wasserflüssen, Zwang Prometheus unsern Leim.
Nein, mit Thränen, drum im Sehnen und im Schmerz sind wir daheim.
Bitter Schwellen diese Quellen für den erdumfang'nen Sinn,
Doch sie drängen aus den Engen in das Meer der Liebe hin.

쓰디쓴 강물, 눈물은 프로메테우스가 만든 우리의 시신인가요.
아니죠. 눈물을 흘리는 것은 그리움 때문이죠. 우리가 집에 머물 때의 아픔 때문이죠.
눈물 줄기는 솟구쳐 세속의 감각을 쓰라리게 하는군요.
하나 그것은 좁은 길목에서 우리를 끌어내 사랑의 바닷속으로 밀어내죠.

노래하는 그녀의 뺨에 눈물이 흘러내렸다. 그녀가 하필 울적한 무드의 가곡을 택한 점도 석연찮지만 그 곡이 슈베르트가 건강이 나빠지기 시작한 1818년에 작곡한 점도 기이했다. 앞으로 맞을 바그너의 운명을 예고한 것일까. 주코프스키는 그날 오전 벤드라민궁을 방문하겠다는 캐리 프링글의 편지를 두고 바그너 부부가 크게 다툰 일을 떠올렸다. 그녀의 행동은 질투심과 상심이 교차하는 무언의 몸짓이었다. 한편 바그너는 하인 게오르크 랑에게 "나는 오늘 조심해야겠어"라고 말하고는 집필실로 들어갔다. 그가 하인에게 내뱉은 말은 자신의 죽음을 무심코 예언한 것일까, 협심증이 찾아오지 않기를 바란 말일까. 그도 아니면 캐리 때문에 예민해진 아내를 조심해야 한다는 말일까. 어느 쪽인지는 알 수 없다. 어쩌면 모두 다 해당하는 말인지도 모른다. 노래를 끝낸 코지마는 남편의 집필실에 들어가 함께 식사하기를 청했다. 하지만 바그너는 하인에게 그날 점심은 하지 않겠다는 말을 해 둔 터여서, 퉁명스러운 어조로 혼자 있게 내버려 두라고 대답했다. 그녀는 남편의 성화에 서운했으나, 크게 신경 쓰지는 않았다. 그는 작년부터 부쩍 삐치기도 잘하고, 친지들과 사소한 일로 잘 다투었으며, 그러다가도 이내 양해를 구하는 등 감정의 기복이 심했다. 남편은 최근 그런 식으로 그녀의 아버지 리스트와도 언쟁을 벌인 적이 있었다. 그래서 조금 있으면 풀어지려니 하고 다시 재촉하지 않았다.

그로부터 30여 분 뒤, 바그너의 시중을 기다리던 하녀 베티 뷔르켈이 한숨이 뒤섞인 그의 신음 소리를 들었다. 그녀의 눈에는 집필을 중단한 채 통증과 싸우는 바그너의 모습이 들어왔다. 순간, 그는 호출 벨을 다급하게 누른 뒤 하녀에게 말했다. "아내와 의사를!" 곧이어 하인은 그의 옷 단추를 풀어 조임을 느슨하게 했고, 코지마는 남편을 자신의 팔로 감싸 안았다. 주치의 케플러가 전갈을 받고 도착한 때는 오후 3시경이었다. 밖에는 여전히 비가 내리고 있었다. 그동안 바그너는 호주머니에서 아내가 선물해 준 시계를 꺼내려다 떨어뜨렸고, "내 시계를!" 하고 외쳤다.

그는 그해(1883) 들어 죽음에 대해 자주 말하곤 했다. 그러나 정작 죽음을 앞두고 그가 한 말은 "나의 코지마"도, "나의 음악"도 아닌 "나의 시계"였다. 그는 무의식중에 죽음의 순간을 미루고 싶었던 것일까. 그래서 70회 생일을 맞아 성대한 연회도 베풀고 싶었고, 또 하나의 대작도 작곡하고 싶었던 것일까. 그는 아내에게 눈길을 주고는 지그시 눈을 감았다. 그의 눈망울에는 자신에게 쏟은 그녀의 헌신과 애정에 대한 고마움이 가득 묻어 있었다. 코지마는 죽어 가는 남편에게 키스를 하여 그가 내쉬는 마지막 숨을 들이마셨다.[9] 그녀의 행동은 남편의 목숨을 자신의 육신을 통해 연장하려는 것으로 보였다. 이는 5개월 뒤 그녀가 남편의 유지를 이어 바이로이트 마이스테린meisterin(마이스터의 여성형)이 됨으로써 예언적인 몸짓이 되었다.

코지마는 평범한 주부가 아니었다. 그녀는 남편이 구술하는 자서전과 에세이를 받아 적고, 일기를 쓰고, 바이로이트 개관에 따른 부채를 정리하고, 남편의 건강을 돌보고, 그의 창작 열의를 북돋우며, 방문객을 접대하고, 자녀를 양육하는 등 모든 일을 훌륭히 수행했다. 코지마는 루트비히 2세와 더불어 바그너의 성공을 도운 양대 기둥이었다.

코지마는 여전히 남편을 끌어안은 채 그가 잠에 빠졌다고 믿었다. 하지만 주치의 케플러는 바그너의 맥박이 멈추었음을 확인했다. 그는 "아직 희망을 포기해서는 안 돼요"라고 말하면서 그를 소파에 옮겨 뉘었다. 그러고는 알코올이 든 수액을 주사한 다음 심장 마사지를 했으나 소용없었다.[10] 시계는 3시 30분을 가리키고 있었다. 마침내 그는 창작의 여신 뮤즈와의 치열한 다툼도 마무리했고, 자신을 끈질기게 괴롭히

---

9. Oliver Hilmes, Stewart Spencer(trans.) *Cosima Wagner, The Lady of Bayreuth*(Yale University Press, 2010). p.153.

10. 주치의 케플러는 영국 태생의 독일 작가 헨리 페를Henry Perl(필명은 Henriette Perl)에게 바그너의 죽음은 '정서적, 심리적 흥분'이 원인이었다고 말해 주었다. 즉 바그너를 흥분 상태로 몰고 간 것은 캐리 프링글로 인한 부부의 말다툼이며, 이것이 그의 협심증을 악화시켜 죽음을 앞당겼다는 뜻이다. 작가는 저서《베네치아에서의 리하르트 바그너》서문에서 이 사실을 밝혔다[Oliver Hilmes, Stewart Spencer(trans.), *Cosima Wagner, The Lady of Bayreuth*, p.152].

던 협심증, 단독증과도 화해했다. 코지마는 남편의 무릎을 붙들고 그렇게도 두려워하던 사별의 아픔이 일어났음을 마지못해 믿어야 했다.

바그너가 심장을 쥐어짜는 통증을 겪으면서까지 놓지 않았던 펜, 그 펜으로 쓴 마지막 글은 무엇일까. 그것은 '사랑Liebe-비극Tragik'이었다. 그는 어째서 사랑을 비극으로 결론지었을까. 사랑은 비극의 모습을 해야 아름답기 때문일까. 그는 여성에게서 무한한 예술적 영감을 얻어 여성적인 것의 아름다움을 악극의 모티프로 연장시켰다. 그리고 그것을 생애의 마지막 글로 장식했다. 그는 평생 동안 집필하고 작곡한 창작의 주제를 두 단어로 압축한 것이다.

거성, 베네치아에서 지다

코지마는 남편의 갑작스러운 임종에 넋을 놓았다. 그가 죽음과 사투를 벌였던 집필실과 소파는 깊은 고요 속에 묻혔으며, 그의 입은 살며시 웃는 듯 보였고, 입술은 숨을 들이쉬려는 듯 반쯤 열려 있었다. 다행히 바그너에게 죽음의 고통은 짧았다. 오스트리아 작가 프란츠 그릴파르처가 베토벤의 임종을 두고 한 표현을 빌린다면 "바그너의 임종은 천둥 번개와 같이 삶을 주검으로 바꾼 한순간의 통과의례였다." 그는 영원한 잠에 빠졌다. 인간 바그너는 일흔 살로 목숨을 다했으나 음악가 바그너는 자기 수명을 넘어섰다. 순간을 영원처럼, 영원을 순간처럼 산 자는 초인의 삶을 산 자다. 죽은 자는 빈손으로 돌아가지만, 바그너는 불후의 음악을 남김으로써 가장 값진 것을 갖고 갔다. 도대체 바그너는 얼마나 오래 산 자인가. 그는 자기 작품이 영생하는 것을 기뻐하기보다 자기 수명이 영원할 수 없는 것에 서운해할 것 같다. 그에게 죽음은 '영원한 삶'이었다.

바그너가 숨을 거둔
베네치아의 벤드라민궁

　그날 밤 코지마는 남편의 시신 옆에서 홀로 앉아 오늘 아침 그와 다
툰 일을 가슴 아파하며 화해의 말을 속삭였다. 남편은 작년 9월, 축제
가 끝나고 캐리가 떠나자 협심증이 악화되고 우울증이 깊어졌다. 심지
어 그는 "죽고 싶다"고도, "꽃 소녀들이 그립다"고도 말했다.[11] 『파르지
팔』에서 꽃 소녀들은 여섯 명이 등장하지만, 바그너가 말하는 소녀들
은 캐리 프링글, 한 명을 가리킨다. 그는 그렇게 저의를 숨긴 것이다.
당시 코지마는 몹시 서운하여 남편이 한 말들을 일기에 적어 두었다.
그러나 지금, 그녀는 황망 중에 세상을 떠난 남편에게 미처 하지 못한
별리別離의 말을 해 주고 싶었다. 마음에 묻어 둔 말을 하고 싶었으며,
석별의 정을 나누고 싶었다. 그들의 아들 지그프리트는 이제 겨우 열네
살이었다. 앞으로 바이로이트 극장은 어떻게 운영할 것이며, 공연 프로
그램 선정과 무대 리허설, 연출자와 출연자 섭외는 어떻게 할 것인가.

11. Joachim Köhler, Stewart Spencer(trans.), *Richard Wagner, The Last of the Titans*, p.634.

코지마는 앞일을 생각하면 머리가 터질 지경이었다. 그녀는 어떠한 보살핌도, 식사도 거부했다. 그를 사랑하게 되면서부터 그의 부인이 되기까지, 자신은 얼마나 많은 곡절을 겪어야 했던가. 그녀는 그와 함께 살았고, 그를 위해 살았다. 그래서 그와 함께 죽고 싶었다.[12] 당시 마흔다섯 살인 코지마는 바그너와 결혼(1870년 8월 25일)하고서 12년 6개월을 함께 살았을 뿐이다.

그날 장녀 다니엘라는 자정이 가까워 오자 어머니에게 잠을 간청했다. 그러자 코지마는 단호하게 대답했다.

"내가 침대에 눕기를 원한다면 그렇게 하마. 하지만 너는 아버지 옆에 누운 나를 봐야 할 거야."[13]

다음 날 오후까지 그녀는 그대로 있었다. 만일 바그너가 잠시 생명을 얻는다면 아내에게 무슨 말을 할까. 만약 코지마가 자신을 '남편으로 가정(객체적 자기화)'했다면 다음과 같이 속말을 하지 않았을까.

"어서 기운을 차리시오. 당신이 시름에 잠기는 것은 내가 원하는 바가 아니오. 몸과 마음을 추슬러 굳은 마음을 갖도록 하시오. 이제 바이로이트 극장은 리하르트 바그너가 없는 곳이 아니라오. 코지마 바그너가 있는 곳이라오. 나는 영민하고 열성적인 당신을 믿소. 거기에 여성의 섬세함이 더해진다면 나보다 더 극장 운영을 잘 꾸려 나갈 수 있을 것이오. 당신에게는 지그프리트가 있지 않소. 후일 당신의 귀중한 경험을 전수하시오. 그러면 그는 자기 자녀에게, 또 그 자녀는 우리 후손에게, 바이로이트 축제를 대대로 이어가지 않겠소."

코지마는 자신이 오래 살 것을 알았을까. 그녀의 장수는 바그너의

12. Ernest Newman, *The Life of Richard Wagner vol.4 1866-1833*(first published 1946), p.712.
13. Oliver Hilmes, Stewart Spencer(trans.) *Cosima Wagner, The Lady of Bayreuth*, p.154.

코지마 바그너의 얼굴 조각상

또 다른 삶의 연장인 셈이다. 실제로 그녀는 남편을 묻은 다음 해부터 1907년 아들에게 극장 운영권을 물려줄 때까지 축제 행사를 성공적으로 수행했다. 코지마는 명실공히 바이로이트 극장의 여제이자 바이로이트 축제의 리더가 되었으니, 당시에는 생각조차 못 했을 것이다. 그녀는 남편이 죽은 지 25시간이 지나서야 그에게서 물러났다.

파란만장하고 웅대한 삶을 산 인물은 한 편의 복잡한 책과 같다고 한다. 바그너야말로 그런 인물이었다. 그는 비난을 받든, 찬사를 받든 관심의 대상이 아닌 적이 없었다. 그는 모차르트와 멘델스존, 슈만, 쇼팽이 누렸던 명성을 50세 이후부터 누렸으나 일찍 죽은 그들에 비해 천수를 누렸으며, 젊어서 많은 시련을 겪었으나 만년에는 왕후장상의 삶을 살았다. 그는 누구도 시도하기 힘든 음악의 혁신을 이루었고, 왕성한 창작력으로 작곡과 집필을 병행했고, 지휘봉을 들고 해외 도처를 누비면서 연주 여행을 이끌었고, 행렬을 지은 여성들과 사랑을 나누었고, 시민혁명을 주도한 풍운아였고, 유럽 각지로 거처를 옮겨 다닌 방랑자였고, 거침없는 논쟁으로 많은 적을 만든 반면 비상한 재능으로 그보다 많은 동지를 두었으며, 절명의 순간에도 펜을 든 치열한 창작 정신의 소유자였으며, 자기 오페라를 공연할 전용 극장을 지어 지금도 관객을 불러 모으는 인물이다. 도대체 한 사람이 70년 생애 동안 얼마나 많은 일을 이룰 수 있는가.

바그너는 『파르지팔』이 세상과 고별하는 작품이라고 말했다. 실제로 그는 베네치아로 휴가를 떠난 지 5개월 만에 사망했으므로 바그너의 자기 예언적 실현은 이루어진 셈이다. 그는 1883년을 심장병을 완화하기 위한 휴양의 해로 정했으며, 1884년부터는 회고 연주회를 열 계획이었다. 그래서 그가 만일 5년 내지 10년의 삶을 더 누린다고 해도 『파르지팔』을 능가하는 오페라를 작곡하고, 교향곡을 작곡하리라고 생각하기는 어렵다. 그는 필생의 역작을 끝내고 아쉽지 않은 나이에 세상을 떠났으니 언제 죽어도 좋은 행복한 죽음을 맞은 것이다. 그의 임종은 자기 생애의 화룡점정이었다.

바그너의 부음은 유럽 각지로 타전되어 사람들을 충격에 빠뜨렸다. 그는 다방면에 끼친 영향력으로 스타로서의 지위를 누린 데다 그의 유례가 드문 성취는 북미 등지까지 널리 퍼져 있었기 때문이다. 아마 나폴레옹을 제외하고는 당대의 어느 누구도 이 같은 위세를 떨치지 못했을 것이다.

그 무렵 부다페스트에 있던 리스트는 바그너의 부고를 오보라고 생각했다. 한스 폰 뷜로는 병환에서 회복 중이었으며, 클라라 슈만과 브람스는 장례식 날 코지마에게 조화를 보냈다.[14]

루트비히 2세는 비보를 접하고 공황 상태에 빠졌다. "무서워! 끔찍해! 날 혼자 내버려 주오." 그러고는 몇 시간 뒤 "바그너 선생의 시신은 나에게 속하는 것이오. 나의 명령 없이는 베네치아에서 운구해서는 안 되오. 세계가 그를 애도해야 할 것이오" 하고 말했다.

그 무렵 《자라투스트라는 이렇게 말했다》를 집필 중이던 니체는 코지마에게 조의를 표하는 편지에서 바그너의 죽음을 '성스러움'에 비유했다. 또 바그너 반대파의 선봉장 한슬리크는 "반쯤 장님이었던 우리는 바그너의 비상한 재능과 놀라운 예술을 격렬하게 비판하고, 그의 대단한 영향력에 대해 과소평가했다…나는 모든 일에 정통한 그가 바이로이트 극장 발코니에서 승리감에 넘쳐 기뻐하던 모습을 기억하며, 그를 그리워한다"며 긴 찬사를 보냈다. 그의 말은 망자에 대한 의례적인 조사弔辭가 아니었다. 내심으로는 바그너의 뜻에 공감했던 적대적 동지 관계였음을 드러낸 언사였다.

베르디는 2월 15일 많은 뜻을 함축한 소감을 적어 악보 출판사 대표 줄리오 리코르디Giulio Ricordi에게 보냈다. "슬프다! 슬프다! 슬프다! 바그너가 죽다니. 내 마음은 산산조각 나는 것 같았소. 위대한 인간이 사라졌소. 예술사에 거대한 발자국을 남긴 이름이."

---

14. 클라라는 슈만의 장례식 때 바그너가 보낸 조화를 돌려보냈다는 일화를 남겼다. 슈만과 바그너는 드레스덴에서 활동하는 동안 친교를 나눈 사이였다. 하지만 클라라는 바그너를 매정하게 대했다. 클라라는 『로엔그린』을 끔찍하다고 평했으나 『탄호이저』보다는 견딜 만하다고 했다. 또 『트리스탄과 이졸데』를 관람한 후 일기(1875년 11월 8일)에 "그것은 내 생애에서 가장 비위에 거슬리는 음악이었다. 음악가와 일반 관객들이 그걸 듣고 기뻐하는 모습을 보는 경험을 갖게 돼 슬프다"고 적었다.

말러는 바그너의 부고 소식을 듣고 울부짖었다. 그는 거리로 뛰쳐나와 "거장Maestro께서 돌아가셨다"고 외쳤으며, 며칠 동안 비탄에 빠졌다. 또한 차이콥스키와 브루크너도 비보를 듣고 깊은 슬픔에 잠겼다.

벤드라민궁에는 아돌프 그로스Adolf Gross(1845~1931) 부부에 이어 지휘자 한스 리히터가 도착하여 남편을 여읜 여인을 위로했다. 그로스는 바이로이트의 은행장 프리드리히 포이스텔Friedrich Feustel의 사위로 그 역시 은행가다. 그는 바그너에게는 아들과 같은 인물로서 바그너가 죽은 뒤 바이로이트 축제의 재정을 담당했으며, 코지마를 어머니의 예우로 대했다.

바그너 가족의 일원이면서 후일 회상록을 쓴 알렉산더 볼코프Alexander Wolkoff는 유가족의 동의를 얻은 다음 조각가 아우구스토 벤베누티Augusto Benvenuti를 시켜 고인의 데스마스크를 떴다. 그는 예술에 조예가 있는 과학자로, 바그너를 따랐던 러시아인이었다. 주치의 케플러는 회색을 띠어 가는 바그너의 시신에 방부 향유를 발랐으며, 코지마는 평소 남편이 사랑스럽게 만져 주던 황금빛 머리카락을 한 움큼 잘라 관에 누운 남편의 가슴 위에 올려놓았다.

1883년 2월 16일 아침, 바그너는 벤드라민궁을 뒤로했다. 평생을 떠돌던 그는 고국에서 숨을 거둘 운이 없었나 보다. 미래에 벤드라민궁의 일부는 바그너 박물관이 되고, 궁전 벽면에는 단눈치오Gabrielle D'Annunzio(1863~1938)가 다음과 같이 쓴 헌사의 명판이 붙을 것이다.

In questo palàgio l'ultimo spiro di Riccardo Wagner.
Odono le anime perpetuarsi come la marea che lambe i marmo.

바그너의 데스마스크

이 궁전에서 사람들은 바그너의 마지막 숨결을 듣는다.

대리석 바닥을 영원토록 씻어 내는 조류처럼.

검은색으로 칠한 곤돌라가 바그너의 유해를 싣고 육지로 향했다. 그의 육신은 곤돌라에 실려 바이로이트의 묘소로 향했지만, 영혼은 지상의 리알토Rialto 다리를 건너 천상의 발할라로 향하고 있었다.

그날 오후 2시, 인스브루크-쿠프슈타인 경유 바이로이트행 열차가 바그너의 시신을 싣고 베네치아역을 출발했다. 임시로 편성한 특별 열차는 역마다 정차했고 그때마다 기자들은 취재에 열을 올렸다. 차장은 루트비히 2세의 조문 사자使者가 기다리고 있는 바이에른 경계에 들어서자 열차를 세웠으며, 다니엘라(코지마의 딸)는 사자로부터 조문 서신을 받았다. 다음 날 2월 17일 오후 2시, 기차가 뮌헨역에 도착하자 플랫폼에 도열한 관현악단원들이 베토벤의 『영웅 교향곡』을 연주했다. 밤이 아닌데도 애도객들이 횃불을 들고 바그너의 유체를 맞았으며, 주위는 운집한 사람들과 조화로 발 디딜 틈이 없었다. 39년 전 드레스덴에서 카를 베버의 유해를 맞이할 때의 모습 같았다. 기차는 한 시간 뒤 그들을 뒤로하고 북쪽을 향해 달렸다.

운구 열차는 그날 밤 오후 11시 30분이 되어서야 바이로이트에 도착했다. 시민들은 그날 이른 오후부터 그 시각까지 말없이 거장의 마지막 귀향을 기다리는 중이었다. 코지마는 한시도 지체하지 않고 반프리트로 가고자 했다. 하지만 거장의 마지막 길을 좀 더 붙잡아 두려는 사람들로 인해 바그너의 유체는 역에서 밤을 지새워야 했다.

다음 날 2월 18일 일요일 오후 4시, 바이로이트 시장과 은행장이 거장에 대한 감사의 말을 바쳤다. 이윽고 석별의 시간이 끝나자 운구 행렬은 군악대가 연주하는 「지그프리트 장송곡」에 이어 남성합창단이 무반주로 노래하는 「베버의 오페라 『오이리안테』에서 주제를 가져온 장송곡」을 들으며 반프리트 저택으로 향했다.[15] 합창곡은 1844년 12월 14일 드레스덴에서 거행한 베버의 유해 이장식 때 연주한 곡으로, 자신의 영웅 베버를 위해 작곡한 음악이 자기 장례식 때 연주되었으니, 그의 영혼은 얼마나 감회가 컸을 것인가.

바이로이트시 전역이 상중이었다. 반프리트로 향하는 운구 행렬은 뒤따르는 추도객들로 갈수록 길어졌다. 지휘자 모틀은 이날의 인상을 "우리 일행은 눈물을 머금은 채 반프리트로 향하는 장례 행렬을 뒤따랐다"고 회상록에 썼다.[16] 거의 모든 집이 검은색 조기를 게양했다. 교회는 조종을 울렸으며, 거리는 애도하는 시민들로 가득했다. 영구 마차는 덮개를 씌우지 않아 관을 볼 수 있었고, 관 위에는 루트비히 2세가 보낸 화환 2개가 좌우를 덮고 있어 한층 엄숙해 보였다. 그는 평민으로 태어났으나 왕족의 예를 받고 묻힐 것이었다.

이윽고 장례 행렬이 반프리트 저택에 도착했을 때는 오후 5시가 넘어 있었다. 베네치아에서부터 장지까지 거의 51시간이 걸린 여정이었다. 마침 그들이 바깥문을 통과하여 고인이 1년 전 마련한 묘지를 향할 때 눈이 내렸다. 운구는 열두 명의 지인이 선도했다. 그들은 지휘자 한스 리히터, 헤르만 레비, 안톤 자이들, 음악평론가 하인리히 포르게스, 한스 폰 볼초겐, 바이로이트 시장 테오도어 문케르, 바이로이트시의 은

---

15. 이때의 광경은 그로부터 18년이 지난 1901년 2월 27일 오전 8시, 밀라노 시민들의 배웅을 받으며 매장지로 향한 베르디의 운구 장면과 닮았다. 베르디의 영구 마차 뒤에서는 대규모 장례 행렬이 토스카니니의 지휘로 『나부코』 가운데 「히브리 노예들의 합창Va Pensiero」(가거라. 생각이여, 황금빛 날개를 달고)을 불렀다.

16. Oliver Hilmes, Stewart Spencer(trans.), *Cosima Wagner, The Lady of Bayreuth*, p.155.

행장 프리드리히 포이스텔, 은행가 아돌프 폰 그로스, 의사 요제프 슈탄트하르트너, 바이올리니스트 아우구스트 빌헬미, 테너가수 알베르트 니만, 바그너가의 일원 파울 폰 주코프스키다. 그들 앞에 네 명의 자녀(코지마가 데려온 두 딸 중 블란디네는 거기에 없었다)가 어머니가 기다리는 장지로 걸어 나갔다.[17] 그리고 그들 옆에 운구를 동행하는 바그너의 반려견이 있었다.

한평생 구름을 몰고 다니며 정처를 떠돌던 인물, 문화계의 마왕이자 배우, 예술계의 걸물이면서 괴물, 서양 오페라를 종합하고 완성한 거장이면서 현대 오페라에 서광을 비춘 공로자, 19세기 후반의 유럽 음악계를 평정한 인물이자 이후 세대의 작곡가들이 극복해야 할 성채, 리하르트 바그너! 그는 창의적인 삶을 살았고 우아한 죽음을 맞았다. 그가 1883년 2월 18일 오늘, 묻힌다. 다난하고 화려한 삶에 비해 소박한 무덤. 언뜻 보면 초라하지만, 고개를 들어 앞을 둘러보면 바이로이트 극장과 반프리트 저택이 입지한 곳. 바그너의 영지가 모두 그의 묘소가 아니던가. 하긴 무슨 묘비명이 필요할까. 한마디의 글조차 그의 무덤에서는 사족이다.

앞서 묻힌 반려견들이 그를 반긴다. 앞으로 47년 뒤, 그는 자신의 유지를 훌륭히 수행하고 운명할 아내 코지마 바그너와 해후할 것이다.

17. 코지마는 남편의 시신이 묘에 안치되자 그를 묻는 것은 이층 침실 창문을 통해 보았다. 매장 작업이 끝난 뒤 그녀는 한 시간 넘게 그의 무덤을 살펴본 다음 음료수에만 의존한 채 칩거에 들어갔다. 그리고 닷새 동안 비탄 속에 애도의 시간을 보내는 한편 다음 축제를 궁리했다. 바그너가 사망할 당시 가족의 재정은 넉넉하지 못했고, 당사자는 다음 축제와 후계자 건에 대해 언급이 없었다. 코지마는 그 같은 여건에서 자신이 바이로이트 축제의 주관자임을 공표한 것이다. 실은 바그너 없이 개최하는 축제는 모험일 수 있었다. 하지만 그녀는 1883년과 다음 해에 각각 열두 번과 열 번의 『파르지팔』 공연을 성공리에 마침으로써 남편의 유업을 반석 위에 올려놓았다.

남편의 영구와 작별을 고하는 코지마

맺음말

　이의는 있겠으나, 근대 음악의 시점이 베토벤 이전과 이후로 나뉜다면 현대 음악의 시점은 바그너 이전과 이후로 나뉜다. 물론 바그너는 자신의 음악을 포함하여 호오가 갈리는 인물이다. 하지만 반대 측에 선 이들조차 입을 모으는 말이 있다. 그것은 "바그너는 비판을 받을수록 영향력이 커진다"라거나, "바그너 오페라에 대한 비판은 찬사로 귀결된다"는 평이 그것이다. 바그너를 상찬하는 자들의 열기가 뜨거웠던 점이나, 폄훼하는 자들의 비판이 집요했던 점은 그가 가진 영향력이 얼마나 대단한지를 말해 주는 증거다. 그러므로 바그너의 음악은 비판의 대상이 아니라 비평의 대상이 되어야 한다. 바그너의 악극은 서양음악의 토양을 기름지게 하는데 기여했으며, 그의 작곡기법은 현대음악이 발전하는데 영향을 끼쳤다고 보기 때문이다.

　필자는 이 글을 쓰면서 바그너에 대하여 중립적인 입장을 견지하기 위해 애썼다. 모든 바그너 음악 애호가가 바그너 애호가는 아니기 때문이다. 그럼에도 결과는 호의적인 쪽으로 기운 점을 인정하지 않을 수 없다. "선행은 긴 말을 요하지 않으나 악행은 이를 덮으려고 온갖 수사법을 동원한다"는 말이 있듯이, 필자 역시 여러 모로 지탄을 받는 그를 위해 변론을 보탠 셈이 되었다. 니체의 표현을 빌리자면 바그너에 관해 글을 쓰는 자는(괴물과 싸우는 자는) 바그너의 포로가 되지 않기 위해(괴물이 되지 않기 위해) 중립을 지켜야 할 테지만 그러지 못했다. 필시 오랜 동안 그의 음악을 듣고 그와 관련한 글을 읽으면서 어느덧 그의 마력에 사로잡혔던 탓이리라. 이는 바그너 음악의 힘이 그것을 만든 개인의 호불호를 뛰어넘은데 있다고 본다. 실은 그의 행적을 비판하고 인간성을 비난하는 글은 자신의 예술적 성취와는 별도로 적지 않다. 그 점에서 그의 음악을 상찬하고 그의 인격적 결함을 인간적 매력으로 둘러댄다 해서 지나치지는 않다고 생각한다. 말을 바로하자면 바그너야말로 찬사를 받아야 할 작곡가이지 싶다.

나라마다 차이는 있지만, 요사이는 오페라가 드물게 공연된다. 그것도 모차르트와 바그너, 로시니, 베르디, 푸치니 등 열 손가락 안에 드는 작곡가들의 것이 대부분이다. 드물게 무대에 오르는 오페라는 그나마 운이 좋은 편으로, 그것조차 전체 오페라의 10퍼센트 안에 드는 작품에 지나지 않는다. 철학자 슬라보에 지젝은 믈라덴 돌라르와 함께 쓴 《오페라의 두 번째 죽음Opera's Second Death》에서 전통 오페라의 사망일을 『투란도트』가 초연된 날로 잡았으며, 그 종언을 알린 것은 토스카니니가 공연 중에 지휘봉을 놓고 했다는 말 "오페라는 여기서 끝납니다. 거장께서는 여기까지 작곡하고 돌아가셨습니다Qui finisce l'opera, perché a questo punto il maestro è morto"에서 찾았다.[1]

푸치니의 사망 원인은 후두암이었다. 누구보다 아름다운 노래 곡을 지은 그가 하필이면 목에 난 암세포로 죽었다는 것이 아이러니하지만, 이후에 등장한 현대 오페라는 마치 후두암 환자의 목소리처럼 듣기 거북해졌다. 그래서인지 지금은 오페라가 했던 역할을 뮤지컬이 대신하는 것처럼 보인다. 그럼에도 위안이 되는 점은 미래에 뮤지컬이 사라지는 때가 오더라도 오페라는 살아남을 거라는 생각이다. 그것이 클래식 음악의 힘이기 때문이다. 물론 클래식의 위치를 차지하게 될 뮤지컬이라면 예외이겠지만.

필자는 음악과 관련한 전문교육을 받은 이가 아니다. 다만 30년 넘게 바그너 음악을 듣고 그에 관한 국내외의 책들을 읽은 애호가로서, 필자가 염려하는 바를 그 열정과 교양으로 메울 수 있다면 다행으로 생각한다. 한 가지 위안은 바그너 역시 정규교육의 힘보다는 방대한 양의 서책을 읽거나, 베버의 오페라 악보를 베껴 쓰고, 베토벤의 음악을 흉내 낸 곡을 짓는 등 독습과 호사가의 열정으로 거장이 되었다는 점이다.

필자는 평소 '바그너 평전'을 쓰고 싶었는데, 이번에 그것을 낼 수 있어 마음의 짐은 던 듯싶다. 이로써 바그너 오페라에 관하여 별도로 쓰겠다는 필자의 계획은 전공자의 몫으로 돌리고자 한다. 작곡가의 음악은 평전에 상응하는 범위로 한정했다고 보기 때문이다. 아쉬운 것은 원전을 구하기 어려운 데다 필자의 독일어 독해 능력에 한계가 있어 영어 번역본에 의존한 점이다.

평전을 썼다고 하지만 만족스럽지는 못하다. 완성된 글은 필자에게

---

1. 슬라보예 지젝 · 플라덴 돌라르, 이성민 옮김,《오페라의 두 번째 죽음》(민음사, 2010), p.15.

서 왔음에도 그 솜씨를 비웃는 듯하다. 글이 나아가는 길은 끝이 없다고 한다. 특히 그 대상이 바그너라면 갈 길은 참으로 멀다고 생각한다. 그래서인지 글 쓰는 동안 참고한 책들이 좀 더 깊이 살펴보라며 필자에게 손짓하는 것 같다. 필자는 본인에게 주어진 몫을 하고 간다는 마음뿐으로, 바그너와 관련한 문헌에 하나의 조약돌을 놓는 데 만족할까 한다. 하지만 단단한 돌이고 싶다.

평전은 대상 인물에 대한 글쓴이의 견해를 수용하는 분야다. 그 점에서 한 편보다는 여러 편이 나오는 것이 좋으며, 바그너에 관한 열정과 지식을 가진 이라면 누가 필자가 되어도 좋다고 생각한다. 그것도 독문학과 음악학을 전공한 이의 손에서 나온다면 더욱 좋을 것이다. 필자의 바람은 바그너 관련 도서가 지금보다 많이 눈에 띄는 날을 앞당기는 것이다.

바그너의 가계도

바그너가

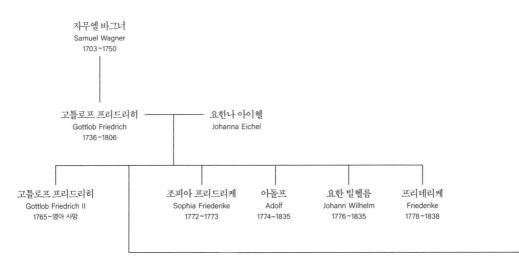

자무엘 바그너
Samuel Wagner
1703~1750

고틀로프 프리드리히 ──── 요한나 아이헬
Gottlob Friedrich   Johanna Eichel
1736~1806

고틀로프 프리드리히 | 조피아 프리드리케 | 아돌프 | 요한 빌헬름 | 프리데리케
Gottlob Friedrich II | Sophia Friederike | Adolf | Johann Wilhelm | Friederike
1765~영아 사망 | 1772~1773 | 1774~1835 | 1776~1835 | 1778~1838

카를 알베르트 | 카를 구스타프 | 로잘리에 | 카를 율리우스 | 클라라 | 루이제 | 마리아 테레제
Carl Albert | Carl Gustav | Rosalie | Carl Julius | Klara | Luise | Maria Therese
1799~1874 | 1801~1802 | 1803~1837 | 1804~1862 | 1807~1875 | 1805~1872 | 1809~1814

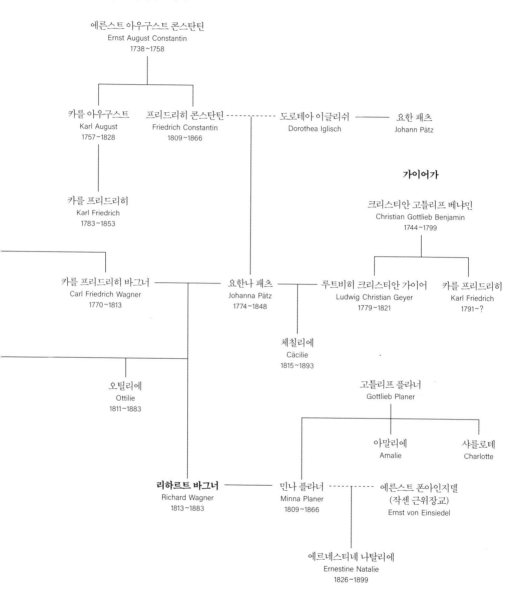

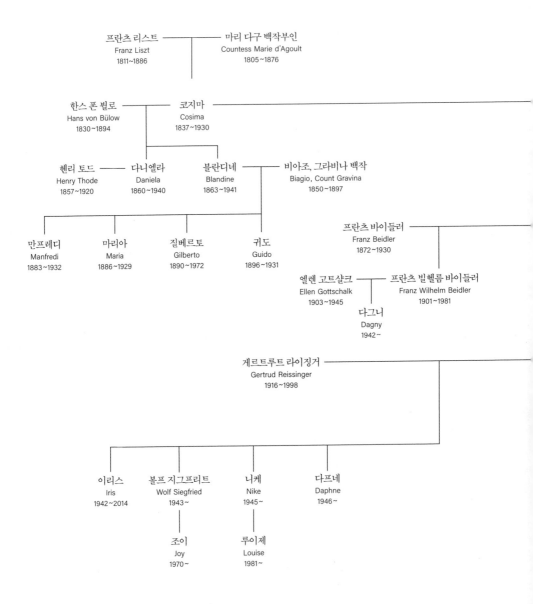

프란츠 리스트
Franz Liszt
1811~1886

마리 다구 백작부인
Countess Marie d'Agoult
1805~1876

한스 폰 뷜로
Hans von Bülow
1830~1894

코지마
Cosima
1837~1930

헨리 토드
Henry Thode
1857~1920

다니엘라
Daniela
1860~1940

블란디네
Blandine
1863~1941

비아조, 그라비나 백작
Biagio, Count Gravina
1850~1897

만프레디
Manfredi
1883~1932

마리아
Maria
1886~1929

질베르토
Gilberto
1890~1972

귀도
Guido
1896~1931

프란츠 바이들러
Franz Beidler
1872~1930

엘렌 고트샬크
Ellen Gottschalk
1903~1945

프란츠 빌헬름 바이들러
Franz Wilhelm Beidler
1901~1981

다그니
Dagny
1942~

게르트루트 라이징거
Gertrud Reissinger
1916~1998

이리스
Iris
1942~2014

볼프 지그프리트
Wolf Siegfried
1943~

니케
Nike
1945~

다프네
Daphne
1946~

조이
Joy
1970~

루이제
Louise
1981~

644

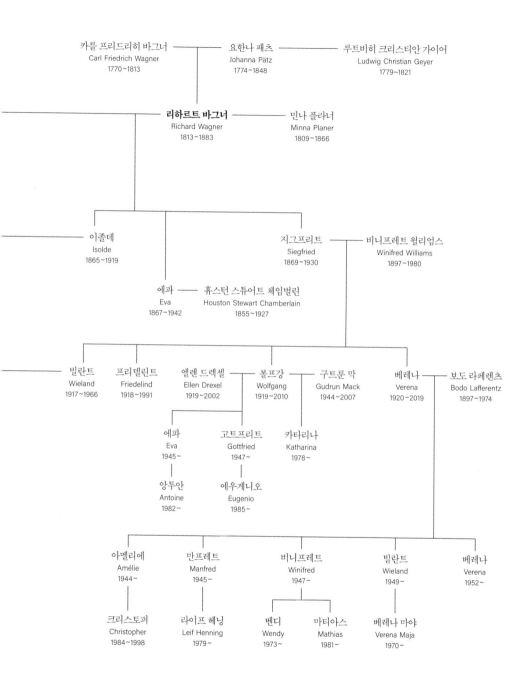

인명록

본문에서 충분히 소개했거나 일반적으로 잘 알려진 인물, 바그너와 인연이 깊지 않은 이들은 인명록에 넣지 않았다. 다만 충분히 소개했더라도 좀 더 보충할 필요가 있다고 판단한 이들은 인명록에 넣었다.

가스페리니, 오거스트 드Gaperini, Auguste de(1825~1869)

가스페리니는 프랑스의 의사이자 음악 에세이스트로 바그너 음악의 열렬한 애호가다. 바그너와 우정을 맺고 『탄호이저』의 파리 공연을 적극 도왔으며, 바그너가 파리에 도착할 때면 공연을 위한 조언과 여러 가지 편의를 제공하는 등 지원을 아끼지 않았다.

글라제나프, 카를 프리드리히Glasenapp, Carl Friedrich(1847~1915)

글라제나프는 독일의 음악 에세이스트로서 16세에 바그너의 음악을 듣고 대학생일 때부터 바그너의 전기를 쓰기 시작했다. 그의 바그너 전기는 1876년 바이로이트 축제 때 두 권이 발표된 이래 6권의 전기로 결실되었으며, 그는 바그너가 사망할 때까지 꾸준히 개정하였다. 그는 바그너 부부에 의해 바이로이트에 소장된 자료를 볼 수 있는 권한을 인정받았다. 다만 작곡가와 관련하여 민감하거나 오해를 받을 수 있는 대목은 관리자와 상의를 거치도록 요구받았다.

노이만, 안겔로Neumann, Angelo(1838~1910)

노이만은 유대계 오스트리아인으로 바리톤의 경력이 있는 공연 흥행사다. 1876년부터 1880년까지 라이프치히 오페라극장의 감독으로 재직하면서 1878년 바그너로부터 '링 사이클'의 공연을 승낙받았다. 그는 1881년 베를린에 영구적인 바그너 극장을 세우려고 구상했으나 이루어지지 않았다. 대신 '리하르트 바그너 순회극장'을 만들어 다음 해에『리엔치』에서『신들의 황혼』에 이르는 작품을 유럽 각지에서 공연하여 성공적인 결과를 이루었다(지휘자는 안톤 자이들로 전회 매진 기록). 또 1882년 9월에서 1883년 6월까지 25개의 유럽 도시를 순회하면서『니벨룽의 반지』를 공연하는 기록도 세웠다.

니만, 알베르트Niemann, Albert(1831~1917)

니만은 독일의 대표적인 헬덴 테너로, 1849년 데사우에서 데뷔했다. 1861년 파리 공연에서 탄호이저 역을 맡았으며, 바이로이트 첫 축제 및 1882년 런던 공연에서 지그문트 역을, 1886년 미국 공연에서 트리스탄 역과 지그프리트 역을 노래했다. 그는『탄호이저』의 파리 공연 때 바그너와 긴장 관계에 있었으나, 이후 일생 동안 바그너에게 충직한 태도로 일관했다.

단눈치오, 가브리엘레D'Annunzio, Gabriele(1863~1938)

단눈치오는 이탈리아의 탐미주의 작가, 정치 선동가, 비행기 조종사, 파시즘을 예고한 민족주의자였으며 바그너 추종자였다. 그의 활동력은 바그너의 행적을 떠올릴 만큼 다채로운데, 여성 편력이 잦고 많은 빚을 진 낭비가인 점도 바그너를 닮았다.

담로슈, 레오폴트Damrosch, Leopold(1832~1885)

담로슈는 프러시아 포젠에 거주하는 유대인 아버지와 개신교 어머니 사이에서 태어났다. 의사가 되기를 바라는 부모의 바람에 따라 베를린 대학 의학부를 마쳤으나, 아홉 살 때 배운 바이올린을 틈틈이 연주하여 음악으로 진로를 바꾸었다. 졸업 후 리스트의 추천으로 관현악단의 바이올리니스트가 되었으며, 1859년 브레슬라우에서 지휘자로 데뷔한 이래 라이프치히 게반트하우스 관현악단 지휘자로도 활동했다. 1871년에는 미국으로 건너가 지휘자, 바이올린 주자, 작곡가로 소개되어 성공적인 경력을 쌓았다. 미국에서 바그너 오페라의 지휘자로 이름을 날렸으며, 아들 발터 담로슈 (1862~1950)는 그의 뒤를 이어 뉴욕 필하모닉 관현악단을 이끌었다.

도른, 하인리히Dorn, Heinrich Ludwig(1804~1892)

도른은 작곡가, 지휘자, 피아니스트였으며, 라이프치히 시립극장의 음악감독으로 있을 때 바그너가 작곡한 「팀파니 서곡」을 지휘(1830)했다. 1838년 바그너의 음악 활동에 대한 비평을 쓰는 등 바그너와는 경쟁 관계에 있었으며, 1839년에는 바그너의 후임으로 리가 극장의 음악감독직을 맡았다. 도른은 바그너가 『발퀴레』를 작곡하고 있을 당시 오페라 『니벨룽겐Die Nibelungen』(1854)을 발표했다.

라우베, 하인리히Laube, Heinlich(1806~1884)

라우베는 1830년대의 개혁적인 시대정신을 견지하는 '청년 독일파'의 리더 중 한 사람이다. 작가와 사회비평가, 극장 감독을 겸하는 등 다방면에서 활동했다. 그가 지은 세 권짜리 정치소설 《젊은 유럽Das junge Europa》 (1833~1837)은 상당한 주목을 받았으며, 그의 견해와 비전은 젊은 바그너에게 많은 영향을 끼쳤다. 하지만 바그너가 주장한 악극 이론과 『뉘른베르크의 마이스터징거』의 연출에 이견을 드러내면서 서로 적대적인 관계가 되었다. 라우베는 1839년 파리에 머무는 동안 열혈 시인 하이네를 바그너에게 소개한 바 있다.

라이시거, 카를 고틀리프Reissiger, Karl Gottlieb(1798~1859)

라이시거는 독일의 지휘자이자 음악교사로 1828년부터 사망할 때까지 드레스덴 왕립 궁정극장의 음악감독으로 재직했다. 카를 폰 베버의 후임자이면서 바그너가 드레스덴 봉기로 취리히로 망명할 때까지는 공동으로 해당 극장의 음악감독직을 수행했다. 여덟 편의 오페라를 포함한 그의 작품은 독창성은 모자라지만 음악성은 충분하다는 평가를 받는다.

레비, 헤르만Levi, Hermann(1839~1900)

레비는 독일의 지휘자로 만하임과 라이프치히에서 수학하고 만하임과 로테르담, 카를스루에를 거쳐 뮌헨 궁정 오페라극장의 상임 지휘자(1872~1890)가 되었다. 그는 유대계였으며, 브람스파와 친했음에도 바그너 오페라 해석에 탁월한 솜씨를 보여 바그너로부터 절찬을 받았다. 특히 1882년에 공연한 그의 『파르지팔』 해석은 발군으로 이후 해당 오페라 지휘의 전범이 되었다.

렌바흐, 프란츠 폰Lenbach, Franz von(1836~1904)

렌바흐는 독일의 화가로 1868년부터 초상화에 전념하여 해당 장르의 그림에 독보적인 명성을 얻었다. 그가 그린 코지마의 초상화는 가장 많이 알려진 인물화다. 그는 그 인연으로 바그너 가족의 초상화를 다수 남겼다. 바그너는 렌바흐가 그린 자신의 초상화를 특히 마음에 들어 했으며, 그를 가족의 일원으로 대했다.

뢰켈, 아우구스트Röckel, August(1814~1876)

뢰켈은 피아니스트 겸 지휘자, 작곡가로 드레스덴 궁정극장에서 바그너를 보조하는 직위(직책은 음악감독: 1843~1848)에 있었다. 바그너가 혁명에 참여하는 데 큰 영향을 끼쳤으며, 석방 후 뮌헨과 프랑크푸르트 등지에서 급진적인 정치 활동을 하던 중 1871년, 고문 후유증인 뇌졸중으로 은퇴했다.

루빈시테인, 요제프Rubinstein, Josef(1847~1884)

루빈시테인은 러시아 유대계 부모에게서 태어나 프란츠 리스트의 제자가 되었다. 1872년 바그너의 측근이 되었으며, 반지 4부작의 리허설을 위한 피아노 반주를 전담하여 '반프리트의 수석 피아니스트'로 불렸다. 바그너가 죽은 다음 해 9월 15일, 그를 처음 만났던 루체른에서 자살했다.

리터, 율리에Ritter, Juliet(1794~1869)

율리에 리터는 상인이던 남편과 사별한 뒤 드레스덴에 거주하면서 바그너의 지인이 되었다. 부호의 아내 제시 로소와 함께 바그너에게 연금 3,000프랑을 지급하기로 약속했으나, 바그너와 제시 로소가 '보르도(포도주의 명산지) 정사'로 알려진 스캔들을 일으킨 탓에 그 약속은 취소되었다. 그럼에도 율리에 부인은 1851년부터 1859년까지 800탈러의 연금을 매년 지급함으로써 자기 몫의 약속을 이행했다.

리터, 카를Ritter, Karl(1830~1891)

카를 리터는 바그너에게 재정적 지원을 해 준 율리에 리터의 첫째 아들이다. 드레스덴에서 작곡을 배우던 중에 슈만과 뷜로, 바그너를 차례로 알았다. 1850년 거처를 취리히로 옮긴 이래 바그너를 형처럼 대했으며, 그가 가는 곳이면 거의 그림자처럼 따라다녔다. 게다가 그의 동생 알렉산더가 바그너의 큰형 알베르트의 둘째 딸 프란치스카와 결혼함으로써 바그너와 더욱 가까운 사이가 되었다. 바그너는 리터를 신임하여 취리히 극장의 지휘자로 지명하였다. 하지만 본인이 능력 부족을 이유로 사양했다. 리터는 1858년 8월 30일부터 다음 해 3월까지 바그너와 함께 베네치아에서 거주한 것을 끝으로 우정을 청산했다. 바그너는 1882년 4월, 베네치아에 2주간 머물 때 그를 만나고 싶다는 연락을 했으나 답신을 받지 못했다.

리히터, 한스Richter, Hans(1843~1916)

리히터는 오스트리아계 헝가리인 지휘자로, 빈에서 음악 교육을 받은 뒤 호른 주자를 거쳐 트립셴에서 바그너의 총보 사보寫譜 업무(1862~1866)를 보았다. 이후에는 뮌헨 왕립 국민극장에서 뷜로의 보조 업무(1868~1869)를 맡았고, 바그너 오페라의 지휘자로 본격적인 경력을 시작했다. 1876년 제1회 바이로이트 축제에서 처음으로 일괄 공연한 반지 4부작을 지휘하였으며, 바이로이트와 영국의 런던, 할레 교향악단을 오가며 지휘하여 에드워드 엘가로부터 『교향곡 제1번』을 헌정 받았다. 바그너 오페라 외에도 브루크너와 브람스 교향곡의 해석에 발군의 실력을 보였다.

릴라당, 비예르 드L'Isle-Adam, Villiers de(1838~1889)

프랑스의 귀족 가문에서 태어나 시인 겸 극작가가 되었다. 작품의 소재를 신비주의와 이상주의에서 가져왔으며, 감각적이고 환상적인 내용을 다루었다. 대단한 독서가이고 지식 욕구가 왕성했는데, 그의 시가 독특한 것은 그 영향이다. 릴라당은 말라르메와 친구였고, 보들레르와 포의 영향을 받았으며, 바그너의 열렬한 추종자였다.

마이어두스트만, 루이제Meyer-Dustmann, Luise(1831~1899)

마이어두스트만은 빈 궁정 오페라극장을 대표하는 소프라노로, 한때 바그너의 연인이었던 배우 프레데리케 마이어의 언니다. 바그너로부터 이졸데 역을 제안받았으나, 리허설 중에 힘이 부쳐 고사했다.

마이젠부크, 말비다 폰Meysenbug, Malwida von(1816~1903)

마이젠부크는 귀족 출신 정치가의 딸로 태어나 작가가 되었다. 1840년대에 독일에서 민주주의와 여권 해방을 위해 싸웠으며, 바그너의 음악을 홍보하고, 니체의 철학을 옹호했다. 또 이탈리아의 통일을 지지하여 가리발디와 마치니를 지원했다. 저서에《이상주의자의 회고록Memoiren einer Idealistin》(1876)이 있다.

망데스, 카튈Mendès, Catulle(1841~1909)

망데스는 프랑스의 시인, 대본가, 비평가로 1861년 파리 오페라극장에서 『탄호이저』를 관람한 후 해당 오페라를 극찬하는 비평을 썼다. 아내 쥐디트 고티에와 함께 두 차례(1869, 1870) 트립셴 저택을 방문했으며, 프러시아와 프랑스 간에 전쟁이 일어나고 아내와 이혼한 후에도 바그너의 열렬한 추종 자로 일관했다. 1886년 바그너에 관해서 직접 보고 느낀 인상 기록《리하르트 바그너》를 썼으며, 바그너와 관련한 여러 편의 에세이를 남겼다.

몬테즈, 롤라Montez, Lola(1821~1861)

몬테즈는 아일랜드인 아버지와 프랑스인 크레올의 피를 받은 어머니 사이에서 태어났다. 실제 이름은 마리 돌로레스 엘리자 로잔나 길버트Marie Dolores Eliza Rosanna Gilbert로, 인도 · 스코틀랜드 · 파리 등지에서 교육받았다. 1843년부터 미모와 타고난 무용 실력으로 유럽과 러시아에서 선풍적인 인기를 모았으며, 러시아 황제 · 프러시아 황제 · 알렉상드르 뒤마 · 리스트 와 염문을 뿌렸고, 1846년 루트비히 1세의 정부가 되었다. 롤라 몬테즈는 드레스덴에서 『리엔치』를 관람하던 중 바그너를 만났으나, 자신에게 관심을 보인 그를 무시했다. 1851년 미국에 정착한 뒤 캘리포니아의 골드러시 와 여권주의 · 사회개혁 · 영성주의 · 종교부흥운동 등에 참여하였으며, 세계일주 공연을 끝으로 참회하는 삶을 살다 매독 3기로 파란만장한 40년의 생을 마쳤다.

뮐러, 크리스티안 고틀리프Müller, Christian Gottlieb(1800~1863)

뮐러는 바이올리니스트이자 작곡가, 지휘자로 1826년부터 1831년까지 라이프치히 게반트하우스 관현악단의 일원으로 활동했다. 이후 라이프치히에 소재한 큰 규모의 아마추어 악단을 이끌었으며, 1836년에는 알텐베르크 시립교향악단의 음악감독이 되었다. 바그너는 1828년에서 1831년까지 그에게서 작곡법(화성학)에 관한 개인 교습을 받았다.

바인리히, 크리스티안 테오도어Weinlig, Christian Theodor(1780~1842)

바인리히는 드레스덴 십자가 학교의 교장이었고, 라이프치히 토마스교회의 악장Kantor 겸 오르간 연주자, 작곡가였다. 그의 작품은 바흐의 영향을 받아 거의 교회 합창곡으로 이루어졌으며, 중요한 푸가의 이론서를 저술했다. 바그너는 그에게서 1831년 가을부터 6개월간 대위법과 작곡법을 배웠다. 바그너는 작곡법의 기초를 다져 준 바인리히 교수에게 늘 고마운 마음을 간직했다. 1842년 바인리히가 죽자 다음 해에 작곡한 칸타타 「사도의 애찬」을 은사의 부인 샤를로테 에밀리 바인리히에게 헌정했다.

버렐, 메리Burell, Mary(1850~1892)

버렐은 영국의 저명한 의사의 딸로 태어났으며, 바그너와 관련한 자료를 수집하는 호사가로 알려졌다. 1890년 바그너의 양녀 나탈리 빌츠(민나 플라너의 딸)와 알게 되면서 그녀로부터 바그너와 관련한 자료(바그너가 1834년까지 쓴 자서전 1부와 편지, 창작 노트 등)를 구입했다. 버렐은 자신이 구입한 자료를 1921년까지 비밀리에 소장했으며, 10년 후 그녀의 자손인 메리 루이스 커티스 복(남편은 바이올리니스트인 에프렘 짐발리스트)이 커티스 음악재단(필라델피아 소재)에 기증했다(1950년 자료를 편찬하여 출간함). 1978년 크리스티 경매에 부쳐진 해당 자료 865점을 리하르트 바그너 재단 문서기록소(바이로이트 소재)가 사들였다.

베젠동크, 오토Wesendonck, Otto(1815~1896)

베젠동크는 독일의 실업가로 마틸데 베젠동크의 남편이다. 뉴욕에 본사를 둔 비단 무역상과 거래를 터 부호가 된 후 1851년 취리히에서 여유로운 삶을 즐겼다. 음악과 미술 애호가인 그는 바그너의 지원자가 되어 그에게 음악회를 주선하고, 재정적 도움을 주고, 저택에 이웃한 별채(아쥘, 은신처)를 무상으로 빌려주었다. 그럼에도 바그너는 은인의 부인 마틸데와 사랑에 빠져 오토 베젠동크를 난처하게 만들었다. 베젠동크 부부는 1858년 바그너가 부인 마틸데에게 보낸 연서 사건으로 위기를 겪었으나 남편의 넓은 이해심 덕에 세 사람의 우정은 변치 않았다.

볼초겐, 한스 폰Wolzogen, Hans von(1848~1938)

볼초겐은 독일의 음악 에세이스트로 1877년 바그너에 의해 바이로이트에 초청받아 기관지 〈바이로이터 블래터〉의 편집자가 되었다. 기관지가 발간된 1878년 이래 사망할 때까지 60년 동안 편집자로 일했다. 이른바 '바이로이트의 성배를 지키는 이너 서클의 일원'으로서 반지 4부작의 유도동기를 설명하고 안내한 저서를 발표한 외에 바그너의 편지를 정리하여 세 권으로 출간했다.

빌레, 슬로만 엘리자Wille, Sloman Eliza(1809~1893)

빌레는 독일의 소설가, 저널리스트로 1843년 드레스덴에서 바그너를 알았으며, 1851년에 취리히에 이주하여 망명 예술가들의 구심 역할을 했다. 남편 프랑수아 빌레는 바그너의 등산 동료였으며, 바그너는 그녀의 집을 정기적으로 찾아 『니벨룽의 반지』 독회를 열었다. 또한 빌레는 바그너로 인해 베젠동크 부부 사이가 위기에 처했을 때 마틸데를 변호하여 갈등을 봉합했다. 바그너는 이에 고마움을 느껴 한때 그녀의 여동생 헨리에테 슬로만과 재혼할 것을 숙고한 적이 있다.

빌헬미, 아우구스트Wilhelmj, August(1845~1908)

빌헬미는 요제프 요하임과 더불어 19세기 말기에 명성을 얻은 바이올리니스트다. 1876년 바이로이트 축제의 악장이었으며, 이듬해에는 한스 리히터와 함께 바그너를 도와 런던 공연에 참가했다. 이후 빌헬미는 바그너의 음악 동지가 되었으며, 바그너의 장례식 때는 관을 운구했다.

슈노어 폰 카롤스펠트, 루트비히Schnorr von Carolsfeld, Ludwig(1836~1865)

루트비히는 큰 체구, 시원하게 내리뻗는 헬덴 테너의 음성을 지녔으며, 시인이자 화가인 아버지의 영향으로 그림을 그리는 등 다재다능했다. 음성이 힘차고 무거운 음색을 띠었고 발성이 정확해 배역의 성격을 잘 표현했다. 바그너 오페라의 희망이었으나 1865년『트리스탄과 이졸데』의 초연을 끝내고 3주 만인 7월 21일에 29세의 나이로 요절했다.

슈노어 폰 카롤스펠트, 말비나Schnorr von Carolsfeld, Malvina(1825~1904)

말비나는 코펜하겐 주재 브라질 영사의 딸로 태어나 마이어베어의『악마 로베르』에서 주역 소프라노로 데뷔했다. 이졸데 역을 처음 노래한 말비나는 트리스탄 역을 처음 노래한 슈노어 폰 카롤스펠트의 아내였다. 남편이 공연을 끝낸 뒤 3주 만에 29세의 나이로 급사하자 허탈감에서 심령술과 신비주의에 빠졌으며, 바그너에게 연정을 느껴 루트비히 2세에게 바그너와 코지마의 불륜 사실을 일러바쳤다. 말비나는 이후 오페라 무대에 서지 않았으며, 성악을 가르친 한편 재혼한 남편과 함께 시집을 냈다.

슈탄트하르트너, 요제프Standhartner, Joseph(1818~1892)

슈탄트하르트너는 빈의 궁정 소속 내과의사로 1861년 로엔그린 공연을 듣고 감동하여 바그너의 친구가 되었다. 1861년 6주간 하기 휴가로 집을 비웠을 때 바그너가 거주하도록 편의를 제공했으며, 바그너를 위한 의료

상담과 물질적 지원을 병행했다. 또 1862년에는 『뉘른베르크의 마이스터 징거』의 대본 독회를 자택에서 하도록 장소를 제공하였으며, 그 자리에 한 슬리크를 초대했다.

쇼펜하우어, 아르투어Schopenhauer, Arthur (1788~1860)

쇼펜하우어는 독일의 철학자로서 칸트를 깊이 존경하였으며, 헤겔을 라이 벌로 여겨 극도로 싫어했다. 주저 《의지와 표상으로서의 세계》에서 논한 예술론과 염세적 사생관으로 인하여, 『트리스탄과 이졸데』와 『파르지팔』 에 이르는 바그너의 모든 악극에 커다란 영향을 끼쳤다. 바그너는 쇼펜하 우어에게 존경의 뜻을 전하기 위해 『니벨룽의 반지』 대본과 감사 편지를 보냈으나 회신을 받지 못했다. 그 연유는 모차르트의 음악을 사랑하는 그 에게 바그너의 음악은 공감하기 힘들었던 데 있다고 본다. 바그너는 쇼펜 하우어가 《의지와 표상으로서의 세계》에서 자발적 안락사를 지지한 것과 관련하여 그에게 자살에 관한 의견을 구하기 위해 편지 형식의 에세이를 써 둔 적이 있다. 하지만 정작 보내지는 않았다. 쇼펜하우어에 대한 바그너 의 관심은 늘 뜨거웠던 데 비해 바그너에 대한 쇼펜하우어의 반응은 차가 웠다. 두 사람은 한 번도 만난 적이 없다.

스크리브, 외젠 오귀스트Scribe, Eugène Auguste (1791~1861)

스크리브는 극작가이자 당대의 유명한 대본작가로, 그의 대본은 도니제티 와 오베르, 로시니, 마이어베어, 베르디의 오페라를 빛내 주었다. 바그너는 리가에서 탈출하기 전 스크리브에게 편지를 보내 도움을 요청한 적이 있 으나, 그의 대본을 보고 대단하다고는 생각지 않았다.

아베넥, 프랑수아 안톤Habeneck, François Anton (1781~1849)

아베넥은 독일계 프랑스인으로 바이올리니스트 겸 지휘자, 작곡가이며 파리 음악원협회를 창설했다. 파리 오페라 감독(1821~1822)을 역임한 뒤 1824년에서 1846년까지 파리 음악원협회에서 지휘를 담당했다.

아펠, 테오도어Apel, Theodor (1811~1867)

아펠은 시인 겸 극작가로, 바그너와는 중등학교와 라이프치히 대학교 동기다. 부유한 부친의 유산을 물려받은 덕에 바그너를 여러모로 도와주었으며, 바그너는 아펠이 쓴 「크리스토퍼 콜럼버스」의 서곡과 부수음악을 지었다. 아펠은 스물다섯 살 때 승마 중에 떨어져 머리를 다친 후유증으로 시력을 잃었다. 두 사람의 교제는 바그너가 스위스로 떠난 1849년 5월 이후로 끊겼다.

안더, 알로이스Ander, Aloys (1817~1864)

안더는 빈 궁정 오페라극장의 간판 테너였다. 배역 범위가 넓었으며, 기교에서 뛰어난 솜씨를 보였다. 40대 중반부터 가끔 목이 쉬어 헬덴 테너 역을 감당하기에는 무리가 있었다. 또 50대에 이르러서는 정신질환의 증세도 보였는데, 로시니의 『빌헬름 텔』을 공연하던 중에 자신의 역할을 잊는 불상사도 빚었다. 그는 이후로 다시는 무대에 서지 못했다.

야흐만바그너, 요한나Jachmann-Wagner, Johanna (1828~1894)

요한나는 바그너의 맏형 알베르트의 첫째 딸로 태어나 당대의 저명한 소프라노가 되었다. 바이로이트 극장의 주요 멤버가 되었으며, 『탄호이저』에서 첫 엘리자베트 역을 맡았다. 바그너는 조카를 염두에 두고 『로엔그린』에서 엘자의 노래와 반지 4부작에서 브륀힐데의 노래를 작곡했다. 요한나는 그 밖에 마이어베어의 오페라에서 주역을 맡았고, 베토벤의 「합창 교향곡」에서 알토 솔로를 노래할 만큼 가창 영역이 넓었다.

울리히, 테오도어Uhlig, Theodor(1822~1853)

울리히는 바이올리니스트이자 작곡가 겸 비평가로, 작센 왕국의 군주 프리드리히 아우구스트 2세의 혼외자로 태어났다. 드레스덴 궁정 관현악단에 재직할 당시 악단의 지휘를 맡았던 바그너와 알게 되었으며, 이후 바그너의 가장 가까운 친구 중 한 사람으로 지냈다. 그는 애초에 바그너의 비판자였으나 이내 충실한 협력자가 되어 반지 4부작의 창작과 관련하여 조언을 하고, 1849년에서 1852년까지 〈신음악시보〉에 바그너의 음악적 아이디어를 알리는 논설을 기고했다. 바그너의 초기 망명 생활 중 두 사람이 주고받은 편지는 바그너 연구에 좋은 자료가 되고 있다. 31년의 짧은 생애 동안 84편의 주옥같은 바이올린 명곡을 남겼다. 그의 사인은 폐결핵이었다.

자이들, 안톤Seidl, Anton(1850~1898)

자이들은 라이프치히에서 음악 수업을 받은 후 멘토인 한스 리히터를 따라 22세 때 바그너 가족의 일원이 되었다. 6년 동안 반지 4부작의 총보를 옮겨 쓰거나 바이로이트 축제를 돕는 등 바그너의 서기로서 음악 활동을 시작했다. 공연 흥행사 안젤로 노이만과 의기투합하여 바그너 순회극장의 전속 지휘자로서 유럽 투어(1879~1882)를 함께 했고, 1885년에는 뉴욕 메트로폴리탄 오페라극장에 데뷔하여 48세에 사망할 때까지 『뉘른베르크의 마이스터징거』와 『트리스탄과 이졸데』, 『니벨룽의 반지』의 미국 초연을 시작으로 340여 회의 공연을 기록했다.

젬퍼, 고트프리트Semper, Gottfried(1803~1879)

젬퍼는 당대의 저명한 건축가로, 1841년 개관한 드레스덴 알테 오페라극장을 설계했으며, 1869년 같은 이름으로 같은 장소에 건축한 오페라극장을 설계했다. 드레스덴 봉기의 실패로 런던으로 망명했으며, 그곳에 남부 켄싱턴 박물관을 설계했다. 귀국 후에는 바이에른의 왕 루트비히 2세로부터 바그너 축제극장의 설계를 위촉받았다. 하지만 뮌헨에 지을 예정이던 극장은 이행되지 않았다. 대신 바그너는 바이로이트 극장의 내부를 설계할 때 젬퍼의 디자인을 참고했다.

주코프스키, 파울 폰Joukowsky, Paul von(1845~1912)

주코프스키는 아버지의 뒤를 이어 화가가 되었고 시인을 겸했다. 바그너는 주코프스키를 아들처럼 대하여 가족의 일원이 되게 했고, 『파르지팔』의 무대미술과 의상을 제작하고 연출 부원을 감독하는 일을 맡겼다. 주코프스키는 바그너의 바람대로 맡은 바 일을 훌륭하게 수행했다. 주코프스키는 회상록을 남겼는데, 바그너 가족이 벤드라민궁에 도착한 날로부터 바그너가 죽는 날까지의 일상이 자세히 기록되어 있다.

코르넬리우스, 페터Cornelius, Peter(1824~1874)

코르넬리우스는 빈에서 작곡을 배우던 1859에서 1865년 사이에 바그너를 알게 되었다. 바그너를 열렬히 추종했으나, 점차 바그너의 영향력에서 헤어나기 위해 무진 애를 썼다. 1864년 뮌헨에 있는 바그너로부터 음악 조수가 되어 달라는 초청을 마지못해 수락하였으며, 이후에는 바그너와 뷜로가 설립한 음악학교의 교사가 되었다.

키츠, 에른스트 베네딕트Kietz, Ernst Benedikt(1815~1892)

키츠는 파리에서 미술을 공부한 독일의 화가로 바그너가 파리에 거주할 때(1839~1842) 친구가 되었다. 그 후 바그너 가족의 일원이 되었다. 바그너는 키츠에게 자신과 가족을 그린 초상화에 대한 대가를 지불하겠다고 했으나 키츠는 한 번도 보수를 요구한 적도, 받은 적도 없다. 키츠가 그린 바그너의 초상화와 스케치는 대부분 그의 젊은 시절을 그린 것이어서 가치가 있다. 바그너는 1840년 키츠에게 「작은 피아노 앨범 E장조」(가사 없는 노래)를 헌정했으며, 드레스덴으로 돌아와서는 키츠의 동생이자 조각가인 구스타프 키츠Gustav Adolph Kietz(1824~1908)와 사귀었다. 구스타프 키츠는 1849년 드레스덴 봉기 때 참가하여 바그너를 도왔으며, 바그너와 코지마의 흉상을 남겼다. 에른스트 키츠는 1861년부터 바그너가 사망할 때까지 한결같은 우정을 보였다.

타우지히, 카를Tausig, Carl(1841~1871)

타우지히는 유대계 폴란드인으로 피아니스트 겸 작곡가다. 리스트의 수제자로서 그의 재능을 눈여겨본 리스트가 1858년 취리히에 거주하는 바그너에게 그를 보냈다. 바그너는 타우지히의 재능과 인품에 사로잡혀 그를 아들로서 대했으며, 1871년에는 바이로이트 축제극장 건립을 위한 후원회장으로 임명했다. 하지만 불행히도 3개월 후 장티푸스로 사망했다. 바그너는 그의 묘비명을 직접 지었으며, 『신들의 황혼』에 넣을 「지그프리트 장송곡」을 작곡하여 그에게 헌정했다.

티하체크, 요제프 알로이스Tichatschek, Josef Aloys(1807~1886)

티하체크는 체코의 테너로 1838년 드레스덴 오페라극장과 계약하여 1861년까지 독일을 대표하는 테너로 활동했다. 『리엔치』와 『탄호이저』의 첫 타이틀 롤을 맡아 노래했으며, 헬덴 테너의 기준을 보여 준 한편 서정적인 역과 가벼운 역을 맡을 만큼 역할 폭이 넓었다. 1870년까지 무대에 올랐으며 2년 후에 은퇴했다.

페호트, 프리드리히Pecht, Friedrich(1814~1903)

페호트는 화가이자 예술 비평가로 바그너가 파리와 드레스덴에서 활동할 때 바그너 가족의 일원이 되었다. 거주지를 뮌헨으로 옮기면서 바그너의 초상화를 포함하여 그림 그리기에 전념했다. 이 시기에 예술 비평을 쓰는 일도 병행하여 신문과 기관지에 많은 글을 기고했다.

포르게스, 하인리히Porges, Heinrich(1837~1900)

포르게스는 출판 편집인이자 음악 에세이스트로 1863년부터 바그너와 함께 〈신음악시보〉의 공동 편집자로 일했다. 빈에서부터 뮌헨까지 바그너를 그림자처럼 따랐으며, 바이로이트 축제의 연습 과정을 기록하고, 바그너의 음악 활동에 관하여 유익한 평론을 남겼다.

푸지넬리, 안톤Pusinelli, Anton(1815~1878)

푸지넬리는 드레스덴에 개인병원을 둔 내과의사로, 바그너의 건강을 돌보는 주치의를 자임했다. 또 바그너의 재정을 틈틈이 도왔으며, 바그너의 저작물과 악보를 도맡아 수정해 주었다. 두 사람은 평생의 동지로 바그너가 푸지넬리에게 보낸 편지를 모아 편찬한 서한집이 1932년에 출간되었다.

한슬리크, 에두아르트Hanslick, Eduard(1825~1904)

한슬리크는 1825년 보헤미아(체코)에서 독일인 아버지와 가톨릭교로 개종한 유대인 어머니 사이에서 태어났다. 19세기 유럽에서 대단한 영향력을 끼친 음악평론가다. 한슬리크의 미학론은 명쾌하고 비평은 직설적이어서 그에 대한 반응은 찬반양론이 대등했다. 보수적인 비평 성향을 지닌 그는 절대음악에 기초한 브람스의 음악에 찬성한 반면 바그너의 종합예술론과 리스트를 비롯한 신독일학파의 표제음악을 비판했다. 한슬리크는 법학도이던 20세 때 휴양지 마리앙바드(체코 소재)에서 바그너를 처음 만났다. 1846년『탄호이저』를 관람한 후 "다음 세대를 대표할 오페라 작곡가는 바그너"라고 평했다. 자서전《나의 생애Aus meinem Leben》(1894)에서 "나는 바그너를 존경했으며, 서로 친밀한 사이였다. 하지만 그가 신이 되기 전까지였다"고 적었다.

헤르베그, 게오르크Herwegh, Georg(1817~1875)

헤르베그는 공화주의를 주창하는 시인으로 선동적인 연설을 자주 한 탓에 당국에 쫓겨 스위스로 망명했다. 카랑카랑한 음성에 발음이 또렷하여 '혁명의 강철 종달새'로 불렸는데, 바그너는 헤르베그의 사후 그에게 '공화정의 음유시인'이란 칭호를 붙였다. 헤르베그는 스위스에 있을 동안 바그너와 함께 정치, 철학, 예술 분야에 걸쳐 자주 대화를 나누었다. 바그너는 스위스의 명승지를 답사하거나 산악을 등반할 때면 거의 언제나 헤르베그를 동반했다.

홀타이, 카를 폰Holtei, Karl von(1798~1880)

홀타이는 배우이면서 시와 희곡을 쓴 재인으로, 극장 운영까지 했다. 바그너가 리가의 음악감독으로 있는 동안 서로 견원지간이었는데, 장수하여 회상록을 남겼다. 홀타이는 저서에서 자신을 합리화하는 선에서 바그너와의 관계를 중립적으로 기술했다.

훔퍼딩크, 엥겔베르트Humperdinck, Engelbert(1854~1921)

훔퍼딩크는 독일의 오페라 작곡가로 1876년 제1회 바이로이트 축제 때 뮌헨에 있는 바그너 음악학교의 생도가 되었다. 1880년 3월 9일 나폴리에 머물고 있는 바그너 가족을 불시에 찾아가 자신의 우상을 만났다. 바그너는 그를 따뜻하게 맞아 주었으며, 코지마는 그를 향해 "우리는 뮌헨의 성배를 든 기사를 나폴리에서 만났군요" 하고 반겼다. 훔퍼딩크는 『파르지팔』을 연출하는 동안 바그너를 적극 도왔으며, 바그너가 임종하기 전 20개월 동안 바그너 가족의 일원으로 생활했다. 그의 일곱 번째 오페라 『헨젤과 그레텔』이 유명하며, 드라마의 성격과 내용은 바그너의 것과 다르지만 음악은 바그너의 영향을 받았다.

힐러, 페르디난트Hiller, Ferdinand(1811~1885)

힐러는 네포무크 훔멜의 제자로 작곡가 겸 피아니스트, 지휘자다. 멘델스존에 이어 1843년 라이프치히 게반트하우스의 지휘자가 되었으며, 1844년에는 드레스덴 궁정극장의 음악감독으로 있는 바그너와 사귀었다. 바그너는 『탄호이저』 초연 때 자신을 도운 힐러를 고맙게 여겨 그의 집을 자주 찾았다. 하지만 이후 두 사람은 음악과 관련하여 잦은 의견 충돌로 교제가 끊겼다.

바그너의 음악작품 목록

오페라

요정Die Feen
장르: 그랜드 로맨틱 오페라 (3막) WWV 32
연주 시간: 3시간 20분
원작: 카를로 고치의《뱀 여인La donna serpente》
무대: 초현실적인 민담의 세계
대본: 1833년 1~2월
총보: 1833년 2월 20일~1834년 1월 6일
초연: 1888년 6월 29일 뮌헨 왕립 국민극장Munchen, Konigliches Hof-und National
　　　theater(프란츠 피셔 지휘)

연애금지 또는 팔레르모의 수녀Das Liebesverbot, oder Die Novize von Palermo
장르: 그랜드 코믹오페라 (3막) WWV 38
연주 시간: 2시간 55분
원작: 셰익스피어의《자에는 자로Measure for Measure》
무대: 16세기 이탈리아의 팔레르모
대본: 1834년 8~12월
총보: 1835년 1월~1836년 3월
초연: 1836년 3월 29일 마그데부르크 시립극장Magdeburg, Stadt-theater(바그너 지휘)

리엔치, 최후의 호민관Rienzi, oder Der Letzte der Tribunen

장르: 그랜드 비극 오페라 (5막) WWV 49

연주 시간: 3시간 40분(원본 6시간)

원작: 에드워드 불워리턴의 동명 소설

무대: 14세기 중엽 이탈리아 로마

대본: 1837년 6월~1838년 8월 6일

총보: 1838년 8월 7일~1840년 11월 19일

초연: 1842년 10월 20일 드레스덴 왕립 작센 궁정극장Dresden, Königlich Sächsische

　　Hoftheater(카를 라이시거 지휘)

방황하는 네덜란드인Der fliegende Hollander

장르: 오페라 (3막) WWV 63

연주 시간: 2시간 20분

원작: 하인리히 하이네의 《폰 슈나벨레보프스키 씨의 회상Aus den Memorien Herrn

　　von Schnabelewopski》(1834)

　　빌헬름 하우프의 《유령선 이야기Die Geschichte von Gespensterschiff》(1826)

무대: 18세기 노르웨이 해안

대본: 1841년 5월 18~28일

총보: 1841년 5월 29일~11월 20일

초연: 1843년 1월 2일 드레스덴 왕립 작센 궁정극장(바그너 지휘)

탄호이저 또는 탄호이저와 바르트부르크의 노래경연Tannhäuser, oder Tannhauser
und Der Sängerkrieg auf Wartburg

장르: 로맨틱 오페라 (3막) WWV 70

연주 시간: 2시간 50분

원작: 독일의 민네징거(음유시인)에 관한 전설

무대: 13세기 초 튀링겐의 베누스베르크, 바르트부르크성

대본: 1842년 6월 28일~1843년 4월

총보: 1843년 8월~1845년 4월 13일

개정: 1845, 1847, 1851, 1960~1861, 1865, 1875

초연: 1845년 10월 19일 드레스덴 왕립 작센 궁정극장(바그너 지휘)

로엔그린Lohengrin

장르: 로맨틱 오페라 (3막) WWV 75

연주 시간: 3시간 10분

원작: 중세 독일의 로엔그린 전설

무대: 10세기 초 안트워프

대본: 1845년 8월 3일~1845년 11월 27일

총보: 1848년 1월 1일~1848년 4월 28일

초연: 1850년 8월 28일 바이마르 대공 궁정극장Weimar, Grossherzogliches Hof-Theater

  (프란츠 리스트 지휘)

트리스탄과 이졸데Tristan und Isolde

장르: 악극 (3막) WWV 90

연주 시간: 3시간 40분

원작: 중세 켈트민족의 전설《트리스탄과 이솔트Tristan and Iseult》

  고트프리트 폰 슈트라스부르크(12세기 독일의 시인)의 서사시《트리스탄
  과 이졸데》

무대: 12세기 아일랜드

대본: 1857년 8월 20일~1857년 9월 18일

총보: 1857년 10월 1일~1859년 8월 6일

초연: 1865년 6월 10일 뮌헨 왕립 국민극장(한스 폰 뷜로 지휘)

666

뉘른베르크의 마이스터징거Die Meistersinger von Nürnberg

장르: 악극 (3막) WWV 96

연주 시간: 3시간 50분

원작: 뉘른베르크의 직인가수 겸 제화 명장 한스 작스(1494~1576)를 모델로 함

무대: 16세기 중엽 뉘른베르크

대본: 1845년 7월 16일~1862년 1월 25일

총보: 1862년 3월~1867년 10월 24일

초연: 1868년 6월 21일 뮌헨 왕립 국민극장(한스 폰 뷜로 지휘)

니벨룽의 반지DER RING DES NIBELUNGEN

장르: 무대축전 대하악극 4부작 (전야 및 3일간 공연되는 악극) WWV 86

연주 시간: 15시간 30분

원작:

— 북유럽 신화

—《옛 에다Elder Edda》: 운문 8~11세기, 아이슬란드의 설화

—《에다Edda》: 산문 13세기, 아이슬란드의 설화(기록자, 스노리 스툴루손)

—《뷜중가 영웅담Wölsunga Saga》: 13세기, 아이슬란드의 설화

—《베른의 티드레크 영웅담Thidreks Saga of Bern》: 13세기, 스칸디나비아 설화

— 게르만 신화:《니벨룽의 노래Das Nibelungenlied》,《독일 영웅담Die deutsche
    Heldensage》(빌헬름 그림이 편찬한 독일 설화)

참고문헌:

— 그리스 신화

— 그리스 고전 문학

— 호메로스의《일리아드》와《오디세이》

— 아이스킬로스의 3부작《오레스테이아》

— 그림 형제의 작품을 비롯한 독일의 전래 설화

무대: 신화의 세계, 라인강 변, 신과 인간의 영역

라인의 황금Das Rheingold

전날 밤: 4개의 장면 WWV 86A

연주 시간: 2시간 30분

대본: 1952년 3월 23일~1852년 12월

총보: 1854년 2월 15일~1854년 9월 26일

초연: 1869년 9월 22일 뮌헨 왕립 국민극장(프란츠 뷜너 지휘)

발퀴레Walküre

첫째 날: 3막 WWV 86B

연주 시간: 4시간 10분

대본: 1852년 7월 1일~1853년 1월

총보: 1855년 7월 14일~1856년 3월 23일

초연: 1870년 6월 26일 뮌헨 왕립 국민극장(프란츠 뷜너 지휘)

지그프리트Siegfried

둘째 날: 3막 WWV 86C

연주 시간: 4시간 20분

대본: 원안, 《청년 지그프리트Der junge Siegfried》

　　1851년 5월 3일~1856년 12월

총보: 1856년 9월 22일~1871년 2월 5일

초연: 1876년 8월 16일 바이로이트 축제극장Bayreuth, Festspielhaus(한스 리히터 지휘)

신들의 황혼Götterdämmerung

셋째 날: 프롤로그와 3막 WWV 86D

연주 시간: 4시간 30분

대본: 원안, 《지그프리트의 죽음Siegfried's Tod》

　　　 1848년 11월 28일~1856년 9월

총보: 1873년 5월 3일~1874년 11월 21일

초연: 1876년 8월 17일 바이로이트 축제극장(한스 리히터 지휘)

파르지팔Parsifal

장르: 신성무대 축전극 (3막) WWV 111

연주 시간: 4시간 20분

원작: 클레티앙 드트로와의 《페르시발 르 갈로아 성배 이야기Percieval le Gallois Le
　　　 Conte del Graal》(1190)

　　　 볼프람 폰 에셴바흐의 13세기 산문시 《파르지팔》

무대: 중세 스페인의 몬살바트성

대본: 1865년 8월 30일~1877년 4월 19일

총보: 1877년 9월~1882년 1월 13일

초연: 1882년 7월 26일 바이로이트 축제극장(헤르만 레비 지휘)

실현되지 못한 오페라 계획

로이발트Leubald

원래 계획: 비극 오페라 (5막) WWV 1

창작 시기: 1826년~1828년

개요: 바그너가 열세 살 때 집필한 첫 대본으로, 내용은 셰익스피어의 《햄릿》
　　　 을 기둥 줄거리로 하고 《맥베스》와 《리어왕》의 일부 장면을 참고해서
　　　 만든 유혈복수극이다. 남아 있는 제5막의 대본 일부는 바그너 저작집

(1911년 라이프치히에서 출간)에 수록했으며, 개막 전에 사용할 부수음악
은 망실되었다.

전원 오페라Pastoral Opera
원래 계획: 코믹오페라 (단막) WWV 6
창작 시기: 1829년 여름~1830년 1~2월
개요: 괴테의 첫 희곡《연인의 변덕Die Laune des Verliebten》을 모델로 삼아 집필한
대본이다. 제목은 소재에 해당하는 것을 가제로 붙였다. 세 곡의 여성 노
래곡과 테너 아리아를 작곡했으나, 흥미를 느끼지 못하여 중단했다. 원
고는 남아 있지 않다.

결혼Die Hochzeit
원래 계획: 비극 오페라 (3막) WWV 31
창작 시기: 1832년 10월~1833년 3월 1일
개요: 프라하 인근 프라보닌에 거주하는 파흐타 자매에게 연정을 느껴 쓴 대
본으로,《로이발트》와 비슷한 구성을 가진 사랑과 배신의 드라마다. 극
의 앞부분에 혼성 6중창을 작곡했으나, 큰누나 로잘리에의 강한 비판을
듣고 더 이상 진행시키지 않았다. 대본은 자신이 폐기했다.

고귀한 신부 또는 비앙카와 주세페Die Hohe Braut, oder Bianca und Giuseppe
원래 계획: 그랜드오페라 (4막) WWV 40
창작 시기: 1836년 7월~1842년 8월
개요: 쾨니히스베르크의 한 극장에서 지휘자로 있을 때 대본 집필에 착수했
다. 초고 상태의 원고를 당대의 저명한 대본작가 외젠 스크리브에게 보
냈으나, 반응이 적극적이지 않았다. 하지만 바그너는 1842년까지 틈틈
이 초고를 다듬어 갔다. 대본은 드레스덴 왕립 작센 궁정극장의 감독 카

를 라이시거에게 보여 완성 후 공연할 것을 의뢰했으나 전망을 확신할 수 없어 집필을 중단했고, 결국 그의 초고는 체코의 작곡가 얀 베드르지히 키틀이 완성하여 『비앙카와 주세페』란 제목으로 공연했다.

남성은 여성이나 행복한 곰 가족보다 더 교활하다Männerlist grösser als Frauenlist, oder Die glückliche Bärenfamilie

원래 계획: 코믹오페라 (2막) WWV 48

창작 시기: 1838년 여름

개요: 징슈필로 계획되었으며, 소재는 《아라비안나이트》의 한 에피소드에서 가져왔다. 바그너는 이 곡을 작곡하는 도중, 악상이 다니엘 오베르의 스타일을 답습한다는 것을 깨닫고 중단했다.

사라센 여인Die Sarazenin

원래 계획: 오페라 (5막) WWV 66

창작 시기: 1841년~1843년 2월

개요: 호엔슈타우펜 왕가의 왕자 만프레드(프리드리히 2세의 아들)와 예언을 하는 사라센의 신비한 여인과의 인연을 다룬 드라마로, 1841년 파리에 있을 때 착안했다. 바그너는 1843년 드레스덴으로 가면서 계획을 더 이상 진행시키지 않았으며, 음악도 부치지 않았다.

팔룬의 광산Die Bergwerke zu Falun

원래 계획: 오페라 (3막) WWV 67

창작 시기: 1842년 2~3월

개요: 파리에 있을 때 사귄 체코의 작곡가 요제프 데사우어로부터 제안을 받고 초고를 집필했다. 내용은 E. T. A. 호프만의 작품 중 하나에서 가져온 것으로, 스웨덴에 있는 팔룬 마을의 광산지대에서 일어나는 이야기다.

바그너는 파리 오페라극장 측이 자신의 아이디어에 흥미를 보이지 않자 대본 쓰기를 중단했다. 그는 드레스덴에 돌아온 직후 거기에 음악을 붙이고 싶다는 작곡가 아우구스트 뢰켈에게 쓰다 만 초고를 주었다.

프리드리히 1세Friedrich Barbarossa

원래 계획: 오페라 (5막) WWV 76

창작 시기: 1846년 10월~1848년 겨울

개요: 바그너는 이 계획을 드레스덴 궁정 음악감독직에 있을 때 착수했다. 주인공은 12세기 신성로마제국의 황제 프리드리히 바르바로사(1세)로, 독일의 국위를 떨친 인물인 만큼 의욕을 갖고 대본 집필에 들어갔으나, 호엔슈타우펜 왕가의 역사가 니벨룽 신화와 유사하다는 점을 알고 집필을 중단했다. 제2막의 초고 일부가 남아 있으며, 이 계획은 그의 머릿속에 남아 반지 4부작의 내용에 흡수되었다.

나사렛의 예수Jesus von Nazareth

원래 계획: 오페라 (5막) WWV 80

창작 시기: 1849년 1~4월

개요: 바그너는 《프리드리히 1세》를 중단한 다음 이 계획에 착수했다. 그는 루트비히 포이어바흐와 프루동, 다비트 슈트라우스, 브루노 바우어의 영향으로 예수를 사회혁명가로 묘사할 심산이었다. 하지만 드레스덴 봉기가 실패한 데다 에세이 집필에 열중하면서 시나리오 단계에서 집필을 중단했다. 음악은 초고 상태로 일부만 남겼다.

아킬레우스Achilleus

원래 계획: 오페라 (3막) WWV 81

창작 시기: 1850년 2~7월

개요: 개략적인 스토리 라인을 적은 스케치(초고의 전 단계)만 남아 있다. 영웅의 비극을 묘사한 오페라로 만들 계획이었으나, 이 아이디어를 반지 4부작에 쏟기로 하고 더 이상 진행시키지 않았다.

대장장이 빌란트Wieland der Schmied

원래 계획: 영웅적 오페라 (3막) WWV 82

창작 시기: 1849년 12월~1850년 3월

개요: 이 계획은 폭군의 압제에서 벗어나고자 하는 주인공의 행위를 음악을 개혁하고자 하는 자신의 입장에 비교하고자 착안했다. 그는 의욕을 갖고 대본 작업에 매달렸으나, 파리 시민의 구미에 맞을지 자신할 수 없어 중단했다.

승리자Die Sieger

원래 계획: 오페라 (3막) WWV 89

창작 시기: 1856년 5월

개요: 바그너는 『발퀴레』의 총보를 완성한 뒤 이 계획을 염두에 두었다. 하지만 『지그프리트』의 총보 작업에 몰두하면서 스케치만 남긴 채 중단했다. 그럼에도 석가모니가 고뇌한 자비와 극기, 구제의 주제는 그의 머릿속을 떠나지 않았다. 이후 그는 대안으로 『파르지팔』에서 불교의 이상을 담았다.

루터의 결혼Luther Hochzeit

원래 계획: 희곡 WWV 99

창작 시기: 1868년 여름

개요: 1868년 종교개혁 350주년을 기념하여 루터가 카타리나 폰 보라와 결혼하기까지의 사연과 갈등을 드라마로 꾸미고자 계획했다. 바그너는 당시

코지마 폰 뷜로와 동거 중이었는데, 이 작품을 만듦으로써 자신의 처지를 위안 삼으려 했다. 하지만 코지마는 가톨릭교도였고, 그녀와 뷜로와의 이혼도 쉽지 않아 대본 스케치만 남겨 둔 채 포기했다. 그는 여기에 곡을 붙이려고 시도하지 않았으며, 10년 뒤 희곡으로만 남기고자 했으나, 그마저도 완성하지 않았다.

단막 희극Ein Lustpiel in 1 Akt

원래 계획: 희극 오페라 WWV 100

창작 시기: 1868년 여름

개요: 내용은 흥겹고 풍자적인 코미디다. 코지마의 일기에 의하면 바그너는 그로부터 9년 뒤 단막 소극으로 만들 의도였다고 한다.

항복Eine Kapitulation

원래 계획: 희극 오페라 WWV 102

창작 시기: 1870년 11월

개요: 프랑스인에 대한 조롱이 담긴 익살극이다. 프러시아-프랑스 전쟁 결과를 돌아보고 착수한 것이지만, 프랑스인 친지들을 의식한 데다 소재에 흥미를 느끼지 못해 초고를 쓰다 말았다. 이 안을 한스 리히터에 넘겼으나, 그 또한 무시했다.

관현악곡

서곡 B플랫장조

작곡: 1830년 여름(망실) WWV 10

초연: 1830년 12월 25일 라이프치히

일명 '북소리Paukenschlag' 또는 '팀파니 서곡'으로 불린다. 바그너가 지은 곡으로는 처음으로 연주되었으며, 팀파니의 잦은 연타로 청중으로부터 비웃음을 샀다.

정치적 서곡

작곡: 1830년 9월(망실) WWV 11

초연: 미발표

파리에서 7월 혁명이 일어나자 이에 영감을 얻어 작곡했다.

실러의 〈메시나의 신부Die Braut von Messina〉에 붙이는 서곡

작곡: 1830년 여름(망실) WWV 12

초연: 미발표

관현악 작품 E단조

작곡: 1830년 가을(일부만 남음) WWV 13

초연: 미발표

서곡 C단조 6/8박자

작곡: 1830년 겨울(망실) WWV 14

초연: 미발표

코지마는 1878년 12월 15일 자 일기에 남편은 이 작품이 매우 잘 작곡되었기 때문에 잃어버린 것을 아쉬워한다고 적었다.

서곡 E플랫장조

작곡: 1831년 봄(망실) WWV 17

초연: 미발표

서곡 D단조(콘서트 서곡 번호 1)

작곡: 1831년 가을 WWV 20

초연: 1831년 12월 25일 라이프치히

E단조 서곡과 에른스트 라우파흐의 희곡 《엔치오왕》에 부치는 부수음악

작곡: 1831년 겨울(서곡만 남음) WWV 24

초연: 1832년 2월 17일 라이프치히

비극적 간주곡 제1번 D장조, 제2번 C단조

작곡: 1832년 1~2월 WWV 25

초연: 미발표

위의 희곡 《엔치오왕》에서 영감을 얻어 작곡한 것이다.

서곡 C장조 (콘서트 서곡 번호 2)

작곡: 1832년 3월 WWV 27

초연: 1832년 3월 말 라이프치히

교향곡 C장조

작곡: 1832년 4월 초~6월 초 WWV 29

초연: 1832년 11월 프라하

바그너가 유일하게 완성한 교향곡으로 6주에 걸쳐 작곡했다. 이 곡은 베토벤의 교향곡 3번과 5번, 모차르트의 『주피터 교향곡』의 영향이 보인다. 그럼에도 이 작품은 대단히 개성적이며, 19세에 작곡한 교향곡으로는 놀라운 완성도를 보여 준다.

교향곡 E장조

작곡: 1834년 8~9월 WWV 35

초연: 1888년 10월 13일 뮌헨

첫 악장만 완성했다. 2악장은 자신이 지은 피아노 소나타 A장조에서 주제를 가져와 일부를 작곡했으며, 더 이상 진행하지 않았다. 총보는 망실되었으나 1886년에 발견되어 코지마가 지휘자 펠릭스 모틀에게 의뢰하여 완성시켰다. 바그너는 자서전에서 이 곡은 베토벤의 『7번 교향곡』과 『8번 교향곡』을 모델로 삼아 작곡했다고 적었으나, 『6번 교향곡 '전원'』이 연상되는 악곡도 일부 있다.

서곡 E플랫장조와 테오도어 아펠의 희곡 《콜럼버스》에 부친 부수음악

작곡: 1834년 12월~1835년 1월 WWV 37

초연: 1835년 2월 16일 마그데부르크

부수음악은 망실되었고, 서곡만 남아 있다.

폴로니아 서곡 C장조

작곡: 1836년 5~7월 WWV 39

초연: 1836년 겨울. 쾨니히스베르크

폴란드가 러시아에 대항하여 봉기를 일으킨 데 감동하여 그로부터 5년 후 작곡했다.

J. 징거의 희곡 《프로이센의 마지막 모반》에 부치는 부수음악

작곡: 1837년 2월(일부만 남음) WWV 41

초연: 1837년 2월 17일 쾨니히스베르크

지배하라, 영국이여Rule, Britania 서곡 D장조

작곡: 1837년 3월 WWV 42

초연: 1840년 3월 19일 리가

파우스트 서곡 D단조

작곡: 1839년 12월~1840년 1월, 개정 1855년 1월 WWV 59

초연: 1844년 7월 22일 드레스덴(초판). 1855년 1월 23일(개정판)

「파우스트 서곡」은 괴테의 《파우스트》를 주제 삼아 연주회 서곡으로 작곡한 것이다. 바그너는 애초에 여러 악장의 표제 교향곡으로 확장할 계획이었는데, 같은 시기에 리스트는 교향시 시리즈를 작곡 중이었다. 그는 바그너의 「파우스트 서곡」을 극찬했으며, 1854년에 자기 버전의 『파우스트 교향곡』을 작곡했다. 바그너는 여기에 자극받아 이듬해에 이 곡의 개정판을 발표했다.

베버의 오페라 『오이리안테』에서 주제를 가져온 장송곡

작곡: 1844년 11월 WWV 73

초연: 1844년 12월 14일 드레스덴

런던에 있는 카를 베버의 유해를 드레스덴으로 가져오는 운동을 주관하면서 영감을 받아 작곡했다. 바그너는 이 곡을 작곡하면서 베를리오즈의 『장송과 승리의 대교향곡』을 참고했다.

경의 행진곡Huldigungsmarsch E플랫장조

작곡: 1864년 8월 WWV 97

초연: 1864년 10월 5일 뮌헨(군악대 버전), 1871년 11월 12일 빈(관현악 버전)

1864년 8월 25일 루트비히 2세의 생일을 축하하기 위해 이 행진곡을 작곡했다.

로미오와 줄리엣

작곡: 1868년 4~5월 WWV 98

초연: 미발표(미완성)

지그프리트 목가Siegfried Idyll E장조

작곡: 1870년 11~12월 WWV 103

초연: 1870년 12월 25일 트립셴 저택

바그너는 1870년 크리스마스 날(오전 7시 30분)에 이 곡을 지휘함으로써 코지마에게 깜짝 생일(12월 24일) 선물을 주었다. 초연 장소는 트립셴 저택의 현관 계단으로 연주자 수는 열다섯 명이다. 연주자 선발은 지휘자 한스 리히터가 했으며, 리히터는 비올라를 연주했다. 악기는 제1바이올린 둘, 제2바이올린 둘, 비올라 둘, 플루트 하나, 오보에 하나, 클라리넷 둘, 파곳 하나, 호른 둘, 첼로 하나, 콘트라베이스 하나로 편성되었고, 오전 동안 여러 차례 연주하였다.

황제 행진곡 B플랫장조

작곡: 1871년 2~3월 WWV 104

초연: 1871년 4월 14일 베를린

통일 독일 제국이 선포된 날(1871년 1월 18일)을 기념하기 위하여 작곡한 곡이다.

대축제행진곡

작곡: 1876년 2~3월 WWV 110

초연: 1876년 5월 10일 미국 필라델피아주

미국 독립 100주년을 맞아 미국 주최 측으로부터 축하 행진곡을 작곡해 달라는 의뢰를 받아 작곡한 곡이다. 코지마는 남편이 "작곡료 5,000불 외에는 곡을 짓기 위한 어떠한 장면도 떠올릴 수 없구나" 하고 말한 사실을 일기에 적었다.

바그너는 유럽 일대를 휘젓고 다닐 만큼 여행을 자주 다녔으나, 미국은 한 번도 여행하지 않았다.

합창곡

성악 푸가(4부 무반주 합창)

작곡: 1831년 가을~겨울 WWV 19

초연: 미발표

푸가로 구성한 무반주 합창곡이다. 바인리히 교수로부터 푸가의 기법을 배운 뒤 작곡했다.

빌헬름 슈말레의 단막 풍자극에 부치는 부수음악

작곡: 1834년 12월 WWV 36

초연: 1835년 1월 1일 마그데부르크

니콜라스 황제의 생일을 위한 국가

작곡: 181837년 가을 WWV 44

초연: 1837년 11월 21일 리가

리가 극장의 감독으로 있을 때 러시아 측의 의뢰를 받아 작곡했다.

애도가

작곡: 1838년 12월 29일~1839년 1월 4일 WWV 51

초연: 1839년 1월 4일 리가

리가 극장의 전임 감독 카를 폰 홀타이의 아내 율리에(배우)가 사망하자 그녀를 애도하기 위해 지은 곡이다. 4부 남성 합창곡으로 되어 있으며, 망실되었다.

마리온 두메르산의 보드빌 극에 부치는 합창

작곡: 1841년 1월 WWV 65

초연: 1841년 1월 20일 파리

현신일顯身日, Der Tag erscheint

작곡: 1843년 WWV 68

초연: 1843년 6월 7일 드레스덴

바그너가 드레스덴 궁정극장 음악감독으로 있을 때, 작센 왕 프리드리히 아
우구스트 1세(1750~1827)의 기념상 제막식을 위해 지은 무반주 남성 합창곡
이다.

사도의 애찬

작곡: 1843년 4~6월 WWV 69

초연: 1843년 7월 6일 드레스덴

1843년 1월 드레스덴의 리더타르펠Liedertarfel 남성 합창단의 지휘자가 되고,
2월에 궁정극장의 음악감독이 된 후 남성 합창협회로부터 의뢰를 받아 작사
작곡한 것이다. 첫 연주 때는 프라우엔 교회의 교인을 포함해 1,000명의 남성
합창단을 테너와 베이스로 나누어 배치했고, 그 앞에 100명의 관현악 단원을
앉혀 자신이 지휘했다. 그는 이 곡을 1842년에 사망한 스승 테오도어 바인리
히 교수의 부인에게 헌정했다.

프리드리히 아우구스트 2세에게 그의 충성스러운 신하가 인사를 바침

작곡: 1844년 8월 WWV 71

초연: 1844년 8월 12일 드레스덴

베버의 무덤에서

작곡: 1844년 11월 WWV 72

초연: 1844년 12월 15일

카를 베버의 유해 이장을 기념하기 위해 남성 합창곡으로 지은 애도가다. 바그너는 베버의 유해가 런던에서 드레스덴으로 돌아오는 동안 줄곧 그를 지켰으며, 1844년 12월 15일 아침 유해 안장식 때는 감동적인 연설을 마친 뒤 이곡을 지휘했다.

독일 화염 연대를 위한 표어

작곡: 1869년 11월 WWV 101

초연: 미발표(남성 합창곡)

어린이를 위한 교리문답

작곡: 1873년 12월 WWV 106

초연: 1873년 12월 25일 바이로이트

1873년 코지마의 생일 선물로 연주한 어린이 합창곡이다.

반프리트로 오신 주를 환영함

작곡: 1877년 12월 24일 WWV 112

초연: 1877년 12월 24일 바이로이트

아내 코지마와 자녀의 크리스마스 선물로 작곡한 어린이 합창곡이다.

얘들아, 서둘러라, 서둘러.

작곡: 1880년 12월 WWV 113

초연: 1880년 12월 25일 바이로이트

아내 코지마와 자녀의 크리스마스 선물로 작곡한 어린이 합창곡이다.

실내악곡

현악 사중주 D장조
작곡: 1829년 가을(망실) WWV 4
초연: 미발표

현악 사중주 (일명 슈타른베르크 사중주)
바그너가 뮌헨에 거주할 때 코지마와 함께 슈타른베르크 호수를 굽어보며 착
안했다는 선율이 모티프다. 하지만 코지마의 일기에만 언급되어 있고 작곡 여
부는 불명하다.

클라리넷과 현악 사중주를 위한 아다지오
바그너의 작품으로 알려졌으나, 실은 하인리히 베르만Heinrich Joseph Baermann
(1784~1847)의 것으로 확인되었다.

관현악 반주 독창곡

아리아(소프라노)
작곡: 1830년 1월(망실) WWV 8
초연: 미발표

장면과 아리아
작곡: 1832년 1월(망실) WWV 28
초연: 1832년 4월 22일 라이프치히

마르슈너의 『흡혈귀Vampyr』 중 아리아를 위한 새로운 알레그로

작곡: 1833년 9월 WWV 33

초연: 1833년 9월 29일 뷔르츠부르크

카를 블룸의 코믹오페라 『메리, 맥스와 미켈』을 위한 아리아

작곡: 1837년 여름 WWV 43

초연: 1837년 9월 1일 리가

요제프 바이글의 서정적 오페라 『슈바이처 가족』을 위한 베이스 아리아

작곡: 1837년 12월 WWV 45

초연: 1837년 12월 22일 리가

벨리니의 『노르마』를 위한 아리아

작곡: 1839년 10월 WWV 52

초연: 미발표

피아노 반주 독창곡

연가곡

작곡: 1828~1830년 WWV 7

초연: 미발표

아리아

작곡: 1829년(망실) WWV 3

초연 ; 미발표

괴테의《파우스트》에 부치는 일곱 편의 노래
작곡: 1831년 1월 WWV 15
초연: 미발표

저녁 종
작곡: 1832년 10월 12일(망실) WWV 30
초연: 미발표
바그너가 친구 테오도어 아펠이 쓴 시 〈종소리Glockentöne〉에 곡을 입힌 가곡이
다. 노래 제목은 '저녁 종Abendglocken'으로 바꾸었다.

전나무
작곡: 1838년 WWV 50
초연: 미발표

잘자라, 내 아기
작곡: 1839년 여름 WWV 53
초연: 미발표

환희
작곡: 1839년 여름(일부만 남음) WWV 54
초연: 미발표
빅토르 위고의 시에 곡을 입힌 가곡이다.

기대
작곡: 1839년 가을 WWV 55
초연: 미발표

빅토르 위고의 시에 곡을 입힌 가곡이다.

장미에게 무덤을 말함

작곡: 1839년 가을(일부만 남음) WWV 56

초연: 미발표

빅토르 위고의 시에 곡을 입힌 가곡이다.

미뇽

작곡: 1839년 가을 WWV 57

초연: 미발표

16세기 프랑스의 시인 피에르 드롱사르가 쓴 시에 곡을 입힌 가곡이다.

한숨, 모든 것은 떠도는 이미지뿐

작곡: 1839년 가을 WWV 58

초연: 미발표

두 사람의 척탄병

작곡: 1839년 12월~1840년 1월 WWV 60

초연: 미발표

스코틀랜드의 여왕 메리 스튜어트여! 안녕Adieux! de Marie Stuart

작곡: 1840년 3월 WWV 61

초연: 미발표

베젠동크의 노래Wesendonck Lieder

작곡: 1857년 11월~1858년 5월 WWV 91

초연: 1862년 7월 30일 마인츠 인근 라우벤하임

개정: 1차: 1857년 12월~1858년 10월

　　　2차: 1858년 10월

시인이기도 한 마틸데 베젠동크 부인이 쓴 다섯 편의 연작시에 음악을 입힌 가곡이다. 악보집을 출간할 때 붙인 제목은 '여성 가창을 위한 다섯 편의 시 Fünf Gedichte für eine Frauenstimme'이며, 다섯 편의 노래는 「천사Der Engel」, 「멈추어라!Stehe still!」, 「온실에서Im Treibhaus」, 「고뇌Schmerzen」, 「꿈Träume」으로 이루어졌다. 바그너는 다섯 곡 중 특히 「꿈」을 좋아하여 '바이올린 독주를 동반한 실내악곡(클라리넷, 바순, 호른, 제1·2바이올린, 비올라 각 둘, 첼로 하나)' 버전으로 작곡하여 1857년 12월 23일 베젠동크 저택에서 마틸데 베젠동크의 생일 선물로 연주했다. 또한 '관현악 반주를 붙인 독창곡' 버전은 후일 지휘자 펠릭스 모틀이 편곡하였다.

신은 확실한 복안을 갖고 있다

작곡: 1858년 1월 WWV 92

초연: 미발표

잘 자라, 아기야. 잘 자라

작곡: 1868년 12월

초연: 미발표

바그너는 이 가곡의 주제를 「지그프리트 목가」에서 다시 사용했다.

많은 것을 약속함

작곡: 1871년 봄 WWV 105

초연: 미발표

피아노곡

소나타 D단조
작곡: 1829년 여름(망실) WWV 2
초연: 미발표

소나타 F단조
작곡: 1829년 가을(망실) WWV 5
초연: 미발표

네 개의 손을 위한 소나타 B플랫장조
작곡: 1831년 1월(망실) WWV 16
초연: 미발표

소나타 B플랫장조 작품 1
작곡: 1831년 가을
초연: 미발표

환상곡 F샤프 단조
작곡: 1831년 가을 WWV 22
초연: 미발표

폴로네이즈 D장조
작곡: 1831년 12월~1832년 1월
두 손 버전: WWV 23A
네 손 버전: WWV 23B

초연: 미발표

소나타 A장조 (일명 대소나타)
작곡: 1832년 12월 WWV 26
초연: 미발표

작은 앨범 E장조 (가사 없는 노래)
작곡: 1840년 12월 WWV 64
초연: 미발표

폴카
작곡: 1853년 5월 WWV 84
초연: 미발표

마틸데 베젠동크 부인에게 바치는 소나타
작곡: 1853년 6월 WWV 85
초연: 미발표

취리히 왈츠
작곡: 1854년 5월 WWV 88
초연: 미발표

A플랫장조의 주제
작곡: 1858년. 개정: 1881년 WWV 93
초연: 미발표

대공비 메테르니히에게 바치는 앨범
작곡: 1861년 6월 WWV 94
초연: 미발표
파리 주재 오스트리아 대사의 아내 폴린 메테르니히 대공비에게 바치는 가곡
이다.

검은 백조의 집에 도착함
작곡: 1861년 7월 WWV 95
초연: 미발표

작은 앨범 E플랫장조
작곡: 1875년 1월~2월 1일 WWV 108
초연: 미발표
바그너는 악보 출판사 대표 프란츠 쇼트의 부인 베티 쇼트가 사망하자 이 가
곡을 지어 그녀의 영전에 바쳤다.

편곡

베토벤『9번 교향곡』의 피아노 편곡
작곡: 1830년 여름~1831년 4월 WWV 9
초연: 미발표

하이든『103번 교향곡』편곡
작곡: 1831년 여름 WWV 18
초연: 미발표

벨리니 『해적』 중 '카바티나' 편곡

작곡: 1833년 11~12월(망실) WWV 34

초연: 미발표

벨리니 『노르마』의 관악 부분 편곡

작곡: 1837년 12월 WWV 46A

초연: 1837년 12월 11일 리가

로시니 『밤의 음악』 중 '어부들' 관현악곡으로 편곡

작곡: 1838년 2월 WWV 47

초연: 1838년 3월 19일 리가

로시니가 1830년에서 1835년 동안 작곡한 12편의 소품 중 마지막 노래곡 '어부들'을 피아노를 동반한 관현악곡으로 편곡한 것이다.

마이어베어 『악마 로베르』 중 '카바티나' 편곡

작곡: 1838년 11월 WWV 46B

초연: 1838년 11월 30일 리가

베버의 『오이리안테』 중 '사냥꾼의 합창' 편곡

작곡: 1839년 1월 WWV 46C

초연: 1839년 1월 17일 리가

스폰티니의 『베스타의 무녀』 관현악 부분 편곡

작곡: 1844년 11월 WWV 74

초연: 1844년 11월 29일 드레스덴(지휘는 작곡자가 함)

글루크의 『아울리스의 이피게니아』 대폭 편곡

작곡: 1846년 12월~1847년 2월(개정 수준의 편곡) WWV 77

초연: 1847년 2월 24일 드레스덴

팔레스트리나 「성모 애가」 관현악 부분 편곡

작곡: 1848년 2월 WWV 79

초연: 1848년 3월 8일

모차르트 『돈 조반니』 관현악 부분 편곡

작곡: 1850년 11월(레시터티브 독일어 번역 포함) WWV 83

초연: 1850년 11월 8일 취리히

글루크 『아울리스의 이피게니아』 서곡 편곡

작곡: 1854년 3월 WWV 87

초연: 1854년 3월 7일 취리히

요한 슈트라우스 왈츠 「청춘, 포도주, 여인들」 편곡

작곡: 1875년 5월(개정 수준의 편곡) WWV 109

초연: 1875년 5월 22일 바그너의 생일을 맞아 반프리트 저택에서 연주

바그너의 저작물 목록

바그너의 저작은 음악·공연·문학·정치 등 여러 주제와, 오페라 대본·희곡· 시·소설·비평·에세이(수필·논설 포함)·자서전·일기·서신·제안 등 여러 방면에 걸쳐 있다. 길이도 다양해서 아주 짧은 것도 있고, 꽤 긴 것도 있다. 하 지만 중요한 글은 대부분 중편 이상으로, 주로 음악 관련 에세이가 차지하고 있다.

바그너는 집필이 끝나는 대로 그것을 단행본으로 발간하거나 신문과 잡지에 게재하는 식으로 발표했는데, 더러는 몇 년 또는 수십 년 뒤에 발표한 것도 있 고, 더러는 발표하지 않은 채 묵혀 둔 것(사후 간행)도 있다.

다음은 바그너의 저작물로, 제목·탈고한 해(날짜)·발표한 해(날짜)순으로 적 었다. 단, 오페라 대본과 지상에 실은 글 중 탈고한 해와 발표한 해가 같은 것 은 따로 구분하지 않았다. 참고로 사적인 편지(공개서한 및 특정 주제에 관한 의 견을 전한 서신은 제외)와 음악과 무관한 단편적인 글(탄원서, 안내문 등)은 제외 하였다.

초기의 집필(1828~1838)

오페라 대본

1. 로이발트Leubald

　　1828(남아 있는 제5막 일부를 1911년에 출간한 '바그너 저작집'에 수록)

2. 전원 오페라Pastoral Opera

   1830. 2(미완성이며 제목은 나중에 붙임. 망실)

3. 요정Die Feen

   1833. 2

4. 결혼Die Hochzeit

   1833. 3(폐기)

5. 연애금지Das Liebesverbot

   1834. 12

6. 리엔치Rienzi

   1838. 8. 6

7. 남성은 여성이나 행복한 곰 가족보다 더 교활하다Männerlist grösser als Frauenlist,

   oder Die glückliche Bärenfamilie

   1838(미완성)

에세이, 논설, 비평 등

8. 독일 오페라Die deutsche Oper: *Zeitung für die elegante Welt*

   1834. 6. 10(익명)

9. 파스티초Pasticcio: *Neue Zeitschrift für Musik*

   1834. 11. 6~11. 10

10. 마그데부르크로부터의 비평Eine kritik aus Magdeburg, *Der Freischütz*

    : *Magdeburgische Zeitung*

    1835. 11. 7

11. 마그데부르크로부터Aus Magdeburg: *Neue Zeitschrift fur Musik*

    1836. 5. 3

12. 베를린의 예술가 빌헬름 드라흐 연대기Berliner Kunstkronik von Wilhelm Drach

    1836(망실, 빌헬름 드라흐는 필자의 가명)

13. *연애금지*를 위한 첫 오페라 공연 보고*Das Liebesverbot*, Bericht über eine erst

    Opernaufführung

    1836(1871년 발표)

14. 극적인 가창Der dramatische Gesang

    1837(*Musik Zeitung*, 1888년 발표)

15. 벨리니의 *노르마* 공연 비평Bellini's Norma

    1837(*Cologne Volk*, 1973년 발표)

16. 벨리니, 공연 시즌에 대한 언사Bellini, Ein Wort zu seiner Zeit : *Der Zuschauer*

    1837. 11. 7~11. 19

파리 시절(1839~1842)

오페라 대본

17. 방황하는 네덜란드인Der fliegende Hollander

    1841. 5. 28

18. 팔룬의 광산Die Bergwerke zu Falun

    1842. 3(미완성)

19. 고귀한 신부Die Hohe Braut

    1842. 8(미완성)

에세이, 단편소설, 논설, 비평 등

20. 독일 음악에 관하여Über deutsche Musik : *Revue et gazette musicale de Paris*

    1840. 7. 12

21. 페르골레시의 "성모 애가"*"Stabat mater"* de Pergolese par Lvoff : *Revue et gazette musicale de Paris*

1840. 10. 11

22. 명연주자와 예술가Der Virtuos und der Kunstler: *Revue et gazette musicale de Paris*

1840. 10. 18(1871년 독일어 개정판 재인쇄)

23. 베토벤을 향한 순례Eine Pilgerfahrt zu Beethoven: 단편소설, *Revue et gazette musicale de Paris*

1840. 11. 19 · 11. 22 · 11. 29~12. 3

24. 마이어베어의 *위그노에 관하여* Über Meyerbeers *Hugenotten*

1840년 탈고 추정(미발표)

25. 파리에서의 일기Ein Tagebuch aus Paris

1840(리하르트 바그너 연감 1886년 발표)

26. 서곡에 관하여Über die Ouvertüre: *Revue et gazette musicale de Paris*

1841. 1. 10 · 14 · 17

27. 파리인의 오락Pariser Amüsements: *Europa(Stuttgart) spring issue*

1841

28. 독일인을 위한 파리인의 불운Pariser Fatalitäten für Deutsche: *Europa(Stuttgart) summer issue*

1841

29. *마탄의 사수*, 파리 관객에게Le Freischütz, An das Pariser Publikum: *Revue et gazette musicale de Paris*

1841. 5. 23~5. 30

30. *마탄의 사수* 파리 공연, 독일에 보고함Le Freischütz, in Paris, Bericht nach Deutschland: *Abend-Zeitung(Dresden)*

1841. 7. 16~7. 21

31. 로시니의 *성모 애가*Rossini's Stabat mater: *Neue Zeitschrift für Musik*

1841. 12. 28

32. 예술가와 공공성Der Künstler und die Öffentlichkeit: *Revue et gazette musicale de Paris*

　　1841. 4. 1

33. 드레스덴 석간지를 위한 아홉 편의 파리 보고문9 Paris Berichte für *die Dresdener Abend-Zeitung*: *Abend-Zeitung Dresden*

　　1841. 3. 19~3. 22 · 5. 24~5. 28 · 6. 14~6. 16 · 8. 2~8. 4 · 8. 23 · 10. 1~10. 2 · 12. 4~12. 8 · 12. 25 · 1842. 1. 10~1. 11

34. 파리에서의 마지막 날Ein Ende in Paris: 단편소설, *Revue et gazette musicale de Paris*

　　1841. 1. 31 · 2. 7 · 2. 11

35. 행복한 저녁Ein glücklicker Abend: 단편소설, *Revue et gazette musicale de Paris*

　　1841. 10. 24 · 11. 7

36. 알레비와 프랑스 오페라Halévy und die französische Oper

　　1842(1871년 발표)

37. *알레비의 사이프러스의 여왕La Reine de Chypre* d'Halevy: *Revue et gazette musicale de Paris*

　　1842. 2. 27 · 3. 13 · 4. 24 · 5. 1

38. 새로운 오페라에 관한 보고, 알레비의 *사이프러스의 여왕*Bericht über eine neue Oper, *Halévy La Reine de Chypre*: *Abend-Zeitung(Dresden)*

　　1842. 1. 26~1. 29

39. 로베르트 슈만의 *음악신보*를 위한 파리인의 보고문Ein Pariser Bericht für Robert Schumanns *Neue Zeitschrift für Musik*: *Neue Zeitschrift für Musik*

　　1842. 2. 22

드레스덴 작센 궁정극장 음악감독 시절(1843~1849)

오페라 대본

40. 사라센 여인Die Sarazenin

    1843. 2(미완성)

41. 탄호이저Tannhäuser

    1843. 4

42. 로엔그린Lohengrin

    1845. 11. 27

43. 지그프리트의 죽음Siegfried's Tod

    1848. 11(신들의 황혼 대본에 흡수)

44. 프리드리히 1세Friedrich Barbarossa

    1848(미완성)

45. 나사렛의 예수Jesus von Nazareth

    1849. 4(미완성)

에세이, 논설, 비평 등

46. 자서전적 스케치Autographische Skizz

    1842~1843년 집필(*Zeitung für die elegante Welt*, 1843. 2. 1~2. 8. 발표)

47. *두 사람의 척탄병*의 독어 번역과 관련한 두 가지 해명Zwei Erklärungen uber
    die Verdeutschung des Textes *Les Deux Grenadiers* : *Neue Zeitschrift für Musik*

    1842. 5. 15 · 6. 19

48. 드레스덴 합창단을 향한 두 편의 글Zwei Schreiben an die Dresdener Liedertafel

    1843(1889년 발표)

49. 멘델스존바르톨디에 의한 오라토리오 *성바울*Das Oratorium *St. Paulus* von
    Mendelssohn-Bartholdy

1843(*Bayreuther Blätter*, 1899년 발표)

50. 런던행 드레스덴발, 카를 마리아 폰 베버의 유해 관련 귀향 보고Bericht über die Heimbringung der sterblichen Überreste Karl Maria von Weber's aus London nach Dresden

1844(1871년 발표)

51. 베버의 마지막 묘소에서의 연설문Rede an Weber's letzter Ruhestätte

1844. 12. 15(*Allgemeine Zeitung Leipzig*, 1844. 12.18. 발표)

52. 왕립 악대에 관하여Die Königliche kapelle betreffend

1846(*Der junge Wagner*, 1910년 발표)

53. 베토벤의 *제9번 교향곡*에 관하여Zu Beethoven's *Neunter Symphonie*: *Dresdener Anzeiger*

1846. 3. 24 · 3. 31 · 4. 2

54. 베토벤의 *제9번 교향곡* 프로그램 해설Programm zur "*9.Symphonie*" von Beethoven

1846. 4. 5

55. 베토벤의 *제9번 교향곡*, 1846년 드레스덴 공연에 관한 보고Die Auffuhrung *der neunten Symphonie* von Beethoven im Jahre 1846 in Dresden: *Zeitung fur die elegante Welt*

1846

56. 예술가와 비평가Künstler und Kritiker mit Bezug auf einen besonderen Fall : *Dresdener Anzeiger*

1846. 8. 14

57. 독일의 왕립 작센국민극장 조직을 위한 계획서Entwurf zur Organisation eines deutsche Nationaltheaters für das Königreich Sachsen

1848. 5. 11

58. 왕정체제는 공화주의자와의 관계에서 그들의 노력을 어떻게 받아들이는가?Wie verhalten sich repulikanische Bestrebungen dem Königthume gegenüber?

스위스 망명에서 사면 때까지 (1849~1862)

오페라 대본

67. 대장장이 빌란트Wieland der Schmied

    1850. 3(미완성)

68. 청년 지그프리트Der junge Siegfried

    1850. 5. 24(지그프리트 대본에 흡수)

69. 라인의 황금Das Rheingold

    1852. 12

70. 발퀴레Die Walküre

    1853. 1

71. 승리자Die Sieger

    1856. 5(미완성)

72. 트리스탄과 이졸데Tristan und Isolde

    1857. 9. 18

73. 신들의 황혼Götterdämmerung

    1856. 9(원안 지그프리트의 죽음)

74. 지그프리트Siegfried

    1856. 12(원안 청년 지그프리트)

75. 뉘른베르크의 마이스터징거Die Meistersinger von Nürnberg

    1862. 1. 25

에세이, 논설, 비평 등

76. 예술과 혁명Die Kunst und die Revolution : *Leipzig Wigand*

    1849

77. 예술과 혁명에 대하여Zu Die Kunst und die Revolution

1852(T. 울리히에게 보내는 서신)

89. 음악 평론에 관하여Über musikalische Kritik: *Neue Zeitschrift für Musik*
1852. 2. 6

90. *탄호이저* 연주에 관하여Über die Aufführung des *Tannhäuser*
1852. 2. 6

91. 빌헬름 바움가르트너의 가곡Wilhelm Baumgartner's Lieder: *Eidgenössische Zeitung*
1852. 2. 7

92. 괴테 재단에 관하여Über die Goethe-Stiftung: *Neue Zeitschrift für Musik*
1852. 3. 5

93. 앙리 비외탕Henri Vieuxtemps: *Eidgenössische Zeitung*
1852. 9. 20

94. 베토벤의 영웅 교향곡Beethoven *Heroische Symphonie*: *Neue Zeitschrift für Musik* 해설
1852. 10. 15(1851. 2. 26. 취리히 콘서트)

95. *코리올란* 서곡Ouverture zu *Koriolan*: *Neue Zeitschrift für Musik* 해설
1853. 1. 14(1852. 2. 17. 취리히 콘서트)

96. *탄호이저* 서곡Ouverture zu *Tannhäuser*: *Neue Zeitschrift für Musik* 해설
1853. 1. 14(1851. 3. 16. 취리히 콘서트)

97. *니벨룽의 반지* 낭독회 초대Vorlesung der Dichtung *Der Ring des Nibelungen*: *Eidgenössische Zeitung*
1853. 2. 12

98. *니벨룽의 반지* 첫 출간에 즈음한 서문Vorwort zum ersten Druck des *Der Ring des Nibelungen*: *Zurich*
1853

99. *방랑하는 네덜란드인* 서곡, 로엔그린 전주곡Ouvertüre zum Der fliegende

Hollander, Vorspiel zu Lohengrin: 해설

1853. 5(1853. 5. 18 · 20 · 22. 취리히 콘서트)

100. *탄호이저, 로엔그린* 페스티벌 콘서트Tannhäuser, Lohengrin Tannhäuser

I. Einzug der gäste auf Wartburg

II. Tannhäusers Romefahrt Lohengrin

I. Männerszene und Brautzug

II. Hochzeitmusik und Brautlied: 해설

1853. 5(1853. 5. 18, 20, 22. 취리히 콘서트)

101. 베토벤 C단조 4중주Beethovens Cis moll Quartett: *Zurich*

1854

102. 글루크의 *아울리스의 이피게니아* 서곡Gluck's Ouvertüre Iphigenie in Aulis

: *Neue Zeitschrift für Musik*, 해설

1854. 7. 1

103. 로시니의 주목되는 작품에 대한 비평Bemerkung zu einer angeblichen Äusserung

Rossini's

1855(1885년 발표)

104. 단테-쇼펜하우어Dante-Schopenhauer

1855. 7. 5(리스트에게 보내는 서신)

105. 모차르트 축제 운영에 관하여Über die Leitung Mozart-Feier: *Eidgenössische*

Zeitung

1856. 2. 15

106. 리스트의 교향시에 관하여Über Franz Liszts Symphonische Dichtungen

: *Zeitschrift für Musik*

1857. 4. 10

107. 루이스 슈포어와 합창 감독 W. 피셔를 추도함Nachruf an L. Spohr und

Chordirektor W. Fischer: *Neue Zeitschrift für Musik*

1859. 12. 2

108. 성적 사랑의 형이상학Metaphysik der Geschlechtsliebe

1858(미발표)

109. *트리스탄과 이졸데* 서곡, 제1막*Tristan und Isolde* Vorspiel, Act 1 : 해설

1859(1860. 1. 25. 파리 콘서트, 1885년 유고집에 수록)

110. 미래의 음악Zukunftsmusik

1860년 탈고(*Leipzig*, 1861년 발표)

111. 엑토르 베를리오즈에게 보내는 편지Ein Brief an Hector Berlioz : *Journal de débats*

1860. 2. 22

112. *탄호이저* 파리 공연 보고Bericht über die Aufführung des *Tannhäuser* in Paris : *Deutsche Allgemeine Zeitung*

1861. 4. 7

113. 빈 궁정 오페라극장으로부터Vom Wiener Hofoperntheater

1861. 10. 8

114. 무대축제극 니벨룽의 반지 출판에 대한 서문Vorwort zur Heraugabe der Dichtung des Bühnenfestpieles Der Ring des Nibelungen

1862년 탈고(*Leipzig*, 1863년 발표)

빈에서 스위스의 트립셴까지(1863~1872)

에세이, 논설, 비평 등

115. 빈 궁정 오페라극장에 관하여Vom Wiener Hofoperntheater : *Der Wiener Botschaftereitung*

1863

1868. 12. 17

127. 지휘에 관하여Über das Dirigieren : *Leipzig*

1869

128. 펠릭스 멘델스존바르톨디에 대한 나의 회고Meine Erinnerung an Felix Mendels sohn-Bartholdy : *Munich*

1869

129. 엑토르 베를리오즈에 관한 에세이, 그것에 대한 단편적인 글Fragment eines Aufsatzes uber Hector Berlioz

1869. 3. 11(1885년 유고집에 수록)

130. 음악에서의 유대주의와 관련한 약간의 해명Aufklärungen über *Das Judentum in der Musik* : *Leipzig*

1869

131. 왜 나는 나와 나의 예술적 견해에 대한 무수한 공격에 대해 답하지 않는가 Persönliches, warum ich zahllosen Angriffen auf mich und meine Kunstansichten nichts

erwidere

1869(1885년 유고집에 수록)

132. 엑토르 베를리오즈에 관한 단상Fragment eines Aufsatzes uber Hector Berlioz

1869. 3. 11(1885년 유고집에 수록)

133. 외국을 위한 독일 예술의 중요성에 관한 고찰Gedanken uber die Bedeutung der deutschen Kunst fur das Ausland

1869(1885년 유고집에 수록)

134. *발퀴레/Die Walkure*

I. Siegmunds Liebesgesang.

II. Der Ritt der Walküren.

III. Wotans Abschied und Feuerzauber : 해설

1869(1869. 12. 11. 뮌헨 콘서트)

바이로이트에서 임종 때까지(1872~1883)

오페라 대본

에세이, 논설, 비평 등

lische Wochenblatt

1872. 10. 11

144. 뮤직드라마 이름에 관하여Über die Benennung Musikdrama: *Musikalische Wochenblatter*

1872. 11. 8

145. 배우가 되려는 이와 배우에게Brief über das Schauspielerwesen an einen Schauspieler

1872. 11. 9(*Almanach der Bühnengenossenschaft*, 1873년 발표)

146. 스폰티니 회고Erinnerungen an Spontini

1872년 탈고(미발표)

147. 바이로이트 축제극장의 무대Das Bühnenfestspielhaus zu Bayreuth: *Leipzig*

1872

148. 인간은 신 안에서 자신을 찾는다Unter Gott sucht sich der Mensch

1872년 추정(1885년 유고집에 수록)

149. 지금의 독일 오페라 무대를 훑어봄Ein Einblick in das heutige deutsche Opernwesen

1872(*Musikalische Wochenblatt*, 1873. 1. 3, 10, 17)

150. 베토벤 *제9번* 교향곡의 연주에 대하여Zum Vortrag *der neunten Symphonie* Beethoven's: *Musikalische Wochenblatt*

1873. 4. 11

151. 바이로이트 축제무대의 후원자들에게An die Patrone der Bühnenfestpiele in Bayreuth

1873. 8. 30 · 9. 15(*Bayreuther Blätter*, 1886년 발표)

152. 나의 생애Mein Leben

1870~74년(vol.1~3 출간), 1880년(vol.4 출간), 1911년(축약판 합본 출간), 1963년(완전판 합본 출간, 그레고리-델린 감수)

164. 1876년 축제무대를 돌아보며Ein Ruckblick auf die Bühnenfestpiele des Jahres 1876: *Bayreuther Blätter*

1878. 12. 19

165. 우리는 희망을 가져도 되는가?Wollen wir hoffen?: *Bayreuther Blätter*

1879. 5. 13

166. 시 쓰기와 작곡에 관하여Über das Dichten und Komponieren

1878. 6. 28(*Bayreuther Blätter*, 1879년 발표)

167. 특별한 오페라 작시와 작곡법에 관하여Über das Oper-Dichten und Kompenieren im Besonderen: *Bayreuther Blätter*

1879. 7. 29

168. 드라마에 대한 음악 적용에 관하여Über die Anwendung der Musik auf das Drama

1879(*Bayreuther Blätter*, 1880년 발표)

169. 과학(생체해부학)의 고문실, 저자 에른스트 폰 베버 씨에게 보내는 공개서한Offenes Schreiben an Herrn Ernst von Weber, Verfsser der Schrift *Die Folterkammern der Wissenschaft*: *Bayreuther Blätter*

1879. 10. 9

170. 종교와 예술Religion und Kunst: *Bayreuther Blätter*

1880. 7. 19

171. *파르지팔* 서곡*Parsifal* Vorspiel: 해설

1880(1880. 11. 12. 루트비히 2세를 위한 특별 연주)

172. *종교와 예술*에 대한 보론Ausführungen zu *Religion und Kunst* 1 "너 자신을 알라Erkenne dich selbst": *Bayreuther Blätter*

1881. 2

173. *종교와 예술*에 대한 보론Auführungen zu *Religion und Kunst* 2 "영웅주의와 기독교 신앙Heldentum und Chritendum": *Bayreuther Blätter*

1881. 9. 4

174. 고비노 백작의 역작 *현세계의 인류학적 판단에 대한 소개*Zur Einführung der Arbeit des Grafen Gobineau *Ein Urteil über die jetzige Weltrage*: *Bayreuther Blätter*

1881. 5. 6

175. 갈색 겉표지의 책, 일기(1865~1882)Das braune Buch, Tagebuchaufzeichnungen 1865 bis 1882

1865. 8. 10~1882. 4. 9까지의 기록(미발표)

176. H. v. 볼초겐에게 보내는 편지Brief an H. v. Wolzogen: *Bayreuther Blätter*

1882. 3. 13

177. 보름스의 프리드리히 쇤 선생에게 보내는 공개서한Offenes Schreiben an Herrn Friedrich Schön in Worms: *Bayreuther Blätter*

1882. 1. 31

178. 바이로이트 시민에게 보내는 감사 편지Danksagung an die Bayreuther Bürgerschaft: *Bayreuther Tagblatt*

1883. 9. 5

179. 1882년 바이로이트의 신성축제무대Das Bühnenweihfestspiel in Bayreuth 1882, *Parsifal*: *Bayreuther Blätter*

1882. 11. 1

180. H. v. 슈타인에게 보내는 편지Brief an H. v. Stein: *Bayreuther Blätter*

1883. 1. 31

181. 형이상학. 예술과 종교. 도덕. 기독교Metaphysik. Kunst und Religion. Moral. Christentum(aporisms)

1885년 유고집에 수록

182. 인간성에 있어서 여성다움에 관하여Über das Weibliche im Menschlichen

1883. 2. 11~13(미완성, 1885년 유고집에 수록)

리하르트 바그너 연보

1813년	5월 22일, 리하르트 바그너, 라이프치히에서 요한나 로지네 바그너와 카를 프리드리히 바그너(경찰관)의 막내아들로 태어남. 8월 16일, 토마스 교회에서 'Wilhelm Richard Wagner'로 세례를 받음. 10월, 나폴레옹 군과 연합군 측이 라이프치히에서 격돌(국가 간의 전투: 10. 16~19). 11월 23일, 카를 프리드리히 바그너, 전란 수습 중에 발진티푸스로 사망(43세). 알렉산드르 다르고미시스키 1813. 2. 14 탄생(1869년 사망, 러시아, 향년 56세) 주세페 베르디 1813. 10. 10 탄생(1901년 사망, 이탈리아, 향년 88세)
1814년 1세	8월 28일, 리하르트의 어머니 요한나 바그너, 배우 겸 화가인 루트비히 가이어와 재혼. 3개월 뒤 가족이 드레스덴으로 이주. 리하르트는 '가이어Geyer' 성을 사용함. 나중에 가이어가 자신의 생물학적 아버지임을 암시하는 정황을 안 리하르트가 가끔은 가이어를 실제 아버지로 믿었음.
1817년 4세	작센 궁정 음악 부감독 카를 프리드리히 슈미트가 운영하는 유아원에 등록(드레스덴 소재)
1818년 5세	샤를 구노 1818. 6. 17 탄생(1893년 사망, 프랑스, 향년 75세)

1819년 6세	자크 오펜바흐 1819. 6. 20 탄생(1880년 사망, 독일-프랑스, 향년 61세) 프란츠 폰 주페 1819. 4. 18 탄생(1895년 사망, 오스트리아, 향년 76세) 클라라 요제피네 슈만 1819. 9. 13 탄생(1896년 사망, 독일, 향년 77세)
1820년 7세	9월, 리하르트, 크리스티안 베첼 목사가 운영하는 학원에 기숙함. 초등 과목과 피아노를 배움. 앙리 비외탕 1820. 2. 17 탄생(1881년 사망, 벨기에, 향년 61세)
1821년 8세	9월 30일, 루트비히 가이어 결핵으로 사망(42세). 10월, 리하르트, 아이슬레벤에 거주하는 삼촌 카를(루트비히 가이어의 동생)에게 맡겨짐.
1822년 9세	10월, 삼촌 카를의 결혼으로 드레스덴으로 돌아옴. 며칠 뒤 삼촌 아돌프(카를 프리드리히 바그너의 동생)가 조카 리하르트를 잠시 돌봄. 12월, 십자가 문법학교(드레스덴 소재)에 리하르트 가이어란 이름으로 등록, 주로 문학과 역사를 배움. E. T. A. 호프만 1822. 6. 25 사망(1776년 탄생, 독일, 향년 46세) 요아힘 라프 1822. 5. 27 탄생(1882년 사망. 독일-스위스, 향년 60세) 세자르 프랑크 1822. 12. 10 탄생(1890년 사망, 프랑스, 향년 68세)
1823년 10세	1월 26일, 리하르트, 드레스덴에서 공연한 『마탄의 사수』를 보고 열광함. 에두아르 랄로 1823. 1. 27 탄생(1892년 사망, 프랑스, 향년 69세)
1824년 11세	5월 7일, 베토벤의 교향곡 9번 빈 초연. 베드르지흐 스메타나 1824. 3. 2 탄생(1884년 사망, 체코, 향년 60세) 카를 라이네케 1824. 6. 23 탄생(1910년 탄생, 독일, 향년 86세) 안톤 브루크너 1824. 9. 4 탄생(1896년 사망, 오스트리아, 향년 72세) 페터 코르넬리우스 1824. 12. 24 탄생(1874년 사망, 독일, 향년 50세)

1825년 12세	요한 슈트라우스 1세 1825. 10. 25 탄생(1899년 사망, 오스트리아, 향년 74세) 페터 빈터 1825. 10. 17 사망(1754년 탄생, 독일, 향년 71세)
1826년 13세	12월, 바그너가의 장녀 로잘리에가 배우로 데뷔하여 리하르트를 제 외한 가족이 프라하로 이주. 어머니는 막내아들의 학업을 위해 뵈메 박사(그의 아들 루돌프 뵈메는 바그너의 급우) 댁에 바그너를 하숙생으 로 맡김. 호메로스의 그리스어 원전《오디세이》24권 중 3권을 번역. 서사시〈파르나소스에서의 전투〉를 지음. 전 5막으로 된 비극《로이발트》를 쓰기 시작함. 후안 아리아가 1826. 1. 17 사망(1806년 탄생, 스페인, 향년 20세) 카를 폰 베버 1826. 6. 5 사망(1786년 탄생, 독일, 향년 40세) 스티븐 포스터 1826. 7. 4 탄생(1864년 사망, 미국, 향년 38세)
1827년 14세	4월 8일, 드레스덴 소재 십자가 교회에서 안수례按手禮 받음. 4월, 친 구 루돌프 뵈메와 함께 드레스덴에서 프라하까지 도보 여행. 프라하 프라보닌에서 파흐타 자매(예니와 아우구스테)에게 연정을 느낌. 8월, 번역가이자 작가인 삼촌 아돌프로부터 많은 감화를 받음. 12월, 루이 제(둘째 누나)가 배우로 취업해 가족이 라이프치히로 이주. 루트비히 판 베토벤 1827. 3. 26 사망(1770년 탄생, 독일, 향년 57세) 요제프 슈트라우스 1827. 8. 20 탄생(1870년 사망, 오스트리아, 향년 43세)
1828년 15세	1월 21일, 리하르트(15세), 라이프치히 소재 니콜라스 학교(중등 과 정)에 입학하면서 '가이어' 성을 버리고 리하르트 '바그너'로 등록. 4월,《로이발트》탈고,《로이발트》에 부치는 부수음악 작곡. 7월, 화성 학을 독학함. 10월, 크리스티안 뮐러 교수에게 화성학을 배움. 프란츠 슈베르트 1828. 11. 19 사망(1797년 탄생, 오스트리아, 향년 31세)

1829년 16세	4월, 『피델리오』에서 레오노레 역을 노래하는 슈뢰더데프린트를 보고 감명을 받음. 8월, 라이프치히에서 클라라(셋째누나)가 거주하는 마그데부르크까지 도보 여행. 8~9월, 작곡을 시작함. 피아노 소나타 d단조와 f단조, 현악 사중주 D장조. **안톤 루빈시테인 1829. 11. 28 탄생(1894년 사망, 러시아, 향년 65세)**
1830년 17세	4월 1일, 니콜라스 중등학교 퇴학. 6월 16일, 토마스 중등학교로 전학. 7~8월, 여름 동안 바이올린을 교습받음. 서곡 B플랫장조, 일명 「북소리」(1830. 12. 25. 라이프치히 초연). 10월 6일, 출판업자 프란츠 쇼트로부터 베토벤 『합창 교향곡』의 편곡(피아노)을 의뢰받음(다음 해에 완성, 약속과 달리 출판되지 않음). **카를 골드마르크 1830. 5. 18 탄생(1915년 사망, 헝가리-오스트리아, 향년 85세)**
1831년 18세	2월, 토마스 중등학교 자퇴. 2월 23일, 리하르트 바그너(18세), 라이프치히 대학교에 등록(전공 음악, 부전공 철학). 바흐 음악을 전공한 테오도어 바인리히 교수로부터 악전을 배움. **이그나츠 플레옐 1831. 11. 14 사망(1757년 탄생, 오스트리아-프랑스, 향년 74세)** **요제프 요아힘 1831. 6. 28 탄생(1907년 사망, 헝가리, 향년 76세)**
1832년 19세	4월, 교향곡 C장조 작곡(1832년 11월 프라하 초연). 9월, 대학 동기 테오도어 아펠과 함께 라이프치히에서 빈을 거쳐 프라하까지 도보 여행. 파흐타 자매와 재회. 프라하에 머물면서 3막으로 구성한 비극 오페라 『결혼』을 구상. 10월, 테오도어 아펠의 시 「저녁 종」에 부친 가곡 작곡. 12월, 『결혼』의 대본을 탈고(1833년 3월 페기), 제1막의 음악 일부를 작곡. **무치오 클레멘티 1832. 3. 10 사망(1752년 탄생, 이탈리아, 향년 80세)** **카를 프리드리히 젤터 1832. 5. 15 사망(1758년 탄생, 독일, 향년 74세)**

1833년 20세	1월 17일, 뷔르츠부르크 극장의 합창감독으로 임명(20세). 같은 극장의 합창단에 소속된 소프라노 테레제 링겔만을 연인으로 사귐. 감독직에 있던 기간(1833년 1월부터 다음 해 6월까지) 동안 베토벤, 모차르트, 베버, 로시니, 마이어베어 등 작곡가의 오페라를 연습하고 연출함. 1~2월, 오페라 『요정』 대본 탈고. 2월 20일, 『요정』 작곡 착수. 페르디낭 에롤드 1833. 1. 9 사망(1791년 탄생, 프랑스, 향년 42세) 요하네스 브람스 1833. 5. 7 탄생(1897년 사망, 독일, 향년 64세) 알렉산드르 보로딘 1833. 11. 12 탄생(1887년 사망, 러시아, 향년 54세)
1834년 21세	1월 6일, 『요정』 총보 완성. 사회사상가이자 청년 독일 운동의 지도자 하인리히 라우베와 친교. 4월, 『요정』 개정판 작곡. 6월 10일, 논설 〈독일 오페라에 관하여〉를 〈우아한 세계시보〉(라우베 주관)에 발표. 6~7월, 친구 아펠과 체코의 테플리츠(온천지)에서 휴가. 이곳에서 오페라 『연애금지』 구상. 7월, 마그데부르크 극장 지휘자에 임명. 극장 지배인 하인리히 베트만과 함께 순회공연. 8월 2일, 첫 공연지 바트 라우흐슈타트에서 『돈 조반니』로 지휘자 데뷔. 공연 다음 날, 같은 극장의 소속 배우 민나 플라너를 보고 한눈에 반함. 8~9월, 『연애금지』 대본 탈고. 프랑수아 보옐디외 1834. 10. 8 사망(1775년 탄생, 프랑스, 향년 59세) 헨리크 비에니아프스키 1835. 7.10 탄생(1880년 사망, 폴란드, 향년 45세) 아밀카레 폰키엘리 1834. 8. 31 탄생(1886년 사망, 이탈리아, 향년 52세)
1835년 22세	1~2월, 『연애금지』 작곡에 착수. 2월 16일, 아펠의 희곡 《콜럼버스》를 위한 서곡 E플랫장조 초연. 4월, 마그데부르크 극장의 흥행 부진으로 곤경에 처함. 7~8월, 가수 선발을 위해 체코와 남부 독일로 여행. 바이로이트의 경관과 활기에 찬 뉘른베르크 시민의 기상에 깊은 인상을 받음. 바이로이트 극장의 입지 선정과 『뉘른베르크의 마이스터징거』의 구상에 영향을 받음. 8월, 자서전의 기초가 되는 '빨간색

수첩(일기)Rote Brieftasche'을 쓰기 시작함. 11월, 민나가 쾨니히스슈타트 극장에 취업하여 베를린으로 떠남. 바그너의 열화 같은 구애 편지에 민나는 2주 만에 마그데부르크로 돌아옴.

빈첸초 벨리니 1835. 9. 23 사망(1801년 탄생, 이탈리아, 향년 34세)

세자르 큐이 1835. 1. 18 탄생(1918년 사망, 러시아, 향년 83세)

카미유 생상 1835. 10. 9 탄생(1921년 사망, 프랑스, 향년 86세)

1836년 23세	3월, 『연애금지』 총보 완성. 3월 29일, 『연애금지』 리허설 없이 마그데부르크에서 초연(바그너 지휘). 4월, 『연애금지』의 실패로 극장 지배인 하인리히 베트만이 파산함. 5월, 베를린에서 공연 예정이던 『연애금지』가 취소됨. 스폰티니의 오페라 『페르난드 코르테즈』를 보고 감명을 받음. 11월 24일, 쾨니히스베르크의 한 교회에서 민나 플라너와 결혼. 레오 들리브 1836. 2. 21 탄생(1891년 사망, 프랑스, 향년 54세) 안토니우 카를루스 고메스 1836. 7. 11 탄생(1896년 사망, 브라질, 향년 60세)
1837년 24세	4월 1일, 쾨니히스베르크 극장의 음악감독직을 맡음. 5월 31일, 아내 민나가 잦은 말다툼 끝에 집을 떠남. 6월, 드레스덴에 머무는 아내를 찾아갔으나 한발 늦음. 드레스덴에서 역사 소설 《리엔치》를 읽고 오페라로 만들기로 함. 라트비아 소재 리가 극장의 음악감독직을 제안받음. 7월, 민나와 화해. 『리엔치』 초고 집필. 8월, 쾨니히스베르크에서 리가로 이주. 《고귀한 신부》 초고를 대본작가 외젠 스크리브에게 송부. 9월 1일 리가 극장에서 첫 지휘(자작곡 「베이스를 위한 아리아 G장조」를 레퍼토리에 포함). 존 필드 1837. 1. 23 사망(1782년 탄생, 아일랜드, 향년 55세) 요한 네포무크 훔멜 1837. 10. 17 사망(1778년 탄생, 오스트리아, 향년 59세) 밀리 발라키레프 1837. 1. 2 탄생(1910년 사망, 러시아, 향년 73세) 에밀 발퇴펠 1837. 12. 9 탄생(1915년 사망, 프랑스, 향년 78세)

1838년 25세	8월 6일, 『리엔치』 대본 탈고. 8월 7일 『리엔치』 작곡에 착수. 11월 15일, 리가 극장 공연의 새 시즌 시작(연주곡목에 오페라와 베토벤의 여섯 개 교향곡을 포함). 막스 브루흐 1838. 1. 6 탄생(1920년 사망, 독일, 향년 82세) 카를 다비도프 1838. 3. 15 탄생(1889년 사망, 러시아, 향년 51세) 조르주 비제 1838. 10. 25 탄생(1875년 사망, 프랑스, 향년 37세)
1839년 26세	3월, 리가 극장 감독직에서 물러남(극장 측에서 재계약 철회). 5월, 『리엔치』 작곡(제1막과 제2막). 7월, 채권자를 피해 프랑스로 가는 도피 행로에 오름. 러시아 국경을 경유해 독일의 팔라우까지 가는 동안 마차 전복 사고를 당하여 아내가 유산함. 여권 없이 밀항 중에 만난 폭풍우를 피해 노르웨이에서 일시 정박. 『방황하는 네덜란드인』을 구상함. 8월 12일, 런던에 도착. 8월 20일, 프랑스 여행, 불로뉴에서 마이어베어를 만남. 9월 17일, 목적지 파리에 도착. 11월 24일, 파리 음악원협회에서 연주하는 베토벤의 『합창 교향곡』과 베를리오즈의 『로미오와 줄리엣』을 듣고 깊은 인상을 받음. 모데스트 무소륵스키 1839. 3. 21 탄생(1881년 사망, 러시아, 향년 42세)
1840년 27세	5월 6일, 『방황하는 네덜란드인』 초고를 대본가 마이어베어와 외젠 스크리브에게 보냄. 5~7월, 『방황하는 네덜란드인』 집필과 작곡을 병행. 7월 12일, 모리츠 슐레징거가 발행하는 음악평론지에 글을 연재하기 시작함. 10~11월, 생애 처음 맞는 궁핍한 생활에 시달림. 11월 19일, 『리엔치』 총보 완성. 12월 3일, 단편소설 〈베토벤을 향한 순례〉 발표. 니콜로 파가니니 1840. 5. 27 사망(1782년 탄생, 이탈리아, 향년 58세) 표트르 차이콥스키 1840. 5. 7 탄생(1893년 사망, 러시아, 향년 53세) 요한 스벤센 1840. 9. 30 탄생(1911년 사망, 노르웨이, 향년 71세)

1841년 28세	1월 31일, 단편소설 〈파리에서의 마지막 날〉 발표. 3월, 일간지 〈드레스덴 아벤트차이퉁〉에 음악 비평을 연재함. 파리에서 리스트를 만나 친분을 맺음(첫 상면). 5월 28일, 『방황하는 네덜란드인』 대본 탈고 및 작곡 착수. 10월, 드레스덴 궁정 오페라극장에서 『리엔치』를 공연하기로 함. 추천자 마이어베어에게 감사 서신을 보냄. 11월 20일, 『방황하는 네덜란드인』 총보 완성.

알레산드로 롤라 1841. 9. 15 사망(1757년 탄생, 이탈리아, 향년 84세)

에마뉘엘 샤브리에 1841. 1. 18 탄생(1894년 사망, 프랑스, 향년 53세)

안토닌 드보르자크 1841. 9. 8 탄생(1904년 사망, 체코, 향년 63세)

1842년 29세	4월 7일, 파리에서 드레스덴으로 이주(4월 12일 목적지에 도착). 7월 6일, 체코의 테플리츠에서 장기 휴양. 『탄호이저』 초고 완료(처음 제목은 '베누스베르크Der Venusberg'로 정함). 10월 20일, 『리엔치』, 드레스덴에서 카를 라이시거의 지휘로 초연. 빌헬미네 슈뢰더데프린트가 아드리아노 역을 맡은 이 공연은 대성황을 이루어 바그너 생애에서 처음 맞는 성공으로 기록됨.

루이지 케루비니 1842. 3. 15 사망(1760년 탄생, 이탈리아, 향년 82세)

아리고 보이토 1842. 2. 24 탄생(1918년 사망, 이탈리아, 향년 76세)

카를 밀뢰커 1842. 4. 29 탄생(1899년 사망, 오스트리아, 향년 57세)

쥘 마스네 1842. 5. 12 탄생(1912년 사망, 프랑스, 향년 70세)

아서 설리번 1842. 5. 13 탄생(1900년 사망, 영국, 향년 58세)

카를 첼러 1842. 6. 19 탄생(1898년 사망, 오스트리아, 향년 56세)

1843년 30세	1월 2일, 『방황하는 네덜란드인』 드레스덴에서 초연(바그너 지휘, 공연 결과는 기대에 못 미침). 1월, 《사라센 여인》 대본 집필(미완성). 2월 1일, 라우베가 발행하는 일간지에 자전적 기록을 발표(2. 1~8 연재). 2월 2일, 드레스덴 왕립 작센 궁정극장의 음악감독직을 맡음(고틀리프 라이시거와 공동 감독). 4월, 『탄호이저』 대본 탈고. 7월 6일, 남성 합창

곡「사도의 애찬」초연. 8~9월,『탄호이저』작곡에 착수. 10월 1일, 오스트라-알레 지구 내 고급 아파트로 이사. 10~12월, 고대에서 근대에 이르는 문학과 역사, 철학 등 많은 서책을 탐독(드레스덴 도서관).

요제프 란너 1843. 4. 14 사망(1801년 탄생, 오스트리아, 향년 42세)

에드바르 그리그 1843. 6. 15 탄생(1907년 사망, 노르웨이, 향년 64세)

1844년
31세

1월 7일,『방황하는 네덜란드인』베를린 공연(바그너 지휘). 3월 21일,『리엔치』함부르크 공연(바그너 지휘). 10월,『탄호이저』제1막과 제2막을 작곡. 11월, 스폰티니를 드레스덴에 초청, 그의 지휘로『베스타의 무녀』를 공연함. 12월,『탄호이저』제3막 일부를 작곡. 12월 14일, 베버의 유해 운구에 참여(런던에서 함부르크항을 경유, 드레스덴에 이르는 경로). 유해가 드레스덴의 묘지에 도착하자 바그너는 장송곡을 연주함. 12월 15일, 베버의 유해 안장식에서「베버의 무덤에서」를 연주한 뒤 추도사를 낭독함.

파블로 데 사라사테 1844. 3. 10 탄생(1908년 사망, 스페인, 향년 64세)

니콜라이 림스키코르사코프 1844. 3. 18 탄생(1908년 사망, 러시아, 향년 64세)

1845년
32세

4월 13일,『탄호이저』총보 완성. 7월 3일, 프랑스 휴양지 마리앙바드에서 온천욕을 하던 중 로엔그린과 파르지팔의 전설에 관한 문헌을 읽고 아이디어를 떠올림. 7월 16일,『뉘른베르크의 마이스터징거』초고 집필. 8월 3일,『로엔그린』초고 완료. 10월 19일,『탄호이저』, 드레스덴에서 초연(바그너 지휘). 11월 27일,『로엔그린』대본 탈고.

가브리엘 포레 1845. 5. 12 탄생(1924년 사망, 프랑스, 향년 79세)

1846년
33세

3월 2일, 작센 궁정관현악단을 재편성함. 4월 5일, 난곡으로 알려진 베토벤의『합창 교향곡』을 일요 연주회에서 성황리에 지휘함. 7월 30일,『로엔그린』총보 스케치 완료. 8월, 재정 압박을 느껴 극장의 연금기금에서 5,000탈러를 대부받음.

루이지 덴차 1846. 2. 24 탄생(1922년 사망, 이탈리아, 향년 76세)

파올로 토스티 1846. 4. 9 탄생(1916년 사망, 이탈리아, 향년 70세)

리카르도 드리고 1846. 6. 30 탄생(1930년 사망, 이탈리아, 향년 84세)

1847년
34세

2월 24일, 글루크『아울리스의 이피게니아』의 바그너 편곡판 공연(바
그너 지휘). 8월, 아이스킬로스의 《오레스테이아》 3부작, 로마 역사와
헤겔 철학서를 읽음. 8월 29일, 『로엔그린』 전주곡 작곡. 10월 24일,
『리엔치』 베를린 공연(바그너 지휘).

펠릭스 멘델스존 1847. 11. 4 사망(1809년 탄생, 독일, 향년 38세)

1848년
35세

1월 9일, 바그너의 어머니(요한나 로지네) 사망. 2월, 혁명의 해를 맞
아 파리에서 민중 봉기(2월 혁명)가 일어남. 3월, 빈에서 민중 봉기
가 일어남. 바그너가 열정을 담아 지은 시, 〈작센으로부터 빈 시민에
게 보내는 환영 인사〉를 발표. 3월 8일, 팔레스트리나 「성모 애가」의
바그너 편곡판 연주(바그너 지휘). 4월 28일, 『로엔그린』 총보 완성.
5월, 프랑크푸르트에서 독일국가 연맹 회합. 〈작센 왕국 국립극장 조
직에 관한 안〉을 발표. 10월 4일, 반지 4부작의 원안이 된 《니벨룽 신
화Der Nibelungen Mythus》 시나리오를 집필. 11월 28일, 『신들의 황혼』으
로 발전하는 극시 《지그프리트의 죽음》을 탈고. 11~12월, 《프리드리
히 1세Friedrich Barbarossa》 대본 집필(미완성).

가에타노 도니체티 1848. 4. 8 사망(1797년 탄생, 이탈리아, 향년 51세)

앙리 뒤파르크 1848. 1. 21 탄생(1933년 사망, 프랑스, 향년 85세)

1849년
36세

1~4월, 《나사렛의 예수》 대본 집필(미완성). 2월, 프리드리히 1세
와 지그프리트를 연관 지은 〈비벨룽Die Wibelungen〉 탈고. 4월 8일, 왕
정 타도를 주장한 논설 〈혁명〉을 발표. 4~5월, 혁명 주도 그룹에 가
담하여 행동대의 전열에 섬. 5월 9일, 혁명 지도부의 와해와 참가 시
민의 패퇴로 바이마르에 은신. 5월 16일, 바그너에 체포 영장 발부

(5. 19 공고). 5월 24~28일, 리스트의 도움으로 바이마르에서 스위스로 도피. 7월, 스위스의 취리히에 정착, 《예술과 혁명》 집필.

오토 니콜라이 1849. 5. 11 사망(1810년 탄생, 독일, 향년 39세)

요한 슈트라우스 1세 1849. 9. 25 사망(1804년 탄생, 오스트리아, 향년 45세)

프레데릭 쇼팽 1849. 10. 17 사망(1810년 탄생, 폴란드, 향년 39세)

1850년
37세

1~3월, 《대장장이 빌란트Wieland der Schmied》 대본 집필(미완성). 3월 14일, 프랑스 보르도에 거주하는 로소 부부를 방문함(초청에 의함). 3~5월, 율리에 리터 부인과 제시 로소가 연금 3,000프랑을 지급하기로 제안함. 제시 로소와 함께 그리스 지역으로 사랑의 도피행을 계획했으나, 제시의 남편에 의해 제지됨. 7월 3일, 파리에서 취리히로 돌아옴. 8월, 《지그프리트의 죽음》 총보 스케치 작성. 8월 28일, 『로엔그린』 바이마르 초연(리스트 지휘). 9월 3일, 《음악에서의 유대주의》를 〈음악신보〉지에 가명으로 발표. 10월 4일, 『마탄의 사수』를 시작으로 이듬해 4월 4일까지 음악회를 개최함(취리히 극장). 10월, 《오페라와 드라마》 집필. 11월, 《미래의 예술작품》 탈고.

1851년
38세

1월 10일, 《오페라와 드라마》 탈고. 5월 3일, 『지그프리트』로 발전하는 극시 《청년 지그프리트》 집필. 5월 24일, 《청년 지그프리트》 대본 탈고, 총보 스케치 착수. 7, 8월, 〈내 친구에게 전함〉을 〈음악시보〉에 연재. 9월, 취리히 소재 목욕치료원(알비스브룬)에서 피부병(단독)을 치료함. 10월, 율리에 리터 부인으로부터 800탈러(1,800만 원)의 연금을 받음(1859년까지 계속됨), 『라인의 황금』 초고 집필. 11월, 『발퀴레』 초고 집필.

알베르트 로르칭 1851. 1. 21 사망(1801년 탄생, 독일, 향년 50세)

가스파레 스폰티니 1851. 1. 24 사망(1774년 탄생, 이탈리아, 향년 77세)

뱅상 댕디 1851. 3. 27 탄생(1931년 사망, 프랑스, 향년 80세)

1852년 39세	2월 17일, 베젠동크 부부(오토와 마틸데)를 만남. 4~5월, 『방황하는 네덜란드인』 개정판, 취리히에서 4회 공연(바그너 지휘). 7월 1일, 『발퀴레』 초고 완료. 8월, 반지 4부작, 무대에 대한 영감을 얻기 위해 알프스 산행 후 이탈리아 내 호수들을 둘러봄. 11~12월, 《청년 지그프리트》와 《지그프리트의 죽음》 원본을 개정. 12월, 『라인의 황금』 대본 탈고. 프란시스코 타레가 1852. 11. 21 탄생(1909년 사망, 스페인, 향년 57세)
1853년 40세	1월, 『발퀴레』 대본 탈고. 2월 16~19일, 『니벨룽의 반지』 대본을 50부 인쇄, 취리히 보로락 호텔에서 낭독회를 가짐. 4월 15일, 민나와 함께 취리히 소재 대형 아파트로 이사. 5월, 베젠동크 부부의 도움을 얻어 바그너 축제를 3회 개최함. 7월 2일, 리스트가 방문함. 바그너는 그의 『파우스트 교향곡』에 감명을 받음(7. 2~10). 7~8월, 알프스 산행 겸 스위스 일대 여행(7. 14~8. 10). 8~9월, 투린을 거쳐 리구리안 해안에 이르는 제노아, 라스페치아 일대를 여행(8. 24~9. 10). 라스페치아 호텔에서 『라인의 황금』 도입부의 악상을 떠올림. 10월, 바젤을 거쳐 파리로, 파리에서 취리히로 돌아오는 여행 중에 리스트를 방문. 파리에서 리스트와 담소 중에 그의 딸 코지마와 블란디네를 대면함(10. 10). 11월 1일, 『라인의 황금』 초고 악보 착수(자연의 동기를 바탕으로 한 장면 일부). 앙드레 메사제 1853. 12. 30 탄생(1929년 사망, 프랑스, 향년 76세)
1854년 41세	6월, 민나의 심장 기능이 나빠져 6월에는 루체른 호수 인근 젤리스베르크에서 가료. 6월 28일, 『발퀴레』 총보 착수. 9월, 본인의 낭비와 아내의 가족(민나와 그녀의 딸, 장모와 장인) 부양으로 빚이 1만 프랑으로 불어남. 오토 베젠동크가 바그너의 장래 공연 수입을 담보로 채무를 상환하고, 연금(2,000프랑) 지급을 약속함. 민나가 작센 왕에게 남편의 사면을 청원했으나 거부됨. 9월 26일, 『라인의 황금』 총보 완성. 10월,

마틸데 베젠동크에 대한 연애감정으로 트리스탄과 이졸데의 전설에 주목함. 쇼펜하우어의 《의지와 표상으로서의 세계》 저작을 읽음.

레오시 야나체크 1854. 7. 3 탄생(1928년 사망, 체코, 향년 74세)

엥겔베르트 훔퍼딩크 1854. 9. 1 탄생(1921년 사망, 독일, 향년 67세)

존 필립 수자 1854. 11. 6 탄생(1932년 사망, 미국, 향년 78세)

1855년
42세

2~6월, 영국에서 필하모니 협회를 위한 8회의 연주회를 가짐. 평단의 평은 인색했으나, 관객과 빅토리아 여왕 부부로부터는 찬사를 받음(2. 26~6. 30). 연주 여행차 영국에 온 베를리오즈를 만남. 9~10월, 피부병(단독)의 악화로 시달림. 12월, 『트리스탄과 이졸데』, 음악극으로 만들 아이디어를 구상함.

에르네스트 쇼송 1855. 1. 20 탄생(1899년 사망, 프랑스, 향년 44세)

아나톨리 리아도프 1855. 5. 12 탄생(1914년 사망, 프랑스, 향년 59세)

1856년
43세

3월 23일, 『발퀴레』 총보 완성. 4월, 《청년 지그프리트》와 《지그프리트의 죽음》의 제목을 『지그프리트』와 『신들의 황혼』으로 각각 바꿈. 5월 16일, 작센 왕에게 사면을 청원했으나 거부됨. 부처의 삶을 그린 오페라 《승리자》의 초고를 집필(미완성). 8월, 쇼펜하우어의 염세관을 반영한 반지 시리즈의 결말을 집필(폐기). 9월, 『신들의 황혼』 대본 3차 개정. 9월 22일, 『지그프리트』 총보 착수(제1막 일부). 10~11월, 리스트의 방문(10. 13~11. 27)을 받고 그의 교향시에 대해 논의함. 리스트가 『발퀴레』 제1막을 피아노로 시연. 리스트의 교향시와 베토벤의 『영웅 교향곡』을 레퍼토리로 연주회 개최. 12월, 『지그프리트』 대본 개정판 완성. 12월 19일, 『트리스탄과 이졸데』 총보 스케치(전주곡과 제1막 일부).

아돌프 아당 1856. 5. 3 사망(1803년 탄생, 프랑스, 향년 53세)

주세페 마르투치 1856. 1. 6 탄생(1909년 사망, 이탈리아, 향년 53세)

크리스티안 신딩 1856. 1. 11 탄생(1941년 사망, 노르웨이, 향년 85세)

세르게이 타네예프 1856. 11. 25 탄생(1915년 사망, 러시아, 향년 59세)

로베르트 슈만 1856. 7. 29 사망(1810년 탄생, 독일, 향년 46세)

1857년 44세	4월, 오토 베젠동크의 배려로 취리히 교외에 있는 그의 저택 옆 가옥 (은신처)으로 이주. 여기서 『파르지팔』을 구상하고 스케치해 둠(스케치는 초고 이전 단계). 8월 9일, 『지그프리트』 제2막 끝부분을 완성하고 다음 악상을 준비. 8월 20일, 『트리스탄과 이졸데』 대본 착수. 9월, 한스 폰 뷜로와 코지마 부부가 바그너의 은신처에 신혼여행차 방문. 9월 18일, 『트리스탄과 이졸데』 대본 탈고. 9~10월, 마틸데를 향한 열정에 휩싸여 『트리스탄과 이졸데』 탈고 즉시 작곡에 착수. 11~12월, 마틸데가 지은 다섯 편의 시에 곡을 붙임(『베젠동크 가곡집』). 12월 31일, 『트리스탄과 이졸데』 제1막 초고 악보 완료.

미하일 글린카 1857. 2. 15 사망(1804년 탄생, 러시아, 향년 53세)

카를 체르니 1857. 7. 15 사망(1791년 탄생, 오스트리아, 향년 66세)

루제로 레온카발로 1857. 4. 23 탄생(1919년 사망, 이탈리아, 향년 62세)

에드워드 엘가 1857. 6. 2 탄생(1934년 사망, 영국, 향년 77세)

1858년 45세	1~2월, 바그너, 마틸데, 민나와의 삼각관계로 은신처에서 파리로 여행을 떠남(1. 15~2. 6). 파리에서 베를리오즈의 오페라 『트로이 사람들』 대본을 읽음. 4월 3일, 『트리스탄과 이졸데』 제1막 총보 완료. 4월 7일, 마틸데에게 보내는 바그너의 연서를 민나가 가로챔. 이로써 바그너 부부의 갈등은 절정을 맞음. 4~7월, 민나가 브레스텐베르크에서 심장병 치료를 받음(4. 15~7. 15). 7월 1일, 『트리스탄과 이졸데』 제2막 총보 완료. 7월 21일, 뷜로와 코지마가 바그너를 방문하여 3주간 머물다 감. 8월 17일, 부부가 별거함(민나는 처가가 있는 드레스덴으로, 바그너는 베네치아로 거처를 옮김). 8월 29일, 카를 리터와 함께 베네치아에 도착. 대운하 옆 주스티니아니궁에서 생활. 9월, 에세이 〈성적 사랑의 형이상학〉 탈고.

안톤 디아벨리 1858. 4. 8 사망(1781년 탄생, 오스트리아, 향년 77세)

외젠 이자이 1858. 7. 16 탄생(1931년 사망, 벨기에, 향년 73세)

예네 후바이 1858. 9. 15 탄생(1937년 사망, 헝가리, 향년 79세)

자코모 푸치니 1858. 12. 22 탄생(1924년 사망, 이탈리아, 향년 66세)

1859년 46세	1~3월, 베네치아에 머물던 중 행방을 쫓던 관헌에 시달리고, 이질과 다리에 생긴 종양으로 건강을 해침. 3월 24일, 베네치아를 떠나 밀라노를 거쳐 취리히에 도착(3. 24~28). 4월 3일, 스위스 루체른에 정착(4. 3). 4월, 『트리스탄과 이졸데』 제3막 초고 악보 완료. 8월 6일, 『트리스탄과 이졸데』 총보 완성. 9월, 베젠동크 부부를 루체른의 슈바이처호프 호텔로 초청, 그들로부터 반지 4부작의 총보(원본)를 각 6,000프랑에 구입하겠다는 약속을 받음. 9월 10일, 파리에 정착(1861년 7월까지 거주). 파리에서 『탄호이저』, 『로엔그린』, 『트리스탄과 이졸데』의 공연을 위해 문화계 인사를 찾아다님. 11월 17일, 바그너가 민나에게 함께 살자고 설득함. 민나는 개와 앵무새를 데리고 남편을 방문(약 1년 8개월간 동거).

루이스 슈포어 1859. 10. 22 사망(1784년 탄생, 독일, 향년 75세)

미하일 이폴리토프 이바노프 1859. 11. 19 탄생(1935년 사망, 러시아, 향년 78세)

1860년 47세	1월, 악보 출판업자 프란츠 쇼트로부터 『라인의 황금』 판권을 1만 프랑에 구입할 것을 제안받음. 1~2월, 가계 궁핍으로 연주 활동 개시. 파리에서 자신의 음악으로 3회의 연주회를 개최. 이탈리안 극장에서 콘서트(1. 25~2. 1) 중에 귀스타브 도레, 보들레르, 구노, 생상 등의 환대를 받음. 3월, 브뤼셀에서 연주회 개최. 파리 체재 중 로시니를 방문함(처음이자 마지막 만남). 7월 15일, 작센 왕국을 제외한 독일 지역에서 바그너의 사면을 받아들임. 8월, 민나와 함께 여행을 떠남(바트조덴과 프랑크푸르트, 바덴바덴 일대). 9월 24일, 『탄호이저』 파리 공연을 위해 연습에 들어감. 10월, 장티푸스로 인한 건강 악화로 공연

연기.『탄호이저』제1막의 '베누스베르크 장면'을 개정(추가).

후고 볼프 1860. 3. 13 탄생(1903년 사망, 오스트리아, 향년 43세)

이사크 알베니스 1860. 5. 29 탄생(1909년 사망, 스페인, 향년 49세)

귀스타브 샤르팡티에 1860. 6. 25 탄생(1956년 사망, 프랑스, 향년 96세)

구스타프 말러 1860. 7. 7 탄생(1911년 사망, 오스트리아, 향년 51세)

이그나치 얀 파데레프스키 1860. 11. 18 탄생(1941년 사망, 폴란드, 향년 81세)

에드워드 맥다월 1860. 12. 18 탄생(1908년 사망, 미국, 향년 48세)

1861년
48세

3월,『탄호이저』파리 오페라극장에서 3회 공연(3월 13, 18, 24일). 조키 클럽(경마 클럽, 실은 반공화주의 클럽)에 의한 공연 방해로 장기 공연이 무산됨. 4월,『트리스탄과 이졸데』의 카를스루에 공연이 무산됨. 5월 11일, 빈에서『로엔그린』리허설 전 과정을 참관함.『트리스탄과 이졸데』의 초연 여건을 확인한 뒤 파리로 돌아감. 7월, 민나가 파리에서 바트조덴을 거쳐 드레스덴으로 돌아감. 8월, 파리에 체재 중인 리스트를 방문한 뒤 뮌헨을 거쳐 빈에 체재. 11월 7일, 베네치아에 머물던 베젠동크 부부를 방문. 12월,『뉘른베르크의 마이스터징거』대본 집필에 박차를 가함. 마인츠 소재 출판업자 프란츠 쇼트가『뉘른베르크의 마이스터징거』대본 구입비로 1만 프랑을 제안함.

하인리히 마르슈너 1861. 12. 14 사망(1795년 탄생, 독일, 향년 66세)

안톤 아렌스키 1861. 7. 12 탄생(1906년 사망, 러시아, 향년 45세)

1862년
49세

1월 25일,『뉘른베르크의 마이스터징거』대본 탈고. 2월 5일, 프란츠 쇼트 댁에서『뉘른베르크의 마이스터징거』대본 낭독회를 가짐. 2월 21일, 민나가 라인강 인근 비브리히의 한 주택에서 하숙하는 바그너를 불시에 방문. 마틸데가 남편에게 보낸 선물을 발견하고 바그너가 '열흘간의 지옥'으로 표현한 부부싸움 끝에 별거를 연장하기로 합의함(남편이 아내에게 매달 생활비를 지원하고 가끔 아내를 찾는 조건). 3월,『뉘른베르크의 마이스터징거』작곡 착수. 3월 28일, 작센 왕국에서 바그너를 완전히 사면함. 그는 드레스덴에 영주할 의사는 없었음. 4~6월, 마틸데 마이어와 사귐. 6~7월, 연극배우 프리데리케 마이어와 사귐. 7월, 뷜로 부부가 비브리히에 있는 바그너를 방문. 바그너는 뷜로가 연주하는 피아노 반주에 루트비히 슈노어 폰 카롤스펠트(트리스탄 역)와 그의 아내 말비나(이졸데 역)의 노래를 듣는 것으로 오디션을 대신함. 11월 1일,『뉘른베르크의 마이스터징거』전주곡, 라이프치히에서 초연. 11월 3일, 바그너가 드레스덴에 거주하는 아내 민나를 방문함(마지막 상면). 11월 23일, 의사 슈탄트하르트너 댁에서『뉘른베르크의 마이스터징거』대본 낭독회를 가짐. 평론가 한슬리크가 극 중 인물 중 베크메서를 자신에 비유한 것을 알고 자리를 박차고 나감. 12월 26일, 빈에서 자신의 음악으로 연주회를 가짐.

프로망탈 알레비 1862. 3. 17 사망(1799년 탄생, 프랑스, 향년 63세)

프레드릭 딜리어스 1862. 1. 29 탄생(1934년 사망, 영국, 향년 72세)

레옹 보엘망 1862. 9. 25 탄생(1897년 사망, 프랑스, 향년 35세)

클로드 드뷔시 1862. 8. 22 탄생(1918년 사망, 프랑스, 향년 56세)

1863년
50세

1월, 반지 4부작의 대본을 문화계에 널리 알림. 빈에서 신년 연주회를 개최(1. 1~11), 결과는 적자로 나타남. 1~4월, 프라하, 상트페테르부르크, 모스크바에서 성황리에 연주 여행(상당한 수익을 올림). 5월, 빈 인근 펜칭의 고급 주택으로 이사. 실내를 호화 가구 등으로 채움. 7~12월, 부다페스트와 프라하, 카를스루에, 브레슬라우, 빈 등지로 순회공연. 11월 28일, 뷜로 부부가 베를린 연주 여행 중인 바그너를 방문. 바그너와 코지마 뷜로가 서로의 애정을 교감함.

펠릭스 바인가르트너 1863. 6. 2 탄생(1942년 사망, 오스트리아, 향년 79세)

가브리엘 피에르네 1863. 8. 16 탄생(1937년 사망, 프랑스, 향년 74세)

피에트로 마스카니 1863. 12. 7 탄생(1945년 사망, 이탈리아, 향년 82세)

1864년 51세	3월, 호화 생활 결과 부채가 눈덩이처럼 불어남. 부채로 인한 구금을 피하기 위해 빈에서 뮌헨으로 몸을 숨김(3. 23). 4월, 남부 독일과 스위스 일대를 숨어 다닌 뒤 4월 29일 슈투트가르트에 도착. 5월 4일, 바이에른의 국왕 루트비히 2세(18세)가 바그너를 초청함(첫 대면). 왕은 바그너에게 5,000굴덴의 연금을 약속하고, 그의 모든 채무를 상환하도록 2만 굴덴을 지급했으며, 왕궁에서 가까운 저택을 무상 대여함. 6월 29일, 코지마가 두 딸(뵐로와의 소생)을 데리고 바그너를 방문. 두 사람은 불륜 관계를 맺음. 8월 25일, 왕의 생일을 맞아 「경의 행진곡」을 작곡하여 바침. 10월, 루트비히 2세가 희사한 뮌헨 소재의 저택으로 이사. 루트비히 2세가 바그너에게 풍족한 연금을 지급하기로 약속함. 뵐로가 바그너의 추천으로 왕을 위한 공연자로 임명됨. 11월, 건축가 고트프리트 젬퍼가 반지 4부작의 공연을 위한 축제극장의 설계를 위해 루트비히 2세를 알현함. 자코모 마이어베어 1864. 5. 2 사망(1791년 탄생, 독일, 향년 73세) 오이겐 달베르트 1864. 4. 10 탄생(1932년 사망, 영국–독일, 향년 68세) 리하르트 슈트라우스 1864. 6. 11 탄생(1949년 사망, 독일, 향년 85세) 기 로파르츠 1864. 6. 15 탄생(1955년 사망, 프랑스, 향년 91세) 알렉산드르 그레차니노프 1864. 10. 25 탄생(1956년 사망, 러시아, 향년 92세)
1865년 52세	2월, 바이에른 왕국 대신들의 냉대와 지역 신문의 악평으로 상처를 받음. 4월 10일, 바그너와 코지마의 장녀 이졸데 탄생. 6월 10일, 뮌헨에서 뵐로의 지휘로 『트리스탄과 이졸데』 초연(추가 공연: 6. 13, 19, 7. 1). 7월 17일, 코지마가 바그너의 구술을 받아 《나의 생애》(바그너의 자서전)를 쓰기 시작함. 8월 30일, 『파르지팔』 대본 초고 작성. 8월 25일, 『라인의 황금』 총보(바그너 서명)를 루트비히 2세의 생일 선물로 바침. 9월 14일, 왕을 위해 독일의 미래를 제시하는 글을 회지에 연재함(9. 14~27). 위의 글은 1878년 《독일이란 무엇인가?》라는 제목으로 출간함. 10월, 루트비히 2세는 바그너의 연금을 8,000굴덴

으로 인상하고, 4만 굴덴을 별도로 지급하여 그의 남은 부채를 해결하도록 함. 바그너에 대한 대신들과 뮌헨 주민들의 적대감이 고조됨. 12월, 바그너를 뮌헨에서 추방하도록 하는 운동이 정점에 이름. 12월 10일, 루트비히 2세의 명령으로 바그너는 뮌헨을 떠남.

카를 닐센 1865. 6. 9 탄생(1931년 사망, 덴마크, 향년 66세)

알렉산드르 글라주노프 1865. 8. 10 탄생(1936년 사망, 러시아, 향년 71세)

폴 뒤카 1865. 10. 1 탄생(1935년 사망, 프랑스, 향년 70세)

장 시벨리우스 1865. 12. 8 탄생(1957년 사망, 핀란드, 향년 92세)

1866년 53세	1월, 건강에 좋은 곳을 찾기 위해 프랑스 남부 지방을 여행함. 1월 25일, 아내 민나 바그너, 드레스덴에서 사망. 3월 8일, 제네바에서 코지마와 만남. 호반의 도시 트립셴에서 함께 살기로 함. 뷜로와 코지마, 그들의 두 딸 다니엘라와 블란디네가 바그너와 함께 거주. 5월 22일, 루트비히 2세가 바그너의 생일에 방문함. 트립셴에서 2박 3일을 머묾. 바그너가 자신을 악극의 등장인물 발터 폰 슈톨칭으로 칭함. 코지마를 자신의 개인 비서로 알림. 6월, 바그너와 코지마와의 스캔들이 공공연하게 입에 오르내림. 6월 14일, 오스트리아-프러시아 전쟁 발발(바이에른은 오스트리아 편에 섬). 7월 3일, 쾨니히그레츠 전투에서 프러시아가 승기를 잡음. 8월 25일, 『발퀴레』 총보(바그너 서명)를 루트비히 2세의 생일 선물로 바침. 9월, 뷜로는 바젤로 떠나고, 코지마는 트립셴에 머묾. 12월 24일, 『연애금지』 총보(원본, 바그너 서명)를 루트비히 2세의 크리스마스 선물로 바침.

바실리 칼리니코프 1866. 1. 13 탄생(1901년 사망, 러시아, 향년 35세)

페루초 부소니 1866. 4. 1 탄생(1924년 사망, 이탈리아, 향년 58세)

에릭 사티 1866. 5. 17 탄생(1925년 사망, 프랑스, 향년 59세)

프란체스코 칠레아 1866. 7. 23 탄생(1950년 사망, 이탈리아, 향년 84세)

1867년 54세	2월 17일, 바그너와 코지마의 차녀 에파 탄생. 3월, 뮌헨에 업무차 여행. 루트비히 2세를 만남. 루트비히 2세와 그의 약혼자로부터 1만 2000굴덴을 받음. 4월, 뮌헨에서 『로엔그린』의 6월 공연을 협의함. 뷜로가 루트비히 2세의 뮌헨 왕립 국민극장 감독으로 임명됨. 뷜로에게 음악학교(바그너 음악학교로 예정) 교장직을 제안. 9월 16일, 코지마와 두 딸(다니엘라와 블란디네)이 뮌헨에 거주하는 남편 뷜로에게 돌아감. 10월 24일, 『뉘른베르크의 마이스터징거』 총보 완성. 12월, 한스 리히터를 뮌헨 왕립 국민극장의 성악부 지휘자로 임명. 12월 23일, 뮌헨을 재방문하여 1868년 2월 9일까지 체재. 12월 24일, 『뉘른베르크의 마이스터징거』 총보를 루트비히 2세의 크리스마스 선물로 바침. 조반니 파치니 1867. 12. 6 사망(1796년 탄생, 이탈리아, 향년 71세) 엔리케 그라나도스 1867. 7. 27 탄생(1916년 사망, 스페인, 향년 49세) 움베르토 조르다노 1867. 8. 28 탄생(1948년 사망, 이탈리아, 향년 81세) 샤를 케클랭 1867. 11. 27 탄생(1950년 사망, 프랑스, 향년 83세)
1868년 55세	3월, 건축가 고트프리트 젬퍼가 법적 절차를 이유로 축제극장 건설에 어깃장을 놓음. 바그너는 뮌헨에서는 극장 건축이 어렵다고 판단함. 6월 21일, 뮌헨에서 『뉘른베르크의 마이스터징거』를 성공리에 개막(한스 폰 뷜로 지휘). 8월, 가톨릭교도인 코지마와 결혼하기 위해 『루터의 결혼Luther Hochzeit』 작곡을 포기. 9~10월, 바그너와 코지마, 북부 이탈리아 여행. 뷜로가 코지마와 이혼할 의사를 밝힘. 11월 8일, 라이프치히에서 니체와 첫 대면(매형 헤르만 브로크하우스가 참석함). 11월 16일, 코지마와 두 딸(이졸데와 에파)이 바그너와 함께 살기 위해 트립셴으로 이사. 12월 24일, 『리엔치』 총보를 루트비히 2세의 크리스마스 선물로 바침. 조아키노 로시니 1868. 11. 13 사망(1792년 탄생, 이탈리아, 향년 76세) 그랜빌 밴톡 1868. 8. 7 탄생(1946년 사망, 영국, 향년 78세)

스콧 조플린 1868. 11. 24 탄생(1917년 사망, 미국, 향년 49세)

| 1869년
56세 | 3월 1일, 『지그프리트』 제3막 작곡 착수. 4월, 《음악에서의 유대주의》, 본명으로 후기를 붙여 다시 출간(1850년 첫 출간). 5월 17일, 니체, 바젤 대학교 교수에 임명. 니체가 바그너를 방문(이후 니체는 트립셴을 자주 찾음. 총 23회 방문). 6월 6일, 아들 지그프리트 탄생. 7월, 프랑스의 음악 팬인 쥐디트 고티에와 작가 비예르 드 릴라당이 바그너를 방문. 9월 22일, 프란츠 뷜너가 바그너의 만류에도 불구하고 뮌헨에서 『라인의 황금』을 공연함. 12월 25일, 바그너, 니체에게 『파르지팔』의 초고를 낭독함. |

엑토르 베를리오즈 1869. 3. 8 사망(1803년 탄생, 이탈리아, 향년 66세)

알베르 루셀 1869. 4. 5 탄생(1937년 사망, 프랑스, 향년 68세)

카를 고트프리트 뢰베 1869. 4. 20 사망(1796년 탄생, 독일, 향년 73세)

한스 피츠너 1869. 5. 5 탄생(1949년 사망, 러시아-독일, 향년 80세)

| 1870년
57세 | 3월, 바이로이트시를 축제극장 건설 장소로 생각함. 6월 26일, 뮌헨에서 프란츠 뷜너의 지휘로 『발퀴레』 초연. 7월, 뷜로와 코지마, 합의 이혼. 7월 19일, 프러시아-프랑스 전쟁 발발(7. 19~9. 2). 쥐디트 고티에 부부, 드 릴라당, 생상, 뒤프락 등 프랑스인 방문단이 전쟁 당일, 트립셴을 방문하여 모욕감을 느낀 바그너가 화를 냄(이내 양해를 구함). 8월 25일, 바그너와 코지마가 루체른 내 기독교 교회에서 결혼. 9월 7일, 베토벤 탄생 100주년 기념 논문 〈베토벤〉 발표. 12월 24일, 코지마의 생일을 축하하기 위해 「지그프리트 목가」를 트립셴 저택 계단에서 연주. |

마이켈 발페 1870. 10. 20 사망(1808년 탄생, 아일랜드, 향년 62세)

사베리오 메르카단테 1870. 12. 17 사망(1795년 탄생, 이탈리아, 향년 75세)

오스카 슈트라우스 1870. 3. 6 탄생(1954년 사망, 오스트리아, 향년 84세)

프란츠 레하르 1870. 4. 30 탄생(1948년 사망, 오스트리아, 향년 78세)

루이 비에른 1870. 10. 8 탄생(1937년 사망, 프랑스, 향년 67세)

1871년 58세	1월 18일, 독일 연방 통일. 독일 제국 황제에 빌헬름 1세 즉위. 1월 28일, 프러시아-프랑스 전쟁에서 프랑스가 독일에 항복. 2월 5일, 『지그프리트』 총보 완성. 3월, 독일 제국 탄생을 기념하여 「황제 행진곡」(B플랫장조)을 작곡. 4월 3일, 니체가 바그너를 방문하여 《비극의 발단과 종점》을 낭독함. 바그너는 고대 비극과 근대 악극과의 관련을 고려해 제목을 《음악의 정신으로부터 비극의 탄생》으로 바꾸고, 내용을 개정하도록 권고함. 4월, 코지마와 함께 바이로이트로 여행(4. 15~20). 바이로이트에 있는 마르크그라프 오페라극장이 반지 4부작을 공연하기에는 작다고 판단하여 새 극장을 짓기로 함. 4~5월, 베를린, 라이프치히, 다름슈타트를 여행하면서 바이로이트 극장의 모델을 찾음. 5월 5일, 빌헬름 1세와 왕후가 참석한 가운데 베를린 궁전극장에서 자기 음악을 지휘함. 5월 12일, 바그너가 라이프치히에서 1873년도 바이로이트 축제 계획을 공표함. 5월 13일, 다름슈타트에서 무대장치 기술자인 카를 브란트와 축제 계획을 논의. 5월 22일, 자신의 저작물 아홉 권에 대해 서문을 부침. 11월, 바이로이트 시의회와 시의 은행 총재 프리드리히 포이스텔이 축제극장 유치를 위해 최적의 토지를 기증. 다니엘 오베르 1871. 5. 13 사망(1782년 탄생, 프랑스, 향년 89세) 알렉산더 폰 쳄린스키 1871. 10. 14 탄생(1942년 사망, 오스트리아, 향년 71세)
1872년 59세	2월, 바이로이트 극장과 반프리트 저택이 들어설 장소('녹색 언덕'으로 불림)가 확정됨. 바이로이트 축제 추진위원회 발족. 4월 25일, 니체, 트립셴 저택을 마지막으로 방문(총 23회 방문). 4월 27일, 바그너 가족, 바이로이트의 판타지 호텔을 임시 거처로 정함. 5월 6일, 빈에서 순회 연주회를 가짐(5. 6~13). 5월 22일, 바그너의 생일을 맞아 바이로이트 축제극장의 정초식을 거행함. 마르크그라프 극장에서 정초

식 기념으로 베토벤의 『9번 교향곡』을 연주함. 9월 5일, 가슴 통증(협심증)을 처음으로 호소함. 9월 14일, 판타지 호텔에서 바이로이트 다 말레가 7번지 집으로 이사. 10월, 리스트가 바이로이트를 방문. 코지마가 개신교로 개종. 11~12월, 바그너 부부, 바이로이트 공연을 위한 가수를 물색하기 위해 전국의 오페라극장을 방문(11. 10~12. 14).

알렉산드르 스크랴빈 1872. 1. 6 탄생(1915년 사망, 러시아, 향년 43세)

후고 알펜 1872. 5. 1 탄생(1960년 사망, 스웨덴, 향년 88세)

드오다 드세베락 1872. 7. 20 탄생(1921년 사망, 프랑스, 향년 49세)

랄프 본 윌리엄스 1872. 10. 12 탄생(1958년 사망, 영국, 향년 86세)

1873년
60세

1~2월, 드레스덴, 베를린, 함부르크 등지에서 순회 연주회 개최(1. 12~2. 7). 1~4월, 축제극장을 위한 가수 물색을 계속함. 3월, 에세이 〈베토벤의 합창 교향곡 연주에 관하여〉 발표. 5월 3일, 『신들의 황혼』 총보 착수(프롤로그와 제1막 일부). 5월 29일, 코지마와 함께 리스트의 『크리스투스Christus』 감상. 6월 24일, 바그너가 비스마르크에게 축제극장 정초식 보고서와 자신의 연설문을 보냄. 비스마르크는 바그너의 재정 지원 요청을 무시함. 8월 2일, 바이로이트 극장의 상량식을 거행함. 8월 30일, 바이로이트 축제가 1875년까지 연기됨을 공표. 9월, 안톤 브루크너가 바그너를 방문하여 자신이 작곡한 『3번 교향곡』을 바침. 10월 30일, 니체, 바이로이트 방문(10. 30~11. 2). 11월, 바이로이트 재단의 기금 부족을 염려한 바그너가 루트비히 2세에게 도움을 청함.

레오 팔 1873. 2. 2 탄생(1925년 사망, 오스트리아, 향년 52세)

막스 레거 1873. 3. 19 탄생(1954년 사망, 독일, 향년 43세)

세르게이 라흐마니노프 1873. 4. 1 탄생(1943년 사망, 러시아-미국, 향년 70세)

니콜라이 체레프닌 1873. 5. 15 탄생(1945년 사망, 러시아, 향년 72세)

1874년
61세

1월 25일, 루트비히 2세가 10만 탈러의 축제극장 건설 자금을 빌려줌. 4월 28일, 바그너 가족, 반프리트 저택으로 이사. 6~7월, 성악진과 한스 리히터(7. 25까지)가 반지 4부작 공연을 위해 바이로이트에 체재. 8월 4일, 니체, 바이로이트 방문(8. 4~15). 장기 체재 중 바그너와의 갈등이 고조됨. 11월 21일, 『신들의 황혼』 총보 완성으로 4부작 완결(첫 스케치 이후 26년 소요).

요세프 수크 1874. 1. 4 탄생(1935년 사망, 체코, 향년 61세)

세르게이 쿠세비츠키 1874. 7. 26 탄생(1951년 탄생, 러시아-미국, 향년 77세)

아르놀트 쇤베르크 1874. 9. 13 탄생(1951년 사망, 오스트리아-미국, 향년 77세)

구스타브 홀스트 1874. 9. 21 탄생(1934년 사망, 영국, 향년 60세)

찰스 아이브스 1874. 10. 20 탄생(1954년 사망, 미국, 향년 80세)

프란츠 슈미트 1874. 12. 22 탄생(1939년 사망, 오스트리아, 향년 65세)

1875년
62세

2~5월, 자금 마련을 위해 연주 여행(빈, 베를린, 라이프치히, 하노버, 브룬스비크 등지). 리스트는 부다페스트 공연을 담당하여 바그너를 지원함(3. 10). 4월 9일, 코지마와 함께 라이프치히에서 슈만의 오페라 『게노페파』를 관람. 4월, 하노버, 브라운슈베이크, 베를린 연주 여행(4. 10~26). 5월 6일, 제3차 빈 연주회 개최. 7~8월, 연출진과 성악진, 관현악단이 이듬해 개막할 4부작 성공을 위해 리허설에 돌입. 리허설 종료 후 반프리트 저택에서 출연진(140여 명)과 함께 노고 축하연을 벌임. 11월, 〈신들의 황혼, 프롤로그에서 피날레까지의 해설〉 발표. 〈반지 4부작 연습을 위한 가수 초빙과 무대연출〉 발표. 〈첫 축제를 앞둔 예술가들에게〉 발표. 11~12월, 빈에서 공연하는 『탄호이저』와 『로엔그린』의 연출을 자문함(11. 1~12. 17). 12월, 베르디의 『레퀴엠』을 관람(한스 리히터 지휘).

라인홀트 글리에르 1875. 1. 11 탄생(1956년 사망, 러시아, 향년 81세)

프리츠 크라이슬러 1875. 2. 2 탄생(1962년 사망, 오스트리아-미국, 향년 87세)

모리스 라벨 1875. 3. 7 탄생(1937년 사망, 프랑스, 향년 62세)

앨버트 케텔비 1875. 11. 26 탄생(1959년 사망, 영국, 향년 84세)

1876년 63세	2월, 필라델피아 주지사로부터 미국 독립선언 100주년 기념 음악의 작곡을 의뢰받음("작곡료 5,000불 외에는 곡을 짓기 위한 어떠한 장면도 떠올릴 수 없구나." 코지마의 일기에서). 6~9월, 반지 4부작 공연 리허설 계속(6. 3~8. 9). 8월 6일, 루트비히 2세가 최종 의상 리허설을 참관(8. 6~9). 8월 13일, 제1회 바이로이트 축제 개최. 한스 리히터가 당대 귀빈(독일 황제 빌헬름 1세·브라질 동 페드루 황제·뷔르템베르크 왕 외 57명의 왕족, 베젠동크 부부·쥐디트 고티에 등 친지, 리스트·차이콥스키·브루크너, 그리그·구노·생상·말러·니체 등 문화계 인사)들이 참석한 가운데 세 차례에 걸쳐 4부작을 공연함(첫 사이클: 8월 13, 14, 16, 17. 두 번째 사이클: 8. 20~23. 세 번째 사이클: 8. 27~30). 바그너 부부는 성황리에 마친 축제를 기뻐했으나 정산 결과 14만 8000마르크의 적자가 발생함. 9월, 바그너 가족, 휴양차 이탈리아 여행(3개월간). 11월 5일, 바그너와 니체, 소렌토에서 마지막으로 상면. (작곡)「대축제 행진곡」(일명 '백주년 행진곡', 1876. 5. 10 필라델피아 초연). (집필)〈초빙 가수에 대하여 외 논설과 비평〉 등 14편(1876년 발표). 에라만노 볼프페라리 1876. 1. 12 탄생(1948년 사망, 이탈리아, 향년 72세) 마누엘 데 파야 1876. 11. 23 탄생(1946년 사망, 스페인, 향년 70세) 파우 카살스 1876. 12. 29 탄생(1973년 사망, 스페인, 향년 97세)
1877년 64세	2월 23일, 『파르지팔』 제2막 대본 완료. 4월 19일, 『파르지팔』 대본 탈고. 5월 7~29일, 런던 앨버트 홀 개관에 따른 여덟 번의 오페라 공연(바그너와 리히터가 나누어 지휘). 자기 몫의 공연 수입(700파운드)은 바이로이트 적자를 줄이는 데 보탬. 빅토리아 여왕 알현. 6월, 재정 타개를 위해 미국 이민을 고려함(파격적인 지원책에 끌렸으나, 가족의 반대로 무산). 7월, 하이델베르크, 뉘른베르크, 바이마르, 스위스의 루체른 등지로 여행(7. 5~28). 9월, 바이로이트 음악학교를 설립할 것과 『방황하는 네덜란드인』부터 『파르지팔』에 이르는 전 작품을 축

제극장에 올릴 것을 언명함. 『파르지팔』 작곡 착수. 10월, 〈바이로이트 월보〉(월간) 편집을 위해 음악학자 한스 폰 볼초겐을 초대. 소식지에 바그너의 최근 논설, 비평, 에세이를 실음.

에른스트 폰 도흐나니 1877. 7. 27 탄생(1960년 사망, 헝가리, 향년 83세)

1878년
65세

1월, 〈바이로이트 월보Bayreuth Blätter〉 첫 호 출간. 1월 3일, 니체에게 『파르지팔』의 대본을 증정함. 3월 31일, 루트비히 2세가 바이로이트 축제의 남은 부채를 갚아 줌(『파르지팔』을 포함한 바그너의 작품을 뮌헨에서 공연하도록 하고 그때마다 받는 사용료로 분납하는 조건). 5월, 니체로부터 《인간적인, 너무나 인간적인》 1부를 증정받고 그 내용에 경악함. 8월 20일, 리스트가 바이로이트를 방문함(8. 20~31). 11월 17일, 링 사이클, 뮌헨에서 공연(11. 17~23). 12월 25일, 코지마의 생일을 맞아 반프리트 저택에서 『파르지팔』 전주곡을 연주.

1879년
66세

4월 26일, 『파르지팔』 총보 초고 완료. 8월 21일, 리스트가 바이로이트를 방문함(8. 21~31). 12월 31일, 바그너의 심장 기능이 급격히 악화됨. 의사의 권고를 받아들여 가족과 함께 뮌헨을 거쳐 이탈리아로 휴양을 떠남.

프랭크 브리지 1879. 2. 26 탄생(1941년 사망, 영국, 향년 62세)

오토리노 레스피기 1879. 7. 9 탄생(1936년 사망, 이탈리아, 향년 57세)

1880년
67세

1월 4일, 바그너 가족, 나폴리만이 보이는 포실리포 소재 당그리 빌라에 8월 8일까지 거주. 1월 18일, 『파르지팔』의 무대 설계를 담당할 러시아 화가 파울 주코프스키를 만남. 3월 9일, 작곡가 엥겔베르트 훔퍼딩크가 방문하여 『파르지팔』의 총보 정리를 도움. 3월, 자서전 《나의 생애》 탈고. 5월, 이슬람 양식으로 지은 루폴로 궁전 정원에서 『파르지팔』 제2막의 무대장치를 착안함(방명록에 "클링조르 마법의 성을 찾았다"고 적음). 5월 22일, 바그너 생일을 맞아 『파르지팔』 성배 장면을 훔퍼딩크와 요제프 루빈시테인, 바그너의 자녀들과 더불어 실연. 7월 19일, 《종교와 예술》탈고. 8월 21일, 시에나 성당에서 '성배의 홀' 무대를 떠올림. 8월 8일, 투스카나를 거쳐 베네치아로 가족 여행(8. 8~10. 30). 8월 25일, 《나의 생애》를 개인적으로 출간하여 루트비히 2세에게 선물. 10월 31일, 화가 프란츠 폰 렌바흐, 지휘자 헤르만 레비가 뮌헨에 체재하는 바그너를 방문함. 그들은 18일간 머물면서 『방황하는 네덜란드인』, 『로엔그린』, 『트리스탄과 이졸데』를 공연하는 데 도움을 줌. 11월 12일, 루트비히 2세가 참석한 뮌헨 왕립 극장에서 『방황하는 네덜란드인』, 『로엔그린』, 『파르지팔』 전주곡을 연주(루트비히와 바그너의 마지막 상면). 11월 17일, 이탈리아 여행과 뮌헨 공연을 마치고 바이로이트로 돌아옴. 11월 18일, 『파르지팔』 작곡 재개("『파르지팔』을 끝내면 교향곡을 작곡하고 싶다." 코지마의 일기에서).

니콜라이 메트너 1880. 1. 5 탄생(1951년 사망, 러시아, 향년 71세)

에르네스트 블로흐 1880. 7. 24 탄생(1959년 사망, 스위스-미국, 향년 79세)

로베르트 슈톨츠 1880. 8. 25 탄생(1975년 사망, 오스트리아, 향년 95세)

일데브란도 피체티 1880. 9. 20 탄생(1968년 사망, 이탈리아, 향년 88세)

| 1881년 68세 | 5월 5일, 바그너 부부, 베를린에서 반지 4부작 관람(5. 5~9). 5월 11일, 프랑스 작가 아르튀르 고비노 백작이 바그너를 방문(고비노는 반프리트에 2주 이상 머물면서 바그너와 사회진화론에 관하여 대화함). 바그너는 고비노가 쓴《인종의 불평등에 관한 논고》를 읽음. 6월 26일, 헤르만 레비가 반프리트를 방문. 그는 7월까지 머물면서 『파르지팔』의 공연 준비에 몰두함. 9월 22일, 리스트, 바이로이트에서 바그너 부부를 방문(9. 22~10. 9). 11월 1일, 바그너 가족, 뮌헨과 베로나를 거쳐 팔레르모의 팔메 호텔에 도착. 이듬해 2월 2일까지 머물면서 『파르지팔』 제3막을 작곡. 요제프 루빈시테인은 『파르지팔』의 피아노-보컬 스코어를 완성함(1882년에 출간). 12월, 바그너, 심장발작으로 고통받음. |

벨러 버르토크 1881. 3. 25 탄생(1945년 사망, 헝가리, 향년 64세)

니콜라이 미야스콥스키 1881. 4. 20 탄생(1950년 사망, 러시아, 향년 69세)

제오르제 에네스쿠 1881. 8. 19 탄생(1955년 사망, 루마니아, 향년 74세)

1882년
69세

1월 13일, 『파르지팔』총보 완성. 1월 15일, 화가 르누아르가 팔메 호텔을 방문하여 바그너의 초상화를 그림. 3월, 처음으로 위중한 심장 발작이 일어남(이후 작은 발작이 잦음). 4월, 바그너 가족, 바그너의 건강 악화와 굳은 날씨로 이탈리아의 휴양지로 여행(메시나, 나폴리, 베네치아를 거치는 여정. 5월 1일 바이로이트에 도착). 5월 5일, 런던에서 빅토리아 여왕이 참관한 가운데 링 사이클을 개막함. 5월 22일, 69번째 탄신기념 축하공연이 열림. 5월 28일, 바이로이트 장학재단 설립(현재까지 운영). 7월 2일, 『파르지팔』리허설 시작. 7월 26일, 바이로이트에서 헤르만 레비의 지휘로 『파르지팔』초연(7월과 8월 중에 열여섯 차례의 공연을 마침. 마지막 공연에서 제3막 마지막 장면은 바그너가 레비의 바통을 건네받아 지휘함). 9월 14일, 2주간의 축제를 끝낸 뒤 베네치아로 떠남(15만 마르크의 이익을 냄). 가족과 측근들이 벤드라민궁의 중간층에 숙소를 정함. 11월 19일, 리스트가 바그너 부부를 방문(11. 19~1883. 1. 13). 12월 24일 바그너가 코지마의 생일 축하 연주(라페니체 극장에서 51년 전에 작곡한 교향곡 C장조를 지휘).

잔 프란체스코 말리피에로 1882. 3. 18 탄생(1973년 사망, 이탈리아, 향년 91세)

이고르 스트라빈스키 1882. 6. 17 탄생(1971년 사망, 러시아-프랑스-미국, 향년 89세)

퍼시 그레인저 1882. 7. 8 탄생(1961년 사망, 오스트레일리아-미국, 향년 79세)

카롤 시마노프스키 1882. 10. 3 탄생(1937년 사망, 폴란드, 향년 55세)

에메리히 칼망 1882. 10. 24 탄생(1953년 사망, 헝가리-오스트리아, 향년 71세)

마누엘 퐁세 1882. 12. 8 탄생(1948년 사망, 멕시코, 향년 66세)

호아킨 투리나 1882. 12. 9 탄생(1949년 사망, 스페인, 향년 67세)

졸탄 코다이 1882. 12. 16 탄생(1967년 사망, 헝가리, 향년 85세)

1883년
70세

1월, 『탄호이저』의 개정을 원함("나는 『탄호이저』에게 진 빚이 있다." 코지마의 일기에서). 2월 11일, 에세이 〈인간성에 있어서 여성다움에 관하여〉 집필(미완성). 2월 12일, 헤르만 레비가 벤드라민궁을 떠남. 2월 13일, 바그너와 코지마가 소프라노 캐리 프링글의 방문 건으로 언쟁을 벌임. 그로부터 세 시간 뒤 바그너가 심장마비를 일으켜 오후 3시 30분경 코지마의 팔에 안겨 절명. 시신은 곤돌라에 실려 육지로 옮겨진 다음 바이로이트까지 열차로 운구(2. 16 도착). 2월 18일, 조문객과 군중이 운집한 가운데 장례식 엄수. 장례 음악으로 「베버의 오페라 『오이리안테』에서 주제를 가져온 장송곡」(베버의 유해 이장 때 바그너가 작곡하고 지휘한 곡)이 연주됨. 바그너의 유체는 바이로이트 영지에 매장.

리카르도 잔도나이 1883. 2. 26 탄생(1944년 사망, 이탈리아, 향년 61세)

알프레도 카셀라 1883. 7. 25 탄생(1947년 사망, 이탈리아, 향년 64세)

아널드 백스 1883. 11. 8 탄생(1953년 사망, 영국, 향년 70세)

안톤 베베른 1883. 12. 3 탄생(1945년 사망, 오스트리아, 향년 62세)

에드가르 바레즈 1883. 12. 22 탄생(1965년 사망, 프랑스-미국, 향년 82세)

참고문헌

국내서

고명섭, 《니체 극장》(김영사, 2012)

김문환, 《바그너의 생애와 예술》(느티나무, 1997)

김성우, 《세계의 음악 기행》(한국문원, 1997)

김윤미, 《바그너 읽기》(산지니, 2021)

김종성, 《춤추는 뇌》(사이언스북스, 2006)

박종호, 《불멸의 오페라 2》(시공사, 2015)

서정원, 《바그너의 이해》(살림, 2015)

신동의, 《호모 오페라티쿠스, 바그너 오페라의 미학》(철학과현실사, 2008)

안인희, 《게르만 신화, 바그너, 히틀러》(민음사, 2003)

우혜언·이혜진·오희숙, 《작품으로 보는 음악미학》(음악 세계, 2016)

이덕희, 《세기의 걸작 오페라를 찾아서》(예하, 1997)

이동용, 《바그너의 혁명과 사랑》(이파르, 2008)

──, 《망각 교실》(이파르, 2016)

이용숙 《바그너의 죽음과 부활》(폴리포니, 2020)

이성일, 《브람스 평전》(풍월당, 2017)

조수철 편저, 《바그너와 우리》(삶과꿈, 2013)

정영도, 《니체 대 바그너》(세창출판사, 2019)

한국바그너협회 편, 《바그너와 나》(삶과꿈, 2003)

번역서

디터 케르너, 박혜일 옮김, 《위대한 음악가들의 삶과 죽음Krankheiten grosser Musiker》(폴리포니, 2001)

디트마르 그리저. 이수영 옮김, 《예술가들의 불멸의 사랑Das späte Glück, Große Lieben große Künstler》(푸르메, 2011)

롤프 슈나이더. 김수연 옮김, 《바그너Wagner für Eilige》(생각의나무, 2009)

루트비히 포이어바흐, 강대석 옮김,《기독교의 본질Das Wesen des Christentums》(한길사, 2008)

루돌프 K. 엔트너, 문종현 펴냄,《대결로 보는 세계사의 결정적 순간Die Begegnung mit dem Genius》(달과소, 2008)

레온 카플란, 박영구 옮김,《모나리자 신드롬Das Mona Lisa Syndrom》(도서출판 자작, 2002)

리하르트 바그너, 엄선애 옮김,《니벨룽의 반지》(삶과꿈, 1997)

──, 안인희 옮김,《라인의 황금》(풍월당, 2018)

──, 안인희 옮김,《발퀴레》(풍월당, 2018)

──, 안인희 옮김,《신들의 황혼》(풍월당, 2018)

──, 안인희 옮김,《지그프리트》(풍월당, 2018)

──, 안인희 옮김,《트리스탄과 이졸데》(풍월당, 2021)

맥스 하인델, 윤민 · 남기종 옮김,《절망 속에서 태어나는 용기Mysteries of the Great Operas》(마름돌, 2018)

밀턴 브레너, 김대웅 옮김,《무대 뒤의 오페라Opera Offstage》(아침이슬, 2004)

발터 한젠, 김용환 · 나주리 · 이성률 옮김,《바그너, 영원한 신화Richard Wagner, Sein Leben in Bilden by Walter Hansen》(음악 세계, 2013)

베로니카 베치, 노승림 옮김,《음악과 권력Musiker und Mächtige》(컬처북스, 2009)

브라이언 매기, 김병화 옮김,《트리스탄 코드Wagner and Philosophy》(삼신출판사, 2005)

비비언 그린, 채은진 옮김,《권력과 광기The Madness of Kings》(말글빛냄, 2005)

빌헬름 푸르트벵글러, 이기숙 옮김,《음과 말Ton und Wort: Aufsätze und Vorträge 1918~1954》(PHONO, 2019)

샤를 보들레르, 이충훈 옮김,《리하르트 바그너Richard Wagner》(PHONO, 2019)

셰익스피어, 이상섭 옮김,《셰익스피어 전집》(문학과지성사, 2016)

스티븐 존슨, 이석호 옮김,《바그너, 그 삶과 음악Wagner His Life and Music》(PHONO, 2012)

슬라보예 지젝 · 믈라덴 돌라르, 이성민 옮김,《오페라의 두 번째 죽음Opera's Second Death》(민음사, 2010)

승계호, 석기용 옮김,《철학으로 읽는 괴테, 니체, 바그너》(반니, 2014)

아놀드 루트비히, 김정휘 옮김,《천재인가 광인인가The Price of Greatness, Resolving the Creativity and Madness Controversy》(이화여대출판부, 2005)

아르투어 쇼펜하우어, 홍성광 옮김,《의지와 표상으로서의 세계Die Welt als Wille und Vorstellung》(을유문화사, 2016)

알랭 바디유, 김성호 옮김,《바그너는 위험한가Five Lessons on Wagner》(북인더갭, 2012)

에두아르트 한슬리크, 이미경 옮김,《음악적 아름다움에 대하여Vom Musikalisch-Schönen》(책세상, 2004)

요아힘 퀼러, 최효순 옮김,《광기와 사랑, 초인 니체와 바그너 부인Friedrich Nitzsche und Cosima Wagner》(한길사, 1999)

이언 커쇼, 이희재 옮김,《히틀러Hitler 1889~1936 ; Hubris I》(교양인, 2009)

장 루슬로, 김범수 옮김,《소설 바그너, 방황 끝에 서다La vie passionnée de Wagner》(세광음악출판사, 1993)

조르주 리에베르, 이세진 옮김,《니체와 음악Nietzsche et la musique》(북노마드, 2016)

조세 브뤼르,《대작곡가의 초상 6, 바그너 편》(창우문화사, 1982)

조지 버나드 쇼, 유향란 옮김,《바그너, 니벨룽의 반지The Perfect Wagnerite》(이너북, 2005)

_____, 이석호 옮김,《쇼, 음악을 말하다》(PHONO, 2021)

찰스 패터슨, 정의길 옮김,《동물 홀로코스트Our Treatment of Animals and the Holocaust》(한겨레출판, 2014)

체사레 롬브로소, 김은영 옮김,《미쳤거나 천재거나 천재거나L'uomo di genio in rapporto alla psichiatria》(책읽는귀족, 2015)

킴벌리 코니시, 남경태 옮김,《비트겐슈타인과 히틀러THE JEW OF LINZ, Wittgenstein, Hitler and Their Secret Battle for the Mind》(그린비, 2007)

프리드리히 니체, 김대경 옮김,《비극의 탄생, 바그너의 경우Die Geburt der Trögedie, Der Fall Wagner》(청하, 2005)

_____, 김미기 옮김,《인간적인, 너무나 인간적인Menschliches, Allzumenschliches》(책세상, 2001)

_____, 백승영 옮김,《우상의 황혼, 이 사람을 보라Götzen-Dämmerung, Ecce Homo》(책세상, 2018)

_____, 최문규 옮김,《바이로이트의 리하르트 바그너Richard Wagner in Bayreuth》(책세상, 2005)

프리드리히 바이센슈타이너, 윤태원 · 전동열 · 이미선 옮김,《천재들의 여자Die Frauen der Genies》(바움, 2006)

필리프 고드프루아, 최경란 옮김,《바그너, 세기말의 오페라l'Opéra de la fin du monde》(시공사, 1998)

하워드 굿달, 장호연 옮김,《하워드 구달의 다시 쓰는 음악이야기Story of Music》(뮤진트리, 2015)

한스 노인치히, 장혜경 옮김,《천재, 천재를 만나다Genius Trifft Genius》(개마고원, 2003)

한스 킹, 이기숙 옮김,《음악과 종교Musik und Religion》(PHONO, 2017)

音樂之友社편, 음악 세계사 편집부 옮김,《오페라 명곡 해설집, 바그너》(음악 세계사, 1999)

Heritage of Music B.V. 박용구 외 편집,《음악의 유산 6, 오페라의 세계》(중앙일보사, 1986)

외서

高汁知義, 《ワ-グナ-》(岩波新書, 1986)

三光長治, 《ワ-グナ-》(新潮文庫, 1990)

志鳥榮八郎, 《大作曲家をめぐる女性たち》(音樂之友社, 1985)

志鳥榮八郎, 《大作曲家とそのレコド 中》(音樂之友社, 1981)

André Michel, 櫻林仁·森井惠美子 譯, 《音樂の精神分析Psychoanalyse de la Musique》(音樂之友社, 1979)

Lu Wandowski, 芳賀檀, 《天才と戀》(ノベ-ル書房, 1985)

Alex Ross, Wagnerism, *Art and Politics in the Shadow of Music*(Farrar, Straus and Giroux, 2020)

András Batta, *OPERA. Composer, Works, Performers*(Könemann, 1999)

Barry Millington, *Wagner*(Princeton University Press, 1992)

_____,(ed.), *The Wagner Conpendium*(Schirmer Books, 1992)

_____, *The Sorcerer of Bayreuth*(Oxford University Press, 2012)

Bryan Magee, *Aspects of Wagner*(Oxford University Press, 1988)

_____, *Wagner and Philosophy*(Penguin Books, 2000)

Christian Thielemann, *My Life with Wagner*(Pegasus Books, 2016)

Christopher Nicholson, *Richard and Adolf*(Gefen Books, 2007)

David Trippett, *Wagner's Melodies, Aesthetic and Materialism in German Musical Identity*(Cambridge University Press, 2013)

Derek Watson, *Richard Wagner, A Biography*(Schirmer Books, 1981)

_____, *Liszt*(Schirmer Books, 1989)

Dieter Borchmeyer, Stewart Spencer(trans.), *Richard Wagner, Theory and Theatre*(Oxford University Press, 1991)

Donald S. Grout & Claude V. Palisca, *A History of Western Music*(W.W. Norton & Company Ltd., 1996)

Ernest Newman, *The Life of Richard Wagner vol.1 1813-1848*(first published 1937)(Cambridge university Press, 2014)

_____, *The Life of Richard Wagner vol.2 1848-1860*(first published 1933)(Cambridge University Press, 2014)

_____, *The Life of Richard Wagner vol.3 1859-1866*(first published 1941)(Cambridge

University Press, 2014)

_____, *The Life of Richard Wagner vol.4 1866-1883*(first published 1946)(Cambridge university Press, 2014)

_____, *Wagner as Man and Artist*(first published 1914)(Cambridge university Press, 2014)

_____, *Wagner Operas*(first published 1949)(Princeton university Press, 2014)

Eva Rieger, Chris Walton(trans.), *Richard Wagner's Women*(The Boydell Press, 2011)

Frederic Spotts, *Bayreuth*(Yale University Press, 1994)

Harold c. Schonberg, *The Lives of the Great Composers*(W.W. Norton & Company Ltd. 1997

Jacob Katz, *The Darker Side of Richard Wagner's Anti-Semitism*(University Press of New England, 1986)

Jean Shinoda Bolen, *Ring of Power, Symbols and Themes Love vs Power in Wagner's Ring and in Us*(Nicolas-Hays, Inc., 1999)

Joachim Köhler Stewart Spencer(trans.), *Richard Wagner, The Last of the Titans*(Yale University Press, 2004)

Joachim Köhler Ronald Taylor(trans.) *Wagner's Hitler, The Prophet and His Disciple*(Polity Press, 2000)

Joengwon Joe & Sander L. Gilman, *Wagner and Cinema*(Indiana University Press, 2010)

John Deathridge(trans.), Ulich Müller and Peter Wapnewski(ed.), *Wagner Handbook*(Harvard University Press, 1992)

Jonathan Carr, *The Wagner Clan, The Saga Germany's Most Illustrious and Infamous Family*(Faber and Faber Limited Grove Press, 2007)

Karyl Lynn Zietz, *Opera*(John Muir Publication, 1991)

Laurence Dreyfus, *Wagner and the Erotic Impulse*(Harvard University Press, 2013)

Martin Geck, Stewart Spencer(trans.), *Richard Wagner, A Life in Music*(The University of Chicago Press, 2013)

Mathew Bribitzer-Stull, *Understanding the Leitmotif from Wagner to Hollywood Film Music* (Cambridge University Press, 2017)

Michael Saffle, Richard Wagner, A Research and Information Guide(Routledge Kegan, Paul, 2012)

Milton E. Brener, *Richard Wagner and the Jews*(McFarland & Company Inc. Publishers, 2005)

Monte Stone, *Hitler's Wagner*(Steinberg Press, 2005)

M. Owen Lee, *WAGNER, The Terrible Man and His Truthful Art*(University of Toronto Press.

2007)

Nicholas Vazsonyi, *Richard Wagner Self-Promotion and the Making of a Brand*(Cambridge University, 2010)

Nicholas Vazsonyi(ed.) *The Cambridge WAGNER Encyclopedia*(Cambridge University Press, 2013)

Nila Parly, *Vocal Victories, Wagner's Female Characters from Senta to Kundry*(Museum Tusculanum Press, 2011)

Oliver Hilmes, Stewart Spencer(trans.), *Cosima Wagner, The Lady of Bayreuth*(Yale University Press, 2010

Paul Dawson-Bowling, *The Wagner Experience and it's meaning to us*(CPI Group, 2013)

Paul Schofield, *The Redeemer Reborn*(Amadeus Press, 2007)

Richard Wagner, *Mein Leben(1813-1864)*(The Echo Library. 2007)

───────, Edwin Evans(trans.), *Das Judenthum in der Musik*(Ostara Publications, 2018)

───────, William Ashton Ellis(trans.), *Opera and Drama*(University of Nebraska Press, 1995)

───────, William Ashton Ellis(trans.), *Art and Politics, Appendix to German Art and German Policy*(University of Nebraska Press, 1996)

───────, William Ashton Ellis(trans.), *Religion and Art and other Writings*(University of Nebraska Press, 1996)

───────, William Ashton Ellis(trans.), *Jesus of Nazareth and other Writings*(University of Nebraska Press, 1995)

───────, Stewart Spencer(trans.), Barry Millington(ed.), *Ring of the Nibelung, A Companion Translation with the full German Text*(USA Thames and Hudson Inc., 2016)

───────, Edward L. Burlingame(trans.), *Art Life and Theories of R. Wagner*(Henry Holt and Company, 2016)

Robert Donington, *Opera and Its Symbols*(Yele University, 1990)

───────, *Wagner's RING and Its Symbols*(Faber and Faber, 1984)

Robert W. Gutman, *Richard Wagner The Man, His Mind and His Music*(Time-Life Inc., 1972)

Roger Scruton, *Death Devoted Heart, Tristan and Isolde*(Oxford University Press, 2004)

───────, *The Ring of Truth*(The Overlook Press, 2016)

Rudolph Sabor, *The Real Wagner*(Cardinal by Sphere Great Britain Books Ltd., 1987)

Simon Heffer, *Death and the Master, Original Obituaries & Reports from Richard Wagner's Death in 1883*(Blue Magpie Books, 2019)

Terry Quinn, *Richard Wagner The Lighter Side*(Amadeus Press, 2013)

Theodor Adorno, Rodney Livingstone(trans.), *In Search of Wagner*(Versuch über Wagner)
(Verso, 2005)

Tom Artin, *The Wagner Complex, Genesis and Meaning of The Ring*(Free Scholar Press, 2014)

Thomas S. Grey(ed.), *RICHARD WAGNER and His World*(Princeton University Press, 2009)

_____, *The Cambridge Companion to WAGNER*(Cambridge University Press, 2008)

Ulich Müller and Peter Wapnewski(ed.), John Deathridge(trans.), *Wagner Handbook*(Harvard
University Press, 1992)

Urs App, *Richard Wagner and Buddhism*(University Media, Rorschach/ Kyoto, 2011)

William Berger, Wagner without Fear(Vintage Books, 1998)

인명 찾아보기

바그너 평전

초 판 1쇄 펴냄   2019년 12월 11일
개정판 1쇄 펴냄   2024년 12월 20일

지은이   오해수

펴낸곳   풍월당
출판등록   2017년 2월 28일 제2017-000089호
주소   [06018] 서울시 강남구 도산대로 53길 39, 4층
전화   02-512-1466
팩스   02-540-2208
홈페이지   www.pungwoldang.kr

편집   장미향
디자인   이솔이

ISBN 979-11-89346-73-7 03670